U0718055

2017年国家社科基金一般项目《两汉语类文献生成及文体研究》(17BZW079)

两汉语类文献生成及文体研究

夏德靠 著

中华书局

图书在版编目(CIP)数据

两汉语类文献生成及文体研究/夏德靠著. —北京:中华书局,2019.11
ISBN 978-7-101-14184-9

Ⅰ.两…　Ⅱ.夏…　Ⅲ.古文献学-研究-中国-两汉时代
Ⅳ.G256.1

中国版本图书馆 CIP 数据核字(2019)第 224239 号

书　　名　两汉语类文献生成及文体研究
著　　者　夏德靠
责任编辑　陈　乔
出版发行　中华书局
(北京市丰台区太平桥西里 38 号　100073)
http://www.zhbc.com.cn
E-mail:zhbc@zhbc.com.cn
印　　刷　北京市白帆印务有限公司
版　　次　2019 年 11 月北京第 1 版
2019 年 11 月北京第 1 次印刷
规　　格　开本/920×1250 毫米　1/32
印张 21　插页 2　字数 470 千字
国际书号　ISBN 978-7-101-14184-9
定　　价　98.00 元

目　录

绪　论

两汉文学在中国古代文学史上有着特别的意义，这种意义首先主要表现为它真正开启了帝国文学之形态。① 秦帝国虽然终结三代以来的封建制国家形态，但在文学方面并没有取得相应的实绩。这个任务要等到继起者汉帝国来实现，汉代文学确实在多方面展现新兴帝国的盛世气象，从而为后来文学的演进奠定可贵的基础。本书主要选取“语类文献”作为对象，希望通过对“语”这一特定文体的研究，借此来探究汉代散文的生成及演进历程，并进而为描绘汉代文学生态提供一些思考线索。

第一节　两汉语类文献的含义及研究现状

章学诚在《文史通义・诗教上》说：“周衰文弊，六艺道息，而诸子争鸣。盖至战国而文章之变尽，至战国而著述之事专，至战

---

①徐兴无在《刘向评传》中对刘向、刘歆生活的政治时代称作“西汉帝国”或“汉帝国”，而不是按照史学界的习惯称作“西汉王朝”，他所谓的“帝国”是“特指战国至秦酝酿建立的以皇帝为国家元首的郡县制国家，以与夏、商、周三代以王（天王）为国家元首的封建制国家相区别”。（参氏著《刘向评传》，第 2 页注释 2）本书沿用这个称谓。

国而后世之文体备。”①所谓“至战国而后世之文体备”，意思是说后世文体都出自战国。为什么这样说呢？章学诚分析指出：

> 今即《文选》诸体，以征战国之赅备。京都诸赋，苏、张纵横六国，侈陈形势之遗也。《上林》《羽猎》，安陵之从田，龙阳之同钓也。《客难》《解嘲》，屈原之《渔父》《卜居》，庄周之惠施问难也。韩非《储说》，比事征偶，《连珠》之所肇也。而或以为始于傅毅之徒，非其质矣。孟子问齐王之大欲，历举轻暖肥甘，声音采色，《七林》之所启也。而或以为创之枚乘，忘其祖矣。邹阳辨谤于梁王，江淹陈辞于建平，苏秦之自解忠信而获罪也。《过秦》《王命》《六代》《辨亡》诸论，抑扬往复，诗人讽谕之旨，孟、荀所以称述先生，儆时君也。淮南宾客，梁苑辞人，原、尝、申、陵之盛举也。东方、司马，侍从于西京，徐、陈、应、刘，征逐于邺下，谈天雕龙之奇观也。②

可见，章学诚提出“至战国而后世之文体备”的观点，主要说明后世文体的渊源，而并非强调战国时期已经存在众多文体这样的事实。不同于章学诚，刘师培则明确使用“文章各体，至东汉而大备”③的观点来描述两汉时期文体的发展状况。刘师培的意思很清楚，即认为两汉时期大致具备后世的文体样式。对于这一判断，我们又应该秉持何种态度呢？

一 两汉文体研究述要

班固在《汉书》中载录汉人的一些著述行为，如《淮南衡山济

---

①章学诚：《文史通义》，第15页。

②章学诚：《文史通义》，第17页。

③劳舒：《刘师培学术论著》，第247页。

北王传》载"淮南王安为人好书,……招致宾客方术之士数千人,作为《内书》二十一篇,《外书》甚众,又有《中篇》八卷,言神仙黄白之术,亦二十余万言。……初,安入朝,献所作《内篇》,新出,上爱秘之。使为《离骚传》,旦受诏,日食时上。又献《颂德》及《长安都国颂》";①《贾邹枚路传》云"贾山,颍川人也。……孝文时,言治乱之道,借秦为谕,名曰《至言》",又云"邹阳,齐人也。……阳为人有智略,忼慨不苟合,介于羊胜、公孙诡之间。胜等疾阳,恶之孝王。孝王怒,下阳吏,将杀之。阳客游以谗见禽,恐死而负累,乃从狱中上书曰",又云"枚乘字叔,淮阳人也,为吴王濞郎中。吴王之初怨望谋为逆也,乘奏书谏曰:……枚乘复说吴王曰",又云"皋字少孺。……上得之大喜,召入见待诏,皋因赋殿中。诏使赋平乐馆,善之。……武帝春秋二十九乃得皇子,群臣喜,故皋与东方朔作《皇太子生赋》及《立皇子禖祝》";②《扬雄传赞》云"以为经莫大于《易》,故作《太玄》;传莫大于《论语》,作《法言》;史篇莫善于《仓颉》,作《训纂》;箴莫善于《虞箴》,作《州箴》;赋莫深于《离骚》,反而广之;辞莫丽于相如,作四赋"。③ 班固在介绍当时创作过程之际涉及若干文体,如颂、赋、上书、箴等。倘若说《汉书》的这种描述还并不充分的话,那么,范晔撰写的《后汉书》所呈现的面貌就大不相同了。比如《后汉书·桓谭冯衍列传》载"谭著书言当世行事二十九篇,号曰《新论》,上书献之,世祖善焉。《琴道》一篇未成,肃宗使班固续成之。所著赋、诔、书、奏,凡二十六篇",冯衍"著赋、诔、铭、说、《问交》《德诰》《慎情》、书记说、自序、官录说、

---

①《汉书》,第 2145 页。

②《汉书》,第 2327—2366 页。

③《汉书》,第 3583 页。

策五十篇”；①《郑范陈贾张列传》载“逵所著经传义诂及论难百余万言，又作诗、颂、诔、书、连珠、酒令凡九篇”，②《班彪传》载“固所著《典引》《宾戏》《应讥》、诗、赋、铭、诔、颂、书、文、记、论、议、六言，在者凡四十一篇”，③《蔡邕列传》载“其撰集汉事，未见录以继后史。适作《灵纪》及十意，又补诸列传四十二篇，因李傕之乱，湮没多不存。所著诗、赋、碑、诔、铭、赞、连珠、箴、吊、论议、《独断》《劝学》《释诲》《叙乐》《女训》《篆艺》、祝文、章表、书记，凡百四篇，传于世”，④等等。郭英德在《〈后汉书〉列传著录文体考述》一文中“以中华书局校点本为依据，综合统计前述《后汉书》著录传主文辞著述的48条传记资料，一共著录了以下62种文体名称：诗、赋、碑、碑文、诔、颂、铭、赞、箴、答、应讯、问、吊、哀辞、祝文、祷文、祠、荐、注、章、表、章表、奏、奏事、上疏、章奏、笺、笺记、论、议、论议、教、条教、教令、令、策、对策、策文、书、记、书记、檄、谒文、辩疑、诫述、志、文、说、书记说、官录说、自序、连珠、酒令、六言、七言、琴歌、别字、歌诗、嘲、遗令、杂文”，对于这些文体，郭先生又从同体异名、文类泛称、句读有误、未详何体四个方面做进一步辨析，指出“《后汉书》48条传记资料实际著录了44种文体：诗、赋、碑（含碑文）、诔、颂、铭、赞、箴、答（含应讯、问）、吊、哀辞、祝文（含祷文、祠、荐）、注、章、表、奏（含奏事、上疏）、笺（含笺记）、记、论、议、教（含条教）、令、策（含对策、策文）、书、文、檄、谒文、辩疑、诫述、志、说、书记说、官录说、自序、连珠、酒令、六言、七言、琴歌、别

①《后汉书》，第961、1003页。

②《后汉书》，第1240页。

③《后汉书》，第1386页。

④《后汉书》，第2007页。

字、歌诗、嘲、遗令、杂文”。① 据此可见《后汉书》文体著录的丰富性，也可见东汉时期文人丰富的文体实践活动。关于此点，我们不妨以《文选》《文心雕龙》来作比较。萧统在《文选序》中提到的文体有赋、骚、诗、颂、箴、戒、论、铭、诔、赞、诏、诰、教、令、表、奏、笺、记、书、誓、符、檄、吊、祭、悲、哀、答客、指事、篇、辞、引、序、碑、碣、志、状共三十六类，“其中有的为《文选》所不收，而有的为《文选》所收，又不入此《序》”（傅刚 1996）。骆鸿凯在《文选学·义例第二》中说：“《文选》次文之体凡三十有八：曰赋，曰诗，曰骚，曰七，曰诏，曰册，曰令，曰教，曰策文，曰表，曰上书，曰启，曰弹事，曰笺，曰奏记，曰书，曰移，曰檄，曰对问，曰设问，曰辞，曰颂，曰赞，曰符命，曰史论，曰史述赞，曰论，曰连珠，曰箴，曰铭，曰诔，曰哀，曰碑文，曰墓志，曰行状，曰吊文，曰祭文。”②不过，据傅刚的考察，《文选》的文体分类应该是三十九类，这是因为“《文选》卷四十四‘檄’类中司马长卿（相如）《难蜀父老》一文，无论如何不应排列在钟士季（会）的《檄蜀文》之后。司马相如是西汉人，而钟会却是曹魏时人，这两人都是名人，照理是不应出错的。因此，《难蜀父老》一文也应单独标类，即‘难’与‘移’一样，都是《文选》中单独的文体。这样，《文选》实际文体类目就应该是三十九类了”。至于《文心雕龙》，从第六篇到第二十五篇论述文体，其篇题所列文体涉及诗、乐府、赋、颂、赞、祝、盟、铭、箴、诔、碑、哀、吊、杂文、谐、讔、史传、诸子、论、说、诏、策、檄、移、封禅、章、表、奏、启、议、对、书、记，共计三十三种。当然，这只是就《文选》《文心雕龙》整体而言的，二书实际上涉及的文体则颇为复杂，比如《文选》，“赋与诗

①郭英德：《中国古代文体学论稿》，第 71—74 页。

②骆鸿凯：《文选学》，第 22 页。

又析为若干类。赋曰京都，曰郊祀，曰耕藉，曰田猎，曰纪行，曰游览，曰宫殿，曰江海，曰物色，曰鸟兽，曰志，曰哀伤，曰论文，曰音乐，曰情，凡十五类。诗曰补亡，曰述德，曰劝励，曰献诗，曰公讌，曰祖饯，曰咏史，曰百一，曰游仙，曰招隐，曰反招隐，曰游览，曰咏怀，曰哀伤，曰赠答，曰行旅，曰军戎，曰郊庙，曰乐府，曰挽歌，曰杂歌，曰杂诗，曰杂拟，凡二十三类。”①又如《文心雕龙·书记篇》载：“夫书记广大，衣被事体，笔札杂名，古今多品。是以总领黎庶，则有谱籍簿录；医历星筮，则有方术占式；申宪述兵，则有律令法制；朝市征信，则有符契券疏；百官询事，则有关刺解牒；万民达志，则有状列辞谚。”②可见“书记”之下又涵括谱、籍、簿、录、方、术、占、试、律、令、法、制、符、契、券、疏、关、刺、解、牒、状、列、辞、谚等二级文体。这诚如学者所言，“分析或不无烦杂”，③此点可暂毋论。整体言之，对比《文选》《文心雕龙》一级文体标目，不难发现《后汉书》著录东汉文体的丰富程度。然而，《后汉书》的这种著录是否反映东汉文体的实际，学人对此也并非没有疑虑，比如傅刚就说：“考虑到范晔是南朝人，故《后汉书》的文体著录或许带有南朝人的观念。”④不过，郭英德推测说：“比较《后汉书》和《三国志》，有一点区别是相当明显的，那就是《三国志》仅著录传主各种文体的著述，而不掺入未归入各体的杂出篇章，而《后汉书》对传主所著文辞的著录，则包括传主所著各种文体及未归入各体的杂出篇章。这可以从一个侧面说明，《后汉书》据以为用的

①骆鸿凯：《文选学》，第22—23页。

②范文澜：《文心雕龙注》，第457页。

③骆鸿凯：《文选学》，第23页。

④傅刚：《汉魏六朝文体辨析的学术渊源》，《中国社会科学》，2000年第2期。

传记资料，或许当早于《三国志》。"①郗文倩(2007)更是从三个方面进行考证，最后指出："可以比较肯定地说，《后汉书》的文体著录在相当程度上反映了东汉时期的文体发展状况。"因此，刘师培"文章各体，至东汉而大备"的说法大抵指出两汉时期文体发展的实际。

（一）两汉文体释义与评论

两汉时期迎来文体创造的高峰，对此，人们除了在创作领域使用这些文体之外，还尝试从其他角度对这些文体进行解释、辨析。首先，需引起注意的是作者或接受群体对相关文体提出的认识。《史记·郦生陆贾列传》载"陆生乃粗述存亡之征，凡著十二篇。每奏一篇，高帝未尝不称善，左右呼万岁，号其书曰'新语'"，②刘邦君臣不仅对陆贾所呈奏议表示满意，而且还将这些奏议合集命名为"新语"。这种做法不但体现他们对"奏议""语"两种文体内涵的认识，同时在二者之间建立联系。又如《西京杂记》卷二载司马相如论作赋之法："合綦组以成文，列锦绣而为质，一经一纬，一宫一商，此赋之迹也。赋家之心，苞括宇宙，总览人物，斯乃得之于内，不可得而传。"③扬雄则在《法言·吾子》篇中指出：

> 或问：吾子少而好赋。曰：然！童子雕虫篆刻。俄而曰：壮夫不为也。或曰：赋可以讽乎？曰：讽乎！讽则已；不已，吾恐不免于劝也。或曰：雾縠之组丽。曰：女工之蠹

①郭英德：《中国古代文体学论稿》，第74页。

②《史记》，第959页。

③熊宪光：《古今逸史精编》，第113页。

> 矣。……或问：景差、唐勒、宋玉、枚乘之赋也，益乎？曰：必也淫。淫则奈何？曰：诗人之赋丽以则，辞人之赋丽以淫。如孔氏之门用赋也，则贾谊升堂，相如入室矣。如其不用何？①

班固在《汉书·扬雄传》中也写道："雄以为赋者，将以风也，必推类而言，极丽靡之辞，闳侈巨衍，竞于使人不能加也，既乃归之于正，然览者已过矣。往时武帝好神仙，相如上《大人赋》，欲以风，帝反缥缥有陵云之志。由是言之，赋劝而不止，明矣。又颇似俳优淳于髡、优孟之徒，非法度所存，贤人君子诗赋之正也，于是辍不复为。"②扬雄在年轻的时候很喜欢辞赋，可到了晚年，却对辞赋提出十分尖锐的批评。在他看来，辞赋由于过度追求靡丽言辞，最终导致辞赋失去讽谏的功能。班固对于赋的看法则不同于扬雄，他在《汉书·司马相如传赞》中说"司马迁称'……相如虽多虚辞滥说，然要其归引之于节俭，此亦《诗》之风谏何异？'扬雄以为靡丽之赋，劝百而讽一，犹骋郑卫之声，曲终而奏雅，不已戏乎"；③又在《两都赋序》中说："或曰：'赋者，古诗之流也。'昔成、康没而颂声寝，王泽竭而诗不作。大汉初定，日不暇给。至于武、宣之世，乃崇礼官，考文章。内设金马、石渠之署，外兴乐府、协律之事，以兴废继绝，润色鸿业。……故言语侍从之臣，若司马相如、虞丘寿王、东方朔、枚皋、王褒、刘向之属，朝夕论思，日月献纳。而公卿大臣御史大夫兒宽、太常孔臧、大中大夫董仲舒、宗正刘德、太子太傅萧望之等，时时间作。或以抒下情而通讽谕，或以

---

①李守奎、洪玉琴：《扬子法言译注》，第16—17页。

②《汉书》，第3575页。

③《汉书》，第2609页。

宣上德而尽忠孝。雍容揄扬，著于后嗣，抑亦雅颂之亚也。”①整体看来，班固对赋持正面肯定之态度，他将赋视为“雅颂之亚”，肯定其“润色鸿业”的意义，以及“抒下情而通讽谕”“宣上德而尽忠孝”的讽谏与教化作用。司马迁在论述《史记》创作时说：“仆窃不逊，近自托于无能之辞，网罗天下放失旧闻，考之行事，稽其成败兴坏之理，凡百三十篇，亦欲以究天人之际，通古今之变，成一家之言。”②班固在《汉书·司马迁传赞》中指出：“司马迁据《左氏》《国语》，采《世本》《战国策》，述《楚汉春秋》，接其后事，讫于天汉。其言秦汉，详矣。至于采经摭传，分散数家之事，甚多疏略，或有抵梧。亦其涉猎者广博，贯穿经传，驰骋古今，上下数千载间，斯以勤矣。又其是非颇缪于圣人，论大道则先黄老而后六经，序游侠则退处士而进奸雄，述货殖则崇势利而羞贱贫，此其所蔽也。然自刘向、扬雄博极群书，皆称迁有良史之材，服其善序事理，辨而不华，质而不俚，其文直，其事核，不虚美，不隐恶，故谓之实录。”③司马迁的理想在于“成一家之言”。班固在分析《史记》成书之际也表达其不满，在班固看来，《史记》最为诟病之处在于“是非颇缪于圣人”；尽管如此，班固还是沿袭刘向、扬雄以来的看法，高度称赞《史记》的实录精神。

以上只是简单胪列几则基于创作及接受角度有关文体认识的例证。对于两汉时期的文体来说，人们还从其他视角提出认识。东汉学者许慎在《说文解字》中从文字学的角度提及相关文体的看法，比如“言部”中说“诗，志也。从言，寺声”；“训，说教也。

①严可均：《全上古三代秦汉三国六朝文》，第602页。

②《汉书》，第2735页。

③《汉书》，第2737—2738页。

从言，川声”；“谟，谋也”；“论，议也”；“议，语也”；“誓，约束也”；“诰，诰也”；“说，说释也”；“话，会合善言也”；“记，疋也”；“谚，传言也”等。① 同样需要注意的是刘熙的《释名》，该书《释言语》论及“语、说、序、颂、赞、铭、勒、纪、祝、诅、盟、誓”，其《释书契》论及“奏、札、简、簿、牍、檄、传、券、策、约”，《释典艺》论及“传、记、诗、论、铭、诔、碑”等。比起《说文》，《释名》在解释方面更为细致，比如“语”，《说文》云：“语，论也。从言，吾声。”②而《释名·释言语》指出：“语，叙也，叙己所欲说也。”又《释典艺》篇说“《国语》，记诸国君臣相与言语、谋议之得失也”，以及“《论语》，记孔子与诸弟子所语之言也”。③ 尽管对“语”这种文体内涵的把握还存在欠缺，但在一定程度上揭示“语”的特征，这相对《说文》来说毕竟前进一大步了。当然，由于《说文解字》《释名》这样的文献，其关注的重心主要放在字义、字形等方面，因此，它们对有关文体的字词之解释，从文体角度来看，存在这样那样的不足并不意外。尽管如此，它们所做的解释，对于我们把握两汉文体之内涵还是不可或缺的。

（二）通论式文体论著有关两汉文体的论述

当然，我们感兴趣的还是那些有关文体（特别是两汉文体）的专门研究。这方面的文献，就研究对象来说，可以分为通论、专论两个层次。通论的如曹丕《典论·论文》说：“夫文本同而末异，盖

①段玉裁：《说文解字注》，第 90—95 页。

②段玉裁：《说文解字注》，第 89 页。

③王先谦：《释名疏证补》。

奏议宜雅，书论宜理，铭诔尚实，诗赋欲丽。”①陆机《文赋》云：“诗缘情而绮靡，赋体物而浏亮。碑披文以相质，诔缠绵而凄怆。铭博约而温润，箴顿挫而清壮。颂优游以彬蔚，论精微而朗畅。奏平彻以闲雅，说炜晔而谲诳。”②可惜曹丕、陆机只是对若干文体之特征进行总体归纳，刘勰《文心雕龙》就不一样，他对每种文体的源流演变及创作特征都进行了“原始以表末，释名以章义，选文以定篇，敷理以举统”的工作，通过这种工作，揭示每一种文体的起源及发展状况、文体名称的含义及特点，并选录这一文体的代表作品，分析其创作要领与方法。比如《章表》篇分三层：一是讲章表的作用、起源和演变；二是讲两汉魏晋章表作者及作品；三是讲章表写作的要领。首先指出章表源于唐尧时期的“敷奏以言”之行为，战国时期称为上书，秦时改称奏，“汉定礼仪，则有四品：一曰章，二曰奏，三曰表，四曰议。章以谢恩，奏以按劾，表以陈请，议以执异。”③刘勰比较仔细地说明两汉时期章表的类型及功能，在此基础上，继续分析两汉时期章表之代表作品，“前汉表谢，遗篇寡存。及后汉察举，必试章奏。左雄表议，台阁为式；胡广章奏，天下第一：并当时之杰笔也。观伯始谒陵之章，足见其典文之美焉。”④最后分析章表的创作要求，“原夫章表之为用也，所以对扬王庭，昭明心曲。既其身文，且亦国华。章以造阙，风矩应明；表以致策，骨采宜耀：循名课实，以章为本者也。是以章式炳贲，志在典谟；使要而非略，明而不浅。表体多包，情伪屡迁，必雅义

①严可均：《全上古三代秦汉三国六朝文》，第1097—1098页。

②严可均：《全上古三代秦汉三国六朝文》，第2013页。

③范文澜：《文心雕龙注》，第406页。

④范文澜：《文心雕龙注》，第407页。

以扇其风，清文以驰其丽。然恳恻者辞为心使，浮侈者情为文使，繁约得正，华实相胜，唇吻不滞，则中律矣。”①对于刘勰的文体分析，张少康评论说：“刘勰在论述各类文体发展时，采用了一种历史的、比较的方法。不仅善于从各类文体的历史发展过程中来分析其创作特征，而且善于通过各种文体（特别是相近的文体）之间的比较来阐明其创作特征。……这种科学的方法，是刘勰文体论研究之所以取得重大成就的重要原因。”②因此，尽管刘勰的文体论研究并不是特意针对两汉文体进行的，但是，《文心雕龙》涉及两汉文体部分的研究其意义是深远的，至今仍然发挥不可替代的作用。此后王应麟《玉海·辞学指南》、潘昂霄《金石例》、吴讷《文章辨体序说》、徐师曾《文体明辨序说》等不同程度上涉及两汉文体，但其论述大抵简略。褚斌杰在《中国古代文体概论》第十一章、第十二章中分析古代文章的各种体类，计有论说文、杂记文、序跋文、赠序文、书牍文、箴铭文、哀祭文、传状文、碑志文、公牍文、笔记文、语录体、八股文、连珠文等十四种类型，在相关类目下对两汉文体作品进行评论。

以上这些论著主要是在长时段中讨论众多文体，还有一种情况，即在长时段中通论某一种或某一类文体，此时也涉及两汉文体，比如胡元德(2006)《古代公文文体流变述论》，其“研究对象是古代公文文体，其范围上起夏朝，下迄清代，共约四千年”，对于汉代公务文体，作者分析说：

> 汉代公务文书的种类和用途增加许多，按蔡邕《独断》记载，两汉的诏令类公文除继承秦代的“制书、诏书”外，又增加

①范文澜：《文心雕龙注》，第 408 页。

②张少康：《中国文学理论批评史教程》，第 133 页。

> 了“策书”和“戒书”两种；奏议类公文除沿用秦朝的“奏”之外，增加了“章、表、驳议”三种。事实上，两汉时期增加的文种还有很多，诏令类有“铁券”（铁契）、“露布”（露板、露版）、“封”（增封、益封、封赐、辞封）、“策问、手敕”（申敕）、“口谕、九锡文、符命、切责”等。奏议类公文有“疏（上疏）、状、封事、奏记、便宜、谠言、笺（笺表）、奏策”等。各级官府使用的下行文，除沿用秦朝的“教”之外，增加了“敕、令、布告、府书、扁书、方书、檄（合檄、飞檄、板檄）”。上行文主要有“应书、奏记（白事、签）、牒、刺”等。平行文除沿用先秦时的“移”（檄移）外，增加了“品约”。专用公文除沿用秦代的“符、传、爰书”外，新增加了“过所、棨、繻、舆图、列、行状、章程、起居注”等种类。

胡明波（2005）《中国古代官署平行公文文体研究》则选取古代公文中的官署平行公文为研究对象，分析其文体特征及其演变，其中涉及“汉代的教、移、檄、露布、状、谱、书、计”。杜晨阳（2007）《铭文文体及唐代铭文概说》虽然重点探究唐代铭文的发展进程，但在追溯先唐铭文流变时指出“汉代是铭文全面发展的时期，铭文创作160余篇。在庙堂之制循前代铭文传统向整饬成熟发展的同时，铭文世俗化发展的倾向也比较明显”，并且“此时铭文的写作题材也有所变化，如班固的《十八侯铭》一类的铭文题咏礼赞的对象从物变为人，铭文内容与载体的同一性开始出现分离，显示出铭文正从题刻文字向独立文体转变。另一方面铭文的文学性也在逐渐增强”。郝静（2008）《吊文文体及宋前吊文研究》“以宋代以前的吊文为文本依据，力图在历史纵向上全面关照吊文文体在此段时期内的产生、发展、流变、分类以及文学价值等各个具体方面，系统全面研究吊文文体”，指出两汉三国是吊文发展的发轫期，并认可“刘勰从大的文体范畴着眼，将赋体吊文视为吊文一类”的做法，将贾谊《吊屈原文》视为吊文的开篇之作。

龚长春(2014)《先秦两汉书信研究》重点分析先秦至汉代书信的嬗变、情感分类，以及先秦两汉书信和社会思想、诗歌之关系。张志勇(2010)《唐代颂赞文体研究》分析两汉时期之颂时说：“颂至汉代，在内容上，不再被特殊的内容所限囿，颂的对象从帝王、圣祖、神灵，逐渐降及清官贤臣、武将百姓，甚至咏物言志，在形式上也突破了四言古体诗的路子，有楚骚，有大赋，有序文等情况，那么，参照后世颂作，我们认为，颂在文体上的发展至此已经成熟。”对于两汉时期的赞，作者指出：“秦汉以来，赞发生了第一次裂变，分别朝着四个方向，各自前行。一为史赞或论赞，依附于史书，起着约文总录，纪传后评，托赞褒贬等的功能和作用，渐变为后世有韵或无韵的史论；二为画赞或像赞，依附于(非附着在)图画而存在，起着阐明、辅助画面的作用。三为经赞，主要是汉儒对儒家经典诠释时创作的，以解说和议论为主，起着辅助阐释经书的作用。四为杂赞的崛起。自上古的‘乐正重赞，盖唱发之辞也。及益赞于禹，伊陟赞于巫咸，并风飏言以明事，嗟叹以助辞也’的这类赞，在西汉中后期，‘相如属笔，始赞荆轲’之时，重新回归，并不断地与画赞分庭抗礼，逐渐壮大，在东汉中后期，又吸收了铭、箴等文体的营养因子，取得了独立的地位。其中史赞最早发展，同时画赞也在不断前行，经赞在汉以后，逐渐没落，其手段和方式则被佛赞等所借用并汲取。发展较晚的则是本为萌芽最早的杂赞。到东汉末，在文体自身和外部因素共同作用下，赞完成了史赞、画赞、经赞与杂赞的第一阶段的四类定型。”

张洁(2016)《两汉魏晋弹劾文研究》“借鉴褚斌杰在《中国古代文体概论》中的观点，认为弹劾文是包括弹事、封事、奏、表等文体在内的，用于弹劾、揭发官员违法犯罪、失职过失的上行公文。鉴于此，本文以严可均《全上古三代秦汉三国六朝文》为蓝本，粗略估计符合标准的弹劾文《全汉文》97 篇、《全后汉文》59 篇、《全三国文》17 篇、《全晋文》70 篇，共计约 243 篇作品。立足于两汉魏晋时期的弹劾公文，……期望将弹劾文作为专门的研究对象，分析两汉魏晋时期内弹劾文的形成与发展，从文本窥探当时的社会政治文化因素，概括弹劾文独特的行文方式、文学特色，并且分析作为写作主体的官员士大夫们的思想心态”。

黄琳锋（2016）《两汉魏晋“设难体”研究》“以两汉魏晋时期的‘设难体’文本为研究对象，从文体溯源入手，结合文体辨析，摸索‘设难体’的生成与演化轨迹，着眼其整体性与动态性，考察其文体特征及其文风在不同时期的消长嬗变，多维度地剖析这一独出机杼的文体内涵”。贾倩（2017）《先秦两汉“说”体源流研究》“以先秦两汉的说体文作为研究对象，在整体框架上以考察说体从行为方式变为本文形态进而成为文体样式为基本线索，……试图从语言学、发生学、文化学的角度对说体进行研究，以历史研究的方式梳理清楚说体存在的几种形态及其成因，从而在纵向上观察出说体一以贯之的文体本质，在横向上辨析清楚说体几种形态之间的关系，……最终较为完整地还原出说体发生发展的过程”。

朱明勋（2004）《中国传统家训研究》分六个部分，认为汉魏六朝是传统家训的发展期，此部分重点论述汉魏六朝传统家训的发展情况、表现形式、思想内容，并分析传统家训在汉魏六朝产生文献家训的原因。就汉魏六朝家训的表现形式来说，“汉魏六朝时期的家训还十分稚嫩，即它只以‘家书’或‘遗令’等形式出现，还没有产生包容性较大的专著，这一点恰好如实地折射出了这么一种历史现状：即这是一种过渡的迹象，是从家训著述的不自觉走向自觉后在通往成熟之路中的过渡迹象”，然后着重介绍家书、女训、遗训几种体式。闫续瑞《汉唐之际帝王、士大夫家训研究》分三个部分，分别论述汉代、魏晋南北朝以及唐代帝王、士大夫家训，每一部分大体又从文献考查、内容研究、形式分析三个层面展开，在“汉代帝王、士大夫家训研究”的形式分析中，认为“汉代帝王家训文体形式简单。汉代士大夫家训文体形式较为丰富，以书信居多，与书信具有实用性、对象性、叙述性、传递性等特质密切相关。班昭《女诫》在形式上确立了后世女训的基本体例。诗歌体家训数量较少，现存可靠作品仅韦玄成的《戒子孙诗》一首，却在家训文体变迁历程中具有重要启示意义。汉代家训训诫方式灵活多变，整体语言风格是句式散漫，语言平实朴素，文风质朴”。张静《先秦两汉家训研究》有关汉代部分重点论述的是两汉家训的帝王、修己、治学、为官、丧葬、女教等思想，以及此时期家训的文化学特征。至于两汉家训的文体风貌，则措意甚少，只是简单指出：“两汉时期，家训文体逐渐丰富，就帝王家训来说，敕与诏书是汉代帝王家训使用的主要的文体样式。如刘邦《手敕太子》、汉文帝《遗诏》等。在两汉的其他家训中，使用文体较为丰富。主要有语录、书信、诫体（如班昭《女诫》）、诗歌等。”张丽萍《先秦至南北朝家训研究》则主要分析先秦两汉魏晋南北朝时期家训的基本内容，以及各个阶段家训与学术思想、家族、家风之关系。阚海燕（2018）《中国传统家训文体流变研究》指出“家训有着丰富的文体表现形式，是书、训、诫、诗、箴等文体类型的集合”，论文按朝代顺序分为四个部分，在汉魏六朝时期，“着重对书、箴、诫三种文体的源流进行考察，并总结了这些家训文体的特点。其中，书体家训短小精炼，善用比喻；箴体家训形式刻板，用语古奥；诫体家训结构清晰，内容多样”。

徐可超(2003)《汉魏六朝诙谐文学研究》强调两汉诙谐文学以辞赋为主体，第一部分涉及汉代诙谐辞赋创作的性质、特点、发展状况以及文化背景，首先从汉武帝时期士人在特殊历史条件下的政治处境、思想意识和自我抉择这一角度，分析东方朔等文人从事宫廷诙谐辞赋创作的目的；其次分析王褒诙谐辞赋的艺术特色和成就，以及民间内容、风格的采用和融入对诙谐辞赋艺术水平的提高；再次从扬雄的经历和思想方面探讨他的诙谐辞赋的内容，特别是把诙谐辞赋从一种娱乐品转化成为士人自身思考和现实批判的载体这一贡献给予肯定；最后描述东汉时期诙谐辞赋的创作情况，分析该时期诙谐文学创作相对平静而后期又有所抬头的原因。

张影洁(2005)在《唐前俳谐文学研究》中有关两汉俳谐部分，分析以东方朔、王褒、扬雄为代表的西汉文人的俳谐行为，同时结合鸿都门学分析东汉谐赋的创作。徐善思(2007)《汉魏六朝俳谐文学概说》整体上不仅关注汉魏六朝俳谐文学作品的创作情况，而且力图系统全面阐述本时期俳谐文学创作理论、文学批评与接受；指出俳谐文呈现风格浅俗、用韵及多用夸张与拟人的文体特征；对于两汉时期的俳谐文学，具体分析其发展、传播及创作成就。安晋芳(2016)《汉魏六朝徘谐赋的"谐趣"研究》在追溯徘谐赋起源之基础上，分析其思想旨归，并重点探讨汉魏六朝徘谐赋的谐趣建构及审美异趣；同时从文体方面将此时期徘谐赋解析为寓言体、客难体与戏仿体三类。张梦珂(2018)在《文体学视域中的汉魏六朝俳谐文研究》中指出俳谐文兴起于汉代，在魏晋时期蓬勃发展，至南北朝时期达到高潮。论文具体分析俳谐文与赋、一般实用文体、公文体之间的衍生关系，认为"俳谐文首先借助具有亲缘关系的赋体以获得生存发展，形成了一种独特的衍生模式。之后在契约、招贴、药方等民间实用俗体上进行尝试，又向箴、论说、书信、'文'等日常实用文体渗透。技巧成熟之后，开始转向九锡文、檄、移、弹事、表等公文体，利用形式与内容之间的反差，形成了独具特色的公文体俳谐文"。

这些研究虽然并没有局限于两汉时期，但是基于长时段的视野仍然有效地展示两汉相关文体的源流演变。另外，有些研究并不是直接讨论具体文体，比如吕红光(2010)《先秦汉魏晋南北朝文体观的生成与发展》，"试图描述从先秦没有文体观念到魏晋以来'文章整体'观念的生成及其南北朝时期文体观念繁盛的演进历程"，这对于我们探究两汉文体来说仍然有着重要的启发意义。

(三)两汉文体的专门研究

在上述研究之外，人们也瞩目于两汉文体的专门研究，这方面也积累不少的成果。大体言之，这些成果可分为两个层面：综合研究与具体文体研究。所谓"综合研究"，是指在不局限于特定文体的情况下对两汉文体的生成、演变、形态、功能等方面进行多元化研究。于雪棠《先秦两汉文体研究》一书表面上讨论先秦两汉文体现象及文体观念，似乎并不限于汉代，但是，该书分析先秦文体时往往注重揭示它们对汉代文体生成的影响，因此，先秦这部分内容在一定程度上可以说具有导论的性质。该书分析《周易》本经对卦式结构、包举宇宙式的结构、经传合编的结构编排体例对战国秦汉散文著述体制的影响；《尚书》典体文对汉代封禅文本的影响，以及训体文对《史记》《汉书》书志的影响；《公羊传》与《春秋繁露》不同的文体，反映先秦与汉初两种不同的经学阐释方式；西汉诏策与帝王经学师受的关系；指出刘向《说苑》《新序》《列女传》的体例缘于先秦诸子及战国汉初的说经方式，而其"意在言先，以事言理的思想表达方式与《周易》一脉相承”；该书还讨论汉代碑文以及碑与铭诔的文体关联。① 吕逸新（2009）《汉代文体问题研究》“不仅研究汉代主要文体的演变、特征和分类问题，而且比较系统地研究汉代的文体批评理论，文体与经学等文化因素的关系，文体发展中的拟作现象，以及汉代文体发展对文学自觉意识的影响”。杜继业（2009）《汉代文体形态研究》就汉代文体形态的发展、基本特征以及汉代文体演进的文学史意义展开分析，指出“汉代文体形态比起先秦那种无序混乱的文体状况已经有了长足的进步：各体文体形态的分类意识逐步清晰；文人在创作过程中有相对明朗的文体形态追求意识；各种文体形态随着文学的发展不断从各种附属形态中剥离，形成各自独立的体式和审美追求；史家在对各作家及其文学作品的整理过程中，形成了较为成熟的分类意识”。郗文倩（2007）《中国古代文体功能研究——以汉代文体为中心》选取文体功能作为研究两汉文体的切入点，这主要是基于中国古代文体发展特殊性的考虑。在作者看来，“源于功用本是文体生成的最基本方式，也是类分文体的主要方式。中国古代礼制繁缛，不同的交际场合往往要求采取不同的言说行为，这就产生了文体之‘体’，由‘体’相应带来不同的文辞样式，也就是我们常说的体裁。因此，古代大多数文体都有具体的实用功能以及特殊的适用语境，这种特殊的生成背景决定了文体的体制、风格以及修辞的选择，而文体与其具体功能之间的关系变化也直接影响了该文体在后世的流变”。该论文分上下两编，上编“主要从文体功能角度对中国古代文体发生发展当中的一些普遍性问题进行思考”，具体考察文体功能对于古代文体发展的意义、

①于雪棠：《先秦两汉文体研究·前言》，第3—4页。

文体与古代礼仪文化制度的特殊关系、先秦官制与早期文体的职业化撰作，以及汉代文体发展状况；下编是汉代文体的个案研究，重点分析先秦隐语与西汉散体赋的关系、秦汉颂体的礼仪性创作、汉代图画人物风尚与赞体的生成流变、《僮约》的徘偕效果及文体示范意义，以及告地书、买地券、镇墓文的生成。又如尚学锋《汉代经学与文体嬗变》一文"把经学看作一个由经典文本、经学取士制度、经学学术活动及学术观点构成的完整体系"，指出"经典文本包含多种文体因素，汉代作家更是有意识地学习经典进行创作，致使赋、颂、诔、碑、铭、箴等文体都与经典文本结下了不解之缘"，并且"在经学阐释程中形成了不同的文体，诸如序、记、传、说、笺等，其中有些文体逐渐脱离了解经的形式而发展成独立的散文文体"，另外，"经学的学术辩论、经学之士的交游等活动也对某些文体的产生和变化产生了重要影响"。① 这些研究主要从两汉文体的整体出发，基于较宏观的视野，比较全面地阐释两汉文体的存在状况。

"具体文体研究"是指侧重于对两汉时期某一特定文体而展开的研究。《后汉书》载录两汉时期四十余种文体，近二十年来，碑文、家训、铭、俳谐、书信、序、箴、奏议、诏令这些文体颇引起人们的注意。在碑文研究方面，李新霞(2007)《汉末碑文研究》从文化和文学角度出发，"在展现碑文在汉末发展演变轨迹的同时，力求揭示文体的演变与社会制度、社会风气及文化观念间的有机联系，并透过碑文来观照汉末极盛的人物品评，以期对士人价值观念的变迁有一个整体把握"。何如月(2008)《汉碑文学研究》第二章专门分析汉代碑文体式的形成，指出"碑文是在东汉时期特定

①尚学锋:《汉代经学与文体嬗变》,《长江学术》,2007 年第 3 期。

的社会文化背景下，在一种特殊的载体中形成的一种文体形式。其内容主要是记叙墓主履历修为、咏颂功德业绩，勒于石上，表于墓旁，以供瞻仰祭祀。这种体式形成于东汉中叶，它是秦汉刻石文字与东汉前期铭颂在演进中互相交融的产物”。具体来说，汉碑文体的发展，大致可分为三个阶段：一是演进定型期，此时期有的“仅具简单记事功能，只记叙亡者姓名、历官、卒年等，文后无咏颂韵语，有序无铭，文字质木无文”，有的“碑文包括三部分，前有短序，述亡者卒葬及勒碑之缘起。中间为诔辞，以四言为主，篇幅长于序；最后有乱辞总括，颂扬德勋”，有的“文体基本定型，前序后铭，序长于铭”；二是成熟期，“有序有铭，序为主体，记述碑主世系、学行、历官、卒葬，而铭以四言韵语的形式对序进行总括，序长于铭，与前期不同”，在内容方面，“叙写哀情的成分渐渐增多，显示出诔文对于碑文的渗透和影响”，同时“语言风格更加华美，讲究藻采，语趋骈丽，由最早时期文学性较弱的应用文体走向文学性极强的美文的发展之路”；三是衰落期，由于“对朝政的清议开始转为清谈，道德学问让位于才性容止、精神气度，以述德为主要内容和目的的碑文也失去了其文化背景，因此风光不再”，但在写法上，基本沿袭桓灵之际碑文的传统写法。李德品（2008）《东汉碑铭文研究》旨在对碑铭文在东汉的萌芽、发展、演变并最终定型的过程，以及文学特征进行研究，同时对蔡邕的碑铭进行专题研究，指出“秦到西汉是墓碑的酝酿期，这个时期出现的秦代纪功刻石以及墓前石雕、坟坛，墓表、墓碣等墓地铭刻物是东汉墓碑产生的重要源头。进入东汉中后期，特别是桓、灵之世，墓碑的发展达到成熟、鼎盛阶段。东汉盛行厚葬，这在客观上促进了墓碑的发展成熟。至此，无论是形制，还是书体、文体、墓碑的发展都极尽完美，完成了由上古穿绳引棺的丰碑到‘追述君父之功美’的墓碑的演变”。杨笑菡(2014)《东汉碑刻文研究》将东汉碑刻文置于文化史的背景下,既考察刊石勒碑现象的产生,又考察其文本内容所传达出的信息,同时分析碑文体制的形成、发展过程以及碑文的文体特色。此外,刘海宇(2011)《山东汉代碑刻研究》将“作为文物的山东汉代碑刻本身以及作为文献和书法的碑刻文字”作为研究对象,通过“对山东汉代碑刻进行详细的调查和清点,追踪汉代碑刻研究千年学术史的发展脉络,分析和辨正前人在汉代碑刻研究中的问题,梳理山东汉代碑刻本身的发展过程、演变规律以及分布保存情况,总结山东汉代碑刻特点及其社会文化背景,研究汉代碑刻文字的字体及其书法艺术”。

在家训文体方面,安颖侠(2008)《汉代家训研究》从纵向角度将汉代家训分为西汉前期、西汉中后期、东汉前期、东汉中期、东汉中后期五个阶段,以寻求发展变化的轨迹;同时集中纵向论述礼俗观、功名观、妇女教育观,展现两汉不同历史时期训主思想观念的变迁。付元琼《汉代家训研究》从文体学、文化学、文学等角度出发,对汉代家训的名称、源流、文体特点与功能、文化意蕴、文学价值等问题进行探讨。在文体方面,作者多角度阐释(汉代)家训的特征,首先,作者不但肯定家训本身就是一种文体,还认为“家训包括很多亚类文体,就汉代而言,主要有家敕、家戒(诫)、家书、遗令、家训(狭义)、家教等等,……这几种家训文体除‘敕’外,都成为后世家训中比较常用的文体”。其次,在家训文体归类上,家训既包括无韵之文,又包括有韵之作,是一种“文”“笔”相兼的文体;不唯如此,“家训是以文为主,家训散文是为劝诫、训示家、族成员,为治家而作,应属应用文体”,又“根据多数家训表达形式有叙、有议而又以议为主归类,家训散文又属论说文体”,“同样根据家训散文有叙有论的表达形式来看,许多家训散文又属于杂文类”。再次，按照适用对象的不同，家训可以分为帝训、女训、一般家训，“帝训指帝王对皇属的教诫、训示，女训是以女性为训诫对象的家训，这类家训包括婚嫁女训（或称嫁前女训））和普通女训两种。婚嫁女训是家长就如何在夫家立身、如何为人妇等问题对即将出嫁的女子的教诫，普通女训则包括婚嫁女训以外的所有女训。一般家训指除帝训、女训的其他家训，此类家训根据家训主体的身份不同，又可分为士大夫家训和平民家训”；从内容来看，“家训可以分：①家规，是指将家（族）众所应遵守的诸如为人处世及护家保族之类的事项以规条的形式列出，它对家（族）众具有极强的强制性。②家仪，是指将家（族）众日常起居及冠、婚、丧、祭等礼节、仪式作为训诫事项，它对家（族）众一般也具有强制性。③家教，是指家庭（族）中一般性的教诫，它主要重视对家（族）众的劝谕而基本没有强制性”；就生成方式来看，家训则可分为口头家训和书面家训（付元琼 2008）。郝嘉乐（2015）《东汉家训研究》重在分析东汉时期家训的类型、内容、文学价值及影响，在家训类型方面，“东汉时期的家训以儒家典范为依据，对后代的修身处事等方面进行训诫和指导。除了对后辈的教导外，交代身后之事也是本时期家训的重要内容，此类遗训主要以要求简葬为主。东汉家训较之前代而言最突出的特点是出现了专门教导女性后辈的女诫，训主对于族中的女性后辈往往是希冀她们履行一系列道德规范去相夫教子，以成为当世所宣传的贤妻良母的典型”。该文对家训文体略有涉及，认为“中国古代传统家训是宗法社会的产物，是一家或一族之中用来劝诫、训示、修身、治家的口头语言或书面文字”，并简要介绍东汉家训所涉及的“家书、诫、敕、遗令、遗诏”等几种异称。

在铭文研究方面，余凤（2008）《汉代“铭”体文学研究》指出汉代之铭的文学样式主要有诗体、骚体、序体和赋体四种形态，并“侧重探讨铭体在汉代的发展，从铭体的不同类型分别考察其文化内涵及汉代士人人格与情趣，以及从文学的视角分析汉代铭体不同的体制与风格”。张甲子（2010）《汉代铭文研究》“从铭文的文体意识、铭文的文体分类、汉代铭文文体形式的变化三个方面为切入点，对其形成背景及其体式特点进行清理”，依据铭刻载体的不同，将铭文分为山川铭、器物铭、居室铭、杂铭四类，指出作为“诗之变体”，铭文“以四言为正，又与杂谣、杂谚等互有影响，与汉代诗歌的文体演变关系紧密。两汉铭文文体独立性不强，与箴文、颂文的同体异用，后又衍生出碑铭、墓志铭等文体”。高英（2011）《汉代铭文研究》从铭文文体入手，就汉代铭文发展特点做深入探究，指出“汉代铭文有自己的特殊性，它不仅载体形式增多，文字内容扩大，篇幅加长，功能也得到有效的扩展。……铭文文体在汉代得到较为显著的发展，其所包含的很多方面在汉代发轫并初步确立，如碑志铭文、座右铭等。铭文的发展也在很多方面影响了其他文体的形成与发展，如汉铜镜铭文对诗歌的影响等”。赵娜（2014）《汉代文人器物铭文研究》从内容上将汉代文人器物铭文分为叙事颂德、警戒诫勉、题咏赞物、祈福祝愿四类，指出“汉代的铭文不仅与颂、赞、箴、碑等文体异体同用，还与诗、赋有着密切的联系”，一方面，铭文四言体式深受《诗经》四言诗歌形式的影响，另一方面，西汉器物小赋的创作手法对器物铭文产生一定的影响。邓林（2017）《汉代铭文镜研究》“把铭文镜背面的纹饰与铭文作为一个整体来对待，在还原当时历史情境下，从铭文与纹饰分别解读的基础上切入，考察汉代铭文镜所体现的汉代人的审美、宗教、社会思想以及艺术理念”。

关于俳谐，熊伟业（2007）《汉代俳谐文述论》认为俳谐文以

“俳谐”取义，体裁不一，两汉时期几乎所有文章体裁都可以用来作俳谐文，如“赋”有《神乌赋》《逐贫赋》《髑髅赋》《短人赋》《诮青衣赋》，“杂文”有《答票骑难》《僮约》，“辞”有《责须髯奴辞》，“书”有《应诏上书》，“论”有《博徒论》，“箴”有《酒箴》等；并且指出“西汉以及东汉的大部分时期中，俳谐文的目的主要的还在于滑稽、谐谑，或者自以排遣、或者诙谐娱乐，与现实具体问题联系并不紧密，俳谐文设计的领域还有限，其锋芒毕露的时期还要等到汉末孔融的俳谐文创作的出现。……在讽刺时政的俳谐文发展过程中，孔融之作具有首创的意义，并由此奠定了俳谐文戏谑、嘲讽、辛辣、幽默、诙谐的创作风格”。陈纯（2017）《两汉谐辞研究》对两汉时期谐辞的体式、特征、创作手法的承继和影响等问题进行论述，认为“两汉时期是谐辞发展的关键时期。其谐辞作品的数量较先秦大量增加，体式上逐渐定型，其中东方朔的《答客难》、扬雄的《逐贫赋》、班固的《答宾戏》成为了后人创作谐辞的体式典范。在表现手法上也逐渐成熟，并对后世的创作产生重要影响”。

关于书信，刘德纯（2010）《两汉尺牍文研究》指出先秦时期公文尺牍和私人尺牍常常交织在一起，两汉时期尺牍文完全脱离公牍文的性质而成为个人交流思想情感的工具。作者将尺牍文与疏、启、笺等文体进行比较，考察尺牍文的文体功能；同时结合汉代的政治文化背景，着重研究尺牍作品抒情、叙事、说理特征及文风变迁。李明丽（2011）《汉代“私书”研究》认为“汉代私书确立了私书在书类文中的独立地位，改变了先秦时期私书与公文书混为一谈的状态”，汉代私书主要包括书、记、笺三种文体，在内容分类与写作形式上为后世私书树立了大致的方向。张榕（2016）《东汉书信与士人生态研究》将东汉书信与士人生态研究紧密结合，从政治、文化、人的觉醒及物质、制度等方面考察东汉书信文学的兴起，关注士人日常生活，结合东汉书信的内容探究士人的生活态度、生活哲学及生活意趣，探讨东汉的人物品鉴之风，分析东汉士人评价人物的特点。梅思玲（2017）《两汉书信体散文与士人形态》首先厘清书信体散文的概念，指出“狭义的书信体散文把皇帝的敕书（即皇帝慰问、通知、告诫、约束臣子行为的书）、诏书（即用于皇帝对臣下训示和答复臣下所上奏书）、玺书（即功用等同于诏书的书）、赐书等性质的书信，以及臣子的奏书等政治目的十分突出的书信，也就是政治性公文排除在外，主要包括篇幅较长的书信，特别是指亲朋之间相互往来的书信和臣子对君主剖白内心的书信，也包括短小精悍的尺牍（短简），但不包括人臣向君主建言献策并通篇发表对某事的见解的书信”；进而重点分析两汉书信体散文发展，以及士人心态与书信体创作之间的关系。

关于序文，孙丽萍（2010）《汉代自序文研究》认为“自序文是作者自述自己的身世及成长经历，总结自己所创作文章或书籍的大体内容，阐明自己创作的因由缘起，抒发个人思想情感的文章”，书籍自序滥觞于《庄子》，自序家世最早源于《离骚》，《吕氏春秋·序意》是最早以序字名篇的自序文，汉代出现《太史公自序》这样自述身世经历的书籍自序文，此外还产生附在论、诔、铭、颂、表等文体之前的自序文。汉代自序文经历由叙事向抒情的演变，西汉辞赋的序文，大多围绕赋文做故事性的陈述，东汉时期赋家作序开始有意识将自己的行为、思想记录在序文中，抒发自己所观所感，着意表现自己的情绪。贾睿茹（2011）《两汉散文序跋研究》重在对两汉散文序跋外在形态、思想内涵、文学理论内涵及文献价值进行梳理，具体描述两汉散文序跋的文体种类及特征：文集序、文后序（跋）、自序、序与其他文体不分、序的称谓由散乱逐渐走向固定、出现较为完备的序文体例、出现总序和分序相结合的序文方式。李燕华(2013)《汉代序体文研究》认为序体文在汉代处于生发期,形态各异,呈现复杂面貌。《毛诗》序开创大小序结合的作序形式,《尚书》序和《楚辞章句》序在此基础上加以继承并创新,这种写作模式还被应用到专书序中;两汉史书序主要出现在《史记》和《汉书》中,按照所序对象的不同可分为表序、类传序、志序三类;专书序可以分为解经传之序、书籍自序、刘向校书序三类,其中解经传之序属于他序性质,书籍自序多出于作者之手,刘向校书序是校勘、整理文献典籍的产物,内容上加入校勘过程的记录,有别于其他序体文;单篇文章之序包括赋序、诗序、文序等。王月(2016)《汉代书序研究》侧重探究汉代书序的名称源流、发展状况、内容特点与体例形式,指出书序源于《周易·序卦传》《诗大序》。书序是对书籍本身的介绍,包括成书背景、创作过程、内容主旨、编排体例等方面。汉代书序存在大小序结合和书序兼传的写作形式,《太史公自序》增加对作者家世生平的介绍,丰富书序的内容,影响自传文的写作。

关于箴文,曹丹(2009)《汉代箴文研究》一文辨析箴文与铭文、诫文的异同,揭示箴的文体特征及官箴与私箴的分类,梳理汉代箴文发展的基本脉络及现实功用;在整体研究汉代箴文文学特征之基础上,重点分析扬雄箴文的创作情况。卜晓伟(2012)《汉代箴文研究》揭示汉代箴文文体观念及文体体制的形成过程,指出"先秦不同含义之'箴'字的出现,至两汉箴文丰富的创作实践,再到魏晋时期箴文文体理论的完备,箴文的文体观念经历了萌芽、发展与形成三个阶段,而汉代箴文文体体制的形成则受到了《诗经》《尚书》以及汉代其他文体的影响";西汉箴文以扬雄为代表,其创作虽然存在模拟《虞箴》的迹象,但整体变革多于因循,体现扬雄的创新意识;东汉箴文创作人数较多,"崔氏四人的箴文创作在内含个性的基础上基本延续了扬雄箴文的创作体制，而其他作者的箴文则呈现相对零散的状态，包含了许多新变的元素，这种新变主要体现为三类特殊箴文的出现，即针对贵族女性的箴文、用于私人之间的箴文以及狭义的咏物箴”。侯妍（2015）《汉代箴铭文研究》阐述箴文和铭文的起源、发展和演变，以及汉代政治、经济、思想文化等因素对两类文体的影响，进一步分析两类文体在写作方法上的异同。

比较起来，人们对奏议、诏令文体更为关注，就这方面的成果而言，有的侧重汉初奏议研究，如王长友（2007）《汉初政论文研究》分析汉初政论文生成的时代背景，着重探究汉初政论文的现实特质，指出以贾谊、晁错为代表的汉初政论文作者，“针对当时的政治、经济和思想局势，写出一些针对性较强的政论文，或分析和解决社会的政治和经济矛盾，或加强礼制建设和总结秦王朝短期灭亡的原因，借古喻今”；同时从文体兼备、谋篇布局、语言特色和风格存异四个方面透析汉初政论文的文学性。谢伟伟（2013）《西汉初年奏议文研究》分析汉初奏议章、表、奏、议、疏等五种类型的特点、功能和写作要求；分析汉初奏议的主题趋向，指出刘邦到吕后时期主要集中于稳定新生政权，包括总结秦亡教训、封赏功臣、对待六国后代和铲除异姓王，而文景时期主要着眼于经济发展、削藩和防范匈奴；同时还具体分析汉初奏议的社会功用、民族精神、文学及美学意蕴。有的侧重西汉中晚期奏议研究，如袁青梅（2015）《西汉社会转型与元—平时期奏议文演进研究》认为西汉元—平时期处在一个皇权旁落、经济疲敝、经学昌盛、阴阳灾异思想兴起的时期，这一社会背景深刻影响本时期奏议的产生与变化。作者指出，此时期奏议作者的构成比较复杂，有宗室、宦官、外戚、儒臣等，他们的奏议反映了元—平时期政治环境、经济

制度之下确立的，秦始皇对诏令类文体的生成，从制度的确立到体制的示范，其贡献是不可磨灭的；汉代诏令正是在此基础上达到形制完备、意辞兼美，成为历代诏令的典范。汉代诏令存在策书、制书、诏书、敕书、谕、玺书、铁券文等形态，由于颁诏者身份的多重性而致使诏令功能的多元化，比如以天子名义颁布的诏令折射出两种用意："其一，天子颁诏的对象为天地神灵。其旨在向上天、神灵表明自身德行遵从、符合身为天子的标准，从而在道统上具备了治理天下的合理性"；"其二，以天子名义颁布的诏令，还旨在向天下昭示，其政权受命于天，在政统上具有神圣不可侵犯的合法性"。汉代诏令具有气象宏阔、辞尚典雅、情理相参的特征。论文还对汉代策书、制书、诏书、戒敕以及诏令与政治文化分别做了具体分析。张润中（2015）《汉代诏令之文学研究》分析诏令的源流、命名、分类，指出汉代诏令经历从言辞到文辞，到最终确立诏令文体典范的过程；同时还分析汉代诏令的思想、创作与接受问题。刘庆帅（2016）《汉代上封事研究》分析上封事制的形成、运作程序、保密措施以及封事的分类、产生的意义与演变。汉代封事分检举性、建议性、乞情性和预言性封事，检举性封事是朝臣专门以检举弊端、揭发劣迹和纠弹不法为内容的封事；建议性封事是朝臣对某事、某人或某问题，自动或遵旨发表意见，或提出相关建议的封事；建议性封事分两种，一是就某事给出意见，一是就某职举荐人才；乞情性封事是朝臣对于皇帝有所请求的封事；预言性封事主要是朝臣向皇帝报告占卜吉凶祸福结果的封事。汉代上封事制为后世密奏制度的发展奠定基础，随着封建专制皇权的不断加强，密奏逐渐占据越来越重要的地位，至清代则完全取得压倒性的优势，成为上书皇帝的主流文书。有的则从相关制度入手，考察汉代奏议的生成，如张若曦（2004）《汉代选官制度与试策文》从汉代选官制度察举与征辟入手，探究试策的时间、地点与试策文的产生、分类。汉代以策取士始于汉文帝，随着察举渐成制度，策问与对策也逐渐成为定制。试策的时间一般是在察举之后，授官之前，地点多在白虎殿、石渠阁以及宣室。试策分为对策和射策。汉代对策文的重要特点是“极言直谏”，这是因为“一是两汉诸帝求贤纳言的真诚态度，给应试者创造了能真正直言极谏的客观环境；二是后代科举制较之汉代察举制而言，功利性日益增强，致使试策文的应试功能凸现而文学性降低”。曲鑫明(2013)《汉代策对制度与对策文研究》重点考察汉代策对制度的形成和演变，指出策对制度的产生和演变与汉代君主的天人观念有极大的关系。由于汉代君主对自己出身以及皇权的合理性缺乏自信，他们急于寻求人才，以辅助统治。董仲舒用天人感应思想诠释天人之间的关系，认为灾异的出现是上天对君主的遣告，因而灾异成为汉代君主最畏惧、最急需解决的问题。武帝之后，在策问内容上，皇帝多策问灾异；在对策文中，被举者多将灾异引向君主的政治失误。王媛媛(2017)《西汉谏议制度研究》重点分析西汉谏官的设置，谏议渠道、方式及内容；同时还分析影响西汉谏议的文化因素，探讨西汉谏议制度的生成机制和活动法则。还有的从写作学的角度出发，考察汉代奏议的写作风格、写作内容及写作技巧，如陈静如(2014)《汉代奏议写作研究》。

二　两汉语类文献含义与研究现状

上面简要描叙人们有关两汉文体的认知及相关研究，其中似乎并没有涉及“语”这种文体，那么，两汉时期是否存在这种文体呢？答案当然是肯定的。既然两汉时期确实存在“语”这种文体，那么“语”是怎样一种文体，它具备哪些特征，两汉时期语类文献的存在状况如何,人们又对它进行哪些探究,下面尝试对这些问题进行分析。

(一)语类文献的含义及文体特征

尽管历来有关文体方面的文献几乎没有讨论“语”这种文体,但这绝非意味着这种文体就不存在。《国语》《论语》《新语》《世说新语》是人们所熟知的,它们均以“语”命名。除这些熟悉的文献之外,其实“语”在早期社会并不陌生,李零指出:“过去我们的印象,古代史书,‘春秋’最重要,但从出土发现看,‘语’的重要性更大。”①《春秋事语》《战国纵横家书》“这类发现,在过去 20 多年里,一直都是孤例,直到 90 年代,等到上博楚简发现,我们才突然意识到,这是古代史书中数量最大也最活跃的一种”。② 既然如此,那么,什么是“语”呢?据目前的研究来看,在此问题上似乎还存在不小的争议。比如有的学者认为“语体”是指一种表现辩论交谈内容的文学体裁;有的认为“语”是一种古老的教材和文类,是古人知识、经验的结晶和为人处事的准则,是当时一般知识和共同的思想、话语资源;有的学者指出“语”是先秦时代一种以讲述故事为主旨的叙事文体;还有的学者把“语”作为文学和史学体裁,它主要指故老传闻、前代掌故,含传说、故事之意。我们认为“语”是指载录具有一定教益或指导意义的人物言论的一种文体。③ 首先,从字义角度来看,《说文》云:“语,论也。”段玉裁《注》说:“此即毛郑说也。语者,御也。如毛说,一人辩论是非谓之语;

①李零:《简帛古书和学术源流》,第 202 页。

②李零:《简帛古书和学术源流》,第 273 页。

③参拙著《先秦语类文献形态研究》,第 3—9 页。

如郑说,与人相答问辩难谓之语。"①从辩论义可以看出"语"字含有"对话"这层意义,"对话"也就意味着"语"之行为的发生其实暗示言说双方的"在场"特质,因此,就"语"字义而言,其指向对象非常明确。当然,"语"所呈现的字义尽管为"语"成为一种文体提供了必要的条件,但作为字词的"语"与作为文体的"语"之间毕竟还有着不小的差异。其实"语"由一个普通语词变为一种文体专称经历一个过程,记言文献最初可称为言、话、说等,后来"语"逐渐成为记言文献的专称,如《国语》《论语》等。② 这种差异的消除关键在于作为字词的"语"在实际使用过程中被赋予"教戒"的意义,也就是说,"语"不仅仅只是言说双方之间的"对话",还存在言说双方中的一方对另一方进行"训戒"。《国语·鲁语下》记载季康子向公父文伯之母求教时使用"主亦有以语肥"这样的表述,韦昭将其解释为"教戒之也"。③ 这样,"语"不仅具有"对话"的意义,同时也被赋予"教戒"的意义,于是作为一种文体的"语"也就出现了。刘向以为《论语》"皆孔子弟子记诸善言也",④韦昭把"语"解释为"治国之善语",⑤他们的解释很清楚地揭示作为一种文体的"语"其特征是一种具有伦理道德规范的人物言论,亦即所谓的"善言"或"善语"。在这一意义上,凡是载录"善言"或"善语"的均可纳入语类文献的范畴。

需要说明的是,"语"之产生缘于训诫,是一种极具教化色彩

①段玉裁:《说文解字注》,第 89 页。

②参拙著《先秦语类文献形态研究》,第 274—278 页。

③《国语》,第 202 页。

④邢昺:《论语注疏》,第 2 页。

⑤《国语》,第 528 页。

的文体。也就是说，语类文献的制作有非常明确的目的，即对某一特定人物(群)提供教益。因此，尽管一些作品看起来似乎也具有一定的教育意义，但其制作的本意不是为特定人群提供训诫，那么，此类作品严格意义上不能归入语类文献范畴。由于此种原因，站在原初的立场上，语类文献中人物的言论都是真实的。也就是说，无论是言说主体(人物)还是言说对象(言论)都不是虚构的。倘若二者存在虚构，那么，尽管表面上似乎具备“善言”的特征，也难以被视为语类文献。比如先秦诸子文献大都属于语类文献，①可是像《庄子》，尽管很多文本看起来是人物对话，然而《庄子》中很多人物是虚构的，如啮缺、王倪、瞿鹊子、长梧子等；有时人物是真实的，如孔子、子贡等，但他们的对话很多出于庄子或后学的杜撰，因此，《庄子》中的寓言文本是不能纳入语类文献范畴的。同样的原因，像汉赋这样的作品也难以视为语类文献。

(二)两汉语类文献的存在状况

作为一种记言文献，“语”的根本特征表现为人物的“善言”或“善语”。然而，随着记言文献在早期社会的发展，“语”作为一种文体其存在形态也不断演变，并逐渐改变其单一记言的形式，衍生出系列次生态样式，从而形成一种复杂的“文类”。这种复杂性，从文体的角度来看，先秦语类文献就蕴含格言、对话体、事语体等体式。格言、对话体比较容易理解，它们主要表现为人物的言论，《论语》就存在很多的格言、对话体。比较麻烦的是事语体，首先，关于什么是“事语”体还存在很大的争议。我们知道，《战国策》就使用“事语”一类资料，然而，对于《战国策》中的“事语”，人

①参阅拙著《先秦语类文献形态研究》，第123—136页。

们似乎有不同的看法。有的认为《事语》为“记言之书”，①有的以为《事语》可能按事类编次，可是仍以记言为主；②有的推测《事语》“是按事实分类编排的”，③有的主张《国策》《国事》《短长》《事语》《长书》《修书》在本质上是一致的，游士的策谋言辞表现了当时的军政大事，这番言辞记录下来便是《事语》。④ 其实，“事语”的根本特征在于“既叙事，也记言”，⑤表现为“事”与“言”的融合。不过，“事”与“言”之间的融合方式是多元的，具体而言，存在言显事隐、言隐事显及言事并重这些形态。⑥ 无论是言显事隐还是言事并重，“言”的因素占据重要位置，既然如此，将它们纳入语类文献范畴自然没有什么问题。至于言隐事显这种方式，“言”明显退居次要地位，能否仍然将其视为语类文献呢？其实在《国语》《论语》这样的经典语类文献中，不仅存在言显事隐、言事并重的情形，也出现言隐事显这样的文本，可见，言隐事显也属于语类文献范畴。“事语”体的发生，刘知几认为是先秦史官言事相兼传史方式的结果，他在《史通·载言》篇中指出：“古者言为《尚书》，事为《春秋》，左右二史，分尸其职。盖桓、文作霸，纠合同盟，春秋之时，事之大者也，而《尚书》阙纪；秦师败绩，缪公诫誓，《尚书》之中，言之大者也，而《春秋》靡录。此则言、事有别，断可知矣。逮

①齐思和：《中国史探研》，第362页。

②徐中舒：《论〈战国策〉的编写及有关苏秦诸问题》，《历史研究》，1964年第1期。

③杨宽：《马王堆帛书〈战国策〉的史料价值》，《文物》，1975年第2期。

④何晋：《〈战国策〉研究》，第10页。

⑤张政烺：《春秋事语解题》，《文物》，1977年第1期。

⑥参拙文《“故事化”叙事与先秦“事语”文献的演进》，《四川师范大学学报》，2015年第4期。

左氏为书,不遵古法,言之与事,同在传中。然而言事相兼,烦省合理,故使读者寻绎不倦,览讽忘疲。”①在刘知几看来,《尚书》属于记言文献,而《春秋》属于记事文献。《尚书》载录的主要是人物言论,而对于单纯的历史事件并不感兴趣;同样,《春秋》记载历史事件,而对于人物言论不予载录。很清楚,《尚书》《春秋》属于先秦史官言事分立传史方式的结果。《左传》彻底改变了这种做法,而是采取言事相兼的传史方式,将记言文献与记事文献融合起来,于是出现“事语”这种新的语类文献形态。《尚书》《国语》《战国策》《论语》等有比较丰富的“事语”文献,这是很清楚的。不过,按照刘知几的说法,《左传》也属于“事语”文献。刘知几的这个说法一般不太容易被人接受,这是因为《左传》不同于《尚书》《国语》《战国策》的一个重要方面在于它是编年体,而这一体式从根本上制约《左传》的叙事。谢谔曾经抱怨说:“谔幼年于诸书爱《左氏》之序事,因一事必穷其本末,或翻一二叶或数叶,或展一二卷或数卷,唯求指南于张本。至其甚详则张本所不能尽,往往一事或连日累旬不得要领。”并进一步分析说:“盖《春秋》之法,年为主而事系之;使君之法,事为主而年系之。以事系年而事为之碎,以年系事而事为之全。”②在编年体制下,事件必须接受时间的约束,数年发生的事不太可能聚合在一起叙述,于是出现“事为之碎”的局面。尽管如此,《左传》叙事还是相对完整的,特别是“事语”文献,比如“郑伯克段于鄢”中郑庄公、祭仲、公子吕、颍考叔之间的对话就很完整。因此,尽管《左传》的编撰在很大程度上是出于解释

①刘知几:《史通》,第8页。

②李兴宁:《〈左传〉中的纪事本末体》,《中国文化研究》,2006年春之卷。

《春秋》的需要，属于解经文献，但这并不妨碍它也属于语类文献。① 总体上来说，先秦语类文献涵括“国语”文献与“家语”文献，可以说先秦时期的史传文献与诸子文献基本上可纳入语类文献范畴。

两汉语类文献的基本特征仍然表现为记言，但与先秦语类文献一样，其形态也并不单一，而是蕴含若干次生态体式，同样呈现为复杂的文类。不过，两汉语类文献难以简单移用“国语”文献与“家语”文献来指称，一方面，并不是两汉时期所有的诸子文献都可纳入语类文献范畴；一方面，汉代经学文献中出现语类文献，这就是说，两汉语类文献的生成方式较先秦语类文献有所改变。先秦“国语”文献大抵依赖史官记言传统，而“家语”文献中的大夫“家语”也延续这一传统，不过，诸子不太可能像大夫一样拥有史官，诸子“家语”承继大夫“家语”而出现则主要依赖于春秋时期的私学风气，在此风气下，弟子或门徒在一定程度上充当史官的角色而负责载录其师富有教益的言论。正是私学风气的出现与盛行，从而促进大夫“家语”向诸子“家语”的生成。② 可见，先秦诸子文献的生成大抵有着私学的背景。对于两汉诸子文献而言，这种私学背景基本上是不存在的，这就在一定程度上使其剥离语类文献传统。另一方面，先秦诸子文献的生成大抵有一个记言、编纂的过程，而两汉诸子文献则出于撰言。记言方式必然蕴含着重言风尚，即重视对人物言论的载录，这也就意味着言说主体与接受者是特定的，并且双方存在训诫关系。撰言的主体自然也是特定的，但言论的接受者未必明确，因此，撰言主体的著述行为未必

①参阅拙著《先秦语类文献形态研究》，第 183—193 页。

②参阅拙著《先秦语类文献形态研究》，第 128 页。

都出于训诫动机。这样,两汉诸子文献如《淮南子》《论衡》等就难以视为语类文献。经学文献尽管有时也利用语类文献,由于其本身出于解经的目的,似乎很难成为语类文献,但也存在特例,比如汉代经学文献中的《韩诗外传》就是如此。《韩诗外传》虽然也出于解经的目的,不过其编撰方式则来自乐语传统。乐语是一种教学形式,其中有一种“导”的言说方式,这种言说方式的特征在于运用语类文献来阐释《诗经》。《韩诗外传》承继这种传统,选用大量的语类文献来阐释《诗经》,因此,它属于语类文献。纪传体是两汉时期出现的史体,其开创者《史记》包含本纪、世家、列传、书、表五体,其继起者《汉书》则蕴含纪、传、志、表四体,无论是五体还是四体,除表之外,其他诸体大都包容语类文献,这在本纪、世家、列传中尤为明显,即使作为制度文献的书或志也不同程度上存在语类文献。因此,就两汉时期而言,基于“善言”的考察,史传文献、诸子文献以及经学文献中均存在语类文献。

(三)两汉语类文献研究现状

从文体的角度来看,“语”是一种主要以记载“善言”为特征的记言文献,它最初源于先秦史官的载言职能。20世纪出土文献中存在一批数量可观的语类文献,倘若再结合传世文献,语类文献可以说是先秦两汉时期非常重要的一种文类。相对于“语”这一古老文类而言,自觉从文体角度加以认识与研究,显然是比较晚起的事情。长期以来对于“语”多从普通语词的角度加以阐释,如《毛传》《周礼》郑注、《说文》段注等;而韦昭《国语解》、何晏《论语集解叙》将“语”明确释为“善言”,这虽在一定程度上揭示“语”的文体特征,可是这种情形并不多见。将“语”自觉视为一种文类是20世纪七十年代以后的事情,这又主要表现为两个方面:一是对

“语”体特征的讨论，如张政烺《〈春秋事语〉解题》指出“事语”表现为“既叙事，又记言”；①廖群《“说”“传”“语”：先秦“说体”考索》认为“语”是先秦以讲述故事为主旨的叙事文体；②俞志慧《语：一种古老的文类——以言类之语为例》主张“语”可分为重在记言和重在叙事两类；③王青《古代“语”文体的起源与发展》认为“语”作为一种古老的文体，直到《国语》成书后才完备起来，“国策”“事语”是“语”发展的一个分支，而格言警句以及谚语、俗语一般是从“语”中提炼出来的。④ 二是整体研究，如李零《简帛古书与学术源流》、过常宝《原史文化及文献研究》、俞志慧《古语有之——先秦思想的背景与资源》等，它们涉及先秦语类文献的范围、生成及文体意义。整体上来看，有关先秦语类文献的研究已经粗具规模，并形成多元动态的研究格局，同时也出现一批可观的成果。这无疑为两汉语类文献研究提供有益的学术资源与视角。

两汉是继先秦之后语类文献生成的又一次高潮，可比起当前先秦语类文献的研究来说，有关两汉语类文献的系统研究则很少，似乎尚未出现整体讨论两汉语类文献的论著。当然，这绝不是说学界没有考察两汉语类文献。就目前来看，人们虽然对两汉语类文献业已进行较多的研究，但这些研究并不是自觉地从语类文献及文体的角度进行的，并且大都只是限于某一（些）作家、作品或文体的分析。就笔者浅见，有关两汉语类文献的研究主要表

①张政烺：《〈春秋事语〉解题》，《文物》，1977 年第 1 期。

②廖群：《“说”“传”“语”：先秦“说体”考索》，《文学遗产》，2006 年第 6 期。

③俞志慧：《语：一种古老的文类——以言类之语为例》，《文史哲》，2007 年第 1 期。

④王青：《古代“语”文体的起源与发展》，《史学集刊》，2010 年第 2 期。

现为如下五个方面：

第一，重点讨论编撰、版本等，如余嘉锡《四库提要辨证》、徐建委《〈说苑〉研究》等；

第二，主要从作家的角度讨论作品的形成，如王兴国《贾谊评传》、张大可《司马迁评传》、徐兴无《刘向评传》、王青《扬雄评传》、陈其泰、赵永春《班固评传》等；

第三，讨论作品的思想，如徐复观《两汉思想史》、郭君铭《扬雄〈法言〉思想研究》等；

第四，分析作品的叙事与文学风格，如王启敏《刘向〈新序〉、〈说苑〉研究》等；

第五，对两汉语类文献的若干次生文体的研究，如家训、铭、箴、奏议、诏令等。

这些研究涉及两汉语类著作的编撰、版本、思想、文学及文体等内容，这对于理解两汉语类文献来说自然是很有意义的。可是目前的研究主要以个别著作或文体为主，从文类的角度对两汉语类文献的生成及其文体形态进行综合的、系统的考察还非常少见，整体上可以说有关两汉语类文献的研究还处于初始阶段。

第二节 研究思路与方法

本书以两汉语类文献作为研究对象，这些文献大体包括两个层次：一是如《新语》《盐铁论》《法言》《说苑》等，它们体现比较完整的语类文体的特征；二是如《史记》《汉书》《吴越春秋》，这些文献严格来说并不属于纯粹的语类文献，但是《史记》《汉书》“纪传体”的建构与语类文献有很大的关联，因此，将它们纳入考察的范围，能够更加清晰地呈现两汉语类文献生成、演进的真实图景。

在具体研究过程中,我们首先分析语类文献在两汉时期兴起的原因,着重考察其与儒学复兴的关系。然后在先秦语类文献编撰的宏观视野下,分析两汉语类文献编撰的特点及其文体类型。最后,进行个案研究,通过分析经典语类文献的编撰过程及文体特征,描述两汉语类文献生成的规律。为此,我们主要进行三个方面研究:

其一,儒学复兴与两汉语类文献编撰之关系的考察。作为一种记言文献,"语"这种文类生成的原初根基在于社会政治实践对于"敬德""明德"意识的召唤。秦王朝主要借助法家学说来构建其国家意识形态,这就在很大程度上中断了先秦重德与记言这一传统。随着汉朝的建立,刘邦及其后继者逐渐意识到儒家学说对于稳固其统治的重要意义,开始重视儒生。此后随着儒学独尊地位的确立,儒家学说及其经典在两汉社会长期占据主流地位。这样,汉代社会的儒学复兴实际上也就是重新发现或接续先秦时期以来的"敬德""明德"传统,从而有力地促进语类文献编纂活动的再次兴起。

其二,两汉语类文献类型及文体形态的分析。先秦语类文献以"记言"作为基本文体特征,后来加入"事"的元素,强化其叙事倾向,形成"事语"这一新体式,故先秦语类文体包括格言、对话、事语等形态。两汉语类文献偏重于对话、专论、事语,其中专论体得到强化,而格言不受到重视,同时出现拟语录体、纪传体等新样态。整体观之,两汉语类文献虽然延续先秦以来语类文献的文体特征,但由先秦的重在编纂向重在撰述转化的趋势非常明显,亦即由"编言"走向"撰言",从而显示新的文体自觉。由于所采用分类标准的不同,先秦语类文献可划分为不同的类型,如从生成角度看,可分为仪式型、政典型、教学型、著述型四种;从文体形态看，主要可分为格言体、对话体、事语体三类；从编纂单位角度来看，则经历从"国语"到"家语"的演变过程。两汉语类文献的编纂活动延续了很长的时间，它们因产生于不同历史阶段而致使其生成方式也存在差异，这就使它们在性质、功能乃至文体形态方面也呈现不同的特征。从文献编撰、文体特征及功能角度来看，两汉语类文献大体可划分为奏疏体（如《新语》）、经解体（如《韩诗外传》）、纪传体（如《史记》《汉书》）、模拟型（如《法言》）、编纂型（如《新序》）、混合型（如《新书》）这些类型。它们所负载的文化意义并不一样，这是需要做深入研究的。上述两方面内容将在本书第一章进行分析。

其三，本书第二章至第七章重点考察两汉时期若干经典语类文献的生成与文体形态：

1.陆贾应刘邦的请求，"粗述存亡之征，凡著十二篇"，被刘邦君臣称为"新语"。《新语》属于"奏议"，不同于口头奏议的是，它是以书面形式上奏皇帝的。这一新形式虽然与先秦以来的上书有联系，但其规模不仅与此前有较大差异，而且在文体方面强化专论体的写作。因此，《新语》的出现，不但体现语类文献在汉代的新发展，同时也开启两汉语类文献编纂的高潮。

2.汉昭帝始元六年诏郡国贤良文学，与以桑弘羊为首的政府官员讨论民生疾苦，双方就盐铁官营等重大问题展开激烈争论。桓宽据这次会议记录，加以推衍整理，增广条目，在"成一家之法"的理念下编纂为《盐铁论》。《盐铁论》再现盐铁会议辩论过程，虽在本质上类同奏议，但经过桓宽的整理，实际上为一部子书，与《新语》一道成为汉代奏议文献的典型。

3.先秦乐语传统中的"导"是一种引用语类（历史）故事阐释"诗"的言说方式，《韩诗外传》"故事＋诗"的编纂模式主要继承这个传统。韩婴编纂《韩诗外传》虽然主要是用来表达自己的思想，但同时也用于经学教育，而后者也与乐语传统紧密相关。

4. 刘向最大的学术贡献在于校雠中秘书，在此过程中也编撰若干语类文献，最显著者为《新序》《说苑》。二书均系“采传记行事”而成，从生成方式上来看，它们与《新书》之《连语》《杂事》及《韩诗外传》有很大相似之处。刘向编撰《新序》《说苑》，主要是供皇帝观览，这明显继承先秦以来语类文献“明德”的功能。

5.《法言》是扬雄有意模仿《论语》而创作的，但二者有明显区别：一是《法言》的提问者是虚拟的，与《论语》不同；二是《论语》由孔门弟子纂辑而成，但《法言》是出于扬雄有意地创作；三是《论语》文句大都明白晓畅，而《法言》字句的结构长短尽管与《论语》极为近似，但语言奇崛奥衍。因此，《法言》虽然模拟《论语》，但其实是一种借复古而做出的创新，是一种新的文体实践；同时也是扬雄欲以圣人之道为标准，重建价值体系之作。

6.《新书》由《事势》《连语》《杂事》三部分构成，《事势》是贾谊呈给汉文帝的奏疏，与《新语》体例相同；《连语》《杂事》的材料源于此前的语类文献，是贾谊任梁怀王太傅时所作的教学材料。从体例方面看，《连语》《杂事》上承《国语》，下启刘向的《新序》《说苑》。

7. 司马迁在《史记》中创建“纪传体”这一新的史体样式。其五体除“表”之外，其余四体在不同程度上与语类文献有着或远或近的关系。在此，我们主要重视本纪、世家、列传三种体式的分析。《史记》的本纪、世家在编年体制下编纂语类文献，与《左传》《国语》近似；列传则采取《国语》的编纂模式。《汉书》纪传体只包括纪、传，本纪的书写更接近《春秋》，但又有所发展，即表现为《春秋》只纯粹记事，而《汉书》本纪又收录诏书，稍具《左传》的叙事意味，这是班固宗经与尊崇皇权观念的必然结果。整体上《汉书》本纪与《史记》出现较大差异。《汉书》的传与《史记》近似，但更加重视收录言辞。《吴越春秋》采取《左传》的编纂方式，但又有意识回避编年所造成的叙事局限，采用类似纪事本末体的编纂手法，从而大大开拓编年体的叙事空间。

对于上述这些内容，本书稿主要采取“总论—分论”的文本结构模式，第一章为总论部分，具体分析两汉语类文献生成的文化背景、文献类型及文体特征。借助这些分析，为人们整体感知两汉语类文献的存在状况提供线索。第二章至第七章属于分论，其重点在于探究两汉若干经典语类文本的生成。通过对这些经典语类文本的解析，不但展示它们的生成过程，同时也是对总论内容的具体化，从而深化、丰富人们对两汉语类文献的认知。不过，需提请注意的是，对于第二章至第七章内容的安排，是出于如下考虑：其一，第二章至第六章所讨论的《新语》《盐铁论》《韩诗外传》《新序》《说苑》《法言》《新书》属于典型的语类文献，而第七章讨论的《史记》《汉书》《吴越春秋》并不属于纯粹的语类文献（或者称之为准语类文献），因此被置于最后论述；其二，第二章至第六章的内容基本上按文献产生年代先后编排，但有两书例外，一是《盐铁论》的位置提前，二是《新书》的位置挪后。《盐铁论》属于奏议文献，为讨论的方便，故与《新语》一起置于奏疏体名目之下。至于《新书》，无论是文献生成还是编撰，均具有某种综合的意味，因此置于《新语》《盐铁论》《韩诗外传》《新序》《说苑》《法言》之后论述，此举在一定意义上可视为某种总结。

当然，就本书的撰写而言，还有两点需要说明。其一，本书研究两汉语类文献，重在考察其文献生成与文体特征，但在实际研究过程中，偏重于文献生成方面的讨论。之所以选择这样的思路，主要是基于这样的考虑：一方面，就两汉语类文献的文体形态而言，在篇章“语体”方面存在对话体、事语体、专论体这些体式，而在专书“语体”上则出现拟语录体、纪传体的样式。尽管文体形态多样，但各种体式在不同文献中基本保持类似特质，如对话体在《盐铁论》《韩诗外传》《史记》中其体式特征之间的区别并不明显；可是《盐铁论》《韩诗外传》《史记》这些文献的生成就很不一样了，《盐铁论》缘于“盐铁会议”，《韩诗外传》用于阐释《诗经》与经学教育，《史记》在于论载“明主贤君忠臣死义之士”。这就表明，两汉语类文献的文体形态相对来说比较稳定，而两汉语类文献的生成则各具特色；另一方面，早期文献的形成在一定意义上可以理解为特定文体的生成过程，由于早期文献的制作往往是基于特定观念，因此，着重分析两汉语类文献的编撰过程，不但有助于把握两汉语类文献的生成过程，同时也有助于澄清两汉语类文体特征的形成及其功能意义。其二，我们并没有对两汉语类文献所有次生类型进行考察，比如属于语类文献范畴的家训、铭、箴、诏令等就没有进行专题研究。这是因为，家训、铭、箴我们在别处已经进行了相关考察，为避免重复，在此只好放弃对它们的讨论。至于诏令文献，它们大都参与纪传体的建构，故暂且不从文体方面作独立之研究。

总体来说，我们希望通过本书的研究，期望在这些方面取得进展：一是揭示两汉语类文献的编撰方式及其类型；二是揭示两汉语类文献的生成与文体演变；三是借助两汉语类文献的研究，为思考两汉散文的生成及嬗变提供新的研究思路与线索。

第一章　两汉语类文献生成、类型及文体特征

语类文献在先秦社会占据十分重要的地位，李零曾经如此说过："过去我们的印象，古代史书，'春秋'最重要，但从出土发现看，'语'的重要性更大。因为这种史书，它的'故事性'胜于'记录性'，是一种'再回忆'和'再创造'。它和它所记的'事'和'语'都已拉开一定距离，思想最活跃，内容最丰富，出土发现也非常多。"①在经历秦帝国的短暂衰歇之后，汉代社会重新焕发编撰语类文献的热情。那么，是什么原因促使当时的人们重新挖掘这个传统，同时，相比先秦来说，语类文献在汉代社会又经历怎样的发展，这些问题对于我们的研究来说至关重要，所以，本章重点探究这两个问题。

第一节　汉代儒学复兴与语类文献的兴盛

语类文献在文体上的根本特征在于记载有教益的人物言论，那么为何要载录此类言语呢？《国语・楚语上》有这样一段记载："叔时曰：'教之春秋，而为之耸善而抑恶焉，以戒劝其心；教之世，

①李零：《简帛古书和学术源流》，第202页。

而为之昭明德而废幽昏焉，以休惧其动；教之诗，而为之导广显德，以耀明其志；教之礼，使知上下之则；教之乐，以疏其秽而镇其浮；教之令，使访物官；教之语，使明其德，而知先王之务用明德于民也；教之故志，使知废兴者而戒惧焉；教之训典，使知族类，行比义焉。'"①这是申叔时在阐述如何教育太子时所说的部分内容，这个阐释重点涉及九类教材及其作用，而"语"恰巧列入其中。"语"这种文献为何能够充作教材，并且是用作教育太子的，申叔时给出的理由是"语"具有明德的作用。据此观之，语类文献能够在周代社会盛行，是与当时"敬德"风尚密切相关的。汉代社会重新兴起语类文献编撰的高潮，又与其时儒学复兴有关。

一 周代"敬德"观念的确立与语类文献的兴盛

三代之间有关文化、制度等方面的关系，很早以来就引起人们的注意。《论语·为政》篇记载孔子与弟子子张的一段对话：

> 子张问："十世可知也？"子曰："殷因于夏礼，所损益，可知也。周因于殷礼，所损益，可知也。其或继周者，虽百世，可知也。"②

子张向孔子提出今后十代的礼制能否预知这样一个问题，孔子从礼制损益的角度出发，指出即使百代也是可以预先知道的。孔子之所以得出这个结论，主要是基于对三代礼制的实际观察，他发现三代在礼制方面既存在废除，也存在增加。孔子的这种损益观其实是认为，三代礼制在废除与增加之同时又存在某种连续或者稳定。李零曾经分析说："孔子看历史，主要看三代损益，即后面

①《国语》，第528页。

②程树德：《论语集释》，第127页。

的礼比前面的礼，增加了什么，减少了什么，除去增加减少的东西，就是始终不变的东西。他是靠这种加减法预测未来。”①由此观之，早在春秋时代，人们已经注意到三代文化之间的关系。并且，由于其时有比较充分的条件接触到这方面的资料，人们就能够更多更直观地把握这种关系。孔子的损益观提示三代文化之间有着差异，至于这种差异的程度如何，孔子心里应该是比较清楚的，他曾如是说过：“夏礼，吾能言之，杞不足征也。殷礼，吾能言之，宋不足征也。文献不足故也，足，则吾能征之矣。”②《礼记》还较多地载录三代礼制的差异，可以印证孔子的这个说法。在王国维看来，殷、周之际在政治与文化方面发生了剧烈的变革，“故夏、殷间政治与文物之变革，不似殷、周间之剧烈矣。殷、周间之大变革，自其表言之，不过一姓一家之兴亡与都邑之移转；自其里言之，则旧制度废而新制度兴、旧文化废而新文化兴。”这种制度差异具体表现为三个方面：“一曰立子立嫡之制，由是而生宗法及丧服之制，并由是而有封建子弟之制、君天子臣诸侯之制；二曰庙数之制；三曰同姓不婚之制。此数者，皆周之所以纲纪天下。其旨则在纳上下于道德，而合天子、诸侯、卿、大夫、士、庶民以成一道德之团体。”③在此种制度差异的背后，实际上蕴涵周人对“德”这一观念的推崇，也就是说，周人在制度设计过程中是紧密联系“德”来思考的。王国维对此又做了进一步阐发，“古之圣人，亦岂无一姓福祚之念存于其心，然深知夫一姓之福祚与万姓之福祚是一非二，又知一姓万姓之福祚与其道德是一非二，故其所以祈天

①李零：《丧家狗——我读〈论语〉》，第 84 页。

②程树德：《论语集释》，第 160 页。

③王国维：《观堂集林》，第 287—288 页。

永命者，乃在‘德’与‘民’二字。……故知周之制度、典礼，实指为道德而设。而制度、典礼之专及大夫、士以上者，亦未始不为民而设也。周之制度、典礼，乃道德之器械。”①这样，殷、周制度的差异，在很大程度上表现为周人制度方面有关德性观念的建构。

周人将制度建设纳入德性观念，这绝非偶然。《史记·殷本纪》对于殷商末代君主帝纣的行事有如下的记载：

> 帝纣资辨捷疾，闻见甚敏；材力过人，手格猛兽；知足以距谏，言足以饰非；矜人臣以能，高天下以声，以为皆出己之下。好酒淫乐，嬖于妇人。爱妲己，妲己之言是从。于是使师涓作新淫声，北里之舞，靡靡之乐。厚赋税以实鹿台之钱，而盈钜桥之粟。益收狗马奇物，充仞宫室。益广沙丘苑台，多取野兽蜚鸟置其中。慢于鬼神。大冣乐戏于沙丘，以酒为池，县肉为林，使男女倮相逐其间，为长夜之饮。百姓怨望，而诸侯有畔者，于是纣乃重辟刑，有炮烙之法。以西伯昌、九侯、鄂侯为三公。九侯有好女，入之纣。九侯女不憙淫，纣怒杀之，而醢九侯。鄂侯争之彊，辨之疾，并脯鄂侯。西伯昌闻之，窃叹，崇侯虎知之，以告纣，纣囚西伯羑里。西伯之臣闳夭之徒，求美女奇物善马以献纣，纣乃赦西伯。西伯出而献洛西之地，以请除炮烙之刑。纣乃许之，赐弓矢斧钺，使得征伐，为西伯。而用费中为政，费中善谀好利，殷人弗亲。纣又用恶来，恶来善毁谗，诸侯以此益疏。西伯归，乃阴修德行善，诸侯多叛纣而往归西伯。西伯滋大，纣由是稍失权重。王子比干谏，弗听。商容贤者，百姓爱之，纣废之。及西伯伐饥国，灭之。纣之臣祖伊闻之而咎周，恐，奔告纣曰：“天既讫

①王国维：《观堂集林》，第301—302页。

我殷命，假人元龟，无敢知吉，非先王不相我后人，维王淫虐用自绝，故天弃我，不有安食，不虞知天性，不迪率典。今我民罔不欲丧，曰'天曷不降威，大命胡不至'？今王其奈何？"纣曰："我生不有命在天乎！"①

商纣天资甚高，也很有才力，依此而言，很难将其与亡国之君联系起来。可是，殷商天下正是断送在此人手中。上述记载显示，商纣凭借帝王之尊，做出许多荒唐乃至残暴之事。这些行为确实危险，但将殷商王朝的丧失仅归因于此，其理据似乎并不充分。商纣失去政权的主因恐怕在于听不进劝谏，同时还极度相信天命。听不进劝谏使他无法认识错误，而相信天命又使其无法改正错误。由于对天命的极度虔诚，商纣不是把精力放在如何加强自身修养上，而是放在如何维系与上帝鬼神之间的关系。可是结果却表明，天命最终也无法挽狂澜于既倒，大邑商被偏于一陲的周国所取代。商、周易代的事实既无情地击灭商纣的天命虚妄，也敦促走向权力中心的周人对此做出深刻的反思。《史记·周本纪》记载这样一段史实：

武王征九牧之君，登豳之阜，以望商邑。武王至于周，自夜不寐。周公旦即王所，曰："曷为不寐？"王曰："告女：维天不飨殷，自发未生于今六十年，麋鹿在牧，蜚鸿满野。天不享殷，乃今有成。维天建殷，其登名民三百六十夫，不显亦不宾灭，以至今。我未定天保，何暇寐？"王曰："定天保，依天室，悉求夫恶，贬从殷王受。日夜劳来定我西土，我维显服，及德方明。自洛汭延于伊汭，居易毋固，其有夏之居。我南望三

①《史记》，第56—57页。

途，北望岳鄙，顾詹有河，粤詹雒、伊，毋远天室。”①

武王召集九州之长，登上豳的高地，眺望殷都。回到周地之后，武王彻夜不眠，周公旦询问原因，武王说出心中的忧虑。武王心中的忧虑又意味着什么呢？李山分析说：“在武王和周公这段对话中，‘天命’、‘天保’云云很明显地表明，武王对建都雒之所以如此重视，是因其认定雒邑之地乃周人‘天命’之所在。这是周初政治家们的共识，因为武王之后的周公和成王也都将雒邑的建造视为‘及天基定命’，而所谓的得‘天命’，除在意识形态层面上得到广泛的‘灵佑’外，在现实的政治层面还能够对众多的异姓人群实施有效的统治。毫无疑问，在武王的雒邑忧思中，包含着天命信仰的进步，因为他已强烈地意识到形而上的‘天命’与形而下的人事努力的内在关联，较之于商纣的‘我生不有命在天乎’的虚妄，其间的差异是十分明显的。”②经历殷周革命的洗礼之后，殷商时期浓厚的天命意识已经动摇，周人已经认识到，要保持统治的稳固，必须在“天命”之外寻找新的政治法则作为根基。这一政治根基就是“敬德保民”观念。

甲骨文已经存在[illegible]、[illegible]这些字形，它们该如何释读还有着争议，一般认为它们与“德”字有着亲密的关系。晁福林说：“可靠的文献记载和甲骨卜辞都表明，‘德’的观念在商代确实已经出现。……甲骨卜辞中的‘德’有如下两个特点：其一，甲骨文‘德’字没有‘心’旁，这应当是在说明‘德’的观念那时候还没有深入到人的心灵这个层次。……其二，从甲骨卜辞的记载看，殷人所谓的‘德’更多的是‘得’之意。在殷人看来，有所‘得’则来源于神

①《史记》，第 65—66 页。

②李山：《诗经的文化精神》，第 12—13 页。

意，是神意指点迷津而获‘得’。”[①]根据这个观察，殷商时期虽然已经出现“德”字，可是此字的意义与周代的“敬德”观念还存在很大的距离。陈来指出：“从西周到春秋的用法来看，德的基本意义有二，一是指一般意义上的行为、心意，二是指具有道德意义的行为、心意。由此衍生出的德行、德性则分别指道德行为和道德品格。”[②]显然，周人在沿用殷人制造的“德”字之基础上又对其内涵进行积极的改造，“从甲骨文的征伐杀戮之‘值’，演变为周代金文之‘德’，代表从杀戮、消灭生命转到保全其生命。保生全生，成全生命，是对人的最大恩惠与德泽，表现在政治上，其内涵是保民，争取民心”。[③] 问题在于，周人为何要这样做？郭沫若分析说：“周人根本在怀疑天，只是把天来利用着当成了一种工具，但是既已经怀疑它，那么这种工具也不是绝对可靠的。在这儿周人的思想便更进了一步，提出了一个‘德’字来。……这的确是周人所独有的思想。在《尚书》的《高宗肜日》中虽然也有这种同样的意思，但那篇文章在上面说过是很可疑的。”[④]由于天命并不那么绝对可以信赖，这已经不需论证，因为商周变革完全表明这一点。可是，周人也没有完全抛弃“天命”，这份殷人的遗产还是被周人积极地继承下来。当然，这一继承不是盲目的，而是出于慎重的考虑与抉择。如何让天命长久地眷顾本朝，周人为此进行深入地思考。文献中提及的周公制礼作乐主要就是这种思考的体现，也是这种思考的完成。而制礼作乐就其实质而言可以说就是通过神

①晁福林：《先秦社会思想研究》，第 98—99 页。

②陈来：《古代宗教与伦理》，第 290—291 页。

③金春峰：《“德”的历史考察》，《陕西师范大学学报》，2007 年第 6 期。

④郭沫若：《中国古代社会研究》(外二种)，第 320—321 页。

道设教的方式，在祭仪等形式中加入德性因素。周人改变殷人的一贯做法，即单纯通过丰厚地祭祀来获取鬼神的垂佑，他们认为，要想获取这种赐福，不能仅仅依赖丰厚的祭品，还要求主祭者本人具备相应的德行。《尚书·酒诰》篇记载周公宣布禁酒时的言论："在今后嗣王，酣，身厥命，罔显于民祗，保越怨不易。……辜在商邑，越殷国灭，无罹。弗惟德馨香祀，登闻于天，诞惟民怨。庶群自酒，腥闻在上。故天降丧于殷，罔爱于殷，惟逸。天非虐，惟民自速辜。"①就是说，商纣王自以为有天命在身，而不了解臣民的痛苦，在都城作恶，不忧虑殷王朝的灭亡；祭祀时没有明德芳香升闻于天，不是上帝暴虐，而是殷人自己招来罪罚。在此，周公指出商纣王一方面过着荒淫的生活，一方面却祈盼神佑，在周代新兴观念看来，这是不可思议的。《左传·桓公六年》载：

> 少师归，请追楚师，随侯将许之。季梁止之曰："天方授楚。楚之羸，其诱我也。君何急焉？臣闻小之能敌大也，小道大淫。所谓道，忠于民而信于神也。上思利民，忠也；祝史正辞，信也。今民馁而君逞欲，祝史矫举以祭，臣不知其可也。"公曰："吾牲牷肥腯，粢盛丰备，何则不信？"对曰："夫民，神之主也，是以圣王先成民而后致力于神。故奉牲以告曰'博硕肥腯'，谓民力之普存也，谓其畜之硕大蕃滋也，谓其不疾瘯蠡也，谓其备腯咸有也；奉盛以告曰'洁粢丰盛'，谓其三时不害而民和年丰也；奉酒醴以告曰'嘉栗旨酒'，谓其上下皆有嘉德而无违心也。所谓馨香，无谗慝也。故务其三时，修其五教，亲其九族，以致其禋祀。于是乎民和而神降之福，

①周秉钧：《尚书注译》，第156页。

故动则有成。①

随侯以为，只要置办的祭品丰盛，就可以取信于鬼神，就可以获得福佑。季梁否定随侯的想法，强调百姓才是鬼神的主人，只有先安定好民众然后才致力于事奉鬼神，如此才能获得鬼神的信任，从而得到赐福。又《僖公五年》载：

晋侯复假道于虞以伐虢。宫之奇谏曰："虢，虞之表也；虢亡，虞必从之。晋不可启，寇不可玩。一之谓甚，其可再乎？谚所谓'辅车相依，唇亡齿寒'者，其虞、虢之谓也。"公曰："晋，吾宗也，岂害我哉？"对曰："大伯、虞仲，大王之昭也；大伯不从，是以不嗣。虢仲、虢叔，王季之穆也；为文王卿士，勋在王室，藏于盟府。将虢是灭，何爱于虞？且虞能亲于桓、庄乎，其爱之也？桓、庄之族何罪，而以为戮，不唯逼乎？亲以宠逼，犹尚害之，况以国乎？"公曰："吾享祀丰洁，神必据我。"对曰："臣闻之，鬼神非人实亲，惟德是依。故《周书》曰：'皇天无亲，惟德是辅。'又曰：'黍稷非馨，明德惟馨。'又曰：'民不易物，惟德系物。'如是，则非德民不和，神不享矣。神所冯依，将在德矣。若晋取虞，而明德以荐馨香，神其吐之乎？"②

虞公像随侯一样坚持相信，用丰盛洁净的祭品一定会换取神的保护。宫之奇击碎虞公的幻想，他告诉虞公说，鬼神并不亲近人，而只依据德行。倘若晋国攻取虞国，晋君用他的明德向神进献祭品，鬼神一样会接受的。宫之奇的观念不同于虞公，但这个观念并非他的创造，而是源自他处。宫之奇在规谏时三次引述《周

①孔颖达：《春秋左传正义》，第174—176页。

②孔颖达：《春秋左传正义》，第342—344页。

书》：一曰“皇天无亲，惟德是辅”，即是说上天对人没有亲疏，只保佑有德行的人；二曰“黍稷非馨，明德惟馨”，就是说祭品并不馨香，有光明德行的才馨香；三曰“民不易物，惟德系物”，即是说祭祀的东西都是相同的，但只有有德行的人的祭品神才会享受。

由此观之，经过殷周易代之变革，周人在不完全否定天命之基础上，又积极引进德性观念，从而构建新的天命观念。之所以说是新的，关键在于改变此前以丰盛祭品换取神佑的做法，而是通过“敬德保民”的方式来取得天命的眷顾。由于这种新的天命观念的建立，周代统治者将大部分注意力投放在自身德行修养方面，注重慎言慎行，注重惠民保民。这样，修身由此也就变得十分重要。早期社会特别是周代社会盛行乞言、赠言、咨询、箴诫等制度与风俗，这些其实很多是围绕修身而来的。《礼记·内则》曾经描述三王时期的乞言制度，这是一种在养老仪式上向德高望重的老人请教的行为，老人发表的有教益的言论通常被称为惇史的史官载录下来。乞言这种形式在后世还流行，很多正史还保留这方面的记载，如《晋书·王祥传》有“天子北面乞言”的记载，①《三国志·魏书·三少帝纪》裴注引《汉晋春秋》还具体记载王祥的言论。先秦时期的赠言很可能是从乞言这一形式分化而来的，《说苑·杂言》谈到子路远行之际，孔子问子路是希望送一辆车还是一番箴言，子路希望获得老师的教言。同书《谨慎》篇载录魏公子牟赠言给穰侯的事例，《史记·孔子世家》中也提到老子赠言孔子的行为。《礼记·文王世子》还记载一种合语之礼，这是发生在乡射、乡饮酒、燕礼、大射以及其他一些祭祀场合中的一种言谈方式，这种形式往往表现为人们对仪式轨范背后意义的探讨，由此

①《晋书》，第 643 页。

形成的言论通常与礼制有关。

当然，在先秦社会，还存在咨询与箴诫现象。咨询现象比较常见，无论是国家还是个人面临重大疑难问题时通常会向他人寻求解决之途径，在这种情况之下出现咨询行为。《国语》记载这样一个事例，晋国权臣范宣子与另一名官员和大夫争夺土地，长期争持不下，就想到用武力来解决，于是依次向伯华、孙林甫、张老、祁奚、籍偃他们征求意见而被委婉拒绝，当问到叔鱼时，叔鱼竟然爽快答应了。此时叔向对范宣子说："闻子与和未宁，遍问于大夫，又无决，盍访之訾祏。訾祏实直而博，直能端辨之，博能上下比之，且吾子之家老也。吾闻国家有大事，必顺于典刑，而访咨于耇老，而后行之。"①在叔向的建议下，范宣子从訾祏那里寻求到解决的方法，最后很妥善地解决这个疑难。秦晋崤之战是大家熟知的，秦穆公因一时的糊涂而远伐郑国，虽然战争之前秦穆公曾向蹇叔请教，可惜未能接受建议，面对此次惨败，秦穆公沉痛地总结说："询兹黄发，则罔所愆。"②最应该注意的是先秦社会的箴诫风气，据《吕氏春秋·自知篇》的记载，尧舜时期就存在箴诫的形式。历经夏、商两朝，到了周代，箴诫普遍受到推崇，陈来曾经分析说："西周开始，在政治文化中出现一种制度化的'规谏'传统，既使得'规谏'成为统治者正己、防民的重要理念，也构成士大夫规谏君主、疏导民情的正当资源。"又说："西周到春秋的有识之士都已把这种制度和规谏本身看做是具有无可怀疑的价值，使讽谏规劝在政治体系里具有历史的和价值的正当性。在西周春秋的思想家看来，压制人民的意见是政治的恶，而尽力听取人民的意

①《国语》，第457页。

②孔颖达：《尚书正义》，第570页。

见既是贤明统治者的美德，也是统治者的基本责任。”①《左传·桓公二年》载：

> 夏四月，取郜大鼎于宋。戊申，纳于大庙，非礼也。臧哀伯谏曰：“君人者，将昭德塞违以临照百官，犹惧或失之。故昭令德以示子孙。是以清庙茅屋，大路越席，大羹不致，粢食不凿，昭其俭也。衮、冕、黻、珽，带、裳、幅、舄，衡、紞、纮、綖，昭其度也。藻、率、鞞、鞛，鞶、厉、游、缨，昭其数也。火、龙、黼、黻，昭其文也。五色比象，昭其物也。钖、鸾、和、铃，昭其声也。三辰旂旗，昭其明也。夫德，俭而有度，登降有数，文、物以纪之，声、明以发之，以临照百官。百官于是乎戒惧，而不敢易纪律。今灭德立违，而置其赂器于大庙，以明示百官。百官象之，其又何诛焉？国家之败，由官邪也。官之失德，宠赂章也。郜鼎在庙，章孰甚焉？武王克商，迁九鼎于雒邑，义士犹或非之，而况将昭违乱之赂器于大庙，其若之何？”公不听。周内史闻之曰：“臧孙达其有后于鲁乎！君违，不忘谏之以德。”②

鲁桓公接受宋国郜鼎的贿赂，将其放进太庙；鲁国大臣臧哀伯认为这种做法是违背礼节的，于是向桓公进谏。对于这个做法，周内史给予很高的评价，指出臧哀伯能够在君主违背礼节的情况下用善德来劝谏。周内史在评论中提到“谏之以德”，《国语》这部文献主要载录人物的谏言，这些谏言确实体现这个特征。据此就引申出有关语类文献生成及其功能的问题。前面提到《国语·楚语上》的一段记载，其中就有“教之语，使明其德，而知先王之务用明德于民也”的说法，在这一句话中，两次提到“明其德”“明德”，可

①陈来：《古代思想文化的世界》，第235—237页。

②孔颖达：《春秋左传正义》，第138—150页。

是它们的具体指向是不一样的。“先王之务用明德于民”，就是说，先王用美德教化民众。“知先王之务用明德于民”，就是让太子知道先王用美德教化民众。依据这一句，可知“语”主要是有关先王用美德教化民众方面的内容。“使明其德”，就是使太子广大自身的德行。由此，这一句是说，“语”这种教材收录的是有关先王用美德教化民众的内容，这些内容能够使太子广大自身的德行。这样，在周代新兴“敬德保民”观念之下，“语”这种文献得以大量出现。

重言风气固然是催生“语”这种文体的基本条件，可是“语”作为一种文献的存在还离不开载录行为，因此，记言传统，特别是先秦史官的载言职能使“语”这一文献最终成为现实。《汉书·艺文志》谈到“左史记言，右史记事，事为《春秋》，言为《尚书》，帝王靡不同之”，①尽管在左史、右史的提法上还存在争议，②但是先秦社会史官存在记言这一职能则是无可否认的事实。《礼记·内则》提到一种惇史的负责记录老人的言论，《大戴礼记·保傅篇》也谈到一种司过之史，专门记录太子的过失。特别是《国语·鲁语上》说鲁庄公准备到齐国观社，曹刿在规谏时提及“君举必书，书而不法，后嗣何观”之语，③其中所谓“君举必书”，韦昭的解释是：“动则左史书之，言则右史书之。”④这虽然是引述《礼记·玉藻》“动则左史书之，言则右史书之”的说法来作注，⑤应该说大体还是切

①《汉书》，第1715页。

②参拙著《先秦语类文献形态研究》，第26—29页。

③《国语》，第153页。

④《国语》，第154页。

⑤孔颖达：《礼记正义》，第877页。

合实际的。君主之“举”不必仅限于行为，还应指向言论，《史记·晋世家》有如下记载：

> 成王与叔虞戏，削桐叶为珪以与叔虞，曰：“以此封若。”史佚因请择日立叔虞，成王曰：“吾与之戏耳。”史佚曰：“天子无戏言。言则史书之，礼成之，乐歌之。”于是遂封叔虞于唐。①

成王跟弟弟叔虞游戏，把桐叶当做圭而送给弟弟，并说以此封叔虞，这只是成王开的一个玩笑。可是史佚并不这么认为，而是郑重请求成王择日册封叔虞，在他看来，天子是没有也不能有戏言的，任何说出的言论史官都要记录下来。刘知几在《史通·史官建置》中说：

> 盖史之建官，其来尚矣。昔轩辕氏受命，仓颉、沮诵实居其职。至于三代，其数渐繁。案《周官》《礼记》，有大史、小史、内史、外史、左史、右史之名。……斯则史官之作，肇自黄帝，备于周室，名目既多，职务咸异。至于诸侯列国，亦各有史官，求其位号，一同王者。至如孔甲、尹逸，名重夏、殷，史佚、倚相，誉高周、楚，晋则伯黡司籍，鲁则丘明受经，此并历代史臣之可得言者。降及战国，史氏无废。赵鞅，晋之一大夫尔，犹有直臣书过，操简笔于门下。田文，齐之一公子尔，每坐对宾客，侍史记于屏风。至若秦、赵二主渑池交会，各命其御史书某年某月鼓瑟、鼓缶。此则《春秋》“君举必书”之义也。②

作为大夫赵鞅、田文拥有史官，一方面说明史官地位的下降，另一

---

①《史记》，第563页。

②刘知几：《史通》，第89—90页。

方面也说明战国时期的史官仍然保持载言的职能。不唯如此，随着私学教育的兴起，一位大师的背后往往聚集大量门徒，这些门徒通常会将老师的讲学及有教益的言论记录下来，形成师门实录，这方面最典型的例子就是儒家，《论语》主要就是依赖孔门笔记编撰的。诸子学派的这种文献方式可以说在很大程度上沿袭史官的做法。因此，重言风气与记言传统是同一事物的两个方面，它们有着内在的紧密联系。正是在这两个方面的综合作用下，先秦时代于是出现大量的语类文献。

二　两汉儒学复兴与“敬德”精神的重现

对于西周王朝建构的礼乐文化由于社会经济、政治格局的变动而出现的变化，刘向在《战国策书录》中对这一过程做了如下描述：

> 周室自文武始兴，崇道德，隆礼义，设辟雍泮宫庠序之教，陈礼乐弦歌移风之化，叙人伦，正夫妇，天下莫不晓然。论孝弟之义，惇笃之行，故仁义之道满乎天下，卒致之刑错四十余年，远方慕义，莫不宾服，雅颂歌咏，以思其德。下及康昭之后，虽有衰德，其纲纪尚明。及春秋时已四五百载矣，然其余业遗烈，流而未灭。五伯之起，尊事周室，五伯之后，时君虽无德，人臣辅其君者，若郑之子产，晋之叔向，齐之晏婴，挟君辅政，以并立于中国，犹以义相支持。歌说以相感，聘覲以相交，斯会以相一，盟誓以相救，天子之命，犹有所行。会享之国，犹有所耻，小国得有所依，百姓得有所息。故孔子曰：“能以礼让为国乎何有？”周之流化，岂不大哉。及春秋之后，众贤辅国者既没，而礼义衰矣。孔子虽论《诗》《书》，定礼乐，王道粲然分明，以匹夫无势，化之者七十二人而已，皆天

下之俊也，时君莫尚之。是以王道遂用不兴，故曰“非威不立，非势不行”。仲尼既没之后，田氏取齐，六卿分晋，道德大废，上下失序。至秦孝公，捐礼让而贵战争，弃仁义而用诈谲，苟以取强而已矣。夫篡盗之人，列为侯王，诈谲之国，兴立为强。是以传相放效，后生师之，遂相吞灭，并大兼小，暴师经岁，流血满野，父子不相亲，兄弟不相安，夫妇离散，莫保其命，湣然道德绝矣。晚世益甚，万乘之国七，千乘之国五，敌侔争权，盖为战国，贪饕无耻，竞进无厌，国异政教，各自制断。上无天子，下无方伯，力功争强，胜者为右，兵革不休，诈伪并起。当此之时，虽有道德，不得施谋，有设之强，负阻而恃固，连与交质，重约结誓，以守其国，故孟子、孙卿儒术之士，弃捐于世，而游说权谋之徒，见贵于俗。是以苏秦、张仪、公孙衍、陈轸代、厉之属，生纵横短长之说，左右倾侧。苏秦为纵，张仪为横，横则秦帝，纵则楚王，所在国重，所去国轻。然当此之时，秦国最雄，诸侯方弱，苏秦结之，时六国为一，以傧背秦，秦人恐惧，不敢窥兵于关中，天下不交兵者二十有九年。然秦国势便形利，权谋之士，咸先驰之，苏秦初欲横，秦弗用，故东合纵。及苏秦死后，张仪连横，诸侯听之，西向事秦。是故始皇因四塞之固，据崤函之阻，跨陇蜀之饶，听众人之策，乘六世之烈，以蚕食六国，兼诸侯，并有天下。杖于谋诈之弊，终于信笃之诚，无道德之教，仁义之化，以缀天下之心。任刑罚以为治，信小术以为道，遂燔烧《诗》《书》，坑杀儒士，上小尧舜，下邈三王。二世愈甚，惠不下施，情不上达，君臣相疑，骨肉相疏，化道浅薄，纲纪坏败，民不见义，而悬于不宁。抚天下十四岁，天下大溃，诈伪之弊也。其比王德，岂不远哉!①

在此,刘向从礼乐文化的建构讲起,一路叙述礼乐沦丧的过程,这个沦丧过程实际上也就表征“敬德”精神的坠失。另一方面,伴随此种精神的失落,取而代之的是“谋诈”的兴起,战国是这一风气盛行之时代。刘向特别提到秦国自秦孝公之后,捐弃礼让、仁义而崇尚战争、诈谲,一步步兼并六国而终于拥有天下。可是,在刘向看来,空前一统的秦帝国是成于斯也丧于斯。造成秦国的崛起及秦帝国的衰亡,其间的因素是多方面的,刘向的叙述只是提供部分原因。但是,这个叙述对于理解语类文献与秦帝国之间的关系却颇有助益。依据刘向的观察,秦帝国一方面“无道德之教,仁义之化”,一方面却是“任刑罚以为治,信小术以为道”。所谓“小术”大约指法家而言,由此观之,秦帝国在很大程度上是缺失“敬德”精神的,而这种精神的缺席又与秦帝国重视法家思想有着密切关联。《史记·秦始皇本纪》载:

> 始皇置酒咸阳宫,博士七十人前为寿。仆射周青臣进颂曰:“他时秦地不过千里,赖陛下神灵明圣,平定海内,放逐蛮夷,日月所照,莫不宾服。以诸侯为郡县,人人自安乐,无战争之患,传之万世。自上古不及陛下威德。”始皇悦。博士齐人淳于越进曰:“臣闻殷周之王千余岁,封子弟功臣,自为枝辅。今陛下有海内,而子弟为匹夫,卒有田常、六卿之臣,无辅拂,何以相救哉?事不师古而能长久者,非所闻也。今青臣又面谀,以重陛下之过,非忠臣。”始皇下其议。丞相李斯曰:“五帝不相复,三代不相袭,各以治,非其相反,时变异也。今陛下创大业,建万世之功,固非愚儒所知。且越言乃三代

①严可均:《全上古三代秦汉三国六朝文》,第331页。

之事，何足法也？异时诸侯并争，厚招游学。今天下已定，法令出一，百姓当家，则力农工，士则学习法令辟禁。今诸生不师今而学古，以非当世，惑乱黔首。丞相臣斯昧死言：古者天下散乱，莫之能一，是以诸侯并作，语皆道古以害今，饰虚言以乱实，人善其所私学，以非上之所建立。今皇帝并有天下，别黑白而定一尊。私学而相与非法教，人闻令下，则各以其学议之，入则心非，出则巷议，夸主以为名，异取以为高，率群下以造谤。如此弗禁，则主势降乎上，党与成乎下。禁之便。臣请史官非秦纪皆烧之。非博士官所职，天下敢有藏诗、书、百家语者，悉诣守、尉杂烧之。有敢偶语诗、书者弃市。以古非今者族。吏见知不举者与同罪。令下三十日不烧，黥为城旦。所不去者，医药卜筮种树之书。若欲有学法令，以吏为师。"制曰："可。"①

剪灭六国，建立一统的秦帝国，这份功绩确实是前无古人的。可是，采取何种方式、路线来统治、管理这一空前的大帝国，即使是自矜功伐的秦始皇也不得不面对这一严峻的现实。司马迁在此提供当时始皇君臣在这一问题上的思考。这场争论给当时及后世所带来的影响是巨大的，我们在此主要从语类文献生成的角度加以考察。博士淳于越不同意"以诸侯为郡县"的做法，指出殷周能够统治天下一千多年，根本在于分封子弟功臣，他们起到拱卫辅助的作用，于是建议始皇应该以古人为师。淳于越的建议招致丞相李斯的严厉批评与反对，在他的这份奏议中，有几点跟我们讨论的话题密切相关：其一，明确反对"不师今而学古"的行为；其二，批评"入则心非，出则巷议"；其三，主张"以吏为师"。李斯的

①《史记》，第107页。

这些说法与法家精神是一脉相承的，是法家学说在现实政治层面的体现。《韩非子·五蠹》就明确提出："故明主之国无书简之文，以法为教；无先王之语，以吏为师；无私剑之捍，以斩首为勇。是境内之民，其言谈者必轨于法，动作者归之于功，为勇者尽之于军。"①这些主张与措施遵循法治原则，它们显然有悖于德治精神，而依据前面的分析，这是很不利于语类文献生长的。秦始皇接受李斯的这些建议，这就根本遏制语类文献在秦帝国的生成。

刘邦夺取政权之后建立汉帝国，这一新的王朝对于语类文献又带来何种命运呢？要澄清这个问题，我们首先有必要对"汉承秦制"及"过秦"思潮进行一些辨析。《后汉书》本传载班彪回答隗嚣时说："周之废兴，与汉殊异。昔周爵五等，诸侯从政，本根既微，枝叶强大，故其末流有从横之事，势数然也。汉承秦制，改立郡县，主有专己之威，臣无百年之柄。"②这可能是目前最早明确提出"汉承秦制"这一说法的记载，班彪的这个说法在此表达的是汉室继承秦帝国郡县制度这一层意思。不过，"汉承秦制"的提法虽然出自班彪，但秦汉制度之间的这种关联早已为人所认识。《汉书·食货志》载董仲舒谏汉武帝时说："古者税民不过什一，其求易共；使民不过三日，其力易足。民财内足以养老尽孝，外足以事上共税，下足以畜妻子极爱，故民说从上。至秦则不然，用商鞅之法，改帝王之制，除井田，民得卖买，富者田连阡陌，贫者无立锥之地。又颛川泽之利，管山林之饶，荒淫越制，逾侈以相高；邑有人君之尊，里有公侯之富，小民安得不困？又加月为更卒，已，复为正一岁，屯戍一岁，力役三十倍于古；田租口赋，盐铁之利，二十

①王先慎：《韩非子集解》，第347页。

②《后汉书》，第1323页。

倍于古。或耕豪民之田,见税什五。故贫民常衣牛马之衣,而食犬彘之食。重以贪暴之吏,刑戮妄加,民愁亡聊,亡逃山林,转为盗贼,赭衣半道,断狱岁以千万数。汉兴,循而未改。"①董仲舒指出,在帝制、除井田、田地买卖、更卒、力役、田租、盐铁等方面,汉室因循秦帝国的做法。本书《百官公卿表》载:"自周衰,官失而百职乱,战国并争,各变异。秦兼天下,建皇帝之号,立百官之职。汉因循而不革,明简易,随时宜也。"②又本书《刑法志》载汉室"天下既定,踵秦而置材官于郡国,京师有南北军之屯",又说:"汉兴,高祖初入关,约法三章曰:'杀人者死,伤人及盗抵罪。'蠲削烦苛,兆民大说。其后四夷未附,兵革未息,三章之法不足以御奸,于是相国萧何攈摭秦法,取其宜于时者,作律九章。"③但是,我们必须看到,"汉承秦制"局面的形成其间经历了一番曲折反复,据罗新的考察,"秦亡楚兴以及楚汉之际,秦制几乎被楚制替代。六国制度的复兴是对秦国政治历史和文化进行否定的尝试,其中楚制的复兴尤其值得注意。刘邦集团从楚制向秦制的复归,关键在于刘邦以关中巴蜀为基地东向与楚争天下,而萧何为相是一重要契机。"然则萧何为什么要这样做呢?罗新分析说:"作为秦王朝一名精明能干的县吏,他所熟悉的是秦的法律条文而不是故楚的制度律令。他的《九章律》是以秦律为基础增益而成的,他拥有的现存法制资料来自秦中央政府,而不是来自楚怀王以及故楚的档案部门。他所要管理的土地,即巴蜀关中之地,是秦王朝的根本重心,完全属于秦文化的传统区域。在巴蜀关中,他必须维持稳定

①《汉书》,第1137页。
②《汉书》,第722页。
③《汉书》,第1090、1096页。

有力的统治秩序，必须不断动员这个地区的全部资源，包括人力和物质资源，来支持关东地区的楚汉战争。在干戈扰攘之际，他不可能撇开巴蜀关中地区原有的社会管理机制，而另行一套他本来知之甚少的制度与律令。很明显，楚制在这里行不通。唯一的选择，是承用秦王朝原有的一套，包括制度和法令，来维持对该地区的有效控制。这意味着，律令依然是秦律，郡县制度、基层组织维持不变，而且秦地原有的乡邑秩序得到尊重，秦地三老乡豪的地位得到承认。一句话，萧何必须承用秦制。汉承秦制，根源在此。”①由于这种因缘关系，汉王朝在制度方面基本上承袭秦代，就非常自然了。

另一方面，随着汉帝国的建立，“过秦”思潮也勃然兴起，钱锺书说：“《史记·陆贾列传》汉高帝曰：‘试为我著秦所以亡失天下’，‘过秦’‘剧秦’遂为西汉政论中老生常谈。严氏所录，即有贾山《至言》、晁错《贤良文学对策》、严安《上书言世务》、吾丘寿王《骠骑论功论》、刘向《谏营昌陵疏》等，不一而足。贾生《过秦》三论外，尚复《上疏陈政事》，戒秦之失。汉之于秦，所谓‘殷鉴不远，在夏后氏之世’也。”②伴随“汉承秦制”而来的是汉代思想家对秦帝国的激烈而持续的批评，钱先生在此列举一些有代表性的例证，从中可以看出当时的批评氛围。这股思潮的首倡者当为陆贾，《史记·郦生陆贾列传》载：“陆生时时前说称诗书。高帝骂之曰：‘乃公居马上而得之，安事诗书！’陆生曰：‘居马上得之，宁可以马上治之乎？且汤武逆取而以顺守之，文武并用，长久之术也。昔者吴王夫差、智伯极武而亡；秦任刑法不变，卒灭赵氏。乡使秦

①罗新：《从萧曹为相看所谓“汉承秦制”》，《北京大学学报》，1996年第5期。
②钱锺书：《管锥篇》（第三册），第891页。

已并天下,行仁义,法先圣,陛下安得而有之?'高帝不怿,而有惭色,乃谓陆生曰:'试为我著秦所以失天下,吾所以得之者何,及古成败之国。'"①陆贾后来撰成《新语》,其中有的地方对秦政直接提出批评,比如《道基》篇:"齐桓公尚德以霸,秦二世尚刑而亡。"②《辅政》篇:"秦以刑罚为巢,故有覆巢破卵之患;以李斯、赵高为杖,故有顿仆跌伤之祸,何者?所任者非也。故杖圣者帝,杖贤者王,杖仁者霸,杖义者强,杖谗者灭,杖贼者亡。"③《无为》篇:"秦始皇设刑罚,为车裂之诛,以敛奸邪,筑长城于戎境,以备胡、越,征大吞小,威震天下,将帅横行,以服外国,蒙恬讨乱于外,李斯治法于内,事逾烦天下逾乱,法逾滋而天下逾炽,兵马益设而敌人逾多。秦非不欲治也,然失之者,乃举措太众、刑罚太极故也。"又曰:"秦始皇骄奢靡丽,好作高台榭,广宫室,则天下豪富制屋宅者,莫不仿之,设房闼,备厩库,缮雕琢刻画之好,博玄黄琦玮之色,以乱制度。"④在这种对于秦政的批判中,贾谊的《过秦论》有着不同一般的意义,这不仅在于首次以"过秦"名篇,还在于其内容的深刻性,刘向曾评论说:"贾谊言三代与秦治乱之意,其论甚美,通达国体,虽古之伊、管未能远过也。使时见用,功化必盛。"⑤在《过秦论》中,贾谊批评秦帝国没有意识到"攻守之势异",也就是说,当时的统治者没有注意到夺取天下与管理天下的不同,其意与陆贾"居马上得之,宁可以马上治之乎"相近。陆贾

①《史记》,第953页。
②王利器:《新语校注》,第29页。
③王利器:《新语校注》,第51页。
④王利器:《新语校注》,第62、67页。
⑤《汉书》,第2265页。

回答汉高祖时强调“逆取而以顺守之，文武并用”，贾谊则更加清晰地指责秦帝国“仁义不施”。在贾谊看来，秦帝国的统治者由于未能在夺取天下之后及时地调整政策，对百姓施加仁义，这是丧失国祚的根本原因。中篇进一步阐释秦帝国在统一之后政策上的系列失误，“秦王怀贪鄙之心，行自奋之智，不信功臣，不亲士民，废王道，立私权，禁文书而酷刑法，先诈力而后仁义，以暴虐为天下始”，得出“牧民之道，务在安之”的结论，①这是对上篇观点的深化。下篇又分析统治者在政权面临危机的时刻不能挽狂澜于既倒的原因。可以说，贾谊的这篇文章将汉初的“过秦”思潮推向新的高度。随着汉帝国渐次走向强盛，“过秦”思潮仍然在继续发展，“在武帝时期，一些眼光敏锐的人物给‘过秦’注入了新的时代内涵，……着眼于当时现实，把总结秦亡教训跟探求保持社会的稳定联系起来，深化了反思历史的认识，这是武帝时期‘过秦’的显著特点”。② 比如主父偃在谏劝汉武帝征讨匈奴时指出：

昔秦皇帝任战胜之威，蚕食天下，并吞战国，海内为一，功齐三代。务胜不休，欲攻匈奴，李斯谏曰：“不可。夫匈奴无城郭之居，委积之守，迁徙鸟举，难得而制也。轻兵深入，粮食必绝；踵粮以行，重不及事。得其地不足以为利也，遇其民不可役而守也。胜必杀之，非民父母也。靡獘中国，快心匈奴，非长策也。”秦皇帝不听，遂使蒙恬将兵攻胡，辟地千里，以河为境。地固泽鹹卤，不生五谷。然后发天下丁男以守北河。暴兵露师，十有余年，死者不可胜数，终不能逾河而

①《史记》，第 115—116 页。

②陈其泰：《“过秦”和“宣汉”——对史学社会功能思考之一》，《史学史研究》，1990 年第 2 期。

> 北。是岂人众不足，兵革不备哉？其势不可也。又使天下蜚刍挽粟，起于黄腄、琅邪负海之郡，转输北河，率三十钟而致一石。男子疾耕不足于粮饟，女子纺绩不足于帷幕。百姓靡敝，孤寡老弱不能相养，道路死者相望，盖天下始畔秦也。①

表面上来看，主父偃与陆贾似乎一致，但是，汉初“过秦”的兴趣主要还在于总结秦帝国统治本身的失误，此时的“过秦”则是在现实的矛盾、施政的弊病视野下进行的。这是新的变化。然而就汉代“过秦”思潮来说，存在这样几个比较明显的特征：一是注重对秦帝国速亡原因的探究，对于其兴盛的分析则相对较少；二是张扬道德在治理国家中的根本作用，对法家思想、法家理论及秦朝繁法严刑的统治政策提出严厉批评；三是否定、批判秦帝国的功利主义价值观，提倡道义。② 这就不难看出，汉代“过秦”思潮在很大程度上是在儒家思想指导下开展的，这一思潮的发展其实表征儒家学说的复兴。

如此看来，“汉承秦制”与“过秦”思潮之间似乎存在深刻的矛盾，但事实并非如此。《汉书·元帝纪》载：

> 孝元皇帝，宣帝太子也。……壮大，柔仁好儒。见宣帝所用多文法吏，以刑名绳下，大臣杨恽、盖宽饶等坐刺讥辞语为罪而诛，尝侍燕从容言：“陛下持刑太深，宜用儒生。”宣帝作色曰：“汉家自有制度，本以霸王道杂之，奈何纯任德教，用周政乎！且俗儒不达时宜，好是古非今，使人眩于名实，不知所守，何足委任？”③

---

①《史记》，第 1054—1055 页。
②王绍东：《论汉代“过秦”思想的历史局限》，《史学史研究》，2009 年第 3 期。
③《汉书》，第 277 页。

汉宣帝坦言汉室执政是霸道、王道混用，也就是通常所说的阳儒阴法，这种做法汉武帝时期就表露得很明显了，汲黯批评汉武帝“内多欲而外施仁义”已经说明这一点。然而，这种融霸道、王道于一体的统治术又是如何可能的呢？罗新分析说：“汉初草创，全承秦制，这是萧何时期的特征；总结秦所以速亡，不纯任法治，而采取与民休息、清静无为的统治策略，这是曹参时期的特征。到这个时期，‘汉承秦制’，正在改变其历史内容。曹参推扬的黄老之学及其政治实践中的与民休息，不是对萧何法治倾向的全面否定，而是继承之中有所修正。汉武帝时候，董仲舒倡起儒学。黄老之学在汉廷迅速冷落下去，是为汉代学术思潮又一转折。但儒学兴起，也并不是对黄老之学的全盘否定。……西汉诸儒，颇采黄老学说以入于儒，这说明黄老思想中的积极部分并没有在孝武以后消失。这种学术变迁，以平和的形式进行着。”①经历这些过程，儒、法乃至黄老之学相互之间在一定程度上取得和解，儒家思想至少在表面上夺取至尊地位，汉代社会统治方式在形式上完成从“法治”到“德治”的转变。这样，在经历一段沉寂之后，“敬德”精神重新回归到统治层面。陆贾说服刘邦放弃对于儒学的傲慢，他所撰作的《新语》受到刘邦君臣的激赏，在汉代语类文献发展史上，这是一个重要事件。它不但为汉代语类文献创作树立了典范，也激发此后语类文献编撰的热情。

第二节　两汉语类文献的生成及其形态

语类文献在先秦时代经历了一个发展高峰，在文体形态、编

①罗新：《从萧曹为相看所谓“汉承秦制”》，《北京大学学报》，1996年第5期。

纂方式等方面均积累比较丰厚的成果。继秦而来的汉帝国，一方面吸收秦制的积极因素，一方面又反思其不合理的做法。汉代统治者经过一段艰苦的探索，最终找到比较有效的统治方式。随着儒家地位的确立，先秦“敬德”思潮重新被发现，这就为汉代语类文献的兴盛奠定了基础。由于时代等方面的原因，汉代语类文献在文体形态、编纂方式诸方面既借鉴先秦的经验，同时又有新的变化。因此，要比较好地把握汉代语类文献，就需要对这些方面进行考察。

一　两汉语类文献的生成方式

大抵而言，一种文献总是基于某种特定目的，并且借助某种方式而生成的，在这一过程中，目的意图往往决定编纂方式，而编纂方式又通常对文体形态施以决定性影响。

就早期文献的生成来看，它们往往经历一个过程，通常不是一次性完成的。《汉书·艺文志》曾指出：“左史记言，右史记事，事为《春秋》，言为《尚书》，帝王靡不同之。”①《春秋》《尚书》分别是在记事文献、记言文献的基础上形成的，然而，这些记事文献、记言文献并不都是能够直接构成《春秋》《尚书》文本的，其间常常存在一个编撰的过程。比如《春秋》，孟子指出：“世衰道微，邪说暴行有作，臣弑其君者有之，子弑其父者有之。孔子惧，作《春秋》。”②孟子认为是《春秋》孔子所作，但孔子又是如何制作的呢？司马迁在《十二诸侯年表》中说：“是以孔子明王道，干七十余君莫能用，故西观周室，论史记旧闻，兴于鲁而次《春秋》，上记隐，下至

①《汉书》，第1715页。

②焦循：《孟子正义》，第266页。

哀之获麟，约其辞文，去其烦重，以制义法。”①司马迁的论述较孟子详细，他指出，孔子先到周王室考察，然后在相关历史文献的基础上经过“约其辞文，去其烦重”的手段编撰《春秋》。王充《论衡·说日篇》说：“不修《春秋》者，未修《春秋》时《鲁史记》曰：‘星賈如雨，不及地尺而复。’……孔子修之曰‘星賈如雨’。”②按照王充的这一看法，孔子编撰《春秋》主要立基于鲁《春秋》，也就是说，鲁国的史官已经编纂一部《春秋》，孔子以此文本为基础，经过整理而完成新的《春秋》。联系《汉志》的记载，今本《春秋》的出现至少经历这些阶段：首先是史官的记事文献，这些文献是作为档案存在的；其次，在这些文献之基础上，鲁国史官整理编纂鲁《春秋》；最后，孔子在鲁《春秋》基础上完成今本《春秋》的编撰。《春秋》的这种生成方式在很大程度上揭示早期文献的形成特征。据笔者的考察，《国语》最终形成也至少经历了三个过程，即由原初的档案文献到各国之“语”的编纂，再在各国之“语”之基础上形成《国语》。③《战国策》也经历类似的过程，刘向《战国策书录》写道：“所校中《战国策》书，中书余卷，错乱相糅莒，又有国别者八篇，少不足。臣向因国别者略以时次之，分别不以序者以相补，除复重，得三十三篇。……中书本号，或曰《国策》，或曰《国事》，或曰《短长》，或曰《事语》，或曰《长书》，或曰《修书》。臣向以为战国时游士辅所用之国为之策谋，宜为《战国策》。其事继《春秋》以后，讫楚汉之起，二百四十五年间之事皆定。以杀青，书可缮

①《史记》，第195页。

②王充：《论衡》，第113页。

③参拙著《〈国语〉叙事研究》，第54—58页。

写。”[①]刘向说他利用中书余卷及国别者八篇这些文献编纂了《战国策》，而中书《国策》《国事》《短长》《事语》《长书》《修书》及国别者八篇这些文献其实又存在一个形成过程，因此，《战国策》的形成至少也经过三个阶段：由策书文献经由《国策》再到《战国策》。[②] 无论是《春秋》还是《国语》《战国策》来说，它们主要还是在记事文献、记言文献范畴下进行的，《左传》则不一样，刘知几在《史通·载言》中说：“古者言为《尚书》，事为《春秋》，左右二史，分尸其职。盖桓、文作霸，纠合同盟，春秋之时，事之大者也，而《尚书》阙纪；秦师败绩，缪公诫誓，《尚书》之中，言之大者也，而《春秋》靡录。此则言、事有别，断可知矣。逮左氏为书，不遵古法，言之与事，同在传中。然而言事相兼，烦省合理，故使读者寻绎不倦，览讽忘疲。”[③]言事分立的传史方式形成记事文献、记言文献，这些文献侧重于记事或记言，比较而言，它们的编纂程序虽然相对简单，但其文本不太容易被人理解，这特别体现在记事文献上。《春秋》叙事的最大特征在于只呈现事件的结果，而对于过程性则不关心，因此，一般情况下人们很难理解它的事件。《左传》为了解决这个矛盾，运用言事相兼的方式，将记事文献、记言文献有机融合起来，从而形成“事语”这一新型史体。这样，事件的过程性就得以清晰地展现。整体观之，先秦史传文献的生成大体存在两个特征：一是由言事分立到言事相兼的转化，二是经过多次编纂。

先秦诸子文献也大抵如此。春秋时期以来的社会发生剧烈的变动，其中重要的表现是一批原来掌管文化、文献的官吏从王

---

①严可均：《全上古三代秦汉三国六朝文》，第 331 页。

②参拙文《〈战国策〉文的来源及其编纂》，《中国文学研究》，2014 年第 4 期。

③刘知几：《史通》，第 8 页。

朝流向诸侯国或民间。随着他们流落社会下层及民间，一种新的教学模式即“私学”出现了。私学教育不但培养、造就大批士人，同时在很大程度上也导致诸子文献的出现。《汉书·艺文志》说：“《论语》者，孔子应答弟子时人及弟子相与言而接闻于夫子之语也。当时弟子各有所记。夫子既卒，门人相与辑而论纂，故谓之《论语》。”①从“弟子各有所记”来看，《论语》的编纂显然是利用了孔门弟子的学习笔记。至于《墨子》的成书，据秦彦士考证，《亲士》七篇为墨子“在脱离儒家学说之后不久的时间所述，是他早期讲学时弟子的记录”，而“‘十论’上篇当为墨子在建立墨家学派初期的讲演时弟子的记录”，《耕柱》以下五篇“为墨家后学弟子记载墨子与师弟子的言行录”；②郑杰文则指出《经上》《经下》《经说上》《经说下》乃墨翟之从事派弟子“所记录的课业内容”。③ 可见《墨子》的成书与《论语》有相似之处，即先有弟子的记录，然后才出现编纂行为。此后的《孟子》也大抵如此。④ 老子平时收集格言一类文献，一方面将之用于教育实践，一方面对其加以整理，汇纂成《老子》一书，因此，《老子》文本中的材料大都不是老子本人所说，而是源于前贤的言论。《荀子》有六篇比较特殊，杨倞在《大略篇》解题中指出，“此篇盖弟子杂录荀卿之语，皆略举其要，不可以一事名篇，故总谓之《大略》也”，又谓《宥坐篇》“以下皆荀卿及弟子所引记传杂事”。⑤ 郭沂则认为，“《大略》等六篇的性质与其

①《汉书》，第1717页。

②秦彦士：《墨子考论》，第169—175页。

③郑杰文：《中国墨学通史》，第27页。

④蒋伯潜：《诸子通考》，第316页。

⑤王先谦：《荀子集解》，第321、341页。

他各篇确有不同，……从内容上看，这六篇大抵为孔子的言论，也有一些有关古礼的记载。所以，其性质与古本《礼记》相同，或许可称之为'荀派《礼记》'。也就是说，其中的孔子言论，实乃《论语》类文献。"①确实，《宥坐篇》以下五篇记载的主要是孔门师弟之语，这种方式与《老子》的编纂有一致之处。《韩非子》中的一些篇目也继承这一特征，《说林》《储说》诸篇主要是采集《国语》之类文献而编纂的。至于《庄子》，其《寓言》篇说："寓言十九，重言十七，卮言日出，和以天倪。"②"三言"道出《庄子》文本的生成方式，所谓"重言"，意指先哲时贤的言论，张默生说："寓言的成分，已占有全书的十分之九了，剩下的也不过还有十分之一，为什么重言又占全书的十分之七呢？《庄子》书中，往往寓言里有重言，重言里有寓言，是交互错综的，因此寓言的成分，即使占了全书的十分之九，仍无害于重言的占十分之七。"这样，《庄子》借"重言"来建构文本，其生成方式就接近《老子》了。因此，就先秦诸子文献的生成来看，大抵有两种方式：一是在私学背景下，门徒记录其师的言论，然后在此基础上编纂成书；二是收集前贤言论文献，再汇纂成书。关于后者，人们集辑"语"（包括格言）除了用于训诫之外，还可能用作它途。比如《大略》，俞志慧认为系"荀子的读书笔记，其中多为荀子对固有文献的摘录，以备写作、教学及游说之用"。③ 又《韩非子》之《说林》《储说》，马世年（2005）推测说："《说林》用来搜集、保存材料，而《储说》则将材料系统地编排起

---

①郭沂：《郭店竹简与先秦学术思想》，第 359 页。

②陈鼓应：《庄子今注今译》，第 727 页；第 728—729 页。

③俞志慧：《〈荀子·大略〉为荀子读书笔记说》，《文学遗产》，2012 年第 1 期。

来，由其形式看很可能是韩非用来教授弟子的内部‘教材’。”这样看来，诸子文献的第二种生成方式仍然与私学有着联系，至于《庄子》，其文本中收录若干师弟对话之材料，则明显带上私学痕迹。当然，诸子文献的生成也并不排除诸子亲自撰写这一路径，这特别体现在专论体上。据郭店简《穷达以时》《唐虞之道》《忠信之道》《性自命出》这些篇目来看，七十子时期就已经出现成熟的专论体，不过早期的这些专论体往往是对先师言论的展开与阐释，比如廖名春指出《忠信之道》“很可能就是子张本于孔子之说而成的论文”。① 到了后期，专论体摆脱这种羁绊，往往舍去记言之体而据题抒论，如《商君书》《荀子》《韩非子》等。②

两汉语类文献的生成在此基础上既有沿袭又有新变。先秦语类文献往往是在记言文献、记事文献基础上通过编纂而形成的，也就是说，先秦语类文献的生成是以编纂为主，一些文体的生成也奠基于编纂行为。两汉语类文献部分地继承这种方式，比如《韩诗外传》《盐铁论》《新序》《说苑》等文献，它们往往是在既有文献之基础上通过整理、编纂的方式而形成的。不过，这些文献虽基于编纂而成，但其间还是存在细微的差异。《韩诗外传》主要采录相关记言文献来解释《诗经》，故其成书采取编纂的方式。《盐铁论》的相关资料固然源于“盐铁会议”，可是桓宽不但对这些议文进行大幅度剪裁，而且并不排除对资料的重新加工，因此，《盐铁论》的成书除编纂外，还带有撰述的成分，可以称之为“编纂兼撰述”型。《新序》《说苑》也可归入此种类型。司马迁一再声称《史记》“述故事，整齐其世传”“厥协六经异传，整齐百家杂语”，从

①廖名春：《荆门郭店楚简与先秦儒学》，载《郭店楚简研究》，第50—51页。

②傅斯年：《中国古代思想与学术十论》，第137页。

资料方面而言，固然渊源有自，但《史记》毕竟出于司马迁的撰述，其“纪传体”更是如此，因此，《史记》的生成可视为“撰述兼编纂”型。《新书》《汉书》的成书其实也可归入这一类型，不过，比起《史记》来说，《新书》的成书赋予“撰述兼编纂”型以别样的含义。今本《新书》主要由《事势》《连语》《杂事》三部分组成，它们的生成方式及功能并不一样。《事势》收录的是贾谊上呈汉文帝的疏文，而《连语》《杂事》大部分内容是以教材身份存在的。与《事势》完全出自贾谊本人撰写不同，《连语》《杂事》的生成方式是多样化的，大体有四种方式：一是贾谊亲自撰写；二是就某一具体篇目而言，一部分源自编纂，一部分可能是贾谊撰写的；三是贾谊纯粹采用编纂方式完成的；四是出自门人的编纂。至于陆贾《新语》，则完全属于撰述。先秦时期的规谏通常采取口头的方式，其言辞往往又通过史官载录下来。汉帝国的奏疏一般采取书面形式，也就是说，规谏者预先将欲陈述的事项写好，然后呈给天子阅览。这样，规谏者一旦写定规谏言辞，奏疏也随之固化，这既不同于口头时代的随意性，也不需要借助他手载录。同时，规谏行为的发生是基于现实特定的问题，规谏者通过比较慎重的思考与分析，对这一问题提出肯定或否定的建议，因而其文本呈现鲜明的撰述特征。扬雄有着非常浓厚的古典主义情结，他模仿经典而制作一些文献，《法言》虽在形式上效仿《论语》，但其文本内容则是扬雄本人的创造，因此，《法言》也是一部撰述。如此，倘若说先秦语类文献以编纂为主，那么汉代语类文献的生成则多半通过撰述的方式。从整体上来看，汉代语类文献的生成由先秦的重在编纂向重在撰述转化的趋势非常明显，从而显示新的文献生成方式之自觉。

二　两汉语类文献的类型及文体特征

语类文献类型与文体特征属于两个不同的概念，尽管它们之间存在交叉之处。文献类型往往与文献生成方式、文献功能联系在一起，通常情况下揭示文献的来源及其身份；而文体特征则与话语方式相关。一般而言，文体特征相对稳定，不同的文献很可能具有类似的文体特征；然而文献类型既然与文献生成方式相关，那么它的个性化特征就相对明显。当然，由于文献生成方式在很大程度上影响文体特征，因此，文献类型与文体特征之间也存在联系，甚至有时二者又是合一的。正是因为这种缘故，语类文献形态的划分就成为一个非常棘手的问题。不过，此一问题之所以出现，一方面固然在于语类文献形态的复杂性，另一方面还与研究者视角的差异有关联。就研究者这一因素而言，由于各自思考角度的不同，从而在形态划分上也就存在一些分别，比如有强调"语"是先秦时代一种以讲述故事为主旨的叙事文体的，①有主张"语"分为记言和叙事两类的，②有的认为"语"作为一种古老的文体，直到《国语》成书后才完备起来，"国策""事语"是"语"发展的一个分支，而格言警句以及谚语、俗语一般是从"语"中提炼出来的，③还有的学者把"语"作为文学和史学体裁，主要指故老传闻、前代掌故，含传说、故事之意；"语"的"故事性"胜于记录性，是一种回忆，它和它所记的事和语已拉开一定

①廖群：《"说""传""语"：先秦"说体"考索》，《文学遗产》，2006年第6期。

②俞志慧：《语：一种古老的文类——以言类之语为例》，《文史哲》，2007年第1期。

③王青：《古代"语"文体的起源与发展》，《史学集刊》，2010年第2期。

的距离,①等等。应该说,这些观点各自都有其合理性,然而,其不足的地方也是存在的。这种不足主要体现为这些观点大都只抓住语类文体的某个(些)方面,在很大程度上忽略一种整体的考察。事实上,语类文献是先秦时期重要而又非常复杂的一种文类,这种复杂性主要表现为文体的多元形态。大抵而言,采用分类的标准不同,语类文献可以划分为不同的类型。比如从生成角度来看,语类文献可分为仪式性、政典型、教学型、著述型四种;从文体形态来看,又可分为格言体、问对体、事语体三类;从编纂单位角度来看,先秦语类文献又经历了从“国语”到“家语”的演变过程。② 由此看来,在语类文献形态问题上,应该从整体性、历时性的视阈出发,在不同动态化的过程中去把握其文体形态的生成和特征。同时,上述分析也提示我们,倘若局限于特定视角去考察语类文献的形态问题,容易陷于片面境地。因此,我们应采取多元化态度,力求多层次地去关照考察的对象,这样,才有可能比较全面地把握研究对象,也才有可能丰富对考察对象的认知。

两汉语类文献的编纂活动延续了很长的时间,它们因产生于不同历史阶段而致使其生成方式也存在差异,这就使它们在性质与文体形态方面也呈现不同的特征。这是我们考察时首先需要把握的基点。具体来说,在汉代语类文献的形态问题上,我们可以从如下角度予以考察。首先,从生成角度来看,汉代语类文献主要以撰述为主,但同时也存在编撰的情况,这一点前面已经提及,在此主要从类型的角度做一些说明。从文献编撰及功能角度来看,两汉语类文献大体可划分为奏疏体(如《新语》)、经解体(如

①李零:《简帛古书和学术源流》,第202页。

②参拙著《先秦语类文献形态研究》,第123页。

《韩诗外传》)、纪传体(如《史记》《汉书》)、模拟型(如《法言》)、编纂型(如《新序》)、混合型(如《新书》)这些类型。

所谓"奏疏",是古代社会君臣言事的一种重要方式,它植根于规谏与咨询传统,因此,"奏疏"具有很强的规谏色彩。将其命名为"奏疏体",就是基于此类文献生成语境及功能方面的考虑。通过"奏疏体"这一命名方式,人们能够比较清晰地领会此类文献的生成与功能。"经解体"也是如此。"经解体",顾名思义是基于阐释五经而产生的文献,属于经学文献,它以服务五经为目的。不过,由于经学阐释方式的多元化,以及经学教育的存在,经解文献中也出现语类文献。众所周知,《左传》阐释《春秋》不同于《公羊传》《穀梁传》,虽然有时也解释《春秋》的微言大义,但更多的是以事解经,即利用言事相兼的方式将记言文献与记事文献融合在一起,通过完善事件的过程性来弥补《春秋》叙事的不足,从而达到解释《春秋》的目的。尽管《左传》出于阐释《春秋》的目的,但它同时也具有语类文献的身份。《韩诗外传》出现于经学兴起时代,其生成缘于解释《诗经》。它之所以呈现语类文献的特征,关键在于接受乐语传统的影响,即利用语类文献来阐释诗篇。因此,"经解体"的命名比较好地揭示《韩诗外传》这样的语类文献的来历。"纪传体"这一命名不仅所蕴含的文体意味要浓厚得多,而且很好地揭示其文献的史传身份。"模拟型"的称谓指示文献生成于模仿行为,《法言》是扬雄撰写的,但又是在效仿《论语》的基础上撰写的,在这个意义上,使用"模拟体"的称谓就比较清楚地交待《法言》这部文献与《论语》之间的渊源关系。所谓"编纂型",《新序》《说苑》这两部文献主要是刘向在收集相关文献之基础上整理编撰而成的,在这一过程中,刘向按照自己的意图对相关文献进行分类,有的甚至还调整文本结构,增加相关内容,或者将若干材料重新编排，这些工作显然不同于一般的校书活动，在这一意义上，《新序》《说苑》成于刘向之手，或者说是刘向编撰的。可是，《新序》《说苑》尽管是刘向整理编撰而成的，然而它们的大量文本则源于此前的文献，也就是说，它们并不是刘向撰写的，这又与一般的撰述不同。整体上来看，《新序》《说苑》的生成颇近于《韩非子》之《储说》《说林》，以及《韩诗外传》等，因此，我们姑且将它们称之为编撰体。《韩诗外传》也是通过收集整理此前的文献而成的，在这个意义上，与《新序》《说苑》并无不同。可是，韩婴编撰《韩诗外传》的主要目的在于解释《诗经》的相关诗句，这是与《新序》《说苑》不同的，也正是在这个意义上，我们才将《韩诗外传》称之为经解体，因为经解体的表述比起编撰体来说更能说明《韩诗外传》的身份。所谓的“混合型”，这个提法其实是针对贾谊《新书》而言的。之所以要如此，又主要是因为《新语》文献的生成方式颇为复杂。《新书》由《事势》《连语》《杂事》三部分构成，《事势》是贾谊给汉文帝的奏疏，与《新语》体例相同，主要是出于撰述。《连语》《杂事》的材料大都源于此前的语类文献，是贾谊任梁怀王太傅时所作的教学材料，在编纂方式上，《连语》《杂事》其实是承继《国语》的。基于这种状况，于是就使用“混合型”这一说法来概述《新语》的文体生成。我们曾经从生成角度将先前语类文献分为仪式性、政典型、教学型、著述型四种，当然也可以运用这些范畴来分析两汉语类文献的类型。不过，尽管两汉时期再度恢复了重言风尚，但史官的记言传统已经弱化，这就使两汉语类文献的生成方式出现不同于先秦时期的新变化，而奏疏体、经解体、纪传体、模拟型、编纂型、混合型这些称谓正好反映这些变化，它们大体揭示两汉语类文献的生成方式。

其次，有关两汉语类文献的文体特征问题，可以从篇章“语体”与专书“语体”两个层面加以理解。就早期语类文献而言，篇章“语体”大抵存在格言体、问对体、事语体、专论体这些形态；专书“语体”则包括国别体、语录体、纪传体、拟语录这些体式。先秦语类文献主要存在格言体、问对体、事语体这些类型，这些类型在汉代语类文献上也得到不同程度的体现，特别是是问对体、事语体，《韩诗外传》《史记》《新序》《说苑》《汉书》均大量存在此类文体，这显现其承继的一面。然而，两汉语类文献还存在其他文体，它们更能显现其特色。一是专论体，比起先秦来说，这一文体在汉代得到长足的发展，其显著代表就是奏疏，自陆贾《新语》以来，汉代奏疏基本上是以专论体的形态呈现的。二是拟语录，一般来说，先秦时期的问对体大都是基于现实的情境，比如规谏，大都是实际存在的；孔子与弟子或其他人的谈话，大都也是可信的。然而扬雄的《法言》，其文本虽然存在很多对话的痕迹，不过这些对话很多是扬雄个人的“自言自语”，这种形式与当时赋体的对话很接近，也就是说，它们大都是虚构的。《法言》的对话虽然也存在虚拟成分，但毕竟与赋体有差异。赋体中的人物和人物对话都出于赋家的虚构，可是《法言》中的问与答都出自扬雄之手，在这一问答结构中，或许问话主体的身份并不清晰，但回答者的身份是明确的，他即扬雄本人。因此，《法言》只是虚拟了对话形式与问话者，而之所以如此，其关键在于《法言》是对《论语》的仿效。拟语录属于专书“语体”，它指向的对象是《法言》整部文献。倘若从篇章“语体”角度分析，《法言》记言文本主要是对话体，而《论语》除对话体外，还存在格言体与事语体。同时，《法言》继承《论语》言行两录的做法，即除记言文本之外，还出现记行文本。《论语》的记行文本主要载录孔子的行为，不过“这种记行与一般记事的区别在于它缺乏具体时间的载录，故而这些行为就不能认定为是特定的某一具体的行为，也就是说，这些行为不像一般史书记载某一史实一样构成某一事件。这样，记行与记事就是两种不同的载录方式”。① 《法言》中的记行文本也部分具有这种特征，不过，《法言》很少载录扬雄本人的行为，因此，《法言》中除记言之外的很多文本貌似记事，但更像是对人物或历史事件的评论，或者呈现为哲理性言论。对于这些文本，扬雄并没有采用对话的方式，因此在形式上与《论语》记行文本近似。三是纪传体，尽管人们对纪传体的起源还存在很多争议，但从文体的角度来看，这种史体综合的特征是非常明显。先秦史传文献在史体上先后存在记言、记事、事语与编年这些形态，这些形态可以单独存在，也可以融合，比如编年，既可以纯粹记事的面貌出现，《春秋》就是如此；也可以容纳记言、事语，如《左传》。《史记》本纪、世家在编年体制下编纂语类文献，与《左传》《国语》近似，列传则采取《国语》的编纂模式。《汉书》本纪的书写更接近《春秋》，但又有所发展，即表现为《春秋》只纯粹记事，而《汉书》本纪又收录诏书，又稍带《左传》的叙事意味。整体上《汉书》本纪与《史记》出现较大差异，《汉书》的传与《史记》近似，但更加重视收录文辞。《吴越春秋》采取《左传》的编纂方式，但又有意识回避编年所造成的叙事局限，采用类似纪事本末体的编纂手法，从而大大开拓编年体的叙事空间。

①参拙文《〈论语〉文体的生成及结构模式》，《四川师范大学学报》，2013年第1期。

第二章 两汉奏疏体文献

就汉代的语类文献而言，首先需要讨论的是奏疏体，如此选择主要是出于这样的考虑：其一，从发生的角度来看，奏疏体实居于汉代语类文献的源头，在一定意义上甚至可以说，它开启了汉代语类文献编撰的序幕；其二，奏疏体不仅是汉代语类文献的重要形态，而且在汉代散文史乃至古典散文史上也占据极为显目的地位，比如就数量而论，"今天能看到的汉代奏议以及有目无篇者，尚有 1270 多篇"（王启才 2004）。奏疏之所以能够在汉代兴盛，其原因是多方面的，其中比较重要的主要来自政治、社会、学术等方面。这些因素的综合作用，造就了汉代奏疏的特殊品格。

本章并不打算对汉代奏疏体做全面的分析，我们的工作主要有这些：一是揭示汉代奏疏体兴盛的原因；二是着重分析《新语》《盐铁论》等几部经典奏疏文献；三是在前两个研究基础上，进一步揭示汉代奏疏体的流变、特质，及其所可能具有的文学史意义。

第一节 奏疏体源流

奏疏是古代社会臣民向君主或皇帝陈述政事的一种文体。这种文体在古代社会起着十分重要的作用，不但是臣民表达政见的重要载体，同时也是君主了解民意的重要手段。因此，奏疏一直流行于古代社会。

一 奏疏的起源

奏疏这种文体的起源相当古老。刘勰在《文心雕龙·章表》中说:“天子垂珠以听,诸侯鸣玉以朝。敷奏以言,明试以功。故尧咨四岳,舜命八元,固辞再让之请,俞往钦哉之授,并陈辞帝庭,匪假书翰。然则敷奏以言,则章表之义也;明试以功,即授爵之典也。至太甲既立,伊尹书诫,思庸归亳,又作书以赞。文翰献替,事斯见矣。”①刘勰在此论述章表的起源,他所举的两个例子,均出自《尚书》。《舜典》篇云:“敷奏以言,明试以功。”孔《传》:“敷,陈。奏,进也。诸侯四朝,各使陈进治理之言。”孔颖达《正义》解释说:“‘敷’者布散之言,与陈设义同,故为陈也。‘奏’是进上之语,故为进也。诸侯四处来朝,每朝之处,舜各使陈进其治理之言,令自说己之治政。”②各诸侯向舜帝陈述有关政事治理的言论,这一行为被刘勰理解为具备章表的功能。刘勰又指出《尚书》之《伊训》《太甲》三篇也属于章表。又《文心雕龙·奏启》篇说:“昔唐虞之臣,敷奏以言;秦汉之辅,上书称奏。……奏者,进也;言敷于下,情进于上也。”③刘勰将奏启也追溯至唐虞时代的“敷奏以言”。准此可见,刘勰认为奏疏在尧舜时期已经出现了。

吴讷在《文章辨体序说》中描述“奏疏”时说:“按唐、虞、禹、皋陈谟之后,至商伊尹、周姬公遂有《伊训》《无逸》等篇,此文辞告君之始也。”④其所持见解大抵与刘勰近,稍微不同的是,吴讷并未

①范文澜:《文心雕龙注》,第406页。

②孔颖达:《尚书正义》,第60—65页。

③范文澜:《文心雕龙注》,第421—422页。

④王水照:《历代文话》,第1619页。

提及“敷奏以言”，而是着重强调《伊训》《无逸》之于奏疏体的意义。徐师曾《文体明辨序说》“上书”条谓：“按子书云：‘书者，舒也，舒布其言而陈之简牍也。’古人敷奏谏说之辞，见于《尚书》《春秋》内外传者详矣。然皆矢口陈言，不立篇目，故《伊训》《无逸》等篇，随意命名，莫协于一；然亦出自史臣之手，刘勰所谓‘言笔未分’，此其时也。”①徐氏之说实与吴讷一致。姚鼐指出：“奏议类者，盖唐虞三代圣贤陈说其君之辞，《尚书》具之矣。周衰，列国臣子为国谋者，谊忠而辞美，皆本谟诰之遗。”②姚鼐对于奏议起源的认识，似乎与刘勰等人有些距离，而强调谟、诰与奏议之关系。褚斌杰分析说：“如果从最早的文献考察，早在商、周时代，已有奏议性的文字留传下来。如《尚书》‘商书’中的《伊训》，是商初大臣伊尹（名挚）在汤王死后，其孙太甲继位时，所上的一篇告君之词。《尚书》‘周书’中的《无逸》，是周公旦归政于成王时，对成王的一番忠诚告诫。从内容看，这两篇文章论治国之道，都表达了很重要的政治见解，……这两篇文字都带有语录体的口吻，大约当时只是他们的一番谈话，被史官所记录。从性质上讲，它们无疑是我国最早的奏议文字，只是当时还没有什么专称。”③

据此看来，在奏疏体的起源问题上，人们似乎已经达成大致的默契，大都将其追溯至商周时代，并将《尚书》，特别是其中的《伊训》《无逸》视为奏疏之源。应该说，这一做法有其合理性。在文体的发生上，章学诚在《文史通义·诗教上》说：“周衰文弊，六艺道息，而诸子争鸣。盖至战国而文章之变尽，至战国而著述之

---

①王水照：《历代文话》，第2091页。

②姚鼐、王先谦：《正续古文辞类纂》，第5页。

③褚斌杰：《中国古代文体概论》，第438—439页。

事专，至战国而后世之文体备；故论文于战国，而升降盛衰之故可知也。战国之文，奇邪错出，而裂于道，人知之；其源皆出于六艺，人不知也。后世之文，其体皆备于战国，人不知；其源多出于《诗》教，人愈不知也。”①章氏文体大备于战国的主张有着广泛的影响，然而，郭预衡指出：“章学诚曾说各体文章都已备于战国，那话说得未免太过，因为，战国文章虽有极大的发展，却还不能说各体皆备。而到汉代，却可以这样说了。”②同样，章氏谓战国之文“皆出于六艺，人不知”的说法也是值得商讨的，其实长期以来人们大都秉持“文原五经”的观念。刘勰在《文心雕龙·宗经》中明确说：“论说辞序，则易统其首；诏策章奏，则书发其源；赋颂歌赞，则诗立其本；铭诔箴祝，则礼总其端；记传铭檄，则春秋为根。”③又《颜氏家训·文章》篇亦云：“夫文章者，原出五经：詔命策檄，生于书者也；序述论议，生于易者也；歌咏赋颂，生于诗者也；祭祀哀诔，生于礼者也；书奏箴铭，生于春秋者也。”④它们在某些文体起源的具体归属方面虽不尽相同，但“文原五经”的理念则是一致的。正是由于“文原五经”观念的根深蒂固，人们在探寻奏疏体起源时将其溯至《尚书》就不难理解了。可是，我们在探究古代文体发生时，仅仅将其追溯至五经是不够的，因为每一种文体都有其产生的特定方式，这样，要把握某一文体的生成，就离不开对其生成方式的分析。郭英德曾说：“中国古代文体分类的生成方式不外三途：一是作为行为方式的文体分类，二是作为文本方式的文体分

①章学诚：《文史通义》，第15页。

②郭预衡：《中国散文史》，第196—197页。

③范文澜：《文心雕龙注》，第22页。

④颜之推：《颜氏家训》，第19页。

类，三是文章体系内的文体分类。”其中所谓“作为行为方式的文体分类”，是指“人们在特定的交际场合中，为了达到某种社会功能而采取了特定的言说行为，这种特定的言说行为派生出相应的言辞样式，于是人们就用这种言说行为（动词）指称相应的言辞样式（名词），久而久之，便约定俗成地生成了特定的文体。”①现依据这种思路，来具体考察奏疏体的起源。

奏疏在行为方式上表现为臣民向君主陈述政事，这一行为方式包含了臣民、君主、陈述政事这些元素。在这些元素中，君臣关系在严格意义上应属于奏疏体存在的先决条件，也就是说，倘若不存在君与臣这对关系，奏疏的行为方式也就失去对象，从而奏疏的存在也就不可能。因此，有人主张“奏议的出现，应从中国第一个奴隶制国家——夏朝算起”。② 然而，三代的君臣关系与秦朝以来的封建大一统王朝毕竟有着差异，这样，严格从君臣关系的角度去考察奏疏的生成难免与三代现实存在距离。基于这种考虑，我们不妨从“陈述政事”方面去探查奏疏的起源。《国语·周语上》载邵公谏厉王时说：“故天子听政，使公卿至于列士献诗，瞽献曲，史献书，师箴，瞍赋，矇诵，百工谏，庶人传语，近臣尽规，亲戚补察，瞽、史教诲，耆、艾修之，而后王斟酌焉。”③这则记载表明，天子在处理政事时应尽可能广泛听取意见，换个角度来看，臣民就有义务向天子陈述相关政事的看法。然而，就《周语上》所载邵公谏厉王的整个文本来看，上述这段文字其实叙述的是有关规谏的情况，亦即强调天子要听取劝谏，而不是拒谏。这样，所谓

①郭英德：《中国古代文体学论稿》，第 29 页。

②王启才：《奏议渊源略论》，《文学遗产》，2006 年第 6 期。

③《国语》，第 9—10 页。

“陈述政事”就可以理解为规谏，而这就意味着奏疏与规谏之间存在联系。这一点徐师曾其实在《文体明辨序说》“奏疏”条中早已言及，他说：“按奏疏者，群臣论谏之总名也。”①这样，考察奏疏的起源，在很大程度上可归结为对规谏活动起源的探索。

就目前的史料来看，黄帝时期似乎已出现规谏活动，《管子·桓公问》篇说：“黄帝立明台之议者，上观于贤也；尧有衢室之问者，下听于人也；舜有告善之旌，而主不蔽也；禹立谏鼓于朝，而备讯唉；汤有总街之庭，以观人诽也；武王有灵台之复，而贤者进也。此古圣帝明王所以有而勿失、得而勿忘者也。”②这里叙述黄帝以来至周代的若干规谏形式，但是，一般来说，人们通常将规谏形式溯源至尧舜时期，比如《吕氏春秋·自知篇》就说：“尧有欲谏之鼓，舜有诽谤之木。”③此后夏朝出现“遒人以木铎徇于路，官师相规，工执艺事以谏”④的现象。到了商代，规谏有了进一步发展，《楚语上》载白公子张谏楚灵王时说：

> 昔殷武丁能耸其德，至于神明，以入于河，自河徂亳，于是乎三年，默以思道。卿士患之，曰：“王言以出令也，若不言，是无所禀令也。”武丁于是作书，曰：“以余正四方，余恐德之不类，兹故不言。”如是而又使以象梦旁求四方之贤，得傅说以来，升以为公，而使朝夕规谏，曰：“若金，用女作砺。若津水，用女作舟。若天旱，用女作霖雨。启乃心，沃朕心。若药不瞑眩，厥疾不瘳。若跣不视地，厥足用伤。”若武丁之神

①王水照：《历代文话》，第2093页。

②戴望：《管子校正》，第302页。

③高诱注：《吕氏春秋》，第310页。

④杨伯峻：《春秋左传注》，第1017—1018页。

> 明也，其圣之睿广也，其智之不疚也，犹自谓未乂，故三年默以思道。既得道，犹不敢专制，使以象旁求圣人。既得以为辅，又恐其荒失遗忘，故使朝夕规诲箴谏，曰："必交修余，无余弃也。"①

从白公追述武丁重视规谏的事例来看，商代统治者确实已经自觉意识到规谏的重要性。周代的规谏更加体系化，前引邵公对厉王的谏言已经说明这一点。需要注意的是，周代已经出现规谏风尚，也就是说，规谏不仅存在于周王朝，而且各诸侯国也普遍重视规谏的价值。② 这样，由于上古社会规谏活动的存在，奏疏一类文体也就随之出现。就目前的资料来看，尧舜时代出现奏疏现象应该是可能的。

二　奏疏的分类

奏疏生成于规谏活动之中，而就实际情形来看，从规谏活动中形成的文体并不止奏疏，比如"箴体"，邵公谏厉王时论及"师箴"，韦昭解释为："师，小师也。箴，箴刺王阙，以正得失也。"③刘勰说："箴者，所以攻疾防患，喻针石也。斯文之兴，盛于三代。夏商二箴，余句颇存。及周之辛甲百官箴一篇，体义备焉。迄至春秋，微而未绝。故魏绛讽君于后羿，楚子训民于在勤。战代以来，弃德务功，铭辞代兴，箴文委绝。"④可见"箴体"也用于规谏，也就是说，在规谏活动中形成的文体是复杂的。这个问题暂且毋论。

①《国语》，第 554 页。

②陈来：《古代思想文化的世界》，第 235—237 页。

③《国语》，第 9—11 页。

④范文澜：《文心雕龙注》，第 194 页。

就奏疏而言，其名称繁多，[①]这些名称在一定程度上暗示奏疏这一文体类型的复杂性。因此，研究奏疏体，倘若不对其类型予以讨论，往往会引起一些误解。比如萧统《文选》在"上书"此体下首列《李斯上书秦始皇》，而姚鼐《古文辞类纂》"奏议类"则首列《楚莫敖子华对威王》。

在奏疏名称沿革上，前人已经做了相当多的梳理工作。刘勰在《文心雕龙·章表》中说："敷奏以言，明试以功。故尧咨四岳，舜命八元，固辞再让之请，俞往钦哉之授，并陈辞帝庭，匪假书翰。然则敷奏以言，则章表之义也；明试以功，即授爵之典也。至太甲既立，伊尹书诫，思庸归亳，又作书以赞。文翰献替，事斯见矣。周监二代，文理弥盛，再拜稽首，对扬休命，承文受册，敢当丕显，虽言笔未分，而陈谢可见。降及七国，未变古式，言事于王，皆称上书。秦初定制，改书曰奏。"[②]此处描述奏疏名称由"上书"到"奏"之演变。徐师曾《文体明辨序说》"上书"条谓：

> 按子书云："书者，舒也，舒布其言而陈之简牍也。"古人敷奏谏说之辞，见于《尚书》《春秋》内外传者详矣。然皆矢口陈言，不立篇目，故《伊训》《无逸》等篇，随意命名，莫协于一；然亦出自史臣之手，刘勰所谓"言笔未分"，此其时也。降及七国，未变古式，言事于王，皆称上书。秦、汉而下，虽代有更

①如王启才说："纵观中国历史，奏议的名称很多，如谏、进谏、谏言、谏诤，或奏言、上奏、奏说、奏对、奏谏、奏陈、奏疏、奏章、奏策、奏条、奏启、奏劾、奏本、奏状、奏折，或表、上表、让表、谢表、劝进表，或事书、上书、上陈、上疏，或弹章、驳议、便宜、封事、封驳、状、参，或议、疏、条陈、札子、手片、露布、对策、万言书、笺，等等。"参氏著《汉代奏议的文化意蕴与美学阐释》，2004年复旦大学博士学位论文。

②范文澜：《文心雕龙注》，第406页。

革，而古制犹存，故往往见于诸集之中。萧统《文选》欲其别于臣下之书也，故自为一类，而以“上书”称之。今从其例，历采前代诸臣上告天子之书以为式，而列国之臣上其君者亦以类次杂于其中。其他章表奏疏之属，则别以类列云。①

徐氏在分析“上书”时继承刘勰的观点，同时又借用萧统的一些看法，于是在他这儿，“上书”成为独立的一体，从而与奏疏完全脱节。刘勰看到从“上书”到“奏”的变化，只不过认为这种变化只是名称的改变，其文体实质并没有发生变化。徐师曾则把“上书”从奏疏中分离出来，使之成为独立的文体。这是他们之间根本分歧之处。应该看到，“上书”与“奏”之间存在千丝万缕的联系，把二者纯然剥离并不符合实际。萧统将“上书”与一般书信分开，这是可取的。在萧统那儿，“上书”与奏疏并不存在本质的区别，这不难从他遴选的七篇文章看出。因此，徐师曾在借用萧统看法之同时，实际上也完全误解后者的用意。

徐师曾在《文体明辨序说》“奏疏”条中又说：

按奏疏者，群臣论谏之总名也。奏御之文，其名不一，故以“奏疏”括之也。七国以前，皆称上书。秦初，改书曰奏。汉定礼仪，则有四品：一曰章，以谢恩；二曰奏，以按劾；三曰表，以陈情；四曰议，以执异。然当时奏章，或上灾异，则非专以谢恩。至于奏事亦称上疏，则非专以按劾也。又按劾之奏，别称弹事，尤可以征弹劾为奏之一端也。又置八仪，密奏阴阳，皂囊封板，以防宣泄，谓之封事。而朝臣补外，天子使人受所欲言，及有事下议者，并以书对。则汉之制，岂特四品而已哉？然自秦有天下以及汉孝惠，未闻有以书言事者。至

①王水照：《历代文话》，第2091页。

孝文开广言路，于是贾山言治乱之道，名曰《至言》，则四品之名，亦非叔孙通之所定，明矣。魏晋以下，启独盛行。唐用表状，亦称书疏。宋人则监前制而损益之，故有札子、有状、有书、有表、有封事，而札子之用居多，盖本唐人牓子、录子之制而更其名，乃一代新式也。

上书章表，已列前编；其他篇目，更有八品，今取而总列之：一曰奏。奏者，进也。二曰疏。疏者，布也。汉时诸王官属于其君，亦得称疏，故以附焉。三曰对。四曰启。启者，开也。五曰状。状者，陈也。状有二体，散文、俪语是也。六曰札子。札者，刺也。七曰封事。八曰弹事。①

徐氏上述文字对奏疏名目及其流变的分析，条理相对要清晰得多，也更能把握奏疏演进之历程。

由上可见，奏疏的名称确实经历较多的变化，这些变化在很大程度上只是称谓的改变，而并不改变其文体性质。当然，称谓的变化在一定意义上也意味着奏疏内部确实发生一些变异，从而催生一些次生文体。这些是在讨论奏疏体时需应该加以注意的。就汉代奏疏体类型来说，蔡邕在《独断》中说："凡群臣上书于天子者有四名：一曰章，二曰奏，三曰表，四曰驳议。"②蔡邕认为，汉代奏疏包括章、奏、表、驳议四体。此后刘勰基本认可这个说法，他在《文心雕龙·章表》中指出："秦初定制，改书曰奏。汉定礼仪，则有四品：一曰章，二曰奏，三曰表，四曰议。章以谢恩，奏以按劾，表以陈请，议以执异。"③刘勰坚持四体的划分，只是将"驳议"

①王水照：《历代文话》，第2093—2094页。

②蔡邕：《蔡中郎集》，文渊阁四库全书本。

③范文澜：《文心雕龙注》，第406页。

改为“议”。同时，他还具体分析四体各自的内涵，比如章是用来表示对君主恩惠的感谢，奏是用来弹劾罪状的。通过这种分析，就比较清楚地揭示四体各自的不同用途。然而，对于蔡邕四体的看法也存在一些异议，前引徐师曾《文体明辨序说》就提出“汉定礼仪，则有四品……又置八仪，密奏阴阳，皂囊封板，以防宣泄，谓之封事。而朝臣补外，天子使人受所欲言，及有事下议者，并以书对。则汉之制，岂特四品而已哉”这样的疑问，王启才(2004)也分析说：“今天看来，除封事、书对以外，汉代奏议尚有上书、上疏、上言、上变事、书、议、谏议、对策、言疏、论疏、荐疏、讼疏、奏议、奏事、奏谏、奏劾、劾疏、对(答)诏、奏论、便宜等品种。”他们的这些说法应该是合理的，也就是说，汉代奏疏名目当不止四体。但是，作为汉人，蔡邕当比我们更加熟悉其时的奏疏，他提出四体之说很可能是鉴于这些体式在当时奏疏体中发挥比其他体式更为重要的作用。刘勰在《文心雕龙》一书中着重讨论章表、奏启、议对这些名目，仔细看来，也大抵在四体之内。所以，汉代奏疏体尽管包含比较多的次生文体，但主要还是以章、奏、表、议为重要。当然，这四体也不是平均分布的，据有的学者考察，“章”在西汉并不多见，“表”也是如此，而“奏”用得最多(王启才 2004)。

三　从口头言事到书面言事

奏疏体的源头可追溯至尧舜时代，它的生成与规谏活动有着极为密切的联系。通过考察上古的这一行为，不难看出人们的规谏主要是通过口头进行的。《国语》文本收录很多的谏辞，这些谏辞文献的形成大约经过这些环节，首先是口头就某事发表看法，即谏辞，这些谏辞大约当时或稍后被记录，成为书面文献。今试以《鲁语上》的一个记载为例：

海鸟曰“爰居”，止于鲁东门之外三日，臧文仲使国人祭之。展禽曰：“越哉，臧孙之为政也！夫祀，国之大节也；而节，政之所成也。故慎制祀以为国典。今无故而加典，非政之宜也。

夫圣王之制祀也，法施于民则祀之，以死勤事则祀之，以劳定国则祀之，能御大灾则祀之，能扞大患则祀之。非是族也，不在祀典。昔烈山氏之有天下也，其子曰柱，能殖百谷百蔬；夏之兴也，周弃继之，故祀以为稷。共工氏之伯九有也，其子曰后土，能平九土，故祀以为社。黄帝能成命百物，以明民共财，颛顼能修之。帝喾能序三辰以固民，尧能单均刑法以仪民，舜勤民事而野死，鲧障洪水而殛死，禹能以德修鲧之功，契为司徒而民辑，冥勤其官而水死，汤以宽治民而除其邪，稷勤百谷而山死，文王以文昭，武王去民之秽。故有虞氏禘黄帝而祖颛顼，郊尧而宗舜；夏后氏禘黄帝而祖颛顼，郊鲧而宗禹；商人禘舜而祖契，郊冥而宗汤；周人禘喾而郊稷，祖文王而宗武王；幕，能帅颛顼者也，有虞氏报焉；杼，能帅禹者也，夏后氏报焉；上甲微，能帅契者也，商人报焉；高圉、大王，能帅稷者也，周人报焉。凡禘、郊、祖、宗、报，此五者国之典祀也。

加之以社稷山川之神，皆有功烈于民者也；及前哲令德之人，所以为明质也；及天之三辰，民所以瞻仰也；及地之五行，所以生殖也；及九州名山川泽，所以出财用也。非是不在祀典。

今海鸟至，己不知而祀之，以为国典，难以为仁且智矣。夫仁者讲功，而智者处物。无功而祀之，非仁也；不知而不能问，非智也。今兹海其有灾乎？夫广川之鸟兽，恒知避其灾也。”

是岁也，海多大风，冬暖。文仲闻柳下季之言，曰：“信吾过也，季之之言不可不法也。”使书以为三筴。①

上述这段文字主要记载展禽对臧文仲的规谏，文章开头简要叙述事件的来由，然后重点载录展禽的谏辞。臧文仲准备祭祀一只海鸟，展禽指出这种做法是不可取的，为此引述祀典来加以佐证。可最需要引起注意的是文末的一段话，这些话语很好地揭示这一记载得以记录并被保存的原因。事情发展的结果印证展禽的论断，臧文仲至此也意识到自己先前的做法有问题，于是命人将展禽的话载录下来。借助这个例子，可以推知早期的规谏大都是口头进行的，至于我们现在能够看到这些文献，主要是史官载录的结果。《汉书·艺文志》有云：“古之王者世有史官，君举必书，所以慎言行，昭法式也。左史记言，右史记事，事为《春秋》，言为《尚书》，帝王靡不同之。”②在早期社会，人们非常注重对君主言行的载录，于是有专门的史官如左史、右史来负责记录君主的言论与行为。实行这样的制度，一方面借此提示君主要对自己的言行保持谨慎，一方面是通过载录君主好的言行而为后世树立榜样。因此，“君举必书”就成为史官载录的一项基本原则。当然，就上古社会的现实而言，史官不必仅限于载录君主的言行，他们认为有益的言论也在其载录之列。这样，大量口头规谏之文字就是在这样的条件下被记录、流传。

奏疏这种文体是伴随规谏活动而出现的，其在早期也是以口头的形式出现的，刘勰在《文心雕龙·章表》中特意将其与“敷奏

①《国语》，第165—170页。

②《汉书》，第1715页。

以言"联系起来,这是很有见地的。然而,刘勰又说"至太甲既立,伊尹书诫,思庸归亳,又作书以赞",①这似乎意味着伊尹已经以书面的形式向太甲规谏,亦即《尚书》之《伊训》《太甲》三篇是伊尹所作的书面奏疏。《尚书序》谓"成汤既没,太甲元年,伊尹作《伊训》《肆命》《徂后》",又谓"太甲既立,不明,伊尹放诸桐。三年复归于亳,思庸,伊尹作《太甲》三篇",按照这些记载,刘勰的看法似乎有道理。然而,孔颖达《正义》指出:"伊尹以太甲承汤之后,恐其不能纂修祖业,作书以戒之。史叙其事,作《伊训》《肆命》《徂后》三篇。"又谓:"自初立至放而复归,伊尹每进言以戒之,史叙其事作《太甲》三篇。"②按照孔疏的理解,《伊训》《太甲》当为史官在记录伊尹所进之言的基础上整理而成,即是说,伊尹是以口头形式提出规谏的。周秉钧据《史记·殷本纪》之记载,指出《伊训》"是史官记录伊尹教导太甲的话",《太甲》三篇也是史官依据伊尹的训话整理而成的。③ 因此,《伊训》《太甲》三篇的原初形态应是口头形式的。

早期奏疏体从口头转向书面形态,其间经历一些过程。前面已经谈到,严格意义上的奏疏体是以君臣关系之确立为前提的。在三代社会,君臣关系似乎呈现松散、多元的状态,王国维论道:"自殷以前,天子、诸侯君臣之分未定也。故当夏后之世,而殷之王亥、王恒,累叶称王。汤未放桀之时,亦已称王。当商之末,而周之文武亦称王。盖诸侯之于天子,犹后世诸侯之于盟主,未有君臣之分也。周初亦然,于《牧誓》《大诰》皆称诸侯曰'友邦君',

①范文澜:《文心雕龙注》,第406页。

②孔颖达:《尚书正义》,第202—207页。

③周秉钧:《尚书注译》,第63—67页。

是君臣之分亦未全定也。逮克殷践奄，灭国数十，而新建之国皆其功臣、昆弟、甥舅，本周之臣子；而鲁、卫、晋、齐四国，又以王室至亲为东方大藩，夏、殷以来古国，方之蔑矣。由是天子之尊，非复诸侯之长而为诸侯之君，其在《丧服》，则诸侯为天子斩衰三年，与子为父、臣为君同。盖天子、诸侯君臣之分始定于此。此周初大一统之规模，实与其大居正之制度相待而成者也。"①这里主要是就天子、诸侯之间君臣关系来说，依据王氏之看法，夏、商两代的君臣关系是松散的，直到周初才变得严格、清晰。这自然是对的，可是，周代的君臣关系也不限于天子、诸侯之间。周代分封制使各诸侯国事实上成为独立王国，这种情形在王室地位下降后表现得更突出，这样，各诸侯国内部也存在君臣关系。因此，周代君臣关系整体上呈现多元状态。君臣关系的单一化、严格化的真正实现是在秦统一天下之后，《史记·秦始皇本纪》载：

> 秦初并天下，令丞相、御史曰："异日韩王纳地效玺，请为藩臣，已而倍约，与赵、魏合从畔秦，故兴兵诛之，虏其王。寡人以为善，庶几息兵革。赵王使其相李牧来约盟，故归其质子。已而倍盟，反我太原，故兴兵诛之，得其王。赵公子嘉乃自立为代王，故举兵击灭之。魏王始约服入秦，已而与韩、赵谋袭秦，秦兵吏诛，遂破之。荆王献青阳以西，已而畔约，击我南郡，故发兵诛，得其王，遂定其荆地。燕王昏乱，其太子丹乃阴令荆轲为贼，兵吏诛，灭其国。齐王用后胜计，绝秦使，欲为乱，兵吏诛，虏其王，平齐地。寡人以眇眇之身，兴兵诛暴乱，赖宗庙之灵，六王咸伏其辜，天下大定。今名号不更，无以称成功，传后世。其议帝号。"丞相绾、御史大夫劫、

①王国维：《观堂集林》，第296页。

> 廷尉斯等皆曰:“昔者五帝地方千里,其外侯服夷服,诸侯或朝或否,天子不能制。今陛下兴义兵,诛残贼,平定天下海内,为郡县,法令由一统,自上古以来未尝有,五帝所不及。臣等谨与博士议曰:‘古有天皇,有地皇,有泰皇,泰皇最贵。’臣等昧死上尊号,王为‘泰皇’。命为‘制’,令为‘诏’,天子自称曰‘朕’。”王曰:“去‘泰’,著‘皇’,采上古‘帝’位号,号曰‘皇帝’。他如议。”制曰:“可。”追尊庄襄王为太上皇。制曰:“朕闻太古有号毋谥,中古有号,死而以行为谥。如此,则子议父,臣议君也,甚无谓,朕弗取焉。自今已来,除谥法。朕为始皇帝。后世以计数,二世三世至于万世,传之无穷。”①

秦平定天下之后,便着手帝制的建构。依据这段文字的记载,此时的君臣关系较以往有了很大的变化,设计一系列为君主所独有之制度,其地位被空前突出。与此同时,君与臣之间的距离被拉大,而此前三代面谏之空间则被严重削弱,即是说,臣民向君主口头言谏的机会受到极大限制。在大一统之帝制下,臣民向君主陈述政事往往以奏章形式,《文心雕龙·章表》云:“秦初定制,改书曰奏。”范文澜指出:“秦改上书为奏,当亦在始皇二十六年李斯与博士议改命令为制诏时。”②这个说法即是据上引《始皇本纪》得出的。这种做法,其主要动机在于凸显君主的独尊地位,然而,它也很可能表征臣民陈述政事须以书面形式之开始。因此,奏疏在秦一统之后由口头正式转向书面形式。

当然,奏疏的这种转化也不完全是由秦初定制所完成的。《文心雕龙·章表》说:“降及七国,未变古式,言事于王,皆称上

---

①《史记》,第102—103页。

②范文澜:《文心雕龙注》,第406—410页。

书。”《颜氏家训·省事》亦云：“上书陈事，起自战国。”①据此可见，战国时期已经出现“上书”现象，这也意味着当时奏疏出现书面形式。然而，战国是一笼统的时间观念，因此，奏疏书面形式出现还需要进一步细化。姚鼐在《古文辞类纂》“奏议类”首选的是《楚莫敖子华对威王》，从“威王问于莫敖子华曰”可见它原初属于面奏，即口头形式；书奏则始于李斯《谏逐客书》。因此，依姚鼐之看法，奏疏的书面形式始于《谏逐客书》。《史记·李斯列传》载：“会韩人郑国来间秦，以作注溉渠，已而觉。秦宗室大臣皆言秦王曰：‘诸侯人来事秦者，大抵为其主游间于秦耳，请一切逐客。’李斯议亦在逐中。斯乃上书曰。”②据此记载，《谏逐客书》的创作缘于郑国间秦行为之被发觉，而《资治通鉴》将郑国之事系于始皇元年，那么，《谏逐客书》当作于是年。可是《资治通鉴》在始皇十年叙述《谏逐客书》的创作，“十年冬十月，文信侯免相，出就国。宗室大臣议曰：‘诸侯人来仕者，皆为其主游间耳，请一切逐之。’客卿楚人李斯亦在逐中，行且上书曰……”③司马光不仅改变《谏逐客书》创作之缘由，而且改变其作年。这两种说法的不同虽然导致作年时间相差九年，但是，可以肯定《谏逐客书》的创作在始皇早期，此时距秦统一还有一二十年时间。也就是说，据姚鼐的看法，奏疏的书面形式出现在战国末期。当然，这也是其最迟的年限，或许书面奏疏当早于此。因为，书信出现的时间远早于《谏逐客书》，而既然出现书信这种文体样态，那么，书面奏疏的面世也就不是那么困难的了。姚鼐将《赵良说商君》系为“书说类”第一

①颜之推：《颜氏家训》，第 26 页。

②《史记》，第 899 页。

③《资治通鉴》，第 43 页。

篇，这与刘勰的看法不一致，《文心雕龙·书记》说："三代政暇，文翰颇疏。春秋聘繁，书介弥盛。绕朝赠士会以策，子家与赵宣以书，巫臣之遗子反，子产之谏范宣，详观四书，辞若对面。又子叔敬叔进吊书于滕君，固知行人挈辞，多被翰墨矣。"刘勰依据《左传》的事例而断言"春秋聘繁，书介弥盛"，即是说春秋时代已经存在"书使"的形式，这就表明那个时期已经出现书信，并用于外交场合。应该说，在书信起源问题上，刘勰的看法更为有据。既然春秋时代已经出现书信，那么，《谏逐客书》虽然确信为目前最早之书面奏疏，但这并不意味着在它之前就不存在书面形式的奏疏。刘勰引述的春秋"四书"自然谈不上是奏疏，但他提及"七国献书，诡丽辐辏"，范文澜注释这句话时提到乐毅《报燕惠王书》，①此篇虽是乐毅回复燕惠王的信，但在功能上未尝不可视为奏疏。关于这一点，特别值得提到的是马王堆出土的帛书《战国纵横家书》，全书二十七章，一般认为前十四章（第十三章除外）是苏秦给燕昭王、齐湣王的书信，比如第一章：

> 自赵献书燕王曰：始臣甚恶事，恐赵足……臣之所恶也，故冒赵而欲说丹与得，事非□……臣也。今奉阳〔君〕……封秦也，任秦也，比燕于赵。令秦与茪〔兑〕……宋不可信，若□□□□我其从徐□□□□□□□制事，齐必不信赵矣。王毋忧事，务自乐也。臣闻王之不安，臣甚愿□□□□□□之中重齐□□□□□□齐，秦毋恶燕梁（梁）以自持（恃）也。今与臣约，五和，入秦使，使齐韩梁（梁）……约御（却）军之日无伐齐、外齐焉。事之上，齐赵大恶；中，五和，不外燕；下，赵循合齐秦以谋燕。今臣欲以齐大〔恶赵〕而去赵，胃（谓）齐王，赵

①范文澜：《文心雕龙注》，第455—463页。

之禾(和)也,阴外齐、谋齐,齐赵必大恶矣。奉阳君徐为不信臣,甚不欲臣之之齐也,有(又)不欲臣之之韩粱(梁)也,燕事小大之诤(争),必且美矣。臣甚患赵之不出臣也。知(智)能免国,未能免身。愿王之为臣故此也。使田伐若使使孙疾召臣,自辞于臣也。为予赵甲因在粱(梁)者。①

在信中,苏秦主要向燕王叙述如何离间齐、赵之关系,末尾也谈及自己在赵国的困境,并希望燕王能够助己离开赵国。就整个信的内容而言,苏秦主要就燕国及当时形势提出自己的见解,在这一意义上,视为奏疏也是可取的。

因此,在先秦时期,奏疏在很长的时间里是以口头形式出现的,它们成为书面文献是后来整理的结果。到春秋时代,出现书信这一文体形式,就目前的资料来看,这些书信主要用于私人或外交场合,但是,书信促进了书面奏疏的出现。随着秦统一六国,以及帝制的建设,这些因素最终确立书面奏疏的主流地位。

第二节　汉代奏疏的兴盛

秦统一天下之后,围绕帝制进行一系列的建设,其中一项重要举措就是改"书"为"奏"。按理来说,秦朝应该迎来奏疏的丰产;然而,就实际情形来看,远不是这样。这固然与秦朝存世为时较短有极大关系,然而不可否认的是,秦帝国确实不利于奏疏的发展。汉帝国虽然是在推翻暴秦之基础上建立的,但汉承秦制,可以说在很多方面继承了秦朝的统治遗产。依据这种状况,人们

① 马王堆汉墓帛书整理小组:《马王堆汉墓出土帛书〈战国策〉释文》,《文物》,1975年第4期。

是很难想象奏疏在汉代有什么起色的。然而,事实却超出人的意料,汉代的奏疏不仅数量极多,而且其成就也极为显著。为何会出现这种局面呢?本节就重点分析汉代奏疏兴起的原因。

一　言谏制度

秦汉两朝实在有着很多的相似之处,这当然并不排除二者的差异,比如郭预衡指出:

> 刘邦以匹夫而得天下,和秦始皇兼并六国的情况不同。秦始皇是"奋六世之余烈",政治上、经济上、思想上都有相当充分的准备,所以一旦统一了天下,便以为理所当然,立即刻石纪功,群臣进颂,议尊号,改制度,想要子孙万代统治下去。但刘邦不然,他作了皇帝之后,虽然也制造了一些有利于统治的舆论,但他对于自己如何统治下去,并不像秦始皇帝那样十分自信。他对于自己为什么得天下、秦为什么失天下,也并不十分清楚。①

这种差异,在很大程度上影响他们对于规谏的观感。秦始皇乃至秦朝对于自身统治能力的过度自信,导致其对于规谏的蔑视、排斥,《史记·秦始皇本纪》载李斯"古者天下散乱,莫之能一,是以诸侯并作,语皆道古以害今,饰虚言以乱实,人善其所私学,以非上之所建立。今皇帝并有天下,别黑白而定一尊。私学而相与非法教,人闻令下,则各以其学议之,入则心非,出则巷议,夸主以为名,异取以为高,率群下以造谤。如此弗禁,则主势降乎上,党与成乎下。禁之便。臣请史官非秦纪皆烧之。非博士官所职,天下敢有藏诗、书、百家语者,悉诣守、尉杂烧之。有敢偶语诗书者弃

①郭预衡:《中国散文史》,第230页。

市。以古非今者族。……若欲有学法令，以吏为师”这样的建议。① 李斯的话并非完全没有道理，他强调时异事异，说明他看到了每一时代有其自身独特的形势与问题，这应是值得肯定的。然而，他完全排斥了传统，特别是容不得任何批评，主张对批评予以禁止，并提出焚书的极端看法。钱穆对此分析说：“此则秦廷禁令，并不以焚书为首要。令下三十日不烧，仅得黥罪。而最要者为以古非今，其罪至于灭族。次则偶语《诗》《书》，罪亦弃市。良以此案由于诸儒之师古而议上，偶语《诗》《书》，虽未及议政，然彼既情笃古籍，即不免有以古非今之嫌。故偶语《诗》《书》，明令弃市，而谈论涉及百家，则并不列禁令焉。故秦廷此次焚书，其首要者为六国之史记，以其多讥刺及秦，且多涉及政治也。其次为《诗》《书》，即古代官书之流传民间者，以其每为师古议政者所凭借也。再次乃及百家语，似是牵连及之，并不重视。而禁令中焚书一事，亦仅居第三最次之列。第一禁议论当代政治，第二禁研究古代文籍，第三始禁家藏书本。”②钱先生的这番剖析很有道理，事实上，此后发生的坑儒事件再一次表明秦朝统治者对议政传统的极端厌恶与痛恨，《秦始皇本纪》又载：

> 侯生卢生相与谋曰：“始皇为人，天性刚戾自用，起诸侯，并天下，意得欲从，以为自古莫及己。专任狱吏，狱吏得亲幸。博士虽七十人，特备员弗用。丞相诸大臣皆受成事，倚办于上。上乐以刑杀为威，天下畏罪持禄，莫敢尽忠。上不闻过而日骄，下慑伏谩欺以取容。秦法不得兼，方不验辄死。然候星气者至三百人，皆良士，畏忌讳谀，不敢端言其过。天

①《史记》，第107页。

②钱穆：《两汉经学今古文平议》，第188页。

下之事,无小大皆决于上。上至以衡石量书,日夜有呈,不中呈不得休息。贪于权势至如此,未可为求仙药。"于是乃亡去。始皇闻亡,乃大怒曰:"吾前收天下书,不中用者尽去之。悉召文学方术士甚众,欲以兴太平,方士欲练以求奇药。今闻韩众去不报,徐市等费以巨万计,终不得药,徒奸利相告日闻。卢生等吾尊赐之甚厚,今乃诽谤我,以重吾不德也。诸生在咸阳者,吾使人廉问,或为訞言,以乱黔首。"于是使御史悉案问诸生,诸生传相告引,乃自除犯禁者四百六十于人,皆阬之咸阳,使天下知之,以惩后。益发谪徙边。始皇长子扶苏谏曰:"天下初定,远方黔首未集,诸生皆诵法孔子,今上皆重法绳之,臣恐天下不安。唯上察之。"始皇怒,使扶苏北监蒙恬于上郡。①

始皇刚愎自用,贪恋权势,基于此,一方面臣下慑于其权威,不敢多言;一方面,即使斗胆放言,其结局也难以意料,他连自己儿子的劝谏都不放过,他人就可以想见。因此,在这种形势下,规谏活动在秦代能够开展是难以想象的。

据史载,刘邦"常有大度""能宽容",②可以说具有长者风范。然而,他对于儒者似乎天然没有好感,《史记·郦生陆贾列传》载:

及陈胜、项梁等起,诸将徇地过高阳者数十人,郦生闻其将皆握龊好苛礼自用,不能听大度之言,郦生乃深自藏匿。后闻沛公将兵略地陈留郊,沛公麾下骑士,适郦生里中子也,沛公时时问邑中贤士豪俊。骑士归,郦生见,谓之曰:"吾闻沛公慢而易人,多大略,此真吾所愿从游,莫为我先。若见沛

①《史记》,第108页。

②《史记》,第137、142页。

> 公，谓曰：‘臣里中有郦生，年六十余，长八尺，人皆谓之狂生，生自谓我非狂生。’”骑士曰：“沛公不好儒，诸客冠儒冠来者，沛公辄解其冠，溲溺其中。与人言，常大骂。未可以儒生说也。”①

始皇听从李斯之建议，对儒士采取打压甚至坑杀的手段，这种风气也影响了刘邦。据上记载，刘邦不喜儒生，这已是众所周知的事情。不惟如此，他甚至溲溺儒冠而当面侮辱儒生，这一行为显然有违长者风范。前面已经提到，法家不重视、乃至是蔑视规谏的，而先秦的规谏传统事实上只有儒家才真正加以继承与奉行。在这样的情况下，要想凭借儒生的身份去劝说刘邦显然是不可能的。可是，刘邦毕竟没有始皇那样的政治资本，他要想夺取天下，不但需要豪俊，也离不开贤士，而贤士中自然包括儒生。因此，面对郦生责备，刘邦立即改容道歉，并听从郦生的建议，《郦生陆贾列传》说道：

> 沛公至高阳传舍，使人召郦生。郦生至，入谒，沛公方倨床，使两女子洗足，而见郦生。郦生入，则长揖不拜，曰：“足下欲助秦攻诸侯乎？且欲率诸侯破秦也？”沛公骂曰：“竖儒！夫天下同苦秦久矣，故诸侯相率而攻秦，何谓助秦攻诸侯乎？”郦生曰：“必聚徒合义兵诛无道秦，不宜倨见长者。”于是沛公辍洗，起摄衣，延郦生上坐，谢之。郦生因言六国从横时。沛公喜，赐郦生食，问曰：“计将安出？”郦生曰：“足下起纠合之众，收散乱之兵，不满万人，欲以径入强秦，此所谓探虎口者也。夫陈留，天下之冲，四通五达之郊也，今其城又多积粟。臣善其令，请得使之，令下足下。即不听，足下举兵攻

①《史记》，第957页。

之，臣为内应。”于是遣郦生行，沛公引兵随之，遂下陈留。①

正因为刘邦并不那么自信，所以给汉代规谏留下充裕的空间。这样，在经历秦王朝短暂的低谷之后，规谏在汉代又风行起来。这里试以《白虎通义》的相关记载来分析汉代的规谏观念。《白虎通义》是在诸儒奏议之基础上再由章帝“称制临决”而成的一部具有法典性质的文献，其主要目的在于借此制定一代“汉礼”，②这一点在《后汉书·肃宗孝章帝纪》有明确记载：

> 十一月壬戌，诏曰：“盖三代导人，教学为本。汉承暴秦，褒显儒术，建立《五经》，为置博士。其后学者精进，虽曰承师，亦别名家。孝宣皇帝以为去圣久远，学不厌博，故遂立《大》、《小夏侯尚书》，后又立《京氏易》。至建武中，复置《颜氏》、《严氏春秋》，《大》、《小戴礼》博士。此皆所以扶进微学，尊广道艺也。中元元年诏书，《五经》章句烦多，议欲减省。至永平元年，长水校尉儵奏言，先帝大业，当以时施行。欲使诸儒共正经义，颇令学者得以自助。孔子曰：‘学之不讲，是吾忧也。’又曰：‘博学而笃志，切问而近思，仁在其中矣。’于戏，其勉之哉！”于是下太常，将、大夫、博士、议郎、郎官及诸生、诸儒会白虎观，讲议《五经》同异，使五官中郎将魏应承制问，侍中淳于恭奏，帝亲称制临决，如孝宣甘露石渠故事，作《白虎议奏》。”③

《白虎通义》卷五专门设有《谏诤》篇，共分为八个方面：总论谏诤之义、三谏待放之义、士不得谏、妻谏夫、子谏父、五谏、记过彻膳

①《史记》，第957页。

②王四达：《是“经学”“法典”还是“礼典”?》，《孔子研究》，2001年第6期。

③《后汉书》，第137—138页。

之义及隐恶之义。在这些部分中，首先指出谏诤的意义，即臣谏君是为了“尽忠纳诚”，这又分为两个层次：一是引述《孝经》之言，指出规谏对于天子、诸侯、大夫、士等保有天下、国家及令名之作用；二是特别着重阐释天子规谏制度，“天子置左辅、右弼、前疑、后承，以顺。左辅主修政，刺不法。右弼主纠，纠周言失倾。前疑主纠度定德经。后承主匡正常，考变失，四弼兴道，率主行仁。夫阳变于七，以三成，故建三公，序四诤，列七人。虽无道不失天下，杖群贤也。”[①]建立四弼制度，借助这一体系来匡正天子，使其保有天下。接下来又顺次具体论述臣谏君、士谏、妻谏夫、子谏父这些问题，这里需要说明的有两点：首先，在诸侯之臣谏君方面，强调三谏待放的原则，“必三谏者何？以为得君臣之义。必待放于郊者，忠厚之至也。冀君觉悟能用之”。[②] 就《白虎通义》的记载来看，臣在规谏天子与诸侯方面是有差异的，臣属三谏诸侯之后可以选择离开，但对于天子则不行；同样，妻谏夫、子谏父也是如此，这是因为，“天子之臣，不得言放。天子以天下为家也。亲属谏不得放者，骨肉无相去离之义也”。[③] 由此看来，当时对于天子、家庭这些层面的规谏有着比较严格的规范，而对于诸侯层面的则相对自由一些。虽然这些原则似乎都是由经文引发而来，即是说，这些原则在先秦施行过，但毕竟反映汉代大一统局面的特殊要求。其次，强调“士不得谏”，《白虎通义》写道：“士不得谏者，士贱，不得豫政事，故不得谏也。谋及之，得固尽其忠耳。”[④]这一

①陈立：《白虎通疏证》，第 227—228 页。

②陈立：《白虎通疏证》，第 229 页。

③陈立：《白虎通疏证》，第 231—232 页。

④陈立：《白虎通疏证》，第 233 页。

原则确立的依据源自《礼·保傅》“大夫进谏，士传民语”的说法，今本《大戴礼记·保傅》篇有“士传民语”一句，王聘珍《解诂》云：“《左氏》襄十四年《传》曰：‘士传言，庶人谤。’”①杜预《注》谓：“士卑不得径达，闻君过失，传告大夫。”②孔颖达《疏》解释说：

> 庶人卑贱，不与政教，闻君过失，不得谏争，得在外诽谤之。谤谓言其过失，使在上闻之而自改，亦是谏之类也。昭四年传“郑人谤子产”，《周语》“厉王虐，国人谤王”，皆是言其实事，谓之为谤。但传闻之事，有实有虚，或有妄谤人者，今世遂以谤为诬类，是俗易而意异也。《周语》云“庶人传语”，是庶人亦得传言以谏上也。此有“士传言”，故别云“庶人谤”为等差耳。③

综合杜、孔之说，士、庶人地位卑贱，其忠谏之言不能直达天子，需借助中介环节如大夫等间接闻于天子。这样，《白虎通义》的说法似乎是可以理解的。然而，杜预对于“士传言”的解释是有问题的。余嘉锡指出：“夫庶人传以语士，则士必当入告于君，正所谓士传言也。”④这就是说，士将庶人谏诤之语上传于王，如此，既然士能将庶人的话传递于天子，那么其自身规谏也能够达于天子。陈立《疏证》也说：

> 《国语·周语》云“故天子听政，使公卿至于列士献诗”，《注》：“献诗以讽也。”是也。《大戴·保傅篇》云：“工诵正谏，士传民语”，与此所引异。《注》：“工，乐人也。瞽官长诵，谓

①王聘珍：《大戴礼记解诂》，第53页。
②孔颖达：《春秋左传正义》，第928页。
③孔颖达：《春秋左传正义》，第928页。
④余嘉锡：《余嘉锡文史论集》，第247页。

随其过，诵诗以讽。大夫谏，足以义使于瞽叟。”是大夫进谏之义，即具于正谏中也。《周语》又云“庶人传语”，《注》：“庶人卑贱，见时得失，不得达，传以语王也。”是民语不能自达，须由士以传之语。①

也强调士所传乃庶人之语。据《周语上》“使公卿至于列士献诗”的记载，士确实直接参与对天子的规谏。因此，《白虎通义》的这个说法与先秦的传统不相吻合，应该是立足于汉代大一统而言的，但在现实中，这一原则未必能够得到贯彻。

还有，《白虎通义·谏诤》篇还讨论规谏的形式，“谏者何？谏者，间也，更也。是非相间，革更其行也。人怀五常，故知谏有五。其一曰讽谏，二曰顺谏，三曰窥谏，四曰指谏，五曰陷谏。讽谏者，智也。知患祸之萌，深睹其事，未彰而讽告焉。此智之性也。顺谏者，仁也。出词逊顺，不逆君心。此仁之性也。窥谏者，礼也。视君颜色不悦，且却，悦则复前，以礼进退。此礼之性也。指谏者，信也。指者，质也。质相其事而谏。此信之性也。陷谏者，义也。恻隐发于中，直言国之害，励志忘生，为君不避丧身。此义之性也。”②这五种形式，表明规谏是很有讲究的，这是因为，规谏往往是针对君王的。君王的特殊身份，以及个性的差异，必然要求劝谏者必须采取灵活的对策，这既是对规谏效果的保证，也是出于对劝谏者自身安危的考虑。最后，《谏诤》篇还谈到规谏时“隐恶”的原则，这一原则主要适用于君主，当然也用于兄弟、朋友、夫妻之间。

这样，《白虎通义·谏诤》篇对规谏活动进行了多方面的规

①陈立：《白虎通疏证》，第233页。

②陈立：《白虎通疏证》，第234—236页。

定，而这些规定虽然未必完全得到实施，但至少提供汉人对此一问题的认识，凸显汉代社会在规谏上所秉持的观念。从这些观念来看，汉代社会赋予规谏以极高的价值，这对汉代奏疏以积极的推动。当然，这些观念必然会制约人们实际的规谏行为，从而在一定程度上影响汉代奏疏的书写。

二　博士设置

语类文献特别是奏议在汉代的盛行，除了前述的言谏制度之外，还与沿袭先秦以来的咨政风气有关。《周语上》载：

> 三十二年春，宣王伐鲁，立孝公，诸侯从是而不睦。宣王欲得国子之能导训诸侯者，樊穆仲曰："鲁侯孝。"王曰："何以知之？"对曰："肃恭明神而敬事耈老；赋事行刑，必问于遗训而咨于故实，不干所问，不犯所咨。"①

鲁侯在实施政令、进行刑罚时要察询先王遗训和以往惯例，通过这种方式来确保自己施政行为的合理性。叔向聘问周室，单靖公设宴款待，事后叔向说："异哉！吾闻之曰：'一姓不再兴。'今周其兴乎！其有单子也。昔史佚有言曰：'动莫若敬，居莫若俭，德莫若让，事莫若咨。'……宾之礼事，放上而动，咨也。"②周初太史史佚强调"事莫若咨"，即是要求在处理事务时需多加咨询。范宣子与和大夫争田，叔向对范宣子说："吾闻国家有大事，必顺于典刑，而访咨于耇老，而后行之。"③于是范宣子向訾祏请教，最终解决这个争端。秦穆公曾就伐郑询问蹇叔，但没有接受蹇叔的建议，

①《国语》，第 23 页。
②《国语》，第 114 页。
③《国语》，第 457 页。

惨遭失败，事后自责说："询兹黄发，则罔所愆。"①从这些地方看来，周代社会确实非常注重遇事咨询，也就是说，咨政风气是周代社会的一个重要特征。在一定意义上可以说，周代社会甚至确立了咨询制度，《周礼·秋官·小司寇》有这样的记载："小司寇之职，掌外朝之政，以致万民而询焉。一曰询国危，二曰询国迁，三曰询立君。其位：王南乡，三公及州长、百姓北面，群臣西面，群吏东面。"②在国家面临重大危险之际，小司寇负责召集民众到外朝来集体商讨，可见此处的"三询"已经作为制度被确立。

秦汉社会不但沿袭周代社会注重咨询的风气，甚至还有了进一步的发展。《后汉书·百官志》载："光禄大夫，比二千石。本注曰：无员。凡大夫、议郎皆掌顾问应对，无常事，唯诏令所使。"③此处所谓的"大夫"指太中大夫、中散大夫、谏议大夫等，他们与议郎承担顾问的职能，专门为帝王提供咨询。这里还特别需要注意博士。《汉书·百官公卿表》载："博士，秦官，掌通古今，秩比六百石，员多至数十人。"④《后汉书·百官志》载："博士十四人，……掌教弟子。国有疑事，掌承问对。"⑤博士"掌通古今""掌承问对"，这些主要是出于备咨询的考虑，由此可见在此时已经设置专门人员负责咨询，这是对周代咨询制度的丰富。

在周代社会，咨询制度虽然被建构起来，但似乎并没有专人负责咨询事务。《史记·田敬仲完世家》载："宣王喜文学游说之士，自

---

①孔颖达：《尚书正义》，第570页。

②孙诒让：《周礼正义》，第2762—2764页。

③《后汉书》，第3577页。

④《汉书》，第726页。

⑤《后汉书》，第3572页。

如驺衍、淳于髡、田骈、接予、慎到、环渊之徒七十六人，皆赐列第为上大夫，不治而议论。是以齐稷下学士复盛，且数百千人。”①这些士人并不参与实际的政务，但对国家政事可以自由议论，这些议论自然为执政者提供参考。应该说，议政之风并不始自稷下，前引邵公的论述已经包含这一点，又如《左传·襄公三十一年》载：

> 郑人游于乡校，以论执政。然明谓子产曰：“毁乡校何如？”子产曰：“何为？夫人朝夕退而游焉，以议执政之善否。其所善者，吾则行之；其所恶者，吾则改之，是吾师也。若之何毁之？我闻忠善以损怨，不闻作威以防怨。岂不遽止？然犹防川，大决所犯，伤人必多，吾不克救也。不如小决使道，不如吾闻而药之也。”②

人们早晚到乡校休闲聚会，议论政事的好坏，可见郑国存在议政的风气。但是，这些记载提及的议政之对象并不确定，其指向是模糊的。稷下学士则不然，他们“不治而议论”，承担明确的议政职责，这是一个新的现象。一般认为稷下学宫创设于齐桓公时期，③先后历经齐桓公、威王、宣王、湣王、襄王、王建六个时期，历时150年。这样，可以说齐国稷下学宫初步奠定专人议政的机制，而秦汉博士显然延续这一传统，钱穆指出：“《说苑·尊贤篇》称‘博士淳于髡’，《五经异义》谓‘战国时，齐置博士之官’是也。然他书皆称‘稷下先生’，不称‘博士’，二者盖异名同实。故汉祖拜叔孙通为博士，而号‘稷嗣君’，此谓其嗣风于稷下。郑康成《书赞》，亦谓‘我先师棘下生孔安国’，‘棘下’即‘稷下’也。安国为汉

①《史记》，第651页。

②杨伯峻：《春秋左传注》，第1191—1192页。

③王学、广少奎：《淳于髡与稷下学宫》，《教育研究与实验》，2004年第4期。

廷博士，而郑君称之为‘稷下生’，故知‘博士’与‘稷下先生’异名同实，晚汉犹未堕此义。史称稷下先生多至七十人，而秦、汉博士额亦七十。……《史记·田齐世家》谓‘稷下先生不治而议论’，《汉书·百官表》谓‘博士，秦官，掌通古今’，夫‘掌通古今’，即‘不治而议论’也。则秦之博士即本战国，亦居可知。”①此后金德建在《论稷下学派与秦汉博士的关系》一文中就二者之关系又作了更为详细的梳理，强调“博士官渊源于稷下学宫”，指出二者在这些方面是一致的：一是“均为当时政府聘任的一批学者，享受待遇相当优厚”；二是“无论做学派中人或当博士，都只管学术上从事研讨，并无行政性事务可干”；三是“只许高谈阔论，评论是非；有时呈现学术活跃空气。但有限制，不许以古非今，不能触犯政治”。② 这些论述基本描述博士与稷下学宫之间的渊源关系。

然而，博士与稷下学士毕竟不能等同，博士的设置是一个新的事件。《汉书·百官公卿表》认为博士为秦官，意谓博士为秦朝所设立。然而《宋书·百官志》指出：“博士，班固云，秦官。史臣案，六国时往往有博士，掌通古今。”③对此，王国维分析说：“班、沈二说不同。考《史记·循吏传》：‘公仪休，鲁博士也。’褚先生补《龟策传》‘宋有博士卫平’。《汉书·贾山传》：‘祖祛，故魏王时博士弟子也。’沈约所谓‘六国时往往有博士’者指此。公仪休即孟子之公仪子，缪公时为鲁相，时在战国之初，卫平在宋元王时，亦与孟子同时。疑当时未必置博士一官，……惟贾祛为魏王博士弟

①钱穆：《两汉经学今古文平议》，第 184 页。

②金德建：《论稷下学派与秦汉博士的关系》，《管子学刊》，1988 年第 4 期。

③《宋书》，第 806 页。

子，则六国末确有此官，……至秦之博士则有定员。”①如此，“博士”这一称谓似乎在战国初期已经存在，但当时是否明确设置博士这一官职，王氏对此持怀疑之态度，然而钱穆则认为：“《史记·循吏传》：‘公仪休，鲁博士，以高第为鲁相’，‘博士’之称始见此。《汉书·贾山传》：‘山祖父祛，故魏王时博士弟子也。’沈钦韩疑‘弟子’二字为衍文，然亦无证。要之，战国鲁、魏皆有博士，公仪休当鲁缪公时，贾祛应在后。”②揆其意，似认为博士之建置甚早。钟肇鹏则明确否定王国维之看法，主张“博士之置始于战国初”。③ 他们之间的争议在于，王国维认为博士的出现与博士官职的设置是有区别的，而钟肇鹏显然将二者等同起来。据张汉东的分析，《史记·循吏传》及《龟策传》所言的博士“都是儒家所说的‘博学’之士，是对学者的泛称，并非官名”，而“最晚到战国末，齐、魏、秦三国都设置了博士官，此后‘博士’便由泛称变为官职名称”。④ 夏增民也指出：“‘博士’一词，战国时既已出现，当时不过是学者的泛称。但到战国末期，为适应统一战争日益加剧的社会局面，各国不得不礼贤下士以确保统治安全，在这种情况下，齐、魏等国都设置了博士官，使学识渊博的学者充任参谋和顾问，参与政议，辅助决策。”⑤这显然是赞成王国维的观点。金德建则提出另一种看法，认为“博士称呼见于记载，早在春秋后期和六国时代，沈约《宋书·百官志》所谓‘六国时往往有博士’。不过早期所

①王国维：《观堂集林》，第 104 页。

②钱穆：《两汉经学今古文平议》，第 183—184 页。

③钟肇鹏：《秦汉博士制度源出稷下考》，《管子学刊》，2003 年第 3 期。

④张汉东：《秦汉博士官的设置及其演变》，《史学集刊》，1984 年 1 期。

⑤夏增民：《博士制度与秦朝政治转折》，《南都学坛》，1999 年第 2 期。

称博士，性质上仅为一种官吏职位，与秦汉时代的博士属于学官，大有区别”，因此，“秦汉时代博士起源，应当开始于秦代”。并且，金先生又推断说：“我们可以确定应当在秦统一六国，即前221年以后，设置博士官。象叔孙通就是秦朝最早录用的一个博士。”①这样，在目前看来，博士官设置之具体时间还有待进一步考证，然而，依据现有之材料，我们认为，秦朝博士官之设置应该是继承战国以来既有之官制，其发展之处在于博士人员的固定化，而这一点又显然为此后两汉所继承。

早期博士的职责并不清晰，倘若《汉书·贾山传》的记载可信，那么当时的博士很可能私自教授学生。② 至于秦王朝的博士，有人指出其“主要职掌有三：一曰‘通古今’；二曰‘辨然否’；三曰‘典教职’，即作为学者、专家，备顾问，也负责教育，但似乎并无具体的职掌”，③这需要做一些分析。《秦始皇本纪》载侯生卢生相与谋时谈到“博士虽七十人，特备员弗用”，④这与稷下学士不承担实际政事有相近之处。另一方面，秦王朝之博士又参与国家政事决策，比如《秦始皇本纪》载录这样几个事件：一是始皇二十

①金德建：《论稷下学派与秦汉博士的关系》，《管子学刊》，1988年第4期。

②张汉东指出：“‘博士’由学者泛称而变成了博士官，这与时代和政治需要有关。战国是诸侯割据称雄的时期。当时，各国君主为加强中央集权，图强称霸，纷纷打破世卿世禄制，招贤纳士。在名称繁多的士人中，由于博士博学强志，通古达今，有理论学说为基础，又辅以渊博见闻，可以充当君主的参谋或顾问，所以只有博士最适合设置官职。也正因如此，博士官一开始出现，便具有议政的职能。”参氏著《秦汉博士官的设置及其演变》（《史学集刊》，1984年第1期）。

③裘士京：《论秦汉博士的职责和考选方式的演变》，《华东师范大学学报》，2002年第4期。

④《史记》，第108页。

六年群臣与博士讨论帝号问题；二是二十八年议封禅望祭山川及湘君河神问题；三是三十三年博士仆射周青臣颂扬始皇之功绩，肯定“以诸侯为郡县”的做法，而博士淳于越则反驳周青臣的看法，主张恢复封建，这些可视为当时博士议政之显著事例。当然，秦朝博士还从事其他事务，比如《秦始皇本纪》载三十六年“使博士为仙真人诗”，三十七年使博士占梦。① 也就是说，秦朝博士还承担其他一些事务，或者说，其时的博士身份比较复杂。王国维在考证秦博士中姓名可考者七人之基础上，又具体分析其学术旨趣及身份，指出此七人“不尽经术之士，如黄公之书，《七略》列于法家，而《秦始皇本纪》云‘使博士为仙真人诗’，又有占梦博士，殆诸子、诗赋、术数、方伎皆立博士，非徒六艺而已。又《始皇本纪》有诸生，《叔孙通传》则连言博士诸生，是秦博士亦置弟子”。② 汉代因袭秦王朝的博士制度，在人员设置、职能方面有明显的连贯性，当然，由于时代的差异，二者也出现裂变，这个问题留待下文讨论。总的来说，秦汉博士官的设置，对当时乃至传统社会产生重大影响，“博士制度标志着秦统一后政治运行模式的重大转折，是适应统一局面的出现而对先前单一法家行政决策模式的修正”，“秦把博士纳入政权建构，改变了以往统治阶层单一武力军功结构，体现了以武力统一后对文官政治的重视，丰富和扩大了秦帝国的统治基础，反映了秦始皇全局统治政策中的‘文治理国’构想”。③ 后来的发展虽然偏离秦始皇的初衷，但博士制度毕竟建构起来，它对于秦汉社会的咨政风气发挥了重要的作用，并深

---

①《史记》，第 108—109 页。

②王国维：《观堂集林》，第 105 页。

③夏增民：《博士制度与秦朝政治转折》，《南都学坛》，1999 年第 2 期。

刻影响奏议文体的发展。

三　尊崇经学

经学是汉代社会占据主流地位的学术政治思潮，它不但对于汉代的政治、社会及学术发挥极大的影响，同时对于当时的文学生产也起着重要作用，这特别体现在奏疏方面。因此，奏疏与经学的关系是汉代文学研究的重要内容。

金文出现“巠”字，郭沫若以为即“经”之初字。经原本指织布的纵线，许慎在《说文解字》中指出：“织，从丝也。”段玉裁解释说：“古谓横直为横从。……织之从丝谓之经，必先有经而后有纬。”①战国时期已经出现用“经”称谓典籍的现象，《国语·吴语》说“挟经秉枹”，韦昭认为经是指“兵书”。②《墨子》《韩非子》书中的部分篇章出现“经”与“说”，《荀子》曾引述《道经》，这些说明当时一些学派已经使用“经”来指称本派典籍。尤其需要注意的是，《庄子》书中多次提到“六经”，其《天运》篇载孔子对老聃说：“丘治《诗》《书》《礼》《乐》《易》《春秋》六经，自以为久矣。”又老子说：“夫《六经》，先王之陈迹也，岂其所以迹哉！”③《天道》篇提及“翻十二经以说”，严灵峰谓：“《释文》引说者云：‘《诗》《书》《礼》《乐》《易》《春秋》《六经》，又加《六纬》，合为十二经也。’一说云：‘《易上下经》并《十翼》为十二。’又一云：‘《春秋十二公经》也。’诸说并附会也。按：孔子之时无纬书，《十翼》亦未成。《天运篇》云：‘丘治

①段玉裁：《说文解字注》，第644页。

②《国语》，第608—609页。按：俞樾认为此处的“经”指剑茎，“世无临阵而读兵书者，经，当读为茎，谓剑茎也”。具体参徐元诰《国语集解》(第549页)。

③陈鼓应：《庄子今注今译》，第389页。

《诗》《书》《礼》《乐》《易》《春秋》六经。'又云:'夫《六经》先王之陈迹也。'《天下篇》云:'《诗》以道志,《书》以道事,《礼》以道行,《乐》以道和,《易》以道阴阳,《春秋》以道名分。'皆举《六经》,未及《六纬》,则'十二经'之说,在先秦无有。……'十二'二字疑系'六'字缺坏,折而为二;核者不察,改为'十二'耳。"①《荀子·劝学》篇说:"其数则始乎诵经,终乎读礼。"王先谦《集解》:"经谓《诗》《书》。"然而本篇又说:"《礼》之敬文也,《乐》之中和也,《诗》《书》之博也,《春秋》之微也,在天地之间者毕矣。"②显然,荀子也是在"经"的意义上把握《礼》《乐》《诗》《书》《春秋》的。据此,《诗》《书》《礼》《乐》《易》《春秋》在先秦时期已经拥有"经"的身份。此种身份不但揭示上述文献在内容方面的权威地位,同时也显示当时社会业已展开对它们的研究,其中特别以儒家为典型。在儒家的教学环节中,《诗》《书》《礼》《乐》《易》《春秋》被当做教材使用,这样,围绕这些经典而进行的研究实际上已经预示经学的出现。当然,经学具有学术与政治双重品格,即不仅仅只是一套学术体系,同时也是一整套社会、政治体系,即呈现为官方意识形态。在先秦时期,儒家对六经的研究主要是在学术的层面上进行的,即通常表现为对六经文本的阐释,但这种阐释事实上已经蕴含儒家的社会政治蓝图。先秦时期的儒家虽然也积极试图将这些理想现实化,然而限于当时社会各种因素的制约,儒家的社会政治蓝图基本上还停留在理论状态。

到了汉代,儒家在新的形势下加速其社会理想现实化进程,积极参与社会的改造和建设。陆贾使刘邦放弃对儒家的蔑视,叔

①陈鼓应:《庄子今注今译》,第347—348页。

②王先谦:《荀子集解》,第7页。

孙通制礼活动使汉高祖认识到儒家理论在维护统治中的作用。汉初的黄老思想虽然占据主流地位,但儒家的不懈努力已经使自身的社会影响不断提升,这其中最值得关注的是儒家传习的经典被立为博士。《后汉书·翟酺传》载:"孝文皇帝始置一经博士。"这一记载常引起后人的争议。李贤《注》谓:"武帝建元五年始置《五经》博士,文帝之时未遑庠序之事,酺之此言,不知何据。"①尽管此论断含有存疑的意味,然而基本上不相信文帝时代设立经学博士之事。王应麟《困学纪闻》卷八"经说"云:"考之汉史,文帝时,申公、韩婴皆以《诗》为博士(所谓《鲁诗》《韩诗》)。《五经》列于学官者,唯《诗》而已。景帝以辕固为博士(所谓《齐诗》),而余经未立。武帝建元五年春,初置《五经》博士。《儒林传赞》曰:'武帝立《五经》博士,《书》唯有欧阳,《礼》后,《易》杨,《春秋》公羊而已。'立《五经》而独举其四,盖《诗》已立于文帝时,今并《诗》为五也。"②王应麟明确肯定文帝时代已经设立《诗》博士,而所谓"一经"乃专指《诗经》而言,亦即"一经"是就数量来说的。此后曹金华认同王氏的说法,在相关考证的基础上也得出"文帝时唯《诗》即置博士,且列于学官"的结论。③ 然而王国维论道:"翟酺乃言孝文皇帝始置一经博士者,盖为经置博士,始于文帝,而限以五经,则自武帝建元五年始也。考文景时博士如张生、如晁错,乃《书》博士;如申公、如辕固、如韩婴,皆《诗》博士;如胡毋生、如董仲舒,乃《春秋》博士。是专经博士文景时已有之,但未备五

①《后汉书》,第1606页。

②王应麟:《困学纪闻》,第187—188页。

③曹金华:《汉文帝置经博士考》,《江海学刊》,1994年第4期。

经。”①王氏一方面认为“一经”乃专经之谓，同时又指出文景时期已经存在《书》《诗》《春秋》博士。在此，王国维只是笼统提及文景，而没有具体指出《书》《诗》《春秋》立为博士到底是始于文帝还是景帝，这就在一定程度上影响其说法的可信性。申公、韩婴在文帝时已立为《诗》博士，胡毋生、董仲舒之被立为《春秋》博士在景帝时期，此点司马迁在《史记·儒林列传》中已经明确交待。现在剩下的就是看看《书》博士始设之时间。《汉书·晁错传》载："孝文时，天下亡治《尚书》者，独闻齐有伏生，故秦博士，治《尚书》，年九十余，老不可征。乃诏太常，使人受之。太常遣错受《尚书》伏生所，还，因上书称说。诏以为太子舍人，门大夫，迁博士。”②晁错受汉廷之派遣，到伏生家中学习《尚书》，学成之后上书称说师法，受到朝廷激赏。然而，如何理解本传中提及的晁错“迁博士”，这是需要加以考察的。有的学者认为文帝时晁错未必担任《尚书》博士，首先，晁错原本学“申商刑名”，而从“太子舍人”到“迁博士”有一个过程，因此很难认为是担任《尚书》博士，况且《史记·儒林列传》《汉书·儒林传》及《史记·晁错传》均未提及“迁博士”；其次，据《汉书·百官公卿表》，景帝中六年改“奉常”为“太常”，这样，晁错未必在文帝时受《尚书》；再次，王充在《论衡·正说》篇中明确强调是景帝派晁错受《尚书》。③ 但是，也有学者提出另外的看法，认为“西汉《书》博士应该是在文帝时设立的，首位《书》博士是晁错”。④ 这是因为，《史记·儒林列传》及《袁盎晁

①王国维:《观堂集林》，第 105—106 页。

②《汉书》，第 2277 页。

③曹金华:《汉文帝置经博士考》，《江海学刊》，1994 年第 4 期。

④巴文泽:《西汉〈书〉博士初设考辨》，《国学学刊》，2013 年 2 期。

错列传》《汉书·爰盎晁错传》及《儒林传》均记载文帝派晁错受《尚书》，考虑到经学重要典籍之一的《尚书》在当时社会的影响，作为史家的司马迁与班固不应在是文帝还是景帝派晁错这个问题上出现误会，特别是司马迁，他距离这个事件前后不过五六十年，应该比较熟悉其中的情形。因此，无论从时间还是其所掌握的文献来看，司马迁与班固的说法应该比王充更为可信。同时，从《汉书》本传的叙述来看，晁错"迁博士"紧承其受《书》而来，这在逻辑上也很难想象他担任的不是《书》博士而是其他博士，如一些学者所认为的刑名博士。因此，就现有文献而言，认为晁错在文帝时期担任《书》博士相对来说还是比较可信的。《史记·儒林列传》还记载伏生教济南张生、欧阳生以及张生为博士之事，《汉书·儒林传》也有相似的说法，巴文泽分析说："晁错被杀后，景帝已经认识到自己的错误，继续追封张生为《书》博士，既是对《书》发展的支持，也是对错杀晁错的一种弥补。到武帝设立五经博士时，《书》所立的博士是欧阳生，其时张生可能已经辞去博士或去世，也有可能是欧阳生学问比张生更精深，所以由伏生的另一个弟子代替张生。"这样，依据上面的分析，在文帝时期，至少已经设立《诗》《书》的专经博士。当然，文帝时期还设立传记博士，刘歆在《移让太常博士书》中说："至孝文皇帝，始使掌故朝错从伏生受《尚书》。《尚书》初出于屋壁，朽折散绝，今其书见在，明师传读而已。《诗》始萌牙。天下众书往往颇出，皆诸子传说，犹广立于学官，为置博士。"①赵岐在《孟子题辞》中讲得更为明白："孝文皇帝欲广游学之路，《论语》《孝经》《孟子》《尔雅》皆置博士。"②武帝于

①《汉书》，第1968—1969页。

②焦循：《孟子正义》，第10页。

建元五年置《五经》博士，同时又罢去传记博士，王国维说："传记博士之罢，钱氏大昕以为即在置五经博士时，其说盖信。"①至此经学已经成熟，并且对当时的社会开始发挥主导影响。

经学在成为汉代官方哲学之后，在不断发展之同时其内部也出现分化。按照有的学者观察，"经学自其确立之时起，便经历了波澜起伏的思想斗争，今文经学、古文经学和谶纬是汉代经学的三大思潮，这三大思潮的相互渗透和相互斗争成为汉代思想学术发展演变的主流。"②就本章的内容而言，我们考察汉代经学的演变，主要着眼于今文经学的嬗变问题。汉初儒家在推进儒学建设过程中已经呈现变与不变的趋势，一方面为适宜现实而对儒学进行改造，一方面又大抵仍极力保存原始儒学本色的倾向。《史记·刘敬叔孙通列传》载：

> 叔孙通儒服，汉王憎之，乃变其服，服短衣，楚制，汉王喜。……汉王拜叔孙通为博士，号稷嗣君。汉五年，已并天下，诸侯共尊汉王为皇帝于定陶，叔孙通就其仪号。高帝悉去秦苛仪法，为简易。群臣饮酒争功，醉或妄呼，拔剑击柱，高帝患之。叔孙通知上益厌之也，说上曰："夫儒者难与进取，可与守成。臣愿征鲁诸生，与臣弟子共起朝仪。"高帝曰："得无难乎？"叔孙通曰："五帝异乐，三王不同礼。礼者，因时世人情为之节文者也。故夏、殷、周之礼，所因损益可知者，谓不相复也。臣愿颇采古礼与秦仪杂就之。"上曰："可试为之，令易知，度吾所能行为之。"于是叔孙通使征鲁诸生三十馀人。鲁有两生不肯行，曰："公所事者且十主，皆面谀以得

---

①王国维：《观堂集林》，第106页。

②姜广辉主编：《中国经学思想史》（第二卷），第1页。

> 亲贵。今天下初定,死者未葬,伤者未起,又欲起礼乐。礼乐所由起,积德百年而后可兴也。吾不忍为公所为。公所为不合古,吾不行。公往矣,无汙我!”叔孙通笑曰:“若真鄙儒也,不知时变。”①

在朝仪制定问题上,儒家内部出现分歧。鲁国两位儒生从原始儒家理念出发,批评叔孙通在天下初定之际急于制作礼乐之行为;而叔孙通则指责他们“不知时变”。叔孙通最终依赖一批儒生,在对古礼有选择性之基础上杂取秦仪,完成刘邦交予的任务。叔孙通不拘陈规,能够顺应时代的变化,为汉代礼仪制作探索一条新路,他的行为赢得司马迁的赞扬:“叔孙通希世度务,制礼进退,与时变化,卒为汉家儒宗。”武帝时期,汉代社会出现新的变化,儒者于是及时调整自身思路以适应这种变化,这不得不提及董仲舒。周桂钿指出:“董仲舒建立的汉代新儒学,核心内容是‘大一统论’。一是反对诸侯分裂割据;二是加强中央集权,两屈两伸就是一例;三是要将全国思想统一于孔子儒学。”②完成这套理论的建构,董仲舒主要又是通过阐释《春秋》公羊学来实现的。大体而论,董仲舒的《春秋》公羊学体系包括这些内容:一是论证皇权的神圣性和“大一统”思想,二是“张三世”“通三统”,三是“《春秋》以治人”和德刑兼备,四是“天人感应”说和谴告说。③ 比较起来,今文经学发展到董仲舒这里又出现新的内容,即阴阳五行化,《汉书·五行志》说:“汉兴,承秦灭学之后,景、武之世,董仲舒治《公

①司马迁:《史记》,第969—970页。

②周桂钿:《董仲舒政治哲学的核心——大一统论》,《中国哲学史》,2007年第4期。

③陈其泰:《董仲舒与今文公羊学说体系的形成》,《孔子研究》,1998年第1期。

羊春秋》，始推阴阳，为儒者宗。宣、元之后，刘向治《穀梁春秋》，数其祸福，传以《洪范》，与仲舒错。至向子歆治《左氏传》，其《春秋》意亦已乖矣；言《五行传》，又颇不同。”①董仲舒主要使《公羊春秋》与阴阳五行结合，自此之后，其他经典也出现阴阳五行化，如齐诗的“五际”说，《周易》的卦气说等。在汉代今文经学发展历程中，石渠阁会议与白虎观会议也发挥重要的意义。甘露三年，汉朝廷召开石渠阁会议，《汉书·宣帝纪》载：“诏诸儒讲《五经》同异，太子太傅萧望之等平奏其议，上亲称制临决焉。乃立梁丘《易》、大小夏侯《尚书》、穀梁《春秋》博士。”②《汉书·儒林传》对此次会议过程有更为详细的记载：

> 瑕丘江公受《穀梁春秋》及《诗》于鲁申公，传子至孙为博士。武帝时，江公与董仲舒并。仲舒通《五经》，能持论，善属文。江公呐于口，上使与仲舒议，不如仲舒。而丞相公孙弘本为《公羊》学，比辑其议，卒用董生。于是上因尊《公羊》家，诏太子受《公羊春秋》，由是《公羊》大兴。太子既通，复私问《穀梁》而善之。其后浸微，唯鲁荣广王孙、皓星公二人受焉。广尽能传其《诗》《春秋》，高材捷敏，与《公羊》大师眭孟等论，数困之，故好学者颇复受《穀梁》。沛蔡千秋少君、梁周庆幼君、丁姓子孙皆从广受。千秋又事皓星公，为学最笃。宣帝即位，闻卫太子好《穀梁春秋》，以问丞相韦贤、长信少府夏侯胜及侍中乐陵侯史高，皆鲁人也，言穀梁子本鲁学，公羊氏乃齐学也，宜兴《穀梁》。时千秋为郎，召见，与《公羊》家并说，上善《穀梁》说，擢千秋为谏大夫给事中，后有过，左迁平陵

---

①班固：《汉书》，第1317页。

②班固：《汉书》，第272页。

> 令。复求能为《穀梁》者，莫及千秋。上愍其学且绝，乃以千秋为郎中户将，选郎十人从受。汝南尹更始翁君本自事千秋，能说矣，会千秋病死，征江公孙为博士。刘向以故谏大夫通达待诏，受《穀梁》，欲令助之。江博士复死，乃征周庆、丁姓待诏保宫，使卒授十人。自元康中始讲，至甘露元年，积十余岁，皆明习。乃召《五经》名儒太子太傅萧望之等大议殿中，平《公羊》《穀梁》同异，各以经处是非。时，《公羊》博士严彭祖、侍郎申挽、伊推、宋显，《穀梁》议郎尹更始、待诏刘向、周庆、丁姓并论。《公羊》家多不见从，愿请内侍郎许广，使者亦并内《穀梁》家中郎王亥，各五人，议三十余事。望之等十一人各以经谊对，多从《穀梁》。由是《穀梁》之学大盛。①

据《宣帝纪》与《儒林传》，石渠阁会议主要是"平《公羊》《穀梁》同异"，而通过这次会议，《穀梁》最终被朝廷正式确立为学官。这次胜利，就《穀梁》而言虽然比较顺利，但其间却走过一段曲折之路。武帝时期《公羊》与《穀梁》就展开第一次论战，以《穀梁》失败而告终，依据《儒林传》的记载，其原因大约有两点：一是江公这位《穀梁》经师自身存在弱点，二是身居丞相之位的公孙弘对《公羊》的支持。石渠阁会议，亦即《公羊》与《穀梁》的第二次论战，《穀梁》终于反败为胜，扭转此前被动的局面。这次胜利，固然与《穀梁》在惨败之后长期认真准备有关，但也与当时最高统治者宣帝的支持分不开。《儒林传》的记载表明，宣帝之所以重视《穀梁》，是基于其祖父卫太子喜好《穀梁春秋》之缘故。这应该是一个重要的理由，然而宣帝支持《穀梁》还有更深层次的考虑。首先，巫蛊之祸不但断送卫太子的皇帝之位，也结束其生命，其后武帝虽然认

①《汉书》，第3617—3618页。

识到事件的真相，但已经无法阻止悲剧的发生，只好对卫太子及其后嗣进行一些补救措施，这些举措对于恢复卫太子的正统地位是很有益的。然而《汉书·隽疏于薛平彭传》载：

> 始元五年，有一男子乘黄犊车，建黄旐，衣黄襜褕，着黄冒，诣北阙，自谓卫太子。公车以闻，诏使公卿将军中二千石杂识视。长安中吏民聚观者数万人。右将军勒兵阙下，以备非常。丞相御史中二千石至者并莫敢发言。京兆尹不疑后到，叱从吏收缚。或曰："是非未可知，且安之。"不疑曰："诸君何患于卫太子！昔蒯聩违命出奔，辄距而不纳，《春秋》是之。卫太子得罪先帝，亡不即死，今来自诣，此罪人也。"遂送诏狱。①

隽不疑运用《公羊》学思想平定这次闹剧，然而，正如有的学者所指出的，这一行为事实上也就"否定了卫氏政权的合理性和正统性"，然而当宣帝真正掌权之后，《公羊》学的地位也就岌岌可危了，宣帝虽然不便于完全废除汉武帝支持的《公羊春秋》，但可以通过增立和支持它的对立面亦即《穀梁》来达到削弱的目的。②其次，《穀梁传》重视礼乐教化，主张仁德之治，这恰恰适应西汉后期以礼治国、重民保民的政治需要，同时《穀梁传》注重宗法情谊，强调尊王思想，可以用来缓和统治阶级内部特别是宗室内部的矛盾，以便巩固皇权的绝对统治。③ 这些是《穀梁》得以在宣帝朝立为学官的主要因素。从《穀梁》的争立这一事件来看，经学与当时

---

①《汉书》，第3037页。

②束景南、余全介：《西汉〈穀梁传〉增立博士的政治背景》，《浙江社会科学》，2005年第1期。

③张涛：《谈谈汉代〈穀梁〉学一度兴盛的原因》，《辽宁师范大学学报》，1991年第3期。

政治的关系更加紧密，至此经学逐渐成为当时社会的正统思想，比如《汉书·循吏传》载：

> 孝武之世，外攘四夷，内改法度，民用凋敝，奸轨不禁。时少能以化治称者，惟江都相董仲舒、内史公孙弘、兒宽，居官可纪。三人皆儒者，通于世务，明习文法，以经术润饰吏事，天子器之。仲舒数谢病去，弘、宽至三公。孝昭幼冲，霍光秉政，承奢侈师旅之后，海内虚耗，光因循守职，无所改作。……及至孝宣，由仄陋而登至尊，兴于闾阎，知民事之艰难。自霍光薨后始躬万机，厉精为治，五日一听事，自丞相已下各奉职而进。及拜刺史守相，辄亲见问，观其所繇，退而考察所行以质其言，有名实不相应，必知其所以然。常称曰："庶民所以安其田里而亡叹息愁恨之心者，政平讼理也。与我共此者，其唯良二千石乎！"以为太守，吏民之本也，数变易则下不安，民知其将久，不可欺罔，乃服从其教化。故二千石有治理效，辄以玺书勉厉，增秩赐金，或爵至关内侯，公卿缺则选诸所表以次用之。是故汉世良吏，于是为盛，称中兴焉。若赵广汉、韩延寿、尹翁归、严延年、张敞之属，皆称其位，然任刑罚，或抵罪诛。王成、黄霸、朱邑、龚遂、郑弘、召信臣等，所居民富，所去见思，生有荣号，死见奉祀，此廪廪庶几德让君子之遗风矣。①

余英时指出，汉代循吏很大程度上代表儒家的德治，司马迁时代"积极从事于教化工作的循吏尚未成为普遍的典型"，"教化型的循吏辈出确在宣帝之世。《史记》中的循吏和宣帝以下的循吏虽同名而异实，其中一个最显著的分别便在前者是道家的无为，而

①《汉书》，第3623—3624页。

后者则是儒家的有为”。① 这种局面的形成显然是经学思想深化的结果。当然,《穀梁》争立成功也极大影响此后经学的格局,在一定程度上诱发古文经学的崛起。

继石渠阁会议之后,东汉建初四年又举行了白虎观会议,据《后汉书·杨李翟应霍爰徐列传》的记载,杨终上书朝廷说:“宣帝博征群儒,论定《五经》于石渠阁。方今天下少事,学者得成其业,而章句之徒,破坏大体。宜如石渠故事,永为后世则。”章帝接受这个建议,“诏诸儒于白虎观论考同异”。② 对于此次会议的过程,《后汉书·章帝纪》有比较详细的交待(见本书第108页引文,《后汉书》第137—138页)。

据此,章帝举行白虎观会议,显然是效仿西汉宣帝故事,然而,从效果来看,白虎观会议的影响似乎远远超过石渠阁会议。首先,本次会议的成果以文献的形式流传至今,《后汉书·章帝纪》提及“作《白虎议奏》”,《班彪列传》载:“天子会诸儒讲论《五经》,作《白虎通德论》,令固撰集其事。”③又《儒林列传》载:“建初中,大会诸儒于白虎观,考详同异,连月乃罢。肃宗亲临称制,如石渠故事,顾命史臣,著为通义。”④这些地方提到《白虎议奏》《白虎通德论》及通义,尽管学者对它们的认识还不一致,然而流传至今的《白虎通义》显然与本次会议密切相关。宣帝时代的石渠阁奏议虽然在当时也形成文献,并且《汉书·艺文志》也做了相关记载,可是这些文献大抵失传。其次,白虎观会议在形式上模拟石

①余英时:《士与中国文化》,第137—138页。

②《后汉书》,第1599页。

③《后汉书》,第1373页。

④《后汉书》,第2546页。

渠阁会议，但二者所呈现的差异也是很明显的。庄述祖说："《论语》《孝经》、六艺并录，傅以谶记，援纬证经。自光武以《赤伏符》即位，其后灵台郊祀，皆以谶决之，风尚所趋然也。故是书之论郊祀、社稷、灵台、明堂、封禅，悉隐括纬候，兼综图书，附世主之好，以绲道真，违失六艺之本，视石渠为驳矣。"①冯友兰分析认为："白虎会议和石渠会议，虽都是关于经学的会议而意义不同。石渠会议中的主要斗争是公羊和穀梁两家的斗争。这是今文经学内部的斗争。白虎会议的目的，在于重整今文经学，以反对古文经学。这有唯物主义和唯心主义斗争的意义。白虎观会议把今文经学，特别是董仲舒的神秘主义、唯心主义的哲学体系，重新加以肯定。《白虎通义》就形式看，是一部今文经学的辞典或百科全书；就内容说，是《春秋繁露》和纬书的复制品，不过是在有些小节上，加了一些更加穿凿附会的荒谬的说明。"②由此可知，白虎观会议上，诸儒在讲论《五经》同异之时大量援引谶纬，这就使今文经学在阴阳五行化之基础上进一步谶纬化。

经学与汉代奏疏的关系极为密切，而这一点早已为学人体察到了。在汉人的奏疏中，他们论说时喜欢引述《五经》，这种风气始于陆贾，《史记·郦生陆贾列传》载"陆生时时前说称《诗》《书》"，③更有甚者，乃以《诗三百》篇当谏书，因此，汉人奏疏引述经典是一种常态。比如面对安帝乳母王圣缘恩放恣，圣子女伯荣出入宫掖传通奸赂，杨震上疏说：

> 臣闻政以得贤为本，理以去秽为务。是以唐虞俊乂在

①陈立撰、吴则虞点校：《白虎通疏证·附录二》，第609页。

②冯友兰：《中国哲学史新编》(第二册)，第247页。

③《史记》，第959页。

> 官，四凶流放，天下咸服，以致雍熙。方今九德未事，嬖倖充庭。阿母王圣出自贱微，得遭千载，奉养圣躬，虽有推燥居湿之勤，前后赏惠，过报劳苦，而无厌之心，不知纪极，外交属托，扰乱天下，损辱清朝，尘点日月。《书》诫牝鸡牡鸣，《诗》刺哲妇丧国。昔郑严公从母氏之欲，恣骄弟之情，几至危国，然后加讨，《春秋》贬之，以为失教。夫女子小人，近之喜，远之怨，实为难养。《易》曰：'无攸遂，在中馈。'言妇人不得与于政事也。宜速出阿母，令居外舍，断绝伯荣，莫使往来，令恩德两隆，上下俱美。惟陛下绝婉娈之私，割不忍之心，留神万机，诫慎拜爵，减省献御，损节征发。令野无《鹤鸣》之叹，朝无《小明》之悔，《大东》不兴于今，劳止不怨于下。拟踪往古，比德哲王，岂不休哉！①

此段疏文可以直接看出的是引用《诗》《书》《易》《春秋》这些文献，倘若结合章怀太子《注》，还可发现该疏引述《墨子》《左传》《孝经援神契》《论语》等。在现实中，汉人还常常以经义断事，这正如清代学者赵翼所言："汉初法制未备，每有大事，朝臣得援经义以折衷是非。如张汤为廷尉，每决大狱，欲傅古义，乃请博士弟子治《尚书》《春秋》者，补廷尉史，亭疑奏谳(《汤传》)；倪宽为廷尉掾，以古义决疑狱，奏辄报可(《宽传》)；张敞为京兆尹，每朝廷大议，敞引古今处便宜，公卿皆服是也(《敞传》)。"②因此，考察经学对于汉代社会及政治所发生的影响，奏疏无疑是最重要的研究对象，徐复观论道："西汉文、景之盛，一般知识分子的活动主要表现在辞赋上，宣帝以后在主要表现为儒生的奏议，在这些奏议中，气

①《后汉书》，第1761页。

②王树民：《廿二史札记校证》，第43页。

象博大刚正,为人民作了沉痛的呼号,对弊政作了深切的抨击,这都是由经学教养中所鼓铸而出,为以后各朝所难企及。……贾山《至言》、董仲舒'天人三策'以后,宣、元、成、哀各代的经学意义,是通过他们的奏议而表现出来的。没有经学,便不能出现这些掷地有声的奏议。"①同时,我们也应该看到,汉代经学思潮,特别是今文经学,经历了由原始儒学到阴阳五行化到谶纬化的演变,这些变化在奏疏中也得到很好的反映。汉初社会百废待兴,统治阶层主要采用黄老无为思想,而相应的儒家影响并不凸显。与此同时,由于汉初社会郡县与封建并举,战国习气一度盛行,于是"汉初文章的一代特色,就是纵横驰骋,尚有战国之风"。② 这一特征大抵为汉初奏疏所具有,比如邹阳给吴王濞上书说:

臣闻秦倚曲台之官,悬衡天下,画地而不犯,兵加胡越;至其晚节末路,张耳、陈胜连从兵之据,以叩函谷,咸阳遂危。何则?列郡不相亲,万室不相救也。今胡数涉北河之外,上覆飞鸟,下不见伏菟,斗城不休,救兵不止,死者相随,辇车相属,转粟流输,千里不绝。何则?强赵责于河间,六齐望于惠后,城阳顾于卢博,三淮南之心思坟墓。大王不忧,臣恐救兵之不专,胡马遂进窥于邯郸,越水长沙,还舟青阳。虽使梁并淮阳之兵,下淮东,越广陵,以遏越人之粮,汉亦折西河而下,北守漳水,以辅大国,胡亦益进,越亦益深。此臣之所以大王患也。

臣闻交龙襄首奋翼,则浮云出流,雾雨咸集。圣王底节修德,则游谈之士归义思名。今臣尽智毕议,易精极虑,则无

①徐复观:《徐复观论经学史二种》,第154页。

②郭预衡:《中国散文史》,第190页。

国不可奸；饰固陋之心，则何王之门不可曳长裾乎？然臣所以历数王之朝，背淮千里而自致者，非恶臣国而乐吴民也，窃高下风之行，尤说大王之义。故愿大王之无忽，察听其志。

臣闻鸷鸟累百，不如一鹗。夫全赵之时，武力鼎士袨服丛台之下者一旦成市，而不能止幽王之湛患。淮南连山东之侠，死士盈朝，不能还厉王之西也。然而计议不得，虽诸、贲不能安其位，亦明矣。故愿大王审画而已。

始孝文皇帝据关入立，寒心销志，不明求衣。自立天子之后，使东牟朱虚东褒义父之后，深割婴儿王之。壤子王梁、代，益以淮阳。卒仆济北，囚弟于雍者，岂非象新垣平等哉！今天子新据先帝之遗业，左规山东，右制关中，变权易势，大臣难知。大王弗察，臣恐周鼎复起于汉，新垣过计于朝，则我吴遗嗣，不可期于世矣。高皇帝烧栈道，水章邯，兵不留行，收弊民之倦，东驰函谷，西楚大破。水攻则章邯以亡其城，陆击则荆王以失其地，此皆国家之不几者也。愿大王孰察之。①

邹阳发现吴王对汉朝廷不满，“阴有邪谋”，于是上书吴王，规劝他要以秦为戒。就文风而言，这篇奏疏在言说方式上具有鲜明的战国游士言谈之风气。

到武帝时期，由于社会、学术的变化，文风也随之开始出现变化。董仲舒建议武帝独尊儒术，同时又注重运用阴阳灾异观念阐释经学文献，这种作风表现在文风上，就使得董仲舒的奏疏“变纵横驰骋为典雅醇正，变剑拔弩张为坐而论道”，②故刘熙载指出：

①《汉书》，第2338—2342页。

②郭预衡：《中国散文史》，第192页。

"汉家文章,周、秦并法。惟董仲舒一路无秦气。"①然而至此之后的奏疏出现谈论各种祥瑞、阴阳与灾异的现象,赵翼在《廿二史札记》"汉儒言灾异"条中已注意此点,他说:"汉兴,董仲舒治《公羊春秋》,始推阴阳,为儒者宗。宣、元之后,刘向治《穀梁》,数其祸福,传以《洪范》(《五行志》序),而后天之与人又渐觉亲切。观《五行志》所载,天象每一变必验一事,推既往以占将来,虽其中不免附会,然亦非尽空言也。昌邑王为帝无道,数出微行。夏侯胜谏曰:'久阴不雨,臣下有谋上者。'时霍光方与张安世谋废立,疑安世漏言,安世实未言,乃召问胜。胜对《洪范五行传》云'皇之不极,厥罚常阴,时则有下人谋上者。'光、安世大惊(《胜传》)。宣帝将祠昭帝庙,旄头剑落泥中,刃向乘舆,帝令梁邱贺筮之,云有兵谋,不吉,上乃还。果有任宣子章匿庙间,欲俟上至为逆,事发伏诛(《贺传》)。京房以《易》六十四卦更直日用事,以风雨寒温为候,各有占验。每先上疏言其将然,近者或数月,远或一岁,无不屡中(《房传》)。翼奉以成帝独亲异姓之臣,为阴气太甚,极阴生阳,恐反有火灾。未几,孝武园白鹤馆火(《奉传》)。是汉儒之言天者,实有验于人,故诸上疏者皆言之深切着明,无复忌讳。"②汉儒用阴阳灾异来讨论国事,最具代表性的当属刘向,比如在给元帝的奏疏中一开始就说"窃见灾异并起,天地失常,征表为国",这显然是继承董仲舒以来言说政治的思路。文章接着说:

> 臣闻舜命九官,济济相让,和之至也。众贤和于朝,则万物和于野。故箫《韶》九成,而凤皇来仪;击石拊石,百兽率舞。四海之内,靡不和定。及至周文,开基西郊,杂遝众贤,

①刘熙载:《艺概》,第 11 页。

②王树民:《廿二史札记校证》,第 39 页。

罔不肃和，崇推让之风，以销分争之讼。文王既没，周公思慕，歌咏文王之德，其《诗》曰："于穆清庙，肃雍显相；济济多士，秉文之德。"当此之时，武王、周公继政，朝臣和于内，万国欢于外，故尽得其欢心，以事其先祖。其《诗》曰："有来雍雍，至止肃肃，相维辟公，天子穆穆。"言四方皆以和来也。诸侯和于下，天应报于上，故《周颂》曰"降福穰穰"，又曰"饴我釐麰"，釐麰，麦也，始自天降。此皆以和致和，获天助也。

下至幽、厉之际，朝廷不和，转相非怨，诗人疾而忧之曰："民之无良，相怨一方。"众小在位而从邪议，歙歙相是而背君子，故其《诗》曰"歙歙呰呰，亦孔之哀！谋之其臧，则具是违；谋之不臧，则具是依！"君子独处守正，不桡众枉，勉强以从王事则反见憎毒谗诉，故其《诗》曰："密勿从事，不敢告劳，无罪无辜，谗口嗷嗷！"当是之时，日月薄蚀而无光，其《诗》曰："朔日辛卯，日有蚀之，亦孔之丑！"又曰："彼月而微，此日而微，今此下民，亦孔之哀！"又曰："日月鞠凶，不用其行；四国无政，不用其良！"天变见于上，地变动于下，水泉沸腾，山谷易处。其《诗》曰："百川沸腾，山冢卒崩，高岸为谷，深谷为陵。哀今之人，胡憯莫惩！"霜降失节，不以其时，其《诗》曰："正月繁霜，我心忧伤；民之讹言，亦孔之将！"言民以是为非，甚众大也。此皆不和，贤不肖易位之所致也。

自此之后，天下大乱，篡杀殃祸并作，厉王奔彘，幽王见杀。至乎平王末年，鲁隐之始即位也，周大夫祭伯乖离不和，出奔于鲁，而《春秋》为讳，不言来奔，伤其祸殃自此始也。是后尹氏世卿而专恣，诸侯背畔而不朝，周室卑微。二百四十二年之间，日食三十六，地震五，山陵崩陁二，彗星三见，夜常星不见，夜中星陨如雨一，火灾十四。长狄入三国，五石陨坠，六鹢退飞，多麋，有蜮、蜚，鸲鹆来巢者，皆一见。昼冥晦。雨木冰。李梅冬实。七月霜降，草木不死。八月杀菽。大雨雹。雨雪雷霆失序相乘。水、旱、饥、蝝、螽、螟蜂午并起。当是时，祸乱辄应，弑君三十六，亡国五十二，诸侯奔走，不得保其社稷者，不可胜数也。周室多祸：晋败其师于贸戎；伐其郊；郑伤桓王；戎执其使；卫侯朔召不往，齐逆命而助朔；五大夫争权，三君更立，莫能正理。遂至陵夷不能复兴。

由此观之，和气致祥，乖气致异；祥多者其国安，异众者其国危，天地之常经，古今之通义也。今陛下开三代之业，招文学之士，优游宽容，使得并进。今贤不肖浑殽，白黑不分，邪正杂糅，忠谗并进。章交公车，人满北军。朝臣舛午，胶戾乖剌，更相谗诉，转相是非。传授增加，文书纷纠，前后错缪，毁誉浑乱。所以营或耳目，感移心意，不可胜载。分曹为党，往往群朋，将同心以陷正臣。正臣进者，治之表也；正臣陷者，乱之机也。乘治乱之机，未知孰任，而灾异数见，此臣所以寒心者也。夫乘权借势之人，子弟鳞集于朝，羽翼阴附者众，辐辏于前，毁誉将必用，以终乖离之咎。是以日月无光，雪霜夏陨，海水沸出，陵谷易处，列星失行，皆怨气之所致也。夫遵衰周之轨迹，循诗人之所刺，而欲以成太平，致雅颂，犹却行而求及前人也。初元以来六年矣，案《春秋》六年之中，灾异未有稠如今者也。夫有《春秋》之异，无孔子之救，犹不能解纷，况甚于《春秋》乎？

原其所以然者，谗邪并进也。谗邪之所以并进者，由上多疑心，既已用贤人而行善政，如或谮之，则贤人退而善政还。夫执狐疑之心者，来谗贼之口；持不断之意者，开群枉之门。谗邪进则众贤退，群枉盛则正士消。故《易》有《否》

《泰》。小人道长，君子道消，君子道消，则政日乱，故为否。否者，闭而乱也。君子道长，小人道消，小人道消，则政日治，故为泰。泰者，通而治也。《诗》又云"雨雪麃麃，见晛聿消"，与《易》同义。昔者鲧、共工、驩兜与舜、禹杂处尧朝，周公与管、蔡并居周位，当是时，迭进相毁，流言相谤，岂可胜道哉！帝尧、成王能贤舜、禹、周公而消共工、管、蔡，故以大治，荣华至今。孔子与季、孟偕仕于鲁，李斯与叔孙俱宦于秦，定公、始皇贤季、孟、李斯而消孔子、叔孙，故以大乱，污辱至今。故治乱荣辱之端，在所信任；信任既贤，在于坚固而不移。《诗》云"我心匪石，不可转也"。言守善笃也。《易》曰"涣汗其大号"。言号令如汗，汗出而不反者也。今出善令，未能逾时而反，是反汗也；用贤未能三旬而退，是转石也。《论语》曰："见不善如探汤。"今二府奏佞谄不当在位，历年而不去。故出令则如反汗，用贤则如转石，去佞则如拔山，如此望阴阳之调，不亦难乎！

是以群小窥见间隙，缘饰文字，巧言丑诋，流言飞文，哗于民间。故《诗》云："忧心悄悄，愠于群小。"小人成群，诚足愠也。昔孔子与颜渊、子贡更相称誉，不为朋党；禹、稷与皋陶传相汲引，不为比周。何则？忠于为国，无邪心也。故贤人在上位，则引其类而聚之于朝，《易》曰"飞龙在天，大人聚也"；在下位，则思与其类俱进，《易》曰"拔茅茹以其汇，征吉"。在上则引其类，在下则推其类，故汤用伊尹，不仁者远，而众贤至，类相致也。今佞邪与贤臣并在交戟之内，合党共谋，违善依恶，歙歙訿訿，数设危险之言，欲以倾移主上。如忽然用之，此天地之所以先戒，灾异之所以重至者也。

自古明圣，未有无诛而治者也，故舜有四放之罚，而孔

> 子有两观之诛，然后圣化可得而行也。今以陛下明知，诚深思天地之心，迹察两观之诛，览《否》《泰》之卦，观雨雪之诗，历周、唐之所进以为法，原秦、鲁之所消以为戒，考祥应之福，省灾异之祸，以揆当世之变，放远佞邪之党，坏散险诐之聚，杜闭群枉之门，广开众正之路，决断狐疑，分别犹豫，使是非炳然可知，则百异消灭，而众祥并至，太平之基，万世之利也。①

观察这篇疏文，固然大量援引经典，似乎承继了汉初奏疏的风格，然而，这些经典是与灾异祥瑞结合在一起的，两者实际上是互为阐释的关系。这是今文经学在阴阳五行化之后所显现的言说状态。在此疏末尾，刘向感慨说："臣幸得托肺附，诚见阴阳不调，不敢不通所闻。窃推《春秋》灾异，以救今事一二，条其所以，不宜宣泄。"②再次凸显阴阳灾异观念的作用。

谶纬化是汉代经学又一发展阶段，谶纬的内容比较驳杂，灾异占验不过是其中的部分内容。谶纬灾异理论大致沿袭董仲舒以来的灾异理论之传统，稍微不同的是，它往往带有预言色彩。谶纬虽然在两汉之际皇位嬗变中发挥重要影响，可是谶纬言说现象在东汉奏疏中却并不多见。

第三节　陆贾与《新语》

司马迁虽然给陆贾写了一篇传记，但给予的评价似乎并不很高，主要视其为一位辩士。到了班固时代，对陆贾又有了新的看

①《汉书》，第1933—1946页。

②《汉书》，第1947页。

法，《汉书》本传评论说："陆贾位止大夫，致仕诸吕，不受忧责，从容平、勃之间，附会将相以强社稷，身名俱荣，其最优乎！"①陆贾能够对名位保持淡泊之心，同时在关键时刻又能为汉室谋求稳定之策，这在班固看来，陆贾确实属于睿智者，做到身名俱荣，非常可贵。《汉书・高帝纪》写道："高祖不修文学，而性明达，好谋，能听，自监门戍卒，见之如旧。初顺民心作三章之约。天下既定，命萧何次律令，韩信申军法，张苍定章程，叔孙通制礼仪，陆贾造《新语》。又与功臣剖符作誓，丹书铁契，金匮石室，藏之宗庙。虽日不暇给，规摹弘远矣。"②这段文字记录高祖时期有关朝廷制度、礼仪制作的大事，陆贾的《新语》被郑重提及，而这是班固在几百年之后回顾这段历史说的，足见其影响深远。事实上，即是在今天看来，陆贾的历史地位依然不容忽视，《新语》对于汉代文学特别是奏疏的创作来说其开创之功无疑也是值得书写的。

一　陆贾思想谱系及其著述

据任继愈《中国哲学史》的看法，陆贾约生于公元前 240 年，卒于公元前 170 年。③《史记・郦生陆贾列传》索隐引《陈留风俗传》云："陆氏，春秋时陆浑国之后。晋侯伐之，故陆浑子奔楚。贾其后。"④此处的"陆浑国"即《左传》所说之"陆浑之戎"，《左传》僖公二十二年载："初，平王之东迁也，辛有适伊川，见被发而祭于野者，曰：'不及百年，此其戎乎！其礼先亡矣。'秋，秦、晋迁陆浑之

---

①《汉书》，第 2132 页。

②《汉书》，第 80—81 页。

③任继愈主编：《中国哲学史》（第二册），第 46 页。

④《史记》，第 958 页。

戎于伊川。"杜注:"允姓之戎居陆浑,在秦、晋西北。"孔疏解释说:"昭九年传曰:'先王居梼杌于四裔,故允姓之奸居于瓜州。伯父惠公归自秦,而诱以来。'是此戎为允姓也。彼注云'瓜州,今敦煌'。则陆浑是敦煌之地名也。"①据此,所谓"陆浑之戎"即居于敦煌之允姓之戎,前638年,秦穆公与晋惠公迁陆浑之戎于伊川,即今河南省嵩县及伊川县境。又据《左传》昭公十七年(前525年)记载,晋国荀吴灭陆浑之戎,陆浑子奔楚,由此可见《陈留风俗传》有关陆贾姓族之说法多本于《左传》。又《史记索隐》引《陆氏谱》云:"齐宣公友子达食采于陆乡,号曰陆侯。达生发,发生皋,适楚。贾其孙也。"②案《元和姓纂》云:"陆,齐宣王田氏之后。宣王封少子通于平原陆乡,因氏焉。汉太中大夫陆贾,子孙过江,居吴郡吴县。"③据此,《陆氏谱》之齐宣公当为齐宣王(前320年—前302年在位),则陆贾为田齐宣王之后裔。如上所述,关于陆贾姓族之来源有两种不同的说法,对此,有的采取《陆氏谱》的说法,如胡兴华《陆贾及其〈新语〉研究》;有的则取《陈留风俗传》的说法,如王兴国《贾谊评传·附陆贾晁错评传》。事实上,从《史记·索隐》两引《陈留风俗传》及《陆氏谱》来看,说明司马贞对陆贾姓族来源的问题已不是很清楚,所以他通过采取两引的方式来表明其存疑的态度。因此,对于陆贾姓族到底来源哪一支,在现有资料的情形下,恐怕难以遽定,但无论是《陈留风俗传》还是《陆氏谱》,都记载陆贾为楚人,那么就这一点而言应是没有疑问的。

据《史记》《汉书》的相关记载,大致可以考见陆贾之活动如下:

---

①孔颖达:《春秋左传正义》,第401—402页。

②《史记》,第958页。

③《元和姓纂》卷十,文渊阁四库全书本。

一、《史记·项羽本纪》载汉遣陆贾说项王，请太公，未果；

二、又同书《高祖本纪》载高祖采用张良之计，使郦生、陆贾往说秦将，啗以利，因袭攻武关，破之；①

三、《史记》本传载高祖使陆贾赐尉他印为南越王，归报，拜为太中大夫；②

四、本传载陆生时时前说称诗书，乃粗述存亡之征，"凡著十二篇。每奏一篇，高帝未尝不称善，左右呼万岁，号其书曰'新语'"；

五、本传载孝惠帝时，吕太后用事，陆生自度不能争之，乃病免家居。以好畤田地善，可以家焉；

六、本传载吕太后时，诸吕擅权，欲劫少主，危刘氏。右丞相陈平患之，陆生往请，为陈平画吕氏数事。陈平用其计，陆生以此游汉廷公卿间，名声藉甚；

七、本传载诛诸吕，立孝文帝，陆生颇有力焉。孝文帝即位，欲使人之南越。陈丞相等乃言陆生为太中大夫，往使尉他；③

①《汉书·高帝纪》云："沛公攻武关，入秦。秦相赵高恐，乃杀二世，使人来，欲约分王关中，沛公不许。九月，赵高立二世兄子子婴为秦王。子婴诛灭赵高，遣将将兵距峣关。沛公欲击之，张良曰：'秦兵尚强，未可轻。愿先遣人益张旗帜于山上为疑兵，使郦食其、陆贾往说秦将，啗以利。'"（《汉书》，第21—22页。）

②案《史记·南越列传》云："高帝已定天下，为中国劳苦，故释佗弗诛。汉十一年，遣陆贾因立佗为南越王，与剖符通使，和集百越，毋为南边患害，与长沙接境。"（《史记》，第1061页）

③《史记·南越列传》云："及孝文帝元年，初镇抚天下，使告诸侯四夷从代来即位意，喻盛德焉。乃为佗亲冢在真定，置守邑，岁时奉祀。召其从昆弟，尊官厚赐宠之。诏丞相陈平等举可使南越者，平言好畤陆贾，先帝时习使南越。乃召贾以为太中大夫，往使。"（《史记》，第1061页）

八、本传载吕太后崩，大臣诛诸吕，辟阳侯于诸吕至深，而卒不诛。计画所以全者，皆陆生、平原君之力也。

从上述记载来看，陆贾对于汉初政权的建设和稳定都发挥了非常重要的作用，按照常理，列入汉初功臣名次应没有什么问题；但在实际上，汉统治者对此的表示只不过是两拜(任)其为太中大夫，这其中存在怎样的玄机呢？据有的学者的分析，大约跟这样几个因素有关：其一，从《史记·高祖功臣侯者年表》及《汉书·高惠高后文功臣表》来看，汉初所封功臣均以军功论，而陆贾没有军功；其二，陆贾未列入功臣，大约与陆贾请太公失利一事颇有干系，《史记·项羽本纪》载："汉遣陆贾说项王，请太公，项王弗听。汉王复使侯公往说项王，项王乃与汉约，中分天下，割鸿沟以西者为汉，鸿沟而东者为楚。项王许之，即归汉王父母妻子。军皆呼万岁。汉王乃封侯公为平国君。匿弗肯复见。曰：'此天下辩士，所居倾国，故号为平国君。'"①王利器根据这则记载推测道："说项王归太公、吕后，陆生说弗听，而侯公说许之，相形见绌。事非军功，然而，侯公因此得封平国君，而陆贾恐因此而终身难封了。"②从整体上来看，这些分析未尝没有道理，但陆贾没有封侯，似乎还有其他的原因，或许这些原因对于陆贾来说才是最根本的。《史记·郦生陆贾列传》载："陆贾者，楚人也。以客从高祖定天下，名为有口辩士，居左右，常使诸侯。"③陆贾以客的身份随刘邦平定天下，所谓"客"，就是指宾客。从战国时代士阶层的情形来观察，"客"主要属于社会中下层的知识分子，"这些流品较低的

---

①《史记》，第129—130页。

②王利器：《新语校注·前言》，第3页。

③《史记》，第958页。

人物通常都是以'食客'的身份出现的,他们的人数动辄以千计",①战国时代兴盛的养士风气在很大程度上与这一群体有关。就客这一群体本身而言,也存在不同的级别,有上客、中客、下客之分。《史记·春申君列传》载:

> 赵平原君使人于春申君,春申君舍之于上舍。赵使欲夸楚,为玳瑁簪,刀剑室以珠玉饰之,请命春申君客。春申君客三千余人,其上客皆蹑珠履以见赵使,赵使大惭。②

余英时分析说:"春申君之例可以说明两点:第一,上舍同时也是用来招待外来上宾的。足见贵族的'上客'或'宾客'所受到的是朋友的待遇。这与国君筑宫以礼贤士,用意并无二致。其二,春申君门下的客也分等级,其上客衣着特别华丽。"③由此看来,客特别是上客"其身份盖在师友之间,仅有主客之谊,而无君臣之分",陆贾与刘邦之间的关系很可能就是这样,王利器说:"陆贾盖初以客从汉高,平天下而无军功,其后,奉使南越,归拜太中大夫,始登仕籍。"④这就表明,陆贾与刘邦之间长期保持宾主而非君臣关系,"请太公"的失败使陆贾失去一次封侯的机会,直到奉使成功,拜为太中大夫之后才结束"客"的身份。

所谓"太中大夫",《汉书·百官公卿表》云:"郎中令,秦官,掌宫殿掖门户,有丞。武帝太初元年更名光禄勋。属官有大夫、郎、谒者,皆秦官。……大夫掌论议,有太中大夫、中大夫、谏大夫,皆无员,多至数十人。……太初元年更名中大夫为光禄大夫,秩比

---

①余英时:《士与中国文化》,第46页。

②《史记》,第843页。

③余英时:《士与中国文化》,第49—50页。

④王利器:《新语校注·前言》,第4页。

二千石，太中大夫秩比千石如故。"①据此看来，太中大夫的官阶似不很高，《汉书》指出太中大夫"掌论议"，这可以从文献的记载得到说明，如《汉书·郊祀志》云：

> 平帝元始五年，大司马王莽奏言："……臣谨与太师孔光、长乐少府平晏、大司农左咸、中垒校尉刘歆、太中大夫朱阳、博士薛顺、议郎国由等六十七人议，皆曰宜如建始时丞相衡等议，复长安南北郊如故。"②

太中大夫朱阳参与"复长安南北郊"的讨论，可视为太中大夫"掌论议"的表现，但《汉书》的相关史料表明，太中大夫似乎还行使其他事务，如：(1)吊祠、视丧事，《汉书·景帝纪》载："列侯薨，遣太中大夫吊祠，视丧事，因立嗣。"③又《霍光金日磾传》云："光薨，上及皇太后亲临光丧。太中大夫任宣与侍御史五人持节护丧事"；④(2)循行天下、存问鳏寡、观风俗等，《宣帝纪》载："遣太中大夫强等十二人循行天下，存问鳏寡，览观风俗，察吏治得失，举茂材异伦之士。"⑤《成帝纪》云："三年春正月乙卯晦，日有蚀之。诏曰：'天灾仍重，朕甚惧焉。惟民之失职，临遣大中大夫嘉等循行天下，存问耆老，民所疾苦。其与部刺史举惇朴逊让有行义者各一人。'"⑥《西南夷两粤朝鲜传》载："牂柯太守请发兵诛兴等，议者以为道远不可击，乃遣太中大夫蜀郡张匡持节和解"；⑦(3)

①班固：《汉书》，第727页。
②《汉书》，第1264—1265页。
③《汉书》，第145页。
④《汉书》，第2948页。
⑤《汉书》，第258页。
⑥《汉书》，第323页。
⑦《汉书》，第3843页。

率军出征,《武帝纪》载:“夏六月,御史大夫韩安国为护军将军,卫尉李广为骁骑将军,太仆公孙贺为轻车将军,大行王恢为将屯将军,太中大夫李息为材官将军,将三十万众屯马邑谷中,诱致单于,欲袭击之。”①《卫青霍去病传》载:“郭昌,云中人,以校尉从大将军。元封四年,以太中大夫为拔胡将军,屯朔方”;②(4)出任郡守,《霍光金日磾传》载:“约定未发,云拜为玄菟太守,太中大夫任宣为代郡太守。”③从这些记载来看,汉代太中大夫的职能颇广,陆贾被拜为太中大夫,应属于上述第二例情形。应该注意的是,汉代名臣中有很多曾任过太中大夫,如:

> 于是高祖召其姊为美人,以奋为中涓,受书谒。徙其家长安中戚里,以姊为美人故也。奋积功劳,孝文时官至太中大夫。(《汉书·万石卫直周张传》)
>
> 是时,谊年二十余,最为少。每诏令议下,诸老先生未能言,谊尽为之对,人人各如其意所出。诸生于是以为能。文帝说之,超迁,岁中至太中大夫。(同书《贾谊传》)
>
> 不识孝景时以数直谏为太中大夫,为人廉,谨于文法。(同书《李广苏建传》)
>
> 留岁余,单于死,国内乱,骞与胡妻及堂邑父俱亡归汉。拜骞太中大夫,堂邑父为奉使君。(同书《张骞李广利传》)
>
> 于是上以为道远劳苦,又为百姓所患,乃使太中大夫吾丘寿王与待诏能用算者二人,举籍阿城以南,盩厔以东,宜春以西,提封顷亩,及其贾直,欲除以为上林苑,属之南山。(同

①《汉书》,第162—163页。
②《汉书》,第2492页。
③《汉书》,第2956页。

书《东方朔传》）

后汤上书言康居王侍子非王子也。按验，实王子也。汤下狱当死。太中大夫谷永上疏讼汤曰……（同书《傅常郑甘陈段传》）

疏广字仲翁，东海兰陵人也。少好学，明《春秋》，家居教授，学者自远方至。征为博士太中大夫。（同书《隽疏于薛平彭传》）

宽饶初拜为司马，……上临飨罢卫卒，卫卒数千人皆叩头自请，愿复留共更一年，以报宽饶厚德。宣帝嘉之，以宽饶为太中大夫，使行风俗，多所称举贬黜，奉使称意。（同书《盖诸葛刘郑孙毋将何传》）

霸亦治《尚书》，事太傅夏侯胜，昭帝末年为博士，宣帝时为太中大夫。（同书《匡张孔马传》）

周堪字少卿，齐人也。与孔霸俱事大夏侯胜。……而孔霸以太中大夫授太子。（同书《儒林传》）

上引材料中的石奋、贾谊、程不识、张骞、吾丘寿王、谷永、疏广、盖宽饶、张霸、孔霸等汉代名臣都曾做过太中大夫，其中有的是积功，如石奋积功劳，"官至太中大夫"，有的则为超迁，如贾谊"超迁，岁中至太中大夫"，可见太中大夫在汉代似乎是一个较为特殊的职位。且有关史料显示，做过太中大夫的后来位至九卿、甚至封侯的也不乏其例，《汉书·谷永杜邺传》云："明年，征永为太中大夫，迁光禄大夫给事中"；①《卫青霍去病传》云："青为太中大夫。元光六年，拜为车骑将军，击匈奴，出上谷；……唯青赐爵关

①《汉书》，第3465页。

内侯”。①

从这些例证来看，陆贾两任太中大夫并不意味着一定就像李广一样终身难封了，从实际考察，陆贾“位止大夫”极有可能与他避祸、不热衷仕途有关，《史记·郦生陆贾列传》有云：“孝惠帝时，吕太后用事，欲王诸吕，畏大臣有口者，陆生自度不能争之，乃病免家居。”②案同书《吕太后本纪》载：“太后称制，议欲立诸吕为王，问右丞相王陵。王陵曰：‘高帝刑白马盟，曰“非刘氏而王，天下共击之”。今王吕氏，非约也。’太后不说。问左丞相陈平、绛侯周勃。勃等对曰：‘高帝定天下，王子弟，今太后称制，王昆弟诸吕，无所不可。’太后喜，…… 十一月，太后欲废王陵，乃拜为帝太傅，夺之相权。王陵遂病免归。”③本传所谓“畏大臣有口者”，殆指此。右丞相王陵忤旨，相权被夺，不得不以病免归，而左丞相陈平、绛侯周勃则不得不与吕后虚与委蛇。从王陵、陈平、周勃诸人的表现来看，本传谓“自度不能争之”实括出陆贾两难境地。按照陆贾的品格，他是不可能坐视诸吕危害刘氏社稷的（这可从他后来为陈平画吕氏数事等行为看出来），但又迫于吕后之势力，故只好退而求其次，静观其变。

陆贾“病免家居”之后，《史记》本传载：“以好畤田地善，可以家焉。有五男，乃出所使越得橐中装卖千金，分其子，子二百金，令为生产。陆生常安车驷马，从歌舞鼓琴瑟侍者十人，宝剑直百金，谓其子曰：‘与汝约：过汝，汝给吾人马酒食，极欲，十日而更。所死家，得宝剑车骑侍从者。一岁中往来过他客，率不过再三过，

①《汉书》，第 2472—2473 页。

②《史记》，第 959 页。

③《史记》，第 156 页。

数见不鲜，无久慁公为也。'"①这样一种生活方式极易让人联想及助越王勾践平吴称霸而功成不居的范蠡，《史记·越王句践世家》有云："句践已平吴，……范蠡遂去，自齐遗大夫种书曰：'蜚鸟尽，良弓藏；狡兔死，走狗烹。越王为人长颈鸟喙，可与共患难，不可与共乐。子何不去？'……范蠡浮海出齐，变姓名，自谓鸱夷子皮，耕于海畔，苦身戮力，父子治产。居无几何，致产数千万。……尽散其财，以分与知友乡党，而怀其重宝，间行以去，止于陶，……复约要父子，耕畜废居，候时转物，逐什一之利。居无何，则致赀累巨万。"②范蠡毅然辞去勾践承诺的高官厚爵，固然与看出勾践"可与共患难，不可与共乐"有关，也与"大名之下，难以久居"的认识有很大的干系。范蠡有这样的思想并不奇怪，因为他是一个道家色彩极浓厚的人，他的一些看法对后来的黄老学派有很大的影响，可以说他是联系原始道家和黄老学派的重要环节。无论是原始道家还是黄老学派，养生问题是他们关注的重要内容，正是这样的原因，范蠡的行为就不难理解了。范蠡"超然辟世"的行为在后世士人群体中引起很大的反响，《史记·范雎蔡泽列传》载蔡泽劝范雎避路让贤时说："身与名俱全者，上也。名可法而身死者，其次也。名在僇辱而身全者，下也。"③为此，他列举了商君、白起、吴起、大夫种四个例证，并指出："此四子者，功成不去，祸至于身。此所谓信而不能诎，往而不能返者也。范蠡知之，超然辟世，长为陶朱公。"④同书《田叔列传》云："夫月满则亏，物

①《史记》，第959页。

②《史记》，第599—601页。

③《史记》，第853页。

④《史记》，第854页。

盛则衰，天地之常也。知进而不知退，久乘富贵，祸积为祟。故范蠡之去越，辞不受官位，名传后世，万岁不忘，岂可及哉！后进者慎戒之。”①对于范蠡这样的人物，陆贾肯定不会感到陌生，因此说陆贾接受范蠡的影响，这应该是极有可能的事情。所以，从总体上来说，陆贾受道家特别是黄老思想的影响颇重，而其功成身退、不汲汲于名利的作风在很大程度上与此有关；这一态度反过来又使他具有了某种超越性，能够在与现实之间产生紧张关系时抽身而出，从而也就摆脱了汉初士人的不遇情结。

在司马迁的笔下，陆贾呈现给世人的主要是辩士的形象，班固在陆贾本传中基本上抄录《史记·陆贾列传》的材料，这似乎表明他接受司马迁对陆贾的看法，但又在《汉书·郦陆朱刘叔孙传赞》中指出：“高祖以征伐定天下，而缙绅之徒聘其知辩，并成大业。……陆贾位止大夫，致仕诸吕，不受忧责，从容平、勃之间，附会将相以强社稷，身名俱荣，其最优乎！”②可见班固把陆贾置于“缙绅之徒”之列，而所谓“缙绅之徒”，当是儒生的代称，如《庄子·天下篇》云：“其在于《诗》《书》《礼》《乐》者，邹鲁之士、搢绅先生多能明之。”③此处的邹鲁之士与搢绅先生应属于同一类人，从明《诗》《书》《礼》《乐》来看，自是儒生。又《史记·五帝本纪》云：“太史公曰：学者多称五帝，尚矣。然《尚书》独载尧以来，而百家言黄帝，其文不雅驯，荐绅先生难言之。”《集解》引徐广曰：“荐绅即缙绅也，古字假借。”④又《孝武本纪》载：“元年，汉兴已六十于

①《史记》，第 993 页。

②《汉书》，第 2131 页。

③王先谦：《庄子集解》，第 216 页。案王氏认为“搢绅先生”指服官者。

④《史记》，第 34 页。

岁矣，天下乂安，荐绅之属皆望天子封禅改正度也。而上乡儒术，招贤良，赵绾、王臧等以文学为公卿，欲议古立明堂城南，以朝诸侯。草巡狩封禅改历服色事，未就。会窦太后治黄老言，不好儒术。使人微得赵绾等奸利事，召案绾、臧，绾、臧自杀，诸所兴为者皆废。"①汉代期望"封禅改正度"的人不限于儒生，但从行文看来，"荐绅之属"无疑是指儒生，所以，从这些地方使用"缙绅之徒"的含义来看，《郦陆朱刘叔孙传赞》中的"缙绅之徒"自是指儒生，这就表明班固是把陆贾看作儒生的。东晋王羲之则有不同于司马迁、班固的看法，其《与谢万书》有云："常依陆贾、班嗣、杨王孙之处世，甚欲希风数子，老夫志愿尽于此也。"②案班固《汉书·叙传》云："嗣虽修儒学，然贵老严之术。"③班嗣为班彪之从兄，故《叙传》所谓"修儒学"云云，大概出于班固有意地虚饰，因据《叙传》所引《报桓谭书》来看，班嗣对儒家颇有微词，"今吾子已贯仁谊之羁绊，系名声之缰锁，伏周、孔之轨躅，驰颜、闵之极挚，既系挛于世教矣，何用大道为自炫耀？"④班嗣在批评桓谭系于仁义、名声羁绊之同时，流露出对庄子的向慕，"若夫严子者，绝圣弃智，修生保真，清虚淡泊，归之自然，独师友造化，而不为世俗所役者也。渔钓于一壑，则万物不奸其志；栖迟于一丘，则天下不易其乐。不维圣人之罔，不嗅骄君之饵，荡然肆志，谈者不得而名焉，故可贵也"。⑤ 可见《叙传》"贵老严之术"的说法才揭示出班嗣的

①《史记》，第177页。
②严可均：《全晋文》，第1582页。
③《汉书》，第4205页。
④《汉书》，第4205—4206页。
⑤《汉书》，第4205页。

真正面目。杨王孙亦崇“黄老之术”,《汉书·杨胡朱梅云传》云:“杨王孙者,孝武时人也。学黄老之术,家业千余,厚自奉养生,亡所不致。”[①]又杨王孙临终之前嘱托其子要“裸葬”,这种做法有悖儒家精神,却合于道家反真之旨。王羲之把陆贾与崇尚老庄、黄老之学的班嗣、杨王孙等列,似乎暗示陆贾亦是此辈中人。

从上面的论述来看,司马迁、班固、王羲之对于陆贾有不同的看法,不仅如此,对于《新语》同样也存在争议,此点详见后文。因此,无论是就陆贾还是《新语》而言,学人均有不同看法。这种争论[②]的本身在实质上反映了陆贾思想谱系的复杂性,因此,解决

①《汉书》,第2907页。

②有人指出,学者花大量的精力和时间放在陆贾学派的归属问题上,似乎使学界对陆贾的研究进入了一个误区,“从学术史上说,陆贾所处的时代特征就是一个诸子综合或者说整合的时代,这个整合的趋势从战国末年就已开始,这是学者们都共同认可的共识,汉初的学者无不以‘杂’而见称,就是这个时代的反映”,“从《新语》建构新政治理论体系所取的素材成份而言,对诸子学说(作为新理论体系重构的素材)的取舍自然不同,哪个学派的成份多一些,哪个学派的成份少一些,其实都不是问题的本质,本质在于陆贾自己对待诸子的态度——因世而权行,在平等的基础上以统治需要为唯一标准,对诸子进行‘合之’(综合考察)的工作,其对政治学说为‘善’者,‘可以为法’的则取之,否则就舍之。所以,从陆贾‘造’《新语》的主观动机上看,他的学派倾向是十分不明显的。如果我们长期纠缠在这样一个‘伪问题’上,就不仅浪费了太多的时间和精力,同时也无法‘还原’汉初历史的真实。我们需要的是将研究重点放在陆贾究竟为汉初统治者提供了什么样的政治理论上,放在陆贾及其《新语》对汉初政治乃至于整个中国传统政治理论的贡献上,我们认为,这才是我们进行陆贾和《新语》研究应该努力的方向”(唐国军:《帝制初期中国传统政治理论体系建构——以〈新语〉整体性文本解读为基点》,华中师范大学博士论文,2007)。

这些问题的根本之处在于理清陆贾的思想谱系，只有澄清了陆贾的思想谱系，上述的这些问题及其引起的相关争论才能解决。

从学术渊源来看，陆贾与荀子有很大的关联，余嘉锡对此曾有过详细的考证，《四库提要辨证》卷十说：

> 《汉书·儒林传》云："汉兴，高祖过鲁，申公以弟子从师入见于鲁南宫，申公卒以《诗》《春秋》授，而瑕丘江公尽能传之。"又云："瑕丘江公受《穀梁春秋》及《诗》于鲁申公。"……高祖过鲁，申公以弟子从师入见，师盖即浮邱伯，其时贾方以客从高祖定天下，居左右；吕太后时，浮邱伯在长安，楚元王遣子郢客与申公俱卒业（见《楚元王传》及《儒林传》），贾亦方为陈平划与绛侯交欢之策（均见《贾传》），是贾与浮邱伯正同时人，又同处一地，何为不可以见《穀梁春秋》乎？《新语·资质》篇云："鲍丘之德行，非不高于李斯、赵高也，然伏隐蒿庐之下，而不录于世，利口之臣害之也。"《盐铁论·毁学》篇云："李斯與包邱子俱事荀卿，包邱子不免于甕牖蒿庐。"……包邱即鲍邱，古字通用。……鲍邱子即浮邱伯，……浮邱伯为孙卿门人，见《楚元王交传》。贾著《新语》，在申公卒业之前，浮邱尚未甚老，贾之年辈亦与相上下，而贾极口称之，形于奏进之篇，其意盖欲以此当荐书，则其学出于浮邱伯，尤有明征。①

王利器亦谓"陆贾之学，盖出于荀子"，并指出陆贾"学术不专主孔氏"。② 由此看来，陆贾的学术不但渊源于荀子，其学术品格也颇类荀卿。郭沫若指出，"荀子是先秦诸子最后一位大师，他不仅集

---

①余嘉锡：《四库提要辨证》，第446—447页。

②王利器：《新语校注·前言》，第7、11页。

了儒家的大成，而且可以说是集了百家的大成的。……但公正地说，他实在可以称为杂家的祖宗，他是把百家的学说差不多都融会贯通了。……或者是正面的接受与发展，或者是反面的攻击与对立，或者是综合的统一与衍变”，“先秦诸子几乎没有一家没有经过他的批判。……就连儒者本身，他对于子张氏、子夏氏、子游氏的后学都斥为‘贱儒’或‘俗儒’或‘沟犹瞀儒’，而于子思、孟轲更不惜痛加斥骂”。① 同样，在陆贾身上也能发现他综合、批判百家的迹象，这种倾向性在《新语》中得到鲜明的体现，例如陆贾指出：

书不必起仲尼之门，药不必出扁鹊之方，合之者善，可以为法，因世而权行。（《术事》）

秦以刑罚为巢，故有覆巢破卵之患；以李斯、赵高为杖，故有顿仆跌伤之祸。（《辅政》）

故行或合于世，言或顺于耳，斯乃阿上之意，从上之旨，操直而乖方，怀曲而合邪，因其刚柔之势，为作纵横之术，故无忤逆之言，无不合之义者。（《辨惑》）

由人不能怀仁行义，分别纤微，忖度天地，乃苦身劳形，入深山，求神仙，弃二亲，捐骨肉，绝五谷，废《诗》《书》，背天地之宝，求不死之道，非所以通世防非者也。……夫播布革，乱毛发，登高山，食木实，视之无优游之容，听之无仁义之辞，忽忽若狂痴，推之不往，引之不来，当世不蒙其功，后代不见其才，君倾而不扶，国危而不持，寂寞而无邻，寥廓而独寐，可谓避世，而非怀道者也。（《慎微》）

苏秦、张仪，身尊于位，名显于世，相六国，事六君，威振

①郭沫若：《十批判书》，第197页。

山东，横说诸侯，国异辞，人异意，欲合弱而制强，持衡而御纵，内无坚计，身无定名，功业不平，中道而废，身死于凡人之手，为天下所笑者，乃由辞语不一，而情欲放佚故也。（《怀虑》）

从上面这些例证中，可以看出陆贾不但对法家、纵横家、神仙家、道家等学派均有所批判；同时对儒家也不是一味地尊崇。另一方面，陆贾对这些学派又进行有选择地吸收，如陆贾强调使用“道术”来治理国家，《道基篇》云：“传曰：‘天生万物，以地养之，圣人成之。’功德参合，而道术生焉。故曰：张日月，列星辰，序四时，调阴阳，布气治性，次置五行，春生夏长，秋收冬藏，阳生雷电，阴成霜雪，养育群生，……制之以斗衡，苞之以六合，罗之以纪纲。”① “道术”的概念最初来自道家，并且这种“道术”具体的表现由是“法天地”“法自然”，因此，无论是就“道术”概念还是它的原则来说，均与道家有关，这表明陆贾在构造治国理论时曾吸收道家的资源。又如陆贾提出“无为”的治国原则，《无为篇》说：“道莫大于无为，行莫大于谨敬。何以言之？昔舜治天下也，弹五弦之琴，歌《南风》之诗，寂若无治国之意，漠若无忧天下之心，然而天下大治。周公制作礼乐，郊天地，望山川，师旅不设，刑格法悬，而四海之内，奉供来臻，越裳之君，重译来朝。故无为者乃有为也。”② “无为”是道家最基本的一个范畴，在原始道家那儿，“无为”主要是“任物之性”，即让万物顺其本性，即使老子的“无为”含有阴谋权术的一面，但也尚未形成完整的统治术。真正把“无为”提炼成为一种治国术的是从原始道家中分化出来的黄老学派，如管子学派的《心术》四篇通过对“心术”的论证，完成由“心术”向“治术”的

①王利器：《新语校注》，第1—2页。

②王利器：《新语校注》，第59页。

转换，这种“治术”实际上就是强调“君无为而臣有为”，如“心术者，无为而制窍者也，故曰君”。① 从实际情形来看，陆贾的“无为”与老子、黄老学派均有一定的联系。同样，对于法家，陆贾在批判的同时，也看到法在治理国家中的作用，如“故尧放驩兜，仲尼诛少正卯”，“夫法令所以诛暴”等。②

战国时代诸子之间一方面互相论争，几有互不两立之势，但是他们在论争的同时，相互之间又各自吸取对方的养料以充实自身。在这种态势之下，各个学派具有他方的成份是不足为奇的。但是，一个学派之所以成为一个学派，必然有区别于其他学派的根基所在。在《新语》中，我们固然看到陆贾对诸子的吸收和整合，但这种整合是在一定的指导思想之下进行的，《史记》本传谓陆贾常在刘邦面前“说称《诗》《书》”，诚然，《诗》《书》在很大程度上是诸子的共同资源，但称引《诗》《书》更多地表现为儒家的作风，从陆贾的这一举动可以推知儒家思想在陆贾思想体系中的作用。在《新语》中，陆贾虽然援引道家的一些观念，但是这些观念“许多也是用儒家思想折射了的，是在儒家的立场上重新解释了的”，③所以，从根本上来说，陆贾及其《新语》应归属于儒家。

陆贾是汉初唯一追随刘邦平定天下而有文章传世之人，但对于其著述，在后世引起一定的争议。《汉书·艺文志》“六艺略·春秋类”著录有“《楚汉春秋》九篇”，本注云：“陆贾所记。”④是书《隋书·经籍志》作九卷，《新唐书·艺文志》同，而《旧唐书·经籍

①戴望：《管子校正》，第220页。

②王利器：《新语校注》，第55、65页。

③金春峰：《汉代思想史》（增补第三版），第58页。

④《汉书》，第1714页。

志》则作二十卷，沈钦韩《汉书疏证》认为它亡于南宋。关于《楚汉春秋》的创作时间，《史记·高祖功臣侯者年表》索隐曰："陆贾记事，在高祖、惠帝时。"①这表明《楚汉春秋》作于高祖、惠帝年间，案《艺文类聚》卷三十五"人部"引《楚汉春秋》曰："吕后欲为惠帝高坟，使从未央宫坐而见之，东阳侯垂泣曰：陛下日夜见惠帝冢，悲哀流涕无已，是伤生也，臣窃哀之，太后乃止。"②则《楚汉春秋》述及惠帝死后之事，又据《史记集解序》索隐之记载（下引），《楚汉春秋》述及汉文帝，那么到文帝时期，《楚汉春秋》仍在撰作，如此，上引索隐说法只是就其大概而论。该书内容，《后汉书·班彪传》曰："汉兴定天下，太中大夫陆贾记录时功，作《楚汉春秋》九篇。"③《隋书·经籍志》曰："陆贾作《楚汉春秋》，以述诛锄秦、项之事。"④《史记集解序》"述楚汉春秋"句司马贞《索隐》曰："汉太中大夫楚人陆贾所撰，记项氏与汉高祖初起，及说惠、文间事。"⑤根据这些记载，《楚汉春秋》叙事当始于高祖初起，而不晚于汉文帝前元十年，从性质上来说，实为汉代当代史。司马迁撰《史记》时有关楚、汉间史事多取自于它，《汉书·司马迁传赞》有云："汉兴伐秦定天下，有《楚汉春秋》。故司马迁据《左氏》《国语》，采《世本》《战国策》，述《楚汉春秋》，接其后事，讫于天汉。其言秦汉，详

①《史记》，第303页。

②《艺文类聚》，第623页。按《太平御览》卷四百五十七引作："惠帝崩，吕太后欲为高坟，使从未央宫而见之。诸将谏，不许，东阳侯垂泣曰：'陛下见惠帝冢，悲哀流涕无已，是伤生也。臣窃哀之。'太后乃止。"

③《后汉书》，第1325页。

④《隋书》，第650页。

⑤《史记》，第1页。

矣。”①史迁能详言秦、汉间事,恐怕多得力于《楚汉春秋》的记载。《楚汉春秋》的体例,《隋书·经籍志》列入“杂史”,刘知几《史通》对于陆贾及其《楚汉春秋》曾有过一些评论:

> 夫仲尼修《春秋》,公羊高作传。汉、魏之陆贾、鱼拳,晋、宋之张璠、范晔,虽身非史职,而私撰国书。若斯人者,有异于是,故不复详而录之。②
>
> 又按儒者之说春秋也,以事系日,以日系月;言春以包夏,举秋以兼冬,年有四时,故错举以为所记之名也。苟如是,则晏子、虞卿、吕氏、陆贾,其书篇第,本无年月,而亦谓之春秋,盖有异于此者也。③
>
> 按吕、陆二氏,各著一书,唯次篇章,不系时月。此乃子书杂记,而皆号曰春秋。④
>
> 有权记当时,不终一代,若陆贾《楚汉春秋》、乐资《山阳公载记》、王韶《晋隆安纪》、姚最《梁后略》,此之谓偏纪者也。⑤

第一则材料说明陆贾并非史官,《楚汉春秋》具有私史的特征;第二、三则材料指出“春秋”这样一种史书从体例上来说应属于编年体,但陆贾《楚汉春秋》“不系时月”,在刘知几看来,“此乃子书杂记”,所以,在第四则材料中刘氏即谓《楚汉春秋》为“偏纪”。如此看来,刘知几的说法与《隋志》在性质上并无不同,但是,前引《汉

①《汉书》,第2737页。
②刘知几:《史通》,第93页。
③刘知几:《史通》,第3页。
④刘知几:《史通》,第26页。
⑤刘知几:《史通》,第81页。

志》则把《楚汉春秋》归于“六艺略·春秋类”，对此，戴彦升《陆子新语序》谓：“可征陆生乃《穀梁》家矣。故所述《楚汉春秋》，向、歆入之《春秋》家。”①陆贾为《穀梁》家，未必意味着《楚汉春秋》一定属于《春秋》家，故戴氏的说法失之牵强。《楚汉春秋》已佚，但从一些佚文来看，该书记事、记言并重，如《太平御览》卷三百五十七引《楚汉春秋》曰：“高祖向咸阳南趣宛，宛坚守不下。乃匿其旌旗，人衔枚，马束口，龙举而翼奋，鸡未鸣，围宛城三匝，宛城降。”②此则材料属于记事型，又如卷七百一十引《楚汉春秋》曰：“项王使武涉说淮阴侯，淮阴侯曰：‘臣故事项王，位不过中郎，官不过执戟，及去项归汉，汉王赐臣玉案食，臣具之，剑，臣背之，内愧于心。’”③此则材料属于记言型，还有属于记事、记言并合型的，如《艺文类聚》卷六引《楚汉春秋》曰：“沛公西入武关，居于灞上，遣将军闭函谷关，无内项王，项王大将亚父至关，不得入，怒曰：‘沛公欲反耶？’即令家发薪一束，欲烧关门，关门乃开。”④从这些例证所表现出来的体例来看，《楚汉春秋》虽不是编年体，但还是比较接近《左传》，特别是“百国春秋”的，从这个意义上来说，《汉志》的做法是可以理解的。值得一提的是金德建的一个看法，金氏认为：“西汉时候司马迁所看见的陆贾所著作的真正的《新语》书，依我看来，并不是指今本的《新语》，实在就是指这一部后来名称叫作《楚汉春秋》的书。”⑤如前所述，《楚汉春秋》亡于南宋

①转引自王利器《新语校注·前言》，第9页。

②《太平御览》(第三卷)，第1162页。

③《太平御览》(第三卷)，第559页。

④《艺文类聚》，第102页。

⑤金德建：《司马迁所见书考》，第320页。

(金氏也是这样认为的),这就意味着在南宋之前人们仍应看到《楚汉春秋》,而事实上,在此之前人们把《新语》《楚汉春秋》是分别当作两书看待的,所以,金氏的这一看法缺乏实在的文献依据。

《汉书·艺文志》"兵书略·兵权谋"本注云:"省伊尹、太公、《管子》《孙卿子》《鹖冠子》《苏子》《蒯通》、陆贾、淮南王二百五十九种,出《司马法》入礼也。"①王先谦《汉书补注》引陶宪曾说:"省《伊尹》《太公》《管子》《孙卿子》《鹖冠子》《苏子》《蒯通》《陆贾》《淮南王》二百五十九篇,重者。盖《七略》中《伊尹》以下九家,其全书收入儒、道、纵横、杂各家,又择其中之言兵权谋者重入于此。共得二百五十九篇。班氏存其专家各书,而于此则省之。"②陶氏之意殆指兵权谋之《陆贾》乃出于《汉志》"诸子略·儒家类"中《陆贾》之"言兵权谋者",亦即"儒家类"《陆贾》乃为全书,而"兵权谋"之《陆贾》则为摘编。案《汉志》"诸子略·儒家类"著录《陆贾》为二十三篇,陈国庆《汉书艺文志注释汇编》引王应麟《汉艺文志考证》"今存《道基》《杂事》(应作《术事》)、《辅政》《无为》《资质》《至德》《怀虑》七篇",又引严可均之说:"此书盖宋时佚而复出,出而不全。至明宏治莆阳李廷梧得十二篇足本刻之。《群书治要》载有八篇。其《辨惑》《本行》《明诫》《思务》四篇,皆非王伯厚所见,而与明本大致相合",据此,陈氏认为"诸子略·儒家类"著录二十三篇之《陆贾》即今本《新语》。③ 按照这一说法,"兵权谋"之《陆贾》即出自《新语》,案《太平御览》卷七百五十三引《新语》曰:"世言围棋,或言兵法之类。上者,张置疏远,多得道而胜;中者,务相

①《汉书》,第1757页。

②陈国庆:《〈汉书·艺文志〉注释汇编》,第189页。

③陈国庆:《〈汉书·艺文志〉注释汇编》,第109页。

遮绝，争便求利；下者，守边隅，趋作罫。犹薛公之言黥布反也，上计，取吴、楚广地；中计，塞成皋，遮要争利；下计，据长江以临越，守边隅，趋作罫者也。”①根据这一记载，表明《新语》中确有论兵法之语，似可证“兵权谋”之《陆贾》即出自《新语》，进而亦可证陈氏“二十三篇之《陆贾》即今本《新语》”之观点，然而，王利器认为《御览》卷七百五十三所引《新语》当为桓谭《新论·言体篇》之文，考严可均《全后汉文》卷十三收录桓谭《新论·言体篇》，该篇据《史记·黥布传》集解、《文选·博奕论》注、《长短经》二《国权》《御览》七百五十三及《意林》辑有如下一则文字：

> 世有围棋之戏，或言是兵法之类也。及为之：上者，远棋疏张，置以会围，因而伐之，成多得道之胜；中者则务相绝遮要，以争便求利，故胜负狐疑，须计数而定；下者则守边隅，趋作罫目，以自生于小地。然亦必不如察薛公之言黥布反也：上计云，取吴、楚，并齐、鲁及燕、赵者，此广地道之谓也；其中计云，取吴、楚，并韩、魏，塞成皋，据敖仓，此趋遮要争利者也；下计云，取吴下蔡，据长沙以临越，此守边隅，趋作罫目者也。更始帝将相不能防卫，而令罫中死棋皆生也。②

据此，《太平御览》卷七百五十三所引《新语》似为《新论》之误，那么我们就不能据此条记载推论《新语》有论兵法之语，由此亦可否决“‘兵权谋’之《陆贾》即出自《新语》”的说法。现在我们再回到陈国庆提出的观点，陈氏据王应麟《汉艺文志考证》及严可均之说证成“二十三篇之《陆贾》即今本《新语》”之观点，案王应麟《汉艺文志考证》卷五在“《陆贾》二十三篇”条云：

---

①《太平御览》(第四卷)，第72页。

②严可均：《全上古三代秦汉三国六朝文》，第540页。

本传："高帝曰：'为我著秦所以失天下，吾所以得之者，及古成败之国。'贾凡著十二篇，每奏一篇，未尝不称善，称其书曰《新语》。太史公曰：'余读陆生《新语》十二篇，固当世之辩士。'"隋唐《志》二卷，今存《道基》《术事》《辅政》《无为》《资贤》《至德》《怀虑》七篇。①

据王应麟的表述，似乎暗示《陆贾》二十三篇即为《新语》，然而，严可均却没有这一看法，其《新语叙》有云：

《史记》本传："陆贾者，楚人也，时时前说称诗、书，高帝曰：'试为我著秦所以失天下，吾所以得之者。'乃粗述存亡之徵，凡著十二篇，每奏一篇，高帝未尝不称善，左右呼万岁，号其书曰《新语》。"《汉书》本传同，《艺文志》作二十三篇，窃兼他所论撰计之。……王伯厚《汉艺文志考证》云："今存《道基》《术事》《辅政》《无为》《资质》《至德》《怀虑》七篇。"盖宋时此书佚而复出，出亦不全。至明宏治间，莆阳李廷梧字仲阳得十二卷足本，刻版于桐乡县治，后此有姜思复本、胡维新本、子汇本、程荣、何镗《丛书》本，皆祖李廷梧。或疑明本十二篇，反多于王伯厚所见，恐是后人因不全之本，补缀五篇，以合《本传》篇数。今知不然者，《群书治要》载有八篇，其《辨惑》《本行》《明诫》《思务》四篇，皆非王伯厚所见，而与明本相同。②

陈国庆《汉书艺文志注释汇编》所引严可均之说大致同于上述划横线之语，而忽略严氏"《艺文志》作二十三篇，窃兼他论撰计之"的说法，这一忽略造成严可均似乎也赞同"《陆贾》二十三篇即为

①王应麟：《汉艺文志考证》，文渊阁《四库全书》本。

②转引自王利器《新语校注·附录三》，第214页。

《新语》”之观点，而事实上严可均则认为《陆贾》二十三篇除了《新语》之外，尚有其他论著，对此，《四库全书总目》卷九十一云：“《汉书》贾本传称著《新语》十二篇。《汉书·艺文志》儒家陆贾二十七篇(案‘七’当为‘三’之误)，盖兼他所论述计之。”①其说法同于严氏，王利器说：“《新语》，《汉书艺文志》未著录，而《诸子略》儒家有《陆贾》二十三篇，我认为《新语》当在其中。……兵权谋家所省之陆贾，谓出之兵权谋而入之儒家，则所省的当为十一篇；省并后之《陆贾》二十三篇，既有《新语》、又有《陆贾兵法》，单不足以举，故统谓之《陆贾》。”②这里很清楚指明二十三篇之《陆贾》实包括《新语》十二篇和兵权谋《陆贾》(王氏称之为《陆贾兵法》)十一篇，换言之，二十三篇之《陆贾》即由《新语》与兵权谋《陆贾》构成。严可均、四库馆臣只说二十三篇之《陆贾》是由《新语》与其他论述构成，至于其他论述具体包含哪些内容，则未能详细列出。王利器则把其他论述坐实为兵权谋《陆贾》十一篇。如前所述，二十三篇之《陆贾》中包含兵权谋《陆贾》殆无疑义，但兵权谋《陆贾》是不是即为王利器所言为十一篇，也就是说，二十三篇之《陆贾》是不是只由《新语》与兵权谋《陆贾》所构成，则尚需进一步考察，余嘉锡《四库提要辨证》卷十说：

> 案是书贾《本传》作十二篇，《汉志》儒家《陆贾》二十三篇，《提要》既知为兼他论述计之，则《论衡·本性篇》所称引之语，称“陆贾曰”，不称“《新语》曰”，自是贾他论述中之文。故严可均《铁桥漫稿》卷五《新语叙》谓：“《本性》篇所引，当在《汉志》二十三篇中。”则今本之无其文，亦不足异。《论衡·

①《四库全书总目》，第770—771页。

②王利器：《新语校注·前言》，第5页。

书虚》篇引陆贾曰："离娄之明，不能察帷薄之内，师旷之聪，不能闻百里之外。"其文亦不见于今本。又《薄葬》篇云："圣贤之业，皆以薄葬省用为务。然而世尚厚葬，有奢泰之失者，儒家论不明，墨家议之非故也。墨家之议右鬼，以为人死辄为神鬼而有知，能形而害人，故引杜伯之类以为效验。儒家不从，以为死人无知，不能为鬼，然而赙祭备物者，示不负死以观生也。陆贾依儒家而说，故其立语，不肯明处。"今《新语》无论鬼神之语，此亦引贾他著述也。《西京杂记》卷三曰："樊将军哙问于陆贾曰：'自古人君皆云受命于天，云有瑞应，岂有是乎?'陆贾应之曰：'有。夫目瞤得酒食，灯火花得钱财，乾鹊噪而行人至，蜘蛛集而百事喜，小既有征，大亦宜然。故曰目瞤则咒之，灯火花则拜之，乾鹊噪则喂之，蜘蛛集则放之。况天下大宝，人君重位，非天命何以得之哉！瑞者，宝也，信也。天以宝为信，应人之德，故曰瑞应。无天命，无宝信，不可以力取也。'"《太平广记》卷一百三十五引殷芸《小说》略同。《西京杂记》乃晋葛洪杂抄诸书为之，说详彼书条下，此所记陆贾之语，以意度之，必出于《陆贾》二十三篇之中，盖就《论衡》所引观之，知贾喜论性命鬼神之事；此条之论瑞应，与书之宗旨体裁，正复相合也。贾所著书，其可考者如此，《提要》及严氏仅引《本性》篇一条，盖犹考之未详矣。①

严可均《铁桥漫稿》卷五谓《论衡·本性》篇所引当在《汉志》二十三篇中，余嘉锡《辨证》又复加搜考，证《论衡·薄葬》篇及《西京杂记》卷三所引亦出自二十三篇《陆贾》之中。如此，按照前述，王利器以为二十三篇之《陆贾》是由《新语》与兵权谋《陆贾》所构成，那

①余嘉锡：《四库提要辨证》，第445－446页。

么又会出现一个新的问题，即《论衡·本性》等所引陆贾之语与兵权谋《陆贾》之间关系如何。就此问题而论，存在两种情况，即《论衡·本性》等所引陆贾之语要么出自兵权谋之《陆贾》，要么不是，据此可以推论：其一，倘若《论衡·本性》等所引陆贾之语果真出自兵权谋之《陆贾》，则可印证王利器的论断，即二十三篇之《陆贾》只由《新语》与兵权谋《陆贾》构成；其二，倘若《论衡·本性》等所引陆贾之语不是出自兵权谋之《陆贾》，那么二十三篇之《陆贾》除《新语》与兵权谋《陆贾》之外，还有其他内容，这也就意味着王利器认为兵权谋之《陆贾》为十一篇的论断需加修改。对于这两种可能，从《论衡·本性》等所引陆贾之语的性质来看，《论衡·本性》等所引陆贾之语非出自兵权谋之《陆贾》的可能性会更大些，也就是说，二十三篇之《陆贾》除《新语》与兵权谋《陆贾》之外，还有陆贾其他著述，当然这也仅仅只是一种推测。

《汉书·艺文志·诗赋略》著录"陆贾赋三篇"，已亡佚。陆赋在性质方面的特征长期以来引起人们的争论，产生诸如嫚戏诙笑说、纵横驰骋说、楚赋风格说等观点，①这些说法大抵只是推测，其依据除了《汉志》著录义例外，重要的还是起于刘勰对陆贾赋做过的评论，《文心雕龙·才略篇》有云："汉室陆贾，首发奇采，赋《孟春》而选《典诰》。"②杨树达《汉书管窥》认为《孟春赋》当为此三篇之一，那么，由刘勰"奇采"的评论大约可推知陆贾赋的一些特点。对于《汉志》著录的三篇陆贾赋，有的学者指出当在二十三篇《陆贾》之中，③从上面对二十三篇《陆贾》的分析来看，这一推

①胡兴华：《陆贾及其〈新语〉研究》，2003年西北师范大学硕士论文。

②范文澜：《文心雕龙注》，第698页。

③姜书阁：《骈文史论》，第146页。

测不无道理。

此外，关于陆贾的著述，还有两点需要指出：其一，胡兴华在其硕士论文《陆贾及其〈新语〉研究》中认为陆贾著述还包括说辞三篇，即《史记》本传中《说尉他》《说刘邦》《说陈平》；其二，陆贾著有《南越行纪》，见西晋嵇含《南方草木状》所引。①

二 《新语》的文本意义及文体特征

陆贾的《新语》在汉初的政治实践中到底发挥了怎样的作用呢，徐复观在《汉初的启蒙思想家——陆贾》一文中认为《新语》虽对刘邦个人“发生了若干直接影响”，但是他又指出：

> 陆贾《新语》在刘邦的全部政治意识与政治行为中所发挥的真实影响，当然比重是很轻的。在两千年大一统的皇权专制政治史中，儒家的真正的作用，更是如此。②

古永继亦认为：

> 《新语》成书的具体时间，当在叔孙通制礼仪后的汉七年至九年这一期间；因而它的实际作用，就不可能大到对刘邦“与民休息”政策的制定产生影响，也不至于小到刘邦在世时来不及采纳而无声无息。从此角度讲，由于《新语》产生于刘

---

①《南方草木状》卷上：“耶悉茗花、末利花，皆胡人自西国移植于南海。南人怜其芳香，竞植之。陆贾《南越行纪》曰：‘南越之境，五谷无味，百花不香。此二花特芳香者，缘自胡国移至，不随水土而变，与夫橘北为枳异矣。彼之女子，以彩丝穿花心，以为首饰。’”又卷下：“杨梅，其子如弹丸，正赤。五月中熟，熟时似梅，其味甜酸。陆贾《南越行纪》曰：‘罗浮山顶有胡杨梅、山桃绕其际，海人时登采拾，止得于上饱啖，不得持下。’”案《南方草木状》乃后人伪托嵇含所作，参余嘉锡《四库提要辨证》卷八。

②徐复观：《两汉思想史》（第二卷），第 65 页。

> 邦制定政策之后，所以即便其思想倾向属于黄老道家，它也不可能对汉初“与民休息”政策产生指导性影响。从历史实际考察，应该说，陆贾《新语》在当时的最大影响，是使刘邦在思想上、行动上改变了历来对儒学的轻视态度。①

古氏通过对《新语》成书时间的考订，否定了《新语》对汉初“与民休息”政策制定所发生的影响，他认为《新语》的最大作用在于改变了刘邦对儒学的轻视态度。由此看来，古氏对于《新语》的看法与徐复观是一致的。但是相反的观点则坚持认为《新语》在汉初的政治决策中发挥很大的作用，如刘厚琴说：

> 刘邦接受了陆贾在《新语》中所提出的“无为而治”的主张，决意“反秦之敝”，“从民之欲”，“拨乱反正”，改行“黄老政治”。与“无为而治”统治政策相适应，西汉统治者大力提倡“清静寡欲”“约法省禁”，“俱欲休息乎无为”，“与民休息，凡事简易，禁网疏阔。”②

卜宪群也充分肯定《新语》在汉初政治实践中的地位，他指出，“对于最高统治者来说，汉初又面临许多复杂的矛盾，如诸侯王的问题，六国旧贵族的问题，匈奴问题，社会残破问题等等，哪个是主要的，哪个是次要的，需要做出准确的判断，陆贾恰恰在这个问题上给最高统治阶层的决策提供了帮助。”③

依据《史记》的记载，刘邦君臣将陆贾的若干奏议汇编命名为

---

①古永继：《陆贾思想并非“黄老”论——兼谈汉初“与民休息”政策的产生及黄老思想的实际流行》，《惠州大学学报》，1994年第1期。

②刘厚琴：《汉初新道家的作用与特点》，《辽宁师范大学学报》，1997年第3期。

③卜宪群：《“马上”得天下，不能“马上”治之——陆贾与汉初统治集团思想的调整》，《光明日报》，2006年2月28日。

“新语”，至于如此命名的动机，《史记》并没有提供充分的说明。于是有的学者推测《新语》如此命名在于其“论点比较新颖”；①有的学者指出“新语”就是“从未听说过的新鲜话”；②有的则指出“其书内容大都不同于先秦诸子学，故被称为‘新语’”；③有的认为“新语”之“新”是指“新体系”，陆贾“是帝国时代中国传统政治理论体系建构史上的里程碑式的人物”；④而这种“新体系”首先表现为内容之“新”，即《新语》“将‘道术’用最浅显明白的方式加以综合、重构，为统治者提供可以接受的同时也可以实用的政治策略，为汉帝国的未来发展提供美丽的政治愿景”；⑤有的指出《新语》“其‘新’之处，不仅在其语言精妙，更在其思想上不拘一家，博采众长，以儒家为体，法家为质，援阴阳，引道家而形成的有别于先秦孔、孟、荀、韩、老、庄、邹衍的为汉治道立说之作，并由此开创西汉一代儒家的新局面”。⑥ 这些分析确实为理解“新语”命名提供有益的参考。不过，就《新语》而言，首先，“语”是一种文体，它侧重于载录人物的语言，如先秦时期出现的《国语》《论语》等文献，《新语》之“语”也同样如此。作为汉代第一部语类文献，在经历

---

①李鼎芳：《陆贾〈新语〉及其思想论述——〈新语会校注〉代序》，《河北大学学报》，1980 年第 1 期。

②安作璋、孟祥才：《刘邦评传》，第 263 页。

③李禹阶、沈双一：《汉代新儒学“天人感应论”开山祖——陆贾》，《河南大学学报》，2003 年第 6 期。

④唐国军：《〈新语〉政治思维与汉初政治理论体系建构之路》，《广西民族大学学报》，2008 年第 3 期。

⑤唐国军：《〈新语〉的政治学性质及其体系论》，《广西民族大学学报》，2009 年第 5 期。

⑥李禹阶、何多奇：《论陆贾新儒学对先秦诸子说的批判继承——兼论陆贾“厚今薄古”思想的方法论原则》，《华南师范大学学报》，2009 年第 1 期。

先秦语类文献发展之后，陆贾《新语》之“新”，综合起来考虑，它不仅体现在思想层面，也体现在编撰、文体等方面。下面尝试论之。

首先，《新语》之“新”体现在编撰上。《史记·郦生陆贾列传》载：

> 陆生时时前说称《诗》《书》，高帝骂之曰：“乃公居马上而得之，安事诗书！”陆生曰：“居马上得之，宁可以马上治之乎？且汤武逆取而以顺守之，文武并用，长久之术也。昔者吴王夫差、智伯极武而亡；秦任刑法不变，卒灭赵氏。乡使秦已并天下，行仁义，法先圣，陛下安得而有之？”高帝不怿，而有惭色，乃谓陆生曰：“试为我著秦所以失天下，吾所以得之者何，及古成败之国。”陆生乃粗述存亡之征，凡著十二篇。每奏一篇，高帝未尝不称善，左右呼万岁，号其书曰“新语”。①

司马迁在此提供有关《新语》生成问题比较完整的一段记载。从上述记载来看，陆贾在折服刘邦之后，应后者之请求，相继撰写了十二篇文章。如所周知，刘邦对儒者不但没有好感，反而还有一种厌恶之情，《史记》就多处记载刘邦侮辱儒者的行为。不仅刘邦如此，他的很多大臣对儒者也显示一种轻蔑。如周勃，本传说“勃不好文学，每召诸生说士，东乡坐而责之”，这就表明他并不以“宾主之礼”待诸生。刘邦君臣之所以会这样，跟他们的出身，以及接受秦朝轻儒文化熏陶有关，当然，也与儒者参与夺取天下之乏力有关。刘邦凭借武力取得天下，他当然有轻视儒者的理由。可是他并没有认清“夺天下”与“守天下”的差异，武力固然可以“夺天下”，但未必能够“守天下”，武功赫赫的秦朝灭于一旦，就是显证。

①《史记》，第959页；第720页。

当陆贾指出这一点之后，刘邦显然认识到自己的短视，并意识到儒者及《诗》《书》对于“守天下”的效用。刘邦于是改变一贯轻儒的作风，希望陆贾能够找出秦失天下的原因，并总结历史上国家成败之经验教训。按照刘邦的要求，陆贾“乃粗述存亡之征，凡著十二篇”，也就是说，陆贾前后写下十二篇文章来论述国家存亡的征兆。对于这十二篇奏议，刘邦乃至其大臣是非常满意的，他们将这些篇章统名之曰“新语”。

由此观之，《新语》一书的生成呈现如下特征：其一，陆贾依据刘邦的请求，相继撰写十二篇文章，并先后上呈给刘邦。也就是说，这些文章不仅具有奏议的性质，而且它们不是一次性完成的，也不是一次性呈给刘邦的。其二，陆贾完成十二篇文章，应该有他特定的意图，但将这些文章统合为一本书，这个行为最初不是由陆贾完成的，而是基于刘邦君臣的愿望，他们将这些文章命名为“新语”。从这两点来看，《新语》开启新的文献编撰范式。对于早期诸子文献的生成，余嘉锡分析说：“既是因事为文，则其书不作于一时，其先后亦都无次第。随时所作，即以行世。论政之文，则藏之于故府；论学之文，则为学者所传录。迨及暮年或其身后，乃聚而编次之。其编次也，或出于手定，或出于门弟子及其子孙，甚或迟至数十百年，乃由后人收拾丛残为之定著。”①古书最初大抵单篇别行，其整合为一书，往往会延宕数十百年。通常认为陆贾撰作十二篇文章在汉七年至九年期间，②这些论政文章并没有

①余嘉锡：《目录学发微（含〈古书通例〉）》，第249页。

②参古永继《陆贾思想并非“黄老”论——兼谈汉初“与民休息”政策的产生及黄老思想的实际流行》（《惠州大学学报》，1994年第1期）、李娜《〈新语〉价值研究》（2015年西北师范大学硕士论文）。

深藏在故府，而是在刘邦君臣的主导下，很快以《新语》的面目行世。通览《新语》的生成过程，它在很大程度上改变此前诸子文献的编撰方式，它的成书具有即时性特征。钱福在《新刊〈新语〉序》中说："其称《新语》，又出于他人，可见其随时论奏，非若后世之著述次第成一家言也。其所分篇目，则固所称'向辄条其篇目，撮其旨意奏之'者，必非其所自定。"①我们不太清楚十二篇文章撰作及上呈的次序，但基于应命的考虑，陆贾在撰作之前大约有一个通盘的预想，因此，这些文章的撰写应该体现一定的逻辑顺序，它们不是无序，前后"都无次第"的。也就是说，这些文章在撰作、上呈过程中其实已经体现一定次序，这一次序很可能就是《新语》十二篇的次序。倘若做进一步的分析，这十二篇在逻辑上呈现严密而有序的特征，前七篇为一版块，阐释当时政治现实的统治理论与策略，其中《道基》一篇具有总纲性质，其余六篇是现实需要的统治术；后五篇为第二板块，是对政治理论的深化，具有"政治哲学"的意义，具体阐释"道术"的最高理想及本质属性。② 至于今本《新语》每篇都有篇名，它们何时拟定不太清楚，有可能是陆贾在撰写时所为，也有可能是事后，亦即《新语》书名出现后整理所为。无论是何种情形，要之出于陆贾之手，应无疑义。陆贾在刘邦面前时时说称《诗》《书》，这显然是出于规谏的目的。《史记》本传载录二者的对话，在形式上与《国语》中的规谏文本别无二致，它们都属于口头规谏。不过，本传后面的记载表明十二篇文章不是出自口头，因此，上述记载中的规谏在形式上就有口头与书面

---

①王利器：《新语校注》，第194页。

②唐国军：《〈新语〉的政治学性质及其体系论》，《广西民族大学学报》，2009年第5期。

之别。这种书面的规谏在秦汉时期出现新的称谓——奏议，奏议是传统社会非常活跃的一种文体，《文心雕龙·奏启》篇说："昔唐虞之臣，敷奏以言；秦汉之辅，上书称奏。……奏者，进也；言敷于下，情进于上也。"①清代学者姚鼐指出："奏议类者，盖唐虞三代圣贤陈说其君之辞，《尚书》具之矣。周衰，列国臣子为国谋者，谊忠而辞美，皆本谟诰之遗。"②《新语》汇编十二篇奏议而成，其实开启后世奏议汇编之先河，比如桓宽整理《盐铁论》极有可能就受到《新语》的影响。

《新语》之"新"体现在言说方式上。奏议是上书言事的一种文体，通常是臣下主动呈给君王的。就《史记·陆贾列传》来看，陆贾时时说称《诗》《书》，表明此时的陆贾处于主动地位，而刘邦是被动的。可是，当刘邦发现陆贾规谏有理之后，他要求陆贾总结秦亡教训。此时，刘邦是主动的，他主动向陆贾咨询，陆贾则转而处于被动位置。《史记》本传描述规谏向咨政的转化，这一转化意味着言谈双方不但其角色、地位发生相应的改变，而且其言谈性质也有了变化。

规谏与咨政活动在先秦时期已经普遍存在，规谏通常用于纠正错误，而咨政则用于解决疑难。流传至今的《国语》其主体部分就是规谏言辞，它所载录的多为下级对上级的"规谏"，但也有少量是上级对下级的。这些谏辞所涉及内容是多样的，但大抵以国事为主，比如周穆王准备征讨犬戎，祭公谋父认为犬戎并没有过错，征讨是不对的，为此向穆王提出谏言。先秦时期人们充分认识到规谏的作用，并对规谏给予高度肯定，管子曾说："犯君颜色，

①范文澜：《文心雕龙注》，第421—422页。
②姚鼐、王先谦：《正续古文辞类纂》，第5页。

进谏必忠，不辟死亡。”[①]倘若说规谏主要针对错误言行，那么咨政则是遇到重大疑难时的行为。《国语·晋语八》记载叔向说“吾闻国家有大事，必顺于典刑，而访谘于耇老”，[②]《周礼·秋官·小司寇》记载一种大型的咨政仪式：“小司寇之职，掌外朝之政，以致万民而询焉。一曰询国危，二曰询国迁，三曰询立君。”[③]国家每逢兵寇之难、徙都改邑及国君遴选这些重大疑难问题，小司寇负责集结万民来讨论。然而，规谏与咨政行为随着秦帝国的建立，其价值受到全面否定，《史记·秦始皇本纪》记载李斯的一份奏言，明确反对“不师今而学古”，并严厉批评“入则心非，出则巷议”，[④]这其实是对规谏与咨政的否定。因为无论是规谏还是咨政，都难免存在对以往历史的借鉴，比如《国语·周语上》载鲁侯“赋事行刑，必问于遗训而咨于故实”。[⑤]陆贾在刘邦面前时时称说《诗》《书》，这不仅可以理解为是对秦帝国“有敢偶语诗书者弃市”法令的对抗，同时也可视为向先秦规谏传统的回归。刘邦一开始尽管不满陆贾的做法，但也没有依据秦法来制裁陆贾；当后来发现陆贾谏言的意义之后，对《诗》《书》的认识有了改观，这可以领会为对规谏传统的接受。因此，规谏与咨政活动尽管在先秦已经存在，但经历秦帝国的废弃之后，经过陆贾等人的努力，刘邦重新认识到它们的价值，从而使规谏与咨政在汉朝得以复兴。从这个角度而言，作为咨政话语，陆贾的十二篇奏议可以说是

①《吕氏春秋》，第207页。
②《国语》，第457页。
③孙诒让：《周礼正义》，第2762—2766页。
④《史记》，第107页。
⑤《国语》，第23页。

“新”的。

其次，刘邦明确要求陆贾“试为我著秦所以失天下，吾所以得之者何，及古成败之国”，这个要求表明刘邦关注重心在“秦亡汉兴”上，而所谓“古成败之国”乃从属于这个主旨。从这个要求来看，刘邦是非常现实的。其实，刘邦决策往往基于实用主义。比如《史记·叔孙通列传》载叔孙通准备为汉制定礼仪，他与刘邦之间有过一段对话，叔孙通说：“五帝异乐，三王不同礼。礼者，因时世人情为之节文者也。故夏、殷、周之礼，所因损益可知者，谓不相复也。臣愿颇采古礼与秦仪杂就之。”刘邦则要求说：“可试为之，令易知，度吾所能行为之。”制礼作乐原本是神圣的大事，诚如鲁两生所言，“今天下初定，死者未葬，伤者未起，又欲起礼乐。礼乐所由起，积德百年而后可兴也”。① 可是汉王朝刚建立，百废待兴，此时显然尚未具备制作礼乐的条件。刘邦或许知道这一点，因此，他尽管同意了叔孙通的请求，但希望新礼仪要明白易懂，自己能够做得到才行。由此可以看出，刘邦的决策没有理想化、浪漫化的诉求，通常是从现实情境出发。这种行事风格影响到他的继承者，比如汉文帝。《史记·张释之列传》载：“释之既朝毕，因前言便宜事。文帝曰：‘卑之，毋甚高论，令今可施行也。’于是释之言秦汉之间事，秦所以失而汉所以兴者久之。文帝称善。”《索隐》说：“卑，下也。欲令且卑下其志，无甚高谈论，且但令依今时事语，无说古远也。”②汉文帝希望张释之的建议要现实，能够在当今可以施行，可见文帝仍然继承刘邦的思路。汉初最高统治者的这种实用主义诉求在很大程度上决定“卑之毋甚高论”作为汉

①司马迁：《史记》，第 969 页。

②《史记》，第 983 页。

初言说原则的建构，而陆贾们的言说也往往是在这一原则下进行的。需要注意的是，汉初尽管恢复了规谏与咨政传统，可是由于“卑之毋甚高论”的言说原则，此时基本上放弃了“法先王”的思路，近代史特别是秦帝国的兴亡史成为他们重点关注的对象，从而在一定程度上染上“法后王”的色彩。这一点在陆贾身上已经明显地表现出来了，比如《新语·术事》篇载：“道近不必出于久远，取其致要而有成。《春秋》上不及五帝，下不至三王，述齐桓、晋文之小善，鲁之十二公，至今之为政，足以知成败之效，何必于三王？”①五帝、三王的历史尽管美好，但齐桓、晋文的事迹同样能够提供借鉴。可见“卑之毋甚高论”是汉初君臣共同遵循的言说原则。

在刘邦的要求下，陆贾着重考察秦帝国的历史，特别是其衰亡的原因。《新语·道基》篇载：“齐桓公尚德以霸，秦二世尚刑而亡。”②《辅政》篇云：“秦以刑罚为巢，故有覆巢破卵之患；以李斯、赵高为杖，故有顿仆跌伤之祸。”③《无为》篇云：“秦始皇设刑罚，为车裂之诛，以敛奸邪，筑长城于戎境，以备胡、越，征大吞小，威震天下，将帅横行，以服外国，蒙恬讨乱于外，李斯治法于内，事逾烦天下逾乱，法逾滋而天下逾炽，兵马益设而敌人逾多。秦非不欲治也，然失之者，乃举措太众、刑罚太极故也。”又云：“秦始皇骄奢靡丽，好作高台榭，广宫室，则天下豪富制屋宅者，莫不仿之，设房闼，备厩库，缮雕琢刻画之好，博玄黄琦玮之色，以乱制度。”④

①王利器：《新语校注》，第41页。

②王利器：《新语校注》，第29页

③王利器：《新语校注》，第51页。

④王利器：《新语校注》，第75—76页。

《辨惑》篇云:“秦二世之时,赵高驾鹿而从行,王曰:‘丞相何为驾鹿?’高曰:‘马也。’王曰:‘丞相误邪,以鹿为马也。’高曰:‘乃马也。陛下以臣之言为不然,愿问群臣。’于是乃问群臣,群臣半言马半言鹿。当此之时,秦王不能自信其直目,而从邪臣之言。”①《资质》篇云:“鲍丘之德行,非不高于李斯、赵高也,然伏隐于蒿庐之下,而不录于世,利口之臣害之也。”②这些地方直接批评秦朝弊政,指责其尚刑、黩武、侈靡、蔽贤、举措太众等弊端,这在很大程度上开启汉代“过秦”的言说方式。钱锺书论道:“《史记·陆贾列传》汉高帝曰:‘试为我著秦所以失天下’;‘过秦’‘剧秦’遂为西汉政论中老生常谈。严氏所录,即有贾山《至言》、晁错《贤良文学对策》、严安《上书言世务》、吾丘寿王《骠骑论功论》、刘向《谏营昌陵疏》等,不一而足。贾生《过秦》三论外,尚复《上疏陈政事》,戒秦之失。汉之于秦,所谓‘殷鉴不远,在夏后氏之世’也。”③

因此,陆贾在很大程度上激起刘邦对儒者的信任,而《新语》在一定意义上是规谏与咨政传统的产物。它依据“卑之毋甚高论”的言说原则,开启“过秦”这一新的言说方式。

《新语》之“新”还体现在思想内涵方面。有关陆贾的学派性质及《新语》的思想属性方面的认识颇不一致,目前主要存在这些认识:一是纵横家说。《史记·郦生陆贾列传》载司马迁曰:“余读陆生《新语》书十二篇,固当世之辩士。”④司马迁通过阅读《新语》,从中得出陆贾“当世之辩士”的结论,那么,在司马迁看来,陆

①王利器:《新语校注》,第112页。

②王利器:《新语校注》,第62、67页。

③钱锺书:《管锥编》,第891页。

④《史记》,第961页。

贾及《新语》显然属于纵横家。钱福在《新刊〈新语〉序》中批评司马迁，以为“然迁尚豪侠，喜纵横，而称其‘固辩士’”，①这一批评反过来印证司马迁确实把陆贾归于纵横家。后世也有认同司马迁观点的，如胡维新《刻两京遗编序》有云：“余按陆贾习短长者也。”②二是儒家说。《汉书·艺文志》儒家类有《陆贾》二十三篇（其中含《新语》），这就清楚表明陆贾及《新语》的学派属性。后世很多学者也秉持这种看法，比如王充《论衡·案书篇》云：“《新语》陆贾所造，盖董仲舒相被服焉。皆言君臣政治得失，言可采行，事美足观。鸿知所言，参贰经传，虽古圣之言，不能过增。”③《四库全书总目》卷九十一亦云：“今但据其书论之，则大旨皆崇王道，黜霸术，归本于修身用人。其称引《老子》者，惟《思务篇》引上德不德一语，余皆以孔氏为宗。所援据多《春秋》《论语》之文。汉儒自董仲舒外，未有如是之醇正也。”④严可均在《〈新语〉序》中论道：“汉代子书，《新语》最纯最早，贵仁义，贱刑威，述《诗》《书》《春秋》《论语》，绍孟荀而开贾董，卓然儒者之言。”⑤余嘉锡称曰：“贾在汉初，粹然儒者，于诗书煨烬之余，独能诵法孔氏，开有汉数百年文学之先，较之董为尤难，其功不在浮邱伯、伏生以下。”⑥三是杂家说。《宋史·艺文志》杂家类列“陆贾《新语》二卷”，此后胡适指出：“我以前也颇疑此书，近年重读唐氏校刻本，觉得此书不是伪作之书，其思想近于荀卿、韩非，而鉴于秦帝国的急进政策的恶影

①王利器：《新语校注·附录三》，第194页。

②王利器：《新语校注·附录三》，第196页。

③王充：《论衡》，第278页。

④《四库全书总目》，第771页。

⑤王利器：《新语校注·附录三》，第215页。

⑥余嘉锡：《四库提要辨证》，第454页。

响，故改向和缓的一路，遂兼采无为的道治论。此书仍是一种‘杂家’之言，虽时时称引儒书，而仍不免带点左倾的色彩。”①四是（新）道家说。熊铁基主张《新语》是汉初新道家的代表作，“《新语》的指导思想显然是道家思想，在十二篇中，除《资质》专讲求贤，没有涉及道（只有‘功弃而德亡’一句无关紧要的话）之外，其余十一篇都是大讲道和德的。当然不能简单地见到道、德二字就说是道家思想，因为事实上任何一家的著作中都是能找到这两个字的。道家著作的特点则是：一方面讲道讲得比较多，另一方面（也是更主要的）是承认道是宇宙的本体，是万物之源。我们又认为，以道为指导思想，把‘道法自然’的思想创造性地用之于人生和政治，是新道家的主要特点，《新语》正是有这样的特点”。②

就各自主张而言，上述诸种看法均能从陆贾身上或《新语》中找到理据。比如刘邦曾派陆贾游说项羽请求释放太公，并两次出使南越，在这个意义上，视陆贾为辩士也未尝不可。在《新语》中，我们比较容易看到陆贾使用儒家、道家、法家、纵横家以及阴阳家等学派的观点与主张，比如《辅政》篇载：“怀刚者久而缺，持柔者久而长，躁疾者为厥速，迟重者为常存，尚勇者为悔近，温厚者行宽舒，怀急促者必有所亏，柔懦者制刚强。”③《无为》篇载：“道莫大于无为，行莫大于谨敬。何以言之？昔舜治天下也，弹五弦之琴，歌《南风》之诗，寂若无治国之意，漠若无忧天下之心，然而天下大治。”④单纯从这些表述来看，似乎很符合道

①胡适：《中国中古思想史长编》，第 97 页。

②熊铁基：《秦汉新道家略论稿》，第 77 页。

③王利器：《新语校注》，第 53 页。

④王利器：《新语校注》，第 59 页。

家的"无为"之旨。又《怀虑》篇载:"故管仲相桓公,诎节事君,专心一意,身无境外之交,心无欹斜之虑,正其国如制天下,尊其君而屈诸侯,权行于海内,化流于诸夏,失道者诛,秉义者显,举一事而天下从,出一政而诸侯靡。故圣人执一政以绳百姓,持一概以等万民,所以同一治而明一统也。……故事不生于法度,道不本于天地,可言而不可行也,可听而不可传也,可□翫而不可大用也。"①从中可以看到法家的主张。又《道基》篇载:"故知天者仰观天文,知地者俯察地理。跂行喘息,蜎飞蠕动之类,水生陆行,根著叶长之属,为宁其心而安其性,盖天地相承,气感相应而成者也。"②《明诫》篇载:"故世衰道失,非天之所为也,乃君国者有以取之也。恶政生恶气,恶气生灾异。螟虫之类,随气而生;虹蜺之属,因政而见。治道失于下,则天文变于上;恶政流于民,则螟虫生于野。"③这俨然又是阴阳家的口吻。孤立地凭借这些说法,我们可以认为陆贾或《新语》是道家或法家或阴阳家等,也可以说是杂家。

可是,对于特定的某位思想家而言,他接受并使用众多思想资源,是很常见的。同时,对于一位有成就的思想家,他的成长也离不开广阔思想资源的滋育。当然,我们说某位思想家接触众多思想资源,是一回事;他是如何使用这些资源的,又是一回事。譬如庄子,《史记·老子韩非列传》载:"其学无所不窥,然其要本归于老子之言。……用剽剥儒、墨,虽当世宿学不能自解免也。"庄子属于道家学派,这恐怕没有异议。可是,按照司马迁的说法,庄子是一位博学之士,可见其所学并不限于道家这一个学派。又如

①王利器:《新语校注》,第132—137页。

②王利器:《新语校注》,第7页。

③王利器:《新语校注》,第155页。

韩非，“喜刑名法术之学，而其归本于黄老。……与李斯俱事荀卿，斯自以为不如非”。① 在师承上，韩非师事儒家大师荀子；在兴趣上，喜欢刑名法术的学术；在宗旨上，又归于黄老之学。可见，要判断一位思想家的学派归属，不能仅注意于他说了些什么，还要注意他是如何说的，为什么这样说。就陆贾而言，他在《新语》中使用“道”“无为”这些概念，而“道”“无为”又通常被认为是道家的核心思想，那么，我们是否据此就判定陆贾属于道家呢？一些学者正是这样认为的。可是，“无为”并不是道家一派的主张，“它实是道家、儒家、法家的共同主张，实质都是如何用最小管理成本获得最大管理效果，三者区别在何谓最小”。② 更为重要的是，陆贾的“无为”观其实涵摄儒、道两家资源，形成儒里道表的格局，亦即以道家“无为”为表，儒家“仁义”为里；“无为”为用，“仁治”为体，将儒家仁义作为“无为”之内涵，从而构建新的“无为观”。③ 这种新“无为观”整体上属于儒家，而异于道家治道模式。《新语》有《道基》篇，熊铁基说：“本篇主要讲道术的起源及其运用，篇名直解当为‘道是基础’或‘以道为基础’，和《文子》的《道原》同义，就是《老子》‘天地之始’、‘万物之母’的意思。”④然而，在陆贾《新语》中，“既有不少关于无为之道的论述，也有不少关于仁义的论述，即他既重视道又重视术，而且在某种意义上他认为仁义的作用比无为更重要。《新语》的第一篇名叫《道基》，就是认为仁义是

①《史记》，第 750 页。

②徐平华：《陆贾的“无为”观及思想史意义》，《现代哲学》，2014 年第 1 期。

③李禹阶：《陆贾“新无为”论探析——论汉初新儒家的援道入儒思想》，《中华文化论坛》，2003 年第 1 期。

④熊铁基：《秦汉新道家》，第 279 页。

道的基础。”①因此，《新语》中尽管使用道家的资源，但这些资源显然经过了改造，而使之服从于儒家观念。同样，《新语》中出现的法家或阴阳家的说法，也是如此。譬如，陆贾一方面批评法家，指出“秦以刑罚为巢，故有覆巢破卵之患”；②同时又吸收法家的合理成分，“夫言道因权而立，德因势而行，不在其位者，则无以齐其政，不操其柄者，则无以制其刚”。③ 当然，这种吸收也是做了扬弃的，经过儒学的净化，即把儒家的“德主刑辅”精神贯穿到法律中，以儒家“德主刑辅”精神取代法家极刑主义法律精神，促进法家法律精神向儒家法律精神转变。④ 由此可见，《新语》确实吸收道家、法家、阴阳家等思想，可是这种吸收是陆贾在儒家精神主导下进行的，故《新语》文本的基调是儒学，那种将《新语》视为杂家的看法是不符合实际的。

同时，有的学者则将陆贾视为杂儒，而什么是“杂儒”呢？杂儒“主要表现为以儒家的仁义等为核心，广泛吸收诸家思想。渗入到杂儒最深与最多的是道家和法家思想，这种渗入造成了部分儒家学者的不纯与不专一。儒家的这种‘出轨’趋势自荀子起已经比较明显，我们在这里探讨的杂儒，主要指的是西汉初期，思想上呈现出明显的多元化的儒家”。⑤ 可见，杂儒身份的出现在于这些人在承继儒家学说之同时又吸收他派思想，从而引起思想的

①王兴国：《贾谊评传——附陆贾晁错评传》，第428页。

②王利器：《新语校注》，第51页。

③王利器：《新语校注》，第84页。

④徐平华：《〈新语〉——汉代儒学制度化的理论先声》，《湖南社会科学》，2009年第2期。

⑤刘闯：《西汉前期杂儒研究——以陆贾〈新语〉为中心》，2015年西南大学硕士论文。

不专一与多元化。倘若按照这种理解，儒家学派中恐怕称得上醇儒的大约只有孔子。《论语》就记载孔门弟子由于对孔子话语领会不同而造成的异见，《韩非子·显学》篇提到随着孔子去世而“儒分为八”，《荀子·非十二子》批评子张氏之贱儒、子夏氏之贱儒、子游氏之贱儒，还批评子思、孟轲。儒家的分裂固然有很多原因，但学派内部“异端”思想的存在无疑是其重要因素。“异端”意味着不纯，据此，自孔子之后的儒家很难与孔子保持一致。如果承认儒家学派是发展的话，那么，这种发展必然会产生新的思想元素，而这种新思想元素的发生就难免会吸收他派思想。因此，“杂儒”概念只是基于价值判断，并不切合儒家发展的实际。董仲舒有灾异、天人感应等学说，而这些思想很多就受到陆贾的启发。① 人们既然承认董仲舒是醇儒，那么，为何偏偏要将陆贾视为杂儒？前引王充在《论衡·案书篇》中将陆贾与董仲舒相提并论，并且还说：“陆贾之言，未见遗阙；而仲舒之言雩祭可以应天，土龙可以致雨，颇难晓也。”②不难发现王充对董仲舒是颇有微词的。《四库全书总目》评论陆贾说“汉儒自董仲舒外，未有如是之醇正也”，③严可均也指出陆贾“绍孟荀而开贾董，卓然儒者之言”。④ 这些评论肯定陆贾儒学正统地位及对儒学在汉代的发展所做的贡献。由此言之，使用“新儒家”的称谓来看待陆贾，可能更恰当。

---

①徐平华：《〈新语〉：汉代儒学意识形态化的先声》，《衡阳师范学院学报》，2005年第4期。

②王充：《论衡》，第278页。

③《四库全书总目》，第771页。

④王利器：《新语校注·附录三》，第215页。

陆贾吸收道家、法家、阴阳家等学派思想，并在儒家思想的关照之下，对这些思想因素加以改造。正如有的学者所言，“汉初黄老思想对儒家思想的影响，不能低估。……但是另一方面，又绝不能夸大这种影响，以为陆贾、贾谊甚至韩婴的思想可以划为黄老派或新道家。因为不仅这些人的思想主线，著作的主要内容不是黄老思想或老子思想的新发挥，而是儒家思想；而且他们引用黄老思想的目的也是为了更好地补充和修饰儒家思想，使儒家思想具有时代的适应性；不仅黄老思想在他们的著作中不占主要地位，而且即便他们引用黄老思想，许多也是用儒家思想折射了的，是在儒家的立场上重新解释了的。”①总的来说，陆贾在《新语》中通过这种方式来提升儒家的理论，从而开启汉代儒学新的发展之路。

《新语》之“新”还体现在文体方面。这种“新”文体首先表现为书面奏议体的成熟，它在很大程度上改变先秦以来语类文献的口头文体特征。《史记·陆贾列传》对《新语》的生成过程做了较为详细的记载，不过，人们对此记载还存在一些误会。比如有人指出，“《新语》是陆贾在‘称说《诗》《书》’的过程中形成的。‘称说’‘述’‘奏’等语，很大程度上说明《新语》本为口头的奏语，相当于进谏之辞，或由史官书于简策，故其后形成书面文辞。”②这种看法其实是对《史记》的误解。《史记》首先记载“陆生时时前说称《诗》《书》”，这确实是口头进谏。由于陆贾时时在刘邦面前言说《诗》《书》，这就慢慢使刘邦对《诗》《书》有了新的认识，并逐渐放弃对儒者的傲慢。这是本传记载的第一层次内容。当陆贾折服

①金春峰：《汉代思想史（增补第三版）》，第58页。

②李娜：《〈新语〉价值研究》，2015年西北师范大学硕士论文。

刘邦之后，后者明确要求陆贾总结秦亡之教训，这就进入本传记载的第二阶段。提请注意“试为我著秦所以失天下”“每奏一篇”这些表述，所谓“著”“每奏一篇”，这些表述意味着《新语》十二篇是陆贾预先写好之后再呈交给刘邦。因此，《新语》十二篇的原初形态就是书面奏议，它们并没有经历由口头奏语转为书面文辞之过程。

奏议可以分为口头奏议与书面奏议，口头奏议是臣子面对面地向君主直接陈述规谏或对策，由于先秦时期的记言传统，这种口头问对形式被记录下来就表现为对话体，如《尚书》中的《伊训》《无逸》，褚斌杰指出它们“是我国最早的奏议文字”，但“这两篇文字都带有语录体的口吻，大约当时只是他们的一番谈话，被史官所记录”。① 姚鼐《古文辞类纂》卷十一收录的《楚莫敖子华对威王》《张仪司马错议伐蜀》《苏子说齐闵王》《虞卿议割六城与秦》《中旗说秦昭王》及《信陵君谏与秦攻韩》诸文，均属于口头奏议，在形式上表现为对话体。当然，先秦时期口头奏议最典型的文本是《国语》，此后《战国策》也延续这种特征，它们大都经历由口头转向书面的过程，并且呈现对话体的形态。《新语》十二篇则以书面的形式上呈，属于书面奏议，这与《尚书》《国语》不一样；并且，《新语》的篇目属于专论体，这与《尚书》《国语》中的对话体也不一样。因此，《新语》作为专书，在文体上表现为专论体书面奏议的特征，这在早期语类文献发展过程中有着特殊的意义，是很值得引起重视的。不过，专论体书面奏议并非始于《新语》，李斯《谏逐客书》就是以上书的形式呈递给秦王，它在形式上属于专论体。值得注意的是《古文辞类纂》卷十一收录的《论督责书》，据《史

①褚斌杰：《中国古代文体概论》（增订本），第451页。

记·李斯列传》记载，李斯迫于秦二世的责问，“乃阿二世意，欲求容，以书对曰：……书奏，二世悦”，①由此可知《论督责书》乃是一篇上书，但姚鼐在收录此篇时加入“二世责问李斯曰”云云，容易造成《论督责书》是一篇口头奏议的错觉。由此看来，上书形式的奏议即书面奏议采用专论体在《谏逐客书》《论督责书》中已经存在。这种体式的出现与大一统格局有些关联，但最重要的原因恐怕还在于君主听取臣子意见场合的转换。口头奏议行于君臣面对面的交谈，但是当这种面对面的交谈被时空距离阻断之后，口头言事形式自然不复存在，那么君臣之间的沟通必须借助书面方式进行，在这种情形下，臣子对于某事所发表的看法，即提供给君主的奏议也就不会采用对问的形式。对于奏议文体的改变，还可从君主下达给臣子诏令的形式转换中得到旁证，如《尚书》中《汤誓》《汤诰》《盘庚》等均采用语录体的形式，这与商汤、盘庚直接向臣属发布诰令有关；而到了秦汉之后，帝王的诏令很少再出现语录体，因为这些诏令是以书面的形式传达给臣属的。事实上，正是交谈方式的转变导致奏议等文体形式的变化。

由上所述，我们可以明了《新语》专论文体出现的必然性。一般而言，“语类”文体的形式主要是对话体，如《国语》《论语》等，而《新语》却是专论体，上面的论述已经揭示出奏议由对话体向专论体的转化过程。当然，尽管《新语》在文体形式上有所改变，但就其本质而论，与对话体“语类”文献并没有什么不同。这或许是刘邦君臣为陆贾十二篇奏议取名为“新语”最重要的缘故。

对于《新语》来说，我们还不应忽略其文体的另外一个很重要的特征——赋化，以及骈体色彩。陆贾是汉初一位出色的赋家，

①《史记》，第904—905页。

《汉书·艺文志》"诗赋略"列陆贾赋以下二十一家为一类，与屈原以下二十家及荀卿以下二十五家并列，陆贾成为《汉志》三大赋类中的一派领袖，可见其赋创作不仅具有开创意义，同时也有其自身特色。可惜《汉志》对此并没有说明，加之陆赋失传，这就为认识诗赋略特别是陆赋特色增加不少困难。《国故论衡·辨诗》篇谓："《七略》次赋为四家：一曰屈原赋，二曰陆贾赋，三曰孙卿赋，四曰杂赋。屈原言情，孙卿效物，陆贾赋不可见，其属有朱建、严助、朱买臣诸家，盖纵横之变也。"①章太炎推测陆赋特征具有纵横家的风格。这一结论虽然依据的是陆赋属别中若干作家的赋作特色，但很可能受到章学诚的启发。章学诚曾说："古之赋家者流，原本诗骚，出入战国诸子。假设问对，庄列寓言之遗也。恢宏声势，苏张纵横之体也。排比谐隐，韩非《储说》之属也。征材聚事，《吕览》类辑之义也。"②章学诚尽管没有明确将陆贾赋作与纵横之体联系起来，但在描述汉赋类型时，其中就有纵横之体。刘师培也持类似之看法，"客主赋以下十二家，皆汉代之总集类也；余则皆为分集。而分集之赋，复分三类：有写怀之赋，有骋辞之赋，有阐理之赋。……骋辞之赋，陆贾以下二十一家是也（自注：陆贾等之赋虽不存，然陆贾为说客，为纵横家之流，则其必为骋辞之赋）"。他的结论是"骋辞之赋，其源出于纵横家"。③ 此后程千帆也说："贾为高祖开国功臣，本辨士，赋有纵横气，宜也。"④由此可知，人们普遍认为陆贾之赋辞藻辨丽，有纵横家之风范。

①章太炎：《国故论衡》，第90页。

②叶瑛：《文史通义校注》，第1064页。

③刘师培：《论文杂记》，载《历代文话》，第9490页。

④程千帆：《程千帆全集·闲堂文薮》，第214页。

陆贾赋作虽已早佚，但我们依然能够从《新语》这里感受它的气息。《文心雕龙·才略》篇载："汉室陆贾，首案奇采，赋孟春而选典诰，其辩之富矣。"范《注》谓："《汉志》陆贾赋三篇，当有篇名《孟春》者，彦和时尚存。"又谓"选典诰"当作"进《新语》"。① 刘勰将陆赋与《新语》并列评论，可知两者有某种相似性。这种相似性在刘勰看来，即二者富有文采。既然刘勰是有机会看到陆赋与《新语》的，那么，他的这一看法是可信的。有的学者则进一步指出，《新语》具有赋体特征。王利器说："陆赋今不可得见矣，读《新语》之文，不翅尝鼎一脔矣。"②姜书阁指出："由今存《新语》十二篇来看，陆贾文章，概具赋体，而与荀卿之赋颇为近似，但其辞气则不免有辩士之遗风，故《汉志》特列其赋为屈原、荀况两家以外之单独一类，而为骋词之赋，今于其《新语》可见。"③从《新语》文本来看，确实是这样，比如：

质美者以通为贵，才良者以显为能。何以言之？夫楩柟豫章，天下之名木也，生于深山之中，产于溪谷之傍，立则为大山众木之宗，仆则为万世之用，浮于山水之流，出于冥冥之野，因江、河之道，而达于京师之下，因斧斤之功，得舒其文色，精捍直理，密致博通，虫蝎不能穿，水湿不能伤，在高柔软，入地坚强，无膏泽而光润生，不刻画而文章成，上为帝王之御物，下则赐公卿，庶贱而得以备器械；闭绝以关梁，及隘于山阪之阻，隔于九岮之堤，仆于嵬崔之山，顿于窅冥之溪，树蒙茏蔓延而无间，石崔嵬崭岩而不开，广者无舟车之通，狭

①范文澜：《文心雕龙注》，第 698、704 页。

②王利器：《〈新语〉校注》，第 107 页。

③姜书阁：《骈文史论》，第 144、146 页。

者无步担之蹊，商贾所不至，工匠所不窥，知者所不见，见者所不知，功弃而德亡，腐朽而枯伤，转于百仞之壑，惕然而独僵，当斯之时，不如道傍之枯杨。㙡㙡结屈，委曲不同，然生于大都之广地，近于大匠之名工，材器制断，规矩度量，坚者补朽，短者续长，大者治罇，小者治觞，饰以丹漆，斁以明光，上备大牢，春秋礼庠，褒以文采，立礼矜庄，冠带正容，对酒行觞，卿士列位，布陈宫堂，望之者目眩，近之者鼻芳。故事闭之则绝，次之则通，抑之则沈，兴之则扬，处地楩梓，贱于枯杨，德美非不相绝也，才力非不相悬也，彼则槁枯而远弃，此则为宗庙之瑚琏者，通与不通也。①

《资质篇》讨论人才的通塞、遇合，开篇以楩柟为喻，先描绘其生长环境及用途，力赞其质美；然后宕开一笔，又极写其地理环境的险远，无法为外人所知，导致其“腐朽而枯伤”；继而写枯杨虽远不如楩柟资质优美，但“生于大都之广地”，为名工巧匠所知遇，终成“宗庙之瑚琏”。此段文字，姜书阁谓“敷衍铺陈，引喻譬况，富丽浩荡”，“如不通观全篇，极易疑其为写物之赋”；②有的学者以为“近似一篇兴寄型的咏物赋”。③ 这些评论是很中肯的。

除此之外，《新语》还极具骈体特征。骈体“事实上是一种语言运用的形式”，以丽辞、藻采、隶事等为形式特征。具体言之，一是对句，“骈文形式最突出的特征当然是自始至终的对仗”；二是字数的尚偶倾向，“骈文每句的字数，虽因时代、作品的不同而有差异，但以四六这些双数为基调却是无疑的”；三是“声律上的平

①王利器：《〈新语〉校注》，第101—102页。

②姜书阁：《骈文史论》，第145页。

③王琳、邢培顺：《西汉文章论稿》，第10页。

仄对举”。① 在《新语》中，我们是不难发现这些特征不同程度存在的。在用韵方面，严可均《〈新语〉叙》云：“其词皆协韵，流传久远，转写多讹。”②尽管如此，我们在《新语》中还是容易读到协韵的句子，譬如《怀虑》篇：“故气感之符，清洁明光，情素之表，恬畅和良，调密者固，安静者详，志定心平，血脉乃强，秉政图两，失其中央，战士不耕，朝士不商，邪不奸直，圆不乱方，违戾相错，拨剌难匡。”当然，《新语》在句式上最为明显的特征在于对偶、排比，如：

传曰：“天生万物，以地养之，圣人成之。”功德参合，而道术生焉。故曰：张日月，列星辰，序四时，调阴阳，布气治性，次置五行，春生夏长，秋收冬藏，阳生雷电，阴成霜雪，养育群生，一茂一亡，润之以风雨，曝之以日光，温之以节气，降之以殒霜，位之以众星，制之以斗衡，苞之以六合，罗之以纪纲，改之以灾变，告之以祯祥，动之以生杀，悟之以文章。故在天者可见，在地者可量，在物者可纪，在人者可相。故地封五岳，画四渎，规洿泽，通水泉，树物养类，苞植万根，暴形养精，以立群生，不违天时，不夺物性，不藏其情，不匿其诈。故知天者仰观天文，知地者俯察地理。跂行喘息，蜎飞蠕动之类，水生陆行，根着叶长之属，为宁其心而安其性，盖天地相承，气感相应而成者也。③

此段文字亦骈亦韵，“故曰”之后三字句、四字句、五字句依次排比而出，于整齐中显出气势和韵味。

---

①钟涛：《六朝骈文形式及其文化意蕴》，第3—26页。

②王利器：《新语校注》，第215页；第139页。

③王利器：《新语校注》，第1—7页。

《新语》在文体方面呈现出的赋化色彩绝非偶然，其形成实有客观方面的因素：其一，陆贾属楚人，而楚地又为赋作诞生之地，在这种风气之下，陆贾难免接受其影响，并且更为重要的是陆贾本人就是赋家，虽其赋作早已不可考见，但从《汉志》《文心雕龙》的有关评述来看，陆贾卓为汉赋一大家似非誉辞。那么，这些因素就不能不潜在影响到《新语》的文体；其二，刘邦酷爱楚声，他回归故里所作的《大风歌》就是一个很好的例证，该歌诗包蕴着浓郁的楚地风味，由此可知其对于楚地文学的偏好。在这种境况之下，陆贾以赋笔创作《新语》，就非常自然了；其三，从奏议文体这一线索本身来看，在陆贾之前，李斯的奏议已表现出非常鲜明的骈偶特征，如《谏逐客书》《论督责书》等，准此，李斯的这些奏议已"导乎先路"，陆贾自然会受之启迪。

《新语》的出现，不但开启两汉时期语类文献制作的序幕，而且也为两汉语类文献树立新的典范，我们已经从四个方面阐释这种典范意义。总而言之，从早期语类文献的发展来看，《新语》担负了承前启后的作用，为两汉语类文献制作新高潮的到来奠定坚实的基础。

第四节　盐铁会议与《盐铁论》

在两汉时期，盐铁会议是一次完全可以与石渠会议、白虎观会议鼎足而立的大型会议。石渠会议、白虎观会议的召开是为了解决《五经》同异之问题，主要着眼于经学，或者说是解决意识形态方面的争议；而盐铁会议则立足于经济问题，主要解决当时的经济政策所面临的困境。无论就当时还是后世而言，盐铁会议均有其不可忽视的意义。西汉学者桓宽依据本次会议材料整理而成《盐铁论》一书，在很大程度上与《白虎通义》具有同样性质，即是一部专题奏议文集。

一　盐铁会议

盐铁会议显然是一次经过精心筹备的会议，汉昭帝始元六年二月，“诏有司问郡国所举贤良文学民所疾苦。议罢盐铁榷酤”。① 依据这份诏书，参与本次会议的有有司与贤良文学。《盐铁论·本议》篇说：“惟始元六年，有诏书使丞相御史与所举贤良文学语问民间所疾苦。”②可知诏书所谓“有司”乃指丞相与御史，亦即丞相车千秋和御史大夫桑弘羊，其阵营还包括他们的下属官员。又《杂论》篇谓：“贤良茂陵唐生、文学鲁国万生之伦，六十余人，咸聚阙庭，舒《六艺》之讽，论太平之原。”③贤良文学一方则有六十余人参与。需提请注意的是，昭帝在始元五年六月曾下诏，“令三辅、太常举贤良各二人，郡国文学高第各一人”，④这次遴选即是为盐铁会议做准备。

举行这次会议的目的很明确，即“议罢盐铁榷酤”，然而就相关文献的记载而言，这并不是一个出现在昭帝时代的新话题。林文勋说：“桓宽所著《盐铁论》，所记主要是汉武帝朝史事，但这应是‘盐铁时代’的终结时期，而并非这个时代的开始。循着盐、铁发展演变的线索去追寻那个时代的历史，可知早在春秋之际，‘盐铁时代’便已拉开了历史序幕。”⑤《左传》《管子》等先秦文献已经

①《汉书》，第 223 页。

②桓宽：《盐铁论》，第 1 页。

③桓宽：《盐铁论》，第 62 页。

④《汉书》，第 223 页。

⑤林文勋：《中国历史上的“盐铁时代”及其地位》，《盐文化研究论丛（第一辑）》，2005 年。

涉及盐、铁的记载，并已充分认识到这些物品的重要社会作用。至于“议罢盐铁”这一现象似乎要晚起得多，而不得不与汉武帝联系起来。《汉书·西域传》载：“孝武之世，图制匈奴，患者兼从西国，结党南羌，乃表河西，列四郡，开玉门，通四域，以断匈奴右臂，隔绝南羌、月氏。……及赂遗赠送，万里相奉，师旅之费，不可胜计。至于用度不足，乃榷酒酤，管盐铁，铸白金，造皮币，算至车船，租及六畜。”①又《后汉书·孝和孝殇帝纪》载和帝章和四年诏中说：“昔孝武皇帝致诛胡、越，故权收盐铁之利，以奉师旅之费。”②汉朝自建立之后，面临与匈奴等民族的矛盾，在很长一段时间里，汉王朝主要采用和亲方式来维持与匈奴的关系。到了武帝时期，汉室经过六七十年的休养生息，国势强盛起来，汉武帝于是改变过去防御的政策，转守为攻，从而引发与匈奴的长期战争。为了解决因战争消耗所引起的财政危机，汉武帝采取的一个重要措施是实行盐铁官营，任命东郭咸阳、孔仅为大农丞，领盐铁事。大农上盐铁丞孔仅、东郭咸阳向武帝献策说：“山海，天地之藏也，皆宜属少府，陛下不私，以属大农佐赋。愿募民自给费，因官器作煮盐，官与牢盆。浮食奇民欲擅管山海之货，以致富羡，役利细民。其沮事之议，不可胜听。敢私铸铁器煮盐者，釱左趾，没入其器物。郡不出铁者，置小铁官，便属在所县。”③这一举措确实给当时的汉朝廷积累大量的财富，使汉武帝能够继续当时的安边政策。《汉书·食货志》载：“汉连出兵三岁，诛羌，灭两粤，番禺以西至蜀南者置初郡十七，且以其故俗治，无赋税。南阳、汉中以往，各以地比给初郡吏卒奉食币

①《汉书》，第3928—3929页。

②《后汉书》，第167页。

③《史记》，第490页。

物，传车马被具。而初郡又时时小反，杀吏，汉发南方吏卒往诛之，间岁万余人，费皆仰大农。大农以均输调盐铁助赋，故能澹之。"①

然而，盐铁官营的政策在当时也引起人们的非议，董仲舒曾上书说：

> 古者税民不过什一，其求易共；使民不过三日，其力易足。民财内足以养老尽孝，外足以事上共税，下足以蓄妻子极爱，故民说从上。至秦则不然，用商鞅之法，改帝王之制，除井田，民得卖买，富者田连阡陌，贫者无立锥之地。又颛川泽之利，管山林之饶，荒淫越制，逾侈以相高；邑有人君之尊，里有公侯之富，小民安得不困？又加月为更卒，已，复为正一岁，屯戍一岁，力役三十倍于古；田租口赋，盐铁之利，二十倍于古。或耕豪民之田，见税什五。故贫民常衣牛马之衣，而食犬彘之食。重以贪暴之吏，刑戮妄加，民愁亡聊，亡逃山林，转为盗贼，赭衣半道，断狱岁以千万数。汉兴，循而未改。古井田法虽难卒行，宜少近古，限民名田，以澹不足，塞并兼之路。盐铁皆归于民。去奴婢，除专杀之威。薄赋敛，省徭役，以宽民力。然后可善治也。②

董仲舒在此虽然主要讨论秦王朝的弊政，但其意图是非常明确的，即借此批评当时的现实。在建议中，有一条就是要求改变盐铁官营，主张"盐铁皆归于民"。《汉书·公孙弘卜式儿宽传》载："元鼎中，征式代石庆为御史大夫。式既在位，言郡国不便盐铁而船有算，可罢。"③又《严朱吾丘主父徐严终王贾传》载：

①《汉书》，第 1174 页。

②班固：《汉书》，第 1137 页。

③班固：《汉书》，第 2628 页。

> 元鼎中，博士徐偃使行风俗。偃矫制，使胶东、鲁国鼓铸盐铁，还，奏事，徙为太常丞。御史大夫张汤劾偃矫制大害，法至死。偃以为《春秋》之义，大夫出疆，有可以安社稷，存万民，颛之可也。汤以致其法，不能诎其义。有诏下军问状，军诘偃曰："古者诸侯国异俗分，百里不通，时有聘会之事，安危之势，呼吸成变，故有不受辞造命颛己之宜；今天下为一，万里同风，故《春秋》'王者无外'。偃巡封域之中，称以出疆何也？且盐铁，郡有余臧，正二国废，国家不足以为利害，而以安社稷存万民为辞，何也？"又诘偃："胶东南近琅邪，北接北海，鲁国西枕泰山，东有东海，受其盐铁。偃度四郡口数田地，率其用器食盐，不足以并给二郡邪？将势宜有余，而吏不能也？何以言之？偃矫制而鼓铸者，欲及春耕种赡民器也。今鲁国之鼓，当先具其备，至秋乃能举火。此言与实反者非？偃已前三奏，无诏，不惟所为不许，而直矫作威福，以从民望，干名采誉，此明圣所必加诛也。'枉尺直寻'，孟子称其不可；今所犯罪重，所就者小，偃自予必死而为之邪？将幸诛不加，欲以采名也？"偃穷诎，服罪当死。①

这些有关批评盐铁官营的看法都是发生在汉武帝本朝，对于这些看法，武帝本人并没有接受，而提出这些看法的人在不同程度上受到武帝的打击。《汉书》本传载卜式提出罢盐铁的建议之后，"上由是不说式。明年当封禅，式又不习文章，贬秩为太子太傅，以兒宽代之。"②

然而，昭帝即位六年之后，由朝廷主导的盐铁会议却得以顺

①《汉书》，第 2817—2818 页。

②《汉书》，第 2628 页。

利召开，这又该如何理解呢？这又不得不再次提及汉武帝。武帝晚期，一方面经过三十多年的不断征讨，匈奴遭到重创，基本上对汉朝边疆构不成大的危险；另一方面，伴随民族矛盾的消减，国内的矛盾却不断升级，社会险象频出。《汉书·万石卫直周张传》载："元封四年，关东流民二百万口，无名数者四十万。"①同书《酷吏传》载："吏民益轻犯法，盗贼滋起。南阳有梅免、百政，楚有段中、杜少，齐有徐勃，燕、赵之间有坚卢、范主之属。大群至数千人，擅自号，攻城邑，取库兵，释死罪，缚辱郡守都尉，杀二千石，为檄告县趋具食；小群以百数，掠卤乡里者不可称数。"②由于连年征战，加之各种灾难，当时社会出现"师出三十余年，天下户口减半"③的惨局。在这样的形势之下，武帝晚期悔征伐之事，《汉书·西域传赞》说："是以末年遂弃轮台之地，而下哀痛之诏。"④这就是有名的"轮台诏"。对于这份诏书，田余庆是这样评价的："汉武帝所颁布的轮台'哀痛之诏'，是中国古代帝王罪己以收民心的一次比较成功的尝试，它澄清了纷乱局面，稳定了统治秩序，导致了所谓'昭宣中兴'，使西汉统治得以再延续近百年之久。"⑤据《汉书·西域传》的记载，"轮台诏"的颁布跟桑弘羊与丞相御史的一份奏疏有关，在这份奏疏中，桑弘羊等建议武帝"可遣屯田卒诣故轮台以东，置校尉三人分护，各举图地形，通利沟渠，务使以时益种五谷。张掖、酒泉遣骑假司马为斥候，属校尉，事有便宜，

①《汉书》，第2197页。

②《汉书》，第3662页。

③《汉书》，第1426—1427页。

④《汉书》，第3929页。

⑤田余庆：《论轮台诏》，《历史研究》，1984年第2期。

因骑置以闻。田一岁,有积谷,募民壮健有累重敢徙者诣田所,就畜积为本业,益垦溉田,稍筑列亭,连城而西,以威西国,辅乌孙,为便”。① 作为对这份奏疏的回应,武帝颁布了“轮台诏”:

前有司奏,欲益民赋三十助边用,是重困老弱孤独也。而今又请遣卒田轮台。轮台西于车师千余里,前开陵侯击车师时,危须、尉犁、楼兰六国子弟在京师者皆先归,发畜食迎汉军,又自发兵,凡数万人,王各自将,共围车师,降其王。诸国兵便罢,力不能复至道上食汉军。汉军破城,食至多,然士自载不足以竟师,强者尽食畜产,羸者道死数千人。朕发酒泉驴橐驼负食,出玉门迎军。吏卒起张掖,不甚远,然尚厮留其众。曩者,朕之不明,以军候弘上书言“匈奴缚马前后足,置城下,驰言‘秦人,我匄若马’”,又汉使者久留不还,故兴遣贰师将军,欲以为使者威重也。古者卿大夫与谋,参以蓍龟,不吉不行。乃者以缚马书遍视丞相御史二千石诸大夫郎为文学者,乃至郡属国都尉成忠、赵破奴等,皆以“虏自缚其马,不祥甚哉!”或以为“欲以见强,夫不足者视人有余”。《易》之,卦得《大过》,爻在九五,匈奴困败。公军方士、太史治星望气,及太卜龟蓍,皆以为吉,匈奴必破,时不可再得也。又曰:“北伐行将,于鬴山必克。”卦诸将,贰师最吉。故朕亲发贰师下鬴山,诏之必毋深入。今计谋卦兆皆反缪。重合侯得虏候者,言:“闻汉军当来,匈奴使巫埋羊牛所出诸道及水上以诅军。单于遗天子马裘,常使巫祝之。缚马者,诅军事也。”又卜“汉军一将不吉”。匈奴常言“汉极大,然不能饥渴,失一狼,走千羊”。乃者贰师败,军士死略离散,悲痛常

①《汉书》,第3912页。

> 在朕心。今请远田轮台，欲起亭隧，是扰劳天下，非所以优民也。今朕不忍闻。大鸿胪等又议，欲募囚徒送匈奴使者，明封侯之赏以报忿，五伯所弗能为也。且匈奴得汉降者，常提掖搜索，问以所闻。今边塞未正，阑出不禁，障候长吏使卒猎兽，以皮肉为利，卒苦而烽火乏，失亦上集不得，后降者来，若捕生口虏，乃知之。当今务在禁苛暴，止擅赋，力本农，修马复令，以补缺，毋乏武备而已。郡国二千石各上进畜马方略补边状，与计对。①

在这份诏书中，武帝否定桑弘羊等"遣卒田轮台"的建议，回顾并检讨派贰师将军攻打匈奴失败之事。诏书还提及其他一些事项，特别需要注意的是在这份诏书中，强调当前的任务主要是禁止官吏苛刻残暴，停止擅增赋税，大力发展农业；同时又提醒要实行马复令，以补充边防的需要，但也只是保持足够的边防需要。依据这份颁布的诏书，可以发现武帝在晚年的政策思路上确实发生了比较大的变化，其注意力主要转向农业生产及国内稳定方面。遗憾的是，这份诏书颁布不过两年武帝就去世了。尽管如此，这份诏书毕竟指明了努力的方向。

昭帝为什么要下诏举行盐铁会议，这个问题涉及其性质及目的的认识，而目前对此似乎还存在比较多的理解。有的认为盐铁会议反映的是霍光与桑弘羊之间的权力之争，有的认为是儒法路线之争，有的认为是当权派与在野派之争，有的认为是儒家内部纯儒与杂儒之争，有的认为是在儒家思想文化环境下的道德理想主义与政治现实主义之争，有的认为盐铁会议是一次朝野对话，还有的认为是政策调整与内部权力之争，等等。面对这些认识，

①《汉书》，第3912—3914页。

我们还是来看《汉书》所载录的有关盐铁会议的几则材料,《杜周传》载:

> 见国家承武帝奢侈师旅之后,数为大将军光言:“年岁比不登,流民未尽还,宜修孝文时政,示以俭约宽和,顺天心,说民意,年岁宜应。”光纳其言,举贤良,议罢酒榷盐铁,皆自延年发之。①

杜延年曾经作为霍光属吏,受后者之赏识,这自然不可讳言。然而作为盐铁会议的倡导者,杜延年提出罢酒榷盐铁的建议,实基于当时社会的苦难现实。因此,依据这一史料,盐铁会议举行的最重要目的恐怕是为解决当时统治面临的困境而提供智力支持。在这一意义上,盐铁会议可以说是沿承“轮台诏”而来的。《公孙刘田王杨蔡陈郑传》载:

> 后岁余,武帝疾,立皇子钩弋夫人男为太子,拜大将军霍光、车骑将军金日磾、御史大夫桑弘羊及丞相千秋,并受遗诏,辅道少主。武帝崩,昭帝初即位,未任听政,政事一决大将军光。千秋居丞相位,谨厚有重德。每公卿朝会,光谓千秋曰:“始与君侯俱受先帝遗诏,今光治内,君侯治外,宜有以教督,使光毋负天下。”千秋曰:“唯将军留意,即天下幸甚。”终不肯有所言。光以此重之。每有吉祥嘉应,数褒赏丞相。讫昭帝世,国家少事,百姓稍益充实。始元六年,诏郡国举贤良文学士,问以民所疾苦,于是盐铁之议起焉。②

又《循吏传》载:

> 孝武之世,外攘四夷,内改法度,民用凋敝,奸轨不禁。

①《汉书》,第 2664 页。

②《汉书》,第 2886 页。

时少能以化治称者，惟江都相董仲舒、内史公孙弘、兒宽，居官可纪。三人皆儒者，通于世务，明习文法，以经术润饰吏事，天子器之。仲舒数谢病去，弘、宽至三公。孝昭幼冲，霍光秉政，承奢侈师旅之后，海内虚耗，光因循守职，无所改作。至于始元、元凤之间，匈奴乡化，百姓益富，举贤良文学，问民所疾苦，于是罢酒榷而议盐铁矣。①

上述两则材料也都是将盐铁之议与当时社会疾苦联系在一起，特别是后一则材料还提到匈奴的问题，这些都说明盐铁会议的召开主要还是讨论经济建设问题，在思路上与“轮台诏”密切相关。当然，盐铁会议实际涉及的内容并不限于盐铁是否官营等经济问题，实际上还讨论了匈奴和战、德治法治等方面的问题。这样，就盐铁会议的整体而言，实际上牵涉经济、政治、军事、社会、文化诸领域，因此，盐铁会议的召开虽然并不能完全排除权力争斗的因素，也不能排除辩论双方思想立场的差异，然而，在实质上，盐铁会议是围绕“轮台诏”而展开的一次政策调整大讨论，这次讨论也可以说是对汉武一朝政治得失的总结。

二 《盐铁论》的编纂

人们对于桓宽很难有更多的了解，主要在于有关其事迹的记载遗留下来非常少。幸好班固在《汉书·公孙刘田王杨蔡陈郑传赞》中对桓宽的生平有极其简单的描述，正是由于这一记载，我们现在才得以对这样一位人物多少有些感知，而不至于对他完全陌生。同样，关于《盐铁论》的编纂过程，班固也提供这样一段记载：

所谓盐铁议者，起始元中，征文学贤良问以治乱，皆对愿

①《汉书》，第3623—3624页。

> 罢郡国盐铁酒榷均输，务本抑末，毋与天下争利，然后教化可兴。御史大夫弘羊以为此乃所以安边竟，制四夷，国家大业，不可废也。当时相诘难，颇有其议文。至宣帝时，汝南桓宽次公治《公羊春秋》，举为郎，至庐江太守丞，博通善属文，推衍盐铁之议，增广条目，极其论难，著数万言，亦欲以究治乱，成一家之法焉。①

现以此为中心，来具体讨论《盐铁论》文本的形成。

桓宽在编纂《盐铁论》时所依据的始源材料显然是盐铁会议的相关“议文”，这是没有什么疑问的，然而这些“议文”当时的文本状态却是值得考察的。《盐铁论·复古》篇说：“明主即位以来，六年于兹，公卿无请减除不急之官，省罢机利之人。人权县太久，民良望于上。陛下宣圣德，昭明光，令郡国贤良、文学之士，乘传诣公车，议五帝、三王之道，《六艺》之风，册陈安危利害之分，指意粲然。”②这段文字出现“议”“册”，很显然，这些贤良、文学被征召至京城，除了口头议论，还有书面奏册。同样在《利议》篇也出现“对策”的说法，凡此说明盐铁会议不仅仅只是口头辩论，还存在一些书面的奏册。问题在于，这些书面的对策有没有进入会议的辩论环节，也就是说，《汉书》所谓的“议文”有没有可能包括这些对策。王利器认为对话与对策虽同时进行，但推测这些对策没有“交到会议上论议，故其人其文不见于《盐铁论》”，③这不但意味着这些对策未进入“议文”，同时也排除桓宽见到这些对策的可能，那么，《盐铁论》的编纂自然也就没有可能利用这些材料。然

---

①《汉书》，第2903页。

②桓宽：《盐铁论》，第7页。

③王利器：《桑弘羊与〈盐铁论〉》，《西北大学学报》，1982年第1期。

而，王永撰文指出，《盐铁论》记载的会议发言"应该是既有口头的即兴发言，又有书面的文字准备。作为民间知识分子的文学贤良首次参加如此高规格的政府会议，事先作一些会议发言准备，也应该是自然的、可以理解的"，①这些书面文字自然指那些"册陈""对策"。如此，在"议文"的属性方面存在两种截然不一样的认识。据班固"当时相诘难，颇有其议文"的提法，这些"议文"只能理解为辩论过程中所产生的言论文献。但是，《盐铁论·利议》篇载文学说："诸生对册，殊路同归，指在于崇礼义，退财利，复往古之道，匡当世之失，莫不云太平；虽未尽可亶用，宜若有可行者焉。"②按照这个说法，文学贤良们应该是熟知彼此所上奏册内容的，否则就不会这样说了。因此，即使在辩论时这些奏册不在身边，也不妨碍文学贤良们将其奏册的内容运用到实际辩论中来。这样，我们可以推论，《汉书》所谓的"议文"应该多少涵括"册陈""对策"的内容。需要注意的是，桓宽在《盐铁论·杂论》篇中说："余睹盐铁之义，观乎公卿文学贤良之论。"③此处的"义"即"议"，桓宽说自己看了关于盐铁问题的讨论，看到了公卿文学贤良的议论之词。按照桓宽本人的这个说法，我们似乎可以这样认为，桓宽所见到的材料除了盐铁会议上双方辩论之辞外，还应该包括文学贤良们的"册陈""对策"。这就是说，桓宽在编纂《盐铁论》时运用的材料实际上包括"册陈""对策"与双方辩论之辞这两部分内容。

班固指出桓宽编纂《盐铁论》的意图是"欲以究治乱，成一家之法"，这个说法很容易让人想起司马迁的宏愿，他在《报任安书》

---

①王永：《〈盐铁论〉之创作模式考论》，《宁夏社会科学》，2009 年第 3 期。

②《盐铁论》，第 30 页。

③《盐铁论》，第 62 页。

中说:“仆窃不逊,近自托于无能之辞,网罗天下放失旧闻,考之行事,稽其成败兴坏之理,凡百三十篇,亦究天人之际,通古今之变,成一家之言。”①在此,司马迁表达自己“成一家之言”的愿望,而这个愿望在《太史公自序》中再一次被提及:“罔罗天下放失旧闻,王迹所兴,原始察终,见盛观衰,论考之行事,略推三代,录秦汉,上记轩辕,下至于兹,著十二本纪,既科条之矣。并时异世,年差不明,作十表。礼乐损益,律历改易,兵权山川鬼神,天人之际,承敝通变,作八书。二十八宿环北辰,三十辐共一毂,运行无穷,辅拂股肱之臣配焉,忠信行道,以奉主上,作三十世家。扶义俶傥,不令己失时,立功名于天下,作七十列传。凡百三十篇,五十二万六千五百字,为太史公书。序略,以拾遗补艺,成一家之言,厥协六经异传,整齐百家杂语。”②那么,司马迁的“成一家之言”又是代表何种著述境界呢?在司马迁的这个表述中,关键之处在于“家”与“言”。历史地看,“家”原本是一个政治概念、经济概念和社会组织单位的概念,然后才被运用到学术领域,称学术流派为“家”。③ 因此,司马迁在表达“成一家之言”这个愿望时就非常明确地希望自己能够开创一个学派,当然,“司马迁所要自成的一家,无疑就是史家,是先秦尚未产生的一个学术家派”。司马迁既然要立志开创史家这个学术流派,那就必须依赖一定的方式和手段来实现,这种方式和手段除了包括编纂体例的创新之外,更多的是依赖“言”来完成。汪高鑫指出:“肯定司马迁创立的是史家学派,其‘成一家之言’的‘言’,自然也就是史家之言了。……其

①《汉书》,第2735页。

②《史记》,第1188页。

③白寿彝:《说“成一家之言”》,《历史研究》,1984年第1期。

实，司马迁在《报任安书》中，已经将其史家之‘言’作了概括性表述，这就是‘究天人之际，通古今之变’，‘稽其成败兴坏之理’。”并总结说：司马迁发表的史家“三言”，“其主旨是言治道问题；其表述的特点是‘见于行事’，而非借助于玄想”。① 弄清楚司马迁的“成一家之言”之后，班固指出桓宽也要“成一家之法”，这就说明桓宽与司马迁有相近的抱负，那么，桓宽成就的到底又是怎样的一“家”呢，并且又是如何实现的呢？《汉书·艺文志》儒家类著录“桓宽《盐铁论》六十篇”，《四库全书总目》卷九十一“子部儒家类”著录《盐铁论》十二卷，四库馆臣论道：“盖其著书之大旨，所论皆食货之事，而言皆述先王，称六经，故诸史皆列之儒家。黄虞稷《千顷堂书目》改隶史部食货类中，循名而失其实矣。”②自《汉志》以来，除黄虞稷外，大都视《盐铁论》为儒家文献，因此，从学派的角度来说，桓宽所立志成就的应该是儒家。接下来的问题是分析桓宽是如何做到这一点的。

盐铁会议论辩的一方是丞相车千秋、御史大夫桑弘羊及其下属官员，另一方是贤良文学。《汉书·武帝纪》载：“建元元年冬十月，诏丞相、御史、列侯、中二千石、二千石、诸侯相举贤良方正直言极谏之士。丞相绾奏：‘所举贤良，或治申、商、韩非、苏秦、张仪之言，乱国政，请皆罢。’奏可。”③可见当时遴选贤良是排斥治法家学说、纵横之术的。《武帝纪》又载：“（元光元年）五月，诏贤良曰：‘……何行而可以章先帝之洪业休德，上参尧舜，下配三王！朕之不敏，不能远德，此子大夫之所睹闻也，贤良明于古今王事之

①汪高鑫：《司马迁“成一家之言”新论》，《安徽大学学报》，2000年第3期。

②《四库全书总目》，第771页。

③《汉书》，第155—156页。

体，受策察问，咸以书对，著之于篇，朕亲览焉。'于是董仲舒、公孙弘等出焉。"①这样，贤良征选的对象实为儒者。至于文学，则更是典型的儒者，如《汉书·匡张孔马传》载："学者多上书荐衡经明，当世少双，令为文学就官京师。"②因此，贤良文学在学术流派上属于儒家。《汉书》本传载车千秋"无他材能术学"，其取相封侯只不过"以一言寤意"而已，③可知车千秋很难跟儒学联系在一起，何况他并没有参与辩论。《史记》《汉书》并没有为桑弘羊立传，《史记·平准书》只是简单提及桑弘羊出身洛阳商人的家庭，因此，把握桑弘羊的思想在很大程度上需借助《盐铁论》。据《盐铁论》，桑弘羊对儒学并不陌生，在辩论中可以看到其不时援引儒家经典文献，然而，在他身上体现更多的毕竟是法家色彩。这样，就辩论双方的身份来看，盐铁会议可以说是在儒、法两大思潮主导下的一场辩论，而辩论的结果是同意"罢郡国榷沽、关内铁官"。在一定意义上可以说是儒家思潮占据了上风，但两者之间的差距并不明显，这不难从《盐铁论·杂论》描述儒家一些主张"蔽于云雾，终废而不行，悲夫"的感叹中体会到的。④ 这就是说，盐铁会议的相关文献应该很难体现儒、法两种思潮究竟孰为主导，而《盐铁论》却呈现浓厚的儒家特色，这不能不说是编纂的结果。

班固在谈论《盐铁论》成书时说桓宽"推衍盐铁之议，增广条目"，这在很大程度上揭示了桓宽所使用的编纂方法。《汉志》记载《盐铁论》六十篇，今本保存了这一点。除第六十篇《杂论》属于

①《汉书》，第160—161页。

②《汉书》，第3331页。

③《汉书》，第2884页。

④桓宽：《盐铁论》，第62页。

桓宽自叙其编纂过程之外，余下五十九篇与盐铁会议密切相关。盐铁会议实际上是丞相、御史大夫及其下属官员与贤良文学双方展开的一场辩论，据《汉书·昭帝纪》，始元六年二月举行会议，七月罢榷酤官，这场会议应该延续比较长的一段时间。桓宽将会议切割为五十九个小单元，通过这种“增广条目”的做法，使整个会议形成相对独立的五十九个小议题。在各个小议题内部，辩论双方就此各抒己见，然而需注意的是，在各个小议题中，往往以贤良文学的话作结，这显然是桓宽有益的安排。这种处理方式强烈暗示贤良文学的主体地位，他们主导、操控辩论程序，从而凸显这场会议的儒学色彩。桓宽进一步对这些议题设置名称，而这些名称大都具有儒学特征，如《复古》《非鞅》《孝养》《崇礼》等。应该说，“增广条目”及“篇各标目”①这些工作比较成功，起到导向儒学的良好效果。据赖建诚的分析，《盐铁论》五十九篇依主题性质可划分为六类：②

1. 经济问题：1、2、4、14、15、35、36

2. 社会问题：13、29、30、34

3. 政治问题：7、9、28、33、37、39、41

4. 意识思想：3、5、6、8、11、17、19、22、23、25、31、32/53、54、55、56、57、58、59

5. 匈奴问题：12、16、38/42、43、44、45、46、47、48、49、50、51、52

6. 相互讥讽：10、18、20、21、24、26、27、40

除相互讥讽与会议联系较远之外，盐铁会议实际上讨论经

---

①《四库全书总目》，第 771 页。

②赖建诚：《〈盐铁论〉的结构分析与臆造问题》，《中国文化》，1996 年第 2 期。

济、社会、政治、思想意识与匈奴五个方面的问题。从上面的划分来看，会议显然并没有严格按照各个主题依次进行，大抵是相互穿插，由此可以看出桓宽是根据会议的实际进程来安排篇目顺序的。《盐铁论》第四十一篇《取下》篇末尾说：

公卿愀然，寂若无人。于是遂罢议止词。奏曰："贤良文学不明县官事，猥以盐铁为不便。请且罢郡国榷沽、关内铁官。"奏可。

第四十二篇《击之》篇开头指出："贤良文学既拜，咸取列大夫，辞丞相、御史。"①依据这些提示，可以看出盐铁会议事实上分两个阶段：第一次会议由 1 至 41 篇体现，第二次会议由 42 至 59 篇体现。姚鼐认为："自第一篇至四十一篇，奏复诏可而事毕，四十二篇以下，乃异日御史大夫复与文学所论，其首曰'贤良、文学既拜，皆取列大夫。'按汉士始登朝，大抵为郎而已，如严助、朱买臣对策进说为中大夫，乃武帝不次用人之事，岂得多哉？昭帝时，惟韩延寿以父死难，乃自文学为谏大夫，魏相以贤良对策高第，仅得县令，其即与此对者与固未可决知，要之，无议盐、铁六十人取大夫之理，此必宽臆造也。"②姚氏的这个看法在后世引起一些争议，42 至 59 篇是否为桓宽臆造，这个问题暂且毋论。比较 1 至 41 篇与 42 至 59 篇，两者存在一些区别是比较明显的，在后部分，贤良并没有参与，辩论是在文学与大夫、御史之间展开，这是首先要注意的。其次，后部分主要讨论思想意识与匈奴问题，其中 42—52 篇讨论匈奴问题，53—59 篇讨论思想意识，比起前部分议题的分散而言，显得很紧凑。后部分的这些特征使其与前部分有了明显的不

①桓宽：《盐铁论》，第 44 页。

②王利器：《盐铁论校注》，第 803 页。

同，而这种差异的形成很可能同第一次会议与第二次会议的性质有关。第一次会议重点围绕郡国盐铁酒榷均输展开，这也是举行盐铁会议的出发点，在经过一番激烈讨论之后，最后达成取消酒类专卖及关内铁官的协议，可以说大体实现本次会议的基本预想。至于第二次会议，集中讨论思想意识与匈奴问题，这与西汉现实特别是"轮台诏"相关，涉及汉武帝时期儒学建设及对外政策的认识与调整，因此，这个讨论是必要的，是对第一次会议的延伸与深化。综合第一、二次会议，讨论思想意识的篇目占据 19 篇，几乎占去盐铁会议的三分之一，如此编排，固然与盐铁会议比较多地讨论这个问题有关，当然也并不能否认这是出于桓宽有意识地强化儒学思潮。

桓宽大体按照盐铁会议的实际进程结构篇目，比较客观地还原盐铁会议的面目，上面的讨论已经揭示这一点。然而，具体落实到"议文"，桓宽是否还是比较忠实地逐录呢？班固在讨论《盐铁论》成书时强调桓宽"推衍盐铁之议"，这个说法表明桓宽对"议文"做了相关处理。这除了上面"增广条目"在一定意义上具有"推衍"的性质之外，人们还注意到桓宽对"议文"中的对话做了增删。赖建诚分析认为："若参加盐铁会议者退而记录议文，通常以记录论点为主，通观诸篇中代表朝廷的大夫与丞相，发言大都针对主题，要言不烦，坚定有力，甚引读者注目。相对的，文学与贤良的言论，则显得冗长反复，在有限的论点内循环。1—41 篇内这种冗长反复的文体，与 42—59 篇内的笔法类似，……很可能就是桓宽推衍增广着力之处。"①盐铁会议的记录工作应该伴随会议进行，而不太可能在会后。就《盐铁论》文本来看，贤良文学的发言通常较大夫的繁冗，这个特征虽然不能完全排除贤良文学在会

①赖建诚：《〈盐铁论〉的结构分析与臆造问题》，《中国文化》，1996 年第 2 期。

上侃侃而谈，而记录者又比较忠实地载录，但是，当这个特征穿越整个文本时，我们不能不怀疑桓宽在其中的作用。桓宽对贤良文学的发言进行推衍，这也是他实现“成一家之言”梦想的重要途径。桓宽的推衍工作不能仅仅理解为对贤良文学的发言在语句方面进行润饰（这当然是一个重要方面），更为关键的应该是在观点方面的发挥与深化。在这方面，双方在辩论过程中征引经典文献提供一个参考视角。据统计，盐铁会议中的辩论双方“征引典籍近六十余种，范围遍及经、史、子、集”，[①]其中《盐铁论》引用《春秋》三传 73 次，含《公羊传》57 次，《穀梁传》7 次，《左传》9 次，[②]由此观之，《公羊传》的引用优势是显而易见的。辩论双方何以如此热衷于援引《公羊传》呢？这与当时《公羊传》的流布及其在当时的影响固然有着密切的联系，然而，我们也不应忽略桓宽治《公羊春秋》这个事实。一些学者怀疑 42—59 篇属于桓宽自撰，一个重要的理由是“春秋学的影子在后半部中相当明显”，[③]当然，这个理由现在看来并不符合事实。[④] 但是，他们思考问题的角度毕竟很有意义，他们将《盐铁论》大量引用《公羊传》与桓宽自撰联系起来，这就提示我们，盐铁会议辩论双方援引《公羊传》，这种行为有时并不一定真的出自当时的辩论，而很可能是出自桓宽的推衍。桓宽这样做的目的，固然是增加辩论的理论向度，当然也很可能

---

①龙文玲：《〈盐铁论〉引书用书与西汉昭宣时期文学演进》，《学术论坛》，2010 年第 1 期。

②龙文玲：《〈盐铁论〉四十二至五十九篇非桓宽臆造》，《首都师范大学学报》，2012 年第 6 期。

③赖建诚：《〈盐铁论〉的结构分析与臆造问题》，《中国文化》，1996 年第 2 期。

④龙文玲：《〈盐铁论〉四十二至五十九篇非桓宽臆造》，《首都师范大学学报》，2012 年第 6 期。

与公羊学在当时面临的困境有关。有的学者推测《盐铁论》成于宣帝甘露三年，[1]这恰好是石渠阁会议召开的时间，而石渠阁会议又主要是"平《公羊》《穀梁》同异"，因此，桓宽在《盐铁论》推衍《公羊传》恐怕也与这一现实有关。然而无论如何，《公羊传》的大量引用确实也增添《盐铁论》的儒学色彩。

桓宽通过推衍、增广等手段，不但完成《盐铁论》的编撰，同时也在很大程度上可以说是实现了"成一家之法"的愿望。当然，《盐铁论》在体例方面所呈现的特征也是值得注意的。由于史官记言传统的影响，先秦时期出现《尚书》《国语》等语类文献，从远的渊源来看，《盐铁论》显然承接了这个传统。《尚书》是以虞、夏、商、周这些朝代为单位进行编纂，《国语》按照周、鲁等八国进行编纂，而《盐铁论》则依据盐铁会议进程来编纂，这说明它们由于具体材料的差异而又呈现各自的特征。桓宽将整个会议划分为相对独立的五十九个小议题，并对每篇进行标目，这种做法虽然与《尚书》(《国语》没有标目)及《论语》《孟子》等诸子文献有近似之处，但更多的恐怕是受到《新语》的影响。作为奏议文集，《新语》共12篇，每篇均有篇题，《盐铁论》的编纂体例与此是一致的。当然，同样作为奏议文集，《新语》与《盐铁论》在文体上还是存在差异，《新语》属于专论体，而《盐铁论》则属于对话体。并且，《新语》为陆贾亲自撰写，《盐铁论》的编纂则主要来自"议文"，虽然其中不能排除桓宽的加工润饰。整体上来说，《盐铁论》利用盐铁会议的"议文"，但通过桓宽的处理，使其在面貌上呈现子书的特征，这不能不归功于桓宽的创造。倘若说《新语》为汉代奏议的创作树立典范，那么，《盐铁论》则为后世奏议的编纂提供范例。

---

①王永:《〈盐铁论〉成书时间再考论》,《宁夏师范学院学报》,2009年第1期。

第三章　乐语传统与《韩诗外传》的生成

经解体是先秦以来文献存在的一种形态，主要表现为对经文的一种解释。据于雪棠的分析，这种文体可划分为三种类型：一是经传合编，如《毛传》之于《诗经》；二是同在一部书中，如《墨子》中的《经说上》《经说下》就是《经上》《经下》两篇的传；三是同一篇文章中采取经传结构，前经后传，《管子》的《宙合》《心术上》，《韩非子》的《内储说》《外储说》等作品采用先列经义、再详加解说这样的经传式结构。① 在这一文体中，有一种语类文献，如《韩非子》之《储说》，特别是《左传》，它通过汇集语类文献而解释《春秋》。汉代出现很多解经文献，其中存在利用记言文献来解释经文的现象，《韩诗外传》可以说是这方面的典型代表。它通过相关记言文献来阐释《诗经》文本，在此意义上，它属于经学文献。但从文体角度来看，《韩诗外传》这种经解体又显然具备语类文献的性质。本章重点分析《韩诗外传》的生成及文体特征。

---

① 于雪棠：《〈周易〉经传结构与战国秦汉散文的体制》，《周易研究》，2001 年第 4 期。

第一节　汉初《诗经》训诂体式

《诗经》在先秦时期已经广泛流传，人们在不同场合对其予以引用和讨论，然而，"《汉书·艺文志》中，没有一部秦以前关于《诗经》的研究著作。对《诗经》写出专门的著作，开始于汉代"。① 有关汉代《诗经》作品，《汉书·艺文志》有如下记载：

《诗经》二十八卷，鲁、齐、韩三家

《鲁故》二十五卷

《鲁说》二十八卷

《齐后氏故》二十卷

《齐孙氏故》二十七卷

《齐后氏传》三十九卷

《齐孙氏传》二十八卷

《齐杂记》十八卷

《韩故》三十六卷

《韩内传》四卷

《韩外传》六卷

《韩说》四十一卷

《毛诗》二十九卷

《毛诗故训传》三十卷

《汉志》又说"《诗》六家，四百一十六卷"，②"六家"是什么，周寿昌

---

①胡念贻：《论汉代和宋代的〈诗经〉研究及其在清代的继承和发展》，《文学评论》，1981年第6期。

②《汉书》，第1706页。

《汉书校补》说："六家者，鲁、齐、韩、后氏、孙氏、毛氏也。然后氏《故》与《传》、孙氏《故》与《传》仍说《齐诗》也，实止四家。"①然而张舜徽指出："《诗》之《经》文二十八卷，一也；《鲁故》《鲁说》，二也；《齐后氏故》《传》《杂记》，三也；《齐孙氏故》《传》，四也；《韩故》《内传》《外传》《韩说》，五也；《毛诗》《故训传》，六也。六家之说，当以此定之。"②看来有关"六家"的理解还存在歧义。可是1977年安徽阜阳县双古堆一号汉墓发现阜阳汉简《诗经》，有的学者指出，"《汉志》并没有将汉初治《诗经》各家囊括。《阜诗》既不属于鲁、齐、韩、毛四家，是否与《元王诗》有关也无从考证，我们只好推想它可能是未被《汉志》著录而流传于民间的另外一家"。③ 因此，单纯依赖《汉志》确实难以揭示汉初《诗经》作品的真实状况，但是，《汉志》毕竟记载汉初研究《诗经》有代表性的作品，这对于理解当时《诗经》的阐释特征无疑提供极大的便利。

一　故

就四家诗而言，《汉志》说："汉兴，鲁申公为《诗》训故，而齐辕固、燕韩生皆为之传。或取《春秋》，采杂说，咸非其本义。与不得已，鲁最为近之。三家皆列于学官。又有毛公之学，自谓子夏所传，而河间献王好之，未得立。"④在此，《汉志》不但揭示四家诗各自的阐释旨趣与训诂体式，同时也比较它们的优劣，给予《鲁诗》以较高的评价。《史记·儒林列传》载："申公独以《诗经》为训以

①张舜徽：《汉书艺文志通释》，第204页。

②张舜徽：《汉书艺文志通释》，第205页。

③胡平生、韩自强：《阜阳汉简〈诗经〉简论》，《文物》，1984年第8期。

④《汉书》，第1708页。

教，无传疑，疑者则阙不传。”《索隐》：“谓申公不作《诗传》，但教授，有疑则阙耳。”①《汉书·儒林传》云：“申公独以《诗经》为训故以教，亡传，疑者则阙弗传。”颜《注》：“口说其指，不为解说之传。”②依据这些记载，可见申公只是通过口头的形式解说《诗经》，《汉志》著录的《鲁故》《鲁说》这两部《鲁诗》文献应该就是这种教学形式的反映。所谓“故”，《说文》：“故，使为之也。”段《注》解释说：“俗云原故是也。凡为之必有使之者，使之而为之则成故事矣。引申之为故旧，故曰：‘古，故也。’”③因此，“故”之字义指行为得以发生的依据与原因。《国语·鲁语上》云：“哀姜至，公使大夫、宗妇觌用币。宗人夏父展曰：‘非故也。’公曰：‘君作故。’对曰：‘君作而顺则故之，逆则亦书其逆也。’”④鲁庄公要求大夫、宗妇都用币来拜见哀姜，在夏父展看来，这种做法显然违背此前的规定，或者说成例，这种规定其实就是“故”。庄公强调“君作故”，这表明君主的行为往往就是“故”，当然，君主只有在遵循礼的情况之下其行为才能成为“故”。早期文献往往援引“故”，《史记·魏世家》云：“故曰：君终无适子，其国可破也。”《索隐》：“此盖古人之言及俗说，故云‘故曰’。”⑤又《蒙恬列传》载：“臣故曰：过可振而谏可觉也。”《索隐》：“此故曰者，必先志有此言，而蒙恬引之以成说也，今不知出何书耳。”⑥韦昭将“故”均解为“故事”，这个解释是对的。作为阐释经典的一种训诂体式，冯浩菲说：“故体有两

①《史记》，第1114页。
②《汉书》，第3608—3609页。
③段玉裁：《说文解字注》，第123页。
④《国语》，第156页。
⑤《史记》，第633页。
⑥《史记》，第910页。

类：一为征引故实，故事；一为解释词义。”①按《国语·周语下》云：“吾闻之《大誓故》曰：‘朕梦协朕卜，袭于休祥，戎商必克。’以三袭也。”俞樾指出：“既云‘《太誓》’，又云‘《故》’者，故即‘诂’字。《尔雅·释诂》，《释文》引樊光、李巡本作‘《释故》’是也。毛公释《诗》，谓之《故训传》。盖周公所作《尔雅》，有《释故》《释言》《释训》诸篇，皆是解释《诗》义，毛公承之而作《传》，故谓之《故训传》也。以《诗》例《书》，疑当时亦必有《故训》，单襄公所引《太誓故》即是也。其曰‘朕梦协朕卜，袭于休祥，戎商必克’，乃《太誓》之正文，其曰‘以三袭也’，则《故训》之词也。襄公特引之以证其三袭之语耳。《尔雅》每举《诗》句而释之，与此体例正同，可见自古说经之例。”②据俞樾的解释，《太誓故》当是解释词义之作。张舜徽以为《鲁故》乃申公所作，是一部疏通文义之作。③ 然而，上引《汉志》强调三家诗“或取《春秋》，采杂说”，那么，《鲁故》中是否还存在征引“故事”之现象也就难以作出肯定或否定的判断。如此，《齐后氏故》《齐孙氏故》以及《韩故》也就存在同样的情形。

二　说

至于《鲁说》，张舜徽指出“说之为书，盖以称说大义为归，与夫注家徒循经文立解、专详训诂名物者，固有不同。为《鲁诗》者，依经撰说，故亦二十八卷，盖传申公之学者所述也”。④ 冯浩菲认为“说”这一阐释体式“以义多自出为基本特征，即所释不是传述

①冯浩菲：《中国训诂体式分类(上)》，《古籍研究》，1994年第1期。

②徐元诰：《国语集解》，第91页。

③张舜徽：《汉书艺文志通释》，第199页。

④张舜徽：《汉书艺文志通释》，第200页。

师说，而是自宣已见"，"在汉代以上以说解经籍原文的意蕴为要务，而不以词义训释为目标"。[1] 我们曾经考察过先秦文献中"说"的用法，一是作"悦"解，表示一种态度；二是作"脱""舍"解；三是指言说行为与方式。第三种类型特别需要引起注意，"说"作为言说行为与方式主要有这样一些意义：首先，大祝之"说"是一种仪式行为，其指向的对象主要是彼岸的神灵世界；其次，"规谏"之"说"主要是向世俗的权力阶层进行规谏；最后，"解释"之"说"以某种具体文本作为阐释对象。[2] 这最后一种"说"实际上就是一种文献阐释方式，就先秦时期这种"说体"而论，它在文体方面主要表现为两个方面：一是以《墨子》之《经说上》《经说下》为代表，二是以《韩非子》之内、外《储说》为代表。《墨子·经上》云："故，所得而后成也。"《经说上》则写道："故，小故，有之不必然，无之必不然。体也，若有端。大故，有之必无然，无之必不然，若见之成见也。"[3]后者显然是对前者的解释，当然，这种解说主要着眼于大义而言，而不是训解词义。《韩非子·内储说上》提及七术，其一曰"众端参观"，此条经文如下：

> 观听不参则诚不闻，听有门户则臣壅塞。其说在侏儒之梦见灶，哀公之称"莫众而迷"。故齐人见河伯，与惠子之言"亡其半"也。其患在竖牛之饿叔孙，而江乙之说荆俗也。嗣公欲治不知，故使有敌，是以明主推积铁之类，而察一市之患。

在这条经文中，"观听不参则诚不闻，听有门户则臣壅塞"是说君主

[1]冯浩菲：《中国训诂体式分类（上）》，《古籍研究》，1994 年第 1 期。

[2]参拙著《先秦语类文献形态研究》，第 286—288 页。

[3]孙诒让：《墨子閒诂》，第 190、202 页。

要多方面验证臣下的言行才能获取真实的情况，多渠道听取意见才不会受臣下蒙蔽，这实际上是对“参观”内涵的揭示。接着又胪列十条事例对此加以说明，然而这些事例只是被简要叙述。在《说一》中，韩非对这些事例进行比较详细地描述，如“侏儒之梦见灶”：

卫灵公之时，弥子瑕有宠，专于卫国。侏儒有见公者，曰：“臣之梦践矣。”公曰：“何梦？”对曰：“梦见灶，为见公也。”公怒曰：“吾闻见人主者梦见日，奚为见寡人而梦见灶？”对曰：“夫日兼烛天下，一物不能当也；人君兼烛一国，一人不能拥也，故将见人主者梦见日。夫灶，一人炀焉，则后人无从见矣。今或者一人有炀君者乎？则臣虽梦见灶，不亦可乎！”①

经文只是叙述“侏儒之梦见灶”这个事件，至于这一事件的过程则未提及，因此，这个事件到底蕴含怎样的意义，读者是难以把握的。然而《说一》对此提供详细的叙述，使人明白整个事件的来龙去脉，实际上也就明了这个事件的意义。可见在内、外《储说》中，“经”往往依赖“说”所提供的史实而得以解释，这即是说，作为经典阐释的一种方式，“说”在形式上有时表现为史实的集合，在这种情形下，内、外《储说》与《左传》就非常接近。也正是在这个意义上，“说”与阐释经典的“传”就有相似之处。由于“说”在阐释经典时存在上述两种形态，那么，《鲁说》到底呈现哪一种体式，是不是如张舜徽所言的那样，显然还值得思考。

三　传

汉初《诗经》阐释还使用“传”这种训诂体式。《说文》：“传，遽也。”段玉裁《注》说：“辵部曰：‘遽，传也。’与此为互训，此二篆之

①王先慎：《韩非子集解》，第158页；第161—162页。

本义也。《周礼·行夫》'掌邦国传遽',《注》云:'传遽,若今时乘传骑驿而使者也。'《玉藻》'士曰传遽之臣',《注》云:'传遽,以车马给使者也。'《左传》《国语》皆曰'以传召伯宗',《注》皆云:'传,驿也。'汉有置传、驰传、乘传之不同。按传者如今之驿马,驿必有舍,故曰传舍。又文书亦谓之传,《司关》注云:'传如今移过所文书是也。'引申传遽之义。则凡展转引申之称皆曰传,而传注、流传皆是也。"①可见"传"原指驿递之车马,由于邮递是将信息由一个地方转达到另一个地方,这就与注释传意之行为类似,因而就有了传注的意思。可是章太炎指出:"余以书籍得名,实冯傅竹木而起,以此见言语文字,功能不齐。后人以'经'为'常',以'传'为'转',以'论'为'伦',此皆后儒训说,非必睹其本真。案'经'者,编丝缀属之称,异于百名以下用版者,亦犹浮屠书称'修多罗'。'修多罗'者,直译为'线',译义为'经',盖彼以贝叶成书,故用线联贯也;此以竹简成书,亦编丝缀属也。'传'者,'专'之假借,"《论语》'传不习乎',《鲁》作'专不习乎',《说文》训'专'为'六寸簿',簿即手版,古谓之'忽'(今作'笏')。'书思对命'以备忽忘,故引申为书籍记事之称。书籍名簿,亦名为专。专之得名,以其体短,有异于经。"②太炎先生强调经传之"传"源于竹木制成的手板,因其长度短于经,故称为"传"。在这一意义上,"传"与"经"之间的区别在于书写载体的差异,二者并不存在解释与被解释的关系。从起源意义上来说,太炎先生的说法可能更接近"传"之本相。章学诚曾经说:"六经不言经,三传不言传,犹人各有我而不容我其我也。依经而有传,对人而有我,是经传人我之名,起于势

①段玉裁:《说文解字注》,第 377 页。

②傅杰编校:《章太炎学术史论集》,第 48 页。

之不得已，而非其质本尔也。《易》曰：‘上古结绳而治，后世圣人易之以书契，百官以治，万民以察。’夫为治为察，所以宣幽隐而达形名，布政教而齐法度也，未有以文字为一家私言者也。《易》曰：‘云电屯，君子以经纶。’经纶之言，纲纪世宙之谓也。郑氏注，谓‘论撰书礼乐，施政事。’经之命名，所由昉乎！然犹经纬经纪云尔，未尝明指《诗》《书》六艺为经也。三代之衰，治教既分，夫子生于东周，有德无位，惧先圣王法积道备，至于成周，无以续且继者而至于沦失也，于是取周公之典章，所以体天人之撰而存治化之迹者，独与其徒，相与申而明之。此六艺之所以虽失官守，而犹赖有师教也。然夫子之时，犹不名经也。逮夫子既殁，微言绝而大义将乖，于是弟子门人，各以所见、所闻、所传闻者，或取简毕，或授口耳，录其文而起义。左氏《春秋》，子夏《丧服》诸篇，皆名为传，而前代逸文，不出于六艺者，称述皆谓之传，如孟子所对汤武及文王之囿，是也。则因传而有经之名，犹之因子而立父之号矣。”①章学诚强调“经”是指先王政教典章，而“传”是指“经”以外的文献。章学诚的说法虽然又不同于章太炎，但仍然认为“传”与“经”之间不存在解释与被解释的关系。因此，“传”最初应该是独立于“经”之外的文献，二者并不存在阐释关系。

当然，伴随“经”的出现，一种解释“经”的行为也就自然而然地产生。这种解释行为必然会产生相关文献，这些文献虽然是解释“经”的，与“经”密切相关，但毕竟不是“经”本身，因此人们就用“传”来指称这些文献。这样，“传”与“经”之间就存在一种阐释关系。早期用于阐释“经”的“传”，以《春秋》三传最为典型，而比较三传之阐释方式，《公羊传》《穀梁传》主要解释《春秋》微言大义，

①章学诚：《文史通义》，第26页。

即以义解经，而《左传》则用史实来解释。这样，“传”在体式上就呈现为两种类型。就汉初《诗经》阐释的“传”体而言，张舜徽说：“传之为体，多征引史实以发明经义，与故稍异而实相辅。故既有《后氏故》，亦可有《后氏传》。皆出一手，并行不悖，故《汉志》兼载之。”①《齐后氏传》《齐孙氏传》已佚，《韩诗外传》体现张舜徽的说法，至于《毛诗故训传》则需要说明一下。陆德明《释文》：

> “故训”，旧本多作“故”，今或作“诂”，音古，又音故。……案：诂、故皆是古义，所以两行。然前儒多作“诂解”，而章句有“故言”，郭景纯注《尔雅》则作“释诂”，樊、孙等《尔雅》本皆为“释故”。今宜随本，不烦改字。

李学勤主编《十三经注疏》本作“诂训传”，其校文指出：

> “诂”，唐石经、小字本、相台本同。阮校：“案此正义本也。正义云‘今定本作故’。《释文》本作‘故’，云‘旧本多作故，今或作诂’。考《汉书·艺文志》作‘故’，与《释文》引旧本及樊、孙等《尔雅》本皆为释故合，当以《释文》本、定本为长。”②

对于“诂训传”，孔颖达《疏》解释说：

> “诂训传”者，注解之别名。毛以《尔雅》之作多为释《诗》，而篇有《释诂》《释训》，故依《尔雅》训而为《诗》立传。传者，传通其义也。《尔雅》所释十有九篇，独云诂、训者，诂者古也，古今异言，通之使人知也；训者道也，道物之貌，以告人也。《释言》则《释诂》之别，故《尔雅序篇》云：《释诂》《释言》，通古今之字，古与今异言也。《释训》言形貌也。然则“诂训”者，通古今之异辞，辨物之形貌，则解释之义尽归于

---

①张舜徽：《汉书艺文志通释》，第200页。

②孔颖达：《毛诗正义》，第1页。

> 此。《释亲》已下，皆指体而释其别，亦是诂训之义，故唯言诂训，足总众篇之目。今定本作"故"，以《诗》云"古训是式"，《毛传》云"古，故也"，则"故训"者，故昔典训。依故昔典训而为传，义或当然。①

对于这个看法，冯浩菲分析说，"诂训传"之"诂训"取义《释诂》《释训》，孔《疏》的说法是对的；然而将"诂"与"训"的解释只与《尔雅》联系起来，无疑忽略了《毛传》本身的特点；同时孔《疏》对于"传"的解释并不正确，特别是将"诂"视为"故"时，将其解作形容词，不看作训诂体式，则更是不对。②

清代学者马瑞辰对于《毛诗故训传》的名义进行专门的考证，其言云：

> 《汉艺文志》载《诗》凡六家，有以"故"名者，《鲁故》《韩故》《齐后氏故》《孙氏故》是也；有以"传"名者，《齐后氏传》《孙氏传》《韩内传》《外传》是也。惟《毛诗》兼名"诂训传"，《正义》谓其"依《尔雅》训诂为《诗》立传"，又引一说谓其"依故昔典训而为传"，其说非也。汉儒说经，莫不先通诂训。《汉书·扬雄传》言"雄少而好学，不为章句，训故通而已"。《儒林传》言丁宽"作《易说》三万言，训故举大义而已"。而《后汉书·桓谭传》亦言谭"遍通五经，皆诂训大义，不为章句"。则知诂训与章句有辩。章句者，离章辨句，委曲支派，而语多附会，繁而不杀，蔡邕所谓"前儒特为章句者，皆用其意传，非其本旨"，刘勰所谓"秦延君之注《尧典》，十余万字，

①孔颖达：《毛诗正义》，第1—2页。

②冯浩菲：《〈毛诗故训传〉名义解及其他》，《华中师范大学学报》，1989年第6期。

朱普之解《尚书》，三十万言，所以通人恶烦，羞学章句"也。诂训则博习古文，通其转注、假借，不烦章解句释，而奥义自辟。班固所谓"古文读应《尔雅》，故解古今语而可知"也。史、汉《儒林传》《汉艺文志》皆言鲁申公为《诗训故》。而《汉书·楚元王传》及《鲁国先贤传》皆言申公始为《诗传》，则知《汉志》所载《鲁故》《鲁说》者，即《鲁传》也。何休《公羊传注》亦言"传谓诂训"，似故训与传初无甚异。而《汉志》既载《齐后氏故》《孙氏故》《韩故》，又载《齐后氏传》《孙氏传》《韩内外传》，则训故与传又自不同。盖散言则故训、传俱可通称，对言则故训与传异，连言故训与分言故、训者又异。故训即古训，《烝民》诗"古训是式"，《毛传》："古，故也。"郑《笺》："古训，先王之遗典也。"又作诂训。《说文》："诂训，故言也。"至于传，则《释名》训为传示之传，《正义》以为"传通其义"。盖诂训第就经文所言者而诠释之，传则并经文所未言者而引申之，此诂训与传之别也。古有《仓颉训故》，又有《三仓训诂》，此连言故训也。《尔雅》《广雅》俱以"释诂""释训"名篇，张揖《杂字》曰："诂者，古今之异语也。训者，谓字有意义也。"《诗正义》曰："诂者，古也；古今异语，通之使人知也。训者，道也；道物之貌以告人也。"又引《尔雅序》曰："《释诂》，通古今之字与古今异言也；《释训》，言形貌也。"此分言诂、训也。盖诂训本为故言，由今通古皆曰诂训，亦曰训诂。而单词则为诂，重语则为训，诂第就其字之义旨而证明之，训则兼其言之比兴而训导之，此诂训之辨也。毛公传《诗》多古文，其释《诗》实兼诂、训、传三体，故名其书为《诂训传》。尝即《关雎》一诗言之：如"窈窕，幽闲也"，"淑，善；逑，匹也"之类，诂之体也。"关关，和声也"之类，训之体也。若"夫妇有别则父子亲，父子亲则君臣敬，君臣敬则朝廷正，朝廷正则王化成”，则传之体也。而余可类推矣。训故不可以该传，而传可以统训故，故标其总目为《诂训传》，而分篇则但言《传》而已。①

比起孔《疏》来，马瑞辰的说法显然有了明显的改进，不但将诂、训、传视为三种训诂体式，而且也注意到诂训与传之间的区别。但马氏上述考证也存在不足之处，诚如冯浩菲所言，马瑞辰对于《毛传》故、训二体的区别不够明确，对《毛传》故、训、传三体的含义也讲得不充分。冯先生指出，故与古通，西汉末年故与诂通用，故字由形容词变为动名词来指称解释古言古义之事，其实凡基本词汇词义的解释都称为故，《毛诗故训传》之故即是如此，表示解释词义的意思。训表示顺理文意之意，《毛诗故训传》中的训体，既包括连绵词的训解，也包括串解句意。传，表示传述的意思，根据典训师说，阐发诗之大义；通过补释有关内容，进一步证发经意等，都是传体的内容。② 可见《毛诗故训传》综合性地使用三种训诂体式，它们既有区别，各司其职，同时又有机地协调起来。

四　记

《说文》：“记，疋也。”段《注》：“疋各本作疏，今正。疋部曰：‘一曰疋，记也。’此疋记二字转注也。疋今字作疏，谓分疏而识之也。《广雅》曰：‘注纪疏记学栞志识也。’按晋唐人作註记字，註从言不从水，不与传注字同。”③由此可知，“记”有分疏之意。记作

①马瑞辰：《毛诗传笺通释》，第3—5页。

②冯浩菲：《〈毛诗故训传〉名义解及其他》，《华中师范大学学报》，1989年第6期。

③段玉裁：《说文解字注》，第95页。

为训诂体式，汉初《诗经》中只存留《齐杂记》，姚振宗指出："此与春秋《公羊杂记》相类，皆合众家所记以为一编。"张舜徽推测它为"治《齐诗》者随记所见、不能成为专书之作也。记之者非一人，所述者非一事"。① 此处虽然讨论《齐杂记》的形成，但对于它在训诂上所呈现的特点则缺乏明晰的说明，那么，"记"又是一种怎样的训诂体式呢？

《汉志》著录刘向《五行传记》，张舜徽分析说："《志》作《五行传记》，《传》作《五行传论》，记即论也。古称解经之文为记，如大小戴辑簒说礼之文，名为《礼记》，而其中皆论文也，亦其类也。"②《汉志》礼类又著录《记》百三十一篇，张舜徽指出："古人解礼之文概称为记。《汉志》著录记百三十一篇，皆七十子后学者解礼之文也。"又说："记之大用，在于解经。"③此处强调"记"之解经特别是解礼的功用，并且提到这种体式与论有近似之处。在此，《仪礼》与《礼记》对于考察"记"的训诂体式提供参考。据沈文倬之考证，在孔子所处之时代由礼物和礼仪所构成的礼典正在盛行，而关于礼的书面文献则尚未出现，《仪礼》文本的形成"是在公元前五世纪中期到四世纪中期这一百多年中，由孔子的弟子、后学陆续撰作的"。④ 这一点可以从早期文献中找到线索，《礼记·杂记》说："孔子曰：'凶年则乘驽马，祀以下牲。'恤由之丧，哀公使孺悲之孔子，学士丧礼。《士丧礼》于是乎书。"⑤今本十七篇《仪礼》中有十

①张舜徽：《汉书艺文志通释》，第201页。
②张舜徽：《汉书艺文志通释》，第192页。
③张舜徽：《汉书艺文志通释》，第211页。
④沈文倬：《宗周礼乐文明考论》，第17—47页。
⑤孔颖达：《礼记正义》，第1222页。

三篇篇末有“记”，从内容方面来看，这些记“一是阐发礼的意义，二是追述远古异制，三是详述因故变易其制的不同仪式，四是备载引爵位不同而引起器物、仪式的差异，五是叙说所用器物的制作、形状和数量，六是记录礼典所用的‘辞’”。① 这些附经之记在形式上有两种类型：一是没有明确标出“记”，但实际上这些文字就是“记”，二是明确标为“记”。比如《仪礼·士冠礼》分为四部分：冠礼前的准备、冠礼的过程、冠礼的变礼及辞令、冠礼的礼意，在这些部分中，冠礼的变礼部分其实就是“记”，如：

若孤子，则父兄戒、宿。冠之日，主人紒而迎宾，拜，揖，让，立于序端，皆如冠主，礼于阼。凡拜，北面于阼阶上，宾亦北面于西阶上答拜。若杀，则举鼎陈于门外，直东塾，北面。

若庶子，则冠于房外，南面，遂醮焉。②

《士冠礼》详细记载冠礼的过程，至于孤子、庶子的冠礼只是一种补充，在地位上是次于前者的，因此，这部分文字应当归于记文。《士冠礼》末尾的一段文字明确标明“记”，这自然属于“记”。由此看来，《仪礼》中的这些“记”主要是补充、发挥经义，是作为附经之记而存在的，它与经文之间有着密不可分的联系。因此，“附经之‘记’本来就是经文的组成部分，……经与附经之‘记’不是前后撰作的两种书，而是同时撰作的两个部分”。③ 然而，除了这种附经之记之外，记还存在其他形态，张舜徽说：“古人以《仪礼》为经，记则所以解之。故《仪礼》有《士冠礼》，《礼记》则有《冠义》；《仪礼》有《士昏礼》，《礼记》则有《昏义》；《仪礼》有《乡饮酒礼》，《礼记》则

①沈文倬：《宗周礼乐文明考论》，第28页。

②贾公彦：《仪礼注疏》，第47—48页。

③沈文倬：《宗周礼乐文明考论》，第29页。

有《乡饮酒义》;《仪礼》有《乡射礼》,《礼记》则有《射义》;《仪礼》有《燕礼》,《礼记》则有《燕义》;《仪礼》有《聘礼》,《礼记》则有《聘义》;《仪礼》有丧服,《礼记》则有《丧服小记》。"①此处张先生主要是就《仪礼》与《礼记》之间的阐释而言的,这些记脱离经文而独立存在,实为单篇散记,它们"表现在文本形式上,它的篇幅要长于附经之记,不再如附经之记中局限于部分字句的阐释和补充。表现在内容上,即开始出现通论礼义的倾向,成为单篇的文章形态",②这种散记的形态相对就比较复杂。因此,作为训诂体式,"记体与传体相近,原其本始,传主于传承师说,记主于录其闻见,不必师训"。③

第二节　乐语传统及其文献

早期社会曾经历一个巫史文化时期,因而歌舞具有宗教的意义,王国维说:"歌舞之兴,其始于古之巫乎?巫之兴也,盖在上古之世,……是古代之巫,实以歌舞为职,以乐神人者也。"④刘师培则提出乐官出自巫官,其《舞法起于祭神考》一文指出:"《说文》巫字下云:'巫,祝也,女能事无形,以舞降神者也。象人两手舞形,与工同意。'案:舞从无声,巫无叠韵,古重声训,疑巫字从舞得形,即从舞得义。……古代乐官大抵以巫官兼摄,《虞书》言舜命夔典

①张舜徽:《汉书艺文志通释》,第211页。

②尚学锋,李翠叶:《中国礼乐文化的学术传承与〈礼记〉的文体研究》,《河北师范大学学报》,2012年底3期。

③冯浩菲:《中国训诂体式分类(上)》,《古籍研究》,1994年第1期。

④王国维:《宋元戏曲史》,第1页。

乐，'八音克谐，无相夺伦'；又夔言戛击鸣球，搏拊琴瑟以咏，祖考来格；又言箫韶九成，凤凰来仪。则掌乐之官，即降神之官。而箫韶又为乐舞之一，盖《周官》瞽矇、司巫二职，古代全为一官。"①这一推测已得到出土文物的证实，河南贾湖遗址中出土的二十五支精致骨笛，距今约八千年，这些分属于贾湖早中晚三期的五孔、六孔、七孔和八孔骨笛，被专家认定为世界上最早的吹奏乐器。据称，它们恰是巫师用以通神的器具，"当时人们用丹顶鹤的腿骨做成骨笛，也具有浓厚的宗教色彩。因为笛子本身也是在宗教仪式上用的，是娱神的工具"。② 又山西陶寺出土土鼓、石磬等乐器，其中，土鼓"是巫师使用的最重要的一种道具，……它可能是'专为死者特制的通神的陶器'"。③ 甲骨文材料显示，殷商时期已存在专职的乐师，如"乎多老舞"，"乎万舞"，有学者指出，"当时已有大学，祭祀、献俘典礼、乐舞演习多在其中举行，常任教师有'多老'、'多万'等"。④ 周代的乐官制度已非常完备，据《周礼·春官》之记载，大司乐管辖之下的从事舞蹈、讽诵、歌唱、教育等类目的乐工舞人近一千五百人。⑤ 倘若对大司乐机构作进一步之划分，可以区分为大司乐、乐师系统和大师系统，一般而言，乐师的职能是以乐德、乐语、乐舞教导国子；而大师则主管乐礼，并负责

①刘师培：《刘申叔遗书》(下册)，第1640页。

②张自成、钱治主编：《复活的文明——一百年中国伟大考古报告》，第17页。

③张自成、钱治主编：《复活的文明——一百年中国伟大考古报告》，67页。

④王贵民：《商朝官制及其历史特点》，《历史研究》，1986年第4期。

⑤这里只是举出概数，《隋书·音乐志》据《周官·大司乐》，统计为1339人，杨荫浏《中国古代音乐史稿》作1463人，杨华《先秦礼乐文化》作1461人，陈应时《有关周朝乐官的两个问题》作1610人。陈氏把《地官》中鼓人、舞师、保氏也划归乐官之列，本文只是就大司乐机构而言。

教导瞽矇，在一定意义上说，后者属于圣职人员，[①]他们承继巫官文化之传统。《周礼·春官》谓大司乐掌成均之法，郑玄《注》引董仲舒云："成均，五帝之学。"[②]这表明大司乐主管整个教育部门，从相关文献的记载来看，郑、董二人的观点确实有其理据。《尚书·舜典》言舜命夔"典乐、教胄子"，[③]《大戴礼记·五帝德》亦有"龙、夔教舞"的说法，[④]同时结合上述乐官的起源及其发展的材料，可以清楚显示乐师执掌教育应是不争的事实。俞正燮《癸巳存稿》卷二"君子小人学道是弦歌义"条谓："虞命教胄子，止属典乐。周成均之教，大司成、小司成、乐胥皆主乐。《周官》大司乐、乐师、大胥、小胥主学。……通检三代以上书，乐之外无所谓学。"[⑤]也就是说，"乐"构成古代最早的教育内容。

在这种乐教中，应特别注意《周礼·春官》的记载：

> 大司乐掌成均之法，以治建国之学政，而合国之子弟焉。凡有道有德者，使教焉，死则以为乐祖，祭于瞽宗。以乐德教国子中、和、祗庸、孝、友。以乐语教国子兴、道、讽、诵、言、语。以乐舞教国子舞《云门》《大卷》《大咸》《大磬》《大夏》《大濩》《大武》。以六律、六同、五声、八音、六舞大合乐，以致鬼神示，以和邦国，以谐万民，以安宾客，以说远人，以作动物。[⑥]

依据这一记载，乐教的内容主要包括乐德、乐语及乐舞三个方面，这些方面自然围绕"乐"这个中心展开。乐德主要栽培国子的德

---

①王昆吾：《中国早期艺术与宗教》，第220—221页。

②贾公彦：《周礼注疏》，第573页。

③孔颖达：《尚书正义》，第79页。

④王聘珍：《大戴礼记解诂》，第121页。

⑤俞正燮：《癸巳存稿》，第65页。

⑥孙诒让：《周礼正义》，第1711—1731页。

行，乐舞是对国子进行六代舞蹈与歌奏训练，乐语则是结合诗乐而进行的言语应答训练。这种训练具体又分为六个方面，郑玄对此分析说："兴者，以善物喻善事。道读曰导。导者，言古以剀今也。倍文曰讽，以声节之曰诵，发端曰言，答述曰语。"①郑玄的解释为理解乐语提供帮助，但也过于简略，有的地方甚至不够准确，因此，对于乐语的六种方式需要做一些分析。

一　兴

郑玄用"以善物喻善事"来解释"兴"，这个解释未能清晰揭示"兴"的内涵。兴，甲骨卜辞作[illegible]，金文作[illegible]，许慎在《说文》中将"兴"理解为"起"，这个理解是可以接受的。就甲骨文、金文"兴"的字形来看，像是四只手将[illegible]托起来。准此而论，"兴"可以解释为领会某种意义。《论语·泰伯篇》云："兴于《诗》。"何晏《集解》引包咸说："兴，起也，言修身当先学《诗》也。"②包氏将学《诗》与修身联系起来，然而二者之间的这种联系又是如何建立的呢？朱熹《集注》说："兴，起也。《诗》本性情，有邪有正，其为言既易知，而吟咏之间，抑扬反复，其感人又易入。故学者之初，所以兴起好善恶恶之心而不能自已者，必于此而得之。"③这就表明，人们通过对《诗》的学习，从而领会其中的意义，这种意义给人们的修身提供助益。借助"兴"这种方式可以领会《诗》意，然而，"兴"何以能够发挥这种效用，亦即在乐语中，国子接受"兴"这种教学到底能够培养怎样一种能力呢？《阳货篇》说："《诗》可以兴。"《集解》引

①孙诒让：《周礼正义》，第 1724 页。

②程树德：《论语集释》，第 529 页。

③程树德：《论语集释》，第 529 页。

孔安国说:“兴,引譬连类。”①“譬”在此是指联想,因此,乐语之“兴”其实是培养人们联想的能力。《诗》文本布满意象,《阳货篇》记孔子讲完“《诗》可以兴”之后还说“多识于鸟兽草木之名”,王应麟《困学纪闻》卷三谓:

> 格物之学,莫近于《诗》。“关关之雎”,挚有别也;“呦呦之鹿”,食相呼也。“德如鸤鸠”,言均一也;“德如羔羊”,取纯洁也;“仁如驺虞”,不嗜杀也。“鸳鸯在梁”,得所止也;“桑扈啄粟”,失其性也。“仓庚”,阳之候也;“鸣鵙”,阴之兆也。“蒹葭露霜”,变也;“桃虫拚飞”,化也。“鹤鸣于九皋,声闻于野”,诚不可掩也;“鸢飞戾天,鱼跃于渊”,道无不在也。“南有乔木”,正女之操也;“隰有荷华”,君子之德也。“匪鳣匪鲔”,避危难也;“匪兕匪虎”,慨劳役也。“蓼莪、常棣”,知孝友也;“蘩苹、行苇”,见忠信也。“葛屦”褊,而“羔裘”怠也;“蟋蟀”俭,而“蜉蝣”奢也。“爰有树檀,其下维榖”,美必有恶也;“周原膴膴,堇荼如饴”,恶可为美也。“黍以为稷”,心眩于视也;“蝇以为鸡”,心惑于听也。“绿竹猗猗”,文章著也;“皎皎白驹”,贤人隐也。“赠以勺药,贻我握椒”,芳馨之辱也;“焉得谖草,言采其虻”,忧思之深也。“柞棫斯拔,侯薪侯蒸”,盛衰之象也;“凤凰于飞,雉离于罗”,治乱之符也。“相鼠、硕鼠”,疾恶也;“采葛、采苓”,伤谗也。引而伸之,触类而长之,有多识之益也。②

由于《诗经》无处不在的鸟兽草木意象,这无疑有利于人们联想能力的培养,孔子所谓“《诗》可以兴”正是就此而言的。但是,乐语

①程树德:《论语集释》,第1212页。

②王应麟:《困学纪闻》,第72—73页。

之“兴”的教育其目标还不限于此，人们通过学习“兴”还在于能够领会《诗》的意义，能够将《诗》与实际特别是与修身联系起来，亦即“兴于《诗》”。

《学而篇》载：

> 子贡曰：“贫而无谄，富而无骄，何如？”子曰：“可也。未若贫而乐，富而好礼者也。”子贡曰：“《诗》云：‘如切如磋，如琢如磨。’其斯之谓与？”子曰：“赐也，始可与言《诗》已矣，告诸往而知来者。”①

子贡向孔子请教这样的问题：一个人在贫穷的时候不巴结奉承，在富贵的时候不骄傲自大，怎么样？孔子基本认可这种做法，但又指出，一个人最好是在贫穷的时候乐于道，富贵的时候能够谦虚好礼。在孔子的这个提示下，子贡由此联想到《诗经》“如切如磋，如琢如磨”的诗句。孔颖达《毛诗正义》指出君子能够“以礼自修，而成其德美，如骨之见切，如象之见磋，如玉之见琢，如石之见磨，以成其宝器”，并对这句诗做了如下分析：

> 《释器》云：“骨谓之切，象谓之磋，玉谓之琢，石谓之磨。”孙炎曰：“治器之名。”则此谓治器加功而成之名也，故《论语》注云“切磋琢磨以成宝器”，是也。此其对例耳。白圭之玷尚可磨，则玉亦得称磨也，故下笺云“圭璧亦琢磨”。传既云切磋琢磨之用，乃云“道其学而成也”，指解切磋之喻也。又言而能听其规谏，以礼自修饰，如玉石之见琢磨，则唯解琢磨，无切磋矣。此经文相似，传必知分为别喻者，以《释训》云：“如切如磋，道学也。”郭璞曰：“骨象须切磋而为器，人须学问以成德。”又云：“如琢如磨，自修也。”郭璞曰：“玉石之被琢

①程树德：《论语集释》，第54—56页。

> 磨，犹人自修饰也。”①

从这些解释来看，“如切如磋，如琢如磨”体现君子之砺道自修。子贡开始提出的问题确实也说明一个人已经有了难能可贵的德行，但孔子的提示使子贡意识到还有一个比这更高的境界，因此，子贡认识到还必须继续修养，援引“如切如磋，如琢如磨”这句诗也正好反映他在明白孔子语意之后的一种打算。子贡与孔子本来是讨论修身这样的实际问题，子贡由此援引诗篇，这很好地说明子贡善于联想的能力，故孔子说子贡能够“告诸往而知来”。

又《八佾篇》载：

> 子夏问曰：“‘巧笑倩兮，美目盼兮，素以为绚兮’，何谓也？”子曰：“绘事后素。”曰：“礼后乎？”子曰：“起予者商也，始可与言《诗》已矣。”②

“巧笑倩兮，美目盼兮”见于《卫风·硕人》，这两句诗描绘庄姜的笑态与眼神。“素以为绚兮”据说是佚诗。对于子夏的问题，邢昺《疏》做了这样的理解：“此《卫风·硕人》之篇，闵庄姜美而不见答之诗也。言庄姜既有巧笑、美目、倩盼之容，又能以礼成文绚然。素，喻礼也。子夏读《诗》，至此三句，不达其旨，故问夫子何谓也。”③既然诗句中的“素”已经喻指礼，而子夏又明白这个道理，恐怕就不会有此提问了。于是朱熹又提出另外的解释：“言人有此倩盼之美质，而又加以华采之饰，如有素地而加采色也。子夏疑其反谓以素为饰，故问之。”④按照这个说法，子夏的疑问在于

①孔颖达：《毛诗正义》，第216—217页。
②程树德：《论语集释》，第157—159页。
③邢昺：《论语注疏》，第33页。
④程树德：《论语集释》，第157页。

“素以为绚”到底该如何理解，也就是说，子夏是就这些诗句本身而提出自己的疑问。应该说，朱子的解释较邢《疏》要合理一些。对于子夏的疑问，孔子用“绘事后素”作答，全祖望说：“盖《论语》之素乃素地，非素功也，谓其有质而后可文也。何以知之，即孔子借以解《诗》而知之。夫巧笑美目，是素地也。有此而后可加粉黛簪珥衣裳之饰，是犹之绘事也，所谓绚也，故曰绘事后于素也。而因之以悟礼，则忠信其素地也，节文度数之饰，是犹之绘事也，所谓绚也。若《考工》所云，则素功非素地也，谓绘事五采，而素功乃其中之一，盖施粉之采也。粉易于污，故必俟诸既施而加之，是之谓后。然则与《论语》绝不相蒙。夫巧笑美目，岂亦粉黛诸饰中之一乎？抑亦巧笑美目出于人工乎？且巧笑美目反出于粉黛诸饰之后乎？此其说必不可通者也。”①依据全氏的理解，孔子的回答也只是一个提示，然而也就是这个提示，子夏领会“礼后”的要旨。整体观之，子夏因为在读诗过程中遇到疑难而向孔子请益，经孔子指点，最终领会修身的道理，这是“兴于《诗》”的一个例证。

经过上面的论述，乐语之“兴”主要是一种联想能力，这种能力的培养与运用都是围绕《诗》而展开。《论语》记载若干孔门论诗实例，很多都是在“兴”的名目下进行的。可以说，“兴”是乐语最基本的能力，其他诸目均是奠基于此。

二　道

郑玄认为道即导，意为“言古以剀今”，孙诒让解释说：“言古以剀今，亦谓道引远古之言语，以摩切今所行之事。《乐记》子夏

---

①程树德：《论语集释》，第158页。

说古乐云'君子于是道古'是也。"①孙诒让依据郑玄的说法并对之进行解释,然而他的这个理解又是如何呢?

先来看孙氏援引《乐记》的例子,魏文侯与子夏论乐,其文云:

魏文侯问于子夏曰:"吾端冕而听古乐,则唯恐卧。听郑卫之音,则不知倦。敢问古乐之如彼,何也?新乐之如此,何也?"

子夏对曰:"今夫古乐,进旅退旅,和正以广,弦匏笙簧,会守拊鼓。始奏以文,复乱以武。治乱以相,讯疾以雅。君子于是语,于是道古。修身及家,平均天下。此古乐之发也。今夫新乐,进俯退俯,奸声以滥,溺而不止,及优侏儒,獶杂子女,不知父子。乐终,不可以语,不可以道古。此新乐之发也。今君所问者乐也,所好者音也。夫乐者,与音相近而不同。"文侯曰:"敢问何如?"

子夏对曰:"夫古者天地顺而四时当,民有德而五谷昌,疾不作而无妖祥,此之谓大当。然后圣人作为父子君臣,以为纪纲。纪纲既正,天下大定。天下大定,然后正六律,和五声,弦歌《诗·颂》,此之谓德音,德音之谓乐。《诗》云:'莫其德音,其德克明。克明克类,克长克君。王此大邦,克顺克俾。俾于文王,其德靡悔。既受帝祉,施于孙子。'此之谓也。今君之所好者,其溺音乎?"文侯曰:"敢问溺音何从出也?"

子夏对曰:"郑音好滥淫志,宋音燕女溺志,卫音趋数烦志,齐音敖辟乔志。此四者,皆淫于色而害于德,是以祭祀弗用也。《诗》云:'肃雍和鸣,先祖是听。'夫肃,肃敬也。雍,雍和也。夫敬以和,何事不行。为人君者,谨其所好恶而已矣。

① 孙诒让:《周礼正义》,第1725页。

君好之，则臣为之。上行之，则民从之。《诗》云：'诱民孔易。'此之谓也。然后，圣人作为鼗、鼓、椌、楬、埙、篪。此六者，德音之音也。然后钟、磬、琴、瑟以和之，干、戚、旄、狄以舞之。此所以祭先王之庙也，所以献、酬、酳、酢也，所以官序贵贱各得其宜也，所以示后世有尊卑长幼之序也。钟声铿，铿以立号，号以立横，横以立武。君子听钟声，则思武臣。石声磬，磬以立辨，辨以致死。君子听磬声，则思死封疆之臣。丝声哀，哀以立廉，廉以立志。君子听琴瑟之声，则思志义之臣。竹声滥，滥以立会，会以聚众。君子听竽、笙、箫、管之声，则思畜聚之臣。鼓鼙之声欢，欢以立动，动以进众。君子听鼓鼙之声，则思将帅之臣。君子之听音，非听其铿锵而已也，彼亦有所合之也。"①

魏文侯首先向子夏陈述自己聆听古乐与郑卫之音的感受，想弄明白这两种音乐何以会有如此之差异。子夏指出，古乐演奏遵循一套严整的程序，舞者动作整齐，音乐纯正，人们从中能够领会修身治家、平定天下的道理。新乐则不然，舞者弯腰进退，音乐奸邪，男女混杂，父子不分，人们从中不能领会什么。古乐与新乐之所以存在这种区分，在于二者的生成是不同的。子夏进一步指出，古乐产生于天下大定之际，此时风调雨顺、四季谐和，五谷丰盛，没有灾祸妖祥，父子君臣纪纲有序，在这样的时代，人们制作出的音乐自然纯正平和。至于新乐，它属于一种溺音，放纵情欲而戕害德性，容易使人心志放荡骄逸。这样，人们对于古乐与新乐的感受就自然不同。子夏认为，在古乐面前，人们能够"语"、能够"道古"，孔《疏》解释说："'君子于是语'者，谓君子于此之时，语说

①孔颖达：《礼记正义》，第1119—1129页。

乐之义理也。'于是道古'者，言君子作乐之时，亦谓说古乐之道理也。"[①]这是将"语"与"道古"视为二事，方悫指出："语，即《大司乐》所谓'乐语'也。道古，道古之事。"[②]方氏虽然继承孔《疏》的思路，但对于二者内涵的把握却不一样。卫湜指出，"道古即语也，以所作者古之乐，故从而道古之事。"[③]他将"语"与"道古"合为一事。子夏提出"君子于是语，于是道古"，"语"与"道古"应该属于两种行为。

《礼记·文王世子》载："凡祭与养老乞言，合语之礼，皆小乐正诏之于东序。大乐正学舞干戚，语说，命乞言，皆大乐正授数，大司成论说在东序。凡侍坐于大司成者，远近间三席，可以问。"此处提到祭祀、养老、乞言、合语及语说，孔《疏》说：

> "凡祭与养老乞言，合语之礼"者，此之一"凡"总包三事也：一是祭，二是养老乞言，三是合语之礼。"皆小乐正诏之于东序"，谓祭与养老乞言及合语之礼，皆小乐正之官诏告世子及学士于东序之中，谓小乐正以此祭及养老、合语三者之威仪以教世子及学士等。学以三者，学，教也。教以三者威仪容貌，言祭与养老乞言及合语行礼之时，皆有容貌，故小乐正教之。云"合语谓乡射、乡饮酒、大射、燕射之属也"者，此经先云祭与养老乞言，别云合语，则合语非祭与养老也。故知是乡射、乡饮酒必大射、燕射之等，指《仪礼》成文而言之，以其此等至旅酬之时，皆合语也。其实祭未及养老，亦皆合语也。故《诗·楚茨》论祭祀之事，云"笑语卒获"，笺云："古

①孔颖达：《礼记正义》，第1120—1121页。

②孙希旦：《礼记集解》，第1013页。

③卫湜：《礼记集说》卷九十八，文渊阁四库全书本。

> 者于旅也。”语是祭，有合语也。养老既乞言，自然合语也。引《乡射记》者，证旅酬之时，得言说先王之法，故云“古者于旅也语”。言合语者，谓合会义理而语说也。①

依据孔《疏》的解说，“语”即合会义理而语说，这种行为出现的场合比较广泛，如祭祀、养老、乡射、乡饮酒、大射、燕射等，方悫将它理解为乐语是不准确的，而卫湜的理解同样存在问题。至于孔《疏》将它解释为“语说乐之义理”，这个说法是可以接受的。当然，“语”或“合语”强调的主要是语说义理，比如《国语·周语中》云：

> 晋侯使随会聘于周，定王享之肴烝，原公相礼。范子私于原公，曰：“吾闻王室之礼无毁折，今此何礼也？”王见其语，召原公而问之，原公以告。
>
> 王召士季，曰：“子弗闻乎，禘郊之事，则有全烝；王公立饫，则有房烝；亲戚宴飨，则有肴烝。今女非他也，而叔父使士季实来修旧德，以奖王室。唯是先王之宴礼，欲以贻女。余一人敢设饫禘焉，忠非亲礼，而干旧职，以乱前好？且唯戎、狄则有体荐。夫戎、狄，冒没轻儳，贪而不让。其血气不治，若禽兽焉。其适来班贡，不俟馨香嘉味，故坐诸门外，而使舌人体委与之。女今我王室之一二兄弟，以时相见，将和协典礼，以示民训则，无亦择其柔嘉，选其馨香，洁其酒醴，品其百笾，修其簠簋，奉其牺象，出其樽彝，陈其鼎俎，净其巾幂，敬其祓除，体解节折而共饮食之。于是乎有折俎加豆，酬币宴货，以示容合好，胡有孑然其郊戎、狄也？夫王公诸侯之有饫也，将以讲事成章，建大德、昭大物也，故立成礼烝而已。饫以

①孔颖达：《礼记正义》，第628—629页。

> 显物，宴以合好，故岁饫不倦，时宴不淫，月会、旬修，日完不忘。服物昭庸，采饰显明，文章比象，周旋序顺，容貌有崇，威仪有则，五味实气，五色精心，五声昭德，五义纪宜，饮食可飨，和同可观，财用可嘉，则顺而德建。古之善礼者，将焉用全烝？”
>
> 武子遂不敢对而退。归乃讲聚三代之典礼，于是乎修执秩以为晋法。①

晋景公派随会赴王室聘问，周定王置办宴会盛情款待他。在宴会上，随会对招待他的仪节发生误会，定王于是向他详细介绍各种宴飨仪节，这种行为其实就属于“语”。

至于“道古”，它的含义并非孔《疏》所言，而是卫湜、方悫所理解的“道古之事”。也就是说，道其实是讲述“乐”所包含的史事，亦即“道”是一种历史传述的方式。②《礼记·乐记》载：

> 宾牟贾侍坐于孔子，孔子与之言，及乐，曰：“夫《武》之备戒之已久，何也？”对曰：“病不得其众也。”“咏叹之，淫液之，何也？”对曰：“恐不逮事也。”“发扬蹈厉之已蚤，何也？”对曰：“及时事也。”“《武》坐，致右宪左，何也？”对曰：“非《武》坐也。”“声淫及商，何也？”对曰：“非《武》音也。”子曰：“若非《武》音，则何音也？”对曰：“有司失其传也。若非有司失其传，则武王之志荒矣。”子曰：“唯！丘之闻诸苌弘，亦若吾子之言是也。”
>
> 宾牟贾起，免席而请曰：“夫《武》之备戒之已久，则既闻命矣，敢问迟之迟而又久，何也？”子曰：“居！吾语汝。夫乐者，象成者也。总干而山立，武王之事也。发扬蹈厉，大公之

①《国语》，第62—66页。

②王昆吾：《中国早期艺术与宗教》，第229页。

> 志也。《武》乱皆坐,周、召之治也。且夫《武》,始而北出,再成而灭商,三成而南,四成而南国是疆,五成而分周公左、召公右,六成复缀以崇。天子夹振之而驷伐,盛威于中国也。分夹而进,事蚤济也。久立于缀,以待诸侯之至也。且女独未闻牧野之语乎?武王克殷反商,未及下车而封黄帝之后于蓟,封帝尧之后于祝,封帝舜之后于陈,下车而封夏后氏之后于杞,投殷之后于宋,封王子比干之墓,释箕子之囚,使之行商容而复其位。庶民弛政,庶士倍禄。济河而西,马散之华山之阳而弗复乘,牛散之桃林之野而弗复服,车甲衅而藏之府库而弗得用,倒载干戈,包之以虎皮,将帅之士使为诸侯,名之曰'建櫜',然后天下知武王之不复用兵也。"①

孔子与宾牟贾谈论,涉及乐的事情,他们于是讨论《大武》乐章。孔子首先提出《武》舞开始时击鼓警戒众人的时间为什么那么长,宾牟贾指出这是模仿武王担心得不到支持;孔子问歌声、乐声为何连绵不断,宾牟贾推测这是模仿当时武王不能会合诸侯;孔子又问《武》舞为何很早就猛烈地手舞足蹈,宾牟贾认为这是模仿趁此时机进行征伐;孔子又问《武》舞为何右膝跪地、左膝抬起,宾牟贾指出这不是《武》舞的跪;孔子又问歌乐的声音为何充满杀气,宾牟贾指出这也不是《武》舞的歌乐。他们的对话,孔子主要就《大武》的歌乐与舞姿提出疑问,而宾牟贾的回答则围绕周武王伐纣的史实展开,那么,《大武》与武王伐纣这种关联是如何建立的,亦即《大武》这种乐舞为何会包含这种史实呢?孔子提出"乐者,象成者也"的命题,也就是说,乐舞是模仿历史事实的。这样,既然《大武》这一歌舞是仿效武王伐纣这个事件,那么宾牟贾将二者

①孔颖达:《礼记正义》,第1129—1135页。

联系起来也就非常自然。接着孔子与宾牟贾还结合周初历史讨论《大武》六成的内涵。总而言之，《大武》乐章作为周代的大型歌舞，实际上承载了武王伐纣及周初若干重大史实。而《大武》的这种内涵是需要有司来传授的，孔子与宾牟贾之所以能够讨论它，主要在于他们从有司那里获得这种知识。当然，武王伐纣及周初史实还存在其他载体，孔子在读解《大武》时还提到"牧野之语"，俞樾指出："《礼记·乐记》曰：'且女独未闻《牧野之语》乎？'疑古史记载自有语名，'《牧野之语》'，乃周初史臣记载之书也。"①按照这种理解，《牧野之语》作为一种历史文本而在周初业已存在。《牧野之语》源自《大武》，或者是相反，抑或二者各有渊源，这无疑值得探究。然而就论述的主旨来看，我们关心的是"道"这种历史传述方式，孔子与宾牟贾谈论《大武》，无论是从《大武》中揭示出某种历史，还是结合某种历史来解读它，这都是"道"存在的方式。

三　讽诵

对于讽诵，郑玄的解释是"倍文曰讽，以声节之曰诵"，贾《疏》解释说：

> 云"倍文曰讽"者，谓不开读之。云"以声节之曰诵"者，此亦皆背文，但讽是宜言之，无吟咏，诵则非直背文，又为吟咏以声节之为异。《文王世子》"春诵"注诵谓歌乐，歌乐即诗也。以配乐而歌，故云歌乐，亦是以声节之。襄二十九年，季札请观周乐，而云"为之歌齐"，"为之歌郑"之等，亦是不依琴瑟而云歌，此皆是徒歌曰谣，亦得谓之歌。若依琴瑟谓之歌，

①俞樾：《九九消夏录》，第191页。

即毛云曲合乐曰歌是也。①

贾公彦认为讽诵都是背文，区别在于讽无吟咏，而诵则有吟咏。孙诒让指出：

《荀子·大略篇》："少不讽。"杨注云："讽谓就学讽诗书也。"此讽诵并谓倍文，文亦谓诗歌之属。……徐养原云："讽如小儿背书声，无回曲；诵则有抑扬顿挫之致。"案：徐说是也。《说文·言部》讽诵互训，盖散文得通。②

《说文》讽诵互训，可见二者有一致之处，孙诒让认可徐养原的看法，讽只是一种朗读，而诵则是一种有抑扬顿挫节奏的朗读。

然而《周礼》记载瞽矇"讽诵诗"，贾《疏》指出：

上注云"背文曰讽，以声节之曰诵"，别释之。此总云"暗读之不依咏"者，语异义同。背文与以声节之，皆是暗读之，不依琴瑟而咏也。直背文暗读之而已。故虽有琴瑟，犹不得为曲合乐曰歌，是以郑云"虽不歌，犹鼓琴瑟以播其音美之"也。若然，诵则以声节之，兼琴瑟则为歌矣，而得不为歌者，此止有讽，而言诵者，讽诵相将，连言诵耳。③

对于这个解释，孙诒让提出批评意见：

不依咏，谓虽有声节，仍不必与琴瑟相应也。盖诵虽有声节，而视歌为简易易明。故《左》襄十四年传云："卫献公使大师歌《巧言》之卒章，师曹请为之，公使歌之，遂诵之。"又二十八年传云："叔孙穆子食庆封，使工为之诵《茅鸱》。"又《毛诗·郑风·子衿》传云："古者教以诗乐，诵之歌之，弦之舞

①贾公彦：《周礼注疏》，第575页。

②孙诒让：《周礼正义》，第1725页。

③贾公彦：《周礼注疏》，第617页。

> 之。"《墨子·公孟篇》云:"诵《诗》三百,弦《诗》三百,歌《诗》三百,舞《诗》三百。"《汉书·艺文志》亦云:"不歌而诵谓之赋",又云"诵其言谓之诗,咏其声谓之歌"。盖歌则长言咏叹,与弦乐相依,不依咏即不成歌,故曰讽诵。贾以诵兼琴瑟则为歌,谓此经止有讽,以讽诵相将,连言诵,失之。①

所谓"依咏",《周礼》载"小师掌教鼓鼗、柷、敔、埙、箫、管、弦、歌",郑《注》:"歌,依咏诗也。"贾《疏》:

> 云"弦谓琴瑟也,歌依咏诗也"者,谓工歌诗,依琴瑟而咏之诗,此即《诗传》云"曲合乐曰歌",亦一也。故乡饮酒之属,升歌皆有瑟,依咏诗也。若不依琴瑟,即《尔雅》"徒歌曰谣"也。②

孙诒让说:

> 《说文·欠部》云:"歌,咏也。"《汉书·艺文志》云:"诵其言谓之诗,咏其声谓之歌。"《释名·释乐器》云:"人声曰歌,歌,柯也,所歌之言是其质也,以声吟咏有上下,如草木之有柯叶也,故兖冀言歌声如柯也。"……依咏,谓依于琴瑟以为节。③

由此可见,诵这种形式存在节奏,但它并不必然依赖琴瑟这些乐器,这与歌有着区别。

根据上述分析,讽与诵是诗歌朗读的两种方式,在乐语中,显然是教授国子如何掌握讽与诵的技巧。也就是说,讽与诵实际上是诵读《诗》的两种形式。然而就当时情形来看,"讽"留下的资料

①孙诒让:《周礼正义》,第1865页。

②贾公彦:《周礼注疏》,第615页。

③孙诒让:《周礼正义》,第1859页。

似乎并不多见，而“诵”则相对较多，并且其内涵也较丰富。《诗经·小雅·节南山》云：“家父作诵，以究王讻。”郑《笺》说：“大夫家父作此诗而为王诵也。”①《崧高》云：“吉甫作诵，其诗孔硕。”《毛传》指出：“作是工师之诵也。”孔《疏》解释说：“诗者，工师乐人诵之以为乐曲，故云作是工师之诵，欲使申伯之乐人常诵习此诗也。”②无论是《毛传》还是郑《笺》、孔《疏》，他们均将“作诵”二字分开解释，“作”解为“作诗”，而“诵”解为诵读。王昆吾认为“作诵”意谓当时“诗歌创作是以口诵或口唱的方式进行的”，③这种理解可能更符合实情，这就表明“诵”是一种作诗方式。当然，“诵”还存在其他的意义，《诗经·桑柔》篇：“听言则对，诵言如醉。”《笺》云：“见诵《诗》《书》之言则冥卧如醉。”④按照郑玄的解释，“诵”是对《诗》《书》的一种口头引述。《国语·周语上》说“矇诵”，韦昭《注》解释说：“诵，谓也。”⑤此处的诵当作动词，应理解为诵读箴谏之语。《晋语三》载晋惠公背外内之赂，舆人诵之曰：“佞之见佞，果丧其田。诈之见诈，果丧其赂。得国而狃，终逢其咎。丧田不惩，祸乱其兴。”陈瑑指出诵有怨谤之意，⑥也就是说，众人诵读讽谏之语来谴责惠公的背义行为，当然，就文本来看，这种箴谏之语应该出自这些众人。同样，惠公改葬太子申生，国人诵之曰：“贞之无报也。孰是人斯，而有是臭也？贞为不听，信为不诚。国斯无刑，偷居幸生。不更厥贞，大命其倾。威兮怀兮，各

①孔颖达：《毛诗正义》，第706页。

②孔颖达：《毛诗正义》，第1217页。

③王昆吾：《中国早期艺术与宗教》，第225页。

④孔颖达：《毛诗正义》，第1188—1189页。

⑤徐元诰：《国语集解》，第11页。

⑥徐元诰：《国语集解》，第303页。

聚尔有，以待所归兮。猗兮违兮，心之哀兮。岁之二七，其靡有征兮。若狄公子，吾是之依兮。镇抚国家，为王妃兮。"①这些地方的诵均解释为诵读箴谏之语，应该是没有什么问题的。赵文子举行冠礼，范文子当面训导他时就明确提到"工诵谏于朝"，②史黯谏赵简子时说"朝夕诵善败而纳之"，③《左传》襄公十四年载"工诵箴谏"，④特别是《楚语上》载左史倚相说：

昔卫武公年数九十有五矣，犹箴儆于国，曰："自卿以下至于师长士，苟在朝者，无谓我老耄而舍我，必恭恪于朝，朝夕以交戒我；闻一二之言，必诵志而纳之，以训导我。"在舆有旅贲之规，位宁有官师之典，倚几有诵训之谏，居寝有亵御之箴，临事有瞽史之导，宴居有师工之诵。史不失书，矇不失诵，以训御之。⑤

"志"为记，即一种文献。诵志、诵训等都是对已有文献的诵读。可见诵读箴谏之语是一种传统。当然，这些箴谏之语可以是《诗》《书》一类既有文献，也可以是即时表述。也就是说，在诵读箴谏之语这种传统中，诵不仅指诵读这种讽谏行为，其中还可能包含"作（诗）"这层意义。这是先秦文献中"诵"的第二种意义。《左传·襄公十四年》载：

卫献公戒孙文子、宁惠子食，皆服而朝。日旰不召，而射鸿于囿。二子从之，不释皮冠而与之言。二子怒。孙文子如

①徐元诰：《国语集解》，第304页。
②徐元诰：《国语集解》，第387页。
③徐元诰：《国语集解》，第452页。
④孔颖达：《春秋左传正义》，第928页。
⑤徐元诰：《国语集解》，第500—501页。

> 戚，孙蒯入使。公饮之酒，使大师歌《巧言》之卒章。大师辞，师曹请为之。初，公有嬖妾，使师曹诲之琴，师曹鞭之。公怒，鞭师曹三百。故师曹欲歌之，以怒孙子，以报公。公使歌之，遂诵之。①

此处的诵指师曹诵读《巧言》卒章，这是诵的第三种意义。

先秦时期的诵虽然存在多种形式，但在乐语传统中，主要是指对诗的诵读，当然，这种诵读需要学习，这也正是乐语存在讽诵之原因。

四　言语

乐语中的“言语”，郑玄解释为“发端曰言，答述曰语”，贾《疏》分析说：

> 《诗·公刘》云：“于时言言，于时语语。”毛云：“直言曰言，答述曰语。”许氏《说文》云：“直言曰论，答难曰语。”论者语中之别，与言不同，故郑注《杂记》云：“言，言己事。为人说为语。”②

贾公彦在此主要引述几家说法，但对于“言”与“语”之间的区别并没有讲得很明晰。孙诒让指出：

> 《杂记》云：“三年之丧，言而不语。”又《丧服四制》云：“齐衰之丧，对而不言。”注云：“言，先发口也。”《释名·释言语》云：“言，宣也，宣彼此之意也。语，叙也，叙己所欲说也。”③

孙氏同样也只是引述他人之说，至于乐语之“言语”的具体意蕴仍

①孔颖达：《春秋左传正义》，第921—922页。

②贾公彦：《周礼注疏》，第575页。

③孙诒让：《周礼正义》，第1725页。

然深藏不露。许慎在《说文》中指出："言，直言曰言，论难曰语。"段《注》说：

> 《大雅》毛《传》曰："直言曰言，论难曰语。"论，正义作答。郑注《大司乐》曰："发端曰言，答难曰语。"注《杂记》曰："言，言己事。为人说为语。"①

又"语，论也。"段《注》谓：

> 此即毛郑说也。语者，御也。如毛说，一人辩论是非谓之语；如郑说，与人相答问辩难谓之语。②

按《诗经·公刘》篇孔《疏》说："直言曰言，谓一人自言。答难曰语，谓二人相对。"③所谓"一人自言"，不能仅仅理解为一个人说话，而是"先发口"，亦即主动发言。《左传·庄公十四年》载：

> 楚子如息，以食入享，遂灭息，以息妫归。生堵敖及成王焉，未言。楚子问之，对曰："吾一妇人而事二夫，纵弗能死，其又奚言？"④

息妫"未言"，杜预的理解是"未与王言"。从上述记载来看，息妫生下堵敖及成王，这说明她与楚王生活在一起的时间应该不短，因此，她不与楚王说话是难以理解的。并且，当楚王对于她的"未言"表示不可理解时，息妫解释了"未言"的原因，这又事实上表明她与楚王之间进行过对话。这样，杜预"未与王言"的理解实在难以解释上述的记载。在我们看来，息妫"未言"其实是指她从未主动与楚王说话，而正因为这一点，才引起楚王的疑惑。《尚书·无

①段玉裁：《说文解字注》，第89页。
②段玉裁：《说文解字注》，第89页。
③孔颖达：《毛诗正义》，第1116页。
④孔颖达：《春秋左传正义》，第253页。

逸》载殷高宗“作其即位，乃或亮阴，三年不言。其惟不言，言乃雍”，郑《注》谓：“武丁起其即王位，则小乙死，乃有信默，三年不言。言孝行著。在丧则其惟不言，丧毕发言，则天下和。”①郑玄以为高宗在服丧期间“不言”，丧后才发言，周秉钧以为高宗“听信冢宰沉默不言，三年不轻易说话。因为他不轻易说话，有时说出来就能使人和悦”。② 高宗在服丧期间不说话，这是不太可能的，“三年不言”应理解为三年不轻易主动说话。因此，言指主动发言、说话。至于“语”，上述诸家大都强调其论辩的特征，因此，与言的主动性不同，它往往是就对方的问题而展开。也就是说，“语”离不开他人问题的引导。《论语·述而篇》说孔子“不语怪、力、乱、神”，这条记载曾引起人们的讨论，程树德《集释》援引若干说法，比如皇《疏》云：“此云不语，谓不通答耳，非云不言也。”这就是说，孔子并非不说，而是不回答。《七经小传》云：“语读若‘吾语女’之语，人有挟怪力乱神来问者，皆不语之。”这是强调孔子不告诉。黄氏《后案》说：“此不语谓不与人辨诘也。”即是说孔子不与人辩论。刘宝楠《正义》指出：“《书》《传》言夫子辨木石水土诸怪及防风氏骨节专车之属，皆是因人问答之，非自为语之也。”③刘宝楠注意到相关文献提及孔子向他人言说怪神之事，因此，“不语”并非不答，而是不与人辩论。也就是说，当别人问及有关怪、力、乱、神之事，孔子通常会作出回答。这样，“语”突出对话性、论辩性。

在乐语中，言语的教学在于学会如何运用诗来交流，具体来

①孔颖达：《尚书正义》，第431页。

②周秉钧：《尚书注译》，第185页。

③以上诸条均引自程树德《论语集释》，第480—481页。

说，“言”侧重于用诗来表达自己的观点和愿望，而“语”侧重于用诗来回答他人的问题。《左传·襄公十六年》载：

> 冬，穆叔如晋聘，且言齐故。晋人曰：“以寡君之未禘祀，与民之未息。不然，不敢忘。”穆叔曰：“以齐人之朝夕释憾于敝邑之地，是以大请。敝邑之急，朝不及夕，引领西望曰‘庶几乎’！比执事之间，恐无及也。”见中行献子，赋《圻父》。献子曰：“偃知罪矣。敢不从执事以同恤社稷，而使鲁及此！”见范宣子，赋《鸿雁》之卒章。宣子曰：“匄在此，敢使鲁无鸠乎？”

叔孙豹到晋国聘问，谈到齐国两次伐鲁之事，希望晋国出面救鲁国，但晋国以种种借口予以拒绝。迫不得已只好去拜访中行献子，并向后者赋《圻父》，杜预《注》谓：“诗人责圻父为王爪牙，不修其职，使百姓受困苦之忧，而无所止居。”献子听后答应帮助鲁国。叔孙豹又去拜访范宣子，赋《鸿雁》之卒章，该诗卒章云：“鸿雁于飞，哀鸣嗸嗸。唯此哲人，谓我劬劳。”言下之意是说鲁国处于忧困之地，“嗸嗸然若鸿雁之失所”，范宣子表示“敢使鲁无鸠乎”，即帮助安定鲁国。① 由此看出，当叔孙豹直接向晋国表白自己的想法时，他并没有获得支持；而借助两次赋诗，向晋国执政者委婉提出诉求，却取得良好的效果。这是一个主动“言诗”的例证。至于“语诗”，《鲁语下》载诸侯伐秦，到泾水却停滞不前，晋国叔向于是就此咨询叔孙穆子：

> 诸侯伐秦，及泾莫济。晋叔向见叔孙穆子曰：“诸侯谓秦不恭而讨之，及泾而止，于秦何益？”穆子曰：“豹之业，及《匏有苦叶》矣，不知其他。”叔向退，召舟虞与司马，曰：“夫苦匏

---

①孔颖达：《春秋左传正义》，第 941—942 页。

不材于人，共济而已。鲁叔孙赋《匏有苦叶》，必将涉矣。具舟除隧，不共有法。”是行也，鲁人以莒人先济，诸侯从之。

对于叔向的问题，叔孙穆子并没有直接表达观点，而是通过提及《匏有苦叶》来答复。《匏有苦叶》这首诗又具有怎样的意义呢？韦昭解释说：“《匏有苦叶》，《诗·邶风》篇名也，其诗曰：‘匏有苦叶，济有深涉。深则厉，浅则揭。’言其必济，不知其他也。”①可见叔孙穆子通过这首诗实际上已经回答叔向的提问。

春秋时代存在赋诗的风气，这种赋诗很多就是“言诗”“语诗”，上面的一些例子就是如此。在有的时候，“言诗”“语诗”出现在一起。晋公子重耳流亡到秦国，秦穆公非常友好地设宴会招待他：

他日，秦伯将享公子，公子使子犯从。子犯曰：“吾不如衰之文也，请使衰从。”乃使子余从。秦伯享公子如享国君之礼，子余相如宾。卒事，秦伯谓其大夫曰：“为礼而不终，耻也。中不胜貌，耻也。华而不实，耻也。不度而施，耻也。施而不济，耻也。耻门不闭，不可以封。非此，用师则无所矣。二三子敬乎！”

明日宴，秦伯赋《采菽》，子余使公子降拜。秦伯降辞。子余曰：“君以天子之命服命重耳，重耳敢有安志，敢不降拜？”成拜卒登，子余使公子赋《黍苗》。子余曰：“重耳之仰君也，若黍苗之仰阴雨也。若君实庇荫膏泽之，使能成嘉谷，荐在宗庙，君之力也。君若昭先君荣，东行济河，整师以复强周室，重耳之望也。重耳若获集德而归载，使主晋民，成封国，其何实不从。君若恣志以用重耳，四方诸侯，其谁不惕惕以

①《国语》，第190页。

从命!”秦伯叹曰:“是子将有焉,岂专在寡人乎!”秦伯赋《鸠飞》,公子赋《河水》。秦伯赋《六月》,子余使公子降拜。秦伯降辞。子余曰:“君称所以佐天子匡王国者以命重耳,重耳敢有惰心,敢不从德。”

在宴会上,穆公首先向重耳赋《采菽》,韦昭说:“《采菽》,《小雅》篇名,王赐诸侯命服之乐也。其诗曰:‘君子来朝,何赐予之,虽无予之,路车乘马。’”通过这首诗,穆公传达一个明确的信息,即愿意帮助重耳回国。子余显然领会这个意思,一方面让重耳拜谢,同时让重耳回赋《黍苗》,韦昭说:“《黍苗》,亦《小雅》,道邵伯述职劳来诸侯也。其诗曰:‘芃芃黍苗,阴雨膏之。悠悠南行,邵伯劳之。’”①这是迫切希望得到穆公的支持。穆公于是赋《鸠飞》,表示愿意出面安定晋国君臣。重耳接着赋《河水》,表达自己主政晋国之后一定尊重、事奉秦国。最后穆公赋《六月》,希望重耳担任晋君之后,要治理好国家,要匡佐天子。重耳流亡多年,最后一站到了秦国,在穆公的支持下返国登上晋君宝座,最后成为一代霸主。而重耳与穆公之间的协议,双方并没有明确说出,而是在不断的“言诗”“语诗”的过程中完成的。

孔子曾经告诫他的儿子说“不学《诗》,无以言”,②这句话其实是对春秋时代赋诗风尚的概括,当时人们在交流时需要借助《诗》来进行,倘若没有受到这方面的训练,或者赋诗不当时往往会引起误会,甚至是灾难性后果。《左传·襄公十六年》记载这样的事例:

晋侯与诸侯宴于温,使诸大夫舞,曰:“歌诗必类。”齐高

①《国语》,第359—361页。

②程树德:《论语集释》,第1168页。

> 厚之诗不类。荀偃怒，且曰："诸侯有异志矣。"使诸大夫盟高厚，高厚逃归。于是叔孙豹、晋荀偃、宋向戌、卫宁殖、郑公孙虿、小邾之大夫盟，曰："同讨不庭。"

这是一个赋诗不当的例证。在温之会上，齐国大臣高厚赋诗不类，荀偃据此认为"有异志"，以致邀集其他诸侯"同讨不庭"。所谓"歌诗必类"，杨伯峻解释说："必类者，一则须与舞相配，而尤重表达本人思想。"①意思是说，赋诗须遵照一定的仪式规则。由于高厚未能遵循"歌诗必类"准则，被叔孙豹他们视为有"异志"。从这些例证中，可以清楚显示"诗"在当时社会交际中的巨大作用，孔子曾说："诵《诗》三百，授之以政，不达；使于四方，不能专对；虽多，亦奚以为？"②意思是说，熟读《诗经》三百篇，交给他政治任务，却未能办到；派他出使外国，又不能独立应对；这样，即使他读得多，有什么用呢？孔子的话实际上揭示诗在社会、政治方面的交际功能，而人们学诗的重要目的就是能够在这些场合中发挥作用。因此，人们要具备运用诗与他人沟通的能力，首先就需要接受"言"与"语"的训练。

五　乐语文献

在乐语教育的六种形式中，讽、诵、言、语主要是学会如何在现实交际场合中对《诗》加以具体运用，可以说是用诗的技巧；而兴、道主要表现为对《诗》的理解，是对《诗》的一种阐释。这样，乐语六体大致可以划分为两个层面的内容：一是赋诗，二是释诗，由此也就形成两类文献：赋诗文献与释诗文献。

---

①杨伯峻：《春秋左传注》，第1026—1027页。

②程树德：《论语集解》，第900页。

先秦时期许多文献均有赋诗的记载,其中以《国语》《左传》最为突出。考察当时的赋诗,其形式比较灵活,因此,赋诗文献容纳的内容也就多样化。具体来看,赋诗文献包括的内容大体有如下几种:一是诵诗,二是言诗、语诗,三是引诗。前两种在上面的论述中已经涉及,在此不再赘述。至于引诗,主要表现为人们在论述时援引诗篇来加强论证及说服力。祭公谋父在规谏周穆王准备征伐犬戎时说:

> 先王耀德不观兵。夫兵戢而时动,动则威,观则玩,玩则无震。是故周文公之《颂》曰:“载戢干戈,载櫜弓矢。我求懿德,肆于时夏,允王保之。”先王之于民也,懋正其德而厚其性,阜其财求而利其器用,明利害之乡,以文修之,使务利而避害,怀德而畏威,故能保世以滋大。①

祭公强调,先王重视德行的显明,武力需要聚藏起来,要按时而动。一旦动起来就使人畏惧,而显示武力别人就会轻蔑,轻蔑就不会畏惧。于是就引述周公的《颂》诗,这些诗句其实讲的也是“先王耀德不观兵”的意思,但祭公引用它,目的是强化自己主张无庸置辩的正确性。

又如芮良夫劝说周厉王时说:

> 夫荣公好专利而不知大难。夫利,百物之所生也,天地之所载也,而或专之,其害多矣。天地百物,皆将取焉,胡可专也?所怒甚多,而不备大难,以是教王,王能久乎?夫王人者,将导利而布之上下者也,使神人百物无不得其极,犹日怵惕,惧怨之来也。故《颂》曰:“思文后稷,克配彼天。立我蒸民,莫匪尔极。”《大雅》曰:“陈锡载周。”是不布利而惧难乎?

①《国语》,第1页。

故能载周，以至于今。①

周厉王信任荣夷公，芮良夫在规谏中指出，真正的王者不但使神、人、百物都得到最大的恩惠，而且还经常担心怨恨的到来，为此他还援引《周颂》《大雅》的诗句来证明这一点。这种引诗的做法在后来的诸子文献中得到进一步的发展，如《孟子》《荀子》等。

比较而言，释诗文献的存留则相对较少，除了上面孔子与宾牟贾谈论《大武》乐章之外，值得注意的是单靖公设宴招待晋国大臣叔向，宴会中单靖公谈及《昊天有成命》，事后叔向对此进行评论，《国语·周语下》载：

> 且其语说《昊天有成命》，颂之盛德也。其诗曰："昊天有成命，二后受之，成王不敢康。夙夜基命宥密，于，缉熙！亶厥心肆其靖之。"是道成王之德也。成王能明文昭，能定武烈者也。夫道成命者，而称昊天，翼其上也。二后受之，让于德也。成王不敢康，敬百姓也。夙夜，恭也；基，始也。命，信也。宥，宽也。密，宁也。缉，明也。熙，广也。亶，厚也。肆，固也。靖，和也。其始也，翼上德让，而敬百姓。其中也，恭俭信宽，帅归于宁。其终也，广厚其心，以固和之。始于德让，中于信宽，终于固和，故曰成。单子俭敬让咨，以应成德。单若不兴，子孙必蕃，后世不忘。《诗》曰："其类维何？室家之壸。君子万年，永锡祚胤。"类也者，不忝前哲之谓也。壸也者，广裕民人之谓也。万年也者，令闻不忘之谓也。胤也者，子孙蕃育之谓也。单子朝夕不忘成王之德，可谓不忝前哲矣。膺保明德，以佐王室，可谓广裕民人矣。若能类善物，

①《国语》，第12—13页。

以混厚民人者，必有章誉蕃育之祚，则单子必当之矣。①

通常的赋诗，其诗篇的意义很少直接说出来，而是需要听者的仔细揣摩、领会。这个例证就不一样，对于《昊天有成命》这首诗，叔向不但具体解说诗中语句的含义，并且还特别注重诗文本意义的揭示。对于《既醉》也是如此，这样就形成一种不同于赋诗的新的阐释风气，这种风气事实上也影响《毛诗》等传释文本的形成，《毛诗·昊天有成命》孔《疏》就说"此篇毛传皆依《国语》"，又《既醉》孔《疏》说："毛据《外传》为说。《外传》正解此文，而笺必易之者，笺之此意不违《外传》也。"②因此，尽管先秦释诗文献并不多见，但其影响却不可忽略。依据这为数不多的现存先秦资料来看，兴、道模式下的释诗文献在体式上大体有两种类型：一是训解字词及诗意，一是利用史事来解诗。比较起来，前者训诂特征更为明显，按照上面的分析，这种特征与"兴"的关联要紧密一些。至于以史事解诗，这种方式显然体现"道"的特点。

第三节　《韩诗外传》的生成

《韩诗外传》是汉初《诗经》学方面的一部重要著述，它被《汉志》载录可以说明这一点。随着汉代三家诗相关文献的缺失，这部文献的意义也就显得更为突出。然而，很长一段时间以来，有关这部文献的形成、性质还存在诸多争议。在我们看来，《韩诗外传》的形成与乐语特别是其中之"道"这种释诗风尚有关，它主要继承以史事解诗的传统，下面将着手讨论这个问题。

①《国语》，第116—118页。

②孔颖达：《毛诗正义》，第1298、1095页。

一　《韩诗外传》的引诗模式

《四库全书总目》曾指出《韩诗外传》“每条必引《诗》”的现象，可是今本《韩诗外传》实际上存在并不引诗的情况，其实《四库全书总目》也发现“是书之例，每条必引《诗》词，而未引《诗》者二十八条”，①比如卷八载：

越王勾践使廉稽献民于荆王。荆王使者曰：“越，夷狄之国也。臣请欺其使者。”荆王曰：“越王，贤人也。其使者亦贤，子其慎之。”使者出见廉稽曰：“冠则得以俗见，不冠不得见。”廉稽曰：“夫越，亦周室之列封也。不得处于大国，而处江海之陂，与魭鳣鱼鳖为伍，文身翦发，而后处焉。今来至上国，必曰‘冠得俗见；不冠不得见。’如此则上国使适越，亦将劓墨文身，翦发而后得以俗见。可乎？”荆王闻之，披衣出谢。孔子曰：“使于四方，不辱君命，可谓士矣。”②

此条只单纯载录楚王、楚臣、廉稽的对话，以及孔子的评论，并没有引诗。屈守元分析说：“其《外传》或引《易》，或引《书》，或引《礼》，或引《论语》，或引《传》，或竟不引《诗》，不必拘诗本义，并不必尽为《诗》发也。”③今本《韩诗外传》不引诗的情形其实比较复杂，或许是脱诗的缘故，或许是另有他因，但显然并非是“不必尽为《诗》发”之故。比如卷七载：

赵简子有臣曰周舍，立于门下，三日三夜。简子使问之曰：“子欲见寡人何事？”周舍对曰：“愿为谔谔之臣，墨笔操

①《四库全书总目》，第136页。
②屈守元：《韩诗外传笺疏》，第349页。
③屈守元：《韩诗外传笺疏》，第410页。

牍，从君之过，而日有记也，月有成也，岁有效也。”简子居则与之居，出则与之出。居无几何，而周舍死。简子如丧子。后与诸大夫饮于洪波之台，酒酣，简子涕泣，诸大夫皆出走，曰：“臣有罪而不自知。”简子曰：“大夫皆无罪。昔者吾友周舍有言曰：‘千羊之皮，不若一狐之腋；众人诺诺，不若一士之谔谔。’昔者商纣默默而亡，武王谔谔而昌。今自周舍之死，吾未尝闻吾过也。吾亡无日矣。是以寡人泣也。”①

此条也只是记载赵简子、周舍及诸大夫的对话，并没有引诗，然而屈守元说：“此章疑与卷六《晋平公游于河而乐章》相连，其章末所引《小雅·小旻篇》之辞，为两章所共用者。”②按卷六载：

晋平公游于西河而乐，曰：“安得贤士与之乐此也？”船人盍胥跪而对曰：“主君亦不好士耳？夫珠出于江海，玉出于昆山，无足而至者，犹主君之好也。士有足而不至者，盖主君无好士之意耳。无患于无士也。”平公曰：“吾食客门左千人，门右千人。朝食不足，夕收市赋。暮食不足，朝收市赋。吾可谓不好士乎？”盍胥对曰：“夫鸿鹄一举千里，所恃者六翮尔。背上之毛，腹下之毳，益一把，飞不为加高；损一把，飞不为加下。今君之食客，门左门右各千人子，亦有六翮在其中矣？将皆背上之毛，腹下之毳耶？”诗曰：“谋夫孔多，是用不就。”③

屈守元指出：

此章又见于《新序·杂事》以及《说苑·尊贤篇》。周云：“《新序》云：‘西河’也。《说苑·尊贤》作赵简子。”赵云：“《说

①屈守元：《韩诗外传笺疏》，第320页。

②屈守元：《韩诗外传笺疏》，第322页。

③屈守元：《韩诗外传笺疏》，第305页。

苑·尊贤篇》作赵简子。"许云:"《群书治要》引此在《赵简子有臣曰周舍章》之下,《宋燕相齐见逐章》之上,《赵简子·宋燕二章》,在今本第七卷。然则此章亦本在第七卷中,偶因脱简,读者不得其处,误附第六卷之末耳。今亦无从定其第之先后,而盍胥之对晋平公,与陈饶之对宋燕,事颇相类。姑依《治要》移置宋燕章上可也。"守元案:本书编次,本无一定先后次序。姑存许氏之说于此。其文则不必移动也。《说苑》以此章晋平公为赵简子,即由此章与《赵简子章》相连而误也。……《赵简子章》言简子游洪波台而泣其直臣,此章言晋平公游河而叹不得贤士,二者意正同。且《赵简子章》不引诗,而在此章末乃引《小雅·小旻篇》诗,实总括二章之意。此古本二章相次之明证。《群书治要》引此二章相连,足征唐初传本,犹与刘向所见不殊。许氏谓当移在《宋燕章》前,似不如以移在《赵简子章》后为更切合也。凡此皆推断之词,不宜辄改旧本。①

据此,今本不引诗,有的当是错简所致,当然有的则很可能是脱诗,如卷七载:

子贡问大臣,子曰:"齐有鲍叔,郑有子皮。"子贡曰:"否!齐有管仲,郑有东里子产。"孔子曰:"产荐也。"子贡曰:"然则荐贤贤于贤?"曰:"知贤,智也。推贤,仁也。引贤,义也。有此三者,又何加焉?"②

屈守元说:

周云:"亦脱《诗》辞。"案:……元本与下章相连,故其未

①屈守元:《韩诗外传笺疏》,第306页。

②屈守元:《韩诗外传笺疏》,第342页。

> 引《诗》辞也。《韩传》此例甚多，下文更端，当分断提行，诸类书引，亦不两章相连，故今仍定为两章，不相连接。①

由此看来，今本《韩诗外传》确实存在不引诗的现象。至于不引诗的原因，有的是错简，有的是脱诗。不过，今本不引诗虽然存在，但很少见，也就是说，今本基本上是引诗的。

既然如此，《韩诗外传》引诗又具有怎样的特征呢？归纳起来，大抵有如下方式：一是"故事＋诗"，此处所谓的"故事"不仅仅包括史事，也包括一些论述性的文字。比如：

> 曾子仕于莒，得粟三秉。方是之时，曾子重其禄而轻其身。亲没之后，齐迎以相，楚迎以令尹，晋迎以上卿。方是之时，曾子重其身而轻其禄。怀其宝而迷其国，不可与语仁，窘其身而约其亲者，不可与语孝。任重道远者，不择地而息；家贫亲老者，不择官而仕。故君子桥褐趋时，当务为急。传云：不逢时而仕，任事而敦其虑，为之使而不入其谋。贫焉故也。诗曰："夙夜在公，实命不同。"②

本段开始讲述曾子仕与不仕的选择，然后是就曾子行为引发的议论，这些可视为故事部分。最后引述《召南·小星》的诗句"夙夜在公，实命不同"作结。这种结构也有变式，如卷五载：

> 孔子抱圣人之心，彷徨乎道德之域，逍遥乎无形之乡，倚天理，观人情，明终始，知得失，故兴仁义，厌势利，以持养之。于时周室微，王道绝，诸侯力政，强劫弱，众暴寡。百姓靡安，莫之纪纲。礼仪废坏，人伦不理。于是孔子自东自西，自南

①屈守元：《韩诗外传笺疏》，第343页。

②屈守元：《韩诗外传笺疏》，第1页。

自北，匍匐救之。①

这里首先讲述孔子在礼崩乐坏之下的行为，然后说“孔子自东自西，自南自北，匍匐救之”，此处似乎没有引述诗句，可实际上是化用《大雅·文王有声》“镐京辟雍，自西自东，自南自北，无思不服”及《邶风·谷风》“凡民有丧，匍匐救之”之句。有时则作“诗＋故事”，此例见后文。

二是“故事＋诗＋附加成分”，如：

楚庄王围宋，有七日之粮，曰：“尽此而不克，将去而归。”于是使司马子反乘闼而窥宋城，宋使华元乘闼而应之。子反曰：“子之国何若矣？”华元曰：“惫矣！易子而食之，析骸而爨之。”子反曰：“嘻！甚矣惫！虽然，吾闻围者之国，箝马而秣之，使肥者应客。今何吾子之情也！”华元曰：“吾闻君子见人之困则矜之，小人见人之困则幸之。吾望见吾子似于君子，是以情也。”子反曰：“诺！子其勉之矣，吾军有七日粮尔！”揖而去。子反告庄王。庄王曰：“若何？”子反曰：“惫矣！易子而食之，析骸而爨之。”庄王曰：“嘻！甚矣惫！今得此而归尔。”子反曰：“不可，吾已告之矣，曰：‘军亦有七日粮尔。’”庄王怒曰：“吾使子视之，子曷为而告之？”子反曰：“区区之宋，犹有不欺之臣，可以楚国而无乎？吾是以告之也。”庄王曰：“虽然，吾子今得此而归尔。”子反曰：“王请处此，臣请归耳。”王曰：“子去我而归，吾孰与处乎此？吾将从子而归。”遂师而归。君子善其平己也。华元以诚告子反，得以解围，全二国之命。诗云：“彼姝者子，何以告之？”君子善其以诚

①屈守元：《韩诗外传笺疏》，第230页。

相告也。①

文章叙述楚庄王围宋的经过，其中突出司马子反与华元相互之间能够坦诚相待，然后引述《鄘风·干旄》的诗句，《毛诗序》说："《干旄》，美好善也。卫文公臣子多好善，贤者乐告以善道也。"孔颖达《疏》谓："作《干旄》诗者，美好善也。卫文公臣子多好善，故处士贤者乐告之以善道也。毛以为，此叙其由臣子多好善，故贤者乐告以善道。经三章皆陈贤者乐告以善道之事。郑以三章皆上四句言文公臣子建旌乘马，数往见贤者于浚邑，是好善。见其好善，下二句言贤者乐告以善道也。"②可见《干旄》这首诗的主旨在于君子好善而贤者乐告以善道。韩婴在引述《干旄》诗句之后接着说"君子善其以诚相告也"，对于这一附加成分，王先谦指出：

> 《左定九年传》："《干旄》'何以告之'，忠也。"是此诗古义。杜《注》："取其中心愿告以善道也。"《家语·好生篇》亦云："《干旄》之忠告，至矣哉。"诸说并合。《韩诗外传》二载楚庄围宋事，末引《诗》云："'彼姝者子，何以告之？'君子善其以诚相告也。"虽系推演之词，其言"以诚相告"，与"忠告"义合，知韩说本诗与毛同义。③

如此看来，附加成分其实是对诗旨的揭示与说明。当然，也并非所有附加成分均是如此。

二 《韩诗外传》引诗之目的

《韩诗外传》大量引诗，究竟出于何种目的，《四库全书总目》

①屈守元：《韩诗外传笺疏》，第57页。

②孔颖达：《毛诗正义》，第206页。

③王先谦：《诗三家义集疏》，第250页。

分析说："案《汉志》以《韩外传》入《诗类》，盖与《内传》连类及之。王世贞称'《外传》引《诗》以证事，非引事以明《诗》'，其说至确。今《内传》解《诗》之说已亡，则《外传》已无关于《诗》义。"①四库馆臣不仅赞同王世贞"引《诗》以证事"的看法，同时也认为《韩诗外传》"无关于《诗》义"。那么，《四库全书总目》的说法是否真正揭示《韩诗外传》著述目的及解诗特征呢？

《韩诗外传》引诗大致有"故事＋诗"与"故事＋诗＋附加成分"两种模式，先来看"故事＋诗"，这种模式存在"诗＋故事"的变式，如卷六载：

> 诗曰："恺悌君子，民之父母。"君子为民父母何如？曰：君子者，貌恭而行肆，身俭而施博。故不肖者不能逮也。殖尽于己，而区略于人。故可尽身而事也。笃爱而不夺，厚施而不伐，见人有善，欣然乐之。见人不善，惕然掩之。有其过而兼包之。授衣以最，授食以多。法下易由，事寡易为。是以中立而为人父母也。筑城而居之，别田而养之，立学以教之。使人知亲尊。亲尊故父服斩缞三年，为君亦服斩缞三年，为民父母之谓也。②

诗句"恺悌君子，民之父母"出自《大雅·泂酌》篇，意思是说和乐平易的君子是人民的父母。诗句之后马上提出君子怎样才能成为人民父母之问题，接着又对此展开详细的论述。依据这个例证来看，显然是"引事以明《诗》"。可惜这种体式在《韩诗外传》中仅此一例，不能说明什么问题。不过，在"故事＋诗"中，特别需要注意这些模式，比如：

①《四库全书总目》，第136页。

②屈守元：《韩诗外传笺疏》，第297—298页。

(1)哀公问孔子曰:“有智寿乎?”孔子曰:“然。人有三死而非命也者,自取之也。居处不理,饮食不节,佚劳者,病共杀之。居下而好干上,嗜欲无厌,求索不止者,刑共杀之。少以犹众,弱以侮强,忿不量力者,兵共杀之。故有三死而非命也者,自取之也。”《诗》曰:“人而无仪,不死何为。”

(2)传曰:在天者莫明乎日月,在地者莫明于水火,在人者莫明乎礼义。故日月不高,则所照不远;水火不积,则光炎不博;礼义不加乎国家,则功名不白。故人之命在天,国之命在礼。君人者降礼尊贤而王,重法爱民而霸,好利多诈而危,权谋倾覆而亡。《诗》曰:“人而无礼,胡不遄死。”

(3)君子有辩善之度。以治气养性,则身后彭祖;修身自强,则名配尧、禹。宜于时则达,厄于穷则处。信礼者也。凡用心之术,由礼则理达,不由礼则悖乱。饮食衣服,动静居处,由礼则知节,不由礼则墊陷生疾。容貌态度,进退移步,由礼则夷。国政无礼则不行,王事无礼则不成,国无礼则不宁,王无礼则死亡无日矣。诗曰:“人而无礼,胡不遄死。”

(4)传曰:不仁之至忽其亲,不忠之至倍其君,不信之至欺其友。此三者,圣人之所杀而不赦也。诗曰:“人而无礼,不死何为。”①

“人而无仪,不死何为”及“人而无礼,胡不遄死”出自《鄘风·相鼠》。“人而无仪,不死何为”见之于(1)(4),“人而无礼,胡不遄死”见之于(2)(3)。第(1)条意思是说,鲁哀公向孔子请教聪明人长寿的问题,孔子肯定聪明人是长寿的,并指出人有三种不属于正命的死法,比如起居没有条理、饮食没有节制、操劳过度的人,

①屈守元:《韩诗外传笺疏》,第11—16页。

疾病就会害死他；喜好冒犯地位高的人、欲望永远不满足、要求永远不停止的人，刑罚杀害他。这些人之所以不能长寿，都是自己招来的。“人而无仪，不死何为”是说为人没有仪表，为什么不去死呢？显然，诗句的意思与孔子的论述在内涵方面有一致的地方。然而，是诗句印证前面的文字，还是前面的文字阐释诗句，单凭此条是难以分辨清楚的。第（4）条是说，人不仁爱到了极点，以至于疏忽父母；不忠心到了极点，以至于背叛君主；不诚信到了极点，以至于欺骗朋友。对于这三种人，圣明的君主要毫不留情的处死。很明显，这三种人的行为是违背礼的精神的，他们被处死可谓罪有应得；而“人而无仪，不死何为”也是从这个角度立论的。可见二者所要表述的精神是相通的。当然，仅依据此条也同样难以说明二者的关系。但是，当（1）（4）被放置在一起的时候，情形发生了变化，“人而无仪，不死何为”就成为关注的中心，前面引述的内容是服务于这一诗句的。这在（2）（3）条中更加明显。第（2）条大段文字见于《荀子·天论篇》云：

> 在天者莫明于日月，在地者莫明于水火，在物者莫明于珠玉，在人者莫明于礼义。故日月不高，则光晖不赫；水火不积，则晖润不博；珠玉不睹乎外，则王公不以为宝；礼义不加于国家，则功名不白。故人之命在天，国之命在礼。君人者隆礼尊贤而王，重法爱民而霸，好利多诈而危，权谋、倾覆、幽险而尽亡矣。①

表面上来看，《外传》的文字大抵源自《荀子》，但仔细比较，两者的差异是明显的。《外传》在引述《荀子》时并不是原文照搬，而是作了适当调整。更为重要的是，《天论篇》后面并没有引《诗》。在

①王先谦：《荀子集解》，第211页。

《外传》上述文字中，既摘录《天论篇》，又引用《诗》，可见这样做并不是用《诗》来论证所引《天论篇》，恰好相反，是用《天论篇》的文字来解释所引《诗》句。第(3)条大段文字见于《荀子·修身篇》：

> 扁善之度，以治气养生，则后彭祖。以修身自名，则配尧禹。宜于时通，利以处穷，礼信是也。凡用血气、志意、知虑，由礼则治通，不由礼则勃乱提僈。食饮、衣服、居处、动静，由礼则和节，不由礼则触陷生疾。容貌、态度、进退、趋行，由礼则雅，不由礼则夷固僻违庸众而野。故人无礼则不生，事无礼则不成，国家无礼则不宁。《诗》曰："礼仪卒度，笑语卒获。"此之谓也。①

《外传》在引述时也做了修改，特别是《外传》并没有援引《修身篇》所引之《诗》句，而是将其做了调换。这一做法不仅意味着韩婴对此段文字的意义有着自身的理解，更为重要的是韩婴选择这一资料，其目的在于阐释"人而无礼，胡不遄死"。

其实，在《韩诗外传》中，用几条材料证明同一诗句的现象是颇为常见的，除上述引证外，又如：

> (1)原宪居鲁，环堵之室，茨以蒿莱。蓬户瓮牖，桷桑而为枢。上漏下湿，匡坐而弦歌。子贡乘肥马，衣轻裘，中绀而表素，轩不容巷，而往见之。原宪楮冠黎杖而应门。正冠则缨绝，振襟则肘见，纳履则踵决。子贡曰："嘻！先生何病也！"原宪仰而应之曰："宪闻之，无财之谓贫，学而不能行之谓病。宪贫也，非病也。若夫希世而行，比周而友，学以为人，教以为己；仁义之匿，车马之饰，衣裘之丽，宪不忍为之也。"子贡逡巡，面有惭色，不辞而去。原宪乃徐步曳杖，歌

①王先谦：《荀子集解》，第13—14页。

《商颂》而反。声沧于天地,如出金石。天子不得而臣也,诸侯不得而友也。故养身者忘家,养志者忘身。身且不爱,孰能忝之?《诗》曰:"我心匪石,不可转也。我心匪席,不可卷也。"

(2)传曰:所谓士者,虽不能尽备乎道术,必有由也。虽不能尽乎美著,必有处也。言不务多,务审所行而已。行既已尊之,言既已由之,若肌肤、性命之不可易也。《诗》曰:"我心匪石,不可转也。我心匪席,不可卷也。"

(3)传曰:喜名者必多怨,好与者必多辱。唯灭迹于人,能随天地自然,为能胜理,而无爱名。名兴则道不用,道行则人无位矣。夫利为害本,而福为祸先。唯不求利者为无害,不求福者为无祸。《诗》曰:"不忮不求,何用不臧!"

(4)传曰:聪者自闻,明者自见,聪明,则仁爱著,而廉耻分矣。故非道而行之,虽劳不至;非其有而求之,虽强不得。故智者不为非其事,廉者不求非其有。是以害远而名彰也。《诗》云:"不忮不求,何用不臧!"

(5)传曰:安命养性者,不待积委而富;名号传乎世者,不待势位而显。德义畅乎中,而无外求也。信哉,贤者之不以天下为名利也!《诗》曰:"不忮不求,何用不臧!"①

"我心匪石,不可转也。我心匪席,不可卷也"见于《邶风·柏舟》第三章前四句,意思是说自己意志坚定。第(1)则通过原宪与子贡的对话,突出原宪安贫乐道的精神。第(2)则属于论述性文字,意思是说,作为士,虽然不能知晓所有的道术,但会遵循一定的路径;虽然不能做到完美,但会坚持一定的原则;虽然言论不多,但

①屈守元:《韩诗外传笺疏》,第19—28页。

会考察行事是否符合正道；行为符合正道，言论符合常理，就像珍惜自己的身体、性命一样不可改变。由此看来，第(1)(2)引述的材料与诗意是吻合的，那么，韩婴选择这两则资料，显然不是借助“我心匪石，不可转也。我心匪席，不可卷也”来印证前面的论述，而是从不同角度阐释这一诗句。同样，第(3)(4)(5)也是通过不同资料来说明“不忮不求，何用不臧”。

因此，借助上面的分析，我们大致可以确认在《韩诗外传》“故事＋诗”这一模式中，“故事”与“诗”的关系应该是“引事以明《诗》”，而不是相反。那么“故事＋诗＋附加成分”是不是也如此呢？从形式上来看，“故事＋诗”与“故事＋诗＋附加成分”有相同之处，即都有“故事＋诗”的成分，不同之处在于附加成分，那么，“附加成分”有没有可能会影响“故事＋诗”所蕴含的“引事以明《诗》”的性质呢？我们还是结合相关文本来加以分析。卷一载：

> 楚白公之难，有仕之善者，辞其母将死君。其母曰：“弃母而死君，可乎？”曰：“吾闻事君者内其禄而外其身。今之所以养母者，君之禄也。请往死之。”比至朝，三废车中。其仆曰：“子惧，何不反也？”曰：“惧，吾私也；死君，吾公也。吾闻君子不以私害公。”遂往死之。君子闻之，曰：“好义哉！必济矣夫。”《诗》云：“深则厉，浅则揭。”此之谓也。①

楚国白公胜作乱，庄之善辞别母亲，准备为国君牺牲。君子听说这件事后说：“这是一位爱好正义的人啊，他一定会成功的。”君子的评论是针对庄之善的行为而发的。在君子的评论之后，又引述《邶风・匏有苦叶》的诗句“深则厉，浅则揭”，最后以“此之谓也”作结。就表达形式来看，“深则厉，浅则揭”与君子的评论一样，应

①屈守元：《韩诗外传笺疏》，第39页。

该是对庄之善行为的说明。因此，这个例证在形式上同先秦盛行的引诗是相似的，具有“引《诗》以证事”的特征。又如卷二载：

> 楚庄王听朝罢晏，樊姬下堂而迎之，曰：“何罢之晏也？得无饥倦乎？”庄王曰：“今日听忠贤之言，不知饥倦也。”樊姬曰：“王之所谓忠贤者，诸侯之客欤？中国之士欤？”庄王曰：“则沈令尹也。”樊姬掩口而笑。王曰：“姬之所笑何也？”姬曰：“妾得于王，尚汤沐，执巾栉，振衽席，十有一年矣。然妾未尝不遣人之梁郑之间，求美人而进之于王也。与妾同列者十人，贤于妾者二人。妾岂不欲擅王之宠哉？不敢以私愿蔽众美，欲王之多见则娱。今沈令尹相楚数年矣，未尝见进贤而退不肖也，又焉得为忠贤乎？”庄王旦朝，以樊姬之言告沈令尹。令尹避席而进孙叔敖。叔敖治楚三年而楚国霸。楚史援笔而书之于策曰：“楚之霸，樊姬之力也。”《诗》曰：“百尔所思，不如我所之。”樊姬之谓也。①

樊姬用自己的行为向楚庄王阐明什么是忠贤，庄王接受樊姬的忠告，使楚国走向霸主的地位。文章借用楚史的记载来表明樊姬在楚国争霸中的作用，接着引述《鄘风·载驰》的诗句，意思是说你尽管有很多的想法，可是不如我亲自前往。这句诗明显有赞美樊姬的意味。因此，单纯从这些例证来看，引诗的目的确实有印证资料的作用，但是，我们是否由此得出凡“故事＋诗＋附加成分”就一定具有“引《诗》以证事”之性质这一结论呢？

《韩诗外传》卷一第九章、十章均引述“我心匪石，不可转也。我心匪席，不可卷也”，这在前面已经讨论过了。需要注意的是，同卷第八章曰：

---

①屈守元：《韩诗外传笺疏》，第65页。

> 王子比干杀身以成其忠，柳下惠杀身以成其信，伯夷、叔齐杀身以成其廉。此三子者，皆天下通士也，岂不爱其身哉？为夫义之不立，名之不显，则士耻之，故杀身以遂其行。由是观之，卑贱贫穷，非士之耻也，天下举忠而士不与焉，举信而士不与焉，举廉而士不与焉。三者存乎身。名传于世，与日月并而息，天不能杀，地不能生，当桀、纣之世不之能污也。然则非恶生而乐死也，恶富贵好贫贱也。由其理，尊贵及己，而仕也不辞也。孔子曰："富而可求，虽执鞭之士，吾亦为之。"故阨穷而不悯，劳辱而不苟，然后能有致也。诗曰："我心匪石，不可转也，我心匪席，不可卷也。"此之谓也。①

这一段文字通过比干、柳下惠、伯夷、叔齐的事例讲述士人的立身之道，表明即使处于恶劣的环境也决不改变志意；同样，诗句"我心匪石，不可转也。我心匪席，不可卷也"也表达意志坚定的含义，可见二者是相通的。结尾"此之谓也"的提法似乎表明诗句是用来论证前面的事例的，单纯从形式方面来看，这一理解并不算错误。可是，此章与第九章、十章被编排在一起，而后两章，依据前面的分析，是"引事以明《诗》"，那么，此章使用同样的诗句，其用意似乎也应是如此。这一推测还可从下面这些例证得到说明，比如说：

> 晋灵公之时，宋人杀昭公。赵宣子请师于灵公而救之。灵公曰："非晋国之急也。"宣子曰："不然。夫大者天地，其次君臣，所以为顺也。今杀其君，所以反天地，逆人道也。天必加灾焉。晋为盟主而不救，天罚惧及矣。《诗》云：'凡民有丧，匍匐救之。'而况国君乎？"于是灵公乃与师而从之。宋人

①屈守元：《韩诗外传笺疏》，第16—17页。

闻之,俨然感说,而晋国日昌。何则?以其诛逆存顺。《诗》曰:“凡民有丧,匍匐救之。”赵宣子之谓也。①

宋国人杀掉自己的国君昭公,赵宣子请求晋灵公出兵拯救。灵公开始不答应,后来在赵宣子的劝说下答应了。赵宣子指出,晋国作为盟主而不去解救宋国的祸乱,恐怕要遭受上天的惩罚,《诗经》上说“凡人们遇到灾祸,就要尽力去帮助”。在此,赵宣子引述《诗经》里的话,显然想通过它来加强说服力。可是,这段文字的最后又出现同样的诗句,那么它在此处的作用显然并不是要去论证前面的叙述,而是前面的文字是用来阐明它的。下面的例证或许更能说明问题:

(1)夫霜雪雨露,杀生万物者也。天无事焉,犹之贵天也。执法厌文治官治民者有司也。君无事焉,犹之尊君也。夫辟土殖谷者后稷也,决江流河者禹也,听狱执中者皋陶也,然而有圣名者尧也。故有道以御之,身虽无能也,必使能者为己用也。无道以御之,彼虽多能,犹将无益于存亡矣。《诗》曰:“执辔如组,两骖如舞。”贵能御也。

(2)传曰:孔子云:“美哉!颜无父之御也。马知后有舆而轻之,知上有人而爱之。马亲其正而爱其事,如使马能言,彼将必曰:乐哉!今日之驺也。至于颜沦少衰矣。马知后有舆而轻之,知上有人而敬之。马亲其正而敬其事,如使马能言,彼将必曰:驺来,其人之使我也!至于颜夷而衰矣。马知后有舆而重之,知上有人而畏之。马亲其正而畏其事,如使马能言,彼将必曰:驺来驺来,女不驺,彼将杀女。故御马有法矣,御民有道矣。法得则马和而欢,道得则民安而集。”

①屈守元:《韩诗外传笺疏》,第40—41页。

《诗》曰:“执辔如组,两骖如舞。”此之谓也。

(3)颜渊侍坐鲁定公于台。东野毕御马于台下。定公曰:“善哉！东野毕之御上也。”颜渊曰:“善则善矣,其马将佚矣。”定公不说,以告左右曰:“闻君子不谮人,君子亦谮人乎?”颜渊退,俄而厩人以东野毕马佚闻矣。定公揭席而起曰:“趣驾召颜渊。”颜渊至,定公曰:“乡寡人曰:‘善哉东野毕之御也。’吾子曰:‘善则善矣,然则马将佚矣。’不识吾子何以知之?”颜渊曰:“臣以政知之。昔者舜工于使人,造父工于使马。舜不穷其民,造父不极其马。是以舜无佚民,造父无佚马。今东野毕之上车执辔,衔体正矣。周旋步骤,朝礼毕矣。历险致远,马力殚矣。然犹策之不已,所以知其佚也。”定公曰:“善,可少进。”颜渊曰:“兽穷则啮,鸟穷则啄,人穷则诈。自古及今,穷其下,能不危者,未之有也。《诗》曰:‘执辔如组,两骖如舞。’善御之谓也。”定公曰:“寡人之过矣。”①

这三则材料都引述《郑风·大叔于田》的诗句“执辔如组,两骖如舞”,那么,韩婴将它们编列在一起,目的是通过这一诗句来论证前面的材料还是运用这些材料来阐释诗句,就这一编排行为而言,这两句诗应该是重点所在。也就是说,通过这些材料来阐释诗句的可能性会更大一些。不过,这三则材料内部还是有些差异的,第(1)(2)则材料中的诗句是独立于材料之外的,而第(3)则材料中的诗句为颜渊所引述,显然属于引诗。也就是说,在第(3)则材料中,引用“执辔如组,两骖如舞”的目的在于论证,而不是被阐释。关于第(3)则材料,屈守元说:“此事出《庄子·达生篇》,而《吕氏春秋·适威篇》本之。……又见《荀子·哀公篇》,而《伪家

①屈守元:《韩诗外传笺疏》,第75—78页。

语·颜回篇》袭之,其文亦微有不同。……惟《新序·杂事》五全用此文。"①今案《庄子》云:

> 东野稷以御见庄公,进退中绳,左右旋中规。庄公以为文弗过也,使人钩百而反。颜阖遇之,入见曰:"稷之马将败。"公密而不应。少焉,果败而反。公曰:"子何以知之?"曰:"其马力竭矣。而犹求焉,故曰败。"②

比较起来,尽管核心事件相似,但二者的区别还是不小,比如一作"定公",一作"庄公";一作"颜渊",一作"颜阖"。更为重要的是,《庄子》此处并没有引诗。又《吕氏春秋》云:

> 东野稷以御见庄公,进退中绳,左右旋中规。庄公曰:"善。"以为造父不过也,使之钩百而少及焉。颜阖入见。庄公曰:"子遇东野稷乎?"对曰:"然。臣遇之。其马必败。"庄公曰:"将何败?"少顷,东野之马败而至。庄公召颜阖而问之曰:"子何以知其败也?"颜阖对曰:"夫进退中绳,左右旋中规,造父之御,无以过焉。乡臣遇之,犹求其马,臣是以知其败也。"③

此条记载大体近于《庄子》。又《荀子》云:

> 定公问于颜渊曰:"东野子之善驭乎?"颜渊对曰:"善则善矣!虽然,其马将失。"定公不悦,入谓左右曰:"君子固谗人乎!"三日而校来谒,曰:"东野毕之马失,两骖列,两服入厩。"定公越席而起,曰:"趋驾召颜渊。"颜渊至,定公曰:"前日寡人问吾子,吾子曰:'东野毕之驭,善则善矣,虽然,其马

---

①屈守元:《韩诗外传笺疏》,第78页。
②陈鼓应:《庄子今注今译》,第491页。
③陈奇猷:《吕氏春秋校释》,第1281页。

将失。'不识吾子何以知之?"颜渊对曰:"臣以政知之。昔舜巧于使民,而造父巧于使马。舜不穷其民,造父不穷其马,是舜无失民,造父无失马也。今东野毕之驭,上车执辔,衔体正矣;步骤驰骋,朝礼毕矣;历险致远,马力尽矣。然犹求马不已,是以知之也。"定公曰:"善！可得少进乎?"颜渊对曰:"臣闻之:鸟穷则啄,兽穷则攫,人穷则诈。自古及今,未有穷其下而能无危者也!"①

《荀子》的记载与《韩诗外传》基本相同,只是没有引诗。《孔子家语》云:

鲁定公问于颜回曰:"子亦闻东野毕之善御乎?"对曰:"善则善矣,虽然,其马将必佚。"定公色不悦,谓左右曰:"君子固有诬人也。"颜回退。后三日,牧来诉之曰:"东野毕之马佚,两骖曳两服入于厩。"公闻之,越席而起,促驾召颜回。回至,公曰:"前日寡人问吾子以东野毕之御,而子曰'善则善矣,其马将佚',不识吾子奚以知之?"颜回对曰:"以政知之。昔者帝舜巧于使民,造父巧于使马。舜不穷其民力,造父不穷其马力,是以舜无佚民,造父无佚马。今东野毕之御也,升马执辔,御体正矣;步骤驰骋,朝礼毕矣;历险致远,马力尽矣,然而犹乃求马不已。臣以此知之。"公曰:"善！诚若吾子之言也。吾子之言,其义大矣,愿少进乎?"颜回曰:"臣闻之,鸟穷则啄,兽穷则攫,人穷则诈,马穷则佚。自古及今,未有穷其下而能无危者也。"公悦,遂以告孔子。孔子对曰:"夫其所以为颜回者,此之类也,岂足多哉。"②

---

①王天海:《荀子校释》,第1162页。

②王国轩、王秀梅:《孔子家语译注》,第153页。

此条记载大略同于《荀子》，只是多了鲁定公与孔子对话的情节。又《新序》云：

> 颜渊侍鲁定公于台，东野毕御马于台下。定公曰："善哉，东野毕之御。"颜渊曰："善则善矣，虽然，其马将失。"定公不悦，以告左右曰："吾闻之君子不谗人，君子亦谗人乎。"颜渊不悦，历阶而去。须臾，马败闻矣。定公蹴席而起曰："趋驾请颜渊。"颜渊至，定公曰："向寡人曰：善哉东野毕之御也。吾子曰：善则善矣，虽然其马将失矣。不识吾子何以知之也？"颜渊曰："臣以政知之。昔者舜工于使人，造父工于使马，舜不穷于其民，造父不尽其马，是以舜无失民，造父无失马。今东野之御也，上马执辔，御体正矣；周旋步骤，朝礼毕矣；历险致远，而马力殚矣。然求不已，是以知其失也。"定公曰："善。可少进与？"颜渊曰："兽穷则触，鸟穷则啄，人穷则诈，自古及今，穷其下能无危者，未之有也。《诗》曰：执辔如组，两骖如舞。善御之谓也。"定公曰："善哉，寡人之过也。"①

上面几份材料，虽各有异同，但比较起来，大体《庄子》《吕氏春秋》为一系，《荀子》《孔子家语》为一系，《韩诗外传》《新序》为一系，那么，该如何看待这些文献之间的关系呢？石光瑛分析说：

> 《庄子》释文李曰："鲁庄公或谓与颜阖不同时，当是卫庄公也。"高诱《吕子》注云："颜阖在春秋后，鲁穆公时人，后庄公十二世矣，若实庄公，颜阖为妄，若实颜阖，庄公为妄，由此观之，咸阳市门之金可载归也。"毕本引梁伯子云："此本《庄子·达生篇》释文引李说，以为是卫庄公。考《庄子·人间世篇》言颜阖将傅卫灵公太子。《让王篇》言鲁君致币颜阖，李

①石光瑛：《新序校释》，第707—714页。

> 云鲁哀公，亦见本书《贵生篇》。又《庄子·列御寇篇》言鲁哀公问颜阖，则此为卫庄公是也。而《荀子·哀公篇》《韩诗外传》二、《新序·杂事》五、《家语·颜回篇》皆云鲁定公问颜回东野之御，盖传闻异辞耳。高氏未加考核，误以为鲁庄公，訾《吕氏》妄说，思载咸阳市门之金，何其陋也。"俞正燮《癸巳存稿》十二云："《吕氏》言颜阖事，与《庄子》文同，《庄子》释文李曰：鲁庄公或曰卫庄。案《庄子·让王》《吕氏·贵生》并云鲁君闻颜阖得道之人，使以币先焉，《庄子》释文李曰：鲁哀公。又《庄子·列御寇篇》有鲁哀公问颜阖，《人间世篇》言颜阖事卫灵公太子，则《适威》之庄公，定是卫庄，得见鲁哀公。又《荀子·哀公篇》颜阖与定公言，（案《荀》作颜渊，俞氏误。）亦及鲁定时。《庄子·达生》之李颐注为误，而高诱以鲁庄、颜阖不同时，思载其金。不悟《吕氏》并未言鲁庄，何由取金。明方孝孺以鲁庄与颜阖论笃为《吕氏》病，《日知录》又有传记不考世代一条，亦袭之，岂非高诱利令智昏之所致邪。"案：梁、俞二说驳高注皆是，高氏诚未免冒昧。惟各书记此事，互有不同，梁、俞以为指卫庄为允，范家相《家语疏证》谓《庄子》先于诸家，宜从之。光瑛案：《晏子》书言昔卫东野氏之驾也，公说之，则似毕是卫人，自以卫庄公之说为允。中垒以荀、韩大儒，言宜可信，故断从之，所采即《外传》文。①

依据这番考证，大致可得出这些认识：一是此事件之最早记载为《庄子》；二是本事当为卫庄公与颜阖论御马；三是《荀子》《韩诗外传》《新序》《孔子家语》所云鲁定公问颜回东野之御为传闻异辞；四是《韩诗外传》之说当本于《荀子》，而为《新序》所继承。在阐明

---

①石光瑛：《新序校释》，第707—708页。

这些文献渊源之后，我们发现韩婴尽管选择《荀子》此条材料，但并没有照搬，而是在其基础上适当做了调整修改。因此，文中引诗当为韩婴手笔。这样，经过韩婴的改造，它就成为一个引诗的文本。

《外传》引《诗》的主要目的在于解释所引之诗，而对于这些诗的解释又主要是通过选录故事来完成的。徐复观分析早期社会思想家表达自己思想有两种方式，“一种方式，或者可以说是属于《论语》《老子》的系统。把自己的思想，主要用自己的语言表达出来，赋予概念性的说明。这是最常见的诸子百家所用的方式。另一种方式，或者可以说是属于《春秋》的系统。把自己的思想，主要用古人的言行表达出来；通过古人的言行，作自己思想得以成立的根据。这是诸子百家用作表达的一种特殊方式”。① 目前一般认为《老子》也主要是通过收集谚语而编纂的，然而，这两种形态确实是早期社会最为典型的著述方式。这两种方式其实反映哲学家与史学家著述之别，《韩诗外传》是挪用史学家的著述形式来表达思想观点。李炳海说：“该书是韩诗学派经师为阐释《诗经》要义所作，每个故事的后面引《诗经》的句子作为结论。表面看来是故事在先，《诗经》的句子在后，……实际是根据讲述《诗经》的需要，援引或编造出相应的故事。”②很多人注意到《韩诗外传》与《荀子》之间的关联，《史记·儒林列传》明确指出韩婴说诗与齐、鲁的不同，此后的《汉书》也再一次肯定这个说法，金德建分析说：

> 鲁地原来是所谓儒者之邦，自然有所凭借，会产生自成

①徐复观：《两汉思想史》(第三卷)，第 1 页。

②李炳海：《汉代文学的情理世界》，第 14 页。

一派诗说的趋势，不是别的地方所能及。齐地原来也有过迂怪之说，因此后来《齐诗》里，颇多采用纬书，有“五际六情”等很别致的说法。可是韩婴的籍贯却在偏僻的燕地，向来似乎并没有以传诗著名的人物或者事迹可寻。那末所谓地域方面的渊源关系，我们就不得不注意到和燕比邻的赵地了。从赵地探索起来，可以举出荀卿，荀卿原来是传授《诗经》的一位大师。韩婴的《诗经》学来源，必定是继承荀卿。

从地缘方面探究韩婴与荀卿的联系，这不能不说是一个有效的选择。金德建还具体摘出《外传》与《荀子》相关的章节，这些相似之处多达58处。其实，金德建在讨论《外传》与《荀子》的密切关系时也注意到“《韩诗外传》各节文字，间或也有与《吕氏春秋》《淮南子》《管子》《大戴礼记》《说苑》诸书中的文字相同的”，①这种现象说明什么呢？这表明《外传》编纂所使用的材料有着比较广泛的来源，然而仔细比较这些文献，也可以看出《外传》与它们的差异。《外传》卷六云：

问者曰：“古之谓知道者曰先生，何也？”“犹言先醒也。不闻道术之人，则冥于得失。不知乱之所由，眊眊乎其犹醉也。故世主有先生者，有后生者、有不生者。昔者楚庄王谋事而当，居有忧色。申公巫臣问曰：‘王何为有忧也？’庄王曰：‘吾闻诸侯之德，能自取师者王，能自取友者霸，而与居不若其身者亡。以寡人之不肖也，诸大夫之论莫有及于寡人，是以忧也。’庄王之德宜君人，威服诸侯，日犹恐惧，思索贤佐，此其先生者也。昔者宋昭公出亡，谓其御曰：‘吾知其所以亡矣。’御者曰：‘何哉？’昭公曰：‘吾被服而立，侍御者数十

①金德建：《司马迁所见书考》，第52—55页。

人，无不曰吾君丽者也。吾发言动事，朝臣数百人，无不曰吾君圣者也。吾外内不见吾过失，是以亡也。’于是改操易行，安义行道，不出二年而美闻于宋。宋人迎而复之，谥为昭。此其后生者也。昔郭君出郭，谓其御者曰：‘吾渴欲饮。’御者进清酒。曰：‘吾饥欲食。’御者进干脯粱糗。曰：‘何备也？’御者曰：‘臣储之。’曰：‘奚储之？’御者曰：‘为君之出亡而道饥渴也。’曰：‘子知吾且亡乎？’御者曰：‘然。’曰：‘何不以谏也？’御者曰：‘君喜道谀而恶至言。臣欲进谏，恐先郭亡，是以不谏也。’郭君作色而怒曰：‘吾所以亡者，诚何哉？’御转其辞曰：‘君之所以亡者，太贤。’曰：‘夫贤者所以不为存而亡者，何也？’御曰：‘天下无贤而独贤，是以亡也。’郭君喜，伏轼而笑，曰：‘嗟乎！夫贤人如此苦乎？’于是身倦力解，枕御膝而卧。御自易以备，疏行而去。身死中野，为虎狼所食。此其不生者也。故先生者，当年而霸，楚庄王是也。后生者，三年而复，宋昭公是也。不生者，死中野，为虎狼所食，郭君是也。”《诗》曰：“听言则对，诵言如醉。”①

这一章讨论世主有先生、后生、不生之分，顺次述及楚庄王、宋昭公及郭君之事。《吕氏春秋·骄恣篇》云：

魏武侯谋事而当，攘臂疾言于庭曰：“大夫之虑莫如寡人矣！”立有间，再三言。李悝趋进曰：“昔者楚庄王谋事而当，有大功，退朝而有忧色。左右曰：‘王有大功，退朝而有忧色，敢问其说？’王曰：‘仲虺有言，不谷说之。曰：“诸侯之德，能自为取师者王，能自取友者存，其所择而莫如己者亡。”今以不谷之不肖也，群臣之谋又莫吾及也，我其亡乎！’曰，此霸王

①许维遹：《韩诗外传集释》，第213—216页。

之所忧也，而君独伐之，其可乎?”武侯曰:“善。”人主之患也，不在于自少，而在于自多。自多则辞受，辞受则原竭。李悝可谓能谏其君矣，壹称而令武侯益知君人之道。①

又《新序·杂事》卷一云:

昔者魏武侯谋事而当，群臣莫能逮，朝而有喜色。吴起进曰:“今者有以楚庄王之语闻者乎?”武侯曰:“未也。庄王之语奈何?”吴起曰:“楚庄王谋事而当，群臣莫能逮，朝而有忧色。申公巫臣进曰:‘君朝而有忧色，何也?’楚王曰:‘吾闻之，诸侯自择师者王，自择友者霸，足己而群臣莫之若者亡。今以不谷之不肖，而议于朝，且群臣莫能逮，吾国其几于亡矣，吾是以有忧色也。’庄王之所以忧，而君独有喜色，何也?”武侯逡巡而谢曰:“天使夫子振寡人之过也，天使夫子振寡人之过也。”②

这三则文献都描述楚庄王的事件，可是它们的载录是存在差异的。《外传》首先强调“楚庄王谋事而当”，然后叙述庄王与申公巫臣的对话，就此而言，与《新序》是比较一致的。然而，《新序》中楚庄王的事件其实源于吴起与魏武侯的谈话，《新序》记载魏武侯因为谋事得当，群臣都比不上而沾沾自喜，吴起就此引出楚庄王事件。这个模式与《吕氏春秋》又比较接近，可是二者还是有着区别，主要在于《吕氏春秋》中与魏武侯对话的不是吴起而是李悝。《新序·杂事》卷五还记载如下两个事件:

先是郭君残贼其百姓，害伤其群臣，国人将背叛，共逐之。其御知之，豫装赍食。及乱作，郭君出亡，至于野而饥，

①陈奇猷:《吕氏春秋校释》，第1404—1405页。

②石光瑛:《新序校释》，第59—62页。

其御出所装食进之。郭君曰:“何以知之而赍食?”对曰:“君之暴虐,其臣下之谋久矣。”郭君怒,不食。曰:“以吾贤至闻也,何谓暴虐。”其御惧曰:“臣言过也。君实贤,惟群臣不肖,共害贤。”然后靖郭君悦,然后食。故齐闵王、郭君,虽至死亡,终身不渝者也。悲夫。

宋昭公出亡,至于鄗,喟然叹曰:“吾知所以亡矣。吾朝臣千人,发政举吏,无不曰吾君圣者;侍御数百人,被服以立,无不曰吾君丽者。内外不闻吾过,是以至此。”由宋君观之,人主之所以离国家失社稷者,谄谀者众也。故宋昭亡而能悟,盖得反国云。

这两个例证与《外传》大致相同,特别是宋昭公的故事。然而石光瑛以为《新序》所载宋昭公事出自《新书·先醒篇》,并引卢文弨之说以为《新序》郭君之事亦与《新书》略同。① 案《新书·先醒篇》载:

怀王问于贾君曰:“人之谓知道者先生,何也?”贾君对曰:“此博号也,大者在人主,中者在卿大夫,下者在布衣之士。乃其正名,非为先生也,为先醒也。彼世主不学道理,则嘿然惛于得失,不知治乱存亡之所由,忳忳然犹醉也。而贤主者学问不倦,好道不厌,惠然独先乃学道理矣。故未治也知所以治,未乱也知所以乱,未安也知所以安,未危也知所以危,故昭然先寤乎所以存亡矣。故曰先醒,辟犹俱醉而独先发也。故世主有先醒者,有后醒者,有不醒者。

昔楚庄王即位,自静三年,以讲得失,乃退僻邪而进忠正,能者任事而后在高位,内领国政,辟草而施教,百姓富,民

①石光瑛:《新序校释》,第736—740页。

恒一，路不拾遗，国无狱讼。当是时也，周室坏微，天子失制矣，宋郑无道，欺昧诸侯。庄王围宋伐郑，郑伯肉袒牵羊，奉簪而献国。庄王曰："古之伐者，乱则整之，服则舍之，非利之也。"遂弗受。乃与晋人战于两棠，大克晋人，会诸侯于汉阳，申天子之辟禁，而诸侯说服。庄王归过申侯之邑，申侯进饭，日中而王不食。申侯请罪曰："臣斋而具食甚洁，日中而不饭，臣敢请罪。"庄王喟然叹曰："非子之罪也。吾闻之曰，其君贤君也，而又有师者王；其君中君也，而有师者伯；其君下君也，而群臣又莫若者亡。今我下君也，而群臣又莫若不谷，恐亡有也。吾闻之，世不绝贤。天下有贤，而我独不得，若吾生者，何以食为？"故庄王战服大国，义从诸侯，戚然忧恐，圣智在身，而自错不肖，思得贤佐，日中忘饭，可谓明君矣。此之谓"先寤所以存亡"，此先醒者也。

昔宋昭公出亡至于境，喟然叹曰："呜呼！吾知所以亡！吾被服而立，侍御者数百人，无不曰吾君丽者；吾发政举事，朝臣千人，无不曰吾君圣者。外内不闻吾过，吾是以至此，吾困宜矣。"于是革心易行，衣苴布，食鳞馂，昼学道而夕讲之。二年，美闻于宋。宋人车徒迎而复位，卒为贤君，谥为昭公。既亡矣，而乃寤所以存，此后醒者也。

昔者虢君骄恣自伐，谄谀亲贵，谏臣诘逐，政治踳乱，国人不服。晋师伐之，虢人不守，虢君出走，至于泽中，曰："吾渴而欲饮。"其御乃进清酒。"吾饥而欲食。"御进腶脯粱糗。虢君喜曰："何给也？"御曰："储之久矣。""何故储之？"对曰："为君出亡而道饥渴也。"君曰："知寡人亡邪？"对曰："知之。"曰："知之，何以不谏？"对曰："君好谄谀而恶至言，臣愿谏，恐先虢亡。"虢君作色而怒。御谢曰："臣之言过也。"为间，君曰："吾之亡者，诚何也?"其御曰："君弗知耶? 君之所以亡者，以大贤也。"虢君曰："贤，人之所以存也。乃亡何也?"对曰："天下之君皆不肖，夫疾吾君之独贤也，故亡。"虢君喜，据式而笑，曰："嗟! 贤固若是苦耶!"遂徒行而于山中居，饥倦，枕御膝而卧。御以块自易，逃行而去。君遂饿死，为禽兽食。此已亡矣，犹不悟所以亡，此不醒者也。

故先醒者，当时而伯；后醒者，三年而复；不醒者，枕土而死，为虎狼食。呜呼，戒之哉!①

很显然，《新书·先醒篇》比起《新序》《吕氏春秋》来说与《外传》更接近，二者不但在结构上比较一致，而且三个故事的排列相同，其情节也大致一样。因此，《新书·先醒篇》很可能利用《外传》的材料，至少是利用与《外传》相同的祖本。至于二者的差异，很可能是出于贾谊的加工，这可从开头"怀王问于贾君"的叙述看出。然而，尽管《新书·先醒篇》乃至《新序》《吕氏春秋》与《外传》有着大致相近的故事，但它们采用这些故事的用意却不太相同，《外传》利用这些故事，显然是用来解释"听言则对，诵言如醉"这句诗。按照郑玄的理解，这句诗是说："贪恶之人，见道听之言则应答之，见诵《诗》《书》之言则冥卧如醉。"②这样，可见这些故事所蕴涵的意义与此句诗中的"听言""诵言"是比较切合的。

通过上面的论述，可以发现《外传》辑录故事的目的在于解释相应的诗句，或者说，《外传》主要是依据诗句来编辑故事的。这样，诗句在《外传》中实际上占据核心文本的位置。其实，从编纂的角度来看，我们可以发现诗句的作用还在于"《外传》篇章编次

①阎振益、钟夏：《新书校注》，第261—263页。

②孔颖达：《毛诗正义》，第1189页。

按所引《诗》句在《诗经》篇章中出现的先后来排列"的。汪祚民分析指出,"只要我们将《外传》各卷每章所引《诗经》语句及其具体出处篇名按《外传》章次排列,就可以发现其许多卷内《诗》句及其出处篇名的先后排列很有规律,其中卷2、卷4、卷10等3卷最为典型突出",倘若援引的是同一首诗,"会发现各组引《诗》原文的排列次序与其在出处诗篇中出现的先后完全一致,先出现的排在前,后出现的排在后,诗句相同的并列在一起"。① 这再一次说明诗句在《外传》文本中的核心地位。

三 《韩诗外传》引诗之渊源

就《韩诗外传》的引诗来看,"故事+诗"型引诗出于"引事以明《诗》"的目的;而"故事+诗+附加成分"型较为复杂,有的出于"引事以明《诗》"之目的,有的则出于"引《诗》以证事"之目的。那么,《韩诗外传》的引诗为何会存在这些形态呢?早期"传"这种训诂体式主要有两种类型:一是着重对经文大义的解释,一是借助史实来解释经文,亦即传义、传事之别,前者最为典型的是《公羊传》《穀梁传》,后者则为《左传》。《春秋》记事往往只载录事件的结果,对于事件的过程性则无暇载录,比如隐公元年载"夏五月,郑伯克段于鄢",《公羊传》解释说:

> 克之者何?杀之也。杀之,则曷为谓之克?大郑伯之恶也。曷为大郑伯之恶?母欲立之,己杀之,如勿与而已矣。段者何?郑伯之弟也。何以不称弟?当国也。其地何?当国也。齐人杀无知,何以不地?在内也。在内,虽当国不地

① 汪祚民:《〈韩诗外传〉编排体例考》,《陕西师范大学学报》,2003年第3期。

也，不当国，虽在外亦不地也。①

《穀梁传》云：

克者何？能也。何能也？能杀也。何以不言杀？见段之有徒众也。段，郑伯弟也。何以知其为弟也？杀世子、母弟目君，以其目君，知其为弟也。段，弟也，而弗谓弟；公子也，而弗谓公子，贬之也。段失子弟之道矣，贱段而甚郑伯也。何甚乎郑伯？甚郑伯之处心积虑，成于杀也。于鄢，远也。犹曰取之其母之怀中而杀之云尔，甚之也。然则为郑伯者宜奈何？缓追逸贼，亲亲之道也。②

据此，不难发现《公羊》《穀梁》侧重于对《春秋》所载字句及大义的阐释。与此不同的是，《左传》通过对郑庄公与其母姜氏及其弟共叔段，以及姜氏与其子共叔段之关系的描述，从而将“郑伯克段于鄢”这一事件的过程性予以彻底揭示，让人明白其间的因果关系。早期“传”在传义、传事之外，其表现方式也值得注意，比如《韩非子》之《解老》篇云：

德者内也。得者外也。“上德不德”，言其神不淫于外也。神不淫于外则身全。身全之谓得，得者得身也。凡德者，以无为集，以无欲成，以不思安，以不用固。为之欲之，则德无舍；德无舍则不全。用之思之，则不固；不固则无功；无功则生有德。德则无德，不德则有德。故曰：“上德不德，是以有德。”③

在训诂形式上，《解老》通常将被训解的经文置于文尾，前面则是

①徐彦：《春秋公羊传注疏》，第118页。

②杨士勋：《春秋穀梁注疏》，第4—5页。

③王先慎：《韩非子集解》，第95页。

对字句及含义的解释，从而形成“训解＋经文”的体式。《喻老》篇也存在类似的体式，不同之处在于用“故事”取代字义的训解，亦即“故事＋经文”的形式：

> 昔晋公子重耳出亡，过郑，郑君不礼。叔瞻谏曰：“此贤公子也，君厚待之，可以积德。”郑君不听。叔瞻又谏曰：“不厚待之，不若杀之，无令有后患。”郑公又不听。及公子返晋邦，举兵伐郑，大破之，取八城焉。晋献公以垂棘之璧假道于虞而伐虢，大夫宫之奇谏曰：“不可。唇亡而齿寒，虞、虢相救，非相德也。今日晋灭虢，明日虞必随之亡。”虞君不听，受其璧而假之道。晋已取虢，还，反灭虞。此二臣者皆争于腠理者也，而二君不用也。然则叔瞻、宫之奇亦虞、郑之扁鹊也，而二君不听，故郑以破，虞以亡。故曰：“其安易持也，其未兆易谋也。”①

“其安易持也，其未兆易谋也”见于《老子》第六十四章，此章着重论述人们一方面要慎重对待祸患的根源，在祸乱发生之前要先做好预防工作；一方面要认识到事情往往由小到大，由近及远，因此要重视基础工作。这句话是说，局面稳定时容易把守，事情还没有迹象时容易谋划。韩非所举的叔瞻谏郑君、宫之奇谏虞君两个事件，都能很好地解释《老子》这句话。

《韩诗外传》的训诂体式与《解老》《喻老》特别后者是非常相似的，它也是采取“故事＋经文”的形式，徐复观指出：“孔子据鲁《史记》以作《春秋》，因年月首尾完具，除‘取其义’外，更有史学的重大意义。……《孟子》采用此种方式不多；《荀子》采用此一方式的比率，则较《孟子》为重。尤其是疑成于荀卿弟子之手的《大略》

①王先慎：《韩非子集解》，第119页。

《宥坐》等六篇，更为《韩诗外传》所承继。”这里强调《韩诗外传》与《大略》《宥坐》等的承继关系，而《大略》《宥坐》等六篇的体式与《韩诗外传》确实有相似的地方，但比起《喻老》与《外传》的相似性来说还是存在不小的距离。因此，徐复观又说：“《韩非子·解老篇》，以抽象的语言解释《老子》的思想内容；《喻老篇》，则以具体的事例晓喻《老子》思想的功用。《淮南子》多以抽象而带有描绘性的语言阐明《老子》之所谓道，但在《道应训》中则以具体的事例陈述道的应验，这恐受有韩非的影响。所有这些以故事为主的著作体裁，与起于南北朝时代的汇书的性质不同，汇书只是按类抄录，以为写文章时铺陈摛藻之资，在抄录的后面，没有思想性的活动。……西汉著作，除扬雄的《太玄》《法言》外，几无一不受此种体裁的影响，其中最为突出的则是韩婴的《韩诗外传》。”①此处从先秦著述体例的角度讨论《韩诗外传》的生成，显得别有意义。然而，《韩非子》之《解老》《喻老》固然影响汉代的著述活动，但就《韩诗外传》本身而言，倘若仅将其所受影响之源头溯至于此，则是不够的。《韩诗外传》的生成，还受到更深远源头之影响，这就是乐语传统。《周礼·春官》载大司乐“以乐语教国子兴、道、讽、诵、言、语”，②其中“兴”是一种联想能力，这种能力的培养与运用都是围绕《诗》而展开。道是讲述“乐”所包含的史事，其实就是用史事来解释诗。讽与诵是诗歌朗读的两种方式，体现在乐语中，就是教授国子如何掌握讽与诵的技巧。言、语的教学在于学会如何运用诗来交流，“言”侧重于用诗来表达自己的观点和愿望，而“语”侧重于用诗来回答他人的问题。因此，乐语六体大致可以划

①徐复观：《两汉思想史》(第三卷)，第3—4页。

②孙诒让：《周礼正义》，第1711—1731页。

分为赋诗、释诗两个层面的内容。先秦时期的赋诗表现为诵诗、言诗、语诗以及引诗这些形式，这些形式既有赋诗言志的成分，即通过诗来表达自己的心愿；同时也存在通过引诗来加强论证的成分。因此，先秦时期的赋诗包含“引《诗》以证事”的特征。在《韩诗外传》“故事＋诗＋附加成分”的模式中，前面的分析已经揭示其具有“引《诗》以证事”的性质，这意味着韩婴在使用这些材料时继承先秦时期的赋诗传统。

至于“故事＋诗”及部分“故事＋诗＋附加成分”，实际上属于“引事以明《诗》”，这种方式与乐语的释诗传统有关。乐语除了赋诗之外，还存在释诗的现象。根据对相关记载的分析，先秦时期的释诗方式有字词训释、语说义理及史事传述。字词训释不必多说，所谓语说义理，即是指阐释诗文本所蕴含的道理。《礼记·文王世子》载合语之礼，并提及“大乐正学舞干戚，语说，命乞言，皆大乐正授数，大司成论说在东序”，①合语与乐语并不是一回事，合语主要发生在乡射、乡饮酒、大射、燕射以及祭未、养老等旅酬这一环节，在这些情况下人们相互论说义理，这时大都与乐语无关。不过，人们有时会在这些环节中谈论诗乐，这就涉及乐语。因此，合语与乐语也有交叉之处。比如《国语·周语下》载晋国叔向到周王室聘问，单靖公设宴招待，宴会中单靖公谈及《昊天有成命》，事后叔向评论这首诗，指出《昊天有成命》是称道成王之德，他能够绍承文武之功烈，敬重百姓，最后总结该诗的内涵“始于德让，中于信宽，终于固和”。由于这些道理都是从《昊天有成命》中引申出来的，它显然属于乐语。从诗乐中阐发道理，体现在文本上，就是诗与论理文字的结合。在《韩诗外传》中，我们也发现“论

①孔颖达：《礼记正义》，第628—629页。

理文字＋诗"的形态，这应该是合语的展现，它与乐语是相通的。然而，《韩诗外传》中更多的是"故事＋诗"的形态，亦即通常是一段对话式的史事再加上特定的诗文本，这种文本的形成与乐语之"道"有着密切的联系。"道"主要是运用历史故事来解读诗句，比如《礼记·乐记》载孔子与宾牟贾讨论《大武》乐章，孔子紧密结合武王伐纣这一历史事件来阐释《大武》的内涵。当然，在"道"这一言说中，所涉及故事可能是诗句描述的内容，亦即本事；当然也可能不是，不过这并不是特别重要的。整体上，"道"这种乐语形式的特点在于以故事解诗，这就与《韩诗外传》的解诗模式是一致的，这样，从渊源角度看来，《韩诗外传》"故事＋诗"主要是受到乐语传统之"道"影响的结果。

四 《韩诗外传》的内外传问题

《汉志》明确载录《韩内传》四卷、《韩外传》六卷，那么，《韩诗》内传与外传各自具有怎样的特征，它们之间又存在怎样的联系呢？《史记·儒林列传》载：

> 韩生者，燕人也。孝文帝时为博士，景帝时为常山王太傅。韩生推诗之意而为内外传数万言，其语颇与齐鲁间殊，然其归一也。淮南贲生受之。自是之后，而燕赵间言诗者由韩生。韩生孙商为今上博士。①

这段文字描述《韩诗》之内传与外传的形成与特征，司马迁指出韩婴在推究《诗经》意旨之基础上撰写几万字的内传、外传，并指出它们与齐、鲁诗说有比较大的区别。《汉书·儒林传》基本上移录这段话，但也做了一些更动："韩婴，燕人也。孝文时为博士，景帝

①《史记》，第1115页。

时至常山太傅。婴推诗人之意，而作《内》《外传》数万言，其语颇与齐、鲁间殊，然归一也。淮南贲生受之。燕、赵间言《诗》者由韩生。"①《汉书》将《史记》的"推诗之意"改为"推诗人之意"，这就将阐释的对象由作品转向作者，《汉书》的这个改动可能是有问题的，它并不符合现存《韩诗外传》的实际。

对于《史记》《汉书》有关《韩诗》内、外传的记载，历来存在不同的认识。欧阳修曾有"《汉志》婴书五十篇，今但存其《外传》，非婴传诗之详者"的看法，②《直斋书录解题》著录《韩诗外传》十卷，陈振孙指出："案《艺文志》有《韩故》三十六卷，《内传》四卷，《外传》六卷，《韩说》四十一卷，今皆亡。所存惟《外传》，而卷多于旧，盖多记杂说，不专解《诗》。果当时本书否也？"③看来陈振孙沿袭欧阳修的说法，但对于当时所见之《外传》是否原书审慎提出怀疑。晁公武认为《韩诗外传》"其书《汉志》本十篇：《内传》四，《外传》六。隋止存《外传》，析十篇，其及经盖寡，而遗说往往见于他书，如'逶迤'、'郁夷'之类，其义与《毛诗》不同。此书称《外传》，虽非解经之深者，然文辞清婉，有先秦风"。④ 晁氏的说法有些与欧、陈同，但有的表达显然具有新的含义，比如认为《汉志》著录的《韩诗外传》为十篇，这十篇由《内传》与《外传》组成，隋代只剩下《外传》，又被人分为十篇。《四库全书总目》强调说："《汉书·艺文志》有《韩故》三十六卷、《韩内传》四卷、《韩外传》六卷、《韩说》四十一卷，岁久散佚。惟《韩故》二十二卷，《新唐书》尚著录，故刘

①《汉书》，第3613页。
②屈守元：《韩诗外传笺疏》，第519页。
③陈振孙：《直斋书录解题》，第35页。
④孙猛：《郡斋读书志校证》，第64页。

安世称尝读《韩诗·雨无正篇》;然欧阳修已称今但存其《外传》,则北宋之时,士大夫已有见有不见。范处义作《诗补传》在绍兴中,已不信刘安世得见《韩诗》,则亡在南、北宋间矣。惟此《外传》,至今尚存。然自《隋志》以后,即较《汉志》多四卷,盖后人所分也。"①这基本上可以说代表了传统有关《韩诗外传》流传的看法。然而,杨树达在《汉书补注补正》中说:

> 王先谦曰:《儒林传》"婴推诗人之意而作《内外传》数万言,其语颇与《齐》《鲁》间殊,然归一也"。则《内外传》皆韩氏依《经》推演之词。《隋志》云:《齐诗》魏代已亡,《鲁诗》亡于西晋,《韩诗》虽存,无传之者。至南宋后,《韩诗》亦亡,独存《外传》。树达按王氏谓《内外传》皆韩氏依《经》推演之词,是也。至谓《韩诗》独存《外传》,则非。愚谓《内传》四卷,实在今本《外传》之中。《班志》《内传》四卷,《外传》六卷,其合数恰与今本《外传》十卷相合。今本《外传》第五卷首章为"子夏问曰:《关雎》何以为《国风》始"云云,此实为原本《外传》首卷之首章。盖正以《内外传》同是依《经》推演之词,故后人为之合并,而犹留此痕迹耳。《隋志》有《外传》十卷而无《内传》,知其合并在隋以前矣。近儒辑《韩诗》者,皆以训诂之文,属诸《内传》,意谓《内外传》当有别,不知彼乃《韩故》之文,非《内传》文也。若如其说,同名为传者且当有别,而《内传》与《故》可无分乎。《后书·郎顗传》引《易内传》曰:"人君奢侈,多饰宫室,其时旱,其灾火。"然则汉之《内传》非训诂体,抑以明矣。②

①《四库全书总目》,第136页。

②杨树达:《汉书补注补正》,第28页。

杨先生认为《汉志》所录四卷《韩内传》并没有失传，而是与《韩外传》六卷一起存于今本《韩诗外传》中。张舜徽也说："古之典籍，在未有雕版印刷以前，皆由手写。钞书者每喜取一人之书，合钞并存，汇为一编，此乃常有之事。钞《韩诗》内、外传者，并成一籍，不足怪也。合钞既成，以《外传》多二卷，取其多者为大名，故总题《韩诗外传》耳。内、外传既合而为一，顾犹可考见其异。《内传》四卷在前，每章文辞简短；《外传》六卷在后，则长篇为多，斯亦不同之明征也。大抵其书每章皆叙故事或发议论于前，然后引诗句以证于末。论者多病其断章取义，然不失为汉人说《诗》之一体，要不可一废。"①这是从早期文献流传角度推断《韩诗》内、外传的合并，应该说，这种推测有其合理性。徐复观也大致认可杨树达的看法，"杨氏谓内传在隋以前合并于外传之中的说法，是可以成立的。惟他以卷五首言《关雎》，以作此是原外传首卷之证，则不必如此拘泥；盖卷一乃首引《召南·采蘩》，而全书引《诗》，并未按《诗》的先后次序。内外传合并后，应正名为《韩诗传》；编《隋志》的人，只援用未合并以前《汉志》名称之一，遂引起不少误解"。②金德建不但赞同杨树达《韩诗》内、外传合并的观点，而且对于这种合并的时间提出新的设想："把今本《韩诗外传》这部书的面目，弄明白了之后，再来看以前《韩诗外传》这部书的流传，便可以发觉内外传的合并，并非起于后世。也许早在韩婴的时候，便已经产生了。从《隋志》所称'《外传》十卷'上面，可以征见隋代稍前的时候，《内传》是并合在《外传》里面的。《汉志》著录的所以会分列《内传》和《外传》为二个书名，大约也只是照刘歆、班固的个人意

①张舜徽：《汉书艺文志通释》，第202页。

②徐复观：《两汉思想史》(第三卷)，第7页。

见，勉强如此划分，当作二部书罢了。其实当初《史记》的《儒林外传》里面，明明说是'《内外传》数万言'(《汉书·儒林传》同)，这部书既然叫作《内外传》，必定是把《内传》和《外传》并在一起了。司马迁、班固当初所见韩婴的原本，就已经是这样的合订本。"①金先生推测《内传》《外传》的并合就在韩婴之时，而司马迁、班固将其称为《内外传》也并非出于偶然，这个推测无疑是很有意义的。不过，胡玉缙提出批评说："《诗内传》非训诂体，观《白虎通·爵篇》《诛伐篇》，《文选·南都赋》《江赋》李注引自明，不必引易《内传》为证，至以今本《外传》第五卷首章为实原本《外传》首卷之首章，似见巧思，但《内传》佚文何以绝不一见于今本《外传》前四卷中？杨说姑备一义可也。"同时又引郝懿行《晒书堂文集》有关《外传》的考证，以为《韩诗外传》实为残缺不全之书，"案《汉志》《内传》四篇，《外传》六篇，迨《隋志》止存《外传》，仍题为十篇，盖后人掇拾，或分析其简以求合《汉志》十篇之数，非本书也"。② 考察胡先生的意旨，实与晁公武的说法一脉相承。最近有学者在此问题上又提出"增补"说，汪祚民通过对《外传》编排体例的分析，"推测出原来 6 卷《外传》尚保存在今本《外传》之中，其大致卷次是今本的卷 1、卷 2、卷 7 或卷 4、卷 10、卷 6、卷 3，其余 4 卷是后人仿照 6 卷本《外传》编排体例增补的"。③ 王培友在此基础上又进一步提出，"今本《韩诗外传》是唐代之前析分或重编，在重编或流传过程中可能有所变动。卷一、二、三、四、六、七、十这七卷最为可靠，比较接近原作面貌；其他三卷可能经过前人重编，也可能加入了某

①金德建：《司马迁所见书考》，第 51—52 页。

②胡玉缙：《四库全书总目提要补正》，第 118—119 页。

③汪祚民：《〈韩诗外传〉编排体例考》，《陕西师范大学学报》，2003 年第 3 期。

些内容”。① 《韩诗外传》在流传中经历重新编排，应该是可能的，但并不影响《外传》容纳《内传》这一事实。《史记·老子韩非列传》称“老子乃著书上下篇，言道德之意五千余言而去，莫知其所终”，②将老子所著之书称为“上下篇”，这与《内外传》的称谓是相似的。《汉书·淮南衡山济北王传》载淮南王安“招致宾客方术之士数千人，作为《内书》二十一篇，《外书》甚众，又有《中篇》八卷，言神仙黄白之术，亦二十余万言”，③《汉志》著录《淮南内》二十一篇、《淮南外》三十三篇，余嘉锡论道：“刘、班于一人所著，间为一家之学者，则为之定著同一之书名，如《淮南内、外》是也。……《鸿烈》特其《内篇》之名，不可以该《外书》。刘向既为之撰具，因改题为《淮南》，以总会之。犹之《鬼谷子》编入苏秦书，则不名《鬼谷》，《新语》编入《陆贾》书，则不名《新语》也。特《鬼谷》《新语》，乃合之于其他著述之内，此则《内》《外》篇仍分别著录，为小异耳。”④准此，《汉志》著录《淮南内》与《淮南外》也就是《淮南内、外》。因此，《史记》《汉书》所谓“内外传”很可能只是一部书。

由此观之，韩诗《内外传》在当时可能以两种形态流传，一是《内外传》为一部书，二是《内传》《外传》分别流行。此后在流传过程中人们用《韩诗外传》来指称《内外传》，这就引起误会，以为《内传》已经佚失。当然，《内外传》的称谓意味着这部书的内部是存在差异的，余嘉锡曾经分析古书分内外篇之现象：“凡以内外分为

---

①王培友：《〈韩诗外传〉的文本特征及其认识价值》，《孔子研究》，2008 年第 4 期。

②司马迁：《史记》，第 749 页。

③班固：《汉书》，第 2145 页。

④余嘉锡：《目录学发微》，第 209—210 页。

二书者，必其同为一家之学，而体例不同者也。古人之为经作传，有依经循文解释者，今存者，如《毛诗传》是也。有所见则说之，不必依经循文者，伏生之《书传》是也。……惟一家之学，一人之书，而兼备二体，则题其不同者为外传以为识别。故《汉志》《诗》家有《韩内传》四卷，《韩外传》六卷，《春秋》家《公羊》《穀梁》皆有《外传》。"①可知古书分内外篇大致有两个特点：一是为一家之学，二是体例不同。余先生还特意举《左传》与《国语》为例来说明这一点，从体例上来看，《左传》为编年体，《国语》为国别体；然而，依据刘知几的分析，《左传》在文体上呈现"言事相兼"的特征，也就是说，《左传》改变以往言、事分立的做法，将言与事有机融合在一起。这样，《国语》与《左传》在记言方面就存在一致的地方，这也就表明《国语》与《左传》在体例方面的区别并不是那么绝对的。因此，内传与外传之间有着天然的亲缘关系。清代学者马国翰《玉函山房辑佚书》辑有《韩诗内传》二十四条，有的学者据此分析《内传》的训诂呈现的三个特点：一是字词训诂，解释名物语词，类似"故"；二是解释词语，但都涉及风俗、史事、礼乐制度等较复杂的文化内容，近似"说"；三是阐发微言大义，挖掘诗句中蕴含的社会、政治、道德等方面的意义，其中不乏附会史事，证以礼乐制度，解释的对象多是句子，甚至章节。② 尽管《内传》的训诂呈现出复杂性，然而根据对乐语传统的分析，这些内容显然可归属于乐语的释诗系统；何况这些方式大抵在今本《韩诗外传》中也是存在的。

我们已经阐明《韩诗外传》的解诗方式，由此可以明白这部文

①余嘉锡：《目录学发微》，第 262 页。

②艾春明：《〈韩诗外传〉研究》，2008 年东北师范大学博士论文。

献的基本立场是用于解释《诗经》的，然而，《外传》在解诗时为何反复对同一诗句进行解释呢？韩婴在考察《诗经》内涵之基础上完成《外传》，这固然是出于阐释的需要，同时也是为了教学，或者说是给那些研究《诗经》的经生们看的。其实，乐语也是一种教学模式，其中的“道”就是传授学生如何把握诗句的本事，或者将诗句与相关史事联系起来；因此，《外传》反复对同一诗句进行解释很可能是着眼于训练、培养经生以事解诗的能力。当然，就《韩诗外传》文体性质而言，它属于语类文献范畴，或者说，它继承并发展先秦以来经解体语类文献的特征。

第四章　刘向与《新序》《说苑》的编撰

汉代存在《新序》《说苑》这样的语类文献，它们是通过有意识遴选此前相关语类材料并加以编撰而形成的。这样，从材料渊源的角度来看，这一类文献中的大量内容必然与此前的著作就存在很大程度上的雷同或重复，从而使人容易给它们贴上“类书”的标签。其实，这显然是一种误会。《新序》《说苑》中的材料，不但经历了有意识地选择，并且在不同程度上还经历过改造、变形，这就使它们与此前的始源材料拉开一定的距离。更为重要的是，它们经过重新编撰之后，处于一个新的系统之中，服务于新的目的，从而具有新的身份与意义。因此，像《新序》《说苑》这样一类文献，它们是经过有意识地编撰而形成的，从生成方式来看，可以称之为编撰型语类文献。

第一节　从校书到文献编撰

刘向出生于汉代宗室，就其一生行事而言，大体可以划分为两个层面：一是从政实践，二是学术活动，大抵前期以从政为主，后期主要从事校书著述等学术活动。然而，刘向的经历虽然可以从这两个方面加以理解，但一个不可忽略的事实是，刘向学术活动的深层动机仍然是对当时现实特别是刘氏政权安危的关切，因此，刘向虽然在后世是以其学术著称的，但其生命涌动的毕竟是政治热血。这样，考察刘向的学术活动，需要在政治的基面上进行，惟其如此，才能对其行事有比较深切地领会，也才能对其著述有较好的解释。

一　刘向的家世与生平

目前汉代流传下来的文献中，《史记·楚元王世家》与《汉书·楚元王传》是两篇专门载录刘向家族的传记。由于时代等方面的原因，《史记》的记载很疏略，因此，考察刘向的家世与生平，最重要的文献就是《汉书》的这篇传记。阅读这篇传记，有两点可以说是非常突出的，或者说最易引起人们的关注，一是这个家族凸显出浓厚的文化气息，二是这个家族政治命运的坎坷及对汉室的忠贞。

开启这个家族的始源人物是刘交，《史记》说："楚元王刘交者，高祖之同母少弟也，字游。……高祖六年，已禽楚王韩信于陈，乃以弟交为楚王，都彭城。即位二十三年卒。"①对于这样一个奠定汉代重要家族的人物，《史记》的记载不能不说是有些简单了。《汉书》则不一样，它的记载让人领略这位楚王的不同凡俗之处：

> 楚元王交字游，高祖同父少弟也。好书，多材艺。少时尝与鲁穆生、白生、申公俱受《诗》于浮丘伯。伯者，孙卿门人也。及秦焚书，各别去。高祖兄弟四人，长兄伯，次仲，伯蚤卒。高祖既为沛公，景驹自立为楚王。高祖使仲与审食其留侍太上皇，交与萧、曹等俱从高祖见景驹，遇项梁，共立楚怀王。因西攻南阳，入武关，与秦战于蓝田。至霸上，封交为文信君，从入蜀汉，还定三秦，诛项籍。即帝位，交与卢绾常侍

①《史记》，第685页。

> 上，出入卧内，传言语诸内事隐谋。而上从父兄刘贾数别将。汉六年，既废楚王信，分其地为二国，立贾为荆王，交为楚王，王薛郡、东海、彭城三十六县，先有功也。……元王既至楚，以穆生、白生、申公为中大夫。高后时，浮丘伯在长安，元王遣子郢客与申公俱卒业。文帝时，闻申公为《诗》最精，以为博士。元王好《诗》，诸子皆读《诗》，申公始为《诗》传，号《鲁诗》。元王亦次之《诗》传，号曰《元王诗》，世或有之。……文帝尊宠元王，子生，爵比皇子。景帝即位，以亲亲封元王宠子五人：子礼为平陆侯，富为休侯，岁为沈犹侯，执为宛朐侯，调为棘乐侯。①

依据这个记载，刘交在刘邦平定天下的过程中扮演重要的角色，而且刘邦也非常信任这位弟弟，在他称帝之后，刘交能够“出入卧内，传言语诸内事隐谋”。从传记中还看出，文、景两位汉帝对他也表示足够的敬意。这些均显示刘交在汉室中政治地位之显贵。然而，这一切在《汉书》的作者看来似乎并不是最重要的，这篇传记在简略交代刘交的姓字及与高祖刘邦的关系之后，紧接着叙述他的学术，这就意味着学术对于这位楚王来说才是最为根本的。从上述记载来看，刘交在学术上确实有其独到之处，首先，他曾师从浮丘伯，而后者又是先秦大儒荀子的门人，可见其学术渊源不同一般；其次，刘交与申公是同学，俱学于浮丘伯，申公的《鲁诗》后来成为四家诗之一，属于汉代《诗经》的显学，相比之下，刘交《诗传》虽未能厕身四家诗，但也有其自身特点，被人称之为“元王诗”。更为重要的是，刘交“在高祖的兄弟中，他是唯一的士人、儒生”，“因此，刘交似乎是一个象征，象征着汉帝国与儒学的渊源关系，象征着儒家之道与新崛起的平民政治势力的最初结合。从这

①《汉书》，第1921—1923页。

个角度来看,刘交堪称汉帝国的‘儒林之首’”。

刘交被封之后,继续派遣自己的儿子刘郢客前往浮丘伯处学习,这其中的原因,可能是这样:“从上引《楚元王传》中‘及秦焚书,各别去’一语来看,刘交与申公等俱是浮丘伯在齐鲁授业的弟子,当秦下达焚书令之后,‘偶语《诗》《书》者弃市’(《史记・秦始皇本纪》),因此刘交、申公等未能卒业,这才有后来在长安的继续学习。”①不管怎样,刘交这种重视文化学习所形成的家风在此后的这个家族中得到延续,比如刘向的父、祖,《楚元王传》载:“辟强字少卿,亦好读《诗》,能属文。武帝时,以宗室子随二千石论议,冠诸宗室。清静少欲,常以书自娱,不肯仕。”“德字路叔,修黄老术,有智略。少时数言事,召见甘泉宫,武帝谓之‘千里驹’。”在这样的环境熏陶之下,刘向从小就受到良好的教育,《楚元王传》对此做了如下描绘:“年十二,以父德任为辇郎。既冠,以行修饬擢为谏大夫。是时,宣帝循武帝故事,招选名儒俊材置左右。更生以通达能属文辞,与王褒、张子侨等并进对,献赋颂凡数十篇。……会初立《穀梁春秋》,征更生受《穀梁》,讲论《五经》于石渠。”②据此可以了解刘向的学术兴趣与特征,当然,这个记载是不全面的。事实上,刘向博极群书,其学术成就绝不仅限于本传所言,据李梦芝的考察,刘向著述含括赋、铭、历算专著、目录、小说、书牍、历史故事、奏议、论著等种类,③按照这份名单,可见刘向治学领域之广泛性及成就之多面性。不仅如此,从学术思想方面来看,刘向的学术也呈现多元化状态。首先,儒家思想在刘向

①徐兴无:《刘向评传》,第24—27页。

②班固:《汉书》,第1926—1929页。

③李梦芝:《刘向及其著述论略》,《历史教学》,1994年第3期。

心目中无疑占据主流地位，这种思潮贯穿刘向的政治实践与学术活动的始终。刘向在呈给汉代皇帝的奏疏中，频繁引述经学典籍、儒家典籍，这种本经立义的做法只能理解为对儒学的皈依。在校书活动中，刘向对于六艺、儒家的推崇是显而易见的，并且，铨衡各家学术时也是以经义断之。然而，尽管刘向极度重视儒学，但也并没有走向独尊的极端，也就是说，刘向实际上是“以儒学为主、同时兼容并包了道、法、阴阳等诸家学说”。① 刘向拥有这种学术态度并不奇怪，从家学角度来看，刘交、刘郢客学习《诗经》，体现儒学特色，刘辟强、刘德父子身上则有着鲜明的黄老之学，由此可见这个家族在学术方面采取的是包容、开放的态度。

另一方面，楚元王这个家族在政治方面交杂着辉煌与屈辱。刘交、刘郢客两代享受汉朝庭的礼遇，然而第三代楚王刘戊因参与七国叛乱而最后被迫自杀，此一事件可以说给这个家族带来第一次沉重的打击。此后，“景帝乃立宗正平陆侯礼为楚王，奉元王后，是为文王”。② 此次重封未尝不可以看作朝廷对楚元王的敬重，换句话说，是楚元王的功勋换来朝廷对这个家族的眷顾。③ 可是到第六代刘延寿时又出现危机，《楚元王传》说：

> 宣帝即位，延寿以为广陵王胥武帝子，天下有变必得立，阴欲附倚辅助之，故为其后母弟赵何齐取广陵王女为妻。与

①吴敏霞：《刘向学术思想特点浅议》，《西北大学学报》，1987年第2期。

②《汉书》，第1925页。

③徐兴无说：“窦太后和景帝对楚元王家族如此眷顾的原因，一方面可能是考虑到楚元王是大汉的开国元勋，德高望重且有学问；楚夷王郢客又曾任宗正，有与立文帝之功；加之平陆侯礼又是当朝的宗正。另一方面是因为红侯富的母亲、楚元王妃太夫人与她有亲。”参氏著《刘向评传》，第37—38页。

何齐谋曰："我与广陵王相结，天下不安，发兵助之，使广陵王立，何齐尚公主，列侯可得也。"因使何齐奉书遗广陵王曰："愿长耳目，毋后人有天下。"何齐父长年上书告之。事下有司，考验辞服，延寿自杀。立三十二年，国除。①

从辈份上看，刘延寿为刘向侄辈，此次反叛其实也就终结了楚元王以来王国的存在。至此，楚元王刘交的七个儿子（太子辟非早卒）只剩下红侯刘富这一支，其中似乎又以刘辟疆、刘德、刘向这一支延续最长。

刘向为刘德继室或妾所生，其人生经历也凸显坎坷不平。十二岁那年，因为父亲的关系担任辇郎。在官制上，辇郎属于郎官系统。徐兴无分析说，郎官是一个庞大的近侍官僚系统，主要职责是警卫与侍奉天子，服务于皇宫禁地及随从天子巡狩征伐，辇郎掌管天子的行辇事务，在皇帝乘御辇行动时侍奉警卫于左右。这样，郎官往往成为君主的亲信私臣，"在武、宣这样的强主执政时期，外廷相权往往被内廷所夺，郎官系统的功能被君主充分地使用，近侍则意味着执掌国家中枢机构的要职。"②据此，安排这个职位是颇具深意的，事实上也正是如此，刘向二十岁时就成为谏大夫。在待诏金门马期间，青年刘向有机会参与处理政务、讲论经学、商量百家、造作诗赋、博尽奇异这些活动。③ 这对于一位弱冠之年的年轻人来说，前途似乎是一片美好。然而，这期间发生的一件事意外地使刘向陷于窘境，同时在很大程度上也预示他此后仕途的不顺。《楚元王传》载："上复兴神仙方术之事，而淮南

①《汉书》，第 1925 页。

②徐兴无：《刘向评传》，第 42—47 页。

③徐兴无：《刘向评传》，第 53—69 页。

有《枕中鸿宝苑秘书》。书言神仙使鬼物为金之术，及邹衍重道延命方，世人莫见，而更生父德武帝时治淮南狱得其书。更生幼而读诵，以为奇，献之，言黄金可成。上令典尚方铸作事，费甚多，方不验。上乃下更生吏，吏劾更生铸伪黄金，系当死。更生兄阳城侯安民上书，入国户半，赎更生罪。上亦奇其材，得逾冬减死论。"①据张永山《西汉目录学家刘向、刘歆年谱》，此事发生在刘向二十三岁那年。② 由于父亲与兄弟的援救，以及宣帝对其才能的爱惜，使刘向最终逃避此厄。甘露三年举行石渠阁会议，刘向以《穀梁》代表的身份参加这次会议，由于宣帝的支持，《穀梁》最终立于学官，刘向"拜为郎中、给事黄门，迁散骑、谏大夫、给事中"。③ 汉元帝即位之后，刘向有机会与萧望之、周堪等辅政，多次上书指陈时弊，与宦官、外戚集团产生深刻矛盾，"恭、显见其书，愈与许、史比而怨更生等"，期间两次下狱，面对周堪的去世，张猛的自杀，"更生伤之，乃著《疾谗》《擿要》《救危》及《世颂》，凡八篇，依兴古事，悼己及同类也"。④ 张永山将此事系于元帝永光四年。此后刘向过了十余年的废居生活。成帝即位之后，石显等被杀，刘向拜为中郎，领护三辅都水，期间多次上书。河平三年，刘向受诏"领校中《五经》秘书"，⑤从而开始近二十年的校书生活，直至生命结束。在这段时间中，以校书、著述为主，但也不时参与政治。

---

①《汉书》，第 1928—1929 页。

②张永山：《西汉目录学家刘向、刘歆年谱》，《图书馆杂志》，2002 年第 4 期。

③《汉书》，第 1929 页。

④《汉书》，第 1948 页。

⑤《汉书》，第 1950 页。

二　校书活动

伴随文献的产生，必然出现文献的编撰、整理行为。就汉代而言，自秦王朝焚书之后，不仅民间藏书受到严厉限制，而且文献本身也陷于混乱失次的境地，因此，汉初就出现文献整理的现象。《汉志》载高祖刘邦时期对兵法文献的整理："汉兴，张良、韩信序次兵法，凡百八十二家，删取要用，定著三十五家。"①这应该是汉王朝建立以来首次以政府名义进行的文献整理行为。惠帝四年三月废除挟书律，这是对秦代书籍管理制度的一次调整，这一措施改变此前文献的禁锢、封闭状态，显然有利于文献的流通与传播。《汉志》写到："汉兴，改秦之败，大收篇籍，广开献书之路。迄孝武世，书缺简脱，礼坏乐崩，圣上喟然而称曰：'朕甚闵焉！'于是建藏书之策，置写书之官，下及诸子传说，皆充秘府。至成帝时，以书颇散亡，使谒者陈农求遗书于天下。诏光禄大夫刘向校经传诸子诗赋，步兵校尉任宏校兵书，太史令尹咸校数术，侍医李柱国校方技。"②这段文字涉及汉王朝在文献方面的系列政策行为，为理解当时文献行为提供重要线索。所谓"改秦之败"即是指挟书律的废除，随着这道屏障的撤除，从而开出"大收篇籍，广开献书之路"。整体看来，汉王朝官方收藏图籍的来源有这些途径：一是来自秦王朝，《史记·萧相国世家》载："沛公至咸阳，诸将皆争走金帛财物之府分之，何独先入收秦丞相御史律令图书藏之。……汉王所以具知天下阸塞、户口多少、彊弱之处，民所疾苦者，以何

①《汉书》，第1762—1763页。

②《汉书》，第1701页。

具得秦图书也。"①这应该是汉代图籍最重要的来源。二是民间及地方的进献,《汉志》载:"武帝末,鲁共王坏孔子宅,欲以广其宫。而得《古文尚书》及《礼记》《论语》《孝经》凡数十篇,皆古字也。……孔安国者,孔子后也,悉得其书,以考二十九篇,得多十六篇。安国献之。"②又云:"魏文侯最为好古,孝文时得其乐人窦公,献其书,乃《周官·大宗伯》之《大司乐》章也。武帝时,河间献王好儒,与毛生等共采《周官》及诸子言乐事者,以作《乐记》,献八佾之舞,与制氏不相远。其内史丞王定传之,以授常山王禹。禹,成帝时为谒者,数言其义,献二十四卷记。"③三是朝廷主动征求,如成帝"使谒者陈农求遗书于天下"。如此多途并举,到汉武帝时期,出现"百年之间,天下遗文古事靡不毕集"④这样可观的局面。

然而,尽管在文献的积累方面取得良好的收效,但问题也随之出现,"书缺简脱"现象非常严重。于是在武帝时期,"有了国家(外廷)和皇家(内廷)两类图书馆的建立,制定了书籍的征求、缮写、收藏等制度",⑤然而从后面发生的事情来看,这些措施虽在一定程度上缓解当时面临的困局,但也只是暂时的。到了成帝时期,问题发展到了必须根本解决的地步,刘向校书由是而出现。考察此次校书活动,事实上还有其他比较复杂的因素,《汉书·楚元王传》说:"上方精于《诗》《书》,观古文,诏向领校中《五经》秘

---

①《史记》,第 697 页。
②《汉书》,第 1706 页。
③《汉书》,第 1712 页。
④《史记》,第 1188 页。
⑤徐兴无:《刘向评传》,第 190 页。

书。”①《汉志》指出刘向校书似乎是出于“书颇散亡”之原因，然而此条记载在成帝精通诗书、重视古文经本与校书之间建立联系，这就暗示此次校书似乎并不简单。刘歆《移让太常博士书》为理解这一问题提供一些线索，“及鲁恭王坏孔子宅，欲以为宫，而得古文于坏壁之中，《逸礼》有三十九，《书》十六篇。天汉之后，孔安国献之，遭巫蛊仓卒之难，未及施行。及《春秋》左氏丘明所修，皆古文旧书，多者二十余通，臧于秘府，伏而未发。孝成皇帝闵学残文缺，稍离其真，乃陈发秘臧，校理旧文，得此三事，以考学官所传，经或脱简，传或间编”。② 依据此处的记载，《楚元王传》其实是说成帝本人在查看古文经本之后发现当时的教本存在问题，其中首要的是脱简，考之《汉志》，不时也有这样的说法，“刘向以中《古文易经》校施、孟、梁丘经，或脱去‘无咎’、‘悔亡’”，又说“刘向以中古文校欧阳、大小夏侯三家经文，《酒诰》脱简一，《召诰》脱简二。率简二十五字者，脱亦二十五字，简二十二字者，脱亦二十二字，文字异者七百有余，脱字数十”。③ 依据秘府古文，可见当时立于学官的教本存在的缺陷是明显的。然而问题似乎不仅于此，刘歆又说：“往者缀学之士不思废绝之阙，苟因陋就寡，分文析字，烦言碎辞，学者罢老且不能究其一艺。信口说而背传记，是末师而非往古，至于国家将有大事，若立辟雍、封禅、巡狩之仪，则幽冥而莫知其原。”④在此刘歆又指责学官的许多不足，其中特别需要注意的是批评当时学官昧于国家礼制的制作，这就引出新的问

①《汉书》，第1950页。

②《汉书》，第1969—1970页。

③《汉书》，第1704、1706页。

④《汉书》，第1970页。

题。学官的设置，教本的选择，在独尊儒术之后，是一件非常严肃的行为，因为这不仅仅只是教学问题，更为重要的是涉及制度建设、意识形态建设诸问题。也就是说，能够被立为学官的经本文献应该已经形成一套自足的阐释体系，否则是难以有资格进入这一行列的。可是按照刘歆的看法，这些经本文献竟然在国家礼制建设上未能提供有效的蓝图，由此可以想见问题的严重性。然而刘歆又是如何做出如此判断的呢？《汉志》说："《礼古经》者，出于鲁淹中及孔氏，与十七篇文相似，多三十九篇。及《明堂阴阳》《王史氏记》所见，多天子诸侯卿大夫之制，虽不能备，犹瘉仓等推《士礼》而致于天子之说。"①正是这些秘府古文的存在，从而发现当时教本内容确实是不完善的，而这些内容又与当时国家礼制建设密切相关。了解这一点，我们对于《移让太常博士书》《汉志》的一些提法就有更深的理解。《移让太常博士书》说"孝成皇帝闵学残文缺"，又说哀帝"闵文学错乱"，这里一再强调"文学"的残缺、错乱，这种残缺、错乱恐怕不能仅仅理解为文献在文本方面的残缺，更主要的可能是指内容的欠缺。《汉志》在"书缺简脱"之后紧接着说"礼坏乐崩"，这个说法表明文献与礼乐之间存在紧密联系，这也是刘歆指责学官"信口说而背传记，是末师而非往古，至于国家将有大事，若立辟雍、封禅、巡狩之仪，则幽冥而莫知其原"的真正原因。由此看来，教本不仅存在脱简，同时在内容方面也是有欠缺的，以致无法为当时礼制等国家制度建设提供知识支持，这也正是刘歆一再说"学残文缺"的主要原因，同时也是成帝下诏校书的重要动因。其实，刘向刘歆父子校书的使命还在于，他们不仅希望完成对秘府图籍的整理，并且希望在梳理早期学术之际来

①《汉书》，第1710页。

完善新的王官之学，从而为当时汉王朝面临的现实问题提供学术资源。先秦学术经历王官之学与家学两个时期，《庄子·天下》篇对这一过程有过这样的描绘："天下大乱，贤圣不明，道德不一。天下多得一察焉以自好。譬如耳目鼻口，皆有所明，不能相通。犹百家众技也，皆有所长，时有所用。虽然，不该不遍，一曲之士也。判天地之美，析万物之理，察古人之全，寡能备于天地之美，称神明之容。是故内圣外王之道，暗而不明，郁而不发，天下之人各为其所欲焉以自为方。悲夫！百家往而不反，必不合矣！后世之学者，不幸不见天地之纯，古人之大体，道术将为天下裂。"①《天下》篇在叙述古之整全的道术化为百家之技时虽然比较客观，但其叙述笔调显然是伤感的，对于"道术将为天下裂"表示更多的无可奈何之情。不难看出，这一叙述体现《天下》篇作者对两种学术的判断与鲜明态度，在一定意义上可以理解为某种学术建构的愿望与努力，尽管其态度是消极的。偏于一隅的秦国以其磅礴之势在横扫六合、兼并山东诸国之后建立大一统帝国，这一空前的伟大事业使始皇这位帝国的建立者踌躇满志，凌跨三皇五帝的雄心促使其在各个领域大显身手。在学术文化上，"秦帝国努力地吸收了战国稷下学官乃至诸国尝试的博士制度，用七十博士的学官体系囊括了旧王官的六艺之学和诸子百家方技等新文化，构拟了新王官之学"。② 然而，由于秦帝国的短祚，这种努力似乎并没有取得预期的效果。另一方面，秦帝国努力建构的新王官之学实际上存在很大矛盾，徐兴无指出，"一是仅仅停留在制度层面上，七十博士官虽然包括了新旧文化，但这两大部分之间并没有得到

①郭庆藩：《庄子集释》，第462—464页。

②徐兴无：《刘向评传》，第232页。

逻辑的和历史的新解释。新旧文化的矛盾甚至还夹杂着文字书写和地域文化的差异”，“所以，焚书坑儒的文化惨剧虽说是政治和制度之争，但也未尝不是新旧文化之争，同时还折射出秦文化与六国文化之间的矛盾。秦始皇对意识形态的选择是反传统的，表现出新文化的极端形式”；“二是只重视王官之学，否定民间之学。禁止藏书，‘以吏为师’的手段，虽使得官守学业合而为一，恢复了学在王官的模式，但这反而肯定了旧文化的制度，否定了新文化以个体思想为主的发展形式，与其意识形态的选择恰恰相反”。由此，在新王官之学体系中，王官之学与民间之学实际上存在一种紧张关系。作为一个新的王朝，汉王朝在诸多方面仍然延续着秦帝国奠定的制度，因此，秦世的新王官之学的内部矛盾必然在汉代文化的建构过程中体现出来。汉武帝通过独尊儒术的方式确立经学作为国家意识形态的地位，从而在一定程度上消解了王官之学与民间之学的紧张。可是，一方面，“经学主张旧王官之学，抛弃了东周以后的新文化，在知识结构与思想体系上存在着缺陷”；另一方面，汉代出于民间的经学文献“有的被立为王官之学，有的则被排斥在外”，因此，武帝时代的“王官之学发生了严重的缺失”。① 成帝下诏校书的一个重要想法就是要避免这种缺陷，从而能够完善新王官之学体系，这一点刘歆在《移让太常博士书》中作了极为清晰地说明：“夫礼失求之于野，古文不犹愈于野乎？往者博士《书》有欧阳，《春秋》公羊，《易》则施、孟，然孝宣皇帝犹复广立《穀梁春秋》，《梁丘易》，《大小夏侯尚书》，义虽相反，犹并置之。何则？与其过而废之也，宁过而立之。传曰：‘文武之道未坠于地，在人；贤者志其大者，不贤者志其小者。’今此数家之

①徐兴无：《刘向评传》，第232—233页。

言，所以兼包大小之义，岂可偏绝哉！”①当然，通过建立学官的方式来完善新王官之学的尝试在后来的实践中并不成功，但是，在校书过程中完成的《别录》《七略》对于先秦以来学术的梳理却取得重大的成就，可以说这两部著述在理论上无疑完成新王官之学体系的建构。尽管《别录》《七略》已失，然而依据流传的几篇书录及在《七略》基础上形成的《汉志》，我们仍然可以窥见其中蕴含的信息。《汉志》说“每一书已，向辄条其篇目，撮其指意，录而奏之”，又说“歆于是总群书而奏其《七略》，故有《辑略》，有《六艺略》，有《诸子略》，有《诗赋略》，有《兵书略》，有《术数略》，有《方技略》”。② 在“六略”中，《六艺略》收录的文本源自官学，属于典型的王官之学，当然，在秦汉建构的王官之学中，属于旧王官之学。刘歆将其安排在首位，不但符合早期学术的发生，同时也反映汉代经学的实际。不同于汉武帝只尊崇六艺而摈弃诸子，在刘向父子的学术思路中，诸子源出王官，这不但澄清诸子的生成，同时将诸子与王官之学联系起来，这样，民间之学与王官之学就有了密切之联系，从而也就弥补了武帝时期新王官之学的不足。加之其他四略的安排，可以说刘向、刘歆通过文献整理活动终于完成新王官之学体系的建构。当然，在这一体系中，儒学无疑占据其核心地位，这不但符合武帝以来的文化政策，也切合刘向的学术取向。

从成帝河平三年开始的校书活动前后延续二十余年，这确实不是一个短暂的行为，因此，要完成这一浩大工程就必须要有一定的物质基础和人力资源。唐有勤从四个方面分析了这个问题：

---

①《汉书》，第1971页。

②《汉书》，第1701页。

一是有校书的组织领导者，二是中外典籍大备，三是有精通各种学术的专家学者参加，四是有当政者成帝的重视和支持，①这个归纳应该说是比较完备的，此处就人力资源再作一点说明。《汉志》指出："诏光禄大夫刘向校经传诸子诗赋，步兵校尉任宏校兵书，太史令尹咸校数术，侍医李柱国校方技。……会向卒，哀帝复使向子侍中奉车都尉歆卒父业。"②刘向、刘歆父子在这次空前的校书活动中担当中坚并不是偶然的安排，刘向的身份、学术，包括对汉室的忠贞，这些因素的综合使他毫无疑问成为本次活动的担纲者。刘歆所学较其父更为宏博，《汉书·楚元王传》说："歆字子骏，少以通《诗》《书》能属文召，见成帝，待诏宦者署，为黄门郎。河平中，受诏与父向领校秘书，讲六艺传记，诸子、诗赋、数术、方技，无所不究。"③因此，刘向死后刘歆接替，负责校书，这也是没有疑问的。任宏、尹咸、李柱国这些人都是相关学术领域的专家，他们领衔这些领域文献的校雠整理可以说是人尽其用。但是，这一浩大工程显然不是他们几个人所能胜任的，应该还有庞大的团队参与其中。可惜这方面的资料流传下来的不多，目前所可考见者，除《汉志》载录的五人之外，班斿、杜参、房凤、王龚、□望、刘伋、富参、□叙也参与其间，"在可以考知的十三人之中，李柱国、富参的生平一无所知，杜参的事迹相互矛盾，臣望的身份迄难断定，刘伋、臣叙尚在两可之间，其余七人，除向、歆始末斑斑可考外，任宏、尹咸、班斿、房凤、王龚只能略知人生片段而已，至于他们在校书活动中承担的具体工作以及做出了怎样的贡献，皆因史

①唐有勤：《论刘向校书》，《四川师范学院学报》，1989年第5期。

②《汉书》，第1701页。

③《汉书》，第1967页。

料奇缺，不能一一认知并作出准确的评判"，这无疑是非常可惜的。虽然如此，可是借助这些有限资料，我们仍然能够获知一些重要信息，首先，"成哀之际校书实际参加者是一个学术群体，其中的刘向、刘歆、尹咸、班斿、房凤、刘伋等人，都是当时知名的经学家，而且一般都有较高的官职和学术地位，这样就使校书有相当充分的学术准备和人才优势"；其次，"校书工作一开始就注意了专家的分工合作，由刘向总领其事，又把典籍分为若干门类，分别由有所长的专家分校，如刘向校经传、诸子、诗赋，任宏校兵书，尹咸校数术，李柱国校方技。除此主要的数人外，又有不少一般参与其事者，而尤其注重吸收青年学者，象刘伋、刘歆、班斿、杜参、臣望参加校书时，大概都只有二十余岁，刘歆校《列女传》，杜参校《晏子》《列子》，臣望校《山海经》等，都能与老年学者密切配合。可见在校书中，除了图书门类的分工合作，又有老年青年学者的分工合作"；①再次，我们还需注意这一点，此次校书者"大多数为郎官系统的官僚，或具备郎官学术的背景，其中竟没有一个博士。……但也正是由刘向歆父子及其郎官系统中的师友们参加校书，才使得这次校书贯穿了通儒的学风"。② 当然，此次校书能够取得重大成就，除了上述条件之外，还与此前文献整理所积淀的学术经验有关，这将在下一节论述。

三 从文献整理到文献编撰

刘向校书行为的出现虽然植根于当时社会的需要，但也有着深刻的历史原因。从历史的角度来看，早期文献整理已经积淀深

---

①王承略、杨锦先：《刘向校书同僚学行考论》，《文献》，1998 年第 3 期。

②徐兴无：《刘向评传》，第 199 页。

厚的文献观念和比较系统的图籍整理方法。

在目前的条件下，先秦时期文献整理活动的真实面貌要得到完整揭示是非常困难的，但这并不意味着不能对这一问题进行认知。依据有限的资料，我们可以对当时文献整理行为进行一些推测。《国语·鲁语下》提及"昔正考父校商之名颂十二篇于周太师，以《那》为首"，①这很可能是目前明确讨论文献整理的最早记载。然而在先秦文献整理活动中，最需注意的是孔子，司马迁在《史记·孔子世家》中说：

> 孔子之时，周室微而礼乐废，诗书缺。追迹三代之礼，序书传，上纪唐虞之际，下至秦缪，编次其事。曰："夏礼吾能言之，杞不足征也。殷礼吾能言之，宋不足征也。足，则吾能征之矣。"观殷夏所损益，曰："后虽百世可知也，以一文一质。周监二代，郁郁乎文哉，吾从周。"故书传、礼记自孔氏。孔子语鲁大师："乐其可知也。始作翕如，纵之纯如，皦如，绎如也，以成。""吾自卫反鲁，然后乐正，雅颂各得其所。"古者诗三千余篇，及至孔子，去其重，取可施于礼义，上采契后稷，中述殷周之盛，至幽厉之缺，始于衽席，故曰"关雎之乱以为风始，鹿鸣为小雅始，文王为大雅始，清庙为颂始"。三百五篇，孔子皆弦歌之，以求合韶武雅颂之音。礼乐自此可得而述，以备王道，成六艺。孔子晚而喜易，序彖、系、象、说卦、文言。读易，韦编三绝。曰："假我数年，若是，我于易则彬彬矣。"孔子以诗书礼乐教弟子，盖三千焉，身通六艺者七十有二人。②

孔子先祖正考父在周太师所掌管的文献之基础上只是对《商颂》

①《国语》，第216页。

②《史记》，第665—666页。

做了校正的工作，孔子生活的时代，文献随着动荡的社会也处于极度混乱之中，孔子于是在教学过程中对当时《诗》《书》《礼》《乐》《易》《春秋》这些重要的官学文献进行系统的整理。比起乃祖来说，孔子的整理行为不但在规模上是空前的，而且也更加自觉。依据上述这段文字的记载，可以说孔子已经有着比较鲜明的文献观念，比如文献传承观念、资治观念、教化观念、经世观念等，①这些观念对于后世文献整理所起的作用无疑是重大的，事实上刘向的校书行为在很大程度上可以看到这些观念留下的痕迹。

汉王朝建立之后，文献收集、整理活动其实也随之展开了。前引《汉志》说："汉兴，张良、韩信序次兵法，凡百八十二家，删取要用，定著三十五家。"此处只是提到兵书文献的整理，其实汉初文献整理规模绝不限于此，司马迁在《太史公自序》中写道："维我汉，继五帝末流，接三代统业。周道废，秦拨去古文，焚灭诗书，故明堂石室金匮玉版图籍散乱。于是汉兴，萧何次律令，韩信申军法，张苍为章程，叔孙通定礼仪，则文学彬彬稍进，诗书往往间出矣。"②对于这一记载，余嘉锡分析说："案此数事多在高祖时，萧何律令、张苍章程、叔孙礼仪固自为汉家一代制作，至于韩信之申军法，即《汉志》之序次兵法，其为校理旧书，可以断言。"这似乎是说韩信之行为才属于整理，可是余先生又说："是则萧何之律令，张苍之章程，叔孙通之礼仪，皆是以秦之图籍为本。韩信所序次之兵法，当亦是得之于秦，故太史公同叙之于秦图籍散乱之下。"由此可知萧何等人的制作在很大程度上也具备整理的性质，故余

①陈一梅：《汉代文献学及其思想研究》，2007年西北大学博士学位论文。
②《史记》，第1188页。

嘉锡以为汉代“校书之职,不始于刘向也”。① 不仅如此,进一步考察这些文献整理活动,可以说它们已经为刘向的校书积累足够的经验与方法,徐兴无分析认为:“虽说武帝建藏书之策、置写书之官之事;萧、张、韩序次律令兵法、杨仆记奏兵书目录、后仓校书著记、张子乔正字之法之事不得其详,但如果从校书的技术过程来审视这些事件的话,我们不难发现,它们的集合正是一个完整的校书过程,包括:图书的征集与分类(藏书之策)、校勘与缮写(正字、校书、写书)、书目及篇目次序的整理(序次)、目录的纂写与上奏(记奏目录)等。这一切正是刘向歆父子校书的主要流程。”②最近还有学者撰文清理刘向父子图书整理方法和原则的渊源问题,指出战国时期以来的法律档案整理奠定了这一基础,“从李悝《法经》到秦‘律令’到萧何《九章律》,其间的法律文本一脉相承,相关校雠学原则也前后继踵”,可以说“先贤在法律档案整理中形成的诸多义例,不仅直接影响了刘氏父子典校中秘的一般方法和原则,而且还通过刘氏父子的传薪作用,对我国古代整个图书整理产生了决定性的影响”。③ 正是由于这些传统的存在,刘向父子才得以完成历史上空前的校书之举。

当然,传统资源只是为刘向父子校书提供有利条件和一种可能,而要具体完成这项艰巨的文化任务却离不开刘向他们自身的努力和创造。事实表明,刘向父子在接受传统经验之基础上又进行积极的创造,因此,校书行为虽然并不始自他们,但“校雠学作

①余嘉锡:《目录学发微》,第85—86页。

②徐兴无:《刘向评传》,第191—192页。

③傅荣贤:《图书整理源自档案整理——论秦汉时期法律档案的整理对刘向、刘歆图书整理的影响》,《江西图书馆学刊》,2009年第4期。

为一门学问，其体例得以发明，规模得以形成，皆由于刘向歆父子的开辟之功。故中国的校雠之学，可以祖述至先秦，但不得不推宗于刘向父子”。① 刘向父子在这方面的成就，清代学者孙德谦在《刘向校雠学纂微》中进行了详细的考察，并具体归纳为二十三个方面：备众本、订脱误、删复重、条篇目、定书名、谨编次、析内外、待刊改、分部类、辨异同、通学术、叙源流、究得失、撮指意、撰序录、述疑似、准经义、征史传、辟旧说、增佚文、考师承、纪图卷、存别义。这一结论虽然有些繁琐，可是借助这个繁琐的结论，能够比较全面地看到刘向他们整理图籍的具体内容。在这些内容中，“订脱误、删复重、条篇目、定书名、谨编次、析内外”诸条目属于文献整理的具体步骤与方法。然而，对象不同，刘向所采用的整理手段也是有差异的，或者说，存在不同的整理模式。余嘉锡以为刘向校书的“编次之法，其别有二”：一是“凡经书皆以中古文校今文。其篇数多寡不同，则两本并存，不删除复重”，这是因为“中秘之所藏，与博士之所习，原非一本，势不能以一人之力交易之也”；二是“凡诸子传记，皆以各本相校，删除重复，著为定本”，这是因为“古人著书，既多单篇别行，不自编次，则其本多寡不同。加以暴秦焚书，图籍散乱，老屋坏壁，久无全书，故有以数篇为一本者，有以数十篇为一本者，此有彼无，纷然不一。分之则残阙，合之则复重。成帝既诏向校中秘书，又求遗书于天下。天下之书既集，向乃用各本雠对，互相除补，别为编次。先书竹简，刊定讹谬，然后缮写上素，著为目录，谓之定著”。② 也就是说，刘向对于经部文献与子部文献使用了不同的整理模式，这反映刘向校书的

①徐兴无：《刘向评传》，第207页。

②余嘉锡：《目录学发微》，第255—256页。

灵活性。然而,依据《汉志》及若干书录文献,刘向所采用的整理手段事实上要复杂得多。根据邓骏捷的研究,刘向在"定著新书"过程中实际上采取了三种模式:一是校定传本,对于在西汉以前已经有了相对稳定传本的先秦典籍(主要是经本文献)来说,刘向在整理过程中尊重它们的原有面貌,一般不轻易改动其编次,即使对于各家不同的"传本",往往也只是同中书藏本进行比勘,因此,所校订的"新本"与西汉"传本"之间没有什么区别。同时,"除了大部分经书以外,个别先秦西汉诸子、史书著作在产生之初,本身已经具有特定的结构。对于这些著作,刘向也同样只做了文字校雠的工作,而没有对其篇章作增删改动"。二是另编新本,这就是说,"某些先秦典籍在西汉以前的流传已非止一本,或在西汉时有不同的'传本';然而出于学术旨趣的不同,刘向在校定'传本'之余,有时还会另外编成一个'新本'",比如今文《礼》经,刘向在整理时重新编排,所形成的本子与大、小戴及庆普《礼》在编目次序上不尽相同。对于先秦子书,除了余嘉锡论及的之外,还存在一种情况,就是"个别子书或在撰写之初,或在汉初已有了相对稳定的本子,刘向遂在此基础之上,予以统合,编成'新本'。这与将散乱无序的一人或一家之作汇编成新书,还是有一定差别的"。三是勒成新书,这里的"新书"是指在校书之前虽然已经有了某类文献材料,但刘向重新对其进行编排整理,所编成的"新书"与原有材料之间在体例和性质上有较大的差异,比如《战国策》。① 由此可知,刘向的校书不纯粹只是整理的过程,同时还存在编撰的因素。

---

①邓骏捷:《刘向校本整理模式探论》,《文学与文化》,2011 年第 1 期。

第二节　“采传记行事”与《说苑》《新序》的编撰

汉王朝在“秦火”之后，非常注重图籍文献的收藏，比如惠帝的除“挟书律”，武帝时代的“广开献书之路”，成帝的“求遗书于天下”，这些举措使王朝秘府储藏可观的图籍。另一方面，汉王朝似乎在一定程度上还延续周秦以来对文献采取控制的做法，尽量控制文献在民间的流传，这就阻碍一般群体对于图籍的接触。刘向校书秘府从容避开这种限制，为其编撰《说苑》《新序》提供有利条件。

一　对语类文献的整理与接受

刘向在校书过程中涉及对《尚书》《国语》《左传》《战国策》《晏子春秋》《论语》《韩诗外传》等语类文献的整理，这种整理固然是给这些文献提供定本，然而不可忽略的是，它不但为编撰《说苑》《新序》提供题材贮备，而且也使其熟悉语类文献的文体意义与编撰方法。因此，讨论刘向对语类文献的接收，对于理解其编撰《说苑》《新序》是很有意义的。

依据《汉志》的记载，刘向对《尚书》主要进行“订脱误”的工作，因此在整理模式上属于校定传本。对于《晏子春秋》来说，司马迁在《史记·管晏列传》中指出：“吾读管氏《牧民》《山高》《乘马》《轻重》《九府》及《晏子春秋》，详哉其言之也。既见其著书，欲观其行事，故次其传。至其书，世多有之，是以不论，论其轶事。”①可知司马迁在撰写《管晏列传》时见过《晏子春秋》，也就是

①《史记》，第746页。

说，这部书在司马迁之前就已经存在。此后刘向在《晏子叙录》中提到“太史书五篇”，黄以周推测司马迁见到的应该就是这种文本，但也有学者怀疑这一推测。① 今本为刘向所校定，《晏子叙录》说：“所校中书《晏子》十一篇，臣向谨与长社尉臣参校雠，太史书五篇，臣向书一篇，参书十三篇，凡中外书三十篇，为八百三十八章，除复重二十二篇六百三十八章，定著八篇，二百一十五章，外书无有三十六章，中书无有七十一章，中外皆有以相定。……谨颇略椾，皆已定，以杀青，书可缮写。”刘向在参校诸本之基础上，通过“除复重”的方式，最终定著八篇。可是《叙录》又说：“晏子盖短，其书六篇，皆忠谏其君，文章可观，义理可法，皆合六经之义。又有复重文辞颇异，不敢遗失，复列以为一篇。又有颇不合经术，似非晏子言，疑后世辩士所为者，故亦不敢失，复以为一篇。凡八篇，其六篇可常置旁御观，谨第录。”②在整理过程中，刘向从是否符合经义的角度将《晏子》八篇分为内、外两个部分，这一做法属于“析内外”的范围。经过这种编排，内篇分《谏》《问》《杂》三个部分，每部分又分上、下；外篇没有篇题。内篇每部分章节的安排非常匀称，《谏》上下各二十五章，《问》上下各三十章，《杂》也是如此，“如此整齐的篇章数，在先秦诸子书中可谓绝无仅有，显然是刘向基于某种考虑而做出的安排”。因此，有的学者主张，经刘向整理过的《晏子》，“已经不同于包括简本在内的各种先秦西汉‘旧本’晏子书，也不同于司马迁所见的本子，是一个彻头彻尾的‘新本’”。③ 先秦西汉以来的各种“旧本”《晏子》基本失传，司马

①金德建：《司马迁所见书考》，第210页。

②严可均：《全上古三代秦汉三国六朝文》，第332页。

③邓骏捷：《刘向校本整理模式探论》，《文学与文化》，2011年第1期。

迁所见《晏子》之面貌也难以考证，好在简本的出土为思考这个问题提供契机。1972年山东省临沂银雀山一号汉墓出土竹书《晏子春秋》，稍后1973年河北省定县西汉中山怀王刘修墓及1977年安徽省阜阳双古堆西汉汝阴侯夏侯灶墓中有《晏子春秋》残文，其中银雀山竹简较完整，共有16章。裘锡圭指出，"从抄本字体看，其时代略早于墓葬，当属西汉前期。我们知道，从一部书的开始出现到广泛传抄，通常总要经历一段不太短的时间。西汉前期既然已经在传抄《晏子》，可以想见这部书的出现大概不会晚于战国，把它定为秦或汉初作品，仍嫌太晚"。① 简本16章的内容散见于今本八篇中的十八章，在篇章分合方面，简本与今本不尽相同，即简本第10章，今本析为《内篇问上》之第二十和第二十一两章，而简本第11章，今本则析为《内篇问下》之第二十二和第二十三两章。在文本内容上，简本与今本也同样存在差距。这可以从两个方面来看，首先，在简本和今本篇章分合相同的各章中，大体可以分为文字内容基本相同与文字内容差异较大两类，其中特别需要注意后一种情况，据考察，这种情况涉及6章的内容。简本第2章亦即《内篇谏上》第九章，简本残缺较多，今本多出23字，且"两本字句互有繁简"；第5章即《内篇谏下》第十八章，"两本字句差异较大，主要表现在今本多出一些字句、某些相当的句子句序颠倒、用词不同等"；第12章即《内篇杂上》第二章，其差异表现为"简本较简，今本多出一些文句"，并且有关晏子"死""去""归"的问句，两者语气不同；第13章即《内篇杂下》第四章，"两本字句差异颇大，简本叙事比较繁琐"；第15章即《外篇不合经术》第一章，两者除个别同义、近义词的不同外，还有三个地方的文句存在差

①裘锡圭：《中国出土古文献十讲》，第143—144页。

异；第 16 章即《外篇不合经术》第十八章，今本较简本约少一半文字，基本上是大段的连续简省。其次，就篇章分合不同的两章来看，“除分章不同所带来的字句差异外，第 10 章前半和今本相比较，字句互有繁简，但不影响文意。第 10 章后半和今本文句差异较大，今本较繁，一些文句不见于简本”，“简本第 11 章前半残缺严重，残存文字和今本一致。11 章后半，与今本大体相同”。由此看来，简本与今本的差异是客观存在的，那么又该如何看待这种差异呢？对于篇章分合相同的四章来说，有分析指出，它们与今本并不处于同等地位，很可能属于复重而被删除，也就是说，“被刘向删除的‘复重’章，不单纯指内容字句完全或基本相同，还应包括结构、情节、字句小有差异但没有存异价值者”。按照这样的理解，那么，尽管简本与今本不同，但刘向对今本的文句内容很可能就没有进行多少改动。可是对于简本的第 10、11 章，今本分别划分为两章，则很可能出自刘向之手。① 尽管如此，面对众多版本的《晏子》，刘向通过“除复重”“析内外”的方式，不但使《晏子》的文本结构稳定下来，并且其内容也与此前的各种版本有着差异，在这一意义上，可以说经刘向整理过的《晏子》确实是一个彻头彻尾的“新本”。

在刘向整理的语类文献中，还应该特别注意《战国策》。倘若说《晏子春秋》经刘向整理之后以新的面目出现，但此前毕竟已经存在这部文献。《战国策》则不同，此前并没有这个称谓，它是刘向在若干资料之基础上整理而成的。因此可以说，没有刘向的整理工作，《战国策》这部文献的出现是难以想象的。关于它的形成

---

①李天虹：《简本〈晏子春秋〉与今本文本关系试探》，《中国史研究》，2010 年第 3 期。

过程，刘向在《战国策书录》中说：

护左都水使者光禄大夫臣向言，所校中《战国策》书，中书余卷，错乱相糅莒。又有国别者八篇，少不足。臣向因国别者略以时次之，分别不以序者以相补，除复重，得三十三篇。本字多误脱为半字，以“赵”为“肖”，以“齐”为“立”，如此字者多。中书本号，或曰《国策》，或曰《国事》，或曰《短长》，或曰《事语》，或曰《长书》，或曰《修书》。臣向以为战国时游士辅所用之国为之策谋，宜为《战国策》。其事继《春秋》以后，讫楚汉之起，二百四十五年间之事，皆定，以杀青，书可缮写。①

依据流传下来的几篇书录，刘向校书通常会使用中书、外书，然而此处只提到中书，这又意味着什么呢？在刘向之前，至少还有一个人接触并使用类似的材料，这个人就是司马迁。研究表明，“司马迁写《史记》时所看到的‘战国策’和刘向编录《战国策》时所见到的中书，二者要么是同一批材料，要么这两批材料的重合性很大。也就是说，司马迁撰写《史记》时所采用的材料，和刘向编录《战国策》时所采用的中书是同一类材料”。然而，“《史记》和《战国策》虽有重复相同的篇章，但司马迁撰写《史记》时看到的篇章不仅有与《战国策》相异的，还有一些是《战国策》所没有的，《史记》中出现有和今本《战国策》相异或今本《战国策》所没有的材料，一方面可能是《战国策》本有而今本《战国策》佚去了；另一方面更可能的是，司马迁所看到的材料不止刘向所看到的中书这一部分。合情理的解释只能是，司马迁看到的‘战国策’是几批零散的材料，而后来刘向亦在中书中见到了这些零散材料的大部分。

①严可均：《全上古三代秦汉三国六朝文》，第331页。

零散的材料更容易佚失、讹传，所以司马迁所见到的材料可能就比刘向多，有些材料还不一样。如果司马迁和刘向所见到的都是同一本书，那么作为一本书，这本书前后的差异是不会如此之大的”。① 由此看来，这些材料被存放在秘府而长期处于闲置状态，刘向在校书时有机会接触到它们。当刘向发现它们时，它们不但存在不同的名号，而且还非常的混乱。刘向凭借学者特有的敏锐眼光，发现这批文献的特有价值，“战国之时，君德浅薄，为之谋策者，不得不因势而为资，据时而为□，故其谋扶急持倾，为一切之权。虽不可以临国教化兵革，救急之势也。皆高才秀士，度时君之所能行，出奇策异智，转危为安，运亡为存，亦可喜，皆可观”。②正是基于这种观感，刘向于是着手整理这批文献。至于整理的过程，《书录》有明确的交待，即“因国别者略以时次之，分别不以序者以相补，除复重”。依据这个说明，“除复重”只是《战国策》形成过程中的一个步骤、一种手段，比起其他文献的定型来说，这种手段在此发挥的作用或许并不是很关键的。也就是说，仅仅凭借“除复重”的方式是难以完成《战国策》的，这就再一次表明《战国策》的形成不是单纯的整理，而是包含编纂的因素。这种编纂手段具体表现为“因国别者略以时次之，分别不以序者以相补”。在中书六种名号之意义上，目前还存在不同的认识，我们以为中书六种中《国策》《国事》为一类，《事语》一类，《短长》《长书》《修书》为一类；其中《国策》《国事》都属于史官文献，《短长》《长书》《修书》的命名与纵横术有关，《事语》的命名源于先秦史官的语类文献。“国别者八篇”的性质与《国策》《国事》相同，都属于史官文

①何晋：《〈战国策〉研究》，第39—61页。

②严可均：《全上古三代秦汉三国六朝文》，第331页。

献，其区别在于《国策》《国事》缺乏条理性，在来源上较“国别者八篇”更为原始，而“国别者八篇”则更具系统性的特征，很可能是在《国策》《国事》这类材料的基础上按国别进行编纂的。① 因此，“国别者八篇”虽然在数量上不足，但是国别的体例保证其有序性，这就是刘向选择它作为基础的最重要原因。有了这一基础，刘向进一步甄别中书六种的材料，将其按年代的次序补充到“国别者八篇”这一架构中。今本《战国策》有十二个国家，“国别者八篇”不太可能具备这一规模，也就是说，刘向不但充实“国别者八篇”的内容，同时根据中书材料扩展其国别。经过这些整理工作，一部新的文献《战国策》就形成了。当然，必须提及的是，刘向在《战国策》结构方面固然做了很多的工作，可是到具体文本，其工作可能是极其有限的。何晋通过对《战国纵横家书》与《史记》相关篇章的比较，指出：“除了因抄写而造成的脱误和歧异外，我们看不出司马迁撰写《史记》采用这些材料时作了多大的改动。也就是说，至少根据帛书的情况来看，司马迁在采用记录战国策士游说辞令的这些材料时，几乎是不加改动予以抄录的。”②刘向在编撰《战国策》时其实也采取这种做法，“对其文字、内容并没有作其他大的改动”。③ 从这些地方，可以说《战国策》确实是在刘向手下完成的。

刘向有关语类文献的整理，似乎还应该提及《国语》。韦昭在《国语解叙》中说：“遭秦之乱，幽而复光，贾生、史迁颇综述焉。及

①参拙著：《先秦语类文献形态研究》，第160—166页。

②何晋：《〈战国策〉研究》，第44页。

③何晋：《〈战国策〉研究》，第35页。

刘光禄于汉成世始更考校，是正疑谬。”①可惜，由于这方面资料的欠缺，刘向是如何“是正疑谬”的，现在难以考知，然而韦昭既然如此说，应该有他的依据。这样，我们所能知道的就是刘向曾经整理《国语》这个事实，但是，《汉志》“《新国语》五十四篇。刘向分《国语》”的记载却为我们继续探讨这个问题预留了不小的空间。②《汉志》在著录“《国语》二十一篇”之后紧接着有了这个记载，那么，《国语》与《新国语》之间存在何种关系，班固说“刘向分《国语》”，然则刘向又是如何分《国语》的，这些问题由此而产生。对此，康有为以为《汉志》著录的五十四篇《新国语》为原本《国语》，刘歆从中分三十篇以为《左传》，而对原本《国语》之残剩者又加以附益，成今本二十一篇之《国语》。③ 孙海波又提出新的看法：“歆既见《国语》之书，喜其事多与《春秋》相发明，因取以解经，而易其名曰《左氏传》。复网罗旧章，为今《国语》二十一篇，以承其旧，别为《新国语》五十四篇之名，以乱其真。”④尽管康、孙二人在具体认识方面有所不同，但均将此事件与刘歆联系起来，然而班固明确说“刘向分《国语》”，徐仁甫谓：“至于《新国语》之亡佚，其时当在班固之后。因《汉志》虽本《七略》，凡有出入及有录无书，班氏皆有注说明。《新国语》既见于班志，又无‘有录无书’之注。何能凭空揑指刘歆‘既取《国语》为《左氏传》，又托之刘向所分非原本，以灭其迹’。”⑤这个批评是对的，至于钱穆认为五十四

①《国语》，第661页。

②《汉书》，第1714页。

③康有为：《新学伪经考》，第87—90页。

④孙海波：《〈国语〉真伪考》，《燕京学报》第16期，1934年。

⑤徐仁甫：《左传疏证》，第19页。

篇《新国语》是由三十三篇《战国策》和二十一篇《国语》合成的，确如有的学者所言："诞妄实甚，无征不信。"①徐仁甫在批评康、孙之说法后，对于"刘向分《国语》"做出这样的解释：

> 刘向"分"旧《国语》为《新国语》，当由于旧《国语》原分配之不适当。如今本《郑语》，当还《周语》，向根据内容，另自分类。犹班志于《七略》之分类颇有出入是也。因是《新国语》比于旧《国语》，或去其重复，如文公请隧，阳人不服，《周语》《晋语》两载，应避其复；或易其次序，如《晋语四》末章文公即位二年云云，不当在末尾，应调整其次序。入者出之，出者入之，所以《汉志》注不言"著"而言刘向"分"者，盖由于此。……今观《汉志》，儒家有刘向所序六十七篇，有《新序》《说苑》《世说》《列女传》。而刘向本传云：向"采取诗书所载，……次序为《列女传》，……及采传记行事，著《新序》《说苑》"。惟向所作《列女传·叙录》但云："臣向与黄门侍郎歆所校《列女传》，种类相从为七篇。"《说苑·叙录》云："所校中书《说苑》杂事及臣向书、民间书，除去与《新序》复重者。"可见《列女传》《新序》《说苑》三书均非刘向之创作；而为当时所存旧籍，刘向因其次序凌乱，加以整理排比，除去重复，种类相从，间或采取传记行事，加以补充。然则刘向此法，岂非其"分"旧《国语》为《新国语》一有力之旁证乎？②

按照上述分析，刘向看到旧本《国语》存在重复或次序不当，通过调整、删除等手段，也就是所谓的"分"，在这种情形之下形成了《新国语》。其实，持有类似看法的并不止徐先生一家，顾实指出：

---

①徐仁甫：《左传疏证》，第17页。

②徐仁甫：《左传疏证》，第18页。

"本旧有《国语》而分之,故曰《新国语》,即重行编定之书也。"①张舜徽也认为刘向"勘订之余,容有新编之本'"。② 这里均将"分"视为重编、新编。这一认识更早的可能来自清人姚振宗,他分析说:"此殆以类分,如吕东莱《左传国语类编》、程伯刚《春秋分纪》之体。东汉之初,左氏盛行而《国语》亦大显于世,自郑、贾解注皆用古本,诸家转相祖述,传至于今,此为《国语》之别本故为讲古学者所不取,而其后遂微,诸书亦罕有言及者。"③所谓"分",许慎在《说文》中指出:"分,别也,从八刀。刀以分别物也。"④由此可知,"分"之本义是用刀将物体析开,正是这一"分"的行为,事物在数量上增多了。依据这一点,刘向"分《国语》",自然是对《国语》的重新整理,但需要注意的是,刘向的这种整理与对其他文献的整理不太一样,即并不通过编造新本而废弃流传已久并早已定型的旧本《国语》,这符合前面校定传本的模式。然而,刘向在校定过程中对《国语》发生浓厚的兴趣,于是就萌发"分"的念头。从"分"的本义来看,刘向"分"的行为很可能重在篇目的析分,这可以从《国语》的二十一篇到《新国语》的五十四篇这个数量改变察觉到的。当然,刘向的"分"是在一定理念之下进行的,也就是姚振宗所说的"以类分",可惜《新国语》早已失传,现在无从感知它的文本状态,自然也无法求证其中蕴含的理念了。尽管如此,刘向在整理《国语》的时候又进而对它进行改编,这一行为本身就非常值得注意。

---

①顾实:《汉书艺文志讲疏》,第 66 页。

②张舜徽:《汉书艺文志通释》,第 229 页。

③姚振宗:《汉书艺文志条理》,第 38 页。

④段玉裁:《说文解字注》,第 48 页。

“语”最初源于史官的载言职能，这一文体的核心意义在于其载录的言语蕴含深刻的教益。史官之所以如此重视“语”的载录与整理，一方面固然在于表扬善言之主体的品行，一方面则在于给后人提供法式。由于儒家学说在其思想统系中占据本位，故而刘向不但偏爱语类文献，并且对于其意义显然是领会的，《汉志》“慎言行，昭法式”的说法因此并不奇怪。① 事实上，刘向在为语类文献撰写的书录中也反复揭示这一点，如强调《战国策》的“亦可喜，皆可观”，②说《晏子春秋》“皆忠谏其君，文章可观，义理可法”等。③ 这样，刘向在语类文献的整理过程中不但领会这些文献蕴含的深刻意义，也熟知这些文献的文体及编撰方式，这些经验对于《新序》《说苑》的编撰来说无疑是很有价值的。

二　《新序》《说苑》的编撰

有关《新序》《说苑》的编撰，班固在《汉书》中有两处提到，一是在《楚元王传》：

> 向睹俗弥奢淫，而赵、卫之属起微贱，逾礼制。向以为王教由内及外，自近者始。故采取《诗》《书》所载贤妃贞妇，兴国显家可法则，及孽嬖乱亡者，序次为《列女传》，凡八篇，以戒天子。及采传记行事，著《新序》《说苑》凡五十篇奏之。④

二是《艺文志》著录“刘向所序六十七篇”，班固注谓：“《新序》《说

①《汉书》，第1715页。

②严可均：《全上古三代秦汉三国六朝文》，第331页。

③严可均：《全上古三代秦汉三国六朝文》，第332页。

④《汉书》，第1957—1958页。

苑》《世说》《列女传颂图》也。”[①]据此,《汉书》有关刘向与《新序》《说苑》之关系的记载是比较清晰的,然而,《说苑叙录》(文见后)提供的记载却使人们对此问题充满疑议。人们对于这三份文献有着不同的解读,因而所形成的结论也是不太一样的,归纳起来大体有这样几种看法:

第一种观点认为,《新序》《说苑》早已存在,刘向不过对它们进行校雠而已。这个说法最早当出自宋代学者黄震,他在《黄氏日抄》中说:“《说苑》者,刘向之所校雠,去其复重与凡已见《新序》者,而定为二十卷,名《说苑》。”[②]沈钦韩《汉书疏证》也强调“此二书旧本有之,向重为订正,非创自其手也”。[③] 罗根泽以为《说苑叙录》明确提到“校”《说苑杂事》,可见“刘向时已有成书,已有定名,故刘向得读而校之,其非作始刘向,毫无疑义。惟《新序》一书,《叙录》久佚,无从考证。然《说苑叙录》言‘除去与《新序》复重者’云云,则《新序》亦当时已成之书,非自刘向撰著”,然而“以其次序凌乱,故刘向又为之整理排次”。[④]

第二种观点认为,《新序》《说苑》虽然已存在,可是刘向对它们进行整理与补充。余嘉锡分析认为:“夫谓之采传记行事则非其所自作,谓为校中书《说苑》杂事,则当时本有《说苑》之书,向但除其与《新序》复重者,为之条别篇目,令以类相从耳。《新序》叙录虽亡,度其体例,当亦与《说苑》相同。”另一方面,“至于《新序》《说苑》,则虽本有其书,其文亦悉采之传记,然向既除其两书之复

①《汉书》,第1727页。
②黄震:《黄氏日抄》,文渊阁四库全书本。
③沈钦韩:《汉书疏证》,第762页。
④罗根泽:《诸子考索》,第540—541页。

重者，与他书之但除本书之复重者不同；又删去其浅薄不中义理者，与《晏子》等书但聚而编之虽明知其不合经训亦不敢失者不同；盖已自以义法别择之，使之合于六经之义。况本传云采传记行事，《说苑》叙云更以造新事；则向又已有所增益于其间。既奏上之，以戒天子，亦以成儒者一家之言；故虽采自古书，仍不能不谓为刘向所序；犹孔子因鲁史修《春秋》，述而不作，要不能谓《春秋》非成于孔子也”。①

第三种观点认为《新序》《说苑》乃刘向所著。刘知几《史通·杂说下》云："观刘向对成帝，称武、宣行事，世传失实，事具《风俗通》，其言可谓明鉴者矣。及自造《洪范五行》，及《新序》《说苑》《列女》《列仙》诸传，而皆广陈虚事，多构伪辞。"②徐复观指出《说苑叙录》提到的"所校中书说苑杂事"中的"说苑"其实是"刘向对许多积聚在一起的一堆零星言论所加的统一称呼，并非先有'说苑'一书。也如刘向对许多积聚在一起的零星故事，而统称之为'杂事'，并非早有'杂事'一书，是同样的情形。正因为说苑杂事，仅指中秘所藏的一堆材料，并非如其他诸子百家之勒为一书，所以又可加入自己及民间所藏的这类材料，而至'事类众多'；不似已勒为一书者之有一定范围"，而"《新序》《说苑》是'采传记行事'，这是直接受到韩婴《诗传》的影响；但在传记行事之外，必加入有他自己的意见，甚至是以自己的意见为主导地去采传记行事，始可谓之著。《新序》《说苑》是'著'而不是'序次'，《汉书》本传是说得很明白的"。③

①余嘉锡：《四库提要辨证》，第468—469页。

②刘知几：《史通》，第148页。

③徐复观：《两汉思想史》(第三卷)，第39—40页。

第四种观点认为，中秘已有《说苑杂事》一书，然而，"《新苑》一书实非子政所校中书《说苑杂事》。《汉志》所载《说苑》，乃子政'更以造新事十万言'而成的《新苑》，并非中书《说苑杂事》"。①也就是说，《说苑》乃刘向新造，与《说苑杂事》并没有关系。

这些观点是我们在考察《新序》《说苑》编撰时必须认真考虑的，然而，如何看待这些观点，我们又必须回到前面三份文献的记载上来，它们毕竟是我们讨论的起点。严可均《全汉文》收录刘向所写的比较完整的叙录共有10篇，其中比较可信的有《战国策书录》《管子书录》《晏子叙录》《孙卿书录》《列子书录》《邓析书录》及《说苑叙录》7篇，②另加刘歆《上山海经表》。倘若《汉书·楚元王传》真的如有的学者所推测的那样出自刘向之手，③那么，上述三份文献就具有同等的可信度。《说苑叙录》首先提及"所校中书《说苑杂事》"，其后又说"号曰《新苑》"，这就使得人们倾向认为《说苑杂事》乃原秘府所藏，而《新苑》则为刘向在其基础上重新编定之作，其实，这个看法是需要检验的。从目前遗留下来可信的刘向、刘歆父子撰写的叙录来看，它们的开头均是这样："所校中《战国策》书，中书余卷，错乱相糅莒""所校雠中《管子》书三百八十九篇，大中大夫卜圭书二十七篇，臣富参书四十一篇，射声校尉立书十一篇，太史书九十六篇，凡中外书五百六十四篇，以校""所校中书《晏子》十一篇，臣向谨与长社尉臣参校雠，太史书五篇，臣向书一篇，参书十三篇，凡中外书三十篇""所校雠中《孙卿书》凡

①梅军：《〈说苑〉研究》，2004年武汉大学硕士学位论文。

②徐兴无：《刘向评传》，第207页。

③汪春泓：《论刘向、刘歆和〈汉书〉之关系》，《古籍整理研究学刊》，2009年第5期。

三百二十二篇，以相校”“所校中书《列子》五篇，臣向谨与长社尉臣参校雠，太常书三篇，太史书四篇，臣向书六篇，臣参书二篇，内外书凡二十篇，以校”“中《邓析书》四篇，臣叙书一篇，凡中外书五篇，以相校”，《上山海经表》开始为“所校《山海经》凡三十二篇”，这些叙录开头均提及所校中书某某，这些书名可以认为是秘府藏书所固有，但也可理解为是经刘向整理之后定著时的书名。这其中应特别注意《战国策》，《战国策书录》所说的“所校中《战国策》书”这个表达只能理解为是就定著而言的，因为这个书名是刘向在整理之后所取的，在此之前秘府不可能有名为《战国策》这样的书存在。所以，从刘向叙录的通例来看，这些书名至少应该包含定著这一层面。在这个意义上，《说苑叙录》所说的“所校中书《说苑杂事》”很可能就包含刘向编撰之后所取书名这层意思。事实上，要比较好地把握《说苑》的形成情况，《战国策书录》或许提供更为有利的参考，现将两份书录择要誊录如下：

护左都水使者光禄大夫臣向言，所校中书《说苑杂事》，及臣向书、民间书校雠。其事类众多，章句相溷，或上下谬乱，难分别次序，除去与《新序》复重者，其余者浅薄不中义理，别集以为百家后，令以类相从，一一条别篇目，更以造新事十万言以上，凡二十篇七百八十四章，号曰《新苑》。皆可观。臣向昧死。(《说苑叙录》)①

护左都水使者光禄大夫臣向言，所校中《战国策》书，中书余卷，错乱相糅莒。又有国别者八篇，少不足。臣向因国别者略以时次之，分别不以序者以相补，除复重，得三十三篇。本字多误脱为半字，以“赵”为“肖”，以“齐”为“立”，如此

①严可均：《全上古三代秦汉三国六朝文》，第334—335页。

> 字者多。中书本号，或曰《国策》，或曰《国事》，或曰《短长》，或曰《事语》，或曰《长书》，或曰《修书》。臣向以为战国时游士辅所用之国为之策谋，宜为《战国策》。其事继《春秋》以后，讫楚汉之起，二百四十五年间之事，皆定，以杀青，书可缮写，叙曰：……战国之时，君德浅薄，为之谋策者，不得不因势而为资，据时而为□，故其谋扶急持倾，为一切之权。虽不可以临国教化兵革，救急之势也。皆高才秀士，度时君之所能行，出奇策异智，转危为安，运亡为存，亦可喜，皆可观。护左都水使者光禄大夫臣向所校《战国策书录》。①

《战国策书录》首先论及《战国策》的文献来源情况，亦即“中书余卷”及“国别者八篇”；接着叙述编纂方法，然后交代命名的缘由。《说苑叙录》也有着相近的叙述思路，首先也是交代文献情况，其中既叙述文献种类，也描述它们的文献状态。从这个描述来看，用以编撰《说苑》的相关文献资料是极为混乱的，这一点与《战国策》是相同的。不过，刘向比较具体地叙述《战国策》的文献种类，而《说苑叙录》的记载则很模糊，这种情况对于理解《说苑》的编撰是很不利的，特别是《说苑》这个称呼是原秘府藏书既有的，还是后来刘向定名的，不太容易就此弄明白。然而从后来刘向将经过整理的《说苑》又称为《新苑》来看，《说苑》这个称谓应该此前就存在了。当然，这并不表示刘向只是纯粹整理这部文献。《说苑叙录》接着叙述刘向编撰《说苑》的方法，这些方法有与《战国策》一致的，但也有不同的，这些不同的方法使得刘向在整理《战国策》与《说苑》的性质上发生根本的变化。也就是说，《战国策》虽然是刘向整理的，也是刘向定名的，但刘向只是对相关材料进行一定

---

①严可均：《全上古三代秦汉三国六朝文》，第331页。

的整理编纂而已，这在前文已经讨论过了。《说苑》则不同，刘向对它不是单纯的整理，而是有加工，从《说苑叙录》的记载来看，这种加工的力度是非常大的。在这个意义上，《说苑》可以说是刘向撰作的，这就有必要提及《楚元王传》及《艺文志》的记载。《楚元王传》明确说刘向“著《新序》《说苑》”，同时据班固的注解，《艺文志》著录“刘向所序六十七篇”中也包括《新序》《说苑》。《楚元王传》《艺文志》与刘向均有着深刻的渊源关系，倘若刘向只是像整理其他文献一样整理《新序》《说苑》，那么如此郑重其事地将《新序》《说苑》与刘向联系起来则是不可想象的，因此，依据这三份文献，我们认为《新序》《说苑》确实是刘向编撰的。

那么，刘向又是如何编撰出这两部文献的，《楚元王传》等三份文献对此有过明确的说明。在分析这个问题之前，首先有必要交待两件事情，一是《新序》的编撰早于《说苑》，马总《意林》引《七略别录》以为成帝河平四年刘向进献《新序》，而王应麟《汉书艺文志考证》则以为是阳朔元年，徐复观倾向河平四年这一年；至于《说苑》，徐先生认可《汉书艺文志考证》鸿嘉四年的说法。① 也就是说，两书前后相距八年左右。二是《新序叙录》没有流传，考虑

①徐复观：《两汉思想史》(第三卷)，第41—42页。徐兴无谓：“《新序》编于《说苑》之前是肯定的。宋本《新序》题有‘阳朔元年(前24)二月癸卯护左都水使者光禄大夫臣刘向上’；《说苑》题有‘鸿嘉四年(前17)三月乙亥护左都水使者光禄大夫臣刘向上’。晁公武《郡斋读书志》、王应麟《汉书艺文志考证》皆载二书的上奏时间，说明宋本皆有此题。又马总《意林》引《七略别录》曰：‘《新序》三十卷，河平四年(前25)都水使者谏议大夫臣向上言。’石光瑛《新序校释》以《楚元王传》言奏《新序》诸书时为光禄大夫非谏议大夫诸事，认为‘《意林》此题，或出妄人附益，未必马总原书如此’，其辨甚明。”(参氏著《刘向评传》，第380页)

到两书体例接近，其编撰方式应该也相去不远。基于这样两点认识，我们主要通过讨论《说苑》的编撰来具体把握二书的形成。《楚元王传》指出《新序》《说苑》"采传记行事"的编撰方式，这个看法无疑是很准确的。徐复观仔细考察《新序》《说苑》与《韩诗外传》之间的联系，指出"《新序》较《说苑》，吸收《韩传》者为多。若《新序》之三十卷未残，则《韩传》几全为两书所吸收"，同时还考察二书与其他典籍的联系，"《新序》引用《论语》者有十一条"，"《论语》以外，引用孔子的故事或语言的共九条"；二书还引述《春秋》，"两书中引用《春秋》时代故事的，多出于《左传》，但都不出'春秋'或'传曰'之名。引用春秋时故事，亦有出于《公羊》《穀梁》两传的"；同时，"《新序》《说苑》中所引其他儒家典籍，计《新序》引《易》者三，引《书》者一，引《孟子》者二，引《荀子》者二。《说苑》引《易》者十八，引《书》者十六"；此外，二书还援引其他典籍，比如：

> 卷二十《反质篇》引了"禽滑厘问于墨子"，墨子历述"古者无文"尚俭的故事。与墨子之本旨相合，是否为今《墨子》书中所有，尚待查阅。《新序》引《列子》之故事者一（卷七）。引屈原故事者一，大体取材于《史记·屈原列传》（卷七）。引宋玉者三（卷一卷五）。录商鞅者一，大体取材于《史记·商君列传》而加以批评（卷九）。录《吕氏春秋》中《尊师》中之一段（卷五），而称之为"吕子曰"，由此可知刘氏对吕不韦之重视。《说苑》录杨子者二（卷七卷十三），录尹文者一（卷一），录邹子（衍）者一（卷八），录鬼谷子者一（卷十一）。刘向有《管子书录》《晏子叙录》。今日流行的管晏两书，皆由刘氏所校录。他以管子"可以晓合经义"，以晏子为"皆合六经之义"，故两书中所引管、晏子的故事及言论，皆在其他诸子百家之上。引《太公兵法》者一（卷十五），引《司马法》者二（卷

十五)。①

根据这个考察,可以比较清楚地了解《新序》《说苑》"采传记行事"的具体表现形式。然而也应该认识到,"采传记行事"固然是《新序》《说苑》生成的重要方式,但这一方式主要是揭示《新序》《说苑》编撰的文献渊源,至于刘向又是如何处理所采集来的这些传记行事,"采传记行事"这一方式本身不可能提供解释。因此,仅仅凭借"采传记行事"这一点是难以揭示《新序》《说苑》具体形成环节的。《说苑叙录》则从另一个方面描述《说苑》的编撰过程,这一过程包含这样几个方面:其一,《叙录》叙述秘府及民间《说苑》的文献状态,这些版本的《说苑》显得非常混乱无序,其具体表现为"事类众多,章句相溷,或上下谬乱,难分别次序"。为此,刘向将它们与《新序》比较,除去与《新序》重复的部分,并且对余留下来的部分又重新进行处理,将其中那些浅薄不中义理的资料汇编为《百家》;②其二,经过这番甄别处理之后,剩余的这部分资料才真正成为素材,由此也进入正式的编辑阶段。由于这些资料内容广泛,同时又比较混乱,刘向于是按照"类"(亦即主题)的思路对这些材料进行分类处理,将它们分别纳入二十个主题之下。同时对于那些章句杂乱的篇目进行清理,从而理顺篇章的关系;其三,在做了上述工作之后,刘向又造作新事来加以补充、完善。《新序·杂事四》载:

宋康王时,有爵生鹯于城之陬,使史占之。曰:"小而生

①徐复观:《两汉思想史》(第三卷),第43—56页。

②余嘉锡认为《汉志》小说类之《百家》即是:"志又有百家百三十九卷,案刘向说苑叙录曰:'除去与新序复重者,其余者浅薄不中义理,别集以为百家。'然则此书,刘向之所集。"(参氏著《余嘉锡文史论集》,第257页)

巨，必霸天下。”康王大喜，于是灭滕，伐薛，取淮北之地。乃愈自信，欲霸之亟成，故射天笞地，斩社稷而焚之，曰：“威伏天地鬼神。”骂国老之谏臣者，为无头之冠，以示有勇，剖伛者之背，锲朝涉之胫，而国人大骇。齐闻而伐之，民散，城不守，王乃逃儿侯之馆，遂得病而死。故见祥而为不可祥，反为祸。臣向愚以《鸿范传》推之，宋史之占非也。此黑祥，传所谓黑眚者也。犹鲁之有鸲鹆，为黑祥也，属于不谋，其咎急也。鹯者，黑色，食爵，大于爵，害爵也。攫击之物，贪叨之类。爵而生鹯者，是宋君且行急暴击伐贪叨之行，距谏以生大祸，以自害也。故爵生鹯于城陬者，以亡国也，明祸且害国也。康王不悟，遂以灭亡，此其效也。①

这一文本并不是单纯的“采传记行事”，而是在引述宋康王事件之后，刘向还附加自己对此事件的评论，这在一定程度上可以理解为是造作新事，只是像这种直接署上刘向本人之名的例证可能也只有上述这一例，但不署名的评论则不少，陈新在考察《新序》之后发现，“不少故事的结尾部分，有刘向所加的按语式文字，系原本诸书所无”。② 比如《杂事三》载：

昔者秦魏为与国，齐楚约而欲攻魏，魏使人求救于秦，冠盖相望，秦救不出。魏人有唐且者，谓魏王曰：“老臣请西说秦，令兵先臣出，可乎？”魏王曰：“敬诺。”遂约车而遣之。且见秦王，秦王曰：“丈人罔然乃远至此，甚苦矣。魏来求数矣，寡人知魏之急矣。”唐且答曰：“大王已知魏之急，而救不至，是大王筹筴之臣失之也。且夫魏一万乘之国也，称东藩，受

①石光瑛：《新序校释》，第632—640页。

②石光瑛：《新序校释》，第3页。

冠带，祠春秋者，为秦之强，足以为与也。今齐楚之兵，已在魏郊矣，大王之救不至，魏急，则且割地而约齐楚，王虽欲救之，岂有及哉。是亡一万乘之魏，而强二敌之齐楚也。窃以为大王筹策之臣失之矣。”秦王惧然而悟，遽发兵救之，驰骛而往，齐楚闻之，引兵而去，魏氏复故。唐且一说，定强秦之策，解魏国之患，散齐楚之兵，一举而折冲消难，辞之功也。孔子曰："言语，宰我、子贡。”故《诗》曰："辞之集矣，民之洽矣；辞之怿矣，民之莫矣。”唐且有辞，魏国赖之，故不可以已。①

此段文字也大致见于《战国策·魏策四》：

秦、魏为与国。齐、楚约而（欲）攻魏，魏使人求救于秦，冠盖相望，秦救不出。魏人有唐且者，年九十余，谓魏王曰："老臣请出西说秦，令兵先臣出，可乎？”魏王曰："敬诺。”遂约车而遣之。唐且见秦王，秦王曰："丈人芒然乃远至此，甚苦矣。魏来求救数矣，寡人知魏之急矣。”唐且对曰："大王已知魏之急而救不至者，是大王筹策之臣无任矣。且夫魏一万乘之国，称东藩，受冠带，祠春秋者，以为秦之强足以为与也。今齐、楚之兵已在魏郊矣。大王之救不至，魏急则且割地而约齐、楚，王虽欲救之，岂有及哉？是亡一万乘之魏，而强二敌之齐、楚也。窃以为大王筹策之臣无任矣。”秦王喟然愁悟，遽发兵，日夜赴魏。齐楚闻之，乃引兵而去。魏氏复全，唐且之说也。②

《史记·魏世家》也有这一段记载：

齐、楚相约而攻魏，魏使人求救于秦，冠盖相望也，而秦救不至。魏人有唐雎者，年九十余矣，谓魏王曰："老臣请西

①石光瑛：《新序校释》，第323—329页。

②缪文远：《战国策新校注》，第792—793页。

> 说秦王，令兵先臣出。”魏王再拜，遂约车而遣之。唐雎到，入见秦王。秦王曰：“丈人芒然乃远至此，甚苦矣！夫魏之来求救数矣，寡人知魏之急已。”唐雎对曰：“大王已知魏之急，而救不发者，臣窃以为用策之臣无任矣。夫魏，一万乘之国也，然所以西面而事秦，称东藩，受冠带，祠春秋者，以秦之强足以为与也。今齐、楚之兵已合于魏郊矣，而秦救不发，亦将赖其未急也。使之大急，彼且割地而约从，王尚何救焉？必待其急而救之，是失一东藩之魏而彊二敌之齐、楚，则王何利焉？”于是秦昭王遽为发兵救魏，魏氏复定。①

这三段文字之间均有差异，倘若以《魏策四》的记载为始源文献，那么《史记》与《说苑》对它都有删改。然而，比较起来，《史记》的这一文本可能更近于《魏策四》，比如《魏策四》《史记》均提到唐且“年九十余”，而《新序》无之，对此，石光瑛分析说：

> 梁玉绳曰：“《策》《史》言睢年九十余，为魏安釐王十一年，说秦昭王救魏，历四十二年，魏亡，又为安陵君说始皇于魏亡之后，则睢百三十余岁矣，何其寿也。”光瑛案：此事诚可疑，即谓睢有此寿，亦衰耄已甚，安能远使秦廷，挺剑而起，欲效聂政、荆轲之事乎。②

由此看来，刘向在援引此条资料时，或许考虑到这一点而删去“年九十余”。更为重要的是，刘向在此条之后又加了一番评论，因此，刘向在编撰《新序》过程中会根据需要对引述材料进行调整乃至加入评论，这表明刘向的编撰之功。就《说苑》来说，刘向造作新事比较明显的可能主要体现在这样几个方面：一是《说苑》中的

---

①《史记》，第636页。

②石光瑛：《新序校释》，第324页。

汉代史事，徐复观说："我以为刘向所录者皆系先秦旧录，间或加入汉代言行，决非出自臆造。"①比如《说苑·君道》篇收录两则河间献王的言论：

河间献王曰："尧存心于天下，加志于穷民，痛万姓之罹罪，忧众生之不遂也。有一民饥，则曰：'此我饥之也。'有一人寒，则曰：'此我寒之也。'一民有罪，则曰：'此我陷之也。'仁昭而义立，德博而化广；故不赏而民劝，不罚而民治。先恕而后教，是尧道也。"

河间献王曰："禹称：'民无食，则我不能使也，功成而不利于人，则我不能劝也。'故疏河以导之，凿江通于九派，洒五湖而定东海。民亦劳矣，然而不怨者，利归于民也。"②

当然，其他篇章也收录相关的汉事。这些事例大约是秘府原本《说苑》所没有的，或者说，它们出自刘向的新造。需提及的是，《新序·善谋下》也收录汉事，其书法更是体现刘向书写汉初历史的愿望，此点后文还要讨论。二是《说苑》每一篇（《君道》篇无）前有一段总论性质的文字，它们也出自刘向的撰作。经过这样一些环节，《新序》《说苑》就以新的文献状态呈现在世人面前。同时，从上述分析可以发现，刘向并没有像整理其他文献一样只是单纯的编纂《新序》《说苑》，而是在整理的过程中不但增补新的内容，同时对文本篇章结构也有不少的调整更改，③因此，《汉

①徐复观：《两汉思想史》（第三卷），第42页。

②王瑛、王天海：《说苑全译》，第7—11页。

③比如陈新指出："《新序》文字与所据诸书的出入，决非出于版本的差异，而且同一则故事中，常有一部分采用这本书，一部分采用另一本书的现象，可见确经刘向的'弃取删定'。"（石光瑛：《新序校释》，第3页）

书·楚元王传》确认《新序》《说苑》为刘向所著，这应该是可以接受的事实。

三 《说苑》《新序》的文体特征

经过刘向之手编撰之后，《说苑》《新序》在文本上又具有何种特征呢？徐复观曾说："《新序》在《唐书·艺文志》尚著录三十卷，至《崇文总目》则已著录为十卷；《全汉文》辑了五十二条佚文，其中多断章零句。且有吴汉一条，并非出于《新序》。而现存十卷中各篇，有的恐亦非全文。其亡佚者当在三分之二以上。《说苑》卷数虽全，亦有亡佚，但无损于其完整性。《新序》与《说苑》的分别，约有三端。一为《新序》'杂事'共有五篇，未按内容性质标题；盖《韩诗传》全未标题，《新序》则大部分标题，《说苑》则全部标题。由此可见此种体裁演进之迹。二为刘向在《说苑》中之思想性，较《新序》为强；孔子之地位，更为突出。三为《新序》卷十之《善谋》下，全录汉事；而《说苑》虽录有汉事共约十七条，但无通篇全录汉事者。"①这段文字虽然涉及两书文本特征的分析，可惜徐先生讨论的重点不在此，因此未能全面展示它们的整体面貌。

站在语类文献文体的立场上，可以说二书特别是《说苑》包含比较丰富的文体类型，当然，这也可以说明刘向对此前语类文献文体的熟悉与继承。具体来看，这种丰富性主要体现在如下方面：

第一，正如徐复观所言，《说苑》《新序》具有题旨比较鲜明的标题。今本《新序》十卷，前五卷标目"杂事"，自第六卷以下依次为刺奢、节士、义勇、善谋、善谋下，《说苑》二十卷，依次为君道、臣

---

①徐复观：《两汉思想史》(第三卷)，第42页。

术、建本、立节、贵德、复恩、政理、尊贤、正谏、敬慎、善说、奉使、权谋、至公、指武、谈丛、杂言、辨物、修文、反质。这些标目既有着明确的内容指向，同时也显得很整齐。就两书的标目而言，有两点需要指出，首先，无论是《说苑》还是《新序》，它们各自标目内部并不完全统一，也就是说，它们确立标目的标准是不一致的。《新序》后五卷标目是按内容性质标题的，"杂事"则不是，那么，"杂事"又具有怎样的内涵呢？石光瑛谓："云杂事者，不专属于一类之事。本书标题，若《刺奢》《节士》《义勇》《善谋》，事类繁重，可别为一篇。余则博采传记，人非一时，事非一类，大要以悟主安国，因事内诲为归，故名杂事。"又说："书虽非向造，而弃取删定，皆出向一人手，其反复启沃，积诚悟主之心，千载下犹可窥见。其编订之大义，亦具有终始，非徒以掇拾为博也。所采中秘家藏民间之书非一种，故名曰杂，且本因旧名也。此皆杂事之义之可考者。"①按照这个解释，"杂事"的命名源于所编辑内容之来源及本身之驳杂，这有其合理之处。然而，我们也不能不看到，"杂事"还具备文体的意义。《管子》中有"事语"这样的标目，《战国策》编撰过程中也使用中书之一种《事语》，"事语"是先秦史体的重要形态，其基本特征表现为"既叙事，也记言"，②而就《新序》五卷"杂事"所录资料来看，有很多符合这个要求。因此，《新序》标目"杂事"，固然可能考虑资料来源驳杂这层因素，但更多的恐怕还是基于文体的考虑。由此，《新序》标题命名的标准有两条：内容与文体。其实，《说苑》标题命名基本上也遵循这两条，"谈丛""杂言"就是文体，这一点下文还有述及。其次，《说苑》《新序》的标目自

①石光瑛：《新序校释》，第3页。

②张政烺：《春秋事语解题》，《文物》，1977年第1期。

然出于刘向之手,可是,刘向在拟定这些标目时很可能受到此前语类文献标目之影响。《晋书》本传载陆喜说“刘向省《新语》而作《新序》”,①此处的《新语》是指陆贾撰写的那部文献,《新语》十二篇依次为道基、术事、辅政、无为、辨惑、慎微、资质、至德、怀虑、本行、明诫、思务,这些篇题是很有意义的,比如戴彦升以为《道基》篇“原本天地,历叙先圣,终论仁义。知伯杖威任力而亡,秦二世尚刑而亡,语在其中,盖即面折高帝语,退而奏之,故为第一篇也”。② 唐国军更是比较系统地考察十二篇的内在关联,“从《新语》内容的内在逻辑上看,前 7 篇中除《道基》一篇具有总纲性质之外,其余 6 篇显然讲得十分实际,是现实需要的统治术;而从第八篇《至德》开始的后 5 篇,则更呈现出‘政治哲学’的意义来。由此可以得出:自第一篇《道基》至第七篇《资质》为第一方块,讨论的是‘因世而权行’的针对当时政治现实的统治理论与策略;自第八篇《至德》至第十二篇《思务》则是对政治理论的深化,谈的是‘道术’的最高理想、‘道术’的本质属性,是汉代政治发展的方向,大一统帝国政治的‘统理’问题”。③ 既然这些篇目处于一个有机的系统之中,并且形成一个体系,这就意味着这些篇目在此系统中各自占据独特的位置,有着不可替代的作用,由此,经过精心结撰的这些标目其自身之意义也就得以呈现。陆喜认为刘向是在考察陆贾《新语》之基础上撰作《新序》的,那么,这种考察不仅仅包含创作意图、内容体系方面,同时对于标目也应该是有所体会

①《晋书》,第 983 页。

②王利器:《新语校注》,第 1 页。

③唐国军:《〈新语〉的政治学性质及其体系论》,《广西民族大学学报》,2009 年第 5 期。

的。由于今本《新序》残缺甚多，因此难以窥见其标目的整体风貌，而就《说苑》来说，徐复观谓："每一篇皆有由刘氏所遭遇的时代问题而来的特别用心；而二十篇又构成一个思想系统。"①徐兴无指出《说苑》有"完备的分类体系与思想体系"，"相邻的类名义项接近"，他以此将二十篇分为九组：

第一组义项（论君臣之道）：

君道（卷一）　臣术（卷二）

第二组义项（论君子立身之本）：

建本（卷三）　立节（卷四）

第三组义项（论君主臣民以德相感召）：

贵德（卷五）　复恩（卷六）

第四组义项（论王霸之政及尊贤成功之理）：

政理（卷七）　尊贤（卷八）

第五组义项（论进谏敬慎，存身全国之道）：

正谏（卷九）　敬慎（卷十）

第六组义项（论知言善说及行人之辞）：

善说（卷十一）　奉使（卷十二）

第七组义项（论权谋公正，慎兵备战之道）：

权谋（卷十三）　至公（卷十四）　指武（卷十五）

第八组义项（汇纂修身治国之言）：

谈丛（卷十六）　杂言（卷十七）

第九组义项（论辨物达性，文质相用之道）：

辨物（卷十八）　修文（卷十九）　反质（卷二十）②

---

①徐复观：《两汉思想史》（第三卷），第41页。

②徐兴无：《刘向评传》，第411页。

二十篇几乎是两篇一组，显得非常匀称有序，这应该不是偶然的巧合。于雪棠分析说，《周易》本经六十四卦的基本编排原则是“以同相类”和“以异相明”，于是形成两两对举的形式。《说苑》也是按照两两相对的原则来编排书序，这其实是得益于《周易》本经的对卦式结构，比如说，“《君道》与《臣术》，《建本》与《立节》，《修文》与《反质》六篇‘以异相明’的特点非常明显。《君道》论述的主题是君主治国治民的原则、方法以及个人应具有的操守和德行等；《臣术》对人臣应遵循的原则、具备的才能及应坚持的操守等展开论述。君臣关系是对立统一的关系，二者既相对立，又相依赖。君道与臣术则是一个问题的两个方面，相互依存，相互发明。《建本》篇讲的是建立根本，主要说明立身处世、为政治国应首先做好的根本大事。‘本’与‘节’本来是相对而言的。《立节》讲的是树立名节，把《建本》中的主张具体化了，并对《建本》的内容作了一些补充，侧重臣民一方立论。《修文》主旨是兴修文教，制礼作乐，‘文’是修饰，是加在事物本来天性之外的东西；与‘文’相对的则是‘质’，相连的一卷就论说‘反质’，使事物回归本质，保持它质朴的本性，主要内容是反对奢侈、提倡质实简朴。这几对相反相成、互相补充、互相发明”。又如，“卷十三《权谋》论述的是权衡时势，随机应变以求趋利避害的谋略。权谋有为公为私之分，为了防止偏失，卷十四《至公》就论述大公无私是最大的公正。文中标举尧让位于舜而不传其子的行为是‘大公’，伊尹、吕尚二人忠君仁下、不结私党、不营私家的行为是‘人臣之公’。后卷意承前卷，二者之间的关系可归为‘以同相类’”。① 当然，《说苑》“篇题由《君道》而至《反质》，反映出刘向的时代，并组成一个思想系统，

① 于雪棠：《先秦两汉文体研究》，第5—7页。

此已可见其经营构造的苦心”。① 这一系统形成固然有多方面因素，但标目的设定显然发挥重要作用。对比《新语》与《说苑》，两者之间的承继关系是不难寻觅的。当然，《盐铁论》标目也显现其自身的特点，刘向在整理此书时也应该有所领会，在此就不再赘述。

第二，徐复观注意到，“除《君道》外，其余十九篇，篇首皆有刘向所写的总论性的一段文章，以贯穿全篇”，②那么，这种总论性的文字在文体上具有怎样的意义呢？先来考察一下《臣术》的总论：

> 人臣之术，顺从而复命，无所敢专，义不苟全，位不苟尊，必有益于国，必有补于君，故其身尊而子孙保之。故人臣之行有“六正”“六邪”，行“六正”则荣，犯“六邪”则辱。夫荣辱者，祸福之门也。何谓“六正”“六邪”？“六正”者：一曰萌芽

①徐复观：《两汉思想史》（第三卷），第 41 页。

②徐复观：《两汉思想史》（第三卷），第 41 页。至于《君道》为何缺少总论，徐复观以为：“《君道篇》之所以缺少篇首的总论，我推测，这是他对成帝说话的技巧；君道应如何？只让历史讲话，不把自己的话摆在当头，致贬损了皇帝的自尊心。但收尾两段的意思，是刘向固根本、抑外戚的奏疏的提要。”王瑛、王天海在《说苑全译》中则提出：“所记之事，除商、周四则外，其余均为春秋战国时期君王与大臣选贤举能、勤政节俭的事迹，是用来作为第一则纲领实际例证的。其中往往有国君的事迹掺入，如果归在卷一‘君道’篇也未尝不可。不过我国古代的政治家、思想家历来注重明君贤臣的遭际遇合，‘君道’与‘臣术’实际上是一个问题的两个方面，很难截然划开。这两卷完全可以相互参阅。”（《说苑全译》，第 61 页）检视《汉书》所载刘向的奏疏，其间不乏言辞激烈之处，因此，倘若说刘向没有撰写《君道篇》总论，是为了照顾成帝的自尊心，这一推测恐怕未必切合当时之实际，而《说苑全译》的说法可能更合理一些。

未动，形兆未见，昭然独见存亡之几，得失之要，预禁乎不然之前，使主超然立乎显荣之处，天下称孝焉，如此者，圣臣也；二曰虚心白意，进善信道，勉主以礼义，谕主以长策，将顺其美，匡救其恶，功成事立，归善于君，不敢独伐其劳，如此者，良臣也；三曰卑身贱体，夙兴夜寐，进贤不解，数称于往古之行事，以厉主意，庶几有益，以安国家社稷宗庙，如此者，忠臣也；四曰明察幽，见成败，早防而救之，引而复之，塞其间，绝其源，转祸以为福，使君终以无忧，如此者，智臣也；五曰守文奉法，任官职事，辞禄让赐，不受赠遗，衣服端齐，饮食节俭，如此者，贞臣也；六曰国家昏乱，所为不谏，然而敢犯主之颜，面言君之过失，不辞其诛，身死国安，不悔所行，如此者，直臣也，是为“六正”也。“六邪”者：一曰安官贪禄，营于私家，不务公事，怀其智，藏其能，主饥于论，渴于策，犹不肯尽节，容容乎与世沈浮上下，左右观望，如此者，具臣也；二曰主所言皆曰善，主所为皆曰可，隐而求主之所好，即进之以快主耳目，偷合苟容，与主为乐，不顾其后害，如此者，谀臣也；三曰中实颇险，外貌小谨，巧言令色，又心嫉贤，所欲进，则明其美而隐其恶，所欲退，则明其过而匿其美，使主妄行过任，赏罚不当，号令不行，如此者，奸臣也；四曰智足以饰非，辩足以行说，反言易辞，而成文章，内离骨肉之亲，外妒乱朝廷，如此者，谗臣也；五曰专权擅势，持抔国事，以为轻重，私门成党，以富其家，又复增加威势，擅矫主命，以自贵显，如此者，贼臣也；六曰谄主以邪，坠主不义，朋党比周，以蔽主明，入则辩言好辞，出则更复异其言语，使白黑无别，是非无间，伺候可推，因而附然，使主恶布于境内，闻于四邻，如此者，亡国之臣也。是谓“六邪”。贤臣处“六正”之道，不行“六邪”之术，故上安

> 而下治，生则见乐，死则见思，此人臣之术也。①

在这篇总论中，刘向阐述人臣应该具备的才能与应该坚守的德操，也就是"人臣之术"。在刘向看来，作为称职的人臣，其坚守的"人臣之术"应该是行"六正"，避"六邪"。在这篇总论中，刘向还进一步剖析"六正""六邪"的具体内涵，联系刘向的经历，所谓的"六正""六邪"是有所指的。《臣术》共二十五则，除第一则总论外，其余选录的都是有关君主与大臣选贤举能、勤政节俭方面的资料，这些资料实际上是对总论的具体化，即通过历史事实来对总论加以论证，因此，二者事实上构成一种阐释关系。比如第二则：

> 汤问伊尹曰："三公、九卿、大夫、列士，其相去何如？"伊尹对曰："三公者，知通于大道，应变而不穷，辩于万物之情，通于天道者也。其言足以调阴阳，正四时，节风雨。如是者，举以为三公。故三公之事，常在于道也。九卿者，不失四时，通沟渠，修堤防，树五谷，通于地理者也。能通不能通，能利不能利，如此者，举以为九卿。故九卿之事，常在于德也。大夫者，出入与民同众，取去与民同利，通于人事，行犹举绳，不伤于言，言足法于世，不害于身，通于关梁，实于府库，如是者，举以为大夫。故大夫之事，常在于仁也。列士者，知义而不失其心，事功而不独专其赏，忠政强谏，而无有奸诈，去私立公，而言有法度。如是者，举以为列士。故列士之事，常在于义也。故道德仁义定，而天下正。凡此四者，明王臣而不臣。"汤曰："何谓臣而不臣？"伊尹对曰："君之所不名臣者四：诸父臣而不名，诸兄臣而不名，先生之臣臣而不名，盛德之士

①王瑛、王天海：《说苑全译》，第61—63页。

臣而不名,是谓大顺也。"①

这是商汤与伊尹有关三公、九卿、大夫、列士职能差异的一场讨论。商汤首先提出该如何区分三公、九卿、大夫、列士之间职能这一问题,伊尹认为,三公、九卿、大夫、列士承担不同的职能与事务,而这些职能与事务又需要相应的能力才能胜任。伊尹依次分析作为三公、九卿、大夫、列士之人所需要具备的能力与条件,同时,伊尹还讨论君主对于这些大臣应该持有的态度。这虽然是讨论大臣的职能,帮助君主任用人才,然而,这种对大臣职能的甄别实际上也明确告诫大臣,自己处在何种位置就应该承担何种事务,尽其能力做好分内之事。这其实是对为臣之道,亦即臣术的说明。由此,刘向撰写的总论与其下编撰的资料存在一种阐释关系,这种关系其实也就是经说、经传关系。从文体方面来看,这不是刘向的新创,而是有所承继的,最明显渊源的就是《韩非子》。屈守元在《说苑校证序言》中说:"名之为《说苑》,使我们很自然地联想到《韩非子》的《储说》和《说林》,刘向所序六十七篇中就还有《世说》。这些以'说'为名的典籍、篇章,它的特点,往往近于讲故事。《说苑》除《谈丛篇》以外,大多数的章节都具有一定的故事性。通过故事讲明道理,一般还多采用相与往复的对话体。不仅有首有尾,而且短短一段文字,往往波澜起伏,出现高潮。这可以说是颇具中国特色的古代'说话'形式。"②将《说苑》与《储说》《说林》联系起来,无疑是很有见地的,但是,屈守元将它们的形态仅仅理解为讲故事,这又是不够的。《储说》和《说林》在形态上其实是有区别的,"《说林》的形式是一些历史故事的排列,而《储说》先

①王瑛、王天海:《说苑全译》,第65—66页。

②向宗鲁:《说苑校证》,第3页。

列'经'义，再储备罗列与'经'义一一对应的'说'，包括历史故事、寓言等，校之《说林》，形态更加完美"。① 因此，在文体渊源上，《说苑》效法的应是《储说》。可是，《储说》这种形态的出现也并不是偶然的，周勋初说："一种文体的形成，总是有所凭借的。'储说'这种文体的形成，分析起来，可谓源远流长。"他首先将其溯源至《管子》一书中的《心术》诸篇，指出它们可分前后两部分，"初看起来，前后文字重复很多，但若仔细考查，则可发现后面的文字原来是在逐段解释前面的文字。倘若用后起的名词解说，那么前面的文字可称为'经'，后面的文字可称为'说'"。周先生指出："从学术上的发展来说，经说体的出现，恐怕也是一种必然的趋势。其他领域中存在着与此类似的现象，例如史学就是这样。孔丘作《春秋》，因为经文太简练，其后就有左氏、公羊、穀梁三家分别作出详细的阐释。史学上的经传体，等于子学上的经说体。客观形势表明，先秦时期的学术界存在着产生经说体的良好土壤。"②然而，从严格意义上来说，经传体之出现当早于经说体，也就是说，子学性质的经说体应当渊源于史学之经传体。在目前文献状态下，经传体当以《春秋》三传最为完备，可能也是最早的。在三传中，与《储说》最为接近的是《左传》，依据刘知几的分析，《左传》是通过"言事相兼"的方式而形成的，即主要纂集语类文献来阐释经文，这种形式与《储说》是非常接近的。可以说，韩非应该是在《左传》的影响之下编撰《储说》的。刘向对《韩非子》并不陌生，对于《左传》则近乎一种痴爱，了解这一点，《说苑》这种文体的出现就不奇怪了。

第三，对于《新序》《说苑》来说，还特别应该注意被遴选资料

---

①徐兴无：《刘向评传》，第403页。

②周勋初：《周勋初文集》卷一，第380—381页。

的文体特征，这才是它们的主体。屈守元强调《说苑》“大多数的章节都具有一定的故事性。通过故事讲明道理，一般还多采用相与往复的对话体。不仅有首有尾，而且短短一段文字，往往波澜起伏，出现高潮”，这个观察是准确的，对话体在《新序》《说苑》中确实占据非常重要的地位，可以说有80%以上的资料都属于这种文体。对话体通常是人物之间的对话，并且往往是通过口头形式进行的，这可以说是《新序》《说苑》对话体的通例，也是此前语类文献在这一体式方面常见的姿态，这只要观览两书及相关文献是不难体会到的。然而，在这一体式中，有两点需要提请注意，一是《新序·杂事三》收录几封书信，其中《燕惠王遗乐毅书》与《乐毅献书燕王》为一组，今本将它们分为两章，石光瑛分析说：“各本俱连上为一章，宋本提行。卢文弨曰：‘当提行，燕王上一本有报字。’案：二书相承，不提行亦可。”①书信采用书面形式从而改变此前口头言事方式，这就与通常的对话体有别，然而二书相连，一来一往，在形式上与口头对答并无差异。二是《善谋下》专记汉初之事，然而本卷有其特别之处，陈新说：“卷十的内容是汉初的故事，都见之于《史记》，但《新序》的文字和《史记》有很大出入，却大多同于《汉书》。我们知道，班固的时代后于刘向，《新序》和《史记》的异文，其中优于《史记》的地方，不可能是承袭《汉书》，相反是班固采录了《新序》，是刘向的功绩。”②据此可见，本卷确实出自刘向的编撰，不仅如此，这一卷“已略显按照编年体例来叙述汉代开国史的意向”。③ 也就是说，本卷在体例上还具有纪传体语

①石光瑛：《新序校释》，第360页。

②石光瑛：《新序校释》，第5页。

③汪春泓：《论刘向、刘歆和〈汉书〉之关系》，《古籍整理研究学刊》，2009年第5期。

类文献的特质。当然，对话体虽然说是《新序》《说苑》的主体，但除此之外，还存在其他文体形态，比如《说苑·君道》篇载：

> 当尧之时，舜为司徒，契为司马，禹为司空，后稷为田畴，夔为乐正，倕为工师，伯夷为秩宗，皋陶为大理，益掌驱禽，尧体力便巧，不能为一焉。尧为君而九子为臣，其何故也？尧知九职之事，使九子者各受其事，皆胜其任，以成九功，尧遂成厥功，以王天下。是故知人者王道也，知事者臣道也，王道知人，臣道知事，毋乱旧法，而天下治矣。①

这段文字主要讲述尧懂得运用九种职务去任命合适的大臣，结果双方都达到各自目标，从而阐明"王道知人，臣道知事"这个道理。然而从文体的角度来看，这一记载并不是对话体，而是记事，或者说是记行，记载尧的行为。这样一种文体状态被安置在以对话体为主的文本中，这是不是一种意外呢？我们曾经考察过《论语》的文体，指出它的一个重要特征就是言行两录，也就是说，《论语》除了载录孔门对话之外，有时也载录孔子等人的行为。② 据此，《说苑》记言、记行混存现象也就可以理解了。当然，《论语》言行两录渊源于上古社会的乞言传统，在那个时代，非常重视载录有名望老人的言行，于是就形成言行两录的文献。《论语》《说苑》的文本状况应该是接受这一传统影响的结果。

第四，对于《说苑》来说，在对话体、记行体之外，还值得提及的是格言体，比如《建本》篇：

> 孟子曰："人知粪其田，莫知粪其心。粪田莫过利苗得粟，粪心易行而得其所欲。何谓粪心？博学多闻。何谓易

①王瑛、王天海：《说苑全译》，第15页。

②参拙著：《先秦语类文献形态研究》，第209—215页。

行？一性止淫也。

子思曰："学所以益才也，砺所以致刃也。吾尝幽处而深思，不若学之速；吾尝跂而望，不若登高之博见。故顺风而呼，声不加疾，而闻者众；登丘而招，臂不加长，而见者远。故鱼乘于水，鸟乘于风，草木乘于时。"

孔子曰："可以与人终日而不倦者，其惟学乎！其身体不足观也，其勇力不足惮也，其先祖不足称也，其族姓不足道也，然而可以闻四方而昭于诸侯者，其惟学乎！《诗》曰：'不僭不亡，率由旧章。'夫学之谓也。"

公扈子曰："有国者不可以不学《春秋》，生而尊者骄，生而富者傲，生而富贵又无鉴而自得者鲜矣。《春秋》，国之鉴也，《春秋》之中，弑君三十六，亡国五十二，诸侯奔走，不得保社稷者甚众，未有不先见而后从之者也。"①

这些条目，虽然也是载录人物的言论，可是它们并不存在对话背景，因此，在文体上属于格言。这种格言还见之于《说苑》其他篇章，然而特别要注意的是《谈丛》，②徐复观谓："《谈丛》共七十四条；仅五条系引用故事；其余可能是当时流行的立身处世的格言，或刘氏陈述自己的经验。"③但也有学者指出，"本卷在全书中可

①王瑛、王天海：《说苑全译》，第120—123页。

②向宗鲁以为《谈丛》当为《丛谈》，其文云：卢曰："俗本目作《丛谈》，当卷作《说丛》，今从元本。"承周案：明钞本亦作"《谈丛》"，《郡斋读书志》《困学纪闻》引皆作"《谈丛》"。陈后山《送何子温移亳州诗》三首："丛谈何处村。"任渊注："刘向《说苑》有《丛谈篇》。"则宋人所见有作"《丛谈》"之本，以下篇《杂言》例之，似作"《丛谈》"为胜（参氏著《说苑校证》，第383页）。本书仍作《谈丛》。

③徐复观：《两汉思想史》（第三卷），第67页。

谓独具一格，其他十九卷均以采记历史上的传闻轶事为主，也间有记言的，但本卷八十一则全属记言，没有掺入一则传闻轶事。这八十一则在形式上几乎都是片言只语的语录体，在内容上则无所不包”。① 在《谈丛》中，存在这些情况：

枭逢鸠，鸠曰："子将安之？"枭曰："我将东徙。"鸠曰："何故？"枭曰："乡人皆恶我鸣，以故东徙。"鸠曰："子能更鸣可矣！不能更鸣，东徙，犹恶子之声。"

曾子曰："鹰鹫以山为卑，而增巢其上；鼋鼍鱼鳖，以渊为浅，而穿穴其中。卒其所以得者，饵也。君子苟不求利禄，则不害其身。"

曾子曰："狎甚则相简也，庄甚则不亲。是故君子之狎，足以交欢，庄，足以成礼而已。"

曾子曰："入是国也，言信乎群臣，则留可也；忠行乎群臣，则仕可也；泽施乎百姓，则安可也。"

口者关也，舌者机也，出言不当，四马不能追也。口者关也，舌者兵也，出言不当，反自伤也。言出于己，不可止于人；行发于迩，不可止于远。夫言行者，君子之枢机，枢机之发，荣辱之本也，可不慎乎？故蒯子羽曰："言犹射也；栝既离弦，虽有所悔焉，不可从而追已。"《诗》曰："白圭之玷，尚可磨也；斯言之玷，不可为也。"②

第一则具有寓言的性质，第二、三、四则为曾子之言，第五则不但有蒯子羽的言辞，并且还有引述《诗》，整体上看，这些例证大都包含具体历史人物的言论；除此之外，《谈丛》收录的都是无主名的

①王瑛、王天海：《说苑全译》，第656页。

②王瑛、王天海：《说苑全译》，第687—689页。

格言。① 如此看来,《谈丛》可以说就是一部格言集,"它采集最多的是先秦诸子,尤以孔孟、老庄、荀况、韩非的言论为主,其次就是《礼记》《诗经》《易经》《左传》《战国策》等书。汉初的《韩诗外传》《淮南子》《史记》等书,也是作者采集的主要对象。在思想上,本卷既重申了前十五卷所阐明的主张,也蕴含了后四卷所要论述的观点。概言之,即以儒家的道德仁义、忠孝诚信为体,以老、庄、名、法诸家为用,目的仍在阐明并强调应该如何修身治国。"②在文体渊源上,格言集的编纂实在有着久远的传统。格言体存在散见之"言"与结集之"言"两类,③后者即是格言集。先秦文献《逸周书》中有《周祝》《殷祝》诸篇,它们其实就是祝官在所收集的格言谚语之基础上编纂而成的。④《老子》一书主要也是在格言之基础上整理而成的,当然老子本人也"可能依据自己的思想而进行了精心选择,甚至有创作的成分"。⑤《淮南子·说林训》也是一部格言集,这些都是目前所能见到的。在这一点上,其实还应注意的是,先秦一些格言集有的并没有能够流传下来,如《仲虺之志》《史佚之志》;有的则经历几千年之后又以出土文献的姿态重新展现在世人面前,如《语丛》。1993 年湖北省荆门市郭店村一号楚墓出土竹简,其中有四篇文献的"内容皆为类似格言的文句"、且其"内容体例与《说苑·谈丛》《淮南子·说林》类似",整理者将

①格言的体式比较多样,有主名的,即出自具体人物之口,也有无主名。请参拙著:《先秦语类文献形态研究》,第 108—110 页。

②王瑛、王天海:《说苑全译》,第 656 页。

③俞志慧:《语:一种古老的文类——以言类之语为例》,《文史哲》,2007 年第 1 期。

④李学勤:《简帛佚籍与学术史》,第 304 页。

⑤过常宝:《先秦散文研究》,第 221 页。

其命名为《语丛》。① 据考察，郭店一号墓墓主很可能是楚太子横的老师，②“那么，《语丛》四篇很可能出于这位老师之手，而他编纂《语丛》的目的自然是用于教育”。③ 回顾格言集编纂这一传统，不难明白《谈丛》在《说苑》中的意义。

通过上面的分析，可见《说苑》《新序》在“语”这一体式下蕴藏多样化的形态，这不但反映刘向对前此语类文体的积极接受，同时也见证刘向编撰它们所付出的努力，而更为重要的也许是体现刘向“以著述当谏书”的良苦用心。

---

①荆门市博物馆：《郭店楚墓竹简》，第 193 页。

②李学勤：《简帛佚籍与学术史》，第 14 页。

③参拙著：《先秦语类文献形态研究》，第 333 页。

第五章　“拟语录”与《法言》的制作

两汉语类文献在发展过程中普遍出现仿效经典语类文献的风气，这种仿效既有来自编纂方式方面的，又有来自文体方面的。韩婴在《韩诗外传》时不但自觉接受乐语传统的影响，同时很可能还吸收《韩非子·储说》的文体经验。司马迁创制的纪传体在很大程度上也是受到来自《左传》《国语》的启发，班固在撰写《汉书》时既成功地借鉴《史记》的成果，同时也采纳《春秋》的文体。刘向在编撰《新序》《说苑》时更是多方面吸收此前语类文献的编纂手法及文体形态。不过，这些仿效整体上并不拘泥于某一特定的经典，并且大都是灵活运用。值得注意的是，汉代出现效仿特定经典语类文献的现象，《法言》就是最为典型的。扬雄在撰写此书时非常自觉地以《论语》为蓝本，其句式用语多有同于后者的，这就与一般的效仿有着差异。在这一意义上，可以说《法言》开启汉代语类文献的一种新的体式——模拟体。

第一节　扬雄的文体实践

扬雄以《论语》为蓝本撰作《法言》，这并不是一个偶然事件，显然是扬雄有意为之的。那么，扬雄为何要如此做，是什么原因导致他去效仿《论语》，这自然值得人们去探究。长期以来，人们对扬雄的这个行为已经进行多方面的解读，我们在这些成果之基础上，主要从文体实践的角度去把握它。

一 扬雄的述作观念

人们已经注意到汉代效仿或模拟风气与经学之间的关联，“汉代经学讲求传统，西汉重师法，东汉重家法，这种传授方式影响了汉代模拟文风的形成”。可是，对于扬雄来说，他生活在“两汉之际师法毁坏、家法未立的时代断裂期”，并且扬雄本人又是不满西汉儒学师法的。① 因此，从这一角度出发去思考扬雄的模拟行为似乎就并不是那么理想的角度。

既然如此，我们就不得不转换思路去寻找新的视角。春秋、战国为东周的两个历史分期，就文化特征而言，春秋、战国之间存在着明显的差距。一个普遍的看法是，西周是典型的礼乐文明，而到东周之际，这一文化已呈现变异和衰退。就两周学术而论，《庄子·天下篇》曾经论道：“百家往而不反，必不合矣！后世之学者，不幸不见天地之纯，古人之大体，道术将为天下裂。”②“天地之纯，古人之大体”可以理解为指西周时代的王官之学，王官之学在本质上可理解为史官之学。东周以降，这种王官之学发生了分裂，诸子之学勃兴，“道术将为天下裂”就是反映了这种局面。史官之学强调即事言理，理即蕴含在所载录的史事之中；诸子则多空言义理，重理而轻事。这就产生两种不同的文献方式。另一方面，诸子之学毕竟脱胎于王官之学，它们在变异之中仍然承袭王官之学的底色，从而在自觉或不自觉之中坚持文化命脉的延续

①许结：《论扬雄与东汉文学思潮》，《中国社会科学》，1988 年第 1 期。
②王先谦：《庄子集解》，第 216 页。

性。孔子在这一文化转型过程中扮演了非常重要的角色，他的“述而不作”的诠释策略，其实是对史官著述传统的自觉继承，但实际上是寓开来于继往之中。

孔子“述而不作”的态度对汉人产生深刻的影响，在由春秋进入战国这一历史转折点，先秦诸子存在两条路线的斗争，一是以法家为代表的“以王为圣”的圣化路线，一是以儒家为代表的“以圣为王”的圣化路线。① 后者具体表现为孔子的圣化，顾颉刚指出，孔子的人格形象在后世经历若干变化，倘若说春秋时代的孔子是君子，战国的孔子是圣人，那么西汉时的孔子则是教主，而东汉后的孔子又成了圣人。② 其实，孟子曾如此说过：“孔子，圣之时者也。孔子之谓集大成。集大成也者，金声而玉振之也。”③章学诚亦谓：“孔子之大成，亦非孟子所谓也。盖与周公同其集羲、农、轩、顼、唐、虞、三代之成，而非集夷、尹、柳下之成也。”④所谓孔子“集大成”，具体落实到典籍层面，就是六经的整理，这些典籍随着孔子的圣化而取得经典的地位。《礼记·乐记》云：“作者之谓圣，述者之谓明。明圣者，述作之谓也。”⑤李泽厚、刘纲纪二位先生认为《乐记》成书在荀子之后，“基本上属于荀子学派的著作”。⑥ 他们虽未明确指明《乐记》的作者，但《乐记》中这一“述作”观念的发生应该不会晚至司马

①李冬君：《孔子圣化与儒者革命》，第 2 页。

②王煦华编：《古史辨伪与现代史学——顾颉刚集》，第 104 页。

③焦循：《孟子正义》，第 397 页。

④叶瑛：《文史通义校注》，第 123 页。

⑤孔颖达：《礼记正义》，第 1089 页。

⑥李泽厚，刘纲纪：《中国美学史》（先秦两汉编），第 324 页。

迁时代。① 孔子凭借圣人之身份而获取“作”的资格，这是没有什么疑问的，事实上，汉代今文学家的看法正是如此，即主张六经大部分为孔子所作。在“作”被推崇为只有圣人才可成就的伟大创造这一语境下，司马迁承认自己是“述”而非“作”的表述，就可以理解了。此后的王充在述作问题上也被人加以责难，《论衡·对作篇》云：“或曰：‘圣人作，贤者述。以贤而作者，非也。《论衡》政务，可谓作者。’非曰作也，亦非述也，论也。论者述之次也。五经之兴，可谓作矣。太史公书、刘子政序、班叔皮传，可谓述矣。桓君山《新论》、邹伯奇《检论》，可谓论矣。今观《论衡》政务，桓、邹之二论也，非所谓作也。”②王充强调《论衡》一书既非作，亦非述，而是“论”，对此，张少康、刘三富在所著《中国文学理论批评发展史》中指出这只不过是王充为了避免时人以“非圣无法”来攻击自己的一种巧妙说法。③ 这一分析自有一定的道理，但是，王充为什么要用迂回的方式来摆脱在“述作”问题上的僵局呢？事实上，不论王充本人是如何看待“作”与“论”之间的关系，④但是其退避这一行为本身至少表明王充还不敢以“作”自居，也就是说，他并

①《汉书·艺文志》：“武帝时，河间献王好儒，与毛生等共采《周官》及诸子言乐事者，以作《乐记》，献八佾之舞，与制氏不相远。其内史丞王定传之，以授常山王禹。禹，成帝时为谒者，数言其义，献二十四卷记。刘向校书，得《乐记》二十三篇，与禹不同，其道浸以益微。”又徐复观认为《吕氏春秋》之《仲夏纪》《季夏纪》言音乐，多与《礼记》中之《乐记》相通（《两汉思想史》第二卷，第1页），由此可以说明《乐记》资料渊源有自。

②王充：《论衡》，第281页。

③张少康，刘三富：《中国文学理论批评发展史》（上），第152页。

④张少康、刘三富认为王充肯定《论衡》为“作”（《中国文学理论批评发展史》，第152页），于迎春指出，“论”与“作”是不具有充分可比性的平行概念（《汉代文人与文学观念的演进》，第83页）。

没有超越“作者之谓圣”之观念的束缚。

扬雄也特别推崇孔子，《法言》中的“圣人”有时就专指孔子。同司马迁一样，扬雄在著述时也有意效仿孔子，仿《论语》而作《法言》就很好地体现这一点。可是他拟经的这些举动，却颇引起世人的非议，《汉书》本传说：“诸儒或讥以为雄非圣人而作经，犹春秋吴楚之君僭号称王，盖诛绝之罪也。”①对此，扬雄本人在《法言·问神篇》中却给出这样的解释：“或曰：‘述而不作，《玄》何以作？’曰：‘其事则述，其书则作。’”汪荣宝疏之曰：“谓《玄》之义理亦述也，其文辞则作耳。”②司马迁对于他人的诘难，坦率承认自己是“述故事，整齐其世传，非所谓作”，③即是不敢以“作”自居。扬雄在“述作”问题上有所分别，指出自己在义理方面是“述”，是继承，在文辞上则是“作”，是创新。这确实是一个不同于他人而又很有意思的说法，显现扬雄在文献创制上的一种新的认知态度。那么，“述作”到底是怎样的文献方式呢？

《说文》：“述，循也。”段注说：“述或假借術为之，……古文多假借遹为之。”④按《说文》“術，邑中道也”，可见術之本义为道路，但術从“行”，《说文》谓“行，人之步趋也”，⑤由此知術有动义。又《说文》云：“循，行也。”⑥准此，述、循、術均有“行”义。《诗经·小旻》云：“旻天疾威，敷于下土。谋犹回遹，何日斯沮？”毛传：“回，

①《汉书》，第3585页。

②汪荣宝：《法言义疏》，第164、166页。

③《史记》，第1181页。

④段玉裁：《说文解字注》，第70页。

⑤段玉裁：《说文解字注》，第78页。

⑥段玉裁：《说文解字注》，第76页。

邪。遹，辟。”孔疏：“今王谋为政之道，又多邪僻，不循旻天之德。”①据此，“遹”有“辟（僻）”义，《说文》“遹，回、辟也”正同此，段注：“依《韵会》作辟，……遹古多借为述字，《释言》云：‘遹，述也。’言假借也。《释诂》云：‘遹，遵、率、循。’《释训》云：‘不遹，不迹也。’皆谓遹即述字也，言转注也。不遹者，今《邶风》之‘报我不述’也。”②从《释言》等文献来看，它们对于“遹”的理解与毛传、孔疏及《说文》等不同，《释言》训“遹”为“述”，段玉裁认为是假借，而对于《释诂》《释训》的说解，段氏则认为是转注。段玉裁承戴震六书“四体二用”之说法，主张假借、转注为用字之法，段氏谓转注为“诸字意旨略同必可互受相灌而归于一首，……其义或近或远，皆可训释”，也就是说，转注字之间在意义上有相通之处。而对于假借，本字与借字在意义上有没有关联，学者有不同的看法，就段氏本人而言，他在注《说文》时，不仅阐发了与引申有关的假借，而且阐发了与引申无关的假借，③这就表明，假借也存在“据义而借”的情况。因此，段玉裁在阐述“遹”与“述”之际时而说假借，时而说转注，表面上看似矛盾，但就“遹”与“述”之间而论，它们在意义方面存在关联殆无疑义。其实，它们均从“辵”，《说文》谓“辵”为“乍行乍止也。”通过上述的考察，“述”，还是借“術”“遹”为之，我们发现这些字在构形上具有“路”“行走”这些基本意象，由此，“述”之训为“循”，可以理解为：一方面，“循”具体指沿路“行走”这样的具体行为，同时，由“行走”延伸为行为上的遵循。

①孔颖达：《毛诗正义》，第737页。

②段玉裁：《说文解字注》，第73页。按：段注据《韵会》以“回”为衍文。

③李法信：《“六书假借”试说——兼评段玉软等人的假借观点》，《山东师范大学学报》，1990年第1期。

《广韵》谓："著，述也。"按"著"之本义，孙中运认为当为植物之名，如《尔雅·释草》有"茎藸"，《释木》有"茎著"，"著"即"藸"；而"著作""显著"等之"著"当为假借。① 在先秦典籍中，"著"经常见于植物之外的一些用法，《周易·系辞上》云："县象著明莫大乎日月。"孔疏："谓日月中时，遍照天下，无幽不烛，故云'著明莫大乎日月'也。"②此处的"著"有显现之意，使幽暗的地方在日月之光的烛照下得到显明。《礼记·文王世子》云："正室守大庙，尊宗室，而君臣之道著矣。"孔疏："'正室守大庙，尊宗室'，此覆释所以遣适子守大庙，适子是宗室之正，大庙是祖之正，用适子守大庙，是尊于宗及庙之室故也。'而君臣之道著矣'者，臣下不敢以庶贱之人守君所重，是君臣之道著明也。"③通过派遣适子守大庙这一具体行为，能够著明君臣之道。第一个例证，幽暗之地原本存在，但有待于日月而得到显露；第二个例证，君臣之道作为一种社会现象，虽较幽暗之地来得抽象，但也是原本存在的，它在"正室守大庙"的行为中具体呈现出来。这两个例证表明，"著"就是借助一定的方式把原本隐藏在暗处的事物凸显出来；进而，用文字来表达言论等现象也叫"著"，如《左传·文公六年》云："古之王者知命之不长，是以并建圣哲，树之风声，分之采物，著之话言，为之律度，陈之艺极，引之表仪，予之法制，告之训典，教之防利，委之常秩，道之礼则，使毋失其土宜，众隶赖之，而后即命。"孔疏："'著之话言'，为作善言遗戒，著于竹帛，故言'著之'也。"④同书襄公二

①孙中运：《"著"字的源流》，《大连教育学院学报》，2000年第1期。

②孔颖达：《周易正义》，第289页。

③孔颖达：《礼记正义》，第646—647页。

④杨伯峻编著：《春秋左传注》（修订本），第548页。

十三年有云:“初,斐豹,隶也,著于丹书。”杜注:“初,斐豹,隶也,著于丹书。盖犯罪没为官奴,以丹书其罪。”①又同书昭公二十九年亦云:“冬,晋赵鞅、荀寅帅师城汝滨,遂赋晋国一鼓铁,以铸刑鼎,著范宣子所为刑书焉。”②这些地方的“著”意指用文字的形式来显现事物。通过上述对有关“著”的例证的分析,我们发现,“著”所要呈现的对象早已先于“著”之本身这一行为,换言之,“著”是对于已存在事物的一种显现。《广韵》以“述”训“著”,这就表明“述”也具备这种义项。《正韵》谓“凡终人之事纂人言皆曰述”,从表述来看,其义大致同于《广韵》,但更倾向于社会层面的意义。从字书的训解来看,“述”大略有如下几个意义:其一、“述”训“循”,有沿路行走之意,进而引申行为上之“遵循”;其二、“述”训“著”,即对一定事物的显现。这两层含义彼此之间并非没有勾连,就第二层次的意义而言,“述”指对一定事物的显现,如此则须遵循该事物既有之格局,从而与第一层面之意义取得联系。总而言之,“述”是一种遵循行为,此行为不能脱离一定之预存“文本”而独自发生。

所谓“作”,《说文》云:“作,起也。”段《注》解释说:“《秦风·无衣传》曰:‘作,起也。’《释言》《穀梁传》曰:‘作,为也。’《鲁颂·駉传》曰:‘作,始也。’《周颂·天作传》曰:‘作,生也。’其义别而略同。别者所因之文不同,同者其字义一也,如《小雅》‘作、而作’,《诗笺》云:‘上作,起也;下作,为也。’”③刘师培谓:“然‘作’兼二义,或训为‘始’,或训为‘为’。训‘始’见《说文》,即‘创作’之

①杨伯峻编著:《春秋左传注》(修订本),第1075页。

②杨伯峻编著:《春秋左传注》(修订本),第1504页。

③段玉裁:《说文解字注》,第374页。

'作'，乃《乐记》所谓'作者之谓圣'也；训'为'见《尔雅》，与'创作'之'作'不同。《书》言'汝作司徒'，言以契为司徒，非司徒之官始于契。……盖创作谓之作，因前人之意而为亦谓之作。"①从刘师培对于"作"字意义的分析中可以看出，在"述而不作"这一成语之中，"作"之义当为"创作"，即是一种从无到有的创始行为。因此，就"述而不作"本身意义而论，它强调的是对传统的承继与凸显，并非超越传统而重新开始。

现在的问题是，孔子"述而不作"的话到底意味着什么？皇侃谓："述者，传于旧章也；作者，新制作礼乐也。孔子曰：言我但传述旧章而不新制礼乐也。夫得制礼乐者，必须德位兼并，德为圣人，尊为天子者也。所以然者，制作礼乐必使天下行之。若有德无位，既非天下之主，而天下不畏，则礼乐不行；若有位无德，虽为天下之主而天下不服，则礼乐不行，故必须并兼者也。孔子是有德无位，故述而不作也。"②这里，注者把"作"定位为制作礼乐，在这一语境下，"作"之主体只能是那些德位兼并的天下之主，而孔子虽德为圣人，却有德无位，自然就并无制作之权了，所以只好做"述"的事业。章学诚在《原道篇》指出，"周公以天纵生知之圣，而适当积古留传，道法大备之时，是以经纶制作，集千古之大成，则亦时会使然，非周公之圣智能使之然也。盖自古圣人，皆学于众人之不知其然而然，而周公又遍阅于自古圣人之不得不然，而知其然也。周公固天纵生知之圣矣，此非周公智力所能也，时会使然也。……周公成文、武之德，适当帝全王备，殷因夏监，至于无可复加之际，故得藉为制作典章，而以周道集古圣之成，斯乃所谓

①刘师培：《孔子作〈春秋〉说》，载《刘师培史学论著选集》，第522页。

②引自程树德《论语集解》，第435页。

集大成也。孔子有德无位，即无从得制作之权，不得列于一成，安有大成可集乎？非孔子之圣，逊于周公也，时会使然也。”①章氏的意见可视为皇说的进一步说明，稍微不同的是，皇侃把制作只限于礼乐方面，而章学诚则把“作”的范围扩展为“典章”。一般而言，礼乐可以视为文化传统，但究其实质，礼乐主要倾向于制度层面，相比之下，“典章”的表述更富有弹性，它不但可以指示礼乐，亦可包容文化典籍。这样，他们对于“作”之阈限界定之差异，导致在“述而不作”理解层面上也产生很大的不同。按照皇侃的说法，孔子作为无位之圣人自然没有制作礼乐之权力，但并不代表就没有在文化上创新之机会，也就是说，孔子仍然拥有在典籍上“作”之权力，汪荣宝谓：“……然广言之，则凡有所创始皆谓之作，不必以礼乐为限。论语云：‘盖有不知而作之者，我无是也。’包注云：‘时人多有穿凿，妄作篇籍者，故云然也。’是凡以新意创作篇籍，亦皆是作。”②不同于此的是，章学诚则连孔子在典籍上“作”之权力也否定了，他说：“夫子明教于万世，夫子未尝自为说也。表章六籍，存周公之旧典，故曰：‘述而不作，信而好古。’又曰：‘盖有不知而作之者，我无是也。’‘子所雅言，《诗》《书》执《礼》’，所谓明先王之道以导之也。非夫子推尊先王，意存谦牧而不自作也，夫子本无可作也。有德无位，即无制作之权。空言不可以教人，所谓无征不信也。……夫子述六经以训后世，亦谓先圣先王之道不可见，六经即其器之可见者也。后人不见先王，当据可守之器而思不可见之道。故表章先王政教，与夫官司典守以示人，而不

①叶瑛：《文史通义校注》，第120—121页。

②汪荣宝：《法言义疏》，第165页。

自著为说，以致离器言道也。”①从实际来看，皇、章代表两种不同的诠释思路，按照皇侃的观点，我们可以推出孔子拥有制作“六经”的权力，这就是汉代今文家的主张；而据章学诚的说法，我们则只能赞同汉代古文家的观点了。皇、章二人在表述的思路上虽存在差异，但他们均承认孔子传述旧章，说得具体一些，即“述”六经。《史记·孔子世家》载，孔子“追迹三代之礼，序书传，上纪唐虞之际，下至秦缪，编次其事，……故书传、礼记自孔氏”；“古者诗三千余篇，及至孔子，去其重，取可施于礼义，上采契后稷，中述殷周之盛，至幽厉之缺，始于衽席，……三百五篇，孔子皆弦歌之，以求合《韶》《武》《雅》《颂》之音。礼乐自此可得而述”；“孔子晚而喜《易》，序《彖》《系》《象》《说卦》《文言》”。② 这一典籍整理活动可以说兑现了孔子“述而不作，信而好古”的追求志趣，但是，在仔细分析这种“述”的过程中，不能不承认孔子也在进行某种选择，上引《史记》的记载就表明这一点。选择的过程是以理解为前提，或者其本身就是一种理解过程。对于理解，伽达默尔写道：“理解就不只是一种复制的行为，而始终是一种创造性的行为。……不管这种理解是由于有更清楚的概念因而有更完善的知识这种意思，还是因为有意识性对于创造的无意识性具有基本优越性这个意思。我们只消说：如果我们一般有所理解，那么我们总是以不同的方式在理解。”③这就显示“述”中也包含创造性的因素，也就是说，“述”与“作”并非截然对立之两极，而是互相包容对方。当然，“述”意味着某种依傍，而“作”则没有此层意思。

---

①叶瑛：《文史通义校注》，第131—132页。

②《史记》，第665—666页。

③伽达默尔：《真理与方法》，第22页。

就扬雄而言，一方面，他仍然未能摆脱当时社会述作观念这一主流形态，在著述活动过程中还借助这一观念来阐释自己的著述行为；另一方面，比起那个时代其他著者而言，扬雄敢于承认自己著述活动中创造的一面，这无疑是一个进步。按照汪荣宝的理解，扬雄的《太玄》在义理方面属于“述”，在文辞方面属于“作”。其实，对于扬雄的效仿行为，我们似乎还可以这样看待其所谓的“其事则述，其书则作”，亦即扬雄效仿的主要是经典的体式，或者说文体，至于内容则大体出于他个人的创制，其实在文体上扬雄在效仿之同时也有发展。这一问题下文论及。

二 扬雄的著述活动及文体因革

在汉代的学者群体中，扬雄可以称得上是高产的一位。其兴趣之博、著述品种之多、涉及领域之广，在那个时代可以说是少有的。现在对此加以考察。

《汉书·艺文志》“小学”类著录“《训纂》一篇”，又著录“扬雄《苍颉训纂》一篇”，①关于后者，王先谦分析指出：“此合《苍颉》《训纂》为一。下文所云又易《苍颉》中重复之字，凡八十九章也。”②王氏的说法实源于《汉志》的这一记载：“《史籀篇》者，周时史官教学童书也，与孔氏壁中古文异体。《苍颉》七章者，秦丞相李斯所作也；《爰历》六章者，车府令赵高所作也；《博学》七章者，太史令胡母敬所作也；文字多取《史籀篇》，而篆体复颇异，所谓秦篆者也。是时始造隶书矣，起于官狱多事，苟趋省易，施之于徒隶也。汉兴，闾里书师合《苍颉》《爰历》《博学》三篇，断六十字以为

①《汉书》，第1720页。

②张舜徽：《汉书艺文志通释》，第249页。

一章，凡五十五章，并为《苍颉篇》。武帝时司马相如作《凡将篇》，无复字。元帝时黄门令史游作《急就篇》，成帝时将作大匠李长作《元尚篇》，皆《苍颉》中正字也。《凡将》则颇有出矣。至元始中，征天下通小学者以百数，各令记字于庭中。扬雄取其有用者以作《训纂篇》，顺续《苍颉》，又易《苍颉》中重复之字，凡八十九章。臣复续扬雄作十三章，凡一百二章，无复字。”①这就比较清楚地交待上述著录的缘由。姚明辉对此还作了更进一步的解说：“《苍颉》先时为五十五章，扬雄续易为八十九章，增多三十四章也。以《苍颉》章六十字例之，当为二千四十字。合《苍颉》三千三百字，为五千三百四十字。故许氏《说文叙》曰：黄门侍郎扬雄，采以作《训纂篇》，凡五千三百四十字也。”②需注意的是，《汉志》“小学”类还著录“《别字》十三篇”，钱大昕以为“即扬雄所撰《方言》十三卷也”。③ 又“儒家”类著录“扬雄所序三十八篇”，班固自注：“《太玄》十九，《法言》十三，《乐》四，《箴》二。”④梁启超说：“今存《太玄》《法言》《州箴》《官箴》，《乐》四篇已佚。”⑤姚明辉论道：“《后汉书·胡广传》：‘初雄《虞箴》作十二州，二十五《官箴》，其九亡阙。’然则雄《箴》二种，东汉以后当存二十八首也。今案《艺文类聚》《初学记》《古文苑》诸书所载，有《州箴》十二首，《官箴》十六首，如传言。”⑥姚先生只是节引《后汉书·胡广传》，原文为：“初，扬雄依《虞箴》作《十二州二十五官箴》，其九箴亡阙，后涿郡崔骃及子

①《汉书》，第1721页。

②张舜徽：《汉书艺文志通释》，第253页。

③张舜徽：《汉书艺文志通释》，第249页。

④《汉书》，第1727页。

⑤张舜徽：《汉书艺文志通释》，第278页。

⑥陈国庆：《〈汉书·艺文志〉注释汇编》，第116页。

瑗又临邑侯刘騊駼增补十六篇，广复继作四篇，文甚典美。乃悉撰次首目，为之解释，名曰《百官箴》，凡四十八篇。”①这就比较明确地交待了《官箴》的情况。姚明辉以为扬雄《州箴》十二首、《官箴》十六首，《四库全书总目·扬子云集提要》说：“雄所撰诸箴，《古文苑》及《中兴书目》皆二十四篇，惟晁公武《读书志》称二十八篇，多《司空》《尚书》《博士》《太常》四篇。是集复益以《太官令》《太史令》为三十篇。考《后汉书·班固传》注引雄《尚书箴》，《太平御览》引雄《太官令》《太史令》二箴，则朴之所增，未为无据。然考《汉书·胡广传》，称雄作十二州箴、二十五官箴，其九箴亡，则汉世止二十八篇。刘勰《文心雕龙》称卿尹州牧二十五篇，则又亡其三，不应其后复出。且《古文苑》载《司空》等四箴，明注崔骃、崔瑗之名。叶大庆《考古质疑》又摘《初学记》所载《润州箴》中乃有‘六代都兴’之语，则诸书或属误引，未可遽定为雄作也。”②然而严可均《全汉文》收录冀州箴、青州箴、兖州箴、徐州箴、扬州箴、荆州箴、豫州箴、益州箴、雍州箴、幽州箴、并州箴、交州箴十二州箴，以及司空箴、尚书箴、大司农箴、侍中箴、光禄勋箴、大鸿胪箴、宗正卿箴、卫尉箴、太仆箴、廷尉箴、太常箴、少府箴、执金吾箴、将作大匠箴、城门校尉箴、太史令箴、博士箴、国三老箴、太乐令箴、太官令箴、上林苑令箴二十一官箴，州箴数目一致，官箴则多出五篇。严可均解释说：

> 《后汉·胡广传》：“初，扬雄依《虞箴》作《十二州二十五官箴》，其《九箴》亡阙，后涿郡崔骃及子瑗又临邑侯刘騊駼增补十六篇，广复继作四篇，乃悉撰次首目，名曰《百官箴》，凡

①《后汉书》，第1511页。

②《四库全书总目》，第1272页。

> 四十八篇。”如传此言，则子云仅存《二十八箴》，今遍索群书，除《初学记》之《润州箴》《御览》之《河南尹箴》显误不录外，得《州箴》十二，《官箴》二十一，凡三十三箴，视东汉时多出五箴。纵使司空、尚书、太常、博士四箴可属崔骃、崔瑗，仍多出一箴，与《胡广传》未合，猝求其故而不得。覆审乃明，所谓亡阙者，谓有亡有阙，侍中、太史令、国三老、太乐令、太官令五箴多阙文，其四箴亡，故云九箴亡阙也。《百官箴》收整篇不收残篇，故子云仅二十八篇，群书征引据本集，本集整篇残篇兼载，故有三十三篇，其司空、尚书、太常、博士四箴，《艺文类聚》作扬雄，必可据信也。①

余嘉锡指出：“严氏所考，至为精密，过陈振孙章樵辈远甚，可以释《提要》之疑矣。”②解决了《官箴》篇目，但《州箴》的问题仍然还存在。《胡广传》以为扬雄制作十二篇，可是《汉书》本传只说“箴莫善于《虞箴》，作《州箴》”，颜《注》引晋灼云：“九州之箴也。”③就是说扬雄只制作了九篇箴。《后汉书·胡广传》李贤注说：“《扬雄传》曰：‘箴莫大于《虞箴》，故遂作《九州箴》。’”④李贤所引述的《扬雄传》与今本不同，不知何据，但也认为扬雄所作为九篇。《太平御览》卷五八八引崔瑗《叙箴》曰：“昔扬子云读《春秋传·虞人箴》而善之，于是作为九州及二十五管箴规匡救，言君德之所宜，斯乃体国之宗也。”⑤这可能是扬雄制作九箴的最早记载，据《后

---

①严可均：《全上古三代秦汉三国六朝文》，第421页。

②余嘉锡：《四库提要辨证》，第1046页。

③《汉书》，第3583页。

④《后汉书》，第1511页。

⑤《太平御览》(第五卷)，第633页。

汉书·胡广传》,崔瑗续作要早于胡广,并且崔氏本人又善于“书、记、箴、铭”,①那么他对于扬雄《州箴》《官箴》自然熟悉,其说法应也就更为可取。流传的十二首《州箴》,经束景南的考证,“幽、并、交三箴,恰有明显作伪之处”,乃出于后人的增附。②《汉志》还著录“扬雄赋十二篇”,顾实分析说:“后注云:‘入扬雄八篇。’盖《七略》据《传》言作四赋,只入《甘泉赋》《河东赋》《校猎赋》《长杨赋》四篇。班氏更益八篇,故十二篇也。其八篇,则本传:《反离骚》,《广骚》,《畔牢愁》三篇。《古文苑》:《蜀都赋》《太玄赋》《逐贫赋》三篇。又《文选》有《核灵赋》。《全上古三代》文载有《都酒赋》二篇。凡八篇。若益以《解嘲》《解难》《赵充国颂》《剧秦美新》诸篇,则溢出十二篇之数矣。”③

《隋书·经籍志》对于扬雄著述有如下记载:《方言》十三卷、《三苍》三卷(汉扬雄《训纂篇》)、《蜀王本记》一卷、《扬子法言》十五卷、解一卷(原注:扬雄撰,李轨注。梁有《扬子法言》六卷,侯苞注。亡)、《扬子太玄经》九卷(原注:宋衷注。梁有《扬子太玄经》九卷,扬雄自作章句,亡)、《扬雄集》五卷。其中《蜀王本记》《扬雄集》不见于《汉志》,《四库全书总目·扬子云集提要》说:“案《汉书·艺文志》《隋书·经籍志》《唐书·艺文志》皆载雄集五卷。其本久佚。宋谭愈始取《汉书》及《古文苑》所载四十余篇,仍辑为五卷,已非旧本。明万历中,遂州郑朴又取所撰《太玄》《法言》《方言》三书及类书所引《蜀王本纪》《琴清英》诸条,与诸文赋合编之,厘为六卷,而以逸篇之目附卷末,即此本也。……是书之首又冠

①《后汉书》,第1724页。

②束景南:《扬雄作州箴辨伪》,《文献》,1992年第4期。

③陈国庆:《〈汉书·艺文志〉注释汇编》,第172页。

以雄《始末辨》一篇，乃焦竑《笔乘》之文。"①余嘉锡认为：

> 《汉书·艺文志》为《七略》之要删。雄之著作，仅《六艺略》小学家有《训纂》一篇，《诸子略》儒家有扬雄所序三十八篇，注云："《太玄》十九，《法言》十三，《乐》四，《箴》二。"《诗赋略》有扬雄赋十二篇，无所谓"扬雄集"也。……且雄集除《隋志》《新唐志》外，《旧唐书·经籍志》亦著于录，《提要》略而不举，亦为疏漏。考《崇文总目》别集类，两汉人之集，仅有董仲舒、蔡邕、陈琳三家，隋、唐相传之《扬雄集》，盖已亡于唐末五代之乱矣。②

余嘉锡指出《汉志》没有《扬雄集》，《提要》失考是对的，并推测《扬雄集》亡于唐末五代之际。然而，《隋志》著录的这部《扬雄集》成于何时，余先生没有明说。张震泽以为："《隋志·集部》著录以楚辞十二卷为始，此书正是东汉校书郎王逸集屈原以下迄于刘向，逸又自为一篇并叙而注之，证知别集起东汉之说是对的。王逸之书录汉《楚辞》有刘向，独不录扬雄，最大的可能是那时已有《扬雄集》通行了。"③据此说法，《扬雄集》最晚在王逸时代已经存在，可惜没有流传下来。据《提要》，宋代学者谭愈曾经重编五卷本《扬雄集》，此后郑朴又编辑六卷本《扬雄集》，而《提要》著录的《扬子云集》即是郑本。余嘉锡说：

> 《郡斋读书志》卷十七曰："《扬雄集》三卷。古无《雄集》，皇朝谭愈好雄文，患其散在篇籍，离而不属，因缀绎之，四十

①《四库全书总目》，第1271—1272页。

②余嘉锡：《四库提要辨证》，第1042—1043页。

③张震泽：《扬雄生平、作品评价及其他有关问题》，《辽宁大学学报》，1992年第3期。

> 余篇。”《直斋书录解题》卷十六作《扬子云集》五卷，不著编辑者名氏，但云：“大抵皆录《汉书》及《古文苑》所载。”此两本卷数既不同，则其文之多寡，未必无异，且谭愈所辑，是否纯取之《汉书》及《古文苑》，未可知也。《通考·经籍考》以五卷本著录，而兼载晁、陈之言于下，《提要》乃取而联缀之曰：“宋谭愈始取《汉书》及《古文苑》所载四十余篇，仍辑为五卷。”其实与谭本不合，岂非但知摭拾《经籍考》而未假分析言之乎？《宋史·艺文志》有《扬雄集》六卷，刘克庄《后村诗话·续集》卷三亦云“《扬雄集》六卷，四十三篇”，盖又别是一本。然则宋之辑《雄集》者，非只一家而已。①

准此而论，宋代存在多家编辑《扬雄集》者。这些集子除《直斋书录解题》所著录五卷《扬子云集》的内容比较清晰外，余者并不很清楚。《提要》介绍郑本收录扬雄著述的情况，张震泽编纂的《扬雄集》收录作品五十七篇，他说：“最初根据出版社编辑同志的意见，原拟通扬雄散篇及成书《太玄》《法言》等合编而校注之，并以《四库》本为底本。后来改变了主意。因明刻郑本既不易得，即《四库》专藏亦难借抄。且文人别集例不收成书，遂决定本集只收散篇而舍成书，惟《蜀王本纪》仅存片段，不成章节，姑入集中。”又说：“唐宋以前之辑本不复可见，明人重辑，除专集外，有梅鼎祚《西汉文纪》，张采《历代文抄》，均不收歌赋。张溥《汉魏六朝百三名家集》，以张燮《汉魏六朝七十二家集》为蓝本而以冯氏《诗纪》、梅氏《文纪》补缀成书，其中有《扬雄集》，且收歌赋，但其书踳驳多误，不可据。清严可均辑《全上古三代秦汉三国六朝文》。综合诸辑，较为完备。故本书即据严辑复查出处，删其不当，补其缺遗，

①余嘉锡：《四库提要辨证》，第1043页。

凡得五十七篇。”①张先生《扬雄集》收录的《蜀都赋》《甘泉赋》《河东赋》《羽猎赋》《长杨赋》《核灵赋》《太玄赋》《逐贫赋》《酒赋》《反离骚》《上书谏勿许单于朝》《对诏问灾异》《答刘歆书》《与桓谭书》《难盖天八事》《解嘲》《解难》《蜀王本纪》《赵充国颂》《剧秦美新》《连珠》《元后诔》《琴清英》及十二《州箴》、二十一《官箴》同于严辑，还将《扬雄自序》收入。至于严辑的《广骚》《畔牢愁》被置于附录《扬雄佚篇目》，张先生在《扬雄佚篇目》中还收录《天问解》《乐》四、《县邸铭》《玉佴颂》《阶闼铭》《成都四隅铭》《绣补灵节龙骨之铭》诗三章及《仓颉训纂》。对于严辑的《与桓谭书》，张震泽说："严辑《全汉文》录二通，皆残文，分别题为'《与桓谭书》'、'《答桓谭书》'。今按前篇二句出于《文选注》，确题'《与桓谭书》'；后篇严氏漫题'《答桓谭书》'，则无根据。"②张先生《扬雄集》未收《家牒》，严可均在辑录《家牒》之后说："《艺文类聚》四十、《御览》五百五十并引杨雄《家牒》。案，《家牒》不知何人何时所撰，今附载《扬雄集》后。"③即使严氏本人也未能考证《家牒》的制作情况，张震泽不予收录自然是可以理解的。

整体上来看，张震泽编纂的《扬雄集》对于扬雄散篇的收录（包括佚篇）是比较全面的。但是，就扬雄的著述而言，有些地方还需注意，《文选·甘泉赋》李周翰《注》谓："扬雄家贫，好学。每制作，慕相如之文，尝作《绵竹颂》。成帝时，直宿郎杨庄诵此文，帝曰：'此似相如之文。'庄曰：'非也，此臣邑人扬子云。'帝即召

---

①张震泽：《扬雄生平、作品评价及其他有关问题》，《辽宁大学学报》，1992年第3期。

②张震泽：《扬雄集校注》，第274—275页。

③严可均：《全上古三代秦汉三国六朝文》，第422页。

见，拜为黄门侍郎。”①李周翰指出扬雄曾经撰写《绵竹颂》，而他的同乡杨庄又在成帝面前朗诵过这篇作品。不过，杨庄在成帝面前诵读还有一种说法，扬雄在《答刘歆书》中说：“雄始能草文，先作《县邸铭》《玉佴颂》《阶闼铭》，及《成都城四隅铭》。蜀人有杨庄者，为郎，诵之于成帝。成帝好之，以为似相如，雄遂以此得外见。”据此记载，杨庄诵读的很可能就是《县邸铭》《玉佴颂》《阶闼铭》《成都城四隅铭》。《甘泉赋序》提到“孝成帝时客有荐雄文似相如者”，李善《注》说：“雄《答刘歆书》曰：雄作《成都城四隅铭》，蜀人有杨庄者，为郎，诵之于成帝。以为似相如，雄遂以此得见。”②李善认为杨庄诵读的是《成都城四隅铭》，而刘良则说：“客则杨庄也。荐，进也。雄文则《绵竹颂》也。”③刘良的理解同于李周翰。按照常理，杨庄诵读的作品当以《答刘歆书》为准，因为这毕竟是当事人自己撰写的。可是问题在于，据《答刘歆书》的表述，杨庄诵读的很可能是四篇作品，这应该不太可能，李善大约也觉察到这一点，强调诵读的只是《成都城四隅铭》。李善虽然解决诵读的问题，但似乎与《答刘歆书》的表述发生矛盾。倘若依据刘良、李周翰的说法，就不会出现这种状况。可是从证据的可信角度来看，我们首先考虑的当然是扬雄本人的说法。这样，有关杨庄诵读的作品还存在进一步讨论的空间，但有一点似乎不存在疑问，即扬雄确实撰写过《绵竹颂》，否则刘良、李周翰就不必如此说了。黄开国说：“《宋史·艺文志》著录《四注孟子》十四卷，其中之

①李善等：《六臣注文选》，第 140 页。

②严可均：《全上古三代秦汉三国六朝文》，第 411 页。

③李善等：《六臣注文选》，第 140 页。

一为扬雄注。”①也就是说，扬雄曾有《孟子注》。王春淑据《论衡》《史通》《文章缘起》的记载，认为扬雄有《续史记》《志录》。还有《答茂陵郭威书》，王春淑分析指出：“诸家辑本，如《汉魏六朝一百三家》、梅鼎祚《西汉文纪·扬雄》、四库全书本《扬子云集》等皆录。但严可均以为此二篇乃桓谭、郭威缀拾扬雄之语，而非扬雄所答之书。”②经过这番梳理，关于扬雄的著述，大体可以分为两部分：一部分是成书，一部分是散篇。成书部分包括《太玄》《法言》《方言》《蜀王本纪》，除《蜀王本纪》外，余则保存比较完整。至于散篇，情况比较复杂，一是完篇流传，二是残篇，三是存目。比较起来，扬雄散篇流传的效果较成书要差。但是，综合考量成书、散篇而呈现的书单，扬雄的著述是非常可观的。

在扬雄的著述方面，还有一个重要的问题需要讨论，这就是人们常常提及扬雄创作的模仿现象。《汉书·扬雄传》无疑是分析这一问题的重要文献，它也提供这方面的信息。据颜《注》的说法，《扬雄传》“赞曰”以前的部分采自扬雄的《自序》，而“赞曰”出自班固。本传说：“蜀有司马相如，作赋甚弘丽温雅，雄心壮之，每作赋，常拟之以为式。”司马相如的赋写得壮丽典雅，扬雄很佩服，每次作赋，常以此为榜样，这是扬雄自己说的。这也是有依据的，成帝读到《县邸铭》《玉佴颂》《阶闼铭》《成都城四隅铭》（或者是《绵竹颂》）时觉得很像是司马相如的。其实，扬雄并不讳言对经典的模仿，本传又说：“怪屈原文过相如，至不容，作《离骚》，自投江而死，悲其文，读之未尝不流涕也。……乃作书，往往摭《离骚》文而反之，自岷山投诸江流以吊屈原，名曰《反离骚》；又旁《离骚》

---

①黄开国：《扬雄的著述活动与著作》，《成都大学学报》，1992 年第 2 期。

②王春淑：《扬雄著述考略》，《四川师范大学学报》，1996 年第 3 期。

作重一篇，名曰《广骚》；又旁《惜诵》以下至《怀沙》一卷，名曰《畔牢愁》。”①扬雄虽然对屈原含有不满，但这些撰述活动无疑是对屈品的模仿。《解难》又写道：“雄以为经莫大于《易》，故作《太玄》。”②当然，对于扬雄模仿行为最全面的表述来自班固的评论，他在《汉书·扬雄传》“赞曰”中说扬雄“实好古而乐道，其意欲求文章成名于后世，以为经莫大于《易》，故作《太玄》；传莫大于《论语》，作《法言》；史篇莫善于《仓颉》，作《训纂》；箴莫善于《虞箴》，作《州箴》；赋莫深于《离骚》，反而广之；辞莫丽于相如，作四赋；皆斟酌其本，相与放依而驰骋云”。③ 按照这个评论，扬雄的作品几乎都是模拟的结果。作为事实，这是难以否认的，可是，对于扬雄著述活动的认知仅止于此，也是远远不够的。我们在讨论扬雄的述作观念时提到，扬雄对于自己的撰述活动既承认“述”的一面，也坦率直陈“作”的一面，因此，班固的评论仅仅只是就“述”这一点而言的，对于“作”的一面则没有触及。事实上，扬雄在“述”的过程中亦即模仿之际也蕴涵着创造，此处主要从文体角度考察其因革意识。《法言》暂且不论，《太玄》的结构是模仿《周易》的，但其间也存在变异，对于二者的关系，徐复观有一段分析：

> 《易》的基本符号—、--，《玄》的基本符号是—、--、---。但《易》之两基本符号，乃各象征固定之物，—象征阳，--象征阴，通六十四卦而其义不变。但《玄》的三基本符号，仅是为了便于错综变化，并不固定象征某一物。……在扬雄看来，道本身即含有“三”，《玄》是道，所以《玄》本身即含有三。上述三

①班固：《汉书》，第3515页。

②严可均：《全上古三代秦汉三国六朝文》，第413页。

③《汉书》，第3583页。

个基本符号，由上而下(《易》系由下向上数)，是《玄》所含的天、地、人。《易》重三画为六画而为一卦，玄则四画(或称四重)而为一首。由三个基本符号，又加上一画为四画以成一首，也犹《易》由两个基本符号再加上一画，以变化成为八卦，是相同的，只是为了增加变化的缘故。《易》由两个基本符号再加上一画，才可变化成为八卦。再由三画加上一倍成为六画，才可变化成为六十四卦。《玄》由三个基本符号再加上一画，以成一首，因为较《易》多了一个符号，便可变化成为八十一首，以与太初历的八十一分的日数相准。……但扬子云又另出心裁，说这由上而下的四画，是表征方、州、部、家的。方是方伯，州是九州，部是郡县，家是家族。这便把政治社会的划分，也组入到里面去了。于是这四画，一方面是玄及玄所含的天地人，同时又是方、州、部、家。……八十一首，本是由四画的符号反复变化而来，但扬雄一定要由三的数字的推演来达到八十一首的与日分相合的数字，才认为可以表现《玄》的功用。……《太玄》的赞，等于《易》的爻。《易》每卦六画，一画一爻，所以每卦六爻。准此，则《太玄》每首应为四赞。但这样便首先脱离了三的生数。三的生数(自乘数)是九，此即所谓“分为三，极于九”，于是每首不得不有九赞，始与玄的三的生数相合。……八十一首，每首九赞，所以《玄》有七二九赞，一赞为昼，一赞为夜，二赞合为一日，七百二十九赞，当为三百六十四日半，以合一岁的日数。……由三的生数而来的九赞的九，在《太玄》的实际应用上，有更大的意义。《玄》所含的是天地人，九赞便分别表征为天的始、中、终；地之下、中、上；人的思、福、祸；合而为九。在以人为中心而加以实用时，九赞之九，便可成为思内思中思外，福小福中福大，祸生

> 祸中祸极，又合而为九。……扬雄的用心是认为《玄》起于三，由“生”，即由三数的推演，说明《玄》的生化作用，以与历相合。更由此以定行为的准则，并测出休咎。①

这说明《太玄》虽承《周易》而来，但其结构发生比较大的变化。可见扬雄并不是一味地机械模仿，而是在承继既有之结构上又依据自身的思考而加以改进，实际上不过是披上模仿的外衣。张衡曾经评论说：“吾观《太玄》，方知子云妙极道数，乃与《五经》相拟，非徒传记之属，使人难论阴阳之事，汉家得天下二百岁之书也。复二百岁，殆将终乎？所以作者之数，必显一世，常然之符也。汉四百岁，《玄》其兴矣。”②在张衡看来，《太玄》是一部学术价值极高的著作，事实上，后来的发展也引证张衡的说法。又如赋，这一文体对于扬雄有着重要意义，这不但表现为他曾经为这一文体倾注大量心血，同时也对这一文体进行过深刻的反思与批判。扬雄赋作类型比较复杂，一是拟骚之作，姜亮夫曾经对历代拟骚之作有过这样的评论：“其上者探灵均孤忠之核，以得其慨感幽深之志，多出于贤人失志之所为。其次者善体屈子心志，楔入无间，而章拟句摹，亦得其韵调之形似，则文士工巧之术。其最下者，则取九篇七章之体，为无病呻吟之文，既无屈子忠欸之忱，亦蔑玉、差修辞之俊。空存体貌，不见志趣。”③扬雄写过《反离骚》《广骚》《畔牢愁》《天问解》，目前只存《反离骚》。此赋在句式方面有模拟《离骚》之处，但其根基在于对屈原人格的推崇以及对其命运的反思，

①徐复观：《两汉思想史》(第二卷)，第301—303页。

②《后汉书》，第1897页。

③姜亮夫：《楚辞书目五种》，第404页。

表现出可贵的批判精神。[①] 后人认为此作是屈赋之馋贼，实在是一种误会。“从文体风格看，扬雄反骚系列创作远绍楚风，辞韵沉腿，别开新境。后世如唐皮日休《反招魂》、金赵秉文《反小山赋》、明徐昌业《反骚》、清汪碗《反招隐》等，皆步其涂辙。”[②]扬雄的大赋是在效仿司马相如之基础上创作的，然而二者的差异也是鲜明的，徐复观指出：“试将相如的《子虚》，《上林》，与子云题材略为相近的《校猎》，《长杨》，略加比较，则前者的规模阔大，而后者的结构谨严。前者散文的成分多于骈文，而后者的骈文成分多于散文。前者的文字疏朗跌宕，而后者的文字紧密坚实。盖天才地想象，在空间中拓展，有如天马行空；而学力地思索，在事物上揣摸，有如玉人琢玉。所以一个是壮阔，一个是精深。相如在酝酿成熟以后，尽挥斤八荒之能；而子云在覃思极虑之余，以绵密地安排，穷尽搜巉刻之巧。若以画品相比配，则相如之赋为纵逸，而子云之赋为精能。相如夸诞的性格，因其气势之勃盛，神采的飞扬，皆凸显于文字之中。子云沉寂的性格，使他常气凝而神郁。”[③]许结也总结说：“扬雄的大赋创作自云规摹相如，但从其作品内容看，则于铺陈颂美之中更有讽谕之义，泄露出对身世安危与王朝前途的忧患；从其作品艺术风格看，则于艳词中寄托深思，于瑰奇峻极的美境中显示隽永的理趣；从其作品形式结构看，则显得短小灵活，便于放宽思虑，扩大题材。”至于扬雄的《太玄赋》《解嘲》《解难》，许结将它们称之为太玄系列，这些赋作也具有很高的艺术价值，许先生说：“第一，它充分发挥了扬雄创作风格中属意深远，理

①陈恩维：《试论扬雄赋的模拟与转型》，《中国韵文学刊》，2003 年第 2 期。
②许结：《论扬雄与东汉文学思潮》，《中国社会科学》，1988 年第 1 期。
③徐复观：《两汉思想史》（第二卷），第 290 页。

赡辞坚的特点，创建了西汉辞赋中罕见的哲理小赋：如《太玄赋》，以骚体之形式，写深邃之哲理，篇幅虽短，却述理精密，造境开阔。再如《逐贫赋》，首创四字句法，于整饬形式中骋纵横之气，志隐味浓，开东汉说理小赋之先河。第二，扬雄受道家‘玄览’‘虚静’思想启迪，于太玄系列作品中创造了一种‘玄静’‘仙游’的艺术审美境界，其间的自我精神既不同于反骚系列中的哀怨，也不同于大赋系列中的慷慨，而是作者沉浸于‘知玄知默’的思虑与浮游于‘爰清爰静，游神之廷’（《解嘲》）的玄虚神奇的空间而汲取的一种超拔躯体的灵动。”①然而，对于太玄系列，我们还应该估量扬雄在文体方面所做的创造。首先来看《太玄赋》，章樵在《古文苑·太玄赋》题注中说：“子云以为《经》莫深于《易》，故作《太元》以拟之，言其理微妙于幽元也。此赋推太元之理，以保性命之真。”②似乎含有强调《太玄赋》解释《太玄》的意味，需要注意的是钱锺书的看法：“扬雄《太玄赋》。按仅在篇末曰：‘我异于此，执太玄兮’，全文皆明潜身远祸之意，未尝‘赋’其所谓‘太玄’也？然则‘太玄’可‘赋’乎？曰：奚为不可！《太玄经》第九篇《太玄摛》即不协韵之《太玄赋》也。”③《太玄摛》是用以解释《太玄》的，《汉书·扬雄传》载：“故有《首》《冲》《错》《测》《摛》《莹》《数》《文》《掜》《图》《告》十一篇，皆以解剥《玄》体，离散其文。”④钱先生虽然没有明确《太玄赋》的阐释作用，可是却以《太玄摛》为不协韵之《太玄赋》，这也难免让人将《太玄赋》与《太玄》二者联系起来。其实，《太玄赋》是一

①许结：《论扬雄与东汉文学思潮》，《中国社会科学》，1988年第1期。

②章樵注：《古文苑》，第93页。

③钱锺书：《管锥编》（第三册），第956页。

④《汉书》，第3575页。

篇用来阐释“太玄”思想的赋作。[①]《解嘲》也是如此，人们通常将扬雄的《解嘲》与东方朔的《答客难》联系起来，这固然不无道理。可是，《解嘲》在很大程度上也是用来解释《太玄》的，《汉书·扬雄传》有云：“哀帝时丁、傅、董贤用事，诸附离之者或起家至二千石。时雄方草《太玄》，有以自守，泊如也。或嘲雄以玄尚白，而雄解之，号曰《解嘲》。”[②]在这篇文章中，扬雄说：“且吾闻之，炎炎者灭，隆隆者绝；观雷观火，为盈为实，天收其声，地藏其热。高明之家，鬼瞰其室。攫拏者亡，默默者存；位极者宗危，自守者身全。是故知玄知默，守道之极；爰清爰静，游神之廷；惟寂惟寞，守德之宅。……仆诚不能与此数公者并，故默然独守吾《太玄》。”[③]这些话语紧紧围绕《太玄》而来，有的实际上是直接阐释《太玄》的，不唯如此，李光地还认为《解嘲》“解《丰》卦之义，胜于传、注多矣”。[④] 至于《解难》，《汉书·扬雄传》曰：“《玄》文多，故不著；观之者难知，学之者难成。客有难《玄》大深，众人之不好也，雄解之，号曰《解难》。”[⑤]可见此篇也是回答《太玄》相关问题的。由此看来，扬雄写作这些赋篇的主要意图是用来解答人们对《太玄》所产生的疑惑，在这一意义上，它们可以视为《太玄》的阐释文本。因此，这些赋篇拥有新的文体意义，亦即“赋”这种原本是体物的文体却被扬雄用作阐释其他文本的工具，从而具有某种训诂的效用。宇文所安说：“《文赋》的独创性至少部分来自‘文’这个主题

---

①束景南：《〈太玄赋〉非伪作辨》，《古籍整理研究学刊》，1993年第5期。

②《汉书》，第3565—3567页。

③《汉书》，第3571—3573页。

④钱锺书：《管锥编》（第三册），第956页。

⑤《汉书》，第3575页。

与‘赋’这种形式的结合。”①陆机以“赋”的形式来讨论文学创作，这确实是赋史上的一个新现象，然而，在更深层面上，即用“赋”来阐释理论，这不能不注意到扬雄这些作品的开创意义，《文赋》的创作与扬雄此类作品不能说没有关联。

《逐贫赋》的文体意义也是值得关注的。《九歌》是屈原在楚地祭歌之基础上创作的，具有浓厚的仪式氛围，这是我们所熟知的。其实，《逐贫赋》在很大程度上也与仪式相关。钱锺书说：

> 扬雄《逐贫赋》。按子云诸赋，吾必以斯为巨擘焉；创题造境；意不犹人，《解嘲》虽佳，谋篇尚步东方朔后尘，无此诙诡。后世祖构稠叠，强颜自慰，借端骂世，韩愈《送穷》、柳宗元《乞巧》、孙樵《逐痁鬼》出乎其类。……宗懔《荆楚岁时记》：“正月晦日”“送穷鬼”，韩愈亦呼“穷鬼”；后世则称“穷神”，如《夷坚志·补》卷一六《穷神》，且不复为五鬼，而为一妇。……彭兆荪《小谟觞馆诗集》卷一《楼烦风土词》第二首：“剪纨劈纸仿婵娟，略比奴星送路边；富媳娶归穷媳去，大家如愿过新年”，自注：“正月五日剪纸为妇人，弃路衢，曰：‘送穷’，行者拾归供奉，曰：‘娶富媳妇归’”，则此所送之穷即彼所迎之富，一物也，遭弃曰‘穷’，被拾曰‘富’，见仁见智，呼马呼牛，可以参正名齐物焉。钱大昕《十驾斋养新录》卷一六据魏了翁《遂宁北郭迎富》诗、俞樾《茶香室三钞》卷一据《广川画跋》谓送穷必兼迎富，皆未引北宋初赵湘《南阳集》卷六《迎富文》：“淳化四年，送穷之明日，众人复迎富。”元、彭二家诗

---

①转引自安宁：《从“赋体话语”窥‘言意关系”》，《新疆财经大学学报》，2011年第2期。

亦足佐证。穷与富均现女人身。①

钱先生在此梳理一些有关送穷迎富仪式的记载，可见当时社会确实流传这样的习俗。宗懔在《荆楚岁时记》“晦日送穷”条中说：“按《金谷园记》云：‘高阳氏子瘦约，好衣敝衣食糜。人作新衣与之，即裂破，以火烧穿着之，宫中号曰“穷子”。正月晦日巷死。’今人作糜、弃破衣，是日祀于巷，曰‘送穷鬼’。”②《金谷园记》虽然提到送穷的习俗与颛顼之子之间的关联，但此习俗的渊源还是比较模糊的，不太容易确定它的演变过程。不过在汉代文献中还是多多少少留有这方面的记载，比如《焦氏易林》就多次提到“贫鬼”，如临之兑：“贫鬼守门，日破我盆。孤牝不驹，鸡不成雏。”损之剥：“贫鬼守门，日破我盆。毁罂伤瓶，空虚无子。”萃之随：“贫鬼守门，日破我盆。毁罂伤缸，空虚无子。”③又《汉书·王贡两龚鲍传》载鲍宣上书曰：“今日蚀于三始，诚可畏惧。小民正月朔日尚恐毁败器物，何况于日亏乎！”④这些记载似乎提示汉代社会已经存在送穷的习俗，因此，《逐贫赋》很可能是扬雄依据这一习俗而撰写的具有仪式特质的赋作。⑤

此外，扬雄的文体创造还体现在箴、连珠的写作方面。班固说扬雄以为“箴莫善于《虞箴》，作《州箴》”，⑥此处的《州箴》就是指九州之箴（晋灼语），按照班固说法，扬雄仿照《虞箴》而创作了

①钱锺书：《管锥编》（第三册），第961—962页。

②宗懔撰，宋金龙校注：《荆楚岁时记》，第30页。

③尚秉和：《焦氏易林注》，第198、411、447页。

④《汉书》，第3091页。

⑤马宗昌、张淑玉：《扬雄〈逐贫赋〉与汉代民俗》，《昭通师范高等专科学校学报》，2006年第3期。

⑥《汉书》，第3583页。

九州之箴。班氏的这个说法需要做一些分析。《后汉书·胡广传》说“扬雄依《虞箴》作《十二州二十五官箴》”，也就是说，扬雄仿照《虞箴》制作的不仅是九州之箴，还有二十五官箴，明确这一点很重要。因为《虞箴》其实是一篇官箴，《左传·襄公四年》载：“昔周辛甲之为大史也，命百官，官箴王阙。于《虞人之箴》曰：……”①也就是说，辛甲命百官，而百官“箴王阙”，可见《虞人之箴》为虞人所作，即是官箴。这样，可以说二十五官箴是扬雄仿照《虞箴》制作的，但九州之箴就其文题而言，与纯粹的官箴有些差异，比如《青州箴》，它是以地方命名，而不是以官命名，这不能不说是扬雄对《虞箴》的某种发展。其次，即使就二十五官箴而言，扬雄的创造性也是存在的。《虞箴》是虞人献给周武王的箴辞，然而二十五官箴却是扬雄模拟各官职守的口吻而撰作的，这就表明这些箴文并非出自当事官员之手。因此，扬雄这种改变撰作主体的做法“不但在一定程度上改变了箴体与规谏方式之间存在的联系，同时也为酝酿箴体的新变提供了某种契机”。② 关于连珠体，刘勰在《文心雕龙·杂文》中说：“扬雄覃思文阔，业深综述，碎文琐语，肇为《连珠》，其辞虽小而明润矣。”③刘勰明确认为连珠这种文体是扬雄创造的，可是应该看到，在这个问题上，其实还存在其他看法。按照我们的考察，“先秦时期的说辞传统造就了连珠的核心体制，但连珠的最终生成又与格言辑结风尚有关，《语丛》的文体及编纂方式在这方面为连珠的生成奠定了重要基础。此外，《语丛》的编纂用于教育太子，扬雄创作连珠主要是基于讽喻

①杨伯峻：《春秋左传注》，第938页。

②参拙著：《先秦语类文献形态研究》，第313页。

③范文澜：《文心雕龙注》，第254页。

的目的，而在班固、贾逵、傅毅诸人手上则明显地呈现出奏议、章表的功能。”①因此，扬雄虽然未必是连珠的创造者，但在连珠体发展环节上所发挥的作用则是显而易见的。

整体上看来，扬雄将一生的精力投入到著述活动之中，不但生产了大量的作品，同时在文体的创制方面也积累了丰富的成果。这在注重“述”之传统的汉代来说，有着特殊的意义。

第二节　《法言》的文体特征

《法言》不但在扬雄著述中有着重要意义，同时也是理解扬雄思想演进的关键文献，徐复观说：“扬雄主要的著作活动，可分三大阶段。四十四岁以前是辞赋，四十四岁以后到五十七八岁之间是《太玄》。而写《法言》的时间，可能开始于他五十八岁前后，即平帝元治元年（西纪一年）前后；应完成于新莽始建国二年（西纪十年），他投阁之前，即在他六十四岁以前。经过投阁以后，大概即以校书为他避祸并消磨岁月的方法。……从辞赋到《太玄》，这是他的思想向前的伸展。从《太玄》到《法言》，则不表示思想的直线伸展，而是表现思想的大反省。”②按照这个分析，扬雄在制作《法言》时为何要依托《论语》文体就具有特别的意味。

一　《法言》的制作

徐复观强调扬雄是出于思想的反省而制作《法言》，这个提法有一定道理，那么扬雄为何要在思想层面上进行反省，同时又进

①参拙著：《先秦语类文献形态研究》，第336—340页。

②徐复观：《两汉思想史》（第二卷），第307页。

行怎样的反省呢？我们还是先来看《汉书·扬雄传》的一段记载：

雄见诸子各以其知舛驰，大氐诋訾圣人，即为怪迂。析辩诡辞，以挠世事，虽小辩，终破大道而或众，使溺于所闻而不自知其非也。及太史公记六国，历楚汉，讫麟止，不与圣人同，是非颇谬于经。故人时有问雄者，常用法应之，撰以为十三卷，象《论语》，号曰《法言》。①

《汉书·扬雄传》主要源自扬雄《自序》，那么这段文字可以视为扬雄本人交待《法言》创作的缘起。这段文字表达三层意思：一是诸子言论诋毁圣人，破坏大道，迷惑众人；二是《史记》的记载和圣人的看法不同，是非观念与经书相差较大。于是第三点，这样两个事实的存在常常促使人们前来询问究竟，扬雄于是效仿经典而制作了《论语》。

这是扬雄制作《法言》的三个核心因素。在这些因素中，我们首先来看第一、二两点。对于战国诸子的批评并不始自扬雄，在扬雄之前早已存在。《孟子》抱持“息邪说”之态度，对杨朱、墨子提出激烈批判，《庄子·天下篇》是最早出现的比较系统的有关诸子的批评，它对墨翟、禽滑厘、宋钘、尹文、彭蒙、田骈、慎到、关尹、老聃、庄周、惠施诸家观点一一进行评述。在这篇文章中，庄子学派从“道术”这一特定角度出发评骘诸家，这一评骘虽然难免存在

①《汉书》，第3580页。按《汉书·宣元六王传》载王凤之言：“诸子书或反经术，非圣人，或明鬼神，信物怪；《太史公书》有战国纵横权谲之谋，汉兴之初谋臣奇策，天官灾异，地形厄塞：皆不宜在诸侯王。”王凤这番言论主要是针对东平王刘宇上疏求诸子及《太史公书》的行为而言的，不难看出他的看法与扬雄很相似。这确实是一个有趣的现象，不过这种情况说明当时社会对诸子及《太史公书》很可能有着比较一致的认识。

偏误，但整体上没有否定诸家的意味。[①]《荀子·非十二子》对它嚣、魏牟等也提出批评，可是荀子从儒家仁义、礼义学说出发，“将他认为不利于统一天下之学术思想统统归为异端，而予以强烈批判”。[②] 他的学生李斯继承这一批判态度，不过完全站在法家的立场上说：“臣请史官非秦纪皆烧之。非博士官所职，天下敢有藏诗、书、百家语者，悉诣守、尉杂烧之。有敢偶语诗书者弃市。”[③]司马谈《论六家要旨》在肯定道家之基础上对其他诸家也提出批判，然而态度没有荀子、李斯那么激烈。董仲舒在《举贤良对策》中说：“《春秋》大一统者，天地之常经，古今之通谊也。今师异道，人异论，百家殊方，指意不同，是以上亡以持一统；法制数变，下不知所守。臣愚以为诸不在六艺之科孔子之术者，皆绝其道，勿使并进。邪辟之说灭息，然后统纪可一而法度可明，民知所从矣。”[④]其口气与孟子，特别是荀子、李斯接近。扬雄对于诸子诋毁圣人的言论也是极为不满的，因此，他在很大程度上继承了孟子、荀子、董仲舒的态度。虽然如此，不过扬雄并没有走向完全否定的道路。

扬雄在《法言》中写道：

(1)习乎习！以习非之胜是也，况习是之胜非乎！于戏！学者审其是而已矣。或曰：焉知是而习之？曰：视日月而知众星之蔑也，仰圣人而知众说之小也。

(2)或曰：女有色，书亦有色乎？曰：有！女恶华丹之乱

①陈鼓应：《庄子今注今译》，第852—854页。

②孔繁：《荀子评传》，第244页。

③《史记》，第107页。

④《汉书》，第2523页。

窃窕也，书恶淫辞之漏法度也。

(3)或问：公孙龙诡辞数万以为法，法与？曰：断木为棋，捖革为鞠，亦皆有法焉！不合乎先王之法者，君子不法也。

(4)观书者譬诸观山及水，升东岳而知众山之逦迤也，况介丘乎？浮沧海而知江河之恶沱也，况枯泽乎？舍舟航而济乎渎者，末矣；舍《五经》而济乎道者，末矣。弃常珍而嗜乎异馔者，恶睹其识味也；委大圣而好乎诸子者，恶睹其识道也。

(5)好书而不要诸仲尼，书肆也。好说而不要诸仲尼，说铃也。君子言也无择，听也无淫。择则乱，淫则辟。述正道而稍邪哆者有矣，未有述邪哆而稍正也。

(6)或曰：人各是其所是而非其所非，将谁使正之？曰：万物纷错，则悬诸天，众言淆乱，则折诸圣。或曰：恶睹乎圣而折诸？曰：在则人，亡则书，其统一也。

(7)或问：人有倚孔子之墙，弦郑、卫之声，诵韩、庄之书，则引诸门乎？曰：在夷貊则引之，倚门墙则麾之。惜乎衣未成而转为裳也。

(8)或问道。曰：道也者，通也，无不通也。或曰：可以适它与？曰：适尧、舜、文王者为正道，非尧、舜、文王者为它道。君子正而不它。

(9)老子之言道德，吾有取焉耳。及搥提仁义，绝灭礼学，吾无取焉耳。

(10)或问：八荒之礼，礼也，乐也，孰是？曰：殷之以中国。或曰：孰为中国？曰：五政之所加，七赋之所养，中于天地者为中国。过此而往者人也哉。圣人之治天下也，碍诸以礼乐。无则禽，异则貊。吾见诸子之小礼乐也，不见圣人之小礼乐也。

(11)申、韩之术,不仁之至矣,若何牛羊之用人也?若牛羊用人,则狐狸蝼蚓不膢腊也与?或曰:刀不利,笔不铦而独加诸砥,不亦可乎?曰:人砥,则秦尚矣!或曰:刑名非道邪?何自然也?曰:何必刑名?围棋、击剑、反目、眩形,亦皆自然也。由其大者作正道,由其小者作奸道。或曰:申、韩之法非法与?曰:"法者,谓唐、虞、成周之法也。如申韩!如申韩!"

(12)庄周、申韩不乖寡圣人而渐诸篇,则颜氏之子、闵氏之孙其如台。或曰:庄周有取乎?曰:少欲。邹衍有取乎?曰:自持。至周罔君臣之义,衍无知于天地之间,虽邻不觌也。

(13)或问:邹、庄有取乎?曰:德则取,愆则否。何谓德、愆?曰:言天地人经,德也,否,愆也。愆语,君子不出诸口。

(14)或问:《五经》有辩乎?曰:惟《五经》为辩。说天者莫辩乎《易》,说事者莫辩乎《书》,说体者莫辩乎《礼》,说志者莫辩乎《诗》,说理者莫辩乎《春秋》。舍斯,辩亦小矣。

(15)庄、杨荡而不法,墨、晏俭而废礼,申、韩险而无化,邹衍迂而不信。圣人之材,天地也;次,山陵川泉也;次,鸟兽草木也。

(16)或问:孟子知言之要,知德之奥。曰:非苟知之,亦允蹈之。或曰:子小诸子,孟子非诸子乎?曰:诸子者,以其知异于孔子者也。孟子异乎?不异。

(17)或曰:仲尼之术,周而不泰,大而不小,用之犹牛鼠也。曰:仲尼之道犹四渎也,经营中国,终入大海,它人之道者,西北之流也。纲纪夷貊,或入于沱,或沦于汉。

(18)或曰:圣人之道若天,天则有常矣。奚圣人之多变也?曰:圣人固多变。子游、子夏得其书矣,未得其所以书也；宰我、子贡得其言矣，未得其所以言也；颜渊、闵子骞得其行矣，未得其所以行也。圣人之书、言、行，天也。天其少变乎？

(19)或曰：人有齐死生、同贫富、等贵贱，何如？曰：作此者，其有惧乎？信死生齐、贫富同、贵贱等，则吾以圣人为嚣嚣。①

以上二十条只是粗略地从《法言》中摭拾而来，这些条目大致从三个层面反映扬雄对孔子及其他诸子的态度。首先是对孔子及五经的全面肯定，如(1)(4)(5)(6)(8)(14)(18)(19)诸条，第(1)(6)两条明确强调只有圣人之道才是判断的根本标准，第(4)条认为《五经》与圣人是知晓、通达大道的基础，第(5)条指出孔子学说是著书立说的要领，第(8)条表明继承尧、舜、文王传统的儒家才是正道，第(14)条说明只有《五经》文辞才是值得称道的，第(18)(19)两条赞扬孔子学术的博大。其次是对诸子的批判，如(2)(3)(11)(15)(19)诸条，第(2)条反对不符法度的言辞，第(3)条批评公孙龙的诡辞，认为它不合先王之法，第(11)条认为申韩学术极端不仁，第(15)条指责庄周杨朱的学说放荡不守礼法、墨翟晏婴的学说节俭废弃礼义、申不害韩非的学说刻薄没有教化、邹衍的学说迂远难以置信，第(19)条批判庄子学派。最后，扬雄虽然对诸子提出了比较严厉的批判，但这种批判没有走向绝对，也就是说，扬雄在对诸子批判的同时也能够看到它们在扬雄看来合理之部分，如(9)(12)(13)诸条，在第(9)条中扬雄明确说自己吸取老子的道德学说，但抛弃其灭绝仁义礼学的主张；在第(12)条中扬

①李守奎，洪玉琴：《扬子法言译注》，第7、19、21、22、25、28、40、44、47、49—50、56、58、75、93—94、121、185、187、190、192页。

雄肯定庄周的少欲、邹衍的自我节持，可是否定庄周不讲君臣大义、邹衍无知胡说的做法；在第(12)条中扬雄提出，邹衍，庄周的学说只要合于德的就是可取的，当然，这种“德”在扬雄那里就是指经义。虽然存在批判，可是扬雄也看到诸子学说与儒家及经典相通的一面，而对于这一面，扬雄是主张吸收的。在诸子中，扬雄对于孟子采取肯定的态度，当面对别人“子小诸子，孟子非诸子乎”的疑惑时，扬雄认为孟子和孔子并没有不同。这再一次说明扬雄对于儒家学派的情有独钟。不过需要注意的是，扬雄对于先秦诸子的批评，“一部分是站在学术性的立场所作的批评，另一部分是站在政治的立场所作的批评”，①这不难从上面所举例证中领会到。

第二个方面，扬雄对司马迁也进行批判，与对诸子的态度一样，这种批判看来也是颇为“辨证”的，《法言》部分涉及这方面的内容：

(1)或曰：淮南，太史公者，其多知与？曷其杂也？曰：杂乎杂，人病以多知为杂，惟圣人为不杂。

(2)或问：司马子长有言曰：《五经》不如《老子》之约也，当年不能极其变，终身不能究其业。曰：若是则周公惑，孔子贼。古者之学耕且养，三年通一。今之学也，非独为之华藻也，又从而绣其鞶帨，恶在其《老》不《老》也。或曰：学者之说可约邪？曰：可约解科。

(3)或问《周官》。曰：立事。《左氏》。曰：品藻。太史迁。曰：实录。

(4)淮南说之用，不如太史公之用也。太史公，圣人将有

①徐复观：《两汉思想史》(第二卷)，第321页。

取焉。淮南，鲜取焉尔。必也，儒乎！乍出乍人，淮南也。文丽用寡，长卿也。多爱不忍，子长也。仲尼多爱，爱义也。子长多爱，爱奇也。①

第(1)条指出司马迁知识渊博，可是思想却驳杂，强调只有圣人思想才是精粹的。第(2)条反驳“《五经》不如《老子》之约”的说法，不过这条说法源自司马谈。第(3)条赞扬《史记》的实录精神，第(4)条比较《淮南子》与《史记》，认为《史记》的价值要大；同时指出司马迁爱奇的倾向。可以看出，这几条有关司马迁的内容，既有赞许的，也有批评的。扬雄对于司马迁的这些批评，看起来颇为客观，但整体上“说明一个赋有哲学家的性格的人，无法对一位伟大的史学家，作相应的了解”。② 不仅如此，这种情况其实还体现在扬雄对相关历史人物及事件的批评也与司马迁存在不一致之处，《重黎》《渊骞》两篇集中评述历史人物，二者之间的观念冲突是非常明显的。在这方面，一些学者已经进行比较详细的论证，③此处结合他们的思考来作一些说明。《重黎》篇云：

或问：子胥、种、蠡孰贤？曰：胥也，俾吴作乱，破楚入郢，鞭尸藉馆，皆不由德。谋越谏齐，不式，不能去，卒眼之。种、蠡不强谏而山栖，俾其君诎社稷之灵而童仆，又终弊吴，贤皆不足邵也。至蠡策种而遁，肥矣哉！④

对于伍子胥、文种、范蠡这些吴越争霸中的风云人物，扬雄均表示

①李守奎，洪玉琴：《扬子法言译注》，第69、96、162、188页。

②徐复观：《两汉思想史》(第二卷)，第321页。

③如徐复观《两汉思想史》(第二卷)、粟品孝《扬雄以儒家思想论史及其对班固和〈汉书〉的影响》(载《蜀学》第七辑)等。

④李守奎，洪玉琴：《扬子法言译注》，第140页。

不满与否定，只是对范蠡劝说文种归隐表示赞许。然而司马迁在《史记·伍子胥列传》的中说："怨毒之于人甚矣哉！王者尚不能行之于臣下，况同列乎！向令伍子胥从奢俱死，何异蝼蚁。弃小义，雪大耻，名垂于后世，悲夫！方子胥窘于江上，道乞食，志岂尝须臾忘郢邪？故隐忍就功名，非烈丈夫孰能致此哉？"①不但同情伍子胥的遭遇，也充分肯定其行为的正当性。《越王句践世家》太史公曰："禹之功大矣，渐九川，定九州，至于今，诸夏艾安。及苗裔句践，苦身焦思，终灭强吴，北观兵中国，以尊周室，号称霸王。句践可不谓贤哉！盖有禹之遗烈焉。范蠡三迁皆有荣名，名垂后世。臣主若此，欲毋显得乎！"②对于范蠡也是持肯定态度。《重黎》篇云：

> 或问陈胜、吴广。曰：乱。曰：不若是则秦不亡。曰：亡秦乎？恐秦未亡而先亡矣。③

对于陈胜、吴广在反秦中的意义，扬雄只是简单地用一个"乱"字概括，并且否定"不若是则秦不亡"的认识。司马迁将陈涉的事迹郑重地写入《世家》，说："陈胜虽已死，其所置遣侯王将相竟亡秦，由涉首事也。高祖时，为陈涉置守冢三十家砀，至今血食。"④强盛的秦帝国虽然不是陈涉直接推翻的，但毕竟亡在他所封立派遣的侯王将相之手，司马迁紧扣"首事"进行书写，符合当时历史的实际，体现了史家独到的眼光与史识。相比之下，扬雄的判断只不过是基于道德立场而得出的一个结论，高扬道德理性而偏离事

---

①《史记》，第764页。

②《史记》，第602页。

③李守奎，洪玉琴：《扬子法言译注》，第142页。

④《史记》，第674页。

实。扬雄在《渊骞》篇中提到“货殖，曰蚊”。① 这是将《史记·货殖列传》中所载录的人物视作蚊，赖吸食民脂民膏以饱食。扬雄看到“货殖对社会之剥削”，以及“王莽妄行封建所能引起的政治对社会的剥削”，这不能不说是一个卓识。② 然而，以此否定《货殖列传》所载录人物之贡献，不仅是对这些人物的不公，同时也体现他并没有领会《货殖列传》的意义。白寿彝指出《货殖列传》“表明了司马迁认识到物质生产对社会生活的重要作用、财富对社会政治关系和社会意识的决定性作用。……《货殖列传》试图用经济现象说明社会问题和社会意识问题，这对当时的有神论之以神意解释社会问题是进行了正面的有力打击；对理论的成就来说，这是朴素的唯物主义的论点。这是我国中世史学思想史上的珍贵的遗产”。③ 扬雄又说：“游侠，曰：窃国灵也。”④指出游侠窃取国家的威福之权。扬雄的这一看法是针对司马迁《史记·游侠列传》的，徐复观分析说：

> 在史公心目中，游侠是救人缓急，为人打不平的社会势力。在专制政治下，“以中材而涉乱世之末流，其遇害何可胜道”，“而布衣之徒，设取予然诺，千里诵义，为死不顾世，此亦有所长，非苟而已也，故士穷窘而得委命，此岂非人之所谓贤豪间者邪”。史公把侵凌孤弱，役贫自快的暴豪之徒，与游侠划清界线。“余悲世俗不察其（游侠）意，而猥以朱家、郭解等，令与暴豪之徒，同类而共笑之也。”史公在政治力量以外，

①李守奎，洪玉琴：《扬子法言译注》，第173页。

②徐复观：《两汉思想史》（第二卷），第330页。

③白寿彝：《司马迁与班固》，《北京师范大学学报》，1963年第4期。

④李守奎，洪玉琴：《扬子法言译注》，第173—174页。

> 尚承认应有经济与游侠的社会势力。扬雄则只知有政治力量，而忽视社会势力。①

扬雄的《史记》续书已不可见，然而就《重黎》《渊骞》两篇的载录来看，有很多观点与司马迁是针锋相对的，就其整体而言，扬雄主要是用道德观来评判历史，因此，“他对历史的事项与人物所给予的评价，对历史变革期所给予的评价，较史公为狭为少”。② 另一方面，我们也应该看到，扬雄的史学观念对后世特别是班固及其《汉书》产生积极的影响。扬雄对《史记》的评论，对其他历史人物的评价，在《汉书》中都得到较多的继承。比如扬雄赞许范蠡劝说文种归隐，可是对于东方朔的隐逸方式提出责难：

> 世称东方生之盛也。言不纯师，行不纯表，其流风遗书，蔑如也。或曰：隐者也。曰：昔之隐者，吾闻其语矣，又闻其行矣。或曰：隐道多端。曰：固也。圣言圣行，不逢其时，圣人隐也。贤言贤行，不逢其时，贤者隐也。谈言谈行，不逢其时，谈者隐也。昔者箕子之漆其身也，狂接舆之被其发也，欲去而恐罹害者也。箕子之《洪范》，接舆之歌凤也哉！或问东方生名过实者，何也？曰：应谐、不穷，正谏、秽德。应谐似优，不穷似哲，正谏似直，秽德似隐。请问名。曰：诙达。恶比？曰：非夷、齐而是柳下惠，戒其子以尚容，首阳为拙，柱下为工，饱食安坐，以仕易农，依隐玩世，诡时不逢。其滑稽之雄乎？或问：柳下惠非朝隐者欤？曰：君子谓之不恭，古者高饿显，下禄隐。③

---

①徐复观：《两汉思想史》（第二卷），第330—331页。

②徐复观：《两汉思想史》（第二卷），第333页。

③李守奎，洪玉琴：《扬子法言译注》，第178页。

扬雄与东方朔的处境其实是比较相似的，但扬雄何以如此评价东方朔，徐复观一方面表示不可理解，一方面又推测说，扬雄可能因为自身不能剧谈，所以特别不喜欢东方朔这种形态的人。① 不过就上述文字而言，扬雄仍然是站在儒家立场上评判东方朔的。孔子不满于长沮桀溺，批评他们只顾自身而忘却社会，这是大家所熟知的。扬雄在此也强调说，隐者尽管有不同类型，但人们普遍颂扬那些如伯夷叔齐一样宁愿饿死的隐者；至于拿着官俸而玩世不恭的所谓隐者则是被人所鄙视的。在扬雄看来，东方朔、柳下惠就属于后者。扬雄对于东方朔的看法影响班固《东方朔传》的书写，这篇传记的赞文主要就是援引扬雄的上述说法。

依据《汉书》本传的记载，扬雄制作《法言》的动机主要有两点，从上面的分析来看，它们在《法言》中确实得到很好的反映。可是，扬雄写作《法言》不单单只是为了完成这样两个目标，联系扬雄的志趣及《法言》文本，可以说这两点内容还不是最为核心的东西。通过《法言》的创作，扬雄其实还希望实现更大的目标。徐复观认为扬雄是一种知识型的人生形态，“以好奇好异之心，投下他整个生命去追求知识”。② 王青在《扬雄评传》中也赞同这个观点，指出“有很多事例可以说明知识是扬雄最珍视的东西，因而对知识的探求在其生命中占据最重要的地位”，比如为了探求知识，扬雄可以抛弃得之不易的官职与三年的俸禄而专心于读书；又以近乎半生的精力点点滴滴地收集资料，去完成《方言》这部并无太大实用价值的学术著作，等等。③ 这种知识型的性格，常表现为

①徐复观：《两汉思想史》（第二卷），第 332 页。

②徐复观：《两汉思想史》（第二卷），第 283 页。

③王青：《扬雄评传》，第 92 页。

好奇、好胜、好深、好博，徐复观说：

> 子云的特性，首先是表现在好奇方面。不仅由辑佚所能看到的《蜀王本纪》，完全是神话的纂集，这是出于好奇的兴味，他的“尝好辞赋”，“心好沉博绝丽之文”，因而作《蜀都赋》，《县邸铭》《玉佴颂》《阶闼铭》及《成都城四隅铭》，出于好奇好胜的要求，大过于文学心灵的活动。文学心灵的活动，应表现在人生的要求方面，所以像《反离骚》《逐贫赋》这类作品，可视为子云由文学心灵活动而来的作品。像《蜀都赋》这类搜奇斗异，只能说是出于好奇而又加上好胜的心理。以二十七年的时间纂辑《方言》，没有好奇心的驱使，几乎是不可能的。冒时人讥笑而草《太玄》，这也是好奇好深心理的合作。桓谭知音，曾为王莽典乐大夫，谓“扬子云才大而不晓音”。以桓谭对子云的推服，此言当极可信，但他偏偏著有《琴清音》一卷。就《汉书·扬雄传》赞所述，子云著作的情形是“以为经莫大于《易》故作《太玄》……辞莫丽于相如，作四赋”，这并不是他的才力不够，必须依傍模仿；而是要在各类著作之中，选定居于第一位的目标，与古人相角逐。这正是好奇，好博，好胜的综合表现。①

扬雄身上有着浓厚的知识兴趣，他的许多著述是出于是其追求知识性格使然，这是不错的。同时，这种对知识的追求使得扬雄有着好奇、好胜、好深、好博的志趣，他的很多著述活动是出于这些志趣，这也是不错的。然而，在《法言》的制作方面，用这种追求知识或者好奇、好胜、好深、好博的志趣来加以解释，似乎并不令人满意，尽管不能完全排除这些因素。徐复观已经注意到，“两汉突

---

①徐复观：《两汉思想史》(第二卷)，第286页。

出的知识分子特性之一，是道德感的政治性，或者也可以说是政治性的道德感，非常强烈”。① 扬雄的知识型人生形态使其远离政治，但并没有使其远离道德。扬雄大势辟诸子、批评司马迁，其主要意图并不是出于知识建构的愿望，而是要完成一种“成圣”之学。据统计，“圣人”一词在《法言》中出现 58 次，“圣”出现 15 次，同时还存在“圣门”“圣行”“圣言”“圣道”的说法。② 与“圣”有关的词在《法言》中的大量出现不是偶然的，这体现扬雄对“圣”的关注，而这种关注又有着深刻的原因。在扬雄那个时代，“关于孔子及其门徒的种种的记载，简直到了荒诞不经的程度。……这类愚昧迷信思想，在汉代相当活跃，给儒家圣人观造成了很大的混乱”。③ 不满意于这种状况，扬雄通过“批判由仲舒所引发的绕环五经的迂怪之说，也批判了博士系统中的固陋贪鄙之习，及缴绕汗漫的语言魔术（解释）”，④不但重新修正当时的“圣人”观念，同时也力图还原孔子本真的“圣人”形象。另一方面，“三不朽”观念激励扬雄立德、立言，《汉书》本传说扬雄“实好古而乐道，其意欲求文章成名于后世”，⑤这只是一个方面。其实扬雄成名的强烈愿望不仅在于立言，还在于立德，立志为圣人，有学者分析说：“在圣人被神化、被肆意歪曲的氛围中，扬雄重新阐释了儒家圣人观，还圣人以理性和伦理的本来面目。在重申孟荀圣人可成思想的同时，扬雄也表达了自己要做一位当代圣人的志向。”⑥事实上桓

①徐复观：《两汉思想史》（第二卷），第 283 页。

②郭君铭：《扬雄〈法言〉思想研究》，第 42 页。

③郭君铭：《扬雄〈法言〉思想研究》，第 46—47 页。

④徐复观：《两汉思想史》（第二卷），第 311—312 页。

⑤《汉书》，第 3583 页。

⑥郭君铭：《扬雄〈法言〉思想研究》，第 71 页。

谭在《新论·启寤》中就称道扬雄为孔子。因此，扬雄制作《法言》还有一个基本的念想，就是阐释其成圣之道。

二　《法言》的文体形态

《汉书》本传一说“象《论语》，号曰《法言》”，又说“传莫大于《论语》，作《法言》”，《法言》仿《论语》，这是众所周知之事。然而扬雄何以将这部仿效之作命名为《法言》，这是我们首先需要注意的。郭君铭论道：

> “法”，即古“灋”，《说文》谓：“灋，刑也。平之如水，从水；廌，所以触不直者去之，从廌、去。”灋原意是指水面的平直，后引申为典则的意思。《尔雅·释诂》云：“法，常也。”《论语·子罕》有“法语之言，能无从乎”，《孝经》中有“非先王之法言不敢道”，《荀子·大略》亦有“少言而法，君子也”，这些“法”字都是典则的意思，扬雄也是在这一意义上命其书名为《法言》的。从书名我们就可以看出，扬雄是想通过此书的创作为后世树立可兹效法的典范。①

此处对“法”字作了比较详细的分析，并且也论及《法言》这一书名的意义，这些对于理解《法言》书名的含义都是很有意义的。然而，不足之处在于，郭君铭并没有讨论“言”。在我们看来，把握《法言》之“言”的意义对于理解这部书的文体是很有帮助的。正如郭氏所例举的，早期文献已经有“法语”“法言”的提法，扬雄为何选择“法言”而不是“法语”，照理来说，既然《法言》是仿效《论语》的，就更应该将《论语》中提到的“法语”作为书名，可扬雄偏偏选择了“法言”。这是否表明“法语”与“法言”的意思一样呢，还是

①郭君铭：《扬雄〈法言〉思想研究》，第34页。

“法言”有着不同于“法语”的意义呢，这就需要考察“语”与“言”各自的意义。

许慎在《说文》中说：“言，直言曰言，论难曰语。”段《注》解释说：“《大雅·毛传》曰：‘直言曰言，论难曰语。’论，《正义》作‘答’。郑注《大司乐》曰：‘发端曰言，答难曰语。’注《杂记》曰：‘言，言己事，为人说为语。’三注大略相同。”①依据《说文》及段《注》提供的这些信息，“言”含有主动说话的意思，而“语”则是面对提问而作出回复，含有辩诘之意。试看两个例子，《论语·述而篇》说：“子不语怪、力、乱、神。”对于此处的“语”该如何理解，存在一些差异。刘敞《七经小传》说：“语读如‘吾语女’之语，人有挟怪力乱神来问者，皆不语之。”②所谓“吾语女”之“语”，意为“告诉”，刘敞以为别人来询问怪力乱神之事，孔子不告诉他们。就此而言，刘敞的理解未必不可以。然而刘宝楠《正义》指出：“书传言夫子辨木石水上诸怪，及防风氏骨节专车之属，皆是因人问答之非，自为语之也。”③刘氏考察《国语·鲁语》的记载，说明孔子并非不谈怪力乱神之事，由此可知刘敞的说法就不太符合《述而篇》的记载。黄式三以为“此不语谓不与人辨诘”，④将“语”解为“辨诘”，结合《鲁语》的事实，应该说是比较准确地把握“子不语怪力乱神”的意义。因此，“论难”“答难”诸义表明“语”含有答复、辩论之过程。《左传·庄公十四年》载：“楚子如息，以食入享，遂灭息，以息妫归。生堵敖及成王焉，未言。楚子问之，对曰：‘吾一妇人而事二夫，纵

①段玉裁：《说文解字注》，第89页。
②程树德：《论语集释》，第480页。
③刘宝楠：《论语正义》，第146页。
④程树德：《论语集释》，第480页。

弗能死,其又奚言?'"①对于这个记载,有两点需要引起注意,一是息妫为楚王生下堵敖、成王,可是"未言";二是楚王对于息妫的"未言"很奇怪,就询问她,息妫又有回答,这表明楚王与息妫之间并非不交谈,那么,"未言"又是何意呢?我们以为,"言"在此表示主动说话的意思,也就是说,息妫从来没有主动与楚王说话,这才引起后者的奇怪。关于"言"的这种用法,还见之于他处,《昭公二十八年》载:"昔贾大夫恶,娶妻而美,三年不言不笑,御以如皋,射雉,获之。其妻始笑而言。"②贾大夫很丑陋,娶了一位漂亮的妻子,三年来从不主动言笑,直到他有一天射获雉之后才博得妻子的言笑。可见"言"含有主动交谈之意。辨别"语"与"言"的字义后,站在文体的角度,"语"通常指有双方参与的对话,对话双方实际上都参与言谈。"言"虽然有言谈的对象,可是这一对象通常不会出现在实际言谈过程中,也就是说,在"言"这一文体中,一般只出现言谈主体的话语。具体来说,我们首先要注意"格言",它主要是指有地位有影响的人物说过的短小精悍、富于教益的话语,早期文献一般用"言"来指称,《尚书·盘庚上》云:"迟任有言曰:'人惟求旧,器非求旧,惟新。'"③《泰誓下》云:"古人有言曰:'抚我则后,虐我则仇。'"④《酒诰》云:"古人有言曰:'人无于水监,当于民监。'"⑤《秦誓》云:"古人有言曰:'民讫自若,是多盘。'"⑥迟任是古代的贤者,盘庚引述他的话。至于《泰誓下》诸篇的"古人"

①孔颖达:《春秋左传正义》,第253页。

②孔颖达:《春秋左传正义》,第1498页。

③孔颖达:《尚书正义》,第232页。

④孔颖达:《尚书正义》,第280页。

⑤孔颖达:《尚书正义》,第380页。

⑥孔颖达:《尚书正义》,第569页。

也是指古代的贤者,不过是统称罢了。“言”在先秦流传下来的文献中表现出来的形式极为灵活,大致可分为散见之“言”与结集之“言”两类。① 其中最需注意的是结集之“言”,据考察,结集之“言”有这样几种形式:一是汇集某一具体人物的言论,如《左传》提及的《仲虺之志》与《史佚之志》;二是汇集无主名的言辞,如《逸周书》之《铨法》《周祝》《王佩》、《说苑》之《谈丛》等;三是吸纳、整合格言资料,使之融入一个超乎篇章的有机整体之中,如《老子》。② 这三种形式中,已经出现《仲虺之志》《史佚之志》这样汇集具体人物言论的形态,这是特别需要引起注意的。还有,在扬雄之前,贾山已经创作《至言》,《汉书》本传说:“贾山,颍川人也。祖父祛,故魏王时博士弟子也。山受学祛,所言涉猎书记,不能为醇儒。尝给事颍阴侯为骑。孝文时,言治乱之道,借秦为谕,名曰《至言》。”③这是一篇呈给文帝的奏章。贾山在写作该篇时虽然心目中已经有明确的交谈对象(文帝),但该对象显然是隐含的,也就是说,在创作过程中只是贾山一个人在主动言说,在这一意义上,贾山将该奏议命名为《至言》是很恰当的。从这些分析来看,扬雄将自己效仿《论语》的著作取名为《法言》显然是经过慎重考虑,并且这个命名也符合其文体要求,现在就进一步探究这个问题。

《法言》效仿《论语》,这已经是不争的事实。然而,《法言》又是如何效仿《论语》的,这是需要澄清的;其次,《法言》的命名又显

①俞志慧:《语:一种古老的文类——以言类之语为例》,《文史哲》,2007 年第 1 期。

②参拙著:《先秦语类文献形态研究》,第 108—113 页。

③《汉书》,第 2327 页。

示扬雄似乎有意拉开二者的距离，由于这种距离而引起的差异又是如何，这也是需要辨析的。首先来看第一个问题，对此，可以从三个方面进行讨论。其一，《论语》的篇名往往来自每篇首句的前两个字，如“学而”“为政”等，这种情形之下的篇名大都只起着标目指示的作用，与文中内容大都并无实质性的关联。这也是早期文献的通例。扬雄时代篇目命名早已改变这种做法，但是，《法言》每篇的命名仍然采取《论语》的做法，通常选取每篇首句的前两个字作为篇名，如“学行”“吾子”等。其二，《论语》二十篇，首篇《学而》，末篇《尧曰》，儒门注重学习，强调“学而优则仕”，所以《学而》被置于《论语》的第一篇，就是要揭示儒门的这个宗旨。此后《荀子》的篇目以《劝学》开始，以《尧问》结束，其实是遵照《论语》的这个格局。在这个问题上，《法言》也是如此，首篇《学行》，末篇《孝至》。扬雄在《学行》首章中说：“学，行之上也，言之次也，教人又其次也，咸无焉，为众人。”①在此，扬雄将“学”划分为行、言、教人及什么也没有几个层级，他将力行修身置于最先，这符合儒门一贯的思路。《学而》篇“学而时习之”其实也是强调学与行的联系，扬雄《学行》的命名应该说更能揭示这个思想。这就意味着扬雄在精神底层对《论语》的精确把握与效仿。其三，《法言》模拟《论语》的句式，有时甚至是移录《论语》的句子。解丽霞指出《法言》模拟《论语》有三种方式：“变其文”“解其义”“拟其旨”，②如《学行》“有教立道，无心仲尼，有学术业，无心颜渊”，③解丽霞以

①李守奎，洪玉琴：《扬子法言译注》，第1页。

②解丽霞：《〈法言〉的“经传注我”与义理标举》，《华南理工大学学报》，2014年第2期。

③李守奎，洪玉琴：《扬子法言译注》，第15页。

为就是对孔子“有教无类”说法的变化；又《问神》“育而不苗者，吾家之童乌乎？九龄而与我《玄》文”①的说法就是借用孔子“苗而不秀者有矣夫！秀而不实者有矣夫”，等等。不过，在我们看来，这些方式虽然部分涉及句式或句子，但主要还是对《论语》句意的模拟。其实，我们还应该注意到《法言》模拟《论语》句式的现象。《汉书》本传说“人时有问雄者，常用法应之”，②照此说法，《法言》似乎载录的是人物之间的对话，其实，在《法言》中，有些并不采用问答的形式，如前引《学行》“学，行之上也，言之次也，教人又其次也，咸无焉，为众人”，又如该篇“天之道，不在仲尼乎？仲尼驾说者也，不在兹儒乎？如将复驾其说，则莫若使诸儒金口而木舌”“学以治之，思以精之，朋友以磨之，名誉以崇之，不倦以终之，可谓好学也已矣”，③等。《法言》为何会出现这种现象呢？我们曾经指出，《论语》在结构上呈现记言与记行两录的模式，也就是说，在记言之外，还存在单纯记行的成分。④《法言》的上述现象其实是效仿《论语》。当然，《法言》模拟《论语》句式还不仅于此，又如《修身》篇“君子之所慎：言、礼、书”，⑤这其实是来自《述而》篇“子之所慎：斋，战，疾”的启示；又如《渊骞》篇“美行：园公、绮里季、夏黄公、角里先生。言辞：娄敬、陆贾。执正：王陵、申屠嘉。折节；周昌、汲黯。守儒：辕固、申公。菑异：董相、夏侯胜、京房”，⑥这也是效仿《先进》篇“德行：颜渊，闵子骞，冉伯牛，仲弓。言语：宰我，子

---

①李守奎，洪玉琴：《扬子法言译注》，第 70 页。

②《汉书》，第 3580 页。

③李守奎，洪玉琴：《扬子法言译注》，第 2、4 页。

④参拙著《先秦语类文献形态研究》，第 199 页。

⑤李守奎，洪玉琴：《扬子法言译注》，第 32 页。

⑥李守奎，洪玉琴：《扬子法言译注》，第 172 页。

贡。政事:冉有,季路。文学:子游,子夏”的写法。还有,《法言》有时还直接引述《论语》的句子,如《寡见》篇的“不有博弈者乎”就源自《阳货》。由此可见,《法言》取法《论语》是多方面的。不过,在这方面,还有一个问题需要提请注意,徐复观论道:

> 《法言》实由两大部分所构成。一部分是拟《论语》,另一部分则在用心上是拟《春秋》。虽然前一部分文字的分量远超过后一部分,但为了真正了解他的思想,以及后一部分所给予班氏父子所作《汉书》的巨大影响,决不应把它忽略过。很遗憾的是,后一部分,却从来没有人检别出来。在两汉任何一部思想性的著作中,找不出一部像《法言》这样以大量篇幅来品评人物的。他是力追孔子。孔子的思想人格,不仅表现在《论语》上,更表现在《春秋》上。孔子作《春秋》,以褒贬为万世立人极,好胜的扬雄,断没有不向往之理。但“《春秋》,天子之事也”,他的这一野心,只能用间接的方式表达出来,当时及后人便被他瞒过了。①

对于徐先生的这个观点,有的学者予以首肯,“《重黎》和《渊骞》两篇在《法言》中比较特殊。……那就是以大量的篇幅来评论历史人物和历史事件,这在两汉时期的著述中是非常突出的,徐复观由此认为《法言》的这两篇是扬雄拟《春秋》而作。徐氏的这一判断是非常中肯的,扬雄之所以要撰写这两篇,就是用孔子‘以褒贬为万世立人极’的方法接续《春秋》,以儒家之道为标准对孔子以来的历史人物和事件加以品评,这种‘一概诸圣’的品评含有为世人树立道德规范的意味”。② 不过,也有学者提出怀疑,“据徐复

---

①徐复观:《两汉思想史》(第二卷),第308页。

②郭君铭:《扬雄〈法言〉思想研究》,第79—80页。

观分析,《法言》一部分模仿《论语》,另一部分则模仿《春秋》。确实,《重黎》《渊骞》两章侧重于对历史人物的评价,与孔子《春秋》寓褒贬于记事在精神上有某种程度的一致,但毕竟两者在形式上有着较大的区别,而《论语》中也有对历史人物的评价,所以,说《法言》拟《春秋》,根据不一定充分”。① 应该说,后一种观点可能更符合实际,因此,徐复观的阐释似乎有些过了。其实,语类文献作为史体的重要分支,本来就存在评判人物的传统,《国语》就不用说了,即使就《论语》而言,其中有很多地方就涉及对历史人物及时人的评论,并且有时孔子对自身及其弟子也有所议论。②

尽管《法言》多层次效仿《论语》,但诚如有的论者所言,是书“内容显得较为丰富,除了哲学思想之外,还涉及政治、经济、自然科学、文学艺术、军事、古今人物和历史事件、诸子百家、古典文献等各个方面,几乎涵盖了当时知识界的所有领域。……意欲以圣人之道为标准,重建价值体系之作”。③ 也就是说,《法言》并不是以效仿《论语》的形式为目的,而是借助这一形式来阐发扬雄本人的精神、思想诉求,由此,《法言》的创新也就是一种必然。从文体的角度来说,《法言》较《论语》有很大的差异,具体表现在这样几个方面:其一,《汉书》本传云:“故人时有问雄者,常用法应之,撰以为十三卷,象《论语》,号曰《法言》。”④由此可知《法言》是扬雄在平时与他人问答的言论基础上整理而成的,但是,与《论语》不

①王青:《扬雄评传》,第 181 页。

②参拙著《〈论语〉研究》,第 189—191 页。

③郭君铭:《扬雄〈法言〉思想研究》,第 5—6 页。

④《汉书》,第 3580 页。

同,《法言》并没有出现他人的姓字,通常是以“或曰(谓)”“或问”提出问题,以“曰”的形式作答,在这一问答体式中,问者的真实身份其实很容易引起质疑,或者说提问者有可能根本就不在场,亦即提问者是出于作者构思的需要而被有意地虚拟,那么,这样的构思方式与赋的主客问答写法并没有大的区别。① 其二,《论语》是由孔门弟子纂辑而成的,但《法言》并非后人辑录扬雄的语录而成,而是出于扬雄有意地创作,所以,表面上看来,各篇是由一条条互不连贯的语录组成,但实际上每篇都有一个中心议题,这可以从《序》中反映出来。其三,在语言方面,《法言》也显示了与《论语》的不同,徐复观说:“从全书的文体看,他是力追《论语》的文体,……但《论语》除极少数文句外,皆温润圆满,明白晓畅,这是短章散文中的极品,或者可称之为神品。……《法言》字句的结构长短,尽管与《论语》极为近似,但奇崛奥衍的文体,与《论语》的文体,实形成两个不同的对极。若说《论语》的语言,予人以‘圆’的感觉,《法言》的语言,却予人以‘锐角’的感觉。”②这些差异显示了《法言》与《论语》在文体方面的差别,而这种差别也正是扬雄为何将这部文献取名《法言》的原因之所在。因此,严格意义上来说,《法言》的文体与“语录体”之间难以划等号,因为《法言》是扬雄出于宗经的目的而仿《论语》之作,可以说是一种创作;而《论语》则是对孔子日常言论的汇集。当然,《法言》模仿《论语》的痕

①徐复观说:“扬雄中年后虽自悔作赋,但在作赋时对文句所用的功力既深,所以在写《太玄》写《法言》时,虽然力图摆脱赋体的铺排繁缛,但用奇字,造新句,不使稍近庸俗的文学家习性,依然发生主导的作用。”(见氏著《两汉思想史》第二卷,第308页)徐氏注意到扬雄《法言》与其赋在用词方面的关联,但对于二者形式上的联系似未措意。

②徐复观:《两汉思想史》(第二卷),第308页。

迹还是非常明显的，学者称之为“拟语录”，确实符合《法言》的文体特征。整体上来看，扬雄宗经及仿《论语》而作《法言》的作风，尽管招致一些批评，不过，他的这一行为在后世也得到一些效仿，典型者如班固《汉书》之法《春秋》，王通《文中子》之法《论语》，当然，这已是后话了。

第六章　贾谊与《新书》的编纂

《新书》这部文献不但收录贾谊呈给文帝的奏疏，同时还辑录贾谊担任梁怀王太傅时所编撰的用于教学方面的相关文献，后者主要源于此前的语类文献。可见，《新书》的这些内容不仅生成的方式不一样，而且在用途上也存在差异。因此，《新书》整体上是由多种"语"聚合而成的，在这一意义上，姑且称之为"混合型语类文献"。正是由于这种状况，《新书》在汉代语类文献中就具有独特的意义。一方面，《事势》是贾谊给汉文帝的奏疏，与《新语》体例相同；一方面，《连语》《杂事》从体例方面看，上承《国语》，下启刘向的《新序》《说苑》。本章主要分析《新书》的编纂及文体特征。

第一节　贾谊与《新书》

贾谊的一生短暂而又坎坷，不但在汉朝廷担任过官职，又曾经在两个侯国担任太傅。由于任职环境的不同，在很大程度上影响其文献的制作。同时，贾谊的学术旨趣也对他的创作发挥十分重要的作用。

一　贾谊的学术渊源

班固在《汉书·贾谊传赞》引刘向之言称："贾谊言三代与秦

治乱之意，其论甚美，通达国体，虽古之伊、管未能远过也。使时见用，功化必盛。为庸臣所害，甚可悼痛。"①在此，刘向给予贾谊极高的评价。贾谊为何能获取这份殊荣，除了时代的原因之外，还与其自身的素养是紧密相关的。

有关贾谊的学术渊源问题，早期文献提供这方面的一些线索。《汉书》本传言：

> 贾谊，雒阳人也，年十八，以能诵诗书属文称于郡中。河南守吴公闻其秀材，召置门下，甚幸爱。文帝初立，闻河南守吴公治平为天下第一，故与李斯同邑，而尝学事焉，征以为廷尉。廷尉乃言谊年少，颇通诸家之书。②

这段文字也见于《史记·屈原贾生列传》，它交代一些有关贾谊学术的信息。首先，文章指出贾谊"能诵诗书"，而《诗经》《尚书》通常被领会为儒家经典，由此可知，贾谊对于儒家思想有过比较深入的研究。其次，贾谊与吴公的关系匪浅，这位吴公曾经向同乡李斯问学。我们虽然不能明确肯定贾谊与吴公之间是否存在师生的关系，但就上述记载而言，贾谊受到吴公的影响应该是可以断言的。司马迁在《太史公自序》中说"贾生、晁错明申、商"，③贾谊的这种学问品格不能完全排除来自吴公方面的作用。再次，上述记载还指出贾谊通晓百家之学，在这个问题上，王兴国通过对《史记·日者列传》的具体分析，强调贾谊受黄老道家思想影响的事实。④ 当然，更需注意的是徐复观的说法：

---

①《汉书》，第 2265 页。

②《汉书》，第 2221 页。

③《史记》，第 1188 页。

④王兴国：《贾谊评传》，第 6—11 页。

> 在贾氏所强调的礼中，也含有浓厚的法家意味。而在探求人生根源的地方，亦即在与文帝所谈的“鬼神之本义”的地方，则通向老子；在境遇挫折，自加排解的地方，则通向庄子。在提倡节俭，重视礼而事实上并不大重视乐的地方，则吸收了墨子思想。《新书》中引用了不少《孟子》《荀子》的语句，而在教化上重“渐”重“积”，在言礼时，把礼应用到经济生活方面，则受《荀子》的影响为更大。在主张“色上黄，数用五”，受了《吕氏春秋》的影响。其他《发子》《粥子》等不一而足，正如《史记·贾生列传》中吴公所说“颇通诸子百家之书”。而作为他的诸子百家的绾带的，当是《管子》。因《管子》一书，本由汇集折中儒道法二家思想以为其骨干，更广罗战国时期许多角度不同的思想，以形成一部“政治丛书”的性质。

据此可知贾谊学术的广博视野及开放特质。当然，在贾谊学术构架中，尽管存在这些层次的内容，但其根底仍在儒家，也就是说，“儒家典籍，在贾生思想中，当然占最重要的地位”。①

以儒家思想为主导，兼容百家之学，这是贾谊学术所呈现的特征。不过，有关贾谊的学术渊源，还特别需要注意其与张苍及《左传》之关系问题，贾谊有关《左传》的接受对其创作的影响是十分深刻的。由于在这些问题上还存争议，在此不得不展开一些梳理。《汉书·儒林传》载：

> 汉兴，北平侯张苍及梁大傅贾谊、京兆尹张敞、太中大夫刘公子皆修《春秋左氏传》。谊为《左氏传》训故，授赵人贯公，为河间献王博士，子长卿为荡阴令，授清河张禹长子。禹与萧望之同时为御史，数为望之言《左氏》，望之善之，上书数

① 徐复观：《两汉思想史》（第二卷），第75页。

以称说。后望之为太子太傅，荐禹于宣帝，征禹待诏，未及问，会疾死。授尹更始，更始传子咸及翟方进、胡常。常授黎阳贾护季君，哀帝时待诏为郎，授苍梧陈钦子佚，以《左氏》授王莽，至将军。而刘歆从尹咸及翟方进受。由是言《左氏》者本之贾护、刘歆。①

这是目前最早述及西汉时期《左传》流传情况的记载。文中提到张苍、贾谊曾经传习《左传》，还提到贾谊撰写《左传训故》。此后《经典释文序录》说：

左丘明作传，以授曾申，申传卫人吴起，起传其子期，期传楚人铎椒，椒传赵人虞卿，虞卿传同郡荀卿，名况。况传武威张苍，苍传洛阳贾谊，谊传至其孙嘉，嘉传赵人贯公。贯公传其少子长卿，长卿传京兆尹张敞及侍御史张禹。禹数为御史大夫萧望之言《左氏》，望之善之，荐禹，征待诏，未及问，会病死。禹传尹更始，更始传其子咸及翟方进、胡常。常授黎阳贾护，护授苍梧陈钦。②

《序录》所描绘的《左传》传授谱系更加详细。就我们的论题来看，《序录》不同于《汉书》之处有两点：其一，《汉书》只是强调张苍、贾谊曾经传习《左传》，并没有说明二人之间的关系；《序录》则摆明张苍与贾谊之间的师生关系。其二，《汉书》说贾谊授贯公，而《序录》则指出贾谊传其孙贾嘉，嘉再传贯公。《汉书》《序录》是我们把握西汉《左传》流传情况的重要文献，可是在贾谊与张苍及《左传》之关系问题上存在差异甚至矛盾，而这些差异甚至矛盾引起后人不同的理解。

---

①《汉书》，第3620页。

②陆德明：《经典释文》，第13页。

刘逢禄在《左氏春秋考证》中针对《汉书·儒林传》的记载分析说：

> 《张苍传》：曰“好书律术”，曰“习天下图书计籍，又善用算律术”，曰“苍尤好书，无所不观，无所不晓，而尤邃律术”，曰“著书十八篇，言阴阳律术事”而已，不闻其修《左氏传》也。盖歆以汉初博极群书者惟张丞相，而律术及谱五德可附《左氏》，故首援之。《贾生传》：曰“能诵《诗》《书》，属文”，曰“颇通诸家之书”而已，亦未闻其修《左氏传》也。盖贾生之学疏通知远，得之《诗》《书》，修明制度，本之于礼，非章句训故之学也。其所著述，存者五十八篇，《大都篇》一事，《春秋》篇九事，《先醒篇》三事，《耳庳篇》一事，《谕诚篇》一事，《退让篇》二事，皆与《左氏》不合；惟《礼容篇》一事似采《左氏》，二事似采《国语》耳。盖歆见其偶有引用，即诬以为“为《左氏训诂》，授赵人贯公”，又曰“当孝文时，汉朝之儒惟贾生而已”。贯公，当即毛公弟子贯长卿，歆所云“贯公遗学与秘府古文同”者也；曰“贾生弟子”，则诬矣。《张敞传》曰：“本治《春秋》，以经术自辅其政。”其所陈说，以“《春秋》讥世卿最甚”，“君母下堂则从其母”，皆《公羊》义，非“尹氏为声子”“崔杼非其罪”“宋共姬女而不妇”之谬说也。……要之，此数公者，于《春秋》《国语》未尝不肄业及之，特不以为“孔子《春秋》传”耳。歆不托之名臣大儒，则其书不尊不信也。①

刘氏依据《张苍传》并没有张苍修《左传》的记载，因此《儒林传》的说法出于刘歆的假托。《贾生传》也没有记载贾谊与《左传》的信息，并且贾谊著述除《礼容篇》有一事似采《左传》外，其余与《左

---

①顾颉刚主编：《古籍考辨丛刊》(第一集)，第465—466页。

传》不合，故贾谊造作《左传训诂》也是刘歆的伪托。贯公乃毛公弟子，不可能是贾生的弟子。这是刘逢禄对《汉书·儒林传》相关记载的看法。对于《经典释文》的记载，刘氏指出：

> 此兼采《伪别录》及汉《儒林传》而为之。然左氏传授不见《太史公书》，班固别传亦无征。当东汉初，范升廷争，以为"师徒相传又无其人"。若果出于《别录》，刘歆之徒及郑兴父子、贾逵、陈元、郑玄诸人欲申《左氏》者多矣，何无一言及之？曾申即曾西，曾子之子，羞称管仲，必非为《左氏》之学者。吴起曾事子夏，或《左氏》多采其文。姚姬传以《左氏》言魏氏事造饰尤甚，盖吴起为之以媚魏君者尤多，要非《左氏》再传弟子也。张苍非荀卿弟子；贾生亦非张苍弟子。贯公，《毛诗》之学，亦非贾嘉弟子。嘉果以《左氏》为传《春秋》，授受详明如此，何不言诸朝为立博士？此又从《贾谊传》增设之。嘉与史公善，当武帝时；贯公为献王博士，必非嘉弟子。《史记》《汉书》具在，而歆之徒博采名儒，牵合佚书，妄造此文。元朗、冲远以江左以后文人独尚《左氏》，不加深查，叙录如此，不可为典要矣。①

刘逢禄否定《经典释文》张苍是荀卿弟子，贾生是张苍弟子的记载。康有为在其所著《新学伪经考》中继承刘氏的上述看法，并又做了进一步引申发挥：

> 歆古文之学，其传授诸人名皆歆伪撰，而其发端则自左氏始。左氏书藏于秘府，人间不易见，自非史迁、刘向之伦不可得读也。汉世重六经，以《春秋》为孔子笔削，尤尊之。于时《公羊》盛行，《穀梁》亦赖宣帝追卫太子之所好得立于学。

---

①顾颉刚主编：《古籍考辨丛刊》(第一集)，第470页。

> 歆思借以立异，校书时发得左氏《国语》，乃“引传解经”（见《楚元王传》），自为《春秋》之一家。刘歆校书为王莽所举，尹咸校数术，殆党附于莽、歆者，房凤则王根所荐者，王龚则外戚，非经师也。是四人者共校书，凤、龚所校不知何书，尹咸校数术，其经术不如歆可知。歆又挟权宠，故房凤、王龚、尹咸咸附之也。孔光、龚胜、师丹皆大儒，知其伪，故不肯助也。考孔光号称依阿，而不肯助；盖光曾叔祖安国，祖延年，父霸，为孔子传经之世嫡，未尝闻此，故不肯助也。若孔氏确有古文，安得不助歆哉！诸古文为伪经，此可为一铁案也。师丹劾之，公孙禄以为“颠倒五经”，诚不妄矣。歆既以《左氏》附于尹咸，故托所出于尹更始。所谓“章句”者，盖歆所伪托也。因伪造张苍、贾谊、张敞、刘公子，又托贾谊为《传》训故。①

此后张西堂也主张“《汉书·儒林传》之谓张苍、贾谊等传《左氏》当然是伪托的”，②顾颉刚亦谓“《史记·儒林传》于《左氏春秋》一语未及，至班固时系统乃详确如此，显然为史迁以后人所拟定，不可信也”，又《经典释文·叙录》为隋唐间书，“加苍传贾谊及长卿传京兆尹两节，显然可见此为逐渐加成而有此师承系统，皆古文家之伪托也”。③

其实，刘逢禄对《汉书·儒林传》及《经典释文》的看法及论证，有很多是值得怀疑的。比如，不能仅仅因为《张苍传》《贾生传》没有记载，就否认张苍、贾谊与《左传》的关系，这其实是一种

---

①康有为：《新学伪经考》，第143—144页。

②顾颉刚主编：《古籍考辨丛刊》（第一集），第431页。

③顾颉刚讲授，刘起釪笔记：《春秋三传及国语之综合研究》，第44—46页。

"默证"。至于强调这些看法出于刘歆的假托,显然是基于学派立场而做出的推断,则更加缺乏依据。当然,刘逢禄看到贾谊著述有些说法与《左传》不合,对此,汪中说:"其书述《左氏》事,止《礼容篇》叔孙昭子一条。《先醒篇》言宋昭公出亡而复位,虢君出走,其御进酒食及枕土而死;《耳痹篇》言子胥何笼而自投入江;《谕诚篇》言楚昭王以当房之德复国,皆不合《左氏》。《审微篇》言晋文公请隧,叔孙于奚救孙桓子;《春秋篇》言卫懿公喜鹤而亡其国;《先醒篇》言楚庄王与晋人战于两棠,会诸侯于汉阳,申天子之禁,皆与《左氏》异同。其时经之授受,不箸竹帛,解诂属读,率皆口学。其有故书雅集,异人之闻,则亦依事枚举,取足以明教而已。"①汪之昌在《贾子新书书后》中也指出:"其述《左氏》事,《礼容篇》叔孙昭子一条,《先醒篇》宋昭公出亡而复位、虢君出走其御进酒食及枕土而死,《耳痹篇》子胥何笼而自投入江,《谕诚篇》楚昭王以当房之德复国,今《左氏》并无其文。《审微篇》晋文公请隧、叔孙于奚救孙桓子,《春秋篇》卫懿公喜鹤亡国,《先醒篇》楚庄王与晋人战于两棠、会诸侯于汉阳申天子之禁,皆与《左氏传》异同,尤足见其广征博引,异于株守一先生之说者。"②他们的看法实较刘氏通达。事实上,刘逢禄在论证过程中通过强调贾谊著述与《左传》不合之处来迎合自己的观点,而排斥或者不愿注意贾谊著述与《左传》一致的地方。其实,《新书》中有些内容确实来自《左传》,刘师培在《左氏学行于西汉考》"谊作《左氏传训诂》,遗说见贾子《新书》"句下注曰:"如《淮难篇》述白公事,《审微篇》述晋文请隧、于奚赏邑事,《礼篇》述'父慈子孝'节,《容经》述'明君在

①阎振益、钟夏:《新书校注》,第534页。

②阎振益、钟夏:《新书校注》,第537页。

上'节，《礼容语》下记叔孙聘宋事，《胎教篇》述晋厉、齐简遇弑事，均合《左传》。至于四国有叶，叔带即伯斗，尤足补《左传》之缺。"①戴维指出《审微篇》"齐人攻卫"条、《礼篇》"君仁臣忠"条、《容经》"明君在位可畏"条、《容礼》"鲁叔孙昭聘于宋"条均采自《左传》，此外，"贾谊利用《左氏》的地方还有一些，如《淮难》篇记白公胜所为父报仇之事，与《左氏》哀公十六年记载相合。贾谊某些思想也明显受到《左氏》的影响，如前所述重礼、审微都是原本从《左氏》上而来。"戴维还说：

> 前人怀疑贾谊为《左氏传》训诂的事情，实则贾谊为《左氏传》训诂也有可能，《新书》中就有一些训诂的情况，如上文所引对《诗》"威仪棣棣，不可选也"的训诂，另外，如章炳麟在《春秋左传读叙录》中说："贾书中《道术篇》《六术篇》《道德说篇》，正是训诂之学。"②

再回到刘逢禄的思路上，刘氏一方面借《汉书》之《张苍传》《贾生传》没有记载就否认张苍、贾谊与《左传》的关联，这是相信《汉书》的记载；另一方面，对于《汉书·儒林传》有关张苍、贾谊与《左传》的记载，因不符自己的观点，就武断地认为是出于刘歆的伪造，则又是否定《汉书》的记载。这就不难看出刘氏论证的矛盾与脆弱。因此，贾谊传授《左传》，乃至撰写《左传训诂》这应是没有疑问的。

至于张苍与贾谊之间，刘逢禄否定二者的师生关系，徐复观也表达相近的看法，他分析指出：

> 《儒林传》未言张苍与贾谊，有传受关系。而《释文》则凭空加上传受关系。盖五经博士成立以后，为便于统制及专

①刘师培著，邬国义、吴修艺编校：《刘师培史学论著选集》，第532页。
②戴维：《春秋学史》，第35—37页。

利，特重师承家法；一若不经传受，即无入学之方。不知在此以前，以上推战国之末，学者只要能通阅文字，便可自由修业，学无常师，没有师承家法的拘束。后人常以五经博士出现以后的师承家法的情形，加在以前的经学传承上去，每经都安放一条直线单传的系统，一若每代只有一人传习，这都是出于附会而非常不合理的。《左氏》未得立博士，故《汉书·儒林传》的叙述，尚反映出一点自由修业，无所谓师传的情形。到了陆德明写《经典释文》时，便按照其他经传的情形，也为它加上一个直线单传的系统。殊不知《左氏》在战国末期，已成为很通行的典籍，《韩非子》中亦已引用。贾生之习《左氏》，不必传自张苍，且亦无缘传自张苍。张苍于高帝六年封为北平侯，迁为计相。萧何为相国，苍以列侯居相府；后改为淮南王相。据《汉书·百官公卿表》，吕后八年，迁张苍为御史大夫，文帝四年为巫相。贾谊籍洛阳，生于高帝七年；十八岁河南郡守吴公召置门下，时为高后五年。文帝元年召河南郡守为廷尉，因吴公荐，召为博士，这年超迁太中大夫，时谊年二十二岁，也是他开始由洛阳到长安之年，以何因缘，而得张苍传授《左氏》？且张苍"推五德之运，以为汉当水德之时，尚黑如故"，"鲁人公孙臣上书，陈终始传五德事，言方今土德时……当改正朔服色制度。天子下其事，与丞相（张苍）议。丞相推以为今水德始明，正十月，上黑色。以为其（公孙臣）言非是，请罢之"。按贾谊有关此一问题的看法，与公孙臣相同，与张苍相异；若贾谊为张苍弟子，何得有此歧异？若贾生习《左氏》，乃传自张苍，则他该通六艺及诸子百家，又传自何人？贾生年少时即具有广博知识，一方面是来自他个人的禀赋与努力，也得力于他出生地的洛阳。自周公

> 营建洛邑以来，几近千年，乃文物中心之地，这在了解时局及追求知识上，当然有很大的方便。研究汉代经学史，应首先打破五经博士出现以后所伪造的传承历史。当然，这并非说一切习六艺的人皆无所传承；但我藉此指出，并非必有师承家法不可。尤以先秦时代之直线单传系统，十九出于附会、伪造。①

此后徐先生在《中国经学史的基础》中重申这一看法，因《经典释文序录》有关《左传》传授的说法主要源自刘向《别录》，徐先生在这篇文章中特意分析《别录》此观点的不可采信：

> 因《左氏传》自战国中期以后流行甚广，传习者多，所以《汉书·儒林传》对汉初张苍、贾谊、张敞、刘公子等“皆修《春秋左氏传》”，而未曾其所受，且四人间更没有传承关系。《儒林传》中，凡不了解师承关系的，即不加叙述，如辕固、韩婴、胡毋生、董仲舒等，不一而足。乃《经典释文序录》谓：“左丘明作传以授曾申，申传卫人吴起，起传其子期，期传楚人铎椒，椒传赵人虞卿，虞卿传同郡荀卿名况，况传武威张苍，苍传洛阳贾谊，谊传至其孙嘉，嘉传赵人贯公，贯公传其少子长卿，长卿传京兆尹张敞及侍御史张禹。”自左丘明至荀卿授张苍，本于刘向《别录》（见《左传疏》引）。刘向《别录》，我已不止一次地证明有的地方已为后人所乱，许多说法是不足取信的，这即是一例。若《别录》果有此一传承统绪的资料可资征信，则刘向对《左氏传》应尊信有加，但他在《说苑》中引公羊、穀梁皆称为《春秋》，引左氏则否。盖他接受了五经博士们左氏不传《春秋》之说，以致不断被他的儿子刘歆所问难。且刘

①徐复观：《两汉思想史》（第二卷），第75—76页。

> 向若知此传承统绪，则父子在一起校书近二十年之久，刘歆岂有不知之理？刘歆竭力为《左氏传》争立官，又岂有对此一有利的材料，不加运用之理？班固受刘歆的影响最大，若刘歆有此材料，则他写《儒林传》时一定会将其写出。刘向《别录》，东汉许多人有看到的机会，乃范升、陈元为《左氏传》发生过重大争论，为《左氏传》争地位的一方对此有利材料竟全未运用，而贾逵、服虔、杜预为《左氏传》作注的人竟无一人提及，直到陆德明及为《左氏传》作疏者加以援引，其为后人由《十二诸侯年表》序附会而成者甚明。①

当然，也有学者肯定《经典释文序录》的观点，刘师培《左氏学行于西汉考》指出"《释文叙录》云'苍授贾谊'，语必有本"，②又在《经学教科书·两汉〈春秋〉学之传授》中说"贾谊受左氏学于张苍"。③ 王兴国的《贾谊评传》也认可这个说法，并且还做了相关的论证。④ 然而，就目前的资料来看，说明张苍与贾谊之间必然存在传授关系的证据显然并不充分，《汉书》只是提到张苍、贾谊与《左传》的关系，并没有指明张苍与贾谊之间的关系；而且《左传疏》所引刘向《别录》也只叙述到荀卿授张苍为止，也没有涉及张苍与贾谊的关系，因此，张苍与贾谊之间是否存在传授关系在目前看来是不明确的。当然，这个问题并不影响贾谊与《左传》的关联，而前面的相关分析已经论证贾谊传习《左传》的可信性。

总的看来，贾谊的学术渊源比较复杂，但其根本还是在儒家，

---

①徐复观：《徐复观论经学史二种》，第128—129页。

②刘师培著，邬国义、吴修艺编校：《刘师培史学论著选集》，第532页。

③劳舒编：《刘师培学术论著》，第190页。

④王兴国：《贾谊评传》，第2—5页。

并且与《左传》有着深厚渊源。这些对于贾谊的创作及文献编纂发挥重要的作用。

二 《新书》的编纂及流传

关于贾谊的作品，《汉书·艺文志》儒家类著录"《贾谊》五十八篇"，阴阳家类著录"《五曹官制》五篇"，班固注云"汉制，似贾谊所条"；又著录"贾谊赋七篇"，①这是《汉志》对于贾谊作品的统计，另加上前面已经讨论过的《左氏传训诂》，这是目前所可知的贾谊的著述概况。《隋书·经籍志》子部儒家类著录《贾子》十卷、录一卷，别集"汉《淮南王集》一卷"下注云"又有《贾谊集》四卷"。②《旧唐书·经籍志》丙部子录儒家类有"《贾子》九卷"，丁部集录有"前汉《贾谊集》二卷"。③《新唐书·艺文志》丙部子录儒家类著录"贾谊《新书》十卷"，丁部集录有"《贾谊集》二卷"。④《宋史·艺文志》子部杂家类著录"贾谊《新书·艺文志》十卷"。⑤这是自汉代至宋代有关贾谊作品著录的大致概况，由此，可知贾谊作品主要以《贾子》与《贾谊集》的形态流传。限于讨论的主旨，我们注重考察《新书》的流传。

上述史志目录著录《新书》的称谓并不一律，《汉志》称《贾谊》，《隋志》《旧唐志》称《贾子》，《新唐志》《宋志》称《新书》。卢文弨《重刻贾谊新书序》以为"《新唐书志》始称《贾谊新书》"，⑥孙诒

---

①《汉书》，第1726、1734、1747页。

②《隋书》，第671、706页。

③《旧唐书》，第1371、1387页。

④《新唐书》，第985、1023页。

⑤《宋史》，第3465页。

⑥阎振益、钟夏：《新书校注》，第531页。

让《札迻》指出："按马总《意林》二引此书，题《贾谊新书》八卷，高似孙《子略》载庾仲容《子钞》目同，则梁时已称《新书》，不自《新唐志》始也。"①其实刘勰《文心雕龙·诸子篇》也明确提及贾谊《新书》，卢文弨之说并不可信。对于史志的这些称谓，李梦阳《贾子序》谓："《贾子》者，《贾谊新书》也，奚称《贾子》，子之也。"②孙诒让分析说："《新书》者，盖刘向奏书时所题，凡未校者为故书，已校定可缮写者为新书。杨倞注《荀子》未载旧本目录，刘向《叙录》前题'《荀卿新书》十二卷三十二篇'；殷敬顺《列子释文》亦载旧题云'《列子新书》目录'；又引刘向上《管子》奏称'《管子新书》目录'，足证诸子古本旧题大氐如是。若然，此书隋、唐当题《贾子新书》。盖新书本非贾书之专名，宋、元以后诸子旧题删易殆尽，惟《贾子》尚存此二字，读者不审，遂以新书专属之《贾子》，校槧者又去'贾子'而但称《新书》，展转讹省，忘其本始，殆不可为典要。"③孙诒让对《贾子》《新书》的称谓演变情况进行追溯，并推测《新书》的名称源于刘向。就刘向古籍整理行为而言，孙诒让的这个推测未尝没有道理。

然而，《汉志》只著录"《贾谊》五十八篇"，并没有说明刘向与《新书》之间关联。孙诒让以为《新书》经过刘向的校理，这并不是没有依据，《崇文总目》明确说"本七十二篇，刘向删定为五十八篇"。不过，《崇文总目》谈及《新书》原本有七十二篇，这就表明在刘向整理之前《新书》已经存在，那么，是谁编纂这部文献呢？卢文弨《书校本贾谊新书后》谓："《新书》非贾生所自为也，乃习于贾

①阎振益、钟夏：《新书校注》，第501—502页。

②阎振益、钟夏：《新书校注》，第519页。

③阎振益、钟夏：《新书校注》，第502页。

生者萃其言以成此书耳。……然其规模，节目之间，要非无所本而能凭空撰造者。篇中有'怀王问于贾君之语'，谊岂以贾君自称也哉？《过秦论》史迁全录其文。《治安策》见班固书者乃一篇，此离而为四五，后人以此为是贾生平日所草创，岂其然与？《修政语》称引黄帝、颛、喾、尧、舜之辞，非后人所能为撰。《容经》《道德说》等篇辞义典雅，魏晋人决不能为。吾故曰是习于贾生者萃而为之，其去贾生之世不大相辽绝，可知也。"①卢氏以为《新书》是传习贾谊之学者所为。周中孚《郑堂读书记》云："余谓此书必出于其徒之所纂集，编中称'怀王问于贾君'，又《劝学》一篇，语其门人，皆可为明证，但多为钞胥所增窜。"②肯定《新书》出自贾谊门徒，这较卢氏之说更为具体。徐复观则分析认为：

> 《新书》的内容，虽全出于贾谊，但他三十三岁便死了，将其编成五十八篇，并冠以《新书》的书名，并非出于贾氏自己，可能是出自"至孝昭时列为九卿"的他的孙贾嘉或者是出自他的曾孙贾捐之手。《崇文总目》谓"本七十二篇，刘向删定为五十八篇"，七十二篇既无据，则刘向删定之说亦无据。史公著书，最重述作：凡他知其人有述作，而勒为一书的，在传记中无不加以记录。《史记·贾生列传》中，已说"贾生数上疏，言诸侯或连数郡，非古之制，可稍削之，文帝不听"，但未提及著书五十八篇。《汉书·陈胜传》赞"昔贾生之《过秦》曰"，是已有"过秦"之名。但《史记·秦始皇本纪》赞"善乎贾生推言之也"，《陈涉世家》赞"吾闻贾生之称曰"，可知当史公著书时，尚无"过秦"之名，亦可知此时尚未编定为一书。其

①阎振益、钟夏：《新书校注》，第 493 页。
②阎振益、钟夏：《新书校注》，第 497 页。

> 书既由他的后人所编定，则“篇中有怀王（梁怀王）问于贾君之语”（《先醒篇》），卢文弨不必怀疑其“谊岂以贾君自称也哉”。至《汉书·艺文志》仅称“贾谊五十八篇”而未出《新书》之名，不足证明《新书》一名在刘氏校书时尚未成立。因《汉志》中只称篇数而不称书名的其例不少。①

徐先生否定《崇文总目》的记载，推测五十八篇乃贾谊之孙贾嘉或曾孙贾捐之所为。至于《崇文总目》的记载是否可信，是另一问题，不过，徐先生将《新书》的编纂归结为贾谊后代所为，也并不是没有这种可能。《经典释文序录》载录贾谊曾将《左传》传授给自己的孙子贾嘉，《史记·屈原贾生列传》说：“及孝文崩，孝武皇帝立，举贾生之孙二人至郡守，而贾嘉最好学，世其家，与余通书。”②贾嘉能够承传家学，那么由他来收集整理乃祖文稿，并不是不可能之事。当然，卢文弨、周中孚的看法也不能轻易否定。

不过，对于今本《新书》还存在其他一些认识，《朱子语录》提出它“只是贾谊一杂记稿”。③ 有的学者甚至怀疑其乃出于后人伪造，陈振孙《直斋书录解题》谓：“今书首载《过秦论》，末为《吊湘赋》，余皆录《汉书》语，且略节谊本传于第十一卷中。其非《汉书》所有者，辄浅薄不足观，决非谊本书也。”④这就在很大程度上否定了今本的真实性。《四库全书总目·〈新书〉提要》有云：

> 然今本仅五十六篇，又《问孝》一篇有录无书，实五十五篇，已非北宋本之旧。又陈振孙《书录解题》称，首载《过秦

①徐复观：《两汉思想史》（第二卷），第73页。

②《史记》，第882页。

③阎振益、钟夏：《新书校注》，第494页。

④陈振孙：《直斋书录解题》，第270页。

论》，末为《吊湘赋》，且略节谊本传于第十一卷中。今本虽首载《过秦论》，而末无《吊湘赋》，亦无附录之第十一卷，且并非南宋时本矣。其书多取谊本传所载之文，割裂其章段，颠倒其次序，而加以标题，殊瞀乱无条理。《朱子语录》曰："贾谊《新书》除了《汉书》中所载，馀亦难得粹者，看来只是贾谊一杂记稿耳，中间事事有些个。"陈振孙亦谓"其非《汉书》所有者辄浅驳不足观，决非谊本书"。今考《汉书》谊本传赞"称凡所著述五十八篇，掇其切于世事者著于传"，应劭《汉书注》亦于《过秦论》下注曰"《贾谊书》第一篇名也"，则本传所载皆五十八篇所有，足为显证。赞又称三表五饵以系单于。颜师古注所引《贾谊书》，与今本同。又《文帝本纪》注引《贾谊书》"卫侯朝于周，周行人问其名"，亦与今本同。则今本即唐人所见，亦足为显证。然决无摘录一段立一篇名之理，亦决无连缀十数篇合为奏疏一篇上之朝廷之理。疑谊《过秦论》《治安策》等本皆为五十八篇之一，后原本散佚，好事者因取本传所有诸篇，离析其文，各为标目，以足五十八篇之数，故饾饤至此。其书不全真，亦不全伪。朱子以为杂记之稿，固未核其实，陈氏以为决非谊书，尤非笃论也。①

《四库》馆臣虽然看到今本渊源有自，但就编纂方式对今本提出质疑，得出"不全真，亦不全伪"这样的结论。姚鼐则非常干脆，在《辨贾谊新书》中明确指出："贾生书不传久矣，世所有云《新书》者，妄人伪为者耳。"在他看来，"班氏所载贾生之文，条理通贯，其辞甚伟。及为伪作者分晰不复成文，而以陋辞联厕其间，是诚由妄人之谬，非传写之误也"。他又进一步分析说：

①《四库全书总目》，第771页。

贾生《陈疏》言"可为长太息者六"，而传内凡有五事阙一，吾意其一事积贮，班氏已取之于《食货志》矣，故传内不更载耳。伪者不悟，因《汉诸侯王表》有"宫室百官同制京师"之语，遂以此为长太息之一。然贾生云"令君君臣臣，上下有差"，已足该此义矣，不得又别为其一也。夫天子母曰皇太后，妻曰皇后，诸侯王母曰王太后，妻曰王后，虽武、昭以后，抑损宗室，终不改此制，何尝为无别耶？易王后曰妃，自魏、晋始。作伪者魏、晋后人，乃妄意汉制之必不可用耳。若诸侯王相用黄金印，固为僭矣，故五宗王世易为银印。然吾以为此亦未为巨害。汉御史大夫秩中二千石，银印青绶。张苍以淮南王相迁为御史大夫，周昌以御史大夫降相赵。高祖曰"吾极知其左迁"。其时国相乃金印，此正如隋以来外官章服，官品虽崇，而位绌于京职之卑品耳，是亦何必为太息哉？要之，汉初诸侯王用六国时王国之制，故其在国有与汉庭无别者若此。若皇帝，臣下称之曰陛下，此是秦制，周末列国诸王所未有，则汉诸侯王必不袭用秦皇帝之制，而使其国臣称曰陛下。而伪为贾生书及之，此必后人臆造，非事实也。①

《四库提要》及姚鼐都注意到今本与《汉书》本传所载贾谊之文存在很大差异，本传所载贾文"条理通贯，其辞甚伟"，而今本则"不复成文"，据此以为今本出于后人伪纂。其实，这些说法的出现，一方面在于没有认真考察班固的按语，一方面在于不明白当时奏议的通则。余嘉锡指出：

案班固于谊本传录其《治安策》，先言"谊数上疏陈政事，

①阎振益、钟夏：《新书校注》，第495—496页。

多所欲匡建，其大略曰”云云，夫曰大略，则原书固当更详于此矣。传赞又曰：“谊之所陈，略施行矣。及欲改定制度，以汉为土德，色上黄，数用五，及欲试属国施五饵三表，以系单于，其术固以疏矣。凡所著述五十八篇，掇其切于世事者，著于传。”颜师古《注》亦曰：“谊上疏言可为长太息者六，今此至三而止，盖史家直取其要切者耳。”然则班固于其所上之疏，凡以为疏而不切者，皆不加采掇。其他凡陈古义，不涉世事者，更无论也。故凡载于《汉书》者，乃从五十八篇之中撷其精华，宜其文如万选青钱。后人于此数篇，童而习之，而《新书》则读者甚寡，其书又传写脱误，语句多不可解，令人厌观。偶一涉猎，觉其皆不如见于《汉书》者之善，亦固其所。

又说：

案古人之书，书于竹简，贯以韦若丝，则为篇；书于缣帛，可以舒卷，则为卷；简之太多，则韦丝易绝；卷太大，则不便于卷舒；故古书篇幅无过长者，而篇尤短于卷。其常所诵读，则又断篇而为章，以便精熟易记。……陆贾述存亡之征，奏之高祖，号《新语》，此与上疏无异，而分为十二篇。桓宽《盐铁论》虽非奏疏，然皆记当时贤良文学与丞相御史大夫丞相史御史问答辨论之语，首尾前后相承，直是一篇文字，而必分为六十篇，此其篇名，明是本人所题，非由后人摘录也。贾谊之书，何为独不可分为若干篇乎？古之诸子，平生所作书疏，既是著述，贾山上书，名曰《至言》；晁错上疏，谓之《守边备塞劝农力本》，并见本传；贾谊之疏何为独不可有篇名乎？……《提要》狃于《汉书·治安策》前后相连，以为本是一篇，故曰无连缀十数篇合为奏疏一篇之理，不知班固明曰“谊数上疏

> 陈政事，多所欲匡建，其大略曰”云云，言数言多，皆指此下所载之大略，即今所谓《治安策》者。传云“居数年，梁王胜死，亡子，谊复上疏”云云，言复上疏，则与上文数上疏无与矣。载《治安策》一篇，而谓之数上疏，则本非一篇，其连缀数篇为一者，班固也，非贾谊也。或曰《治安策》之首即曰：“臣窃惟事势可为痛哭者一，可为流涕者二，可为长太息者六。”此为纲领，后为条目，安可先出一纲领而其余条目徐徐分篇奏上乎？应之曰：陆贾为高祖著书十二篇，而本传言每奏一篇高祖未尝不称善，然则随著随奏，固当时之通例也。《商君书》内如《算地篇》云“臣请语其过”，《错法篇》云“臣闻古之明君，错法而民无邪”，《来民篇》云“臣窃以为不然”，此皆明是对秦孝公之语，盖与其前后诸篇，皆所上之书，而以一事为一篇也。《新书》正是此例。①

余先生的这番分析，可以解历来有关《新书》篇目及编纂之疑惑。

有关《新书》的流传，还有两个问题需要注意，首先，宋代以前史志之著录《新书》有九卷、十卷之别，南宋时期《新书》出现三种版本，余嘉锡指出：“一则合《过秦》中下二篇为一，而以《汉书》本传为第五十八，王应麟所见及建本是也。一则《过秦》分上中下仍为五十八篇，虽附本传而不入篇数，潭本是也。一则首《过秦》，末《吊湘赋》，以本传为卷十一，陈振孙所见本是也。三本之中，惟陈本今不传。”至于建本与潭本，余先生说：“明本既从建本合《过秦》中下为一，又脱去篇目一条，故为篇只五十有六。其实较之南宋刻本，文字并无阙佚也。《提要》未见宋本，又不考之《玉海》，执陈振孙一家文言，以今本为非宋人所见，误矣。潭本篇数已与《汉

① 余嘉锡：《四库提要辨证》，第459—464页。

书》相合，虽阙《问孝》及《礼容语》上二篇，而篇目具全，似是五十八篇之旧。然《汉书·陈涉传赞》应劭《注》云：'贾生书有《过秦》二篇，言秦之过。'则潭本分三篇者非是，较《汉志》篇数，尚少其一。考《治安策》中有《大戴礼·礼察篇》，文不见于今本，或正是所阙之一篇欤？汪中校《新书》尝据《汉书》补入之，是也。"①其次，晁公武在《郡斋读书志》中说："谊著《事势》《连语》《杂事》，凡五十八篇。"②这是目前明确提及《新书》分为《事势》《连语》《杂事》三部分的最早记载。晁公武虽然提到这种分类，至于这种分类始于何时、其依据何在，以及各部分又具体包含哪些篇目，晁公武并没有加以说明。王应麟《玉海》详细记载《新书》目录，其中自《过秦》至《铸钱》凡三十一篇为《事势》，自《傅职》至《君道》凡十一篇为《连语》，自《官人》至《传》凡十四篇为《杂事》。何孟春《贾太傅新书目录》有所不同，自《过秦上》至《三表五饵》凡三十三篇为《事势》，自《傅职》至《修政语下》凡二十一篇为《连语》，自《谕诚》至《春秋》凡五篇为《杂事》，另附录部分收集《吊湘赋》《服赋》《惜誓赋》《旱云赋》《簴赋》《小传》。王耕心《贾子次诂绪记》谓："自《过秦》以后至《铸钱》，皆曰'事势'，凡三十二篇。自《傅职》以后至《道德说》皆曰'连语'，凡十八篇。自《大政上》以后至《立后义》皆曰'杂事'，凡八篇。"③由此看来，诸家有关"事势"篇目的看法比较一致，分歧主要体现在"连语"与"杂事"部分，此一问题后文还将述及，此不赘。

①余嘉锡：《四库提要辨证》，第458页。
②孙猛：《郡斋读书志校证》，第424页。
③阎振益、钟夏：《新书校注》，第544页。

第二节　《事势》的生成及文体形态

何孟春《贾太傅新书序》说:“谊书散轶多矣,世本不知传自谁氏,篇章既如此,其名篇又浅陋可笑,此岂生之所自名者耶?春固尝谓事势、连语、杂事之云,特其五十八篇中之三篇名耳。如‘事势’之云,盖《治安》一疏首有‘事势’字,其疏尽名于是篇矣。后人因其书散轶,而幸掇其仅存者,无复伦次,篇析而章裂之,以求足所谓五十八篇之数。遂以事势概及《过秦》,继乃创为《宗首》《数宁》等名。此岂生之自名?岂刘子政之所删定,班孟坚之所取据者哉?”①何孟春提出的若干看法及疑问,实关涉《事势》的成篇乃至《新书》的编纂及流传,在此,我们不能一一展开分析,而只就《事势》的生成及文体加以论述。

一　《事势》的生成

何孟春既认为“事势”为五十八篇中之一篇名,同时又推测“事势”的命名来自《治安策》首句“臣窃惟事势”。在《新书》中,“连语”既为一篇名,同时亦为大类名,“事势”的名称并不见于五十八篇,因此,何孟春的说法只是一种推测,并没有依据。至于说“事势”的命名来自《治安策》,大抵也只是一种推测。在早期文献中,《管子》中有《形势》《势》篇,还有《事语》;《韩非子》有《难势》,

①阎振益、钟夏:《新书校注》,第524页。案:《新书校注》指出,“连语,本为诸篇分类之目,皆著于题下,即如前‘事势’、后之‘杂事’;而‘事势’、‘杂事’皆无作篇题者,此亦不当以为题。疑原题阙,传抄者误以副题充之,复缀副题于其下”(《新书校注》第199页)。

《吕氏春秋》有《慎势》。戴望在《管子校证》中分析“形势”说：“自天地以及万物，关诸人事，莫不有形势焉。夫势必因形而立，故形端者势必直，状危者势必倾。”①也就是说，“势”是借助“形”而展现的一种姿态。陈奇猷解释《慎势》篇说：“此篇亦法家言也，……此篇言势，势派以慎到为代表。《韩非子·难势》引慎子曰：‘飞龙乘云，腾蛇游雾，云罢雾霁，而龙蛇与蚓螘同矣，则失其所乘也。贤人而诎于不肖者，则权轻位卑也；不肖而能服于贤者，则权重位尊也。尧为匹夫不能治三人，而桀为天子能乱天下。吾以此知势位之足恃，而贤智之不足慕也。夫弩弱而矢高者，激于风也；身不肖而令行者，得助于众也。尧教于隶属而民不听，至于南面而王天下，令则行，禁则止。由此观之，贤智未足以服众，而势位足以诎贤者也。’本篇所论，即本慎子为说。”②《慎势》篇之“势”乃指法家代表人物之一慎到所讨论的“权势”。尽管上述文献其具体内涵存在差异，但均以“势”名篇，无论“权势”也好，“形势”也好，都是针对某种理论或现实问题展开思考与阐释。《新书》之《事势》大抵延续这种思路，余嘉锡指出《新书》中“凡属于事势者，皆为文帝陈政事”，③这个判断是很准确的，由此可见“事势”命名的针对性，尽管目前还不能确知这一命名源自何人何时。

《新书·事势》为贾谊向汉文帝进献的奏疏，据《新书校注》，《事势》共三十一篇：过秦上、过秦下、宗首、数宁、藩伤、藩强、大都、等齐、服疑、益壤、权重、五美、制不定、审微、阶级、俗激、时变、

①戴望：《管子校证》，第12页。

②陈奇猷：《吕氏春秋校释》，第1110—1111页。

③余嘉锡：《四库提要辨证》，第465页。

瑰玮、孽产子、铜布、壹通、属远、亲疏危乱、忧民、解县、威不信、匈奴、势卑、淮难、无蓄、铸钱。这些奏疏是何时基于何种原因而作的呢？《史记·屈原贾生列传》载："文帝复封淮南厉王子四人皆为列侯，贾生谏，以为患之兴自此起矣。贾生数上疏，言诸侯或连数郡，非古之制，可稍削之。文帝不听。"①司马迁在此只重点叙述贾谊有关当时诸侯情状方面的建议，从这段表述来看，一方面司马迁自然看到过这些奏疏，否则是难以做出内容方面陈述的；一方面，贾谊就这一话题进行多次建言。尽管司马迁的描述是概括式的，但对于我们理解《事势》的形成还是很有帮助的。四库馆臣所谓"决无摘录一段立一篇名之理，亦决无连缀十数篇合为奏疏一篇上之朝廷之理"，对此，余嘉锡业已进行辨析，其实四库馆臣忽略了《史记》的记载，亦即没有看到当时一事一议、一事多议的现象。黄震《黄氏日抄》卷五十六《贾谊新书》条谓："所论汉事，皆与《治安策》及《论积贮》《谏禁铸钱》者，殆平日杂著所见，而他日总之以告君欤！"②黄氏同样也是没有觉察汉代奏疏呈进的特征。这个问题下面讨论《陈政事疏》（一名《治安策》）时还将具体讨论。比起《史记》来，《汉书》多处记载贾谊上疏之事，本传载："谊以为汉兴二十余年，天下和洽，宜当改正朔，易服色制度，定官名，兴礼乐。乃草具其仪法，色上黄，数用五，为官名悉更，奏之。"③此即《汉书·礼乐志》上所载之《论定制度兴礼乐疏》。④ 本传载："是时，匈奴强，侵边。天下初定，制度疏阔。诸侯王僭拟，

①《史记》，第882页。

②阎振益、钟夏：《新书校注》，第488页。

③《汉书》，第2222页。

④王兴国：《贾谊评传》，第55页。

地过古制，淮南、济北王皆为逆诛。谊数上疏陈政事，多所欲匡建。”①班固指出贾谊的奏疏不但涉及当时诸侯王国的弊端，同时还讨论匈奴、汉制等问题，这些是班固整理《事势》相关篇章而成的《陈政事疏》的重要内容。本传又说：“是时丞相绛侯周勃免就国，人有告勃谋反，逮系长安狱治，卒亡事，复爵邑，故贾谊以此讥上。”②关于周勃系狱之事，《史记·孝文本纪》载：“三年十月丁酉晦，日有食之。十一月，上曰：‘前日诏遣列侯之国，或辞未行。丞相朕之所重，其为朕率列侯之国。’绛侯勃免丞相就国。”③周勃就国之后不久，即有人上告周勃谋反，《绛侯周勃世家》详细叙述周勃系狱之过程：

> 岁余，每河东守尉行县至绛，绛侯勃自畏恐诛，常被甲，令家人持兵以见之。其后人有上书告勃欲反，下廷尉。廷尉下其事长安，逮捕勃治之。勃恐，不知置辞。吏稍侵辱之。勃以千金与狱吏，狱吏乃书牍背示之，曰“以公主为证”。公主者，孝文帝女也，勃太子胜之尚之，故狱吏教引为证。勃之益封受赐，尽以予薄昭。及系急，薄昭为言薄太后，太后亦以为无反事。文帝朝，太后以冒絮提文帝，曰：“绛侯绾皇帝玺，将兵于北军，不以此时反，今居一小县，顾欲反邪！”文帝既见绛侯狱辞，乃谢曰：“吏事，方验而出之。”于是使使持节赦绛侯，复爵邑。绛侯既出，曰：“吾尝将百万军，然安知狱吏之贵乎！”绛侯复就国。④

①《汉书》，第2230页。

②《汉书》，第2260页。

③《史记》，第166页。

④《史记》，第721页。

当然，周勃系狱的真正原因并不在谋反，而在其功高震主，《史记》本传载："文帝既立，以勃为右丞相，赐金五千斤，食邑万户。居月余，人或说勃曰：'君既诛诸吕，立代王，威震天下，而君受厚赏，处尊位，以宠久之，即祸及身矣。'"①狱中的遭遇使这位曾经统帅百万大军的绛侯发出狱吏尊贵的感叹，而这一感叹无疑暗示绛侯狱中的屈辱。绛侯的经历引起贾谊的思考，为此上疏文帝，建议礼待大臣，这篇疏文即《新书·阶级》篇。《汉书》本传又载："初，文帝以代王入即位，后分代为两国，立皇子武为代王，参为太原王，小子胜则梁王矣。后又徙代王武为淮阳王，而太原王参为代王，尽得故地。居数年，梁王胜死，亡子。谊复上疏。"②钟夏以为此疏即《新书·益壤》篇。③ 本传又载："时又封淮南厉王四子皆为列侯。谊知上必将复王之也，上疏谏曰。"④此即《新书·淮难》篇。又《食货志》上载："汉兴，接秦之敝，诸侯并起，民失作业，而大饥馑。凡米石五千，人相食，死者过半。高祖乃令民得卖子，就食蜀汉。天下既定，民亡盖臧，自天子不能具醇驷，而将相或乘牛车。上于是约法省禁，轻田租，十五而税一，量吏禄，度官用，以赋于民。而山川园池市肆租税之人，自天子以至封君汤沐邑，皆各为私奉养，不领于天子之经费。漕转关东粟以给中都官，岁不过数十万石。孝惠、高后之间，衣食滋殖。文帝即位，躬修俭节，思安百姓。时民近战国，皆背本趋末，贾谊说上曰。"⑤此即为《论

①《史记》，第720页。
②《汉书》，第2260页。
③阎振益、钟夏：《新书校注》，第58页。
④班固：《汉书》，第2263页。
⑤《汉书》，第1127页。

积贮疏》，严可均名之曰《说积贮》，钟夏解释《无蓄》篇时说："此文载入《汉书·食货志》上。"①可是王兴国还有一些看法，详见下文。又《食货志》下载："汉兴，以为秦钱重难用，更令民铸荚钱。黄金一斤。而不轨逐利之民蓄积余赢以稽市物，痛腾跃，米至石万钱，马至匹百金。天下已平，高祖乃令贾人不得衣丝乘车，重税租以困辱之。孝惠、高后时，为天下初定，复弛商贾之律，然市井子孙亦不得为官吏。孝文五年，为钱益多而轻，乃更铸四铢钱，其文为'半两'。除盗铸钱令，使民放铸。贾谊谏曰。"②钟夏以为此疏即《铜布》《铸钱》两篇。这些都是从《史记》《汉书》中可以考见的有关贾谊制作奏疏的记载。此外，《汉书》有的地方虽没有明确说明，但也涉及《事势》篇的内容，如《汉书·贾谊传赞》说"及欲试属国，施五饵三表以系单于，其术固以疏矣"。③ "五饵三表"就来自《匈奴》篇。

以上主要通过《史记》《汉书》的记载考察贾谊奏疏的制作，这些记载虽然提供不少的信息，可是《事势》篇有些篇目并没有述及，特别是制作时间，这不能不说是一种缺憾。王兴国指出："《贾谊新书》五十八篇，大体上已确定写作年代的有四十篇，这四十篇包括《新书》中自《过秦上》起至《铸钱》止三十二篇标有'事势'字样的文章，此外二十六篇标有'连语'和'杂事'字样的文章有八篇也已确定年代，还有一十八篇无法确定其绝对的写作年代。但是，我认为这些文章大体上均是贾谊任梁怀王太傅期间所作的。"④就《事势》篇来看，王兴国经过分析，对此部分篇目进行系

①阎振益、钟夏：《新书校注》，第164页。
②《汉书》，第1152—1153页。
③《汉书》，第2265页。
④王兴国：《贾谊评传》，第72页。

年,具体看法是:汉文帝二年,贾谊作《过秦》上、中、下三篇、《论积贮疏》(即《无蓄》)、《忧民》《瑰玮》;文帝四年,贾谊上疏建议以礼对待大臣,即《阶级》;文帝五年上《谏铸钱疏》,即《铸钱》《铜布》;文帝七、八年,作《宗首》《数宁》《藩伤》《藩强》《五美》《制不定》《亲疏危乱》《大都》《解县》《威不信》《匈奴》《势卑》《孽产子》《俗激》《时变》《等齐》《服疑》《审微》《谏立淮南王诸子疏》(即《淮难》篇);文帝十一年,上《请封建子弟疏》(即《益壤》《权重》);另外,王兴国认为"《一通》《属远》等篇似应作于梁王生前"。① 这些看法无疑丰富对《事势》篇的认识。

二 《事势》篇与《汉书·贾谊传》诸疏

《新书》特别是《事势》部分与《汉书·贾谊传》诸疏之间是《新书》抄《汉书》还是相反,长期以来存在争议。我们在讨论《新书》编撰时已经涉及这个问题,指出班固在撰写《贾谊传》时对《新书》特别是《事势》进行整合,现在就对这个问题作进一步的分析。

班固在《贾谊传》中明确交待了整合《新书》的原则:"凡所著述五十八篇,掇其切于世事者著于传云。"②有些学者推测"班固作《汉书》时并没有接触到今本《新书》中包含的58篇的全部",因为贾谊文本在早期是多线流传的:一条线以奏疏部分为主,另一条以今本《连语》《杂事》为主,另为《过秦论》,而班固也许只读过奏疏部分。③ 可是,班固在此提到五十八篇,这应该不是与《汉志》"《贾谊》五十八篇"偶合。至于《汉书》所录贾谊引文主要来自

①王兴国:《贾谊评传》,第56—71页。

②《汉书》,第2265页。

③鲁纳:《贾谊〈新书〉之传世辨解》,《文献》,2000年第2期。

前4卷，这与班固对《新书》的处理手法有关，即所谓“掇其切于世事者”。对此，余嘉锡分析说：“然则班固于其所上之疏，凡以为疏而不切者，皆不加采掇。其他泛陈古义，不涉世事者，更无论也。故凡载于《汉书》者，乃从五十八篇之中撷其精华，宜其文如万选青钱。”①由此可知，班固在撰写《贾谊传》时不是被动地援引贾疏，而是进行了遴选、加工的手续，反映史家的裁剪意识。下面结合《汉书》本传与《新书》来具体讨论这个问题。

《汉书》本传载：“初，文帝以代王入即位，后分代为两国，立皇子武为代王，参为太原王，小子胜则梁王矣。后又徙代王武为淮阳王，而太愿王参为代王，尽得故地。居数年，梁王胜死，亡子。谊复上疏。”此疏严可均题为《上疏请封建子弟》：

陛下即不定制，如今之势，不过一传再传，诸侯犹且人恣而不制，豪植而大强，汉法不得行矣。陛下所以为蕃扞及皇太子之所恃者，唯淮阳、代二国耳。代北边匈奴，与强敌为邻，能自完则足矣。而淮阳之比大诸侯，廑如黑子之著面，适足以饵大国耳，不足以有所禁御。方今制在陛下，制国而令子适足以为饵，岂可谓工哉！人主之行异布衣。布衣者，饰小行，竞小廉，以自托于乡党，人主唯天下安社稷固不耳。高皇帝瓜分天下以王功臣，反者如蝟毛而起，以为不可，故蕲去不义诸侯而虚其国。择良日，立诸子雒阳上东门之外，毕以为王，而天下安。故大人者，不牵小行，以成大功。

今淮南地远者或数千里，越两诸侯，而县属于汉。其吏民徭役往来长安者，自悉而补，中道衣敝，钱用诸费称此，其苦属汉而欲得王至甚，逋逃而归诸侯者已不少矣。其势不可

①余嘉锡：《四库提要辨证》，第459页。

久。臣之愚计，愿举淮南地以益淮阳，而为梁王立后，割淮阳北边二三列城与东郡以益梁；不可者，可徙代王而都睢阳。梁起于新郪以北著之河，淮阳包陈以南揵之江，则大诸侯之有异心者，破胆而不敢谋。梁足以扞齐、赵，淮阳足以禁吴、楚，陛下高枕，终亡山东之忧矣，此二世之利也。当今恬然，适遇诸侯之皆少，数岁之后，陛下且见之矣。夫秦日夜苦心劳力以除六国之祸，今陛下力制天下，颐指如意，高拱以成六国之祸，难以言智。苟身亡事，畜乱宿祸，孰视而不定，万年之后，传之老母弱子，将使不宁，不可谓仁。臣闻圣主言问其臣而不自造事，故使人臣得毕其愚忠。唯陛下财幸！①

此疏在《新书》中被命名为《益壤》，其文曰：

陛下即不为千载之治安，如今之势，岂过一传哉？诸侯犹且人恣而不制也，至其相与，持之纵横之约相亲耳。汉法令不可得行矣，犹且槁立而服强也。今淮阳之比大诸侯，仅过黑子之比于面耳。岂足以为楚御哉？而陛下所恃以为藩捍者，以代、淮阳耳。代北边与强匈奴为邻，仅自见矣。唯皇太子之所恃者，亦以之二国耳。今淮阳之所有，适足以饵大国耳。方今制在陛下，制国命子，适足以饵大国，岂可谓工哉？

人主之行异布衣。布衣者，饰小行，竞小廉，以自托于乡党邑里。人主者，天下安、社稷固不耳。故皇帝者，炎帝之兄也。炎帝无道，黄帝伐之涿鹿之野，血流漂杵，诛炎帝而兼其地，天下乃治。高皇帝瓜分天下，以王功臣，反者如蝟毛而起。高皇帝以为不可，剽去不义诸侯，空其国。择良日，立诸

①《汉书》，第2260—2262页。

子洛阳上东门之外，诸子毕王，而天下乃安。故大人者，不怵小廉，不牵小行，故立大便以成大功。

今淮南地远者或数千里，越诸侯而县属于汉，其苦之甚矣，其欲有卒也类良有，所至逋走而归诸侯，殆不少矣，此终非可久以为奉地也。陛下岂如蚤便其势，且令他人守郡，岂如令子？臣之愚计，愿陛下举淮南之地以益淮阳，梁即有后，割淮阳北边二三列城与东郡以益梁，即无后患，代可徙而都睢阳，梁起新郑以北，著之河，淮阳包陈以南，揵之江。则大诸侯之有异心者，破胆而不敢谋。今所恃者，代、淮阳二国耳，皇太子亦恃之。如臣计，梁足以捍齐、赵，淮阳足以禁吴、楚，则陛下高枕而卧，终无山东之忧矣。臣窃以为此二世之利也。若使淮南久县属汉，特以资奸人耳，惟陛下幸少留意。省臣昧死以闻。

臣谊窃昧死，愿得伏前陈施，下臣谊所以为治安，陛下幸以少须臾之间听，以验之于事，未有妨损也。臣闻圣主言问其臣，而不自造事，故为人臣得毕尽其愚忠，惟陛下财幸。①

这篇疏文很好地展示了贾谊的预见，汉景之际七国发动叛乱，《汉书·荆燕吴传》载：

初，吴王之度淮，与楚王遂西败棘壁，乘胜而前，锐甚。梁孝王恐，遣将军击之，又败梁两军，士卒皆还走。梁数使使条侯求救，条侯不许。又使使诉条侯于上，上使告条侯救梁，又守便宜不行。梁使韩安国及楚死事相弟张羽为将军，乃得颇败吴兵。吴兵欲西，梁城守，不敢西，即走条侯军，会下邑。欲战，条侯壁，不肯战。吴粮绝，卒饥，数挑战，遂夜奔条侯

①阎振益、钟夏：《新书校注》，第56—58页。

> 壁，惊东南。条侯使备西北，果从西北。不得入，吴大败，士卒多饥死叛散。于是吴王乃与其戏下壮士千人夜亡去，度淮走丹徒，保东越。东越兵可万余人，使人收聚亡卒。汉使人以利啖东越，东越即绐吴王，吴王出劳军，使人鏦杀吴王，盛其头，驰传以闻。吴王太子驹亡走闽越。吴王之弃军亡也，军遂溃，往往稍降太尉条侯及梁军。①

《文三王传》载："梁孝王武以孝文二年与太原王参、梁王揖同日立。武为代王，四年徙为淮阳王，十二年徙梁。"②梁孝王武此前为代王，后又为淮阳王，这些改变乃是因为文帝听从贾谊上述建议，《贾谊传》载："文帝于是从谊计，乃徙淮阳王武为梁王，北界泰山，西至高阳，得大县四十余城。"③正是这些措施，使梁孝王在此后七国叛乱中得以发挥有力的屏障作用。由此，此疏不但印证贾谊的远见，而其本身毫无疑问属于"切于世事"者，班固将它写进《贾谊传》就是理所当然的了。可是，通过比较《新书》与《汉书》本传，可知班固不是原封不动地将这封奏疏搬进《贾谊传》，而是做了适当的更改，主要表现在这样几个方面：一是舍弃，将贾谊奏疏中的一些语句抛弃不用，如上面"____"部分；二是改写，即将贾谊奏疏中一些语句做了一些修改，如"...."部分；三是添加，根据需要，班固在贾谊奏疏中增加一些句子，如"～"部分。由于经过这些编纂手法，依据上面的图示，《上疏请封建子弟》与《益壤》在文本方面还是存在比较明显的差距。

又如本传载："时又封淮南厉王四子皆为列侯。谊知上必将

①《汉书》，第1916页。

②《汉书》，第2207页。

③《汉书》，第2262页。

复王之也，上疏谏曰。”严可均将此疏题作《上疏谏王淮南诸子》：

窃恐陛下接王淮南诸子，曾不与如臣者孰计之也。淮南王之悖逆亡道，天下孰不知其罪？陛下幸而赦迁之，自疾而死，天下孰以王死之不当？今奉尊罪人之子，适足以负谤于天下耳。此人少壮，岂能忘其父哉？白公胜所为父报仇者，大父与伯父、叔父也。白公为乱，非欲取国代主也，发愤快志，剡手以冲仇人之胸，固为俱靡而已。淮南虽小，黥布尝用之矣，汉存特幸耳。夫擅仇人足以危汉之资，于策不便。虽割而为四，四子一心也。予之众，积之财，此非有子胥、白公报于广都之中，即疑有专诸、荆轲起于两柱之间，所谓假贼兵为虎翼者也。愿陛下少留计！①

《新书》将此疏题作《淮难》，其文曰：

窃恐陛下接王淮南子，曾不与如臣者孰计之也。淮南王来入赴。□□□□□□千乘之君，陛下为顿颡谢罪皇太后之前，淮南王曾不谯让，敷留之罪无加身者。舍人横制等室之门，陛下追而赦之，吏曾不捕。王人于天子国横行不辜而无谴，乃赐美人，多载黄金而归。侯邑之在其国者毕徙之佗所。陛下于淮南王不可谓薄矣。然而淮南王，天子之法咫蹂促而弗用也，皇帝之令咫批倾而不行，天下孰不知？天子选功臣有识者，以为之相吏，王仅不踏蹴而逐耳，无不称病而走者，天下孰弗知？日接持怨言以诽谤陛下之为，皇太后之馈赐逆拒而不受，天子使者奉诏而弗得见，僵卧以发诏书，天下孰不知？聚罪人奇狡少年，通栈奇之徒，启章之等而谋为东帝，天下孰弗知？淮南王罪已明，陛下赦其死罪，解之严道以为之

①《汉书》，第2263页。

神，其人自病死，陛下何负？天下大指孰能以王之死为不当？陛下无负也！

如是，咫淮南王罪人之身也，淮南子罪人之子也。奉尊罪人之子，适足以负谤于天下耳，无解细于前事也，且人不以肉为心则已，若以肉为心，人之心可知也。今淮南子少，壮闻父辱状，是立咫焉泣洽衿，卧咫泣交项，肠至腰肘如缪维耳，岂能须臾忘哉？是而不如是，非人也。陛下制天下之命，而淮南王至如此极，其子舍陛下而更安所归其怨尔。特曰势未便，事未发，含乱而不敢言。若诚其心，岂能忘陛下哉？白公胜所为父报仇者，报大父与诸伯父叔父也。令尹子西、司马子綦皆亲群父也，无不尽伤。昔者白公之为乱也，非欲取国代主也，为发愤快志尔，故欲皆首以冲仇人之匈，固为要俱靡而已耳，固非冀生也。

今淮南土虽小，黥布用之耳，汉存特幸耳。夫擅仇人足以危汉之资，于策安便？虽割而为四，四子一心未异也。豫让为智伯报赵襄子，五起而不取者，无他，资力少也。子胥之报楚也，有吴之众也。白公成乱也，有白公之众也。阖闾富故，然使专诸刺吴王僚；燕太子丹富故，然使荆轲杀秦王政。今陛下将尊不亿之人，与之众，积之财，此非有白公、子胥之报于广都之中者，即疑有专诸、荆轲起两柱之间，其策安便哉？此所谓假贼兵、为虎翼者也，愿陛下留意计之。①

比较这两段文字，班固对贾疏的削裁更为明显，大段文字被舍弃、改写，取而代之的是简练概括之语。经班固的处理，精炼有余而贾疏蕴含的情感则不复存在。

①阎振益、钟夏：《新书校注》，第156—157页。

又《食货志》上载《论积贮疏》：

管子曰“仓廪实而知礼节”。民不足而可治者，自古及今，未之尝闻。古之人曰：“一夫不耕，或受之饥；一女不织，或受之寒。”生之有时，而用之亡度，则物力必屈。古之治天下，至纤至悉也，故其畜积足恃。今背本而趋末，食者甚众，是天下之大残也；淫侈之俗，日日以长，是天下之大贼也。残贼公行，莫之或止；大命将泛，莫之振救。生之者甚少而靡之者甚多，天下财产何得不蹶！汉之为汉几四十年矣，公私之积犹可哀痛。失时不雨，民且狼顾；岁恶不入，请卖爵、子。既闻耳矣，安有为天下阽危者若是而上不惊者！

世之有饥穰，天之行也，禹、汤被之矣。即不幸有方二三千里之旱，国胡以相恤？卒然边境有急，数十百万之众，国胡以馈之？兵旱相乘，天下大屈，有勇力者聚徒而衡击，罢夫羸老易子而咬其骨。政治未毕通也，远方之能疑者并举而争起矣，乃骇而图之，岂将有及乎？

夫积贮者，天下之大命也。苟粟多而财有余，何为而不成？以攻则取，以守则固，以战则胜。怀敌附远，何招而不至？今殴民而归之农，皆著于本，使天下各食基力，末技游食之民转而缘南亩，则畜积足而人乐其所矣。可以为富安天下，而直为此廪廪也，窃为陛下惜之！①

《新书》将此疏题作《无蓄》，其文曰：

禹有十年之蓄，故免九年之水；汤有十年之积，故胜七岁之旱。夫蓄积者，天下之大命也。苟粟多而财有余，何向而不济？以攻则取，以守则固，以战则胜，怀柔附远，何招而不

①《汉书》，第1128—1130页。

至？管子曰："仓廪实，知礼节；衣食足，知荣辱。"民非足也，而可治之者，自古及今，未之尝闻。古人曰："一夫不耕，或为之饥；一妇不织，或为之寒。"生之有时而用之无度，则物力必屈。古之为天下者至悉也，故其蓄积足恃。今背本而以末，食者甚众，是天下之大残；从生之害者甚盛，是天下之大贼也；汰流、淫佚、侈靡之俗日以长，是天下之大祟也。残贼公行，莫之或止；大命贬败，莫之振救；何计者也，事情安所取？生之者甚少而靡之者甚众，天下之势，何以不危？汉之为汉几四十岁矣，公私之积犹可哀痛也。故失时不雨，民且狼顾矣；岁恶不入，请卖爵鬻子，既或闻耳矣，安有为天下阽危若此而上不惊者！

世之有饥荒，天下之常也，禹汤被之矣。即不幸有方二三千里之旱，国何以相恤？卒然边境有急，数十百万之众，国何以馈之矣？兵旱相乘，天下大屈，勇力者聚徒而横击，罢夫羸老易子孙而咬其骨，故法未毕通也，远方之疑者并举而争起矣。为人上者乃试而图之，岂将有及乎？可以为富安天下，而直以为此廪廪也，窃为陛下惜之。①

比较这两段文字，班固在援引时尽管也存在舍弃、改写、增添，当然还有语句位置调整，但更改的幅度相对来说并不大，基本保持原疏的状态。

通过上面三个例证的比较分析，可知班固在处理贾疏手法方面，主要借助舍弃、改写、增添（有时包括语句位置调整）这些具体途径来进行的。不过，就具体文本而论，这些手段的使用存在偏差，从而使《汉书》与《新书》之间的文本面目也不太一样。当然，

①阎振益、钟夏：《新书校注》，第163—164页。

这些例证主要来自单篇疏文。在《汉书·贾谊传》中,还有一篇特殊的疏文,即《陈政事疏》,这篇疏文是如何形成的,更加值得人们关注。长期以来人们对此疏与《新语》之关系,存在一些疑义,一种观点认为《新语》相关篇章是割裂《陈政事疏》而成,这一看法显然忽略班固本人的说法:“是时,匈奴强,侵边。天下初定,制度疏阔。诸侯王僭拟,地过古制,淮南、济北王皆为逆诛。谊数上疏陈政事,多所欲匡建,其大略曰。”①可见《陈政事疏》实乃班固剌取《新语》相关篇章加以整理而成的,因此,问题的关键在于考察班固编纂《陈政事疏》的过程。颜师古在给《汉书》作注时已经接触到这个问题,他说:“谊上疏言可为长太息者六,今此至三而止,盖史家直取其要切者耳,故下赞云掇其切于世事者著于传。”②当然,颜师古也只是提出这个问题,较早比较全面地进行讨论的大约是宋代学者王应麟,他在《汉艺文志考证》中说:

> 今考《新书》诸篇,其末缀以痛哭者一,流涕者二,太息者四,其余篇目或泛论时机,而不属于是三者,如《服疑》《益壤》《权重》诸篇是也。班固作传,分散其书,参差不一,总其大略。自“陛下谁惮而久不为此”已上,则取其书所谓《宗首》《数宁》《藩伤》《藩强》《五美》《制不定》《亲疏危乱》凡七篇而为之。自“天下之势方病大肿”以下,以为痛哭之说,与其书合。至于流涕二说,其论足食、劝农者,是其一也,而固载之《食货志》,不以为流涕之说也;论制匈奴,其实一事,凡有二篇,其一书以流涕,其一则否,是与前所谓足食、劝农而为二也;固既去其一,则以为不足,故又分《解悬》《匈奴》二篇,以

①《汉书》,第2230页。

②《汉书》,第2260页。

> 为流涕之二。说庶人上僭，体貌大臣，皆其书所谓太息之说也。固从而取之，当矣。而其书又有《等齐篇》论当时名分不正，《铜布篇》论收铜铸钱，又皆其太息之说也。固乃略去《等齐》之篇不取，而以《铜布》之篇附于《食货志》，顾取《秦俗》《经制》二篇，其书不以为太息者，则以为之。①

王应麟从“痛哭者一，流涕者二，太息者四”这些方面探究班固的编纂过程，其角度无疑是值得肯定的，可是有些地方也存在可以思考的空间，后来余嘉锡对此提出异议，详见后文。何孟春在《贾太傅新书序》中说：“文帝时，匈奴侵边，天下初定，制度疏阔，诸侯王地过古制，淮南、济北王皆为逆，诛。谊数上疏陈政事，史掇著于传，其‘大略’云云。‘数’之云，非一时所陈。然痛哭者一，流涕者二，长太息者六之云，该贯始末，又似一疏，何也？疏中两著流涕语，乃只匈奴一事耳；长太息语凡三而止。《新书·无蓄篇》有可为流涕语，《等齐》及《铜布篇》，俱有可为长太息语，而本传弗以入；（《无蓄》《铸钱》《铜布》三篇，《汉书》载之《食货志》。）《保傅》及《审取舍篇》事各异，语俱不著长太息；若《阶级篇》所有长太息语，自为责大臣发，而传并列一疏中。孟坚于此，岂互有去取耶？”②像王应麟一样，何孟春也看到班固将一些本该编入的奏疏却舍弃掉了，而将一些原本关联不大或无关的疏文则编纂进去。他们的这些观察使人们必须面对班固何以会这样做的疑问。当然，在《陈政事疏》的生成问题上，最需要关注的是余嘉锡在《四库提要辨证》中有关《新书》的看法，他首先援引王应麟的看法，对王说加以阐释与辨证，比如针对王应麟“取其书所谓《宗首》《数宁》《藩

①阎振益、钟夏：《新书校注》，第486—487页。

②阎振益、钟夏：《新书校注》，第523页。

伤》《藩强》《五美》《制不定》《亲疏危乱》凡七篇而为之”，余先生说：“案《数宁篇》，班固录为首段，即所谓臣窃惟事势可为痛哭者一、可为流涕者二、可为长太息者六也。”针对王说“自天下之势方病大肿以下，以为痛哭之说，与其书合”，余先生说：“按此节乃《新书・大都篇》之后半，其前有可为痛哭一段，《汉书》删去。”又王说“固既去其一，则以为不足，故又分《解悬》《匈奴》二篇，以为流涕之二”，余先生说：“按《汉书》两流涕，其前一节乃《解县篇》，而取《威不信篇》流涕语足之。后一节则《势卑篇》，非《匈奴篇》也。王说误。”又王说“固乃略去《等齐》之篇不取，而以《铜布》之篇附于《食货志》”，余先生说：“案《食货志》所载乃《新书・铸钱》《铜布》二篇文，而改《铜布》篇末可为长太息句为臣窃伤之。”又王说“顾取《秦俗》《经制》二篇，其书不以为太息者，则以为之”，余先生说：“案今本《新书》及《玉海》所载之目录，皆无《秦俗》《经制》二篇之名。《汉书》所取自‘商君遗礼义弃仁恩’起，至‘中流而遇风波船必覆矣’止，皆《俗激》一篇之文，移易其前后，加长太息一句耳。本非二篇，王氏误也。”余嘉锡接着又引述刘台拱《汉学拾遗》的说法：“谊呈治安之策，与其《保傅》《傅本》各为一书，班氏合之，而颇有所删削，故以大略起，之流涕者二而止。载匈奴一事长太息者六，止载其三。其论蓄积，为流涕之一，铸钱为太息之一。二事既载入《食货志》，故于本传不复重出。晁错言守边备塞，劝农力本，当世急务二事，而一见本传，一见《食货志》，亦此例也。《保傅》传言三代与秦治乱之意，审取舍之论，即其下篇。两篇全文，今在《大戴》中，一为《保傅篇》，一为《礼察篇》，而《礼察篇》有云：‘为人主师傅者，不可不日夜明此。’则当为《保傅》传之下篇无疑。”对于刘说，余先生指出：“案《汉书・治安策》中豫教太子一段，凡分二节，前一节自‘夏为天子’起，至‘此时务也’止，乃《新书・保傅传篇》文，亦见《大戴礼》。后一节自‘凡人之知能见已然’起，至‘人主胡不引殷、周、秦事以观之也’止，即刘氏所谓言三代与秦治乱之意取舍之论也。今在《大戴礼·礼察篇》，《新书》无之。”又说：“案《大戴·保傅》乃取《新书》四篇，合为一篇，本非《新书·保傅篇》之旧，则《礼察篇》不当名《保傅》下篇。刘氏此处专就《大戴》立说。”在引述二家之说之基础上，余嘉锡又提出自己有关《陈政事疏》的看法：

> 今以王氏、刘氏之说考之，则班固之掇五十八篇之文，剪裁镕铸，煞费苦心。试取《汉书》与《新书》对照，其间斧凿之痕，有显然可见者。如《取势卑篇》文云：“陛下何不以臣为典属国之官，以主匈奴行臣之计。”而删去《匈奴篇》五饵二表之说，使非《新书》具在，班固又于赞中自言之，则读者莫知其所谓行臣之计者为何等计，将不觉其为操术之疏，而疑为行文之疏矣。又《治安策》以痛哭流涕长太息起，其后即为痛哭者一、流涕者二、长太息者三、布其文终焉，则痛哭流涕长太息者，一篇之干也，而于移风易俗（即商君弃礼义一节）及礼貌大臣（即人主之尊譬如堂一节）两太息之间，忽取《新书·保傅》及见于《大戴》之《礼察》二篇阑入其中，既无长太息之语，又与前后文义不侔，《礼察篇》亦言保傅之事，故曰“为人主师傅者，不可不日夜明此”。其言礼禁将然，法禁已然，汤、武置天下于仁义礼乐，秦王置天下于法令刑罚，犹是《保傅篇》三代明孝仁礼义以道习天子，而秦使赵高傅胡亥而教之狱之意。班固删去为人主师傅数语，使此一节若泛言礼与法之短长者，以起下文礼貌大臣之意，似可前后联贯为一矣。然豫教太子与礼貌大臣，究非一事，何可并为长太息之一那？以此一节赘于其间，无乃如贾生所谓方病大肿，一胫之大几如

要也乎？凡此皆其删并痕迹之显然者，而曾无人肯为细心推寻，亦可怪也！①

依据这些讨论，我们大致可以明了班固编撰《陈政事疏》的思路。王应麟、何孟春，当然还有颜师古，他们其实看到疏文内容并没有完全照应开头“痛哭者一，流涕者二，长太息者六”，那么，这是班固没有看到完整的《新书》还是一时疏忽，抑或有其他的原因，王应麟他们并没有进一步追寻。刘台拱找到了其中的原因，指出“其论蓄积，为流涕之一，铸钱为太息之一。二事既载入《食货志》，故于本传不复重出”，并结合晁错之例加以说明。刘氏的这个观察是准确的，这也说明《陈政事疏》的疏漏实乃班固有意为之。由此我们发现，班固编撰《陈政事疏》时并不仅仅只关注此疏的形成，而是同时着眼于《汉书》其他篇章的撰写，也就是说，班固是基于整体的考虑来谋划《陈政事疏》内容的布局，这是班固在编纂《新书》有关疏文时又一个需要特别注意的地方。②

在明了《陈政事疏》与《新书》关系之基础上，还需澄清《陈政事疏》与《新书》相关篇章的联系，亦即班固在编纂《陈政事疏》时遴选哪些章节，并且又是如何处理的，阎振益、钟夏二位先生在《新书校注》中对此业已有过比较清晰的说明。依据他们的看法，首先，《新书》之《宗首》《数宁》《藩伤》《藩强》《大都》《五美》《制不定》《俗激》《时变》《孽产子》《亲疏危乱》《解县》《威不信》《势卑》《保傅》《礼察》这些篇目参与《陈政事疏》的建构，不过，班固在具体的书写过程中，并不按照这些篇目在《新书》中的顺序来组篇，

①余嘉锡：《四库提要辨证》，第461—462页。

②当然也有例外，如《俗激》既编入《陈政事疏》，又部分摘录于《礼乐志》等，具体参阎振益、钟夏《新书校注》第92页。

而是打乱了这个次序。比如，《藩强》在《新书》中位于《制不定》之前，但在《陈政事疏》中则编在《制不定》的后面。其次，班固尽管收录上述篇章，但具体到每一篇，班固根据实际需要对这些篇目进行遴选、摘录、改写等工作，比如《陈政事疏》第一二段：

臣窃惟事势，可为痛哭者一，可为流涕者二，可为长太息者六，若其他背理而伤道者，难遍以疏举。进言者皆曰天下已安已治矣，臣独以为未也。曰安且治者，非愚则谀，皆非事实知治乱之体者也。夫抱火厝之积薪之下而寝其上，火未及燃，因谓之安，方今之势，何以异此！本末舛逆，首尾衡决，国制抢攘，非甚有纪，胡可谓治！陛下何不壹令臣得孰数之于前，因陈治安之策，试详择焉！

夫射猎之娱，与安危之机孰急？使为治劳智虑，苦身体，乏钟鼓之乐，勿为可也。乐与今同，而加之诸侯轨道，兵革不动，民保首领，匈奴宾服，四荒乡风，百姓素朴，狱讼衰息。大数既得，则天下顺治，海内之气，清和咸理，生为明帝，没为明神，名誉之美，垂于无穷。《礼》祖有功而宗有德，使顾成之庙称为太宗，上配太祖，与汉亡极。建久安之势，成长治之业，以承祖庙，以奉六亲，至孝也；以幸天下，以育群生，至仁也；立经陈纪，轻重同得，后可以为万世法程，虽有愚幼不肖之嗣，犹得蒙业而安，至明也。以陛下之明达，因使少知治体者得佐下风，致此非难也。其具可素陈于前，愿幸无忽。臣谨稽之天地，验之往古，按之当今之务，日夜念此至孰也，虽使禹舜复生，为陛下计，亡以易此。①

上述文字采之《数宁》篇，其文如下：

①《汉书》，第2230—2231页。

臣窃惟事势,可痛惜者一,可为流涕者二,可为长大息者六。若其他倍理而伤道者,难遍以疏举。进言者皆曰"天下已安矣",臣独曰"未安"。或者曰"天下已治矣",臣独曰"未治"。恐逆意触死罪,虽然,诚不安,诚不治,故不敢顾身,敢不昧死以闻。夫曰"天下安且治"者,非至愚无知,固谀者耳,皆非事实知治乱之体者也。夫抱火措之积薪之下而寝其上,火未及燃,因谓之安,偷安者也。方今之势,何以异此!夫本末舛逆,首尾横决,国制抢攘,非有纪也,胡可谓治!陛下何不一令以数日之间,令臣得熟数之于前,因陈治安之策,陛下试择焉,何甚伤哉?

射猎之娱与安危之机,孰急也?臣闻之:自禹已下五百岁而汤起,自汤已下五百余年而武王起。故圣王之起,大以五百为纪。自武王已下过五百岁矣,圣王不起,何怪矣。及秦始皇帝似是而卒非也,终于无状。及今,天下集于陛下,臣观宽大知通,窃曰足以操乱业,握危势,若今之贤也。明通以足,天纪又当,天宜请陛下为之矣。然又未也者,又将谁须也?使为治,劳知虑,苦身体,乏驰骋钟鼓之乐,勿为可也,乐与今同耳。因加以常安,四望无患。因诸侯附亲轨道,致忠而信上耳。因上不疑,其臣无族罪,兵革不动,民长保首领耳。因德穷至远,近者匈奴,远者四荒,苟人迹之所能及,皆乡风慕义,乐为臣子耳。因天下富足,资财有余,人及十年之食耳。因民素朴顺而乐从令耳。因官事甚约,狱讼盗贼可令□有耳。大数既得,则天下顺治,海内之气清和咸理,则万生遂茂。晏子曰:"唯以政顺乎神,为可以益寿。"发子曰:"至治之极,父无死子,兄无死弟,涂无襁褓之葬,各以其顺终。"谷食之法,固百以是,则至尊之寿,轻百年耳。古者,五帝皆逾百岁,以此言信之。因王为明帝,股肱为明臣,名誉之美,垂无穷耳。“祖有功,宗有德。”始取天下为功,始治天下为德。因顾成之庙,为天下太宗,承天下太祖,与汉长亡极耳。因卑不疑尊,贱不踰贵,尊卑贵贱,明若白黑,则天下之众不疑眩耳。因经纪本于天地,政法倚于四时,后世无变故,无易常,袭迹而长久耳。臣窃以为建久安之势,成长治之业,以承祖庙,以奉六亲,至孝也;以宰天下,以治群生,神民咸亿,社稷久飨,至仁也;立经陈纪,轻重周得,后可以为万世法程,后虽有愚幼不肖之嗣,犹得蒙业而安,至明也。寿并五帝,泽施至远,于陛下何损哉!以陛下之明通,因使少知治体者得佐下风,致此治非有难也。陛下何不一为之,及其具可素陈于前,愿幸无忽。

臣谨稽之天地,验之往古,案之当时之务,日夜念此至孰也,独太息悲愤,非时敢忽也。虽使禹舜生而为陛下,何以易此?为之有数,必万全无伤,臣敢以寸断。陛下幸试召大臣有识者使计之,有能以为不便天子、不利天下者,臣请死。①

两厢比较,班固对《数宁》篇固然也存在原文移录的现象,可是,更多的是大段的舍弃,以及改写,这与《贾谊传》对单篇疏文的处理有一致之处。通过这番处理程序,《陈政事疏》中有关《数宁》篇的相关文字便呈现新的面貌。由此,我们必须面对一个问题,亦即通常将《陈政事疏》系于贾谊名下的做法是否妥当。《陈政事疏》的相关内容来自贾谊撰写的系列疏文,这是客观事实。可是,在贾谊那儿《陈政事疏》是不存在的,这篇疏文是班固编撰的,正是班固的工作,才使《陈政事疏》得以生成。因此,《陈政事疏》的材

①阎振益、钟夏:《新书校注》,第29—31页。

料固然源自贾谊，但这篇疏文的结构、布局乃是出于班固。这种情况正如《盐铁论》之于桓宽一样，没有桓宽，《盐铁论》的存在是难以想象的。其实，在汉代，从司马迁开始，史家往往依托前代文献进行编撰活动，如《周本纪》《孔子世家》，很多材料源就直接来自《国语》《论语》，但经过史家的整理，诞生出新的文献。这样，即使我们不否定《陈政事疏》与贾谊的关联，但认为《陈政事疏》乃贾谊所撰写，这与事实是不太相符合的，对班固来说也是不公的。因此，在这个问题上，我们以为，《陈政事疏》至少应该说是贾谊与班固合作而生成的。

第三节　《连语》《杂事》的编撰

《事势》部分收录的是贾谊上呈给汉文帝的疏文，而《连语》《杂事》两部分的性质则与此不太一样，它们大都不是贾谊撰写的，而是贾谊收录、编辑相关文献而成的，有的甚至还可能出于他的门人之手。余嘉锡曾经指出，"至于《连语》诸篇，则不尽以告君，盖有与门人讲学之语。故《先醒篇》云'怀王问于贾君'，而《劝学篇》首冠以'谓门人学者'五字，其《杂事》诸篇则平日所称述诵说者。凡此，皆不必贾子手著，诸子之例，固如此也。"①因此，《连语》《杂事》在《新语》中代表了不同于《事势》的内容、性质及生成方式。

一　贾谊的太傅之职

据《汉书》本传的记载，贾谊生平大概可分为三个阶段：一是

①余嘉锡：《四库提要辨证》，第467页。

居家为学，二是担任朝廷命官，三是出任王国官吏。本传说："贾谊，雒阳人也，年十八，以能诵诗书属文称于郡中。河南守吴公闻其秀材，召置门下，甚幸爱。"贾谊自小就显露出过人的才华，诸子百家无不浏览，其中尤以儒家经典最为出色，并且又善于文章。因此，贾谊引起时任河南郡守吴公的注意，在后者的推荐下，贾谊结束居家读书的生活，从此步入仕途。吴公因为政绩特出，被汉文帝征为廷尉，他也就把贾谊推荐给文帝。汉文帝就征召贾谊做了博士，在博士中他是最年轻的。本传记载贾谊任职博士期间的表现："每诏令议下，诸老先生未能言，谊尽为之对，人人各如其意所出。诸生于是以为能。文帝说之，超迁，岁中至太中大夫。"①感于汉文帝的知遇之恩，贾谊提出系列政议，这些政议文帝虽然没有一一采用，但对于贾谊的才能有了更深层次的认识，于是准备让贾谊担任公卿。贾谊准备担任公卿引起当时大臣的嫉恨，他们在文帝面前极力诋毁贾谊，说"雒阳之人年少初学，专欲擅权，纷乱诸事"，在这种情况之下，汉文帝也疏远了他。而且，汉文帝还让贾谊离开朝廷，派他担任长沙王的太傅。

汉文帝为何会疏远贾谊，并让他离开朝廷去担任长沙王的太傅，除了大臣的嫉恨之外，还存在其他的因素。王兴国认为贾谊得罪文帝的幸臣邓通也是一个极为重要的原因，其依据来自应劭《风俗通义・正失篇》的一条记载：

> 及太中大夫邓通，以佞幸吮痈疡浓汁见爱，拟于至亲，赐以蜀郡铜山，令得铸钱。通私家之富，侔于王者封君。又为微行，数幸通家。文帝代服衣罽，袭毡帽，骑骏马，从侍中近臣常侍期门武骑猎渐台下，驰射狐兔，毕雉刺彘，是时，待诏

①班固：《汉书》，第2221页。

> 贾山谏以为"不宜数从郡国贤良吏出游猎，重令此人负名，不称其举"。及太中大夫贾谊，亦数陈止游猎，是时，谊与邓通俱侍中同位，谊又恶通为人，数廷讥之，由是疏远，迁为长沙太博。①

同时，王兴国依据苏轼《贾谊论》，指出贾谊在策略上的失误也是不可忽略的原因。② 由此观之，贾谊的被贬不是偶然的，而是多种因素综合影响的结果。贾谊在长沙国担任太傅并不长，大约一年多一点时间，随即又被文帝任命担任梁怀王太傅，本传说：

> 后岁余，文帝思谊，征之。至，入见，上方受釐，坐宣室。上因感鬼神事，而问鬼神之本。谊具道所以然之故。至夜半，文帝前席。即罢，曰："吾久不见贾生，自以为过之，今不及也。"乃拜谊为梁怀王太傅。怀王，上少子，爱，而好书，故令谊傅之。③

对于贾谊两次担任太傅，徐复观分析说："按贾谊两傅藩王，而意义不同。梁怀王为文帝爱子，且系褒封大国，贾谊傅之，有实质之意义，且与朝廷之声气未断。异姓之长沙王吴氏，得国仅二万五千户，尚不及三万户之列侯；其存在，乃崇德报功之点缀性质，在政治上不关痛痒；因而太傅亦属虚名。故谊由太中大夫迁为长沙王太傅，是事实上的贬谪。"④由此看来，贾谊前后两次担任太傅其意义是不一样的，梁怀王作为被文帝宠爱的儿子，文帝派贾谊担任他的太傅，可以理解为文帝在一定程度上恢复对贾谊的

---

①王利器：《风俗通义校注》，第 98 页。

②王兴国：《贾谊评传》，第 22—23 页。

③《汉书》，第 2230 页。

④徐复观：《两汉思想史》（第二卷），第 70 页。

信任。

《汉书·百官公卿表》载:“太傅,古官,高后元年初置,金印紫绶。后省,八年复置。后省,哀帝元寿二年复置。位在三公上。”①关于太傅的职责,《尚书·周官》载:“立太师、太傅、太保,兹惟三公。论道经邦,燮理阴阳。官不必备,惟其人。”《注》谓:“师,天子所师法;傅,傅相天子;保,保安天子于德义者,此惟三公之任。佐王论道,以经纬国事,和理阴阳。言有德乃堪之。三公之官不必备员,惟其人有德乃处之。”又《正义》指出:“三公俱是教道天子,辅相天子,缘其事而为之名。三公皆当运致天子,使归于德义。”②三公称名虽异,但都是选择有德者居之,而且是宁缺毋滥。三公作为天子之师,在地位隆盛之外,其担当的责任也是重大的,因为他们肩负培养天子的任务。贾谊的太傅之职虽然不是教育天子,但所要求具备的资格应该相差不远。《新书》收录《傅职》《保傅》两篇,具体阐释天子的教育,据徐复观的分析,贾谊将太子的教育分为四个阶段:

> 因受荀子教育思想的深刻影响,特注重环境与生活习惯在教育上的重大意义。他说:“古之王者,太子乃生,固举以礼,使士负之;有司齐肃端冕,见之南郊,见于天也。过阙则下,过庙则趋,孝子之道也。故自为赤了,而教固已行矣。”这是教育的第一个阶段。接着他以“太公为太保,周公为太傅,召公为太师”,三人教导成王为例,把三公三少的官职,说成都是教导太子的官职;而“少保、少傅、少师,是与太子燕者也”,即是与太子共起居生活的。更“选天下之端士,孝悌博

①《汉书》,第726页。

②孔颖达:《尚书正义》,第483—484页。

闻，有道术者，以卫翼之，使与太子居处出人。故太子乃生而见正事，闻正言，行正道，左右前后皆正人也。夫习与正人居之，不能毋正，犹生长于齐，不能不齐言也”。这是教育的第二阶段。以上两个阶段，皆在未正式入学以前，由环境薰习之力的教育。“及太子少长知妃色，则入于学”；此处贾谊之所谓学，乃指东学、西学、南学、北学、太学等五学而言，这是综合性的，又带有理想性的学制，其中以太学的地位为最高。“帝入太学，承师问道，退习而考于太傅……”是他以三公等仍在太学中负责。这是教育的第三阶段。“及太子既冠成人，免于保傅之严，则有记过之史，彻膳之宰……大夫进谋，士传民语”等由官吏而来的教育，这是教育的第四阶段。教育的内容，应包括《礼篇》《容经篇》所说的严格规范，更扼要的是通过“三代之礼”，以达到“明有孝”“明有度”“明有仁”的目的。贾谊并进一步追到太子未生之前的胎教。①

由此可见，贾谊关于太子教育有着缜密的体系化思考，当然，就论题而言，我们更为关注的是贾谊担任长沙王特别是梁怀王太傅时的教育活动。有关贾谊这方面活动其本传几乎没有记载，现在也只能依据《新书》的相关资料做一些推测。

贾谊在《傅职》篇中说：

或称《春秋》，而为之耸善而抑恶，以革劝其心。教之《礼》，使知上下之则宜。或称《诗》，而为之广道显德，以驯明其志。教之《乐》，以疏其秽，而填其浮气。教之语，使明于上世而知先王之务明德于民也。教之故志，使知废兴者，而戒惧焉。教之任术，使能纪万官之职任，而知治化之仪。教之训典，使知族类

① 徐复观：《两汉思想史》（第二卷），第90页。

疏戚，而隐比驯焉。此所谓学太子以圣人之德者也。①

徐复观指出："《傅职篇》言教太子之内容，举有《春秋》《礼》《诗》《乐》《语》《故志》《任术》《训典》等八项，非五经博士成立以后的教学规模。"②这是不错的。《傅职》篇提到八种教材，应该代表贾谊在教育太子时教材使用方面的观点。上述八种教材，《春秋》《礼》《诗》《乐》是儒家使用的，至于《语》《故志》《任术》《训典》则溢出儒家传统之外。这样，贾谊提出的这一教学规模在兼容儒家传统之同时又带有某种异质性，似乎表明贾谊并没有完全遵照儒家的教育理念。考察贾谊的看法，其实与先秦时期楚国的教育比较接近，楚国大臣申叔时在阐述如何教育太子时说：

> 教之春秋，而为之耸善而抑恶焉，以戒劝其心；教之世，而为之昭明德而废幽昏焉，以休惧其动；教之诗，而为之导广显德，以耀明其志；教之礼，使知上下之则；教之乐，以疏其秽而镇其浮；教之令，使访物官；教之语，使明其德，而知先王之务用明德于民也；教之故志，使知废兴者而戒惧焉；教之训典，使知族类，行比义焉。

很显然，贾谊的教材观念受到楚国教育的深刻影响。不过，贾谊也并不是完全挪移申叔时的看法，而是做了删改。贾谊首先删去《世》这门教材，韦昭以为《世》即"先王之世系"，③按照这个解释，《世》与《周礼》瞽矇所传诵的《帝系》当属同类文献。可是阎步克指出："《孔子家语》所谓'《诗》《书》'《大戴礼记》记作'《诗》《世》'，是《书》《世》相近。古之所谓'书'，看来不仅是指《尚书》而已，也

①阎振益、钟夏：《新书校注》，第172页。

②徐复观：《两汉思想史》(第二卷)，第72页。

③《国语》，第528页。

可能泛指古书而含《世》在内。”①就是说《世》有可能包含《书》的因素。王树民认为瞽史所保存的历史故事主要是历史情节或纲目，然而据《瞽史记》，这些历史情节或纲目描述的是世系方面的内容，《晋语四》载《瞽史之纪》曰：“唐叔之世，将如商数。”②又载《瞽史记》曰：“嗣续其祖，如穀之滋，必有晋国。”③可见《世》很可能不是单纯记载世系，还包括相应的一些史事，韦昭在解释《世》的作用时说“为之陈有明德者世显，而闇乱者世废”，也可以说明这一点。贾谊删去《世》，其原因有待考察。其次，贾谊将《令》修正为《任术》，钟夏说：“‘教之任术’三句，《楚语》无，此文当系自《楚语》‘教之令，使访物官’演化而来。”④《令》，韦昭解释说：“谓先王之官法、时令也。”⑤《周语中》载单襄公对周定王说：“《夏令》曰：‘九月除道，十月成梁。’”⑥又说：“先王之令有之曰：‘天道赏善而罚淫，故凡我造国，无从非彝，无即慆淫，各守尔典，以承天休。’”⑦前者指时令，后者所引为官法。传世文献如《逸周书·时训》篇、《大戴礼记·夏小正》篇、《管子·玄宫》篇、《吕氏春秋·十二纪》及《礼记·月令》当属于《令》类文献，它们偏重于时令方面。俞志慧指出：“在依时授政的时代，人们特别讲究谨守明时，历法的确立、颁布、推行皆是一种非常严肃而隆重的政府行为，故而时令与官法具有同样的意义，百业之兴作、百官之政令都与相应的时节互动，

---

①阎步克：《乐师与史官》，第 10 页。
②《国语》，第 342 页。
③《国语》，第 365 页。
④阎振益、钟夏：《新书校注》，第 176 页。
⑤《国语》，第 529 页。
⑥《国语》，第 68 页。
⑦《国语》，第 74 页。

并皆得以冠名为‘令’。”①联系韦昭对“物官”的注解，可见《令》是有关制度的文献。至于《任术》，则是指任人之术。将制度方面的《令》改为教导太子任人之术，更是偏于统治能力的培养。尽管有着这样的一些差异，但二者的渊源关系是非常明显的。同时，除了《任术》的文体不太明朗外，《语》《故志》《训典》在文体上主要呈现语类文献的特征，可以说，重视“语”的教育是楚国教育的一大特色。不仅如此，楚国还存在编纂“语”用于教材的传统，《语丛》四篇见于郭店一号墓，而其墓主很可能是楚太子横的老师，②那么，《语丛》四篇很可能出于这位老师之手，而他编纂《语丛》的目的显然是用于教育。依据上面的考察，贾谊应该熟悉这个传统，同时，他在两任太傅期间，特别是担任梁怀王太傅时应该还编纂了一些教学文献。王兴国认为“二十六篇标有‘连语’和‘杂事’字样的文章有八篇也已确定年代，还有一十八篇无法确定其绝对的写作年代。但是，我认为这些文章大体上均是贾谊任梁怀王太傅期间所作的”，指出《保傅》《傅职》《胎教》《容经》《礼察》《连语》《春秋》《耳痹》《谕诚》《退让》《礼容语下》《礼》《立后义》这些篇目作于梁怀王太傅期间。不过，王先生又说：“《汉书·贾谊传》说贾谊任梁王太傅后，文帝曾数问以得失，而贾谊也数上疏，多所欲匡建。《治安策》中，班固将贾谊当时关于时事的一些具体建议的主要内容录下来了，但贾谊除了对一些具体问题提出对策之外，还必然对‘君道’，即为君之道提出一些根本性的主张。我以为这就是《新书》中《辅佐》《君道》《官人》《大政上》《大政下》《修政语上》《修

①俞志慧：《古“语”有之——先秦思想的一种背景与资源》，第5页。

②李学勤：《简帛佚籍与学术史》，第14页。

政语下》等篇。”①王先生认为《连语》《杂事》主要作于梁怀王太傅任内，这一认识是可以成立的，至于说《辅佐》《君道》《官人》《大政上》《大政下》《修政语上》《修政语下》是为文帝陈述君道，虽不排除这种可能，但也未必尽然，它们有的也可能是作为教材用于教育梁怀王的。

二 《连语》《杂事》的文体生成

上面已经描述贾谊担任太傅之职的相关情形，并且也指出贾谊在此期间编纂教学文献用于教育梁怀王，也就是说，《连语》《杂事》大部分内容是以教材身份存在的。可是，就《连语》《杂事》的具体篇目而言，还需做进一步的分析。

前面已经提到，余嘉锡推测《连语》诸篇“不尽以告君，盖有与门人讲学之语”，而《杂事》诸篇则平日所称述诵说者，它们“皆不必贾子手著，诸子之例，固如此也”。② 观察余先生的看法，大致表达这样几层意思：一是《连语》主要是贾谊讲学之语，二是《杂事》为贾谊平日称述诵说的，三是它们不一定是贾谊撰写的，这又可能隐含着《连语》《杂事》或出自贾谊编纂、或出自门人编纂这样的考虑。整体上，与《事势》完全出自贾谊本人撰写不同，《连语》《杂事》的生成方式是多样化的。大体而论，有四种方式：一是贾谊亲自撰写的，比如据本传，《辅佐》很可能是一篇疏文，或者是《五曹官制》之文。③ 又《六术》篇，钟夏谓：“谊以六为备，以六为法，以数之六，备述‘阴阳、天地、人’之理，所谓接物、制物

①王兴国：《贾谊评传》，第70—72页。

②余嘉锡：《四库提要辨证》，第467页。

③阎振益、钟夏：《新书校注》，第206页。

也。……《汉书·贾谊传》:‘谊以为汉兴二十余年,宜当改易服色制度,乃草具仪法,色上黄,数用五。’是则,谊后亦不‘以六为法’矣,此文盖作于二十岁前后。”① 二是就某一具体篇目而言,一部分源自编纂,一部分可能是贾谊撰写的。关于《傅职》篇,钟夏说:“本文自篇首至‘德言扬之’,引自《楚语》上,谊于每段后加按语。自‘天子不谕于先圣人之德’至篇终,辑入《大戴礼记·保傅》。”② 由此可知,贾谊利用《楚语》的材料编纂《傅职》的部分章节,此种编纂方式其实通用于语类文献的生成,这在前面的论述中其实已经涉及到了。钟夏指出《容经》“源自古容礼”,说明此篇也出自贾谊的辑编,可是钟先生又说:“《大戴礼记》仅录其后半篇,盖如《傅职》前半篇出自《楚语》,大戴不录也。”③ 这似乎是说,戴德在编辑时还能够辨察《容经》前半篇出自某部容礼文献,因此对此部分予以舍弃;而后半篇戴德已经不知其来源,或者确知出自贾谊撰写,故而予以收录。三是采用编纂的方式,章太炎指出《春秋》篇“惟懿公一事亦合《左传》,其他楚惠王等八事,不知采自何书”。④ 何孟春以为自《谕诚》“以下诸篇,其事多出他书,谊亦偶笔录耳”。钟夏则指出:“此文与前《连语》《春秋》等文体例相近,盖引古事以晓谕梁怀王或门人弟子,下之《退让》《君道》《劝学》等篇亦同。”⑤ 黄震说:“《大政》《修政》,叙黄帝至成王之言,皆诸子之说。”⑥ 何孟春指出:“方策秦焰之余,六经历汉甬世无完书,他何述焉? 而

①阎振益、钟夏:《新书校注》,第318页。
②阎振益、钟夏:《新书校注》,第175页。
③阎振益、钟夏:《新书校注》,第231页。
④阎振益、钟夏:《新书校注》,第250页。
⑤阎振益、钟夏:《新书校注》,第281页。
⑥阎振益、钟夏:《新书校注》,第342页。

谊《修政语》载古帝王遗训，班班如此，此其可少哉!”①四是出自门人编纂，《先醒篇》，何孟春以为“此篇乃谊自记答问之辞”，②然而此篇有“怀王问于贾君”“贾君对曰”这样的表述，因此卢文弨以为它“必出于其徒之所纂集”，③应该说卢氏的看法可能更符合实际。

由于《连语》《杂事》存在多种编纂方式，这就在一定程度上影响其文体形态，因此，《新书》这一部分的文体较《事势》篇也就呈现多元化特征。首先，与《事势》篇相近，《连语》《杂事》也出现专论体，如《辅佐》《官人》《六术》《道德说》《大政上》《大政下》《立后义》等。《辅佐》主要讨论官制，《官人》部分涉及官制，但重点阐释君主命官的标准以及对待各类官员的态度。特别需要注意的是《六术》《道德说》两篇，钟夏说：“六术，本文云：‘曰六则备矣。’‘六者非独为六艺之本也，他事亦皆以六为度。’‘术者，接物之队。’夏案：是知谊以六为备，以六为法，以数之六，备述‘阴阳、天地、人’之理，所谓接物、制物也。”④也就是说，该篇主张六为标准，以六为法则，用六来解释天地、阴阳、人事万物，如第一段指出：

> 德有六理，何谓六理？道、德、性、神、明、命，此六者德之理也。六理无不生也，已生而六理存乎所生之内。是以阴阳、天地、人尽以六理为内度，内度成业，故谓之六法。六法藏内，变流而外遂，外遂六术，故谓之六行。是以阴阳各有六月之节，而天地有六合之事，人有仁、义、礼、智、信之行，行和

①阎振益、钟夏：《新书校注》，第362页。

②阎振益、钟夏：《新书校注》，第263页。

③阎振益、钟夏：《新书校注》，第297页。

④阎振益、钟夏：《新书校注》，第318页。

则乐兴，乐兴则六，此之谓六行。阴阳、天地之动也，不失六律，故能合六法；人谨修六行，则亦可以合六法矣。①

贾谊说，德有道、德、性、神、明、命六理，这六理无处不在，阴阳、天地和人都把六理作为自身的内在标准。这些内在标准化为外在形式，就是六种法则。六法发生变化而表现于外，这就是六术，也叫做六种行为方式。因此阴阳各有六个月的季节，天地有上下四方，人有仁、义、礼、智、信这些善行。此段提出"德有六理"的命题，并简要述及六理的内容，可是接下来并没有阐释六理的具体内涵。《道德说》则对道、德、性、神、明、命六理进行比较详细的解说，第一段说：

德有六理。何谓六理？曰：道、德、性、神、明、命，此六者德之理也。诸生者，皆生于德之所生；而能象人德者，独玉也。写德体六理，尽见于玉也，各有状，是故以玉效德之六理。泽者，鉴也，谓之道；腒如窃膏谓之德；湛而润厚而胶谓之性；康若泺流谓之神；光辉谓之明；礐乎坚哉谓之命；此之谓六理。鉴生空窍，而通之以道。德生理，通之以六德之华离状。六德者，德之有六理。理，离状也。性生气，而通之以晓。神生变，而通之以化。明生识，而通之以知。命生形，而通之以定。②

此一段与《六术》篇有重出的地方，但与《六术》篇不同的是，该段均围绕"六理"展开。整体上来看，第一段还只是对"六理"做了概括式的说明。接下来，就不一样了，贾谊分别对道、德、性、神、明、命六理进行解说，譬如"德"：

①阎振益、钟夏：《新书校注》，第316页。

②阎振益、钟夏：《新书校注》，第325页。

德者，离无而之有，故润则腒然浊而始形矣，故六理发焉。六理所以为变而生也，所生有理。然则物得润以生，故谓润德。德者变及物理之所出也，未变者，道之颂也。道冰而为德，神载于德。德者，道之泽也。道虽神，必载于德，而颂乃有所因，以发动变化而为变。变及诸生之理，皆道之化也，各有条理以载于德。德受道之化，而发之各不同状。德润，故曰“如膏，谓之德”，“德生理，通之以六德之华离状”。①

徐复观认为这段文字描述的是“由道而德的创生历程”：

道以变化创生天地万物，但必通过凝聚之德，在德的凝聚点上变化，这种变化始是创生的变化。否则变化于空虚旷荡之中，“不载于德”，与创生一无关涉。所以说德之六理，是“所以为变而生也”。德之理，即成为被创生的诸物之理，此即所谓“所生有理”。然道与德只是一事，道与德之分，乃生化历程中之分；极其究，德之理，即是道之理，所以说“诸生之理，皆道之化也”。道化而为德，亦即“由无之有”，有即有条理，所以说“各有条理以载于德。德受道之化而发之各不同状”。因各不同状，故可分为六理。六理是德之条理，故六理即是六德。②

徐先生的分析主要是从义理的角度展开的，这对于把握本段内容是很有意义的。然而，从文体角度来看，有两点需引起注意：首先，这段文字侧重于解说“德”，联系下文对道、性、神、明、命的疏解，《道德说》其实是对《六术》“德有六理”命题的展开，在这一意义上，《道德说》可以说是对《六术》的阐释，二者具有某种阐释与

①阎振益、钟夏：《新书校注》，第326页。

②徐复观：《两汉思想史》（第二卷），第101—102页。

被阐释的关系，或者说经传关系。① 其次，这段文字着重解说"德"，而本段文字最后的"故曰"，其实来自《道德说》第一段。这就是说，第一段文字总体上解说"六理"，接下来各段又分别就第一段有关"六理"的观点做进一步的分疏，这其实也是一种阐释关系，因此，《道德说》在一定意义上实具有双重阐释结构之特征。

在《连语》《杂事》这部分中，除专论体之外，对话体也占据极为重要的地位。《连语》《杂事》中的对话体，在形态方面也呈现多元的特征。第一种情形是整篇由若干对话体片段构成，也就是说，贾谊依据主题需求收集若干对话体片段，将它们聚合成一篇，如《春秋》篇，它分别收集楚惠王、卫懿公、邹穆公、宋康王、晋文公、楚怀王、齐桓公、胡亥、孙叔敖等人的故事，这些故事除邹穆公、胡亥的外，在文体上呈现对话形态，如楚惠王故事：

> 楚惠王食寒菹而得蛭，因遂吞之，腹有疾而不能食。令尹入问，曰："王安得此疾？"王曰："我食寒菹而得蛭，念谴之而不行其罪乎，是法废而威不立也，非所闻也；谴而行其诛，则庖宰、监食者，法皆当死，心又弗忍也。故吾恐蛭之见也，遂吞之。"令尹避席，再拜而贺曰："臣闻：'皇天无亲，惟德是辅。'王有仁德，天之所奉也，病不为伤。"是昔也，惠王之后而蛭出，故其久病心腹之积皆愈。故天之视听，不可谓不察。②

楚惠王因误食蚂蟥而致使腹疾，令尹进宫探病，他们就此事展开对话。这个故事讲述楚惠王既不愿法令的威严受到损害，又不愿

①徐复观还注意到《六术篇》以六艺为对六行的阐述教道，而《道德说》则对六艺与德有六美的关系有更详细的说明（参氏著《两汉思想史》（第二卷），第105页），准此，《道德说》与《六术》之间有比较明显的阐释关系是肯定的。

②阎振益、钟夏：《新书校注》，第246页。

因此处罚厨师及监督者，从而体现楚惠王的仁德，于是贾谊把它辑入《春秋》篇中。《谕诚》《退让》《修政语上》《修政语下》《礼容语下》这些篇目在文体方面也呈现与《春秋》篇相近的文体。

第二种情形是，通篇也是对话，不过这种对话不同于前者只是片段，而是就某个话题展开讨论，贯穿始终，如《道术》篇，陶鸿庆说："下文纪贾君语，皆称对曰，当是作傅时与王问答之辞。"①比如第一次问答：

> 曰："数闻道之名矣，而未知其实也。请问道者何谓也？"
>
> 对曰："道者所道接物也，其本者谓之虚，其末者谓之术。虚者，言其精微也，平素而无设施也；术也者，所从制物也，动静之数也。凡此皆道也。"②

提问者（或学生）首先询问什么是"道"，回答者（或先生）解释说，道是接触处理外物的，其根本叫着虚，其末节叫着术。虚是精细隐微，平时没有显现出来；术是制约外物的，是动和静的依据。这些都是道的内容。接下来依次探讨"虚之接物""术之接物""品善之体"这些问题，最后总结说："故守道者谓之士，乐道者谓之君子；知道者谓之明，行道者谓之贤，且明且贤，此谓圣人。"意思是说，坚守道的叫做士，爱好道的叫做君子；了解道的叫做明智者，行道的叫做贤者，既明又贤的人这就是圣人。从《道术》篇来看，这些对话是层层推进的，前后逻辑关系清晰，这是明显不同于第一种情形的松散，而且最后还加以总结。《先醒》篇也具有这种文本形态，文章开始是梁怀王向贾谊询问为什么人们称知道者为先生；贾谊指出先生只是比较笼统的称号，其实君主、卿大夫、百

①阎振益、钟夏：《新书校注》，第 305 页。

②阎振益、钟夏：《新书校注》，第 302、304 页。

姓都可以称先生，而先生更确切的称呼应该叫先醒。贾谊指出君主有先醒者、有后醒者、有不醒者，他详细列举楚庄王、宋昭公、虢君这些事例具体说明什么是先醒者、后醒者及不醒者，比如宋昭公：

> 昔宋昭公出亡至于境，喟然叹曰："呜呼！吾知所以亡！吾被服而立，侍御者数百人，无不曰吾君丽者；吾发政举事，朝臣千人，无不曰吾君圣者。外内不闻吾过，吾是以至此。吾困宜矣。"于是革心易行，衣苴布，食䴵馂，昼学道而夕讲之，二年，美闻于宋。宋人车徒迎而复位，卒为贤君，谥为昭公。既亡矣，而乃寤所以存，此后醒者也。①

这个故事讲述宋昭公逃亡之际对自己过往行为进行反思，然而"革心易行"，最终又回国复位。贾谊认为宋昭公属于后醒者类型。单纯就《先醒》篇楚庄王、宋昭公、虢君这些事例而言，它们其实也属于断片的语类故事，这似乎与《春秋》篇相近。可是，这些故事被置于"先醒者、后醒者、不醒者"的逻辑框架之下，它们服从于文章的整体思路，不仅其次序不能随意更改，而且它们的内容也是经过特意选定的。并且《先醒》篇最后还说："故先醒者，当时而伯；后醒者，三年而复；不醒者，枕土而死，为虎狼食。呜呼，戒之哉！"与开头照应，文章整体上前后呼应，结构严密。因此，《先醒》篇的这些故事失去《春秋》篇那样的随意性、彼此相对独立性，在文章创作上，可以说《先醒》篇是对《春秋》篇这一类型的发展。

进一步来看，无论是第一种情形还是第二种情形，对话方面的材料虽然在文章中的地位不太一样，但这些材料在数量上却占据核心地位。然而，在《连语》《杂事》中，也存在这样的篇目，文章

①阎振益、钟夏：《新书校注》，第262、263页。

中也使用语类故事这样的对话材料，但数量已大大减少。比如《连语》篇由三个段落组成，第一段讲述商纣王，第二段讲述魏王判案，第三段讲述上主、中主、下主的事例；在这三个部分中，除第二段存在一些对话之外，整篇文章基本采取叙述的笔调，其专论体性质更为明显。这就呈现一个非常有意味的事实，《连语》《杂事》对话体的三种形态，它们向专论体演进的趋势非常明显。这也就表明，贾谊显然不满足于仅仅辑录语类故事，而是希望在收集语类故事之基础上进一步消化这些材料，以便将其撰写成专论。此外，《连语》部分的《君道》篇值得注意，文章通篇引《易》《书》《诗》的语句，通过对这些语句的分析来阐释君道。

整体上来看，《新书》的文体呈现多元化姿态，这说明贾谊文体实践的丰富性，而这种丰富在当时起着承前启后的作用。《事势》篇上承《新语》，而对于此后《盐铁论》的编撰提供启发意义；至于《连语》《杂事》，对于刘向的文献活动也提供重要的参考价值，特别是《新序》《说苑》的生成。这种参考价值应该是多方面的，既有文体方面的，也有编纂方式方面的，甚至是篇目，如《新序》之《杂事》与《新书》之间的关联，等等。正是在这些意义上，《新书》呈现“混合”的特质。

第七章　纪传体与语类文献的嬗变

继先秦之后，汉代的史传文献也取得巨大的成绩，这大体表现为两个方面：一是出现《史记》《汉书》这样影响深远的史传作品；二是司马迁在《史记》中创立“纪传体”这一新的史传文体。尽管人们对纪传体还存在不同的认识，但作为一个整体，它无疑是出于司马迁的一种创制。然而，从文体的角度来看，纪传体与先秦史传文献存在千丝万缕的联系，特别是语类文献，在很大程度上可以说，纪传体属于语类文献家族之重要一支。为什么这样说呢？纪传体其实是一种综合的体裁，白寿彝指出：“《史记》吸收了前人所著史书的内容，实际上它也吸收了前人所著史书的各种体裁。其中最显著的一点，是记言和记事的综合。”又说：“《史记》里最大量的篇幅都是把记事和记言综合在一起。记事和记言相结合，如果以人物为中心，就成为人物的传记。纪传体以大量的人物传记为中心，是记言和记事相结合的必然产物。”①我们知道，由于先秦时期“左史记言、右史记事”，亦即史官采取分职载录的方式，于是出现单纯的记言文献与记事文献。随着史官群体分化与社会地位的变迁，先秦史官的传史方式也发生改变，由此前的言事分立转化为言事相兼。记言文献与记事文献融合在一起，于

①白寿彝：《史学遗产六讲》，第78—79页。

是出现《尚书》《国语》中的“事语”文献。由于解释《春秋》的需要，《左传》吸收大量的记言文献来完善事件的过程，从而出现记言文献与编年体的融合，这是“事语”文献的第一变化。司马迁创制纪传体，这一体式除“表”之外，本纪、世家、列传、书诸体的书写在不同程度上也吸纳记言文献，从而出现记言文献与纪传体的融合，这是“事语”文献的第二变化。

正是基于这样的考虑，我们不仅从语类文献传统的角度来考察纪传体的生成，同时也将纪传体视为语类文献的一种类型。当然，我们重点关注的是纪传体中的本纪、世家与列传，它们才是人物传记的集中体现。

第一节　《史通》纪传体观念

中国传统正史的书写虽然有着差异，但纪传体这一体式是它们共同所沿用的。对于这种史体，较早且较为全面、系统加以论述的当属唐代史学家刘知几，他在所著《史通》中多处讨论纪传体。应该说，他的这些看法对于我们认识纪传体的生成及特征是很有帮助的，因此，在具体分析汉代纪传体史著文献之前，先来了解《史通》有关纪传体的相关论述。

一　“六家”说

刘知几在考察唐代之前史传文体之基础上，提出“六家”的看法：

> 自古帝王编述文籍，《外篇》言之备矣。古往今来，质文递变，诸史之作，不恒厥体。榷而为论，其流有六：一曰《尚书》家，二曰《春秋》家，三曰《左传》家，四曰《国语》家，五曰

《史记》家，六曰《汉书》家。①

刘知几已经注意到唐前史传文体不断变化这个事实，但又认为在这些变化的史体中存在相对稳定的体式，在他看来，这些体式大约有六种，他称之为“六家”。对于这个提法，后来的学者提出不同的认识，浦起龙认为：“史体尽此六家，六家各有原委。其举数也，欲溢为七而无欠，欲减为五则不全，是《史通》总挈之纲领也。其辨体也，援驳俪纯而派同，移甲置乙则族乱，是六家类从之畛途也。注家认‘家’字不清，要领全没，今为显说之。一、《尚书》，记言家也；二、《春秋》，记事家也；三、《左传》，编年家也；四、《国语》，国别家也；五、《史记》，通古纪传家也；六、《汉书》，断代纪传家也。”②刘知几将六部史著视为六家，浦起龙推测其意，以为《尚书》为记言家，《春秋》为记事家等，这些看法在一定意义上可以说并不违背刘知几之意。然而，浦起龙的这种做法过于坐实，因此难免欠缺刘知几说法的想象空间（当然刘氏的观点也存在不足之处，此点详后）。将《尚书》视为记言家，这当然是对的，然而《国语》也未尝不是记言；同样，以《左传》为编年家，但《春秋》未尝不是编年，而且编年出于《春秋》的创制；《史记》《汉书》固然有通史与断代之别，但它们都是纪传体。因此，程千帆批评浦氏说：“古人著书，初无定体。后世以便于归类，强为立名，然标准不一，检括为难，则不如就其本书称之，转较明晰。子玄之所以称尚书家而不称记言家，称春秋家而不称记事家，固由推其所自出，……子玄每叙一书，即穷其流委，通论后来同体之作，此正承世之义。汉书艺文志著录之例，以一书为一家。若局就本书而言，则六书亦

①刘知几：《史通》，第1页。

②浦起龙：《史通通释》，第1页。

各是一家也。”①这个批评无疑点出浦起龙之说的不足。

刘知几并不是盲目地提出“六家”之说的，应该说，他的这个结论是建立在对此前史传文献考察之基础上的。对于《尚书》，刘知几分析说：“盖《书》之所主，本于号令，所以宣王道之正义，发话言于臣下；故其所载，皆典、谟、训、诰、誓、命之文。”②虽然说这个看法现在看来似乎并没有太多的新意，然而毕竟抓住了《尚书》文体最为本质的方面。刘氏还进一步叙述后世效仿之作：

> 自宗周既殒，《书》体遂废，迄乎汉、魏，无能继者。至晋广陵相鲁国孔衍，以为国史所以表言行，昭法式，至于人理常事，不足备列。乃删汉、魏诸史，取其美词典言，足为龟镜者，定以篇第，纂成一家。由是有《汉尚书》《后汉尚书》《汉魏尚书》，凡为二十六卷。至隋秘书监太原王劭，又录开皇、仁寿时事，编而次之，以类相从，各为其目，勒成《隋书》八十卷。寻其义例，皆准《尚书》。原夫《尚书》之所记也，若君臣相对，词旨可称，则一时之言，累篇咸载。如言无足纪，语无可述，若此故事，虽有脱略，而观者不以为非。爰逮中叶，文籍大备，必剪截令文，模拟古法，事非改辙，理涉守株。故舒元所撰《汉》《魏》等篇，不行于代也。若乃帝王无纪，公卿缺传，则年月失序，爵里难详；斯并昔之所忽，而今之所要。如君懋《隋书》，虽欲祖述商、周，宪章虞、夏，观其体制，乃似《孔子家语》、临川《世说》；可谓画虎不成，反类犬也。故其书受嗤当代，良有以焉。③

①程千帆：《史通笺记》，第4—5页。

②刘知几：《史通》，第1页。

③刘知几：《史通》，第2页。

这个批评有其合理性。《尚书》是史官记言传统的产物，当这个传统不被重视或发生转化的时候，《尚书》这类史体也就失去存在的依据。更为重要的是，后世文籍大盛，诏令奏议等嘉言善语繁多，倘若一味模仿，难免有刘氏“守株”之讥，这也是后世仿作难以受到重视之重要原因。当然，这并不是说《尚书》对后世史体的编纂就没有发生影响，其实《国语》《战国策》就是延续《尚书》所开创的传统，只是由于刘知几将《国语》别为一家，从而未能寻找二者之间的联系。

刘知几指出《春秋》家“其先出于三代”，并以为“《春秋》始作，与《尚书》同时”，①这个看法并不符合实际，作为编年体史书，《春秋》要晚于《尚书》。章太炎强调《周官》五史虽“时以作事，非为编次策书”，“今观《十二诸侯年表》，始自共和，知前此但有《尚书》，更无纪年之牒。《墨子》历述《春秋》，亦以宣王为始，是知始作《春秋》者，宣王之史官”。② 这个说法是很有道理的。刘知几又具体谈到孔子在鲁史基础上制作《春秋》，“据行事，仍人道；就败以明罚，因兴以立功；假日月而定历数，藉朝聘而正礼乐；微婉其说，志晦其文；为不刊之言，著将来之法”。刘氏很欣赏《春秋》的叙事，非常赞同孔子就史事寄寓褒贬的做法。同时又援引儒者对《春秋》名称的解释，以为“以事系日，以日系月；言春以包夏，举秋以兼冬，年有四时，故错举以为所记之名也”，可见他也认识到《春秋》编年叙事的特征。至于后来《史记》之本纪虽效法《春秋》，但对于所载录之史事，“皆言罕褒讳，事无黜陟”，③因此，刘知几对于这种叙事做法是非常不满意的。当然，重视史书中的道德评判

①刘知几：《史通》，第2页。

②傅杰编校：《章太炎学术史论集》，第149—150页。

③刘知几：《史通》，第2—3页。

作用，这自然是可以的，也是无可厚非的。不过，将这种伦理主义的诉求视为史学的极致，或者看做唯一的史学，这就存在问题。吕思勉就说："史所以记事而已，事之善恶，非所问也。若以表言行、昭法式，为史之用，则史成为训诫之书矣。其谬误不待言。"又说司马迁"非无意于褒贬，审矣。特其书之体例，与《春秋》不同耳！刘氏谓仅整齐故事，未免专辄"。① 其实，司马迁是非常推崇《春秋》的，《史记》的制作在很大程度上是效法《春秋》的，这一点不难从《太史公自序》察觉。事实上，就司马迁而言，"他不是孤立地用道德观评判历史，而是将其道德价值观置于历史的因果关系中，在二者之间的矛盾冲突中加以探讨，并统一于因果判断中，表现了司马迁深刻而丰富的史学内涵。"②因此，刘知几对于《史记》的批评在很多时候并不客观。

刘知几认为《左传》家最先出自左丘明，左氏编纂此书的目的是用来解释《春秋》的，"孔子既著《春秋》，而丘明受经作传"。作为一部释经之作，刘知几指出："观《左传》之释经也，言见经文而事详传内，或传无而经有，或经阙而传存。其言简而要，其事详而博，信圣人之羽翮，而述者之冠冕也。"③就此看来，刘知几对于《左传》解经方式的把握是非常准确的，当然，有的学者根据"或传无而经有，或经阙而传存"的提法而以为《左传》不传《春秋》，④其实自汉代以来就存在这种看法，但可以确认刘知几是没有这种看

---

①吕思勉：《吕著史学与史籍》，第 218 页。

②王成军：《世界历史观念下的"普世史"与〈史记〉的史学观》，《史学理论研究》，2007 年第 2 期。

③刘知几：《史通》，第 3 页。

④吕思勉：《吕著史学与史籍》，第 220 页。

法的，这只要检视《史通》是不难明白的。同时，从上面的记载来看，刘知几还非常肯定《左传》的叙事成就。他还特别强调《左传》对后世的影响，“当汉代史书，以迁、固为主，而纪传互出，表志相重，于文为烦，颇难周览。至孝献帝，始命荀悦撮其书为编年体，依附《左传》著《汉纪》三十篇。自是每代国史，皆有斯作，起自后汉，至于高齐，如张璠、孙盛、干宝、徐贾、裴子野、吴均、何之元、王劭等。其所著书，或谓之春秋，或谓之纪，或谓之略，或谓之典，或谓之志。虽名各异，大抵皆依《左传》以为的准焉”。① 与肯定《春秋》“褒贬”叙事不同，刘知几虽然也极为赏识《左传》的叙事，但肯定其价值主要着眼于编年体方面。这种认识是对的，然而忽略《春秋》在编年体创制方面的影响，这显然是不公平的。事实上，后来的《史记》《汉书》对《春秋》《左传》均有吸收。

对于《国语》家，刘知几以为“其先亦出于左丘明”，此一看法与司马迁应该有些关系，后者不但在《史记·十二诸侯年表》中说左丘明成《左氏春秋》，而且在《太史公自序》及《报任安书》中均论及“左丘失明，厥有《国语》”，②可见司马迁主张《国语》《左传》成于左丘明之手。刘知几接着指出：“（左丘明）既为《春秋内传》，又稽其逸文，纂其别说，分周、鲁、齐、晋、郑、楚、吴、越八国事，起自周穆王，终于鲁悼公，别为《春秋外传·国语》，合为二十一篇。其文以方《内传》，或重出而小异。”③司马迁虽然将《国语》《左传》与左丘明联系起来，但对于这两部文献形成的先后顺序并没有发表看法。刘知几明确强调《左传》先于《国语》完成，这个看法也不是

---

①刘知几：《史通》，第3页。

②《汉书》，第2735页。

③刘知几：《史通》，第3—4页。

他的创见，就现有资料而言，班彪是最早提出这个看法的，《后汉书·班彪传》载："定哀之间，鲁君子左丘明论集其文，作《左氏传》三十篇，又撰异同，号曰《国语》，二十一篇。"①因此，刘知几有关《国语》形成的看法显然是继承汉代学者的成说。当然，《左传》与《国语》孰先孰后是存在争议的，除了班彪的看法之外，司马光说："先儒多怪左邱明既传《春秋》，又作《国语》，为之说者多矣，皆未甚通也。先君以为邱明将传《春秋》，乃先采集列国之史，因别分之，取其精英者为《春秋传》。而先所采集之稿，因为时人所传，命曰《国语》，非丘明之本志也。故其辞语繁重，序事过详，不若《春秋传》之简直、精明、浑厚、遒峻也，又多驳杂不粹之文。诚由列国之史学有厚薄，才有浅深，不能醇一故也。不然，邱明作此重复之书何为邪？"②应该说，这个推测可能更符合《国语》《左传》的实际，并且，联系刘知几有关先秦史官传史方式演变的观点，这一看法也能更好地佐证其说法。刘知几又分析《国语》的流变：

> 暨纵横互起，力战争雄，秦兼天下，而著《战国策》。其篇有东西二周、秦、齐、燕、楚、三晋、宋、卫、中山，合十二国，分为三十三卷。夫谓之策者，盖录而不序，故即简以为名。或云，汉代刘向以战国游士为之策谋，因谓之《战国策》。至孔衍，又以《战国策》所书，未为尽善；乃引太史公所记，参其异同，删彼二家，聚为一录，号为《春秋后语》。除二周及宋、卫、中山，其所留者，七国而已。始自秦孝公，终于楚、汉之际；比于《春秋》，亦尽二百三十余年行事。始衍撰《春秋时国语》，

①《后汉书》，第1324—1325页。

②朱彝尊：《经义考》，第1071页。

> 复撰《春秋后语》，勒成二书，各为十卷；今行于世者，唯《后语》存焉。按其书序云："虽左氏莫能加。"世人皆尤其不量力，不度德。寻衍之此义，自比于丘明者，当谓《国语》，非《春秋传》也。必方以类聚，岂多嗤乎！当汉氏失驭，英雄角力。司马彪又录其行事，因为《九州春秋》，州为一篇，合为九卷。寻其体统，亦近代之《国语》也。自魏都许、洛，三方鼎峙；晋宅江、淮，四海幅裂。其君虽号同王者，而地实诸侯。所在史官，记其国事，为纪传者则规模班、马，创编年者则议拟荀、袁。于是《史》《汉》之体大行，而《国语》之风替矣。①

在这段文字中，刘知几不但提到《战国策》《春秋时国语》《春秋后语》《九州春秋》的撰写，同时还分析《国语》这种史体难以为继的原因，这些看法都是很有意义的。可是，在《国语》这种史体的始源问题上，刘知几只是将其归于左丘明，这显然是没有找到真正的根源。从文体的角度来看，《国语》其实是沿袭《尚书》以来的传统。吕思勉说："其记言之史，则体极恢廓。盖其初意，原主于记嘉言之可为法者；然既记嘉言，自亦可推广之而及于懿行；既记嘉言懿行之可为法者，自亦可记莠言乱行之足为戒者也。故《国语》者，时代较后之《尚书》也。其所记虽殊，其体制则与《尚书》无以异也。"②虽然《尚书》《国语》之间还存在不小的差异，但从源流上来看，吕思勉的看法是值得接受的。

刘知几在《六家》中还讨论《史记》《汉书》两家，这些留待下文讨论。

---

①刘知几：《史通》，第4页。

②吕思勉：《吕著史学与史籍》，第217页。

二　言事相兼

按照浦起龙的理解，刘知几所谓的"六家"指记言家、记事家、编年家、国别家、通古纪传家及断代纪传家。从分类角度来看，这六家所依持的分类标准是不太一样的，其中记言家、记事家属于一类，其余四种为一类。因为在编年家、国别家、通古纪传家及断代纪传家中，都存在记言或记事的成分；同样，《尚书》这样的记言家，它是按照朝代编纂的，这虽与《国语》有些差异，但其近似之处也不容抹杀；还有《春秋》这样的记事家，其实又是编年体。这样，"六家"就存在两个层级。吕思勉论道："予谓刘氏以《尚书》《春秋》《左》《国》并列为四家，实于古代情事未合，何以言之？古之史，盖止记言记事二家。"①吕先生看到刘知几分类的矛盾，并且强调古史只有记言、记事二家，从原初的角度来看，这一看法无疑是合理的。然而，就先秦这四大史著来看，它们之间既有联系又存在区别，大体可分为三系：《尚书》《国语》一系，为记言；《春秋》为一系，为记事；《左传》为一系，记言兼记事。也就是说，先秦四大史著在史体方面经历演化过程。

对于这一过程，刘知几其实早已注意到，并且对此也提出自己的看法：

> 古者言为《尚书》，事为《春秋》，左右二史，分尸其职。盖桓、文作霸，纠合同盟，春秋之时，事之大者也，而《尚书》缺纪；秦师败绩，缪公诫誓，《尚书》之中，言之大者也，而《春秋》靡录。此则言、事有别，断可知矣。逮左氏为书，不遵古法，言之与事，同在传中。然而言事相兼，烦省合理，故使读者寻

① 吕思勉：《吕著史学与史籍》，第216页。

绎不倦，览讽忘疲。①

在这一段话中，刘知几提出先秦史官在传史方式上经历由言事分立到言事相兼的演变，这个观点是值得引起注意的。

有关先秦史官的载录方式，当时的史官并没有明确记载，这确实是一个遗憾。但是，这也并不意味着他们就没有留下任何蛛丝马迹。在现有文献中，存在一些记载，它们对于理解那个时代史官的载录方式是很有帮助的。鲁庄公如齐观社，曹刿在谏辞中谈到“君举必书”，韦昭解释说：“动则左史书之，言则右史书之。”②也就是说，先秦史官不但对于君主的言行很重视，并且采取分职载录。韦昭的这个解释大约采自《礼记·玉藻》，其文云：“动则左史书之，言则右史书之。”对于这个记载，郑玄《注》谓：“其书，《春秋》《尚书》其存者。”③将这些说法联系起来，先秦史官的载录方式就比较清晰了，即左史记事，右史记言，其文献表现为《春秋》《尚书》。这个表述其实在《汉书·艺文志》里早就已经形成：“古之王者世有史官，君举必书，所以慎言行，昭法式也。左史记言，右史记事，事为《春秋》，言为《尚书》，帝王靡不同之。”④然而需注意的是，《汉志》作“左史记言，右史记事”，这是与《玉藻》不同的。对此，孔颖达《正义》分析说：

经云“动则左史书之”，《春秋》是动作之事，故以《春秋》当左史所书。左阳，阳主动，故记动。经云“言则右史书之”，《尚书》记言诰之事，故以《尚书》当右史所书。右是阴，阴主

①刘知几：《史通》，第5页。

②《国语》，第155页。

③孔颖达：《礼记正义》，第877页。

④《汉书》，第1715页。

静故也。《春秋》虽有言，因动而言，其言少也。《尚书》虽有动，因言而称动，亦动为少也。《周礼》有五史，有内史、外史、大史、小史、御史，无左史、右史之名者，熊氏云："按《周礼·大史之职》云：'大师，抱天时，与大师同车。'又襄二十五年《传》曰：'大史书曰：崔杼弑其君。'是大史记动作之事，在君左厢记事，则大史为左史也。按《周礼》'内史掌王之八枋'，其职云：'凡命诸侯及孤卿大夫，则策命之。'僖二十八年《左传》曰：'王命内史叔兴父，策命晋侯为侯伯。'是皆言诰之事，是内史所掌在君之右，故为右史。是以《酒诰》云：'矧大史友，内史友。'郑注：'大史、内史，掌记言记行。'是内史记言，大史记行也。此论正法，若其有阙，则得交相摄代，故《洛诰》史逸命周公伯禽，服虔注文十五年传云：'史佚，周成王大史。'襄三十年，郑使大史命伯石为卿，皆大史主爵命，以内史阙故也。以此言之，若大史有阙，则内史亦摄之。按《觐礼》，赐诸公奉箧服，大史是右者，彼亦宣行王命，故居右也。此论正法，若春秋之时，则特置左、右史官，故襄十四年左史谓魏庄子，昭十二年楚左史倚相。《艺文志》及《六艺论》云：'右史纪事，左史记言。'与此正反，于传记不合，其义非也。"①

《正义》首先解释《玉藻》的说法，接着援引熊氏的意见，对左史、右史进行分析。熊氏依据相关文献的记载，以为大史为左史，内史为右史，亦即内史记言，大史记行。这是就正常状态而言，在特殊情况之下，它们可以交相摄代。并且，熊氏还提出，春秋时期已经设置左、右史官。最后，熊氏批评《汉志》"左史记言，右史记事"的提法，以为其与传记不合。应该说，熊氏的看法有其合理之处，但

①《礼记正义》，第877—878页。

指责《汉志》的记载一定不对，这就难免引起一些学者的反驳，比如清代学者黄以周云："《记·盛德篇》云：'内史、大史，左右手也。'……谓内史居左，大史居右。《觐礼》曰'大史是右'，是其证也。古官尊左，内史中大夫，尊，故内史左，大史右。"①对于《玉藻》乃至《汉志》的记载，一方面，它们这些说法很可能都有所来源，但也可能出自它们的判断；另一方面，左史、右史的问题固然重要，但与记言、记事之间未必就存在必然的逻辑联系。也就是说，在这些关联中，最为根本的问题在于当时是否存在记言、记事之现象。只有弄清楚这个问题，我们就能判断当时史官传史方式的特征。

就文献的记载而言，早期社会确实存在记言、记事分职载录的现象。《尚书·皋陶谟》说"天叙有典，敕我五典五惇"，孔《传》解"五典"为五常，"五惇"为五厚，②柳诒徵则提出一种新的看法："《皋陶谟》所谓五典五惇，殆即惇史所记善言善行可为世范者。故历世尊藏，谓之五典五惇。惇史所记，谓之五惇。"③此处将"五典五惇"理解为记载善言善行的文献，这是值得注意的。所谓"惇史"，这种史官负有载录人物言行的职责，《礼记·内则》说："凡养老，五帝宪，三王有乞言。五帝宪，养气体而不乞言，有善则记之为惇史。三王亦宪，既养老而后乞言，亦微其礼，皆有惇史。"④在养老仪式上存在乞言的环节，那些老人的言行通常被惇史载录下来。依据这些记载，我们能够察知那个时代非常注重人物言行的

①黄以周：《礼书通故》，第1480—1481页。

②孔颖达：《尚书正义》，第107页。

③柳诒徵：《国史要义》，第3页。

④孔颖达：《礼记正义》，第854—855页。

载录，然而，惇史对于这些言行到底采取怎样的载录方式则并不清楚。《国语·鲁语上》记载这样一件事：一种称之为"爰居"的海鸟在鲁国都城东门之外已经停留三天了，臧文仲准备使国人祭祀它，对于臧文仲的这种举动，展禽提出劝谏。他首先指出臧文仲的这种做法是不明智的，强调祭祀是国家的大典，要慎重对待，不能随随便便增加祭祀。接着又分析创制祀典的原则，进一步说明祭祀是一种严肃的制度行为，最后解释爰居停留在城东门可能是躲避海上的灾祸。事实恰如展禽所推测，这一年冬天海上常刮大风，并且又过于暖和。臧文仲听到这番话之后也意识到自己行为不妥，"文仲闻柳下季之言，曰：'信吾过也，季之之言不可不法也。'使书以为三筴"。① 筴即简书，臧文仲吩咐人将展禽的话记录在简策之上。像这种专门载录人物言论的例证在早期文献中还能找到一些，这说明当时确实存在单纯记言的现象。同样，先秦社会也存在单纯记事的情形，《春秋》宣公二年载"秋，九月，乙丑，晋赵盾弑其君夷皋"，《左传》对此说："乙丑，赵穿攻灵公于桃园。宣子未出山而复。大史书曰'赵盾弑其君'，以示于朝。"②赵穿攻杀晋灵公，当时晋国执政大臣赵盾未能及时讨伐，故太史将杀君之责任归于赵盾，郑重地记作"赵盾弑其君"，《春秋》的这条记载显然来自太史的记载。不难看出太史的书法属于记事性质。《史记·廉颇蔺相如列传》载秦赵渑池之会：

> 秦王饮酒酣，曰："寡人窃闻赵王好音，请奏瑟。"赵王鼓瑟。秦御史前书曰"某年月日，秦王与赵王会饮，令赵王鼓瑟"。蔺相如前曰："赵王窃闻秦王善为秦声，请奏盆缻秦王，

---

①《国语》，第170页。

②孔颖达：《春秋左传正义》，第590—598页。

> 以相娱乐。”秦王怒，不许。于是相如前进缻，因跪请秦王。秦王不肯击缻，相如曰：“五步之内，相如请得以颈血溅大王矣！”左右欲刃相如，相如张目叱之，左右皆靡。于是秦王不怿，为一击缻。相如顾召赵御史书曰“某年月日，秦王为赵王击缻”。①

依据这条记载，秦、赵两国御史的书法也属于单纯记事。

由于先秦史官记事、记言分职载录，自然存在许多记事、记言文献，从而出现《春秋》《尚书》这样的史著也就是意料之中的事情了。可是，这种言事分立所引发的叙事弊端也是显而易见的，刘知几已经发现这个问题。当然，刘知几只是强调《春秋》《尚书》受记事、记言限制而未能载录言论或事件，这自然是事实。其实，言事分立这种传史方式严重的叙事后果造成了理解的困难，这特别体现在以记事为特征的《春秋》上。我们知道，《春秋》只重视载录事件的结果，而并不关心过程，比如上引“秋，九月，乙丑，晋赵盾弑其君夷皋”。对此，倘若人们仅仅只阅读这个文本，那么，一定会认为晋灵公是赵盾所杀，此其一。而对于这个事件，亦即赵盾为何要杀灵公，他们之间存在怎样的矛盾，等等，由于《春秋》缺失这些内容的记载，我们依赖它也是无法获知的。这就是《春秋》叙事带来的最严重的后果。有鉴于此，《左传》改进此前言事分立的传史方式，将二者有机融合在一起，这不仅仅起到“烦省合理”的效果，更为重要的是避免《春秋》叙事的缺陷。正是由于《左传》的记载，让我们得以比较清晰地了解赵盾弑君这个事件的前因后果，从而明白这个事实的真相。《左传》能够做到这一点，关键在于采取言事相兼的传史方式。因此，在言事相兼方式下形成的

---

①《史记》，第862页。

《左传》其实是对《春秋》的解释。

三 传以释纪

对于言事分立时期所形成的记言文献与记事文献，史官群体之外的人群通常是难以理解的，特别是记事文献。史官之所以能够知晓这一切，除了他们自身拥有的一套知识之外，主要还在于他们同时还掌管记言文献。也就是说，记言文献实际上起到解释记事文献的作用，为什么这样说呢？杜预在《春秋序》中指出："'春秋'者，鲁史记之名也。记事者，以事系日，以日系月，以月系时，以时系年，所以纪远近、别同异也。故史之所记，必表年以首事。年有四时，故错举以为所记之名也。《周礼》有史官，掌邦国四方之事，达四方之志。诸侯亦各有国史。大事书之于策，小事简牍而已。"①在此，杜预讨论《春秋》的记事体例、史官记事及简策异同，在简策问题上，孔颖达《疏》说：

> 《释器》云"简谓之毕"，郭璞云"今简札也"。许慎《说文》曰："简，牒也。牍，书版也。"蔡邕《独断》曰："策者，简也。其制，长二尺，短者半之。其次一长一短，两编下附。"郑玄注《中庸》亦云"策，简也"。由此言之，则简、札、牒、毕，同物而异名。单执一札谓之为简，连编诸简乃名为策，故于文"策"或作"册"，象其编简之形。以其编简为策，故言策者简也。郑玄注《论语序》以《钩命决》云"《春秋》二尺四寸书之，《孝经》一尺二寸书之"，故知六经之策皆称长二尺四寸。蔡邕言二尺者，谓汉世天子策书所用，故与六经异也。简之所容，一行字耳。牍乃方版，版广于简，可以并容数行。凡为书，字有

---

①孔颖达：《春秋左传正义》，第3—8页。

> 多有少，一行可尽者，书之于简；数行乃尽者，书之于方；方所不容者，乃书于策。《聘礼记》曰："若有故则加书将命，百名以上书于策，不及百名书于方。"郑玄云："名，书文也，今谓之字。策，简也。方，版也。"是其字少则书简，字多则书策。此言大事小事，乃谓事有大小，非言字有多少也。大事者，谓君举告庙及邻国赴告，经之所书皆是也。小事者，谓物不为灾及言语文辞，传之所载皆是也。大事后虽在策，其初亦记于简。何则？弑君大事，南史欲书崔杼，执简而往，董狐既书赵盾，以示于朝，是执简而示之，非举策以示之，明大事皆先书于简，后乃定之于策也。其有小事，文辞或多，如吕相绝秦，声子说楚，字过数百，非一牍一简所能容者，则于众简牍以次存录也。杜所以知其然者，以隐十一年传例云"灭不告败，胜不告克，不书于策"。明是大事来告，载之策书也。策书不载，丘明得之，明是小事传闻，记于简牍也。以此知仲尼修经皆约策书成文，丘明作传皆博采简牍众记。故隐十一年注云"承其告辞，史乃书之于策。若所传闻行言非将君命，则记在简牍而已，不得记于典策。此盖周礼之旧制"也。又庄二十六年经皆无传，传不解经，注云"此年经、传各自言其事者，或策书虽存，而简牍散落，不究其本末，故传不复申解"。是言经据策书，传冯简牍，经之所言其事大，传之所言其事小，故知小事在简，大事在策也。①

简与策为当时书写之载体，最初表现在形制的差异，即策所能容纳的字数要多于简。然而，在史官书写体制之下，简与策被赋予新的意义。一般来说，史官最初是用简来记事，但到一定时候，史

①孔颖达：《春秋左传正义》，第8—9页。

官会对所记之事进行整理，将重要事件书之于策，而一般小事及言语文辞则载录在简牍上。对于前者，孔《疏》推测说：

史之所记，皆应具文，而《春秋》之经文多不具，或时而不月，月而不日，亦有日不系月、月而无时者。史之所记，日必系月，月必系时，《春秋》二百四十二年之间，有日无月者十四，有月无时者二，或史文先阙而仲尼不改，或仲尼备文而后人脱误。四时必具，乃得成年，桓十七年五月，无夏；昭十年十二月，无冬：二者皆有月而无时。既得其月，时则可知，仲尼不应故阙其时，独书其月，当是仲尼之后写者脱漏。其日不系于月，或是史先阙文，若僖二十八年冬下无月，而有壬申、丁丑，计一时之间再有此日，虽欲改正，何以可知？仲尼无以复知，当是本文自阙，不得不因其阙文，使有日而无月。如此之类，盖是史文先阙，未必后人脱误。其时而不月、月而不日者，史官立文，亦互自有详略，何则？案经朝聘、侵伐、执杀大夫、土功之属，或时或月未有书日者；其要盟、战败、崩薨、卒葬之属，虽不尽书日，而书日者多，是其本有详略也。计记事之初日月应备，但国史总集其事，书之于策，简其精粗，合其同异，量事而制法，率意以约文，史非一人，辞无定式，故日月参差，不可齐等。及仲尼修故，因鲁史成文，史有详略，日有具否，不得不即因而用之。①

按照这个解释，大致可以了解当时史官书写、整理简策的过程，最初书于简的史事作为原初材料，大约是很混乱的。史官在整理时，需要对它们按时间先后进行编联，以完成系年的工作，并进而将其誊录在策上。整体上来说，《春秋》是依据策书文献编纂的，

①孔颖达：《春秋左传正义》，第3—4页。

属于记事文献，而《左传》则是依据简牍，这些简牍主要载录言辞。由此可以看出，《左传》借助言事相兼的方式将记言文献纳入记事体系之中，从而完成对《春秋》的阐释工作。对于《春秋》与《左传》的这种关系，刘知几是注意到了的，他进而提出“传以释纪”的主张，以用来分析司马迁创制以来的“纪传体”。

刘知几对于“纪传体”的看法主要集中在《本纪》《世家》《列传》三篇，他在《本纪》中说：“盖纪者，纲纪庶品，网罗万物。考篇目之大者，其莫过于此乎？及司马迁之著《史记》也，又列天子行事，以本纪名篇。”①刘氏指出，“纪”有统领众类、网罗万物之意，作为一种史体，本纪主要载录天子的行事，换句话说，只有天子才有资格进入本纪。正是以此为标准，刘知几对司马迁在“本纪”上的一些做法提出责难：

> 然迁之以天子为本纪，诸侯为世家，斯诚谠矣。但区域既定，而疆理不分，遂令后之学者罕详其义。按姬自后稷至于西伯，嬴自伯翳至于庄王，爵乃诸侯，而名隶本纪。若以西伯、庄王以上，别作周、秦世家，持殷纣以对武王，拔秦始以承周赧，使帝王传授，昭然有别，岂不善乎？必以西伯以前，其事简约，别加一目，不足成篇。则伯翳之至庄王，其书先成一卷，而不共世家等列，辄与本纪同编，此尤可怪也。项羽僭盗而死，未得成君，求之于古，则齐无知、卫州吁之类也。安得讳其名字，呼之曰王者乎？春秋吴、楚僭拟，书如列国。假使羽窃帝名，正可抑同群盗，况其名曰西楚，号止霸王者乎？霸王者，即当时诸侯。诸侯而称本纪，求名责实，再三乖谬。

刘知几对司马迁的这些批评留待后文论述。刘氏又说：“盖纪之

①刘知几：《史通》，第9页。

为体，犹《春秋》之经；系日月以成岁时，书君上以显国统。……又纪者，既以编年为主，唯叙天子一人。有大事可书者，则见之于年月；其书事委曲，付之列传；此其义也。”在刘知几看来，本纪相当于《春秋》，用君主纪年来表达时间，通过书写君王来显示国统的承继。因此，本纪采取编年的形式，通篇只叙述天子的事情，并且只采录大事，至于事件的详细过程则放在列传中叙述。在这些论述里，已经隐含传以纪的看法。

关于世家，刘知几说：“司马迁之记诸国也，其编次之体，与本纪不殊。盖欲抑彼诸侯，异乎天子，故假以他称，名为世家。”①在这段文字中，刘知几提出三个看法：一是世家叙述的对象是诸侯国，也就是说，只有那些诸侯王才是被叙述的对象；二是在书写体例上，世家与本纪没有什么差异，即采取编年的形式，叙述诸侯王的事迹；三是由于诸侯王的地位低于天子，故采用“世家”这个名称。这些看法是刘知几通过对《史记》所设立之“世家”的观察而得出的结论，这些看法大抵很有意义。但是，按理说，纪传体既然出于《史记》的创制，那么，这些看法应该与《史记》相吻合。可问题在于，刘知几的这些看法有些实际上已经超越《史记》世家的相关事实，亦即在司马迁所设立的世家中，有些叙述的对象并不是诸侯，因此，在这一方面，刘知几与司马迁之间的冲突也就难以避免了。刘知几指出：

> 按世家之为义也，岂不以开国承家，世代相续？至如陈胜起自群盗，称王六月而死，子孙不嗣，社稷靡闻，无世可传，无家可宅，而以世家为称，岂当然乎？夫史之篇目，皆迁所创，岂以自我作故，而名实无准。且诸侯、大夫，家国本别。

①刘知几：《史通》，第9—11页。

> 三晋之与田氏，自未为君而前，齿列陪臣，屈身藩后，而前后一统，俱归世家。使君臣相杂，升降失序，何以责季孙之八佾舞庭，管氏之三归反坫？又列号东帝，抗衡西秦，地方千里，高视六国，而没其本号，唯以田完制名，求之人情，孰谓其可？当汉氏之有天下也，其诸侯与古不同。夫古者诸侯，皆即位建元，专制一国，绵绵瓜瓞，卜世长久。至于汉代则不然。其宗子称王者，皆受制京邑，自同州郡；异姓封侯者，必从官天朝，不临方域。或传国唯止一身，或袭爵方经数世，虽名班胙土，而礼异人君。必编世家，实同列传。而马迁强加别录，以类相从，虽得画一之宜，讵识随时之义？①

刘知几将“世家”鉴定为“开国承家，世代相续”，应该说，这个看法并没有什么不对。然而，刘知几严格按照这个标准去规范《史记》，这样的批判到底是不是完全可行，这是需要思考的。刘知几凭借这个标准，对于《史记》之世家的若干篇目进行责难：一是陈胜不该列入世家；二是三晋与田氏为君前与为君后不应俱归世家；三是汉代诸侯与周代诸侯并不一样，不应编入世家。刘知几的这些批评到底在多大程度上击中《史记》的要害，这个问题仍然留待下文讨论。

在列传问题上，刘知几说：“夫纪传之兴，肇于《史》《汉》。盖纪者，编年也；传者，列事也。编年者，历帝王之岁月，犹《春秋》之经；列事者，录人臣之行状，犹《春秋》之传。《春秋》则传以解经，《史》《汉》则传以释纪。”②倘若说刘知几在《本纪》篇中还只是隐约提到列传与本纪的关系，那么，在《世家》中就明确提出“传以释

①刘知几：《史通》，第11页。

②刘知几：《史通》，第11—12页。

纪”的主张。刘知几指出，本纪主要采用编年体，而列传则是编列事件。这也就是说，本纪按帝王所经历的年月叙事，其体式如《春秋》；列传则叙述大臣的言论行为，其体式如《左传》。如同《左传》起到解释《春秋》的作用一样，《史记》《汉书》中的传也起到解释本纪的作用。

通过对《史通》之《本纪》《世家》《列传》三篇的简要叙述，可以发现刘知几针对《史》《汉》之“纪传体”提出比较完整的批判。这些看法有的虽然是特别针对《史记》做出的，但刘知几确立这种批判的视野却并不仅限于《史记》，也就是说，刘知几实际上是在通观先秦以来史传文体演变之基础上提出“纪传体”理论。因此，尽管这一理论与“纪传体”之创立者《史记》存在一些隔膜，但从宏观的视野来看，是可以理解的。并且，在这一理论中，刘知几事实上已经接触《本纪》《世家》《列传》的若干体例问题，这对于我们即将要讨论的话题无疑提供有益的知识支持。

第二节 《史记》纪传体生成

按照刘知几言事分立与言事相兼的观点，先秦史传大体可分为三系：以《尚书》《国语》为代表的记言、以《春秋》为代表的记事及以《左传》为代表的言事合一。倘若从史体来看，大致有两种：以《春秋》《左传》为代表的编年体、以《国语》《战国策》为代表的国别体。这是先秦史传文体整体上所呈现的特征，而《左传》扮演集大成的角色。在很大程度上又可以认为，司马迁的《史记》又是对先秦以来史传文体的某种综合，所创制的“纪传体”事实上吸收了先秦史传的合理因素。那么，司马迁又是如何改造的呢？下面我们就来探讨这个问题。

一　司马迁与《春秋》

汉代学者对于孔子及其六经特别是《春秋》进行过热烈的讨论,从学术史的角度来看,汉代存在经今、古文学之间的对立,它们对于孔子和六经之间的关系,有着截然相对的看法。周予同曾经指出,今文学家以为六经大部分是孔子所作,而古文学家则主张六经都是前代的史料,孔子只不过对此加以整理而已。这种分歧的深层含意在于:今文学认为孔子是"素王",是政治家,六经里面固然有前代的史料,但这只是孔子"托古改制"的手段,实则六经中蕴藏孔子的微言大义。① 从这里可以看出,今、古文学之间的分歧已涉及孔子述作问题,而从实际情形来看,今文学的观点曾长期主宰两汉士人的述作意识。孔子本志在救世拯道,但周游诸国而不遇,不得已乃将其生命的能量倾注于著述事业,在汉代士人看来,孔子作《春秋》不仅是"确凿无疑的信仰,而是被进一步上升、推崇为无位者藉文化手段而成就的王者事业"。② 董仲舒贤良对策说:"孔子作《春秋》,先正王而系万事,见素王之文焉。"③王充《论衡·定贤篇》谓"故孔子不王,作《春秋》以明意。案《春秋》虚文业,以知孔子能王之德"。④ 孔子藉著述来寄寓微意、实现其政治构想,从而达到文化创造的高度,这就树立了汉代士人企慕的榜样,也代表他们所嘉许的文化创造的至上成就和传统。⑤

---

①朱维铮编:《周予同经学史论著选集》,第 7 页。

②于迎春:《汉代文人与文学观念的演进》,第 72 页。

③严可均校辑:《全汉文》,第 252 页。

④王充:《论衡》,第 269 页。

⑤于迎春:《汉代文人与文学观念的演进》,第 73 页。

司马迁确实是以孔子的继承者自许的,《史记·太史公自序》载:

> 太史公执迁手而泣曰:"余先周室之太史也。自上世尝显功名于虞夏,典天官事。后世中衰,绝于予乎?汝复为太史,则续吾祖矣。今天子接千岁之统,封泰山,而余不得从行,是命也夫,命也夫!余死,汝必为太史;为太史,无忘吾所欲论著矣。且夫孝始于事亲,中于事君,终于立身。扬名于后世,以显父母,此孝之大者。夫天下称诵周公,言其能论歌文武之德,宣周召之风,达太王王季之思虑,爰及公刘,以尊后稷也。幽厉之后,王道缺,礼乐衰,孔子修旧起废,论诗书,作春秋,则学者至今则之。自获麟以来四百有余岁,而诸侯相兼,史记放绝。今汉兴,海内一统,明主贤君忠臣死义之士,余为太史而弗论载,废天下之史文,余甚惧焉,汝其念哉!"迁俯首流涕曰:"小子不敏,请悉论先人所次旧闻,弗敢阙。"……太史公曰:"先人有言:'自周公卒五百岁而有孔子。孔子卒后,至于今五百岁,有能绍明世,正易传,继春秋,本诗书礼乐之际?'意在斯乎!意在斯乎!"①

司马谈因事未能参与封禅大典,发愤将死,此时司马迁也恰好完成朝廷使命来到身边。司马谈在临死之前郑重交代司马迁一定要努力完成一部史著,他说,在这样一个史官世家,又恰逢如此昂扬之时代,就更加有责任论列明主贤君忠臣死义之士的事迹。司马谈还特意提到周公、孔子之事业,以此激励司马迁。司马迁接受父亲的重托,并一再以周、孔自励。

对于孔子与《春秋》的关系,司马迁在《史记·孔子世家》中

①《史记》,第1179—1180页。

说:“子曰:‘弗乎弗乎,君子病殁世而名不称焉。吾道不行矣,吾何以自见于后世哉?’乃因史记作《春秋》。”①孔子意识到自己的主张在当时难以实现,又担心自己死后名声不被世上称颂,于是在鲁《春秋》之基础上编作《春秋》。既然司马迁能将这段史料写进《孔子世家》,可见他是非常了解孔子制作《春秋》的现实情境的。事实上,当司马迁遭受李陵之祸后,对此又有着更深一层的体验,他在《史记·太史公自序》中如此写道:

> 七年而太史公遭李陵之祸,幽于缧绁,乃喟然而叹曰:“是余之罪也夫!是余之罪也夫!身毁不用矣。”退而深惟曰:“夫《诗》《书》隐约者,欲遂其志之思也。昔西伯拘羑里,演《周易》;孔子戹陈蔡,作《春秋》;屈原放逐,著《离骚》;左丘失明,厥有国语;孙子膑脚,而论《兵法》;不韦迁蜀,世传《吕览》;韩非囚秦,《说难》《孤愤》;《诗》三百篇,大抵贤圣发愤之所为作也。此人皆意有所郁结,不得通其道也,故述往事,思来者。②

他又在《报任安书》中说道:

> 古者富贵而名摩灭,不可胜记,唯俶傥非常之人称焉。盖西伯拘而演《周易》;仲尼厄而作《春秋》;屈原放逐,乃赋《离骚》;左丘失明,厥有《国语》;孙子膑脚,《兵法》修列;不韦迁蜀,世传《吕览》;韩非囚秦,《说难》《孤愤》。《诗》三百篇,大氐贤圣发愤之所为作也。此人皆意有所郁结,不得通其道,故述往事,思来者。及如左丘无目,孙子断足,终不可用,

①《史记》,第667页。

②《史记》,第1181页。

退论书策以舒其愤，思垂空文以自见。”①

司马迁指出孔子等往昔名哲，由于身处逆境，胸中郁结的愤懑不能畅达，才借助著述活动来抒发。然而，当他在具体论定自己的著作时，司马迁又表现了极为谨慎的态度。面对壶遂“孔子之时，上无明君，下不得任用，故作《春秋》，垂空文以断礼义，当一王之法。今夫子上遇明天子，下得守职，万事既具，咸各序其宜，夫子所论，欲以何明”这一诘难时，司马迁却流露出一丝不安，并争辩说：“余所谓述故事，整齐其世传，非所谓作也，而君比之于《春秋》，谬矣。”②司马迁一方面声称要效仿孔子，立志“成一家之言”；同时又否认《史记》“作”的性质，并且指出别人将《史记》比作《春秋》的做法是错误的，这显然反映司马迁的矛盾态度。于迎春分析说，汉代现实没有赋予一般士人随意褒贬天子是非的权利与资格，士人们难以拥有批判的可能。他们除了皇帝的统治之外，还要表示对圣人及经典的充分敬重和臣服，这就包括对写作活动的资格与名号的尊敬。“作”之为圣人品格的有机构成，已成为任何人不得僭越的资格，于是传释、训解圣人的经理大义，就成为士人文化事业的基本内容和方式。③ 徐复观从封建、官制等角度具体分析了汉代君主的猜忌、专制心理，并讨论士人对专制政治的感受，指出“西汉知识分子的压力感，多来自专制政治的自身，是全面性的感受。而东汉知识分子，则多来自专制政治中最黑暗的某些现象，有如外戚、宦官之类。这是对专制政治自身已经让步

①《汉书》，第 2735 页。

②《史记》，第 1181 页。

③于迎春：《汉代文人与文学观念的演进》，第 79—80 页。

以后的压力感,是政治上局部性的压力感。"①从他的分析中可以看出,一方面,汉代君主着意维护大一统专制的皇帝绝对崇高的身份地位,于是围绕这一基点而实施种种举措;另一方面,两汉士人对于这种专制的认同有一个过程,一开始并未全面屈服于这一外来的压力。就司马迁本人的创作来看,韩兆琦说:"《史记》是先秦文化之集大成,司马迁也是先秦士风、先秦优秀士人思想人格的直接继承者。但是司马迁生活在汉武帝'罢黜百家,独尊儒术'的时代,先秦的许多风气、思想、人格在这个时代已经不允许再存在了。所以从这个意义上讲,司马迁又是先秦士风、先秦优秀士人思想人格的终结者,是最后的一个。"②尽管大一统政治的逐渐稳固遏制、扭曲了司马迁的梦想,但是,先秦优秀士人思想人格激励司马迁"以自己特有的价值观和行为方式,抗衡已经趋于凝固的主流社会意识形态",③如"论大道则先黄老而后六经,序游侠则退处士而进奸雄,述货殖则崇势利而羞贱贫"等,以致班固批评他"是非颇缪于圣人"。④ 并且,《史记·太史公自序》裴骃《集解》引卫宏《汉书旧仪注》云:"司马迁作《景帝本纪》,极言其短及武帝过,武帝怒而削去之。"⑤又《三国志·王肃传》谓:"汉武帝闻其述《史记》,取孝景及己本纪览之,于是大怒,削而投之。"⑥由此看

①徐复观:《两汉思想史》(第一卷),第167页。关于徐复观对两汉封建、官制的分析,可具体参看《汉代专制政治下的封建问题》《汉代一人专制政治下的官制演变》,均收入《两汉思想史》(第一卷)。

②韩兆琦:《史记通论》,第150页。

③过常宝:《原史文化及文献研究》,第358页。

④《汉书》,第2737—2738页。

⑤《史记》,第1188页。

⑥《三国志》,第418页。

出，司马迁对于历史人物的评判有其自身的标准，不以圣人之是非为是非，即使对于当朝先帝及当今皇上也敢加以褒贬，这种做法显然继承孔子作《春秋》的精神。

同时，对于《春秋》乃至《左传》的形成，司马迁在《史记·十二诸侯年表》中做了如下说明：

> 是以孔子明王道，干七十余君莫能用，故西观周室，论史记旧闻，兴于鲁而次《春秋》，上记隐，下至哀之获麟，约其辞文，去其烦重，以制义法，王道备，人事浃。七十子之徒，口受其传指，为有所刺讥褒讳挹损之文辞，不可以书见也。鲁君子左丘明，惧弟子人人异端，各安其意，失其真，故因孔子史记具论其语，成《左氏春秋》。①

对于《春秋》的制作，司马迁指出，孔子专门到周室考察，整理史记传闻，从鲁史出发编纂《春秋》，选择鲁隐公至哀公获麟之年作为叙述的中心。通过删削鲁史重复繁琐的记载，简约叙述的文辞，以此制定义理与法度，使王道完备。司马迁的这些看法，大约是对此前相关记载的整合。《春秋左传正义》孔《疏》引沈氏说："《严氏春秋》引《观周篇》云：'孔子将修《春秋》，与左丘明乘如周，观书于周史，归而修《春秋》之经，丘明为之传，共为表里。'"②《观周篇》为《孔子家语》中的篇目，今本《观周篇》虽无此语，但《严氏春秋》引之，此条大约为该篇之佚文。《观周篇》提到孔子前往周室观书之事，司马迁的说法或许与此有关。又《孟子·离娄下》载："晋之《乘》，楚之《梼杌》，鲁之《春秋》，一也：其事则齐桓、晋文，其

①《史记》，第195页。

②孔颖达：《春秋左传正义》，第13页。

文则史。孔子曰：'其义则丘窃取之矣。'"①孟子指出《春秋》不同于《乘》《梼杌》之处在于孔子在撰修过程中加入"义"这一元素，孟子之所谓"义"，与司马迁之"义法"是一致的。孟子还说："世衰道微，邪说暴行有作，臣弑其君者有之，子弑其父者有之。孔子惧，作《春秋》。《春秋》，天子之事也；是故孔子曰：'知我者其惟《春秋》乎！罪我者其惟《春秋》乎！'……昔者禹抑洪水而天下平，周公兼夷狄，驱猛兽而百姓宁，孔子成《春秋》而乱臣贼子惧。"②孟子在这段文字中揭示孔子作《春秋》的动机、功用及其性质，凑巧的是，司马迁引述董仲舒之言也论及这些问题：

> 余闻董生曰：周道衰废，孔子为司寇，诸侯害之，大夫壅之。孔子知言之不用，道之不行也，是非二百四十二年之中，以为天下仪表，贬天子，退诸侯，讨大夫，以达王事而已矣。子曰："我欲载之空言，不如见之于行事之深切著明也。"夫《春秋》，上明三王之道，下辨人事之纪，别嫌疑，明是非，定犹豫，善善恶恶，贤贤贱不肖，存亡国，继绝世，补敝起废，王道之大者也。……拨乱世反之正，莫近于《春秋》。《春秋》文成数万，其指数千。万物之散聚，皆在《春秋》。《春秋》之中，弑君三十六，亡国五十二，诸侯奔走不得保其社稷者不可胜数。察其所以，皆失其本已。故《易》曰"失之毫釐，差以千里"，故曰"臣弑君，子弑父，非一旦一夕之故也，其渐久矣"。故有国者不可以不知《春秋》，前有谗而弗见，后有贼而不知。为人臣者不可以不知《春秋》，守经事而不知其宜，遭变事而不知其权。为人君父而不通于《春秋》之义者，必蒙首恶之名。为

---

①焦循：《孟子正义》，第338页。

②焦循：《孟子正义》，第266—271页。

人臣子而不通于《春秋》之义者，必陷篡弒之诛，死罪之名。其实皆以为善，为之不知其义，被之空言而不敢辞。夫不通礼义之旨，至于君不君，臣不臣，父不父，子不子。夫君不君则犯，臣不臣则诛，父不父则无道，子不子则不孝，此四行者，天下之大过也。以天下之大过予之，则受而弗敢辞。故《春秋》者，礼义之大宗也。①

由此可以明白，司马迁在《十二诸侯年表》中有关《春秋》制作的讨论，是融合前人对于这个问题的相关看法。虽然如此，然而当司马迁综合这些看法时，也就意味着他认可这些看法，在很大程度上也就是他本人对于《春秋》制作的认知。就这种认知而言，司马迁更多的是对于《春秋》所蕴含之道德批判的接受。

司马迁在《十二诸侯年表》中还讨论《左传》的形成，他强调左丘明在孔子所作《春秋》之基础上"具论其语"而成《左传》。司马迁虽然没有对"具论其语"这个说法展开说明，但是，他的这个看法仍具有非常重要的意义。一方面，司马迁明确肯定《左传》与《春秋》之间的联系，自汉代以来，在《左传》是否解释《春秋》的认识上长期存在剧烈的争议，司马迁固然没有明确提出《左传》解释《春秋》这个观点，但从其相关表述来看，无疑暗示这一点；另一方面，司马迁看到左丘明编纂《左传》的方法即"具论其语"，现在还没有明显证据表明刘知几"言事相兼"的看法与司马迁这一说法之间所可能存在的联系，但是，"具论其语"的这个提法与"言事相兼"似乎存在相同之处，这也就意味着司马迁也是非常熟悉《左传》之形成的。

就《史记》这一文本所呈现的特征来看，我们认为，《史记》所

①《史记》，第1180—1181页。

蕴涵的批判精神在很大程度上与《春秋》是一脉相承的，而在文体方面，更多是吸收《左传》乃至《尚书》《国语》的编纂成果。这个问题在下文讨论。

二　五体结构与“成一家之言”

在《史记》五体结构问题上，司马迁在《太史公自序》中做了如此交待：“罔罗天下放失旧闻，王迹所兴，原始察终，见盛观衰，论考之行事，略推三代，录秦汉，上记轩辕，下至于兹，著十二本纪，既科条之矣。并时异世，年差不明，作十表。礼乐损益，律历改易，兵权山川鬼神，天人之际，承敝通变，作八书。二十八宿环北辰，三十辐共一毂，运行无穷，辅拂股肱之臣配焉，忠信行道，以奉主上，作三十世家。扶义俶傥，不令己失时，立功名于天下，作七十列传。凡百三十篇，五十二万六千五百字，为太史公书。序略，以拾遗补艺，成一家之言，厥协六经异传，整齐百家杂语。”①在这段文字中，司马迁对于五体的说明应该说是比较清晰的了，然而，对于五体，人们还存在不同的看法，比如五体是不是司马迁所创，五体的内涵是什么等，这些问题关系到纪传体认识，因此需要作出说明。在此，我们首先探究五体渊源这个问题。

一种观点认为，《史记》五体是对此前文体的继承，《文心雕龙·史传篇》载：“爰及太史谈，世惟执简；子长继志，甄序帝勣。比尧称典，则位杂中贤；法孔题经，则文非元圣。故取式《吕览》，通号曰纪。纪纲之号，亦宏称也。故《本纪》以述皇王，《列传》以总侯伯，《八书》以铺政体，《十表》以谱年爵，虽殊古式，而得事序

①《史记》，第1188页。

焉。"①刘勰分析说，司马迁叙述帝王事迹，倘若仿照《尧典》，但那些帝王并不都是圣人；倘若效法孔子《春秋》而称为经，则他又不是大圣人，所以只好取法《吕氏春秋》十二纪，通称为纪。由此可见刘勰认为本纪源于十二纪。章学诚接受刘勰的看法，但又做了修正，他在《〈和州志·列传〉总论》中说："吕氏十二纪似本纪所宗，八览似八书所宗，六论似列传所宗。"②在章学诚看来，《史记》之本纪、八书、列传实承《吕氏春秋》而来。在这个问题上，还存在其他看法，如秦嘉谟在《世本辑补自序》中写道："《世本》为纪传，太史公述《世本》以成《史记》，纪传不自《史记》始也。"③也就是说，《世本》已经出现纪传体这种史体，司马迁的《史记》只不过仿照它罢了。赵翼《廿二史札记》"各史例目异同"条以为"古有《禹本纪》《尚书》《世纪》等书，迁用其体以叙述帝王"，并据《史记·卫世家赞》所提及《世家》，以为"古来本有世家一体，迁用之以记王侯诸国"，又以为十表"昉于周之谱牒"；但又主张"八书乃史迁所创，以纪朝章国典"，又指出"古书凡记事立论及解经者，皆谓之传，非专记一人事迹也。其专记一人为一传者，则自迁始"。④ 这就是说，司马迁对于五体，既有沿袭传统的一面，也存在其自身的创制。范文澜在注解《文心雕龙》时指出："本纪之名，彦和谓取式《吕览》，恐非。《史记·大宛传赞》两言《禹本纪》，正迁所本耳。"⑤这就认为《禹本纪》乃《史记》本纪之始源，范先生又以为

①范文澜：《文心雕龙注》，第 284 页。

②仓修良：《文史通义新编新注》，第 924 页。

③秦嘉谟等辑：《世本八种》，第 1 页。

④赵翼：《廿二史札记》，第 3—5 页。

⑤范文澜：《文心雕龙注》，第 292 页。

《史记》八书“取则《尚书》,故名曰书”:

> 《尚书·尧典》《禹贡》,后世史官所记,略去小事,综括大典,追述而成。故如“乃命羲和,钦若昊天,历象日月星辰,敬授人时。……以闰月定四时成岁”。即《律书》《历书》《天官书》所由昉也。“岁二月东巡狩。……车服以庸。”《封禅书》所由昉也。“帝曰,咨四岳,有能典朕三礼。……直哉惟清。”《礼书》所由昉也。“帝曰,夔,命汝典乐。……百兽率舞。”《乐书》所由昉也。“帝曰:弃,黎民阻饥,汝后稷,播时百谷。”《平准书》所由昉也。《禹贡》一篇,《河渠书》所由昉也。①

梁启超分析说:“其本纪以事系年,取则于《春秋》。其八书详纪政制,蜕形于《尚书》。其十表稽牒作谱,印范于《世本》。其世家、列传,既宗雅记,亦采琐语,则《国语》之遗规也。”②吕思勉引或说指出:“《史记》之体例,实源于《世本》。洪饴孙撰《史表》,以《世本》列诸史之首,核其体例:则有本纪,有世家,有传,并为《史记》所沿,桓谭谓:‘太史公《三代世表》,旁行斜上,并效《周谱》。’《隋志》有《世本王侯大夫谱》二卷,盖即《周谱》之伦,则《史记》之世表、年表、月表,其例亦沿自《世本》。《世本》又有《居篇》《作篇》,则八书所由昉也。”而吕先生本人则认为“本纪、世家、世表之源,盖出于古之《帝系》《世本》;八书之作,则出于古之《典志》”。③ 周振甫提出:“按《史记·大宛传》两引《禹本纪》,那末本纪不是取于《吕氏春秋》。《史记·伯夷列传》称引‘其传曰’,那末列传的名称也有

①范文澜:《文心雕龙注》,第293页。

②梁启超:《中国历史研究法》,第19页。

③吕思勉:《吕著史学与史籍》,第217页。

所本。《世本》有居篇、作篇、世家、传、谱,那末《史记》中的世家、列传、八书、十表当本于《世本》,但又有发展。”①还有学者推测“司马迁所见石室金匮之书,有本纪、世家、年表、列传之体,为司马迁所依仿”。② 由此看来,尽管人们在五体的具体来源方面还存在不小的差异,但基本上认定五体是司马迁继承已有史体的结果。

然而,对于上述看法,也有学者提出异议,如张大可指出,司马迁所提及的《禹本纪》原本是一部志怪之书,与以载述帝王事迹为特征的《本纪》是不同的。《史记》中《管蔡》《陈杞》各世家所称之“世家言”三字实际上是司马迁自称其书,也就是说,在《史记》之前并不存在“世家”这种史体;先秦典籍中的“世卿”“世禄”“世臣”“世家”之称均指卿大夫之爵职秩禄世代相传,《史记》“世家”之名称由此演化而来。因此,他强调五体是司马迁所创造。当然,这并不是说此前文献对于司马迁创制五体就没有任何影响。张大可进一步指出,《春秋》之经、传形式对《史记》体例的创作影响很大,还有《谍记》《春秋历谱牒》是司马迁创造年表所借鉴的蓝本,《吕氏春秋》之《十二纪》《八览》《六论》这些形式也给予司马迁以很大的启示。“但是《吕氏春秋》的各体都是短篇的论文,只是名称不同,并无本质的区别,是不能与各具笔法义例的《史记》五体相提并论的。以上说明,司马迁的创造不宗一书,不祖一体,而是参酌各种典籍体例的长短,匠心独具地汇入一编。《史记》五体,各具笔法,自成系统,而又构成一个严密的整体,不仅是一种史料的编纂方法,而且更是一种历史的表述法,反映了司马迁大

①周振甫:《文心雕龙注释》,第184页。

②安平秋等主编:《史记教程》,第89页。

一统的历史观。”①其实，即使主张《史记》五体是继承此前文体的，他们也并不轻易忽略司马迁的业绩，如梁启超谓：“诸体虽非皆迁所自创，而迁实集其大成，兼综诸体而调和之，使互相补而各尽其用。此足征迁组织力之强，而文章技术之妙也。”②周振甫也认为司马迁“把纪传书表组织起来全面地记载历史，更是独创”。③

就《史记》五体而言，我们赞同张大可的看法，以为五体出于司马迁的创制，因为一个基本的事实是，在司马迁之前，我们还没有发现一部类同《史记》的文献。即使如《世本》，也是与《史记》无法相提并论的。在此，我们还试图从司马迁制作《史记》的意图方面对五体的生成提出一些思考。在孔子与《春秋》问题上，孟子认为《春秋》在事、文两方面与《乘》《梼杌》并没有二样，所记载的都是齐桓公、晋文公一类的事件，采用一般史书的笔法。然而，孟子强调《春秋》的不同之处在于孔子赋予“义”这样新的内容。因此，在孟子看来，被孔子整理过的《春秋》具有全新的面貌。司马迁非常推崇孔子及其《春秋》，他制作《史记》在很大程度上是效法孔子制作《春秋》的，或者说是以孔子继承人自居的。他强调周公去世后五百年而有孔子，现在距孔子去世已有五百年，现在也正是时候了，因此，司马迁制作《史记》是自觉接续《春秋》的。虽然司马迁自谦制作《史记》是“述故事，整齐其世传，非所谓作”，但是不要忘了孔子也坦承自己“述而不作”。至于“述而不作”的内涵，正如有的论者所言，“‘史’与‘官’又有不解之缘，而史的基本职能又是尽量不带感情色彩的客观忠实记述，……那么，中华学术从发源

①张大可：《史记体制义例简论》，《兰州大学学报》，1983年第1期。

②梁启超：《中国历史研究法》，第19页。

③周振甫：《文心雕龙注释》，第184页。

之初，就必然带有鲜明的'述而不作'的精神胎记及浓厚的官方职能色彩"。① 这样，司马迁"述故事，整齐其世传"的做法表面上看来是自谦，其实也正是自觉继承先秦史官的著述传统，这也与司马氏这一有着悠久史官历史的家族相吻合的。由于史官家族、孔子的垂范，以及现实的际遇这些因素的综合作用，司马迁思考将《史记》铸造为"一家之言"，他在《报任安书》中写道："仆窃不逊，近自托于无能之辞，网罗天下放失旧闻，考之行事，稽其成败兴坏之理，凡百三十篇，亦究天人之际，通古今之变，成一家之言。"②这可以看做司马迁写作《史记》的誓言与宏愿。

白寿彝分析认为，"家"原本是一个政治概念、经济概念和社会组织单位的概念，然后才被运用到学术领域，称学术流派为"家"。白先生说："在史学领域里提出'家'的概念，并在实践上实现了'成一家之言'，这在司马迁个人，是超越前人的成就，在史学的发展上，标志着我国史学已经规模具备地成长起来了。"③然而在"成一家之言"之具体内涵上，程金造以为："'一家之言'是太史公一已对事对人的意见，是理不空发，而以事见的。所以我以为《史记》不是纯史事的记录，而是太史公以事见其道的书。然而此道是太史公一家之道，是司马迁一己之意。因此，太史公述其著作之'成一家之言'，如果以孔子作《春秋》来相比，就等于孔子的'当一王之法'。"④高振铎指出司马迁既不是儒家、道家，也不是

①刘畅：《述而不作：从官方职能到学术思想》，《中国典籍与文化》，2001年第1期。

②《汉书》，第2735页。

③白寿彝：《说"成一家之言"》，《历史研究》，1984年第1期。

④程金造：《释太史公自叙成一家之言》，《人文杂志》，1983年第4期。

杂家，“司马迁不属于上述六家中的任何一家，而应该把他当作两汉时期新出现的史家，这是产生六家的先秦所根本没有的一家”。[①] 汪高鑫也赞同这个说法，“司马迁所要自成的一家，无疑就是史家，是先秦尚未产生的一个学术家派”。[②] 站在后世的立场上，将司马迁视为史家无疑是符合实情的，或者说，司马迁确实开创史家这个流派。然而，司马迁是如何做到这一点的呢？司马迁一再申说自己“拾遗补艺，成一家之言，厥协六经异传，整齐百家杂语”，“述故事，整齐其世传”，“网罗天下放失旧闻，考之行事，稽其成败兴坏之理”，“究天人之际，通古今之变”，这实际上道出他是如何自觉地实现“成一家之言”的具体路径。从这些说法中，我们不难发现司马迁的撰述行为与此前有了很大的变化。天人问题在先秦时期存在，从传史的角度来看，《春秋》的重点在于叙事，借助这些事件来发挥道德评判作用，或者说，这些事件服务于道德伦理，在这个意义上，《春秋》是以“事”为中心的。《左传》虽然改变《春秋》单纯叙事的做法，着力于展现事件过程性的描述，这在一定程度上突出人的活动，揭示历史发展的因果联系，然而从整体上来看，《左传》还没有突破以“事”为中心的藩篱。《尚书》《国语》等先秦史传文献“人”的因素似乎凸显出来，然而它们的意旨还在于言论的载录。司马迁改变先秦时期重在“言”“事”载录的兴趣，而是突出历史中的人的活动，他在撰写《史记》时将“人”摆在显要的位置，他所设立的本纪、世家、列传无一不是围绕这一点的。因此，《史记》中的“天”大多是指历史形势和时代条件，司马迁“主要是谈人为与时势的关系，强调谋事在人而又受到时势

---

①高振铎：《司马迁的“成一家之言”新解》，《贵州社会科学》，1985年第5期。

②汪高鑫：《司马迁“成一家之言”新论》，《安徽大学学报》，2000年第3期。

限制，人乘时顺势则大有可为，违时失势则必然失败。他评述历史人物，往往将人物放在特定的时势下进行具体分析，而不是空言‘天命’”。① 这样，司马迁确实重视道德评判，然而，他将这种评判置于历史的因果关联之中，通过这种方式来思考历史演变的轨迹，来探究政治成败与国家兴衰的原因。正是由于司马迁这些观念的新变，从而为实现“成一家之言”奠定坚实的基础。当然，要兑现这一目标，亦即将这些观念具体化，则必须依赖一定的物质手段。可是很显然，既有的史体是难以满足这种愿望的，这一点司马迁本人也有着非常清醒的认识，他在《十二诸侯年表》中这样写道：

> 是以孔子明王道，干七十余君，莫能用，故西观周室，论史记旧闻，兴于鲁而次《春秋》，上记隐，下至哀之获麟，约其辞文，去其烦重，以制义法，王道备，人事浃。七十子之徒口受其传指，为有所刺讥褒讳挹损之文辞不可以书见也。鲁君子左丘明惧弟子人人异端，各安其意，失其真，故因孔子史记具论其语，成《左氏春秋》。铎椒为楚威王傅，为王不能尽观《春秋》，采取成败，卒四十章，为《铎氏微》。赵孝成王时，其相虞卿上采《春秋》，下观近势，亦著八篇，为《虞氏春秋》。吕不韦者，秦庄襄王相，亦上观尚古，删拾《春秋》，集六国时事，以为八览、六论、十二纪，为《吕氏春秋》。及如荀卿、孟子、公孙固、韩非之徒，各往往捃摭《春秋》之文以著书，不同胜纪。汉相张苍历谱五德，上大夫董仲舒推《春秋》义，颇著文焉。

在此，司马迁描述自孔子之后系列“《春秋》类”文献的生成，指出

①施丁：《论司马迁的“成一家之言”》，《中国史研究》，1996年第1期。

左丘明等人在《春秋》之影响下，从各自特定的角度撰述著作。接着司马迁评论说："儒者断其义，驰说者骋其辞，不务综其终始；历人取其年月，数家隆于神运，谱谍独记世谥，其辞略，欲一观诸要难。于是谱十二诸侯，自共和讫孔子，表见《春秋》《国语》学者所讥盛衰大指著于篇，为成学治古文者要删焉。"①司马迁批评学者对于《春秋》大都只是断章取义式领会，或者只是摘其辞藻；而那些历法家只是采取其年月，术数家注重其神运，谱牒家只记录其世系。在司马迁看来，这些学者都没有能够全面地、综合地思考历史的发展，他主张要将历史盛衰的要旨揭示出来。正是基于这种观察与思考，司马迁对此前史体的利弊有着比较清晰的理解，吸取其优势，避免其短处，在以人为中心这一主旨之下创造性地建构五体来实现其"成一家之言"的抱负。

三　《史记》纪传体特征

对于《史记》的五体，由于本书的论旨，在此主要关注本纪、世家及列传的书写特征。现在先来考察《史记》本纪的书写特征。司马迁在《史记·太史公自序》中说："罔罗天下放失旧闻，王迹所兴，原始察终，见盛观衰，论考之行事，略推三代，录秦汉，上记轩辕，下至于兹，著十二本纪，既科条之矣。"②此处虽然介绍本纪的一些情况，可惜司马迁本人并没有对其创制提供进一步的说明。后人在此问题上，大体提出因袭说、综合说、独创说这些看法，现分述如下：

其一，认为"本纪"是因袭以往某种特定文献而成的，姑且称之为"因袭说"。此说法又可细分为几种，刘勰《文心雕龙·史传

① 司马迁：《史记》，第195页。

②《史记》，第1188页。

篇》说:“子长继志,甄序帝勣。比尧称典,则位杂中贤;法孔题经,则文非玄圣。故取式《吕览》,通号曰纪。”①在刘勰看来,《史记》“本纪”乃取法《吕氏春秋》而成的。此后邵晋涵《南江文钞》卷十二《史记提要》谓:“其文章体例,则参诸《吕氏春秋》而稍为变通。《吕氏春秋》为十二纪、八览、六论,此书为十二本纪、十表、八书、三十世家、七十列传。篇帙之离合先后不必尽同,要其立纲分目、节次相成、首尾通贯,指归则一而已。”②邵晋涵进一步明确《史记》十二本纪乃由《吕氏春秋》十二纪演化而来。刘勰只是强调“本纪”取法《吕氏春秋》,而邵晋涵则明确主张取法《吕氏春秋》“十二纪”,这是一个重大变化。章学诚在《文史通义·和州志列传总论》中主张“吕氏十二纪似本纪所宗”,③其意与邵晋涵同。洪饴孙说:“夫《春秋》为编年,《世本》为纪传。太史公述《世本》以成《史记》,纪传不自《史记》始也。……《世本》为三代之书,《春秋》之绪余,《史记》之所本。”④既然《史记》体例继承《世本》,那么“本纪”也自然源自《世本》。此观点引起一些学者的共鸣,如秦嘉谟《世本辑补·诸书论述》谓:“按《太史公书》采《世本》,其创立篇目,如本纪,如世家,如列传,皆因《世本》。”⑤蒙文通说:“《世本》久亡,据群籍征引者言之,知其书有本纪、有世家、有列传,则所谓马迁创作纪传,不过因袭《世本》之体,以为纪纲,而割裂《尚书》《左氏》《国策》《楚汉春秋》诸书,散入本纪、世家、列传,分逮当入

①范文澜:《文心雕龙注》,第284页。
②邵晋涵:《南江文钞》,第567页。
③叶瑛:《文史通义校注》,第667页。
④转引自杨燕起、陈可青、赖长扬:《历代名家评〈史记〉》,第116页。
⑤秦嘉等辑:《世本八种》,第3页。

之下而已，纪传之体可贵，而创之者《世本》非马迁也。”①曹聚仁指出：“纪传史是一种以人物为中心的史书，史家常以之与编年体并称。古史中，《世本》一书以《帝系》《世家》《氏姓》叙述王侯及各贵族之系牒，以《传》记名人事状，以《居篇》汇纪王侯国邑之宅都，以《作篇》纪各事物之起源，已具纪传史的雏形。直到司马迁作《史记》，纪传史的规模始告完成。”②此外，程金造分析说：“夫太史公既能网罗一代所有之典籍，则其名山之作，必于其所涉读石室金匮千百群书之中，选择其体类，以成自书。古有《禹本纪》之书，太史公故仿之以为十二本纪。”③刘勰、邵晋涵、章学诚等人认为《史记》之“本纪”源于《吕氏春秋》，而洪饴孙、秦嘉谟、蒙文通、曹聚仁认为司马迁效仿《世本》，程金造则认为仿《禹本纪》。稍微不同的是，梁启超论道：“其本纪以事系年，取则于《春秋》。”④这是从体例上强调“本纪”乃源自《春秋》，此说法实源自刘知几。以上诸家尽管在具体看法方面有异，但均主张“本纪”在司马迁之前已经出现，司马迁只不过对其加以继承而已。

其二，认为“本纪”是综合此前若干文献之体例而成，姑且称之为“综合说”。赵翼在《廿二史札记》卷一“各史例目异同”条中指出，“古有《禹本纪》《尚书》《世纪》等书，迁用其体以叙述帝王”。⑤ 吕思勉谓：“案本纪、世家、世表之源，盖出于古之《帝系》《世本》。”⑥刘咸炘谓：“《世本》一书，后人误视为谱系，洪饴孙钩

①蒙文通：《中国史学史》，第39—40页。

②转引自杨燕起、陈可青、赖长扬：《历代名家评〈史记〉》，第122页。

③程金造：《史记管窥》，第31页。

④梁启超：《中国历史研究法》，第19页。

⑤王树民：《廿二史札记校证》，第3页。

⑥吕思勉：《吕著史学与史籍》，第217页。

稽辑订，谓其已备纪传之体曰……按洪氏表章《世本》是也，而以《世本》为纪传，则言之过当矣。《居》《作》二篇为志之源，说诚不谬，然但记居、作，与《贡》《范》《官礼》广狭不侔矣。《世本》诚是《周谱》，而《周谱》不止《世本》，若夫纪、传、世家之名则《正义》《索隐》孤文难据，即使有之，而但记世系，无记事之文，安得与纪经传纬之义相比附乎？"①刘氏指出，《世本》的史体意义固然值得重视，但《世本》只对表、志有意义，至于纪、传、世家，则与《世本》没有什么联系，因为后者只载录世系，没有记事文字。应该说，这个分析是很有道理的。在刘咸炘看来，"《春秋》者，年历之长成，与《尚书》为对立，左丘明取别记之材，入年历之中，以成经纬，其内容扩充，而于年历径直之体亦稍变动。司马迁更进而加扩充变动之，以年历本体为本纪"。② 这似乎是说本纪依仿《春秋》，不过，刘咸炘还说："司马氏因编年之经传，而推广《尚书》分篇之法，分为纪、表、书、传，使大小无所不该，虽以人题篇，不过如《梁惠王》《公孙丑》之标目，实以事义统人。"③据此，《史记》"本纪"的形成主要缘于对《春秋》《尚书》《左传》等文献的借鉴。

其三，认为五体完全是司马迁创制的，此可称之为"独创"说。东汉学者班彪曾说："孝武之世，太史令司马迁采《左氏》《国语》，删《世本》《战国策》，据楚、汉列国时事，上自黄帝，下讫获麟，作本纪、世家、列传、书、表百三十篇。"④此处所谓"作"，可理解为"创制"。胡应麟谓"史之体制迁实创之"，"纪传之史创于司马氏而成

①刘咸炘：《刘咸炘学术论集·史学篇》，第372—373页。

②刘咸炘：《刘咸炘学术论集·史学篇》，第369页。

③转引自杨燕起、陈可青、赖长扬：《历代名家评〈史记〉》，第121页。

④《后汉书》，第1325页。

于班氏也”。① 杨冀骧也主张“司马迁创立了纪传体的体例”。② 张大可分析说:“前人探讨《史记》五体,重在溯源,而疏于从笔法义例上研究司马迁的创造,应予纠正。溯源者认为,五体古已有之,司马迁只不过把它汇总在一起以构成一书而已。刘勰《文心雕龙·史传篇》、邵晋涵《南江文钞·史记提要》、章学诚《文史通义》卷六《和州志列传总论》等认为《史记》五体,取式《吕览》;洪饴孙《钩稽辑订》、秦嘉漠《世本辑补》则认为《史记》五体,取法《世本》。近人罗根泽、程金造考源五体,认为司马迁所见石室金匮之书,有本纪、世家、年表、列传之体,为司马迁所依仿。诸家考源,有资于理解司马迁如何博采众籍,熔铸化一的创造精神,但过于指实,则与实际大相径庭。……司马迁的创造不宗一书,不祖一体,而是参酌各种典籍体例的长短,匠心独具汇入一编,创出新体例。”③张先生对“因袭说”进行较为全面的批判,其分析基本上抓住“因袭说”的不足。

就《史记》“本纪”生成而言,应该从名称、体例及史料渊源三个层面加以综合分析。“因袭说”大抵只就名称立论,虽然有它合理的地方,但其实是非常表象的。《史记》“本纪”的提法或许与《禹本纪》《吕氏春秋》十二纪有联系,但是,只要对这些文献做进一步考察,便可发现它们与《史记》本纪根本不是一回事。刘咸炘已经指出《世本》与《史记》本纪的不同,这在上面已经分析过了。《吕氏春秋》十二纪自不必说,至于《禹本纪》,此书北魏时尚存,郦道元曾使用此书的资料用以注解《水经》,而据《水经注》,《禹本

①胡应麟:《少室山房笔丛》,第131、135页。

②杨冀骧:《杨冀骧中国史学史讲义》,第36页。

③张大可:《司马迁评传》,第134—135页。

纪》主要属于一部地理文献。① 事实上，司马迁在《大宛列传》中也引述该书，并且对其做过评价，司马迁说："《禹本纪》言'河出昆仑。昆仑其高二千五百馀里，日月所相避隐为光明也。其上有醴泉、瑶池'。今自张骞使大夏之后也，穷河源，恶睹本纪所谓昆仑者乎？故言九州山川，《尚书》近之矣。至《禹本纪》《山海经》所有怪物，余不敢言之也。"②从引文来看，《禹本纪》呈现地理文献的特征，而对于其中的记载，司马迁明确表示怀疑，因此，说司马迁仿《禹本纪》而制作"本纪"，恐怕难以让人接受。比起"因袭说"，"综合说"主要从体例及史料渊源来考察"本纪"的渊源，在论证方式上无疑更具合理性。但是，《史记》"本纪"尽管对早期文献有所借鉴，但作为一种史体，毕竟出于司马迁的创制，下面就此问题作进一步申述。

司马迁尽管使用"本纪"这个术语，可惜并没有特意解释其含义。就目前资料来看，班彪大约是最早思考这个问题的，他说："司马迁序帝王则曰本纪，公侯传国则曰世家，卿士特起则曰列传。"③班彪认为"本纪"叙述的对象是帝王，也就是说，只有那些具备帝王身份的人才能设立"本纪"。此后裴松之《史目》云："天子称本纪，诸侯曰世家。"④刘勰《文心雕龙·史传》也说："故本纪以述皇王，列传以总侯伯。"⑤刘知几在《六家》篇中说："至太史公著《史记》，始以天子为本纪，考其宗旨，如昔《春秋》。"⑥他们有关

①许亮：《〈禹本纪〉考索》，《西安文理学院学报》，2014 年第 1 期。

②《史记》，第 1134 页。

③《后汉书》，第 1327 页。

④《史记》，第 23 页。

⑤范文澜：《文心雕龙注》，第 284 页。

⑥刘知几：《史通》，第 3 页。

“本纪”的认识大抵沿袭班彪的看法。

将“本纪”叙述的对象定位为帝王，这显然是从叙述对象的身份之角度来解释“本纪”，这个看法在一定程度上揭示“本纪”的内涵，不过，这并不是对于“本纪”的唯一看法。其实，即使从对象身份的角度鉴定“本纪”，也还存在其他的认识。比如朱希祖说：“案本纪者，述其宗祖曰本，奉其正朔曰纪。”①与通常做法不同，朱先生将“本纪”当作两个词来看待，而据他的理解，“本纪”叙述的对象不限于帝王，同时还可以包括先祖先王。宋人林駉说：“尝考迁史之纪传世家矣。子长以事之系于天下则谓之纪。”②这里明确提出“以事之系于天下则谓之纪”，此看法虽然还是基于叙述之对象，但是不同于从历史人物身份出发，而主要是衡量历史人物所发挥的功能，这就使一些并不具备天子身份却又主导当下时势的历史人物能够进入本纪。此后张照在《殿本史记考证》中说：“马迁之意，并非以本纪非天子不可用也。特以天下之权之所在，则其人系天下之本，即谓之本纪。”③蒋伯潜论道：“按纪传之史，创自《史记》，细按其例，盖以‘本纪’为全书之纲，所以示当时政治中心所在，初不限于志帝王也。如战国时，秦未统一，未尝为天子，而其时之政治中心已在秦，故立《秦本纪》；秦、汉之际，楚未尝统一，项王未尝为天子，而实际上则为当时之政治中心，故立《项羽本纪》。”④他们均是着眼于天下之势、天下之权、政治中心这些内容，而并非仅限于身份来鉴定“本纪”的特性。

①转引自杨燕起、陈可青、赖长扬：《历代名家评〈史记〉》，第130页。
②转引自杨燕起、陈可青、赖长扬：《历代名家评〈史记〉》，第127页。
③转引自张大可、赵生群等：《史记文献与编纂学研究》，第304页。
④蒋伯潜：《诸子通考》，第38页。

还有学者选择叙事的角度来定义“本纪”，比如《汉书·高帝纪》颜注：“纪，理也，统理众事而系之于年月者也。”①《后汉书·班彪传》章怀太子注引《前书音义》云：“《春秋》考纪谓帝纪也。言考核时事，具四时以立言，如《春秋》之经。”②《史记》司马贞《索隐》：“纪者，记也。本其事而记之，故曰本纪。又纪，理也，丝缕有纪。而帝王书称纪者，言为后代纲纪也。”张守节《正义》云：“本者，系其本系，故曰本；纪者，理也，统理众事，系之年月，名之曰纪。”③这些说法强调“本纪”效仿《春秋》，突出其编年叙事的特质。

具体到《史记》“本纪”，据张大可的分析，“‘本纪’之义有五：1.‘本纪’为法则、纲纪之意，它‘纲纪庶品’，故为最尊贵之名称；2.‘本纪’为记载天子国君之言事所专用；3.‘本纪’是‘网罗万事’的，即国家大事无所不载，与一般人物传记有别；4.‘本纪’编年，记正朔，象征天命攸归。从编纂学角度立论，编年记事是我国史法的优秀传统，使叙列的历史事件，兴衰发展的线索分明，它创自《春秋》；5.‘本纪’效《春秋》十二公，故为十二篇”。④ 应该说，上述归纳是很有意义的，不过，对于“本纪”的字义及其叙事，仍有若干地方需要做出说明。比如“本纪”为何具有法则的意义，其叙事何以具有“网罗万事”的特征，并呈现编年的性质，它们与“本纪”的字义有何关联，等等，这些问题都是需要澄清的。

关于“纪”字，王引之《经义述闻》卷十五“众之纪也”条说：

> 纪，犹纲也、统也。《说文》：“统，纪也。”《乐记》：“中和之

---

①《汉书》，第1页。

②《后汉书》，第1335页。

③《史记》，第23页。

④张大可：《史记体制义例简论》，《兰州大学学报》1983年第1期。

> 纪。"郑注曰:"纪,总要之名也。"《墨子·尚同篇》:"古者圣王为五刑,请以治其民,譬若丝缕之有纪,罔罟之有纲,所以连收天下之百姓不尚同其上者也。"是"纪"与"纲"义相近。礼所以连收天下之民,若丝缕之有统纪,礼散则众乱,犹纪散而丝乱也。"①

王氏将"纪"义与"纲""统"联系起来,认为"纪"有统领的意义。按许慎《说文解字》"糸部"云:"纪,别丝也。"段玉裁解释说:

> 别丝者,一丝必有其首,别之是为纪。众丝皆得其首,是为统。统与纪义互相足也,故许不析言之。《礼器》曰:"众之纪也,纪散而众乱。"注曰:"纪者,丝缕之数有纪也。"此纪之本义也。引申之,为凡经理之称。《诗》"纲纪四方",《笺》云:"以罔罟喻为政,张之为纲,理之为纪。"《洪范》九畴:四、五纪,斗牵牛、为星纪。《史记》每帝为本纪,谓本其事而分别纪之也。《诗》"滔滔江汉,南国之纪",《毛传》曰:"其神足以纲纪一方。"《笺》云:"南国之大川,纪理众水,使不壅滞。"②

段《注》也是将"纪"义与"统"联系起来,并认为"纪"之本义指丝缕的头绪,这与王引之的看法接近。不过段《注》还分析"纪"的引申义,并且提到"本纪"。整体上,王引之、段玉裁的说法还难以还原"纪"之本义与"本纪"的内在关联。《辞源》胪列"纪"字的这些义项:1. 丝缕的头绪;2. 治理,综理;3. 法度准则;4. 纪律;5. 岁、日、月、星辰、历数,皆称纪;6. 古代纪年的单位;7. 记载,通"记";8. 旧史体裁之一,记一代帝王事迹,为全史之纲;9. 仆人;10. 基址;11.

① 王引之:《经义述闻》,第 354 页。

② 段玉裁:《说文解字注》,第 645 页。

古国名。①《辞源》仍将"丝缕的头绪"视为"纪"之本义，不过，这些义项中第3、5、6、7、8诸义比起王、段之说更为清晰地勾勒这些义项演进的轨迹。然而，《辞源》解释"本纪"说："史书记帝王事迹的各篇。本纪与列传对举，传以纪为本，故纪称本纪；纪所不能详者，与传中列叙，故称列传。"②就上述"纪"字的义项来看，此处对"本纪"的释义，只与第3、8条的联系比较明显；至于第5、6、7条义项，《辞源》似乎并没有将其纳入"本纪"的释义过程。

在此问题上，我们应注意黄金贵的相关研究。"纪"字"从糸己声"，据郭沫若、于省吾的看法，"己"当指绳索，黄氏分析说："若从人类文化史看，解为结绳记事之绳索，或更恰当。结绳记事，此是文字发明和使用以前中外各民族普遍采用的记事方法，'己'即为结绳记事之绳。而当'己'借为十干（天干），遂又加糸旁成'纪'字。……故'己'、'纪'，古今字，其义即是记事之绳索，引申为综理诸事的纲纪。……作动词，也代表将言事纵贯与综理的载录。又以'言'表示言事，别出'记'字，所指范围更广。故'纪'、'记'虽为二字，本实同源，皆为远古结绳记事在文明时代的发展。由此，'记'的本义无疑是记录、记载，并且是此义的总称。"③由此可知，"纪"字本义指绳索，为记事之绳索。"纪"字引申义的发展约有数端：其一，"己""纪"为古今字，当"己"借为十干（天干），"纪"便用于指岁、日、月、星辰、历数或纪年的单位，"本纪"编年叙事可由此得到解释；其二，由记事之绳索而治理、综理、法度准则、纲纪，在此意义上，"本纪"叙事为全史之纲也得到较好的解释；其三，"纪"

①《辞源》（修订本），第2399页。

②《辞源》（修订本），第1502页。

③黄金贵：《古代文化词义集类辨考》，第505—506页。

"记"同源,故"纪"有记载的意思。黄先生还说:

> "纪"当是"己"的后起字,"纪"字之"己"可作结绳记事的绳索,加"糸"无非重其义。其作用是理别诸事,故引申为综理诸事的纲纪。……"纪"与"记"实出一源,最早不过是名、动之别。既然"纪"的初文之"己",可视为结绳记事的绳索,则记载义当是"纪"的引申义。结绳记事之绳是一根纵线,所记事物有先有后;其记事是平日累记、届时综理。因此"纪"的记载义,当侧重于纵贯性与综理性。凡是符合并需要突出记载中这两方面的特点,就用"纪";不者,用"记"。……如凡是纵序年数的单位,从来称"纪",不称"记"。古有十二年为一纪,一世为一纪,一千五百年为一纪。"纪年""纪元"皆用"纪"。帝王被作为历史的主宰,故记帝王的事迹者必称"纪",《史记·五帝本纪》张守节正义:"纪者,理也,统理众事,系之年月,名之曰纪。"此于"纪"的纵记特点言之甚明。①

由此可知,"纪"字之本义当指"结绳记事的绳索",而"结绳记事"的行为意味着将相关事件聚合在一起,使之条理化。这样,"纪"字便蕴含有序化的意义,而时间又最能体现有序化之特质。因此,作为一种文体,"纪"首先当指条理化、综理性的叙事模式,而随着时间观念的明晰及介入,这种综理性的叙事便进而发展为编年叙事。这样,早期文献如《禹本纪》《吕氏春秋》十二纪,它们以"纪"名篇,主要是基于条理化、综理性的考虑,也就是将相关事件按一定顺序编列起来,这里面固然有时间的因素,但还远谈不上编年。至于用"纪"来编年叙事,这应该出于司马迁的创制,可以说《史记》之"本纪"开启用"纪"来编年叙事的先河。当然,在《史

① 黄金贵:《古代文化词义集类辨考》,第 241—241 页。

记》十二本纪中，在编年叙事之同时，还夹杂早期“纪”体的特征。也就是说，十二本纪并非严格的编年体，有些本纪只叙事，而并不编年。整体来说，编年叙事只是“本纪”叙事的一种形式，尽管这种形式是十分重要的，但不是唯一的，甚至还不是原初的叙事形式。

上面的讨论其实已经接触《史记》本纪的体例问题，如班彪说“本纪”以帝王为对象，《后汉书·班彪传》章怀太子注以为“本纪”如《春秋》之经等。其实，有关“本纪”的认识，特别是《史记》本纪的体例，唐代史家刘知几的看法可以说是比较有代表性的。他在《史通》一书中对“本纪”体例发表不少的论述，其中最需引起注意的是《本纪》与《列传》两篇，他说：

(1)盖纪之为体，犹《春秋》之经；系日月以成岁时，书君上以显国统。

(2)又纪者，既以编年为主，唯叙天子一人。有大事可书者，则见之于年月；其书事委曲，付之列传。

(3)夫纪传之兴，肇于《史》《汉》。盖纪者，编年也；传者，列事也。编年者，历帝王之岁月，犹《春秋》之经；列事者，录人臣之行状，犹《春秋》之传。《春秋》则传以解经，《史》《汉》则传以释纪。①

可以说，刘知几对前人有关“本纪”的看法做了综合性的阐释。第(1)条是说，本纪在体例上就像《春秋经》，注重时间的编排，通过系联日月的方式来建构年岁四时。刘知几不仅突出本纪在纪传体史书中的核心地位，同时还强调本纪叙事中时间因素及其与君主之关系。本纪中的时间观念具体呈现为君主纪年，君主成为时

① 刘知几：《史通》，第10、12页。

间的一种象征，本纪的时间叙事就是通过君主纪年来表现的。第(2)条是说，本纪采取编年的形式，只叙述天子一个人的事情。有关天子之事又只择取重大事件载录，并就将它编排在相应的年月之下；而有关这一重大事件的详细过程，则放在列传中加以记叙。这就是说，本纪必须遵循《春秋经》的叙事模式，只注重事件结果的载录，而不关心事件的过程性。第(3)条可以说是对前两条的发展与总结。重申本纪编年的特征，具体说明本纪编年是通过天子在位年岁来实现的，这种编年方式就如同《春秋经》；至于列传，则主要载录大臣的言行事迹，这就好比《左传》。整体观之，刘知几援引经学传统中“传以解经”模式而提出“传以释纪”的主张，“本纪”叙述对象是天子，遵循《春秋》经的叙事模式，并呈现编年的特征。

在这些观念的引导下，刘知几对以往史著特别是《史记》之“本纪”的书写提出批评。首先，指责《史记》本纪夹杂世家的做法。《本纪》篇说：“然迁之以天子为本纪，诸侯为世家，斯诚谠矣。但区域既定，而疆理不分，遂令后之学者罕详其义。按姬自后稷至于西伯，嬴自伯翳至于庄王，爵乃诸侯，而名隶本纪。”刘知几说，司马迁既然将天子写作本纪，诸侯列入世家，那么就应该遵守这一规则。可是周代自后稷到文王，秦朝自伯翳到庄襄王，他们的爵位只是诸侯，然而《史记》却把它们隶属于本纪。这种将天子与诸侯同写于本纪的做法显然是自乱其例，是不应该的。在刘知几看来，“若以西伯、庄王以上，别作周、秦世家，持殷纣以对武王，拔秦始以承周赧，使帝王传授，昭然有别，岂不善乎？”认为将文王、庄襄王以上另外分作《周世家》《秦世家》，这不但能够有效避免本纪中天子与诸侯混杂的局面，同时也能够使周武王接续商纣王，秦始皇承接周赧王，从而保证帝王传承明晰可辨。

其次，批评本纪中不编年的现象。《本纪》篇说：“盖纪之为体，犹《春秋》之经；系日月以成岁时，书君上以显国统。曹武虽曰人臣，实同王者，以未登帝位，国不建元。陈《志》权假汉年，编作《魏纪》，犹《两汉书》首列秦、莽之正朔也。后来作者，宜准于斯。而陆机《晋书》，列纪三祖，直序其事，竟不编年。年既不编，何纪之有？”①刘知几强调“本纪”一个重要的体例是编年，因此，史官在撰写“本纪”时必须注重时间因素。在通常情况下，这不会有什么问题，因为某一君主即位年限本身就构成特定的纪年。不过，也存在一些特例。比如陈寿在《三国志》中设立《武帝纪》，曹操在当时政治活动中发挥主导性作用，其实际地位同君王一样，在这个意义上，陈寿将曹操写进本纪是可以理解的。可是曹操毕竟没有登上帝位，没有年号，这就无法从曹操这个角度来呈现时间叙事。陈寿于是暂且借用汉献帝年号来编成《武帝纪》。刘知几非常赞同这个做法，要求后来的史官效仿陈寿。同时，刘知几提到陆机的《晋书》，该书列司马懿、司马师、司马昭三祖为本纪，直接叙述他们的事迹，而不编年。刘知几指责说：“年既不编，何纪之有？”在刘知几看来，既然不存在编年，自然也谈不上是“本纪”了。

再次，批评纪名传体的现象。刘知几说：“又纪者，既以编年为主，唯叙天子一人。有大事可书者，则见之于年月；其书事委曲，付之列传；此其义也。如近代述者魏著作、李安平之徒，其撰《魏》《齐》二史，于诸帝篇，或杂载臣下，或兼言他事，巨细毕书，洪纤备录。全为传体，有异纪文。”②《春秋》叙事通常只注重载录结果，而对于事件的过程性则并不关心，真正详细载录事件过程性

①刘知几：《史通》，第9—10页。

②刘知几：《史通》，第9—10页。

的任务主要由《左传》来完成。由于刘知几强调“本纪”是效仿《春秋》经的，因此，他认为“本纪”叙事应该在编年体之下，也只载录天子的相关大事，至于事件的详细过程则放入列传中叙述。由于刘知几对于“本纪”叙事秉持这样的观念，因此，他对一些本纪中夹杂传体的史著提出批评。魏澹《后汉书》、李百药《北齐书》在本纪中要么夹杂记载大臣的言行，要么兼叙其他事情；刘知几指出，这完全是传体的写法，与本纪的体例是不合的。他又举例说：“如项羽者，事起秦余，身终汉始，殊夏氏之后羿，似黄帝之蚩尤。譬诸闰位，容可列纪；方之骈拇，难以成编。且夏、殷之纪，不引他事。夷、齐谏周，实当纣日，而析为列传，不入殷篇。〈项纪〉则上下同载，君臣交杂，纪名传体，所以成嗤。”①刘知几不但认为项羽没有资格进入本纪，同时对《项羽本纪》的体例提出批评，认为该篇君臣交杂，上下同样记载，名义上是本纪，其实就是一篇传记。刘知几分析说，本纪与列传在体例上是很不一样的，“夫纪传之不同，犹诗赋之有别；而后来继作，亦多所未详。案范晔《汉书》纪，后妃六宫，其实传也，而谓之为纪；陈寿《国志》载孙、刘二帝，其实纪也，而呼之曰传。考数家之所作，其未达纪传之情乎？”范晔在《后汉书》中设立《皇后纪》，由于皇后无年号可编，因此在体例上就呈现为传体。相反，陈寿《三国志》载录的吴、蜀君主，在体例上明显属于本纪，却又偏偏称作传。刘知几批评他们并没有真正弄明白纪传体。

最后，对司马迁设立《项羽本纪》的批评。刘知几对《项羽本纪》的批评是多方面的，既包括体例方面的，也有项羽适不适合写进本纪方面的。就后一方面而言，刘知几主张只有天子才有资格

① 刘知几：《史通》，第12页。

进入本纪，这是刘知几对本纪的一种规定。项羽既然并不是天子，自然就不应该设立本纪："项羽僭盗而死，未得成君，求之于古，则齐无知、卫州吁之类也。安得讳其名字，呼之曰王者乎？春秋吴、楚僭拟，书如列国。假使羽窃帝名，正可抑同群盗，况其名曰西楚，号止霸王者乎？霸王者，即当时诸侯。诸侯而称本纪，求名责实，再三乖谬。"①刘氏指出，项羽逾越本分而冒用名号，并没有成为君主，只是齐无知、卫州吁一类人物。即使项羽窃取帝王名号，也要把他降到群盗的地位；何况他只是西楚霸王，充其量只是诸侯，而诸侯是不能立本纪的。刘知几之所以指责项羽，与其正统观念有密切之关系，他多次使用"僭""窃""盗"等字。又如："如项羽者，事起秦余，身终汉始，殊夏氏之后羿，似黄帝之蚩尤。譬诸闰位，容可列纪；方之骈拇，难以成编。"②所谓"闰位"，即指非正统而言。又说："昔夫子修《春秋》，吴、楚称王而仍旧曰子。此则褒贬之大体，为前修之楷式也。马迁撰《史记》，项羽僭盗而纪之曰王，此则真伪莫分，为后来所惑者也。"③此处仍是指责项羽僭越。因此，在刘知几心目中，项羽充其量不过是诸侯，既然是诸侯，按照天子即本纪的原则，自然就配不上使用本纪。

通观刘知几对"本纪"体例的认识及对《史记》本纪的批评，不难发现，刘知几对"本纪"体例看法，主要是就《汉书》以来正史"本纪"立论的，其中不乏洞见，但不足之处也不容掩盖。首先，《汉书》"本纪"的书写基本上采用编年体，在此意义上，刘知几"纪者，编年也"的论断是可以成立的。其次，就《汉书》观之，刘知几"纪

①刘知几：《史通》，第 10 页。

②刘知几：《史通》，第 12 页。

③刘知几：《史通》，第 31 页。

者，既以编年为主，唯叙天子一人。有大事可书者，则见之于年月；其书事委曲，付之列传”的论述也是可以成立的。不过，刘知几说“纪之为体，犹《春秋》之经”，这就要一分为二来看了。《汉书》“本纪”在编年的框架下载录帝王的大事，并且通常只载录事件的结果，这些方面确实神似《春秋》叙事。在这个意义上，说“纪之为体，犹《春秋》之经”有其合理性。不过，《汉书》“本纪”还载录帝王诏令，而《春秋》是不载录人物言论的，就此论之，《汉书》“本纪”与《春秋》叙事并不吻合。刘知几本人曾经就先秦史官传史方式明确提出“言事分立”与“言事相兼”的主张，指出《尚书》《春秋》是“言事分立”的产物，而《左传》是“言事相兼”的产物。《汉书》“本纪”载录帝王诏令，可以说具有“言事相兼”的特征，然而《汉书》“本纪”的叙事与《左传》还是不能相提并论的，它明显缺乏《左传》过程性叙事特质。这是因为，《左传》采取“言事相兼”之编纂方式，其中记言文献具有解释记事文献的功能；而《汉书》“本纪”尽管也吸收诏令这样的记言文献，但它通常并不用来解释“本纪”中的记事文献。这样，《左传》之记言与记事之间存在解释与被解释之关系，从而比较清晰地揭示事件发生的过程性及其原因；可是《汉书》“本纪”中的记事与记言之间是一种平列关系，它们叙述的通常不是同一件事，这就表明《汉书》“本纪”中的记事其过程性仍然没有得到揭示，而是需要相关之“传”的配合才能知晓。刘知几所谓“纪者，编年也；传者，列事也。编年者，历帝王之岁月，犹《春秋》之经；列事者，录人臣之行状，犹《春秋》之传”指的就是这种情况。也正是因为这一点，《汉书》以来的“本纪”尽管叙述帝王的言行，但这种叙述因过于简略，致使《汉书》以来的“本纪”缺乏传记文学特质。整体来看，刘知几“纪之为体，犹《春秋》之经”的论述是有些偏颇的，并未完全揭示《汉书》以来“本纪”书写的真实面相。既然刘知几对《汉书》以来正史"本纪"叙事特征的提炼并不严谨，那么，他以此主张来批评《史记》本纪就更为失实。并且，刘知几针对《史记》的批评有些还自相矛盾，比如项羽与曹操都曾经主宰当时的历史，可是都没有登上帝位。对于陈寿在《三国志》中设立《武帝纪》，刘知几表示赞同；而对于司马迁设立《项羽本纪》，则多方指责。又如陆机《晋书》列司马懿、司马师、司马昭三祖为本纪，可并不编年，刘知几指责说"年既不编，何纪之有"；然而面对《史记》之《五帝本纪》《夏本纪》《殷本纪》不编年之现象，他又这样说："虽无年可著，纪亦何伤！"①

我们分析《史记》"本纪"的文体特征，合理的做法是从《史记》"本纪"的实际文本出发，而非出于某种预设观念。就《史记》十二本纪而言，它们在文体形态上主要呈现下述特征：

其一，从编纂的角度来看，十二本纪呈现为以王朝和以帝王为单位这样两种形式，亦即王朝本纪与帝王本纪的混合，具体表现为由王朝本纪到帝王本纪演变的趋势。所谓"王朝本纪"，它是以某一王朝为单元，将其设立为"本纪"。在《史记》中，《五帝本纪》《夏本纪》《殷本纪》《周本纪》《秦本纪》大体可归于王朝本纪行列。在这些本纪中，《夏本纪》《殷本纪》《周本纪》属于严格的王朝本纪，至于《五帝本纪》与《秦本纪》则略有不同。《五帝本纪》载录黄帝、颛顼、帝喾、尧、舜五位传说帝王的事迹，尽管司马迁从血缘方面将这些帝王联系起来，但很难说他们属于同一王朝。《秦本纪》叙述的主要是秦国的历史，而秦国只是侯国，并不是一个王朝。司马迁在《史记》中采取"王朝本纪"的形式，大约是受到《尚书》《国语》的影响。《尚书》包括虞、夏、商、周四个朝代，《国语》包

①刘知几：《史通》，第12页。

括周、鲁、齐、晋、郑、楚、吴、越八国，这种以朝代或国别为单位的编纂方式启发司马迁设置“王朝本纪”，这应该是可能的。所谓“帝王本纪”，《史记》有《秦始皇本纪》《项羽本纪》《高祖本纪》《吕太后本纪》《孝文本纪》《孝景本纪》《孝武本纪》七篇，它们是专为某一帝王设立的。不过，《秦始皇本纪》表面上是为秦始皇一人设立的本纪，好像属于“帝王本纪”；不过该纪并不纯粹载录秦始皇事迹，同时还载录二世及子婴二代史实，实质上涵盖整个秦王朝，由此角度论之，《秦始皇本纪》似应归入“王朝本纪”系列。由于项羽与吕太后并非帝王，司马迁将他们立为本纪，这种做法引起刘知几等人的批评。不过，将“本纪”叙述的对象定位为帝王，尽管这一看法确实有很大的合理性，但也并没有包揽“本纪”的全部内涵。就《史记》而言，王朝本纪是以王朝为单元的，尽管在叙述某一王朝历史时是以本朝帝王为叙事线索的，但还是与帝王本纪有所区别。其次，就《史记》“帝王本纪”而言，“本纪”叙述的对象除了帝王之外，还有一些尽管不是帝王但其地位相当于帝王的历史人物，这一点在前面已经做了相关分析。因此，从叙事对象来看，《史记》“本纪”其实呈现多元化态势，那种“天子即本纪”的看法用之分析后世本纪大体是可行的，而用来解释《史记》则难免扞格。这其中的原因，既与《史记》通史体例有关，同时也与司马迁本人述史宗旨相关。当然，从发展趋势来看，《史记》“本纪”向帝王本纪演变的趋势也是非常明显的。

其二，从编年的角度来看，《史记》“本纪”呈现编年与编世并存现象。刘知几指责司马迁混淆“本纪”与“世家”，将“世家”掺入“本纪”书写之中，并建议将《周本纪》《秦本纪》文王、庄襄王以上另外分作《周世家》《秦世家》。刘知几注意到《史记》之“本纪”中存在“世家”的体例，这一发现引起后人的注意，只不过做了与刘氏不一样的解释。牛运震从《史记》编次条理出发，论证司马迁设立《秦本纪》的必要性，“盖秦伯王之业，章于缪孝，成于昭襄，此始皇因之所以并吞混一而称帝号也，故太史公于《秦本纪》末详载秦取蜀及南阳郡，又北定太原、上党，又初置三川、太原等郡，而于《始皇本纪》开端复作提挈云：‘秦地已并巴、蜀、汉中，越宛有郢，置南郡矣；北收上郡以东，有河东、太原、上党郡；东至荥阳，灭二周，置三川郡。’此正与《秦纪》末联合照应，针线相接，以为始皇并一天下之原本也。如欲降《秦本纪》为世家，则史家无世家在前、本纪在后之理，势必次《始皇本纪》于《周本纪》之后，而列《秦世家》十二诸侯之中，将始皇开疆辟土席卷囊括之业，政不知从何处托基，其毋乃前后失序而本末不属乎！如拘诸侯不得为本纪之例，则始皇称帝后已尊庄襄王为太上皇，而惠文以来帝者之形已成，若泛泛列之诸侯世家中，亦恐非其伦等也。至《史通》以姬嬴并论，乃谓后稷以下西伯以上亦应降为世家，尤事理之必不可通者，周不可降，何独降秦耶！”①朱希祖强调“本纪”的真实含义是“述其宗祖曰本，奉其正朔曰纪”，因此，“周自后稷至于西伯，秦自伯翳至于庄襄，爵虽诸侯，而实为天子之宗祖，必欲置之世家，是欲臣其宗祖昧其本原也。自赧王亡至秦始皇称帝，中间无统者三十四年，而灭周者秦，故列秦为本纪。”②刘咸炘主要从叙事角度分析说：“庄襄虽未统一，而周故已灭，始皇统一又在后，编年不可有空，若如刘、梁之说，则周灭之后、始皇并六国以前，将何所寄？如刘、梁之说，将截自庄襄之灭周为始耶？将截至始皇之灭齐为始耶？无论何从，皆无首，不便叙事。史公殆亦因此难，不得已而

①转引自杨燕起、陈可青、赖长扬：《历代名家评〈史记〉》，第337页。

②转引自杨燕起、陈可青、赖长扬：《历代名家评〈史记〉》，第130页。

并庄襄以前通叙之耳。章实斋《匡缪篇》谓十二本纪隐法《春秋》十二公，故《秦纪》分割庄襄以前别为一卷，而末终汉武之世，为作《今上本纪》，明欲分占篇幅，欲副十二之数。乃拘迹之谬。此说亦凿，非史公本意。"①他们围绕本纪体例、编次、王业兴起、叙事等方面着重分析《史记》本纪叙述先祖事迹的必要性，这在一定程度上揭示《史记》本纪之"世家"笔法存在之原因。不过，这一笔法之存在还有更深层次之因素。陈仁锡说："太史公作本纪有二体：五帝三王纪，编世也；秦汉纪，编年也。"②陈氏认为《史记》本纪在体例上呈现两种次生文体：编世与编年，这实际上是承认《史记》本纪这一体例的合法性，只可惜他没有细说个中之缘由。吕思勉探究了此体例存在之深层原因，指出《史记》"本纪"之所以存在"世家"内容，主要由于司马迁是遵循《帝系》的体例，"《史记》于周自西伯、秦自庄襄以上，亦称本纪，盖沿古之《帝系》。《帝系》所以记王者先世，未必于其未王时别之于世家也"。③ 其实，我们还应该考虑到编年体产生这个问题。王树民认为《史记·鲁世家》纪年应出自《鲁春秋》，后者记事"至少从考公时就开始了"。④ 章太炎指出："今观《十二诸侯年表》，始自共和，知前此但有《尚书》，更无纪年之牒。《墨子》历述《春秋》，亦以宣王为始，是知始作《春秋》者，宣王之史官。"⑤观此二说，可知编年体的出现比较晚起。那么，在此之前，也只有依赖世系沿承以及编世来呈现时间叙事。

①刘咸炘：《刘咸炘学术论集·史学篇》，第35页。

②转引自杨燕起、陈可青、赖长扬：《历代名家评〈史记〉》，第127页。

③吕思勉：《吕著史学与史籍》，第224页。

④王树民：《中国史学史纲要》，第16—18页。

⑤傅杰编校：《章太炎学术史论集》，第149页。

由于早期史体经历由系世到编年的演进，这也就是在《史记》本纪中为何会出现本纪与世家混合之根本原因。秦汉以降，君主即位年限、特别是年号的使用，促使本纪编年叙事更为便捷，本纪书写也通常呈现编年之形式。不过，即使在秦汉时期，也存在如项羽、吕后等不编年的特殊情况；同时也存在编世现象，比如《秦始皇本纪》，其实是秦始皇、二世及子婴三代合编，可视为编世的变例。需要补充的是，对于本纪中的编世现象，刘知几也不是全然没有觉察，比如他说："或曰：迁纪五帝、夏、殷，亦皆列事而已。子曾不之怪，何独尤于〈项纪〉哉？对曰：不然。夫五帝之与夏、殷也，正朔相承，子孙递及，虽无年可著，纪亦何伤！"①刘知几指出五帝、夏、殷是正朔相承，子孙递及，这无疑表明他是认识到编世现象的。并且，刘知几还认为五帝、夏、殷虽然无法使用编年，但并不妨碍将它们立为本纪。这表明刘知几不仅事实上认可本纪可以采用编世而不是编年的形式，而且由于编世在很大程度上又呈现为世家形态，从而也就默认本纪中混用世家的事实。

其三，从文体的角度看，《史记》"本纪"的书写还融合传体笔法，大都呈现"帝王传记"的特征。这种笔法其实沿承先秦史官言事相兼的传统，亦即记言文献与记事文献的融合。具体到《史记》，又主要有两种模式，或者说呈现两种特点：一是如《五帝本纪》《夏本纪》《殷本纪》以及《项羽本纪》（包括部分《周本纪》），它们没有或无法有确切的编年，这样只能叙述各帝（王）的事迹，这些事迹主要表现为言行的载录。从文体的角度来看，这些本纪的书写很接近《尚书》《国语》；二是有比较明确的编年，《史记》中"帝王本纪"主要属于这种情形。章学诚曾经说过："马迁绍法《春

①刘知几：《史通》，第12页。

秋》，而删润典谟，以入纪传。”①典谟是《尚书》中的文体，它们主要是记言、记事文献。《史记》“帝王本纪”虽然效法《春秋》编年体形式，可是同时又将典谟之类文献写入其中。然而，与《汉书》“本纪”单纯载录帝王诏令不同，《史记》“帝王本纪”这种叙事不仅仅在于单纯载录事件与诏令，同时也注重事件因果关系的揭示，因而在叙事方面其实远离了《春秋》《尚书》而近于《左传》。因此，就《史记》本纪的整体叙事而言，它与《春秋》是非常不一样的，它更多地与《国语》《左传》相似。也就是说，在没有办法获知确切编年的情况下，只有依据世系编排史事，于是采取《国语》的叙事方式；倘若有确切的编年，就采取《左传》的叙事方式。这就是说，《史记》本纪在叙事上呈现传记特征。需要说明的是，《史记·孝景本纪》的叙事模式与《春秋》非常相似，通篇记事，没有记言，这在《史记》“本纪”中是例外。整体观之，司马迁放弃《春秋》的叙事模式，这除了早期史料无法编年这样的客观原因之外，更主要的在于《春秋》的叙事不符合司马迁以人为中心的撰史宗旨，而在这方面，《国语》《左传》却能够比较好地满足其愿望。司马迁在《太史公自序》中说：“罔罗天下放失旧闻，王迹所兴，原始察终，见盛观衰，论考之行事，略推三代，录秦汉，上记轩辕，下至于兹，著十二本纪。”②司马迁写作十二本纪的主要目的就是通过论述考订帝王的事迹，分析他们兴起的原因，追根究源探究始终，考察兴盛观察失败。这种叙事愿望只有借助《国语》《左传》这样的史体才能实现，因此，《史记》本纪在很大程度上其实已经是叙事完备的传记。

①章学诚：《文史通义》，第 8 页。

②《史记》，第 1188 页。

由此言之,《史记》十二本纪在书写方面虽然具有效仿《春秋》的一面,重视编年,注重载录大事;但是,在效仿《春秋》之外,更多的还是承继《尚书》《国语》《左传》的叙事模式,从而呈现鲜明的"传记"特色。刘咸炘说:"马迁纪传实广《春秋》经传而参以《尚书》之意,非破编年也。谓便于记事是也,世变日亟,事多不可不纪,惟守《尚书》《春秋》简略之体,则不能曲备,故不得不变,此正其功,不得为咎。古史疏,后史密,故古史简,后史繁,此后胜于前,非劣于前也。"①《史记》之五帝、夏、殷、周等本纪,有很多地方不仅运用《尚书》《国语》等史料,其体例也是继承《尚书》《国语》的体例,因而表现为传体,这也是客观情势所需要的。因此,《史记》等本纪中存在传体,也就可以理解了。至于刘知几对本纪"传体"的批评,虽然是基于他自身的理念,但也诚如吕思勉所言:"纪以编年,传以列事,纪举大纲,传详委曲,《春秋》则传以解经,《史》《汉》则传以释纪,此例实成于后世,初起时并不其然。刘氏谓后之作史者当如此可也,以此议古人则误矣。"②其实,后世史著之本纪也很少能够严格遵循《春秋》经那样的叙事体例。

关于《世家》,司马贞认为:"系家者,记诸侯本系也,言其下及子孙常有国。故孟子曰:'陈仲子,齐之系家。'又董仲舒曰:'王者封诸侯,非官之也,得以代为家者也。'"③这就是说,世家载录诸侯事迹以及世代传家的过程。就此而言,世家与本纪除了天子与诸侯地位的差异之外,其叙事其实是相同的。然而就《史记》世家来看,其中的情形比较复杂,刘知几在很大程度上已经观察到这

① 刘咸炘:《刘咸炘学术论集·史学篇》,第430页。

② 吕思勉:《吕著史学与史籍》,第226页。

③《史记》,第497页。

个事实。从对象上来看,《史记》世家载录的对象有诸侯与非诸侯之分,像孔子、陈涉等就不是诸侯,他们虽然被收入世家,但在叙事上必然存在差异,也就是说,这些世家是无法按编年体式叙事的,因此,《孔子世家》《陈涉世家》虽然名义上是世家,其实就是一篇传记,《外戚世家》也是如此,这就与《国语》叙事接近。即使都具有诸侯的身份,但正如刘知几所指出的那样,汉代诸侯与周代诸侯是不一样的,周代诸侯有自己的纪年,汉代诸侯并不明显。这样,《史记》叙述周代诸侯时是在编年体式下进行的,其叙事与本纪相似,亦即取法《左传》。至于汉代诸侯被选入世家的,其叙述模式就出现明显的差异,如《楚元王世家》:

> 高祖六年,已禽楚王韩信于陈,乃以弟交为楚王,都彭城。即位二十三年卒,子夷王郢立。夷王四年卒,子王戊立。王戊立二十年,冬,坐为薄太后服私奸,削东海郡。春,戊与吴王合谋反,其相张尚、太傅赵夷吾谏,不听。戊则杀尚、夷吾,起兵与吴西攻梁,破棘壁,至昌邑南,与汉将周亚夫战。汉绝吴楚粮道,士卒饥,吴王走,楚王戊自杀,军遂降汉。汉已平吴楚,孝景帝欲以德侯子续吴,以元王子礼续楚。窦太后曰:"吴王,老人也,宜为宗室顺善。今乃首率七国,纷乱天下,奈何续其后!"不许吴,许立楚后。是时礼为汉宗正。乃拜礼为楚王,奉元王宗庙,是为楚文王。文王立三年卒,子安王道立。安王二十二年卒,子襄王经立。襄王立十四年卒,子王纯代立。王纯立,地节二年中,人上书告楚王谋反,王自杀,国除,入汉为彭城郡。①

这里确实有明确的世系及各王在位的年数,然而在叙事方面,虽

---

①《史记》,第 685 页。

然是按照诸侯王世系来进行的，有时甚至也是以诸侯王纪年来叙事的，如《齐悼惠王世家》载："悼惠王即位十三年，以惠帝六年卒。子襄立，是为哀王。哀王元年，孝惠帝崩，吕太后称制，天下事皆决于高后。二年，高后立其兄子郦侯吕台为吕王，割齐之济南郡为吕王奉邑。哀王三年，其弟章入宿卫于汉，吕太后封为朱虚侯，以吕禄女妻之。后四年，封章弟兴居为东牟侯，皆宿卫长安中。哀王八年，高后割齐琅邪郡，立营陵侯刘泽为琅邪王。"①但通观这些例证，它们整体上是置于汉天子纪年的叙事框架之下的。《春秋》书"元年春王正月"，《公羊传》解释说："元年者何？君之始年也。春者何？岁之始也。王者孰谓？谓文王也。曷为先言王而后言正月？王正月也。何言乎王正月？大一统也。"②按照这个解释，可知《春秋》叙事在时间方面有两个系统，一是鲁君纪年系统，一是周王纪年系统，后者存在的目的在于昭示大一统的格局。由此反观《史记》有关汉代诸侯的叙事，在时间方面也体现同样的特征。这显然是司马迁吸取《春秋》叙事的结果。刘知几还提到"诸侯、大夫，家国本别。三晋之与田氏，自未为君而前，齿列陪臣，屈身藩后，而前后一统，俱归世家。使君臣相杂，升降失序"，③也就是说，三晋与田氏为君之前的历史不应载于世家。其实在明了本纪叙事之后，世家的这种风格显然是承本纪而来的，这也是司马迁"通古今之变"的必然结果。整体上来看《史记》世家，由于叙述对象身份的差异，司马迁所使用的叙述手法也是不太一样的，但大体还是延续本纪的思路。

①《史记》，第 691 页。

②徐彦：《春秋公羊传注疏》，第 5—10 页。

③刘知几：《史通》，第 11 页。

关于列传，司马贞说："列传者，谓叙列人臣事迹，令可传于后世，故曰列传。"司马贞主要从叙述对象的角度来解释列传，指出其叙述对象是人臣。张守节说："其人行迹可序列，故云列传。"①这主要是从人物行为的角度来考察列传的。赵翼指出：

> 班彪谓司马迁：序帝王则曰本纪，公侯传国则曰世家，卿士特起则曰列传。是盖以本纪、世家、列传为史迁创例。然《文心雕龙》云：迁取式《吕览》著本纪，以述皇王。则迁之作纪，固有所本矣。今按《吕览》十二月纪，非专述帝王之事，而《史记·大宛传·赞》则云：《禹本纪》言河出昆仑高五百里。又云：《禹本纪》及《山海经》所有怪物，予不敢言之也。是迁之作纪，非本于《吕览》，而汉以前别有《禹本纪》一书，正迁所本耳。又《卫世家·赞》云：予读世家言云云。则迁之作世家亦有所本，非特创也。惟列传叙事，则古人所无。古人著书，凡发明义理，记载故事，皆谓之传。《孟子》曰，于传有之，谓古书也。左、公、谷作《春秋传》，所以传《春秋》之旨也。伏生弟子作《尚书大传》，孔安国作《尚书传》，所以传《尚书》之义也。《大学》分经、传，《韩非子》亦分经、传，皆所以传经之意也。故孔颖达云：大率秦、汉之际，解书者多名为传。又汉世称《论语》《孝经》并谓之传。汉武谓东方朔云：传曰：时然后言，人不厌其言。东平王与其太师策书云：传曰：陈力就列，不能者止。成帝赐翟方进书云：传曰：高而不危，所以长守贵也。是汉时所谓传，凡古书及说经皆名之，非专以叙一人之事也。其专以之叙事而人各一传，则自史迁始，而班史以后

①《史记》，第741页。

皆因之。①

他又在《廿二史札记》中说："古书凡记事立论及解经者，皆谓之传，非专记一人事迹也。其专记一人为一传者，则自迁始。"②这是从源流的角度讨论《史记》列传"传人"的特征。章学诚说："史迁创列传之体，列之为言，排列诸人为首尾，所以标异编年之传也。"③这又是从编纂的角度分析列传。还有学者通过对"列"字义的考证，指出列传"即由'分'的意义引申出来，指众多人物之传按一定位次排列起来。……'列传'一词是司马迁全新创造的动宾式复合名词。司马迁借记事立论及解经之书命名为'传'，用以传人，记功臣贤人之言行以注《本纪》，表示人臣拱卫主上"。④ 其实司马迁本人对于列传提出这样的解说："扶义俶傥，不令己失时，立功名于天下，作七十列传。"⑤由此看来，列传叙述的对象是坚持正义或者把握时机建功立业之人。从体例来看，列传由于没有编年的限制，其叙事显得灵活自由，它重在叙述人物的言行，因此同《国语》接近。我们曾经指出，《国语》"在实际的编纂过程中有时收录同一人物的对话不止一则，对此，编纂者将它们集中编录在一起，于是出现这样的情况，即在某一'语'中形成同一人物的一组对话，这组对话客观上可视为描述某一人物的'传记'。这种情形在《国语》中较为普遍"，"《史记》中的列传由于不存在编年的元素，它的书写更多地承继《国语》《战国策》的叙事模式。因

①赵翼：《陔余丛考》，第 82—83 页。

②赵翼：《廿二史札记》，第 3—5 页。

③章学诚：《文史通义》，第 70 页。

④安平秋等：《史记教程》，第 93 页。

⑤《史记》，第 1188 页。

此,《国语》中的人物传记影响了《史记》等后世史书人物列传的书写”。① 当然,在《史记》中,有《龟策列传》《货殖列传》这样的传记,传名显示它们以叙述事件为主,其中虽然也叙述一些人物,但整体上与人物传记有着差异,可视为一种变例。

整体上,《史记》的纪传体由于内部还存在类型的差异,这导致各自体例也并不一致。白寿彝指出:“本纪虽以编年的形式为主,但秦始皇、项羽、高祖、吕太后等四篇本纪都有不等的传记形式。列传虽主要是人物传记的形式,但如儒林、游侠、货殖等传都是综合论述而带有传记的形式,匈奴、南越、东越、朝鲜、西南夷及大宛等传都是综合论述并带有纪事本末的形式。”②过去人们认为《史记》的本纪效法《春秋》,列传取法《左传》,这一认识与实际是存在不小差距的。事实上正如我们所分析的,《史记》中本纪、世家、列传各自有正体、变体之分,这就导致它们各自内部在体例上也存在差异。大体而言,本纪、世家效法《左传》《国语》,而列传则主要取法《国语》。

第三节 《汉书》纪传体的新变

司马迁完成的《史记》比起此前的史传文献来说,有两点值得引起关注,一是通史的规模,二是纪传体的创制。这两点对于后世的史传的创作发挥十分重要的影响。作为汉代又一部重要的史作,班固的《汉书》有其自身的特征,也正是这些特征,使其深刻影响到后世正史的书写。然而,不容否认,《汉书》之形成是建立在《史记》基础

①参拙著:《〈国语〉叙事研究》,第251—254页。

②白寿彝:《司马迁与班固》,《北京师范大学学报》,1963年第4期。

之上的，班固对司马迁及其《史记》进行一番“扬弃”的工作。因此，对于《汉书》纪传体来说，我们应该在《史记》及此前相关史著的视野下加以讨论，这样，才能比较妥善地解决《汉书》纪传体的编纂问题。

一 班固对《史记》的接受

司马迁在完成《史记》之后，有意识地进行了“藏之名山，副在京师”的保存工作。人们对于这个表述还存在不同的理解，如司马贞以为“正本藏之书府，副本留京师也”，①颜师古《注》谓：“藏于山者，备亡失也。其副贰本乃留京师也。”②司马贞将“名山”解释为书府，颜《注》对此的解释则显得含混。虽然他们都涉及这个问题，但似乎没有讲清楚。陈直分析说：“太史公自序说，当时有两本，‘藏之名山，副在京师。’所谓名山者，即是藏之于家。太史公卒后，正本当传到杨敞家中，副本当在汉廷天禄阁或石梁阁，褚少孙、刘向、冯商、扬雄等所续，即是根据副本，副本在当时已又录副本，太史公亲手写的副本，可能毁于王莽之乱。”③但也有学者以为：“‘藏之名山’本当为正本，实藏于国家书府太史公府；‘副在京师’本当为副本，传于司马迁外孙杨恽。正、副两本皆作者生前录写，俱为百三十篇完帙，是具有同等文献价值的原始文本。《太史公书》正本密藏不宣，副本在宣帝时由杨恽宣布。西汉民间流传的《太史公书》若干篇卷，乃出自副本系统。”④尽管目前在此问

①《史记》，第1188页。

②《汉书》，第2724页。

③陈直：《汉晋人对史记的传播及其评价》，《四川大学学报》，1957年第3期。

④易平、易宁：《〈史记〉早期文献中的一个根本问题——〈大史公书〉“藏之名山，副在京师”考》，《南昌大学学报》，2004年第1期。

题上还存在分歧，但有一点是可以肯定的，那就是司马迁生前曾经誊录正、副两本《史记》，其中一本很可能在其女婿杨敞家，《汉书·司马迁传》载："迁既死后，其书稍出。宣帝时，迁外孙平通侯杨恽祖述其书，遂宣布焉。"①又《公孙刘田王杨蔡陈郑传》载："恽母，司马迁女也。恽始读外祖《太史公记》。"②这些记载不但说明《史记》原初版本之一可能留在杨家，同时也表明杨恽应该是最先传播《史记》的。《汉书·宣元六王传》有这样一条记载：

> 后年来朝，上疏求诸子及《太史公书》，上以问大将军王凤，对曰："臣闻诸侯朝聘，考文章，正法度，非礼不言。今东平王幸得来朝，不思制节谨度，以防危失，而求诸书，非朝聘之义也。诸子书或反经术，非圣人，或明鬼神，信物怪；《太史公书》有战国纵横权谲之谋，汉兴之初谋臣奇策，天官灾异，地形厄塞：皆不宜在诸侯王。不可予。不许之辞宜曰：'《五经》圣人所制，万事靡不毕载。王审乐道，傅相皆儒者，旦夕讲诵，足以正身虞意。夫小辩破义，小道不通，致远恐泥，皆不足以留意。诸益于经术者，不爱于王。'"对奏，天子如凤言，遂不与。③

由此可知《史记》的传播在当时是受到比较严格的限制的。当然，这绝不意味着它就没有流传，更不表示人们就真的看不到。王凤的说辞表明他本人应该是熟悉《史记》的，同时杨恽的行为也开启了《史记》的民间流传。

其实，自《史记》面世之后，就引起人们的关注，其中最需引起

①《汉书》，第 2737 页。

②《汉书》，第 2889 页。

③《汉书》，第 3324—3325 页。

注意的是对《史记》的完善或续补，此点详见后文。班彪也参与续修之事，《后汉书·班彪列传》说："彪既才高而好述作，遂专心史籍之间。武帝时，司马迁著《史记》，自太初以后，阙而不录，后好事者颇或缀集时事，然多鄙俗，不足以踵继其书。彪乃继采前史遗事，傍贯异闻，作后传数十篇。"①这个记载表明班彪并不满意这些续作，指斥它们"多鄙俗，不足以踵继其书"，也就是说续作难以接续《史记》，这就意味着《史记》在班彪心目中占据重要位置。然而本传又说班彪"因斟酌前史而讥正得失"，他提出这些看法：

> 唐虞三代，《诗》《书》所及，世有史官，以司典籍，暨于诸侯，国自有史，故《孟子》曰"楚之《梼杌》，晋之《乘》，鲁之《春秋》，其事一也"。定哀之间，鲁君子左丘明论集其文，作《左氏传》三十篇，又撰异同，号曰《国语》，二十一篇，由是《乘》《梼杌》之事遂闇，而《左氏》《国语》独章。又有记录黄帝以来至春秋时帝王公侯卿大夫，号曰《世本》，一十五篇。春秋之后，七国并争，秦并诸侯，则有《战国策》三十三篇。汉兴定天下，太中大夫陆贾记录时功，作《楚汉春秋》九篇。孝武之世，太史令司马迁采《左氏》《国语》，删《世本》《战国策》，据楚、汉列国时事，上自黄帝，下讫获麟，作本纪、世家、列传、书、表百三十篇，而十篇缺焉。迁之所记，从汉元至武以绝，则其功也。至于采经摭传，分散百家之事，甚多疏略，不如其本，务欲以多闻广载为功，论议浅而不笃。其论术学，则崇黄老而薄《五经》；序货殖，则轻仁义而羞贫穷；道游侠，则贱守节而贵俗功：此其大敝伤道，所以遇极刑之咎也。然善述序事理，辩而不华，质而不野，文质相称，盖良史之才也。诚令迁依

①《后汉书》，第1324页。

《五经》之法言，同圣人之是非，意亦庶几矣。夫百家之书，犹可法也。若《左氏》《国语》《世本》《战国策》《楚汉春秋》《太史公书》，今之所以知古，后之所由观前，圣人之耳目也。司马迁序帝王则曰本纪，公侯传国则曰世家，卿士特起则曰列传。又进项羽、陈涉而黜淮南、衡山，细意委曲，条例不经。若迁之著作，采获古今，贯穿经传，至广博也。一人之精，文重思烦，故其书刊落不尽，尚有盈辞，多不齐一。若序司马相如，举郡县，著其字，至萧、曹、陈平之属，及董仲舒并时之人，不记其字，或县而不郡者，盖不暇也。今此后篇，慎核其事，整齐其文，不为世家，惟纪、传而已。传曰："杀史见极，平易正直，《春秋》之义也。"①

在这段评论中，班彪首先回顾史官传统、史籍创制及传流情况，在这一论述中，特别需注意班彪对史籍的看法。班彪提到《乘》《梼杌》《左氏》《国语》《战国策》《楚汉春秋》《太史公书》这些史籍，其中却没有《尚书》《春秋》，这应该不是疏忽。然而，班彪为何将《尚书》《春秋》置于史传系统之外呢？戴晋新分析说："班彪的经、史学术分野是泾渭分明的，视孔子《春秋》为经而与史无关，因此他在续《史记》作《后传》进行史学史的考察与评论时，并未将孔子《春秋》列为讨论对象。"也就是说，"班彪的史学史论述完全摆脱了经学的纠缠，与司马迁视'孔子《春秋》'亦经亦史而为史学史论述必不可少的元素，在观点上明显不同"。② 这个分析是有道理的。其实，在这段文字中，班彪更多的是对《史记》的批判。班彪首先分析司马迁创制《史记》的过程及其体例，这是客观的描述。

①《后汉书》，第1325—1327页。

②戴晋新：《班固的史学史论述与史学史意识》，《史学史研究》，2012年第1期。

接着从这些方面肯定《史记》的长处：一是比较完整地载录从汉初到武帝时期的史事；二是强调司马迁的良史之才，即善于叙述事理，文质相称；三是《史记》的广博。同时班彪对《史记》也提出批评，这种批评应该说是很严厉的：其一，采集经传百家凸显诸多疏略；其二，议论浅薄不深刻；其三，学术的重大差错，如崇黄老而轻《五经》；四是条例不统一，如进项羽、陈涉而黜淮南、衡山；五是辞藻不一，如郡县地望的差异。在这篇评论的最后，班彪对自己《后传》的特征也做了交待，一是谨慎载录事实，二是文章体例整齐一致；三是只选用本纪与传。

班固大体沿袭其父班彪的上述观点，《汉书·司马迁传赞》云：

> 自古书契之作而有史官，其载籍博矣。至孔氏籑之，上断唐尧，下讫秦缪。唐虞以前虽有遗文，其语不经，故言黄帝、颛顼之事未可明也。及孔子因鲁史记而作《春秋》，而左丘明论辑其本事以为之传，又籑异同为《国语》。又有《世本》，录黄帝以来至春秋时帝王公侯卿大夫祖世所出。春秋之后，七国并争，秦兼诸侯，有《战国策》。汉兴伐秦定天下，有《楚汉春秋》。故司马迁据《左氏》《国语》，采《世本》《战国策》，述《楚汉春秋》，接其后事，讫于天汉。其言秦汉，详矣。至于采经摭传，分散数家之事，甚多疏略，或有抵梧。亦其涉猎者广博，贯穿经传，驰骋古今，上下数千载间，斯以勤矣。又其是非颇缪于圣人，论大道则先黄老而后六经，序游侠则退处士而进奸雄，述货殖则崇势利而羞贱贫，此其所蔽也。然自刘向、扬雄博极群书，皆称迁有良史之材，服其善序事理，辨而不华，质而不俚，其文直，其事核；不虚美，不隐恶，故谓之实录。乌呼！以迁之博物洽闻，而不能以知自全，既陷极刑，幽而发愤，书亦信矣。迹其所以自伤悼，《小雅》巷伯之

伦。夫唯《大雅》“既明且哲，能保其身”，难矣哉！①

不难发现，这段文字与班彪之论是非常接近的，顾颉刚说：“两文对照，绝无差爽，固仅点定数字而已。若如师古所言，此固叔皮之所论述。”②这个推断应该是可以接受的。班固虽然用其父的言论作为《司马迁传》的赞语，可是这个行为也可理解为班固对其父说法的认可。但是，不容忽略的是，这段文字与班彪之论还是存在一些差异，其明显之处在于：其一，班彪在梳理先秦史著时提到《乘》《梼杌》，班固却摒弃这一点，而是特意叙述孔子作《春秋》之事。就现有先秦史传文献而言，班固的这一做法显然更符合实际。从对待孔子《春秋》来看，正如学者所言，班固“在史官史学谱系中为孔子《春秋》留了位置，观点大异于班彪而略近于司马迁”。③ 其二，班彪称赞司马迁“善述序事理，辩而不华，质而不野，文质相称，盖良史之才也”，班固在赞语中也说司马迁有良史之材，“善序事理，辨而不华，质而不俚，其文直，其事核；不虚美，不隐恶”，并称其书为实录。比较起来，二者的表述有相同之处，但班固显然并没有完全照搬。提请注意的是，班固引述这段话时不但没有提及其父班彪，反而将之归于刘向、扬雄，这最易引起诟病。顾颉刚就说：“何以叔皮‘善序事理……’之评，固乃不归之其父而归之刘向、扬雄耶？然则固之作史，接受父之遗产而欲湮灭父名，攘为已作，故《叙传》之中于彪之史学及其著书遂不道其一字也。”④倘若就赞语引述班彪之语来看，这个指责也不算过分。

①《汉书》，第 2737—2738 页。

②顾颉刚：《班固窃父书》，《史学史研究》，1993 年第 2 期。

③戴晋新：《班固的史学史论述与史学史意识》，《史学史研究》，2012 年第 1 期。

④顾颉刚：《班固窃父书》，《史学史研究》，1993 年第 2 期。

然而，具体到有关评论司马迁良史这句话的出处，班固将之归于刘向、扬雄则更能反映一个真正的史家所应有的态度。很明显，班彪与班固有关司马迁良史的评论在具体表述上是不太一样的，换言之，班固并没有照搬班彪原话，这表明班固要么自铸新语，要么别有所据。据陈直所考，扬雄《法言》是最先评论《史记》的，他在《重黎》篇明确称《史记》为实录。① 由此看来，班固如此做则更加忠于历史，并且，刘向、扬雄之评论较班彪更为圆融、切近实情。

整体上来看，班固在其父班彪之基础上，对《史记》进行较为全面的评论，暂且不论这一评论到底在多大程度上切中《史记》的利弊。就这一评论行为本身而言，《史记》业已成为班固制作《汉书》的原初基点及亟欲超越的高峰。面对这座高峰，绕开或视而不见不是想有所作为之史家的明智选择，从上面引述班彪、班固父子的评论来看，他们显然是积极直面这一事实的，他们并不完全因循，而是进行一番积极的扬弃工作。刚才主要讨论班彪父子对司马迁及《史记》展开的相关批评，接下来围绕班氏父子的著述活动来考察他们对《史记》的接受。

二　《史记》续补与《汉书》的生成

史学经过先秦的充分发展之后，到两汉时期又迎来新的收获，《史记》就是其中最具代表性的文献。自司马迁完成《史记》的撰写工作以后，出现一个很有意味的事件，就是出现补续《史记》的现象。这一现象的出现，恐怕与这些因素有关：一是《史记》的成功实践吸引一批学者的注意，并激发他们的创作热情；二是《史

---

①陈直：《汉晋人对史记的传播及其评价》，《四川大学学报》，1957 年第 3 期。

记》叙事止于汉武帝，此后的汉史阙如，这不能不说是一个不足，同时又是一个诱惑；三是《史记》在流传中出现佚失，对于这样一部经典文献而言，自然是一种遗憾，因此，补续不但是对这种遗憾的弥补，也可以说是修复经典的一种努力。

《史记》补续者的问题，《后汉书·班彪列传》已经提到了，而比较全面注意这个问题的当属刘知几，他在《史通·古今正史篇》中说："《史记》所书，年止汉武，太初以后，阙而不录。其后刘向、向子歆及诸好事者，若冯商、卫衡、扬雄、史岑、梁审、肆仁、晋冯、段肃、金丹、冯衍、韦融、萧奋、刘恂等相次撰续，迄于哀、平间，犹名《史记》。"①刘知几在此胪列刘向以来十五家续作《史记》名单，不过，刘氏又说："司马迁既没，后之续《史记》者，若褚先生、刘向、冯商、扬雄之徒，并以别职来知史务。"②此处又将褚少孙列入《史记》续作人员。那么，这份名单是出于刘知几随意例举，还是经过慎重考虑的，已无从得知。不过，就实际而言，续作者当不止上述十六人，比如程千帆指出："《史通》本篇所举续汉史者，刘氏父子以下，凡十有五人。《班彪传》李贤注所举五人，又有褚少孙在《史通》十五人之外。又《论衡·别通》篇云：'兰台之史，班固、贾逵、杨终、傅毅之徒，名香文美，委积不继。'《后汉书·宗室四王三侯传》云：'临邑侯复，好学能文章，永平中，每有讲学事，辄令复典掌焉。与班固、贾逵共述汉史，傅毅等皆宗事之。'而郑樵《通志·序》亦称班固撰《汉书》，'自昭帝至平帝，凡六世，资于贾逵、刘歆。'则刘复、贾逵、杨终、傅毅之徒所述，当亦撰《续史记》之伦，子

①《史通》，第98页。
②《史通》，第90页。

玄未及。"①在我们看来,两汉之际有 24 位学者参与《史记》的补续工作,下面就对他们的补续工作进行考察。

1. 杨恽

《汉书·司马迁传》载:"迁既死后,其书稍出。宣帝时,迁外孙平通侯杨恽祖述其书,遂宣布焉。"②所谓"祖述其书",有的学者将其理解为补续《太史公书》,③倘若此理解成立,那么杨恽不仅为传播《太史公书》之始,同时也开启续补之风气。据考,《史记·建元以来侯者年表》之一部分当为杨恽所续,这也是目前杨恽补续之唯一能考见之内容。④ 此外,《史记》全书之"太史公"的称谓,王国维认可韦昭的看法,"惟公书传自杨恽,公于恽为外王父,父谈又其外曾祖父也,称之为公,于理为宜",亦即"太史公"为杨恽所称。⑤

2. 褚少孙

褚少孙可以说是目前史料记载中最早明确续补《史记》之人,但有关他的续作又是很有争议的。《史记》在流传过程中出现残缺亡佚的情况,于是就出现续补行为,可是实际情形则远为复杂。张大可指出:"补与窜是两个不同的概念。所谓补,有两层含义,一是指褚少孙补,实际是续史;二是指好事者补缺,大约是某个注家所补。续史补亡皆有意为之,补文经作者精心撰述,事理条贯,文辞典雅,一般是大篇大段的文章,容易识别。所谓窜,是无意增

①程千帆:《〈史通〉笺记》,第 217 页。

②《汉书》,第 2737 页。

③易平、易宁:《〈史记〉早期文献中的一个根本问题——〈大史公书〉"藏之名山,副在京师"考》,《南昌大学学报》,2004 年第 1 期。

④吕世浩:《从〈史记〉到〈汉书〉——转折过程与历史意义》,第 157—158 页。

⑤王国维:《观堂集林》,第 312 页。

入的备注字。《史记》在流传中，读史者抄注他书材料，或钩玄提要，或发抒评论，这些均是备注，往往写于篇后，后之读史者误抄入正文中，无意补史而窜乱了原作，这叫增窜。此外，司马迁为了‘咸表终始’，记太初以后大事至武帝之末，这是司马迁附记。”就褚少孙而言，主要是续补。

首先，从续史层面来看，今本《史记》明确标“褚先生曰”补作的篇目有《三代世表》《建元以来侯者年表》《陈涉世家》《梁孝王世家》《三王世家》《外戚世家》《田叔列传》《滑稽列传》《日者列传》《龟策列传》十篇，另《张丞相传》《汉兴以来将相名臣表》疑有褚少孙补作。对于这些篇目，张大可说：“标明‘褚少孙曰’的有十篇，确为褚少孙所补无疑。据《后汉书·班彪传注》及《史通·正史篇》所载，在班彪之前续补《太史公书》的有褚少孙、刘向父子及冯商等十六人。大都单独别行，《艺文志》载‘冯商所续《太史公》七篇’，就是明证。褚少孙所续附骥《太史公书》流传，加注‘褚少孙曰’以为标帜。《张丞相列传》《汉兴以来将相名臣年表》只能推测为褚补，并无显证。其他凡未有褚少孙述著作之意的篇章，特别是零星增窜之文，皆非褚补。”①不过也有人指出“仅凭文中是否有‘褚先生曰’判断褚少孙补作的方法不尽可靠”，亦即标注“褚先生曰”的未必就为褚补，比如《陈涉世家》“褚先生曰”当为后人所托；因此，真正属于褚少孙补续的篇目只有《三代世表》《建元以来侯者年表》《梁孝王世家》《外戚世家》《田叔列传》《滑稽列传》六篇。② 当然，这个结论大体秉持余嘉锡《太史公亡篇考》的看法，余先生说：“褚先生书今存者，除所补三王世家、日者列传、龟策列

①张大可：《〈史记〉残缺与补窜考辨》，《兰州大学学报》，1982年第3期。

②张璐：《褚少孙补〈史记〉研究》，2016年西北师范大学硕士论文。

传三篇外(武纪已亡),其续太史公书附益其事者,诸家所举篇目,互有不同。以余考之,三代世表、建元以来侯者年表、外戚世家、梁孝王世家、田叔列传、滑稽列传凡六篇,皆有褚先生字。匈奴传据张宴说有褚先生所录已不知其可信否。陈涉世家虽称褚先生,然徐广所见一本作太史公,当从阙疑。其余他篇,后人纷纷指为褚所续者,皆意必之辞,无征不信,未可从也。”此外,臧庸《拜经日记》也提出褚补六篇,其篇目为《三代世表》《建元以来侯者年表》《历书》《外戚世家》《张丞相列传》《滑稽列传》,他摒弃《梁孝王世家》《田叔列传》而加入《历书》《张丞相列传》。姚振宗在《汉书艺文志拾补》中指出褚补为十五篇,“少孙所补,今可考见者,为五帝本纪、三代世家赞、建元以来侯者年表、礼书、乐书、历书、陈涉世家赞、外戚世家、梁孝王世家、三王世家、张丞相列传、田叔列传、滑稽列传、日者列传、龟策列传,凡十五篇”。① 显然,姚氏的十五篇说其实是合续史、补缺而言的。此外,赵翼《廿二史札记》卷一“褚少孙补史记不止十篇”条谓:

> 《汉书·司马迁传》谓,史记内十篇有录无书。颜师古《注》引张晏曰:“迁没后,亡《景纪》《武纪》《礼书》《乐书》《兵书》《汉兴以来将相年表》《日者列传》《三王世家》《龟策列传》《傅靳蒯成列传》,凡十篇。元、成间褚少孙补之,文词鄙陋,非迁原本也。”是少孙所补只此十篇。然细按之,十篇之外尚有少孙增入者。如《外戚世家》,增尹、邢二夫人相避不相见,及钩弋夫人生子,武帝将立为太子,而先赐钩弋死。又卫青本平阳公主骑奴,后贵为大将军,而平阳公主寡居,遂以青为夫等事。《田仁传》后,增仁与任安,皆由卫青舍人选入见帝,

①余嘉锡:《余嘉锡文史论集》,第94页。

> 二人互相举荐，帝遂拔用之等事。又《张苍》《申屠嘉传》后，增记征和以后为相者，车千秋之外，有韦贤、魏相、丙吉、黄霸，皆宣帝时也；韦元成、匡衡，则元帝时也。此皆少孙别有传闻，缀于各传之后。今《史记》内各有"褚先生曰"以别之。其无"褚先生曰"者，则于正文之下另空一字，以为识别。此少孙所补显然可见者也。又有就史迁原文而增改者。《楚元王世家》后，叙其子孙有至地节二年者，则宣帝年号也。《齐悼惠王世家》后，叙朱虚侯子孙有至建始三年者，则成帝年号也。此皆在迁后，而迁书内见之，则亦少孙所增入也。①

赵氏将《史记》补窜文字均归入褚少孙名下，张大可对此已有辨析，此不赘。从续史角度来看，余嘉锡的看法可能更接近实际。

其次，褚少孙除了参与续史外，还参与补缺工作，这要从张宴说起。《汉书·司马迁传》载迁著《史记》时说："十篇缺，有录无书"，颜师古注引张宴曰："迁没之后，亡《景纪》《武纪》《礼书》《乐书》《律书》《汉兴以来将相年表》《日者列传》《三王世家》《龟策列传》《傅靳蒯列传》。元、成之间褚先生补阙，作《武帝纪》《三王世家》《龟策》《日者传》，言词鄙陋，非迁本意也。"②张宴指出，《史记》在流传中亡失十篇，褚少孙在元、成年间补作《武帝纪》《三王世家》《龟策列传》《日者列传》四篇。不过，《史记·龟策列传正义》说："《史记》至元成间十篇有录无书，而褚少孙补《景、武纪》《将相年表》《礼书》《乐书》《律书》《三王世家》《蒯成侯、日者、龟策列传》。《日者》《龟策》言辞最鄙陋，非太史公之本意也。"③张守

①王树民：《廿二史札记校证》，第7页。

②《汉书》，第2724—2725页。

③《史记》，第1155页。

节认为《史记》亡失的十篇均为褚少孙所补，显然是对张宴说法的误解。余嘉锡以为张守节的这个判断其实并没有什么依据，“注史记者三家，以正义较为浅陋。此节依附张宴之言而失其意。宴言‘迁没后亡十篇，元成之间，褚先生补阙’，而守节遂谓亡于元成见。……知其以十篇为褚先生所补，直是读书不仔细，非有所见而云然也”。① 因此，在《史记》亡失的十篇中，张宴只是认为《武帝纪》《三王世家》《龟策列传》《日者列传》四篇为褚少孙所补。对于今本《孝武本纪》，余嘉锡分析说：“张宴谓褚先生所补，言辞鄙陋，非迁本意者，为武纪、三王世家、龟策、日者传四篇言之也。今之武纪，全出钞袭，不止鄙陋而已，……褚先生当时大儒，以文学经术为郎，虽不善著书，亦何至于此。”因此，今本《孝武本纪》“其必不出少孙之手。”②这就是说，褚补《武纪》也已亡失。那么，褚补只有《三王世家》《龟策列传》《日者列传》三篇流传。

褚补何时附入《太史公书》，有主张西汉时附入、班固时附入、东汉末附入及魏晋时附入这四种看法。之所以会出现这些争议，其重要原因在于未能分清褚补附入《太史公》原篇与褚补附入《太史公》全书之间的差异。有学者分析说，褚补附入《太史公》书前后经历三个阶段：一是西汉元、成间褚补附入其所见《太史公》散篇后自成一书；二是汉魏间褚补全书与《太史公》某残本合一；三是东晋孝武帝时期褚补附入今本《史记》。③ 将褚补附入《太史公》原篇与褚补附入《太史公》全书区别看来，这有合理的成分，但认为褚补全书附入《太史公》书发生在汉魏期间，这恐怕是有问题

①余嘉锡：《余嘉锡文史论集》，第5—6页。

②余嘉锡：《余嘉锡文史论集》，第28页。

③吕世浩：《从〈史记〉到〈汉书〉——转折过程与历史意义》，第159—166页。

的。因为依照这个推断，必然意味着褚补有很长一段时间是单独流传的，既然如此，那么，对于褚补这样一部文献，刘向、刘歆父子，乃至《汉志》却不置一词，这是难以理解的。余嘉锡说："褚少孙补史，本附迁书以行，七略未著录。"①准此说法，就不存在什么问题。因此，我们并不怀疑褚补曾经存在附入《太史公》原篇与附入《太史公》全书之现象，亦即褚补存在散行与附入《太史公》全书两种情况，但褚补附入《太史公》全书的时间至少不会晚于刘向、刘歆校书时间，而极有可能是褚补在散行之同时即附入《太史公》全书中。

3. 刘向、刘歆父子

《后汉书·班彪传》载"武帝时，司马迁著《史记》，自太初以后，阙而不录，后好事者颇或缀集时事"，李贤注谓："好事者谓扬雄、刘歆、阳城衡、褚少孙、史孝山之徒也。"②又《史通·古今正史》篇提及"刘向、向子歆及诸好事者"，已见上引。这些地方都提到刘向、刘歆父子的撰史。刘向、刘歆父子既然参与《史记》续作行列，那么，他们实际上又做了哪些工作呢？

赵翼《陔余丛考》卷五"班书、颜注皆有所本"条云："葛洪云：家有刘子骏《汉书》百余卷，歆欲撰《汉书》，编录汉事，未得成而亡，故书无宗本，但杂记而已。试以考校班固所作，殆是全取刘书，其所不取者二万余言而已。王鏊因推论之，谓班书实史才，然其他文如《文选》中所载多不称，何其长于史而短于文？及观葛洪所云，乃知《汉书》全取于歆也。"③赵翼的看法实源于葛洪《西京

①余嘉锡：《余嘉锡文史论集》，第23页。

②《后汉书》，第1324—1325页。

③赵翼：《陔余丛考》，第103页。

杂记跋》,“洪家世有刘子骏《汉书》一百卷,无首尾题目,但以甲乙丙丁纪其卷数,先父传之。歆欲撰《汉书》,编录汉事,未得缔构而亡,故书无宗本,止杂记而已,失前后之次,无事类之辨。后好事者以意次第之,始甲终癸为十帙,帙十卷,合为百卷。洪家具有其书,试以此记考校班固所作,殆是全取刘书,有小异同耳。并固所不取,不过二万许言。今抄出为二卷,名曰《西京杂记》,以裨《汉书》之阙”。① 据此,刘歆曾撰有一百卷《汉书》,而班固《汉书》乃全部渊源于此。不过,无论是《西京杂记》还是此篇跋文,均存在不少疑义。《四库全书总目》卷一四〇《〈西京杂记〉提要》云:

> 黄伯思《东观馀论》称此书中事皆刘歆所说,葛稚川采之。其称余者,皆歆本文云云。今检书后有洪跋,称其家有刘歆《汉书》一百卷。考校班固所作,殆是全取刘氏。有小异同固所不取,不过二万许言。今钞出为二卷,名曰《西京杂记》,以补《汉书》之阙云云。伯思所说,盖据其文。案《隋书·经籍志》载此书二卷,不著撰人名氏。《汉书·匡衡传》颜师古注称今有《西京杂记》者,出于里巷,亦不言作者为何人。至段成式《酉阳杂俎·广动植篇》始载葛稚川就上林令鱼泉问草木名,今在此书第一卷中。张彦远《历代名画记》载毛延寿画王昭君事,亦引为葛洪《西京杂记》。则指为葛洪者实起于唐,故《旧唐书·经籍志》载此书,遂注曰晋葛洪撰。然《酉阳杂俎·语资篇》别载庾信作诗用《西京杂记》事,旋自追改,曰此吴均语,恐不足用。晁公武《读书志》亦称江左人或以为吴均依托,盖即据成式所载庾信语也。今考《晋书·葛洪传》,载洪所著有《抱朴子》、神仙、良吏、集异等传,《金匮

①熊宪光:《古今逸史精编》,第140页。

> 要方》《肘后备急方》并诸杂文，共五百馀卷。并无《西京杂记》之名，则作洪撰者自属舛误。特是向、歆父子作《汉书》，史无明文。……然庾信指为吴均，别无他证。段成式所述信语，亦未见于他书，流传既久，未可遽更。今姑从原跋，兼题刘歆、葛洪姓名，以存其旧。①

对此，余嘉锡指出："洪既尝抄百家及短杂、奇要之书，则此书据洪自称，亦是从刘歆《汉书》中抄出，安见不在三百一十卷之中。"同时据《册府元龟》之记载，认为"其言葛洪撰《西京杂记》，必别有所本"。② 这就肯定《西京杂记》出于葛洪之手。不过，丁宏武撰文不但肯定葛洪编撰《西京杂记》，并且还考证此书出于刘歆草创，在他看来，"《西京杂记》一书，确系刘歆草创，经后汉三国时期的漫长流传，至葛洪始编集成书"。③ 孙振田则提出异议，认为《西京杂记》为葛洪所编集，并托名于刘歆。④ 除此之外，他们对《西京杂记跋》的理解也不同。丁宏武相信《跋》为葛洪所作，通过对其家世之分析，认为"有关葛洪先祖的可靠史料，始自西汉末年王莽当政之时，其九世祖又'以典籍自娱'，故葛洪所谓'洪家世有刘子骏《汉书》一百卷'之说，应非虚无缥缈之辞"；并进而指出，"虽然刘歆《汉书》百卷史无记载，但就其自身条件及当时的实际情况来看，刘歆修撰弥纶一代之史书，极有可能"。即是说，刘歆完全有可能草创《汉书》百卷。⑤ 孙振田指出《跋》文弥漫许多疑义，不

---

①永瑢：《四库全书总目》，第 1182 页。

②余嘉锡：《四库提要辨证》，第 854—855 页。

③丁宏武：《〈西京杂记〉非葛洪伪托考辨》，《图书馆杂志》，2005 年第 11 期。

④孙振田：《〈西京杂记〉伪托刘歆作补论二则》，《图书馆杂志》，2012 年第 6 期。

⑤丁宏武：《〈西京杂记〉非葛洪伪托考辨》，《图书馆杂志》，2005 年第 11 期。

可轻易信据。据《跋》文，葛洪所藏《汉书》即使未必是刘歆原本，也必是经刘歆“杂记”而来。可是班固《汉书》的材料来源除《史记》之外，还包括有其父班彪等人的作品。班彪撰写《后传》的时间是在光武帝期间（25—57），刘歆卒于公元23年，那么，刘歆又如何可能抄得班彪之所作。再有，既然《汉书》武帝太初以前全同《史记》，以刘歆的条件，直接利用《史记》并不困难，为何会“失前后之次”“无事类之辨”？洪家世有的所谓刘歆《汉书》，“好事者以意次第之”的时间又是在何时？若在“洪家世有”以前，则“洪家”又如何知道之前的刘歆《汉书》“失前后之次”“无事类之辨”？若在之后，则“洪家世有”之书“好事者”又如何能“以意次第之”，且恰好“合为百卷”，与班固《汉书》卷数全同？①

其实，对于葛洪《跋》文所言“刘子骏《汉书》一百卷”，《四库全书总目》曾表示怀疑，余嘉锡也持类似态度，“使如洪序所言，歆所作《汉书》已有一百卷，则冯衍为后汉人，晋冯、段肃并与班固同时，何以尚需续作。洪序云：‘考校班固所作，殆是全取刘书。’此又必无之事。班固于太初以前，全取《史记》，又用其父班彪所作后传数十篇，已不免因人成事。若又采取刘歆《汉书》一百卷，则固殆无一字，何须潜精积思至二十余年之久。……且诸家续《太史公书》，虽迄哀、平，然是前后相继，不出一人。至班彪所作后传，亦是起于太初以后，未有弥纶一代者。……是《汉书》者，固所自名。断代为书，亦固所自创”。并推测说：“窃意向、歆纵尝作史，亦不过如冯商之续《太史公》，成书数篇而已。”②他在《积微居小学金石文字论丛序》中又说：“史通采撰篇止云，汉书太初以后，

---

①孙振田：《〈西京杂记〉伪托刘歆作补论二则》，《图书馆杂志》，2012年第6期。

②余嘉锡：《四库提要辨证》，第856—857页。

杂引新序说苑七略之辞,不言有续史记。文选西征赋云:'长卿渊云之文,子长政骏之史。'李善注比引汉书向著疾谗摘要救危及世颂凡八篇,又著五行传、列女篇、新序、说苑、歆著七略,亦不言有续史记。是则潘安仁、刘知几所称向、歆之史,即指新序、说苑、七略、别录言之,未曾别著一书,名为续史记也。惟冯商实有续太史公书,或后人尝取向、歆所叙,编入冯商诸家之次,号为史记,则不可知耳。"①一方面强调刘向、刘歆父子续史只"成书数篇",一方面又说他们"未曾别著一书",由此看来,余嘉锡的看法前后似乎有些矛盾,但并不认可葛洪的看法是很清楚的。孙振田指出,"刘向、刘歆没有真正地续写过《史记》,即无所谓的《续史记》。《史通》所云向、歆之'续《史记》'也并非指向、歆实有《续史记》,所指大致可以有两种考量:(1)向、歆记载有汉事的书籍,如《新序》《说苑》《别录》《七略》《世说》《列女传》《神仙传》《列女传颂》等;(2)除《新序》等之外,还包括刘向《洪范五行传论》《世颂》《匈奴传》《地理志》,刘歆《三统历谱》,以及《王莽传》'刘歆与博士诸儒曰'与《汉书·律历志》刘歆等典领条奏之'律历事'等"。② 这可以说是对余嘉锡看法的深化。平情而论,刘歆撰《汉书》一百卷,确实令人难以接受,上述很多例证均指明这一点。不过,也有学者已经注意到,《太平御览》卷六百二引《西京杂记》作"葛洪家世有刘子骏《汉言》百卷",也就是说,刘歆所作是《汉言》,而非《汉书》。这虽是孤证,但也不能轻易忽略。因此,对于刘向、刘歆"续《史记》"之行为,似乎还有阐释的空间。

就刘氏父子的"续《史记》"而言,要证明他们是不是撰写"《史

---

①余嘉锡:《余嘉锡文史论集》,第545页。

②孙振田:《〈史通〉向、歆"续〈史记〉"解》,《图书馆理论与实践》,2013年第11期。

记》续书”，这自然是必要的；但仅限于此似乎不够全面。其实，倘若从《汉书》生成层面来考虑这个问题，刘氏父子“续《史记》”的意义则更为清晰。首先，刘向、刘歆父子编撰的一些论著，其中载录不少汉代的史实，此点余嘉锡、孙振田等已经注意到了，汪春泓则进一步指出，《汉书》十志主要参照刘向、刘歆的撰述，尤其是，“《汉书》之《杨王孙传》《胡建传》《于定国传》《路温舒传》《枚乘传》《河间献王传》《主父偃传》《吾丘寿王传》《丙吉传》《夏侯胜传》和《说苑》的记叙相对照；《汉书》之《韩安国传》《主父偃传》《苏武传》与《新序》相对照；《汉书》之《昭帝纪》《宣帝纪》《元帝纪》《成帝纪》《梁孝王传》《枚皋传》《景十三王传》《司马相如传》《公孙弘传》《司马迁传》《武五子传》《朱买臣传》《东方朔传》《朱云传》《杨王孙传》《霍光妻传》《傅介子传》《赵广汉传》《匡衡传》《杜邺传》《何武传》《王嘉传》《扬雄传》《五鹿充宗传》《游侠传》《外戚传》《佞幸传》《两粤传》等与《西京杂记》相对照，必然会发现，原来《汉书》的纪传各篇，均或多或少地取材于刘向、刘歆的著述，刘氏父子已经为《汉书》相关人物的编写提供了蓝本”。① 徐复观还提及刘向相关著述之补史作用，“两书（引者按：指《新序》《说苑》）所录汉人汉事，在刘向认为皆系有教训的意义；在今日，有的可以补《史》《汉》之缺”。② 可见这些文献虽不出于明确的补史意识，但客观上却起着这方面的作用。

其次，通过对相关记载的检讨，刘氏父子不但有明确的补史意识，而且还见诸行动。《汉书·赵尹韩张两王传》载：“自孝武置左冯翊、右扶风、京兆尹，而吏民为之语曰：‘前有赵、张，后有三

①汪春泓：《论刘向、刘歆和〈汉书〉之关系》，《古籍整理研究学刊》，2009 年第 5 期。

②徐复观：《两汉思想史（第三卷）》，第 56 页。

王。'然刘向独序赵广汉、尹翁归、韩延寿，冯商传王尊，扬雄亦如之。"颜《注》引张晏曰："刘向作《新序》，不道王尊。冯商续《史记》，为作传。雄作《法言》，亦论其美也。"①张晏的意思是说，刘向在《新序》中没有说王尊，可是冯商作了《王尊传》，扬雄在《法言》中也称赞王尊。对于他的这个说法，我们应该看到，今本《新序》固然没有提及王尊，同时也没有赵广汉、尹翁归、韩延寿的记载。而在《法言》中，扬雄不仅提到王尊，也提到赵广汉、尹翁归、韩延寿。这说明什么呢？今本《新序》有残缺，这是事实，然而赵广汉、尹翁归、韩延寿的记载都佚失了，似乎有点巧合。张晏认为《法言》赞美王尊，可是它也赞美了尹翁归，《法言·渊骞》篇载："若张廷尉之平，隽京兆之见，尹扶风之洁，王子贡之介，斯近世名卿矣。"②同书《重黎》篇说："李贰师之执贰，田祁连之滥帅，韩冯翊之愬萧，赵京兆之犯魏。"③可见扬雄对赵广汉、韩延寿却颇有微词。由此看来，张晏的说法与《赵尹韩张两王传赞》无疑有些距离。首先，班固赞文所谓"扬雄亦如之"，张晏将其仅仅理解为赞美王尊，即使就《法言》而言，似乎也有些片面。其次，对于"刘向独序"之"序"，张晏将其解为《新序》，这是将"序"视为名词；可是就赞文而言，此处的"序"显然是动词，因此，张晏的理解是不符合赞文语境的。汪春泓依据赞文指出"将赵广汉、尹翁归、韩延寿同传，应是刘向的安排"，④这是一个很有启发意义的看法。不过，

①《汉书》，第 3239—3240 页。

②韩敬：《法言全译》，第 159 页。

③韩敬：《法言全译》，第 149 页。

④汪春泓：《论刘向、刘歆和〈汉书〉之关系》，《古籍整理研究学刊》，2009 年第 5 期。

此处“序”的意义当不止此，《汉书·艺文志》有“刘向所序六十七篇”“扬雄所序三十八篇”“张良、韩信序次兵法”等提法，这些地方的“序”，不能只理解为“安排”“编排”，它们还有“撰次”之意。因此，“刘向独序”当包含刘向整理、撰写赵广汉、尹翁归、韩延寿事迹这层意义，也就是说，刘向极有可能整理、撰写赵广汉、尹翁归、韩延寿的传记。特别是《史记·匈奴列传·索隐》云：“《汉书》云：‘明年，且鞮死，长子狐鹿姑单于立。’张晏云：‘自狐鹿姑单于已下，皆刘向、褚先生所录，班彪又撰而次之，所以《汉书·匈奴传》有上下两卷。’”①可知刘向曾补续《匈奴传》。还有，《新序·善谋》篇也很值得注意，此篇分上下两卷，上卷记春秋战国时事，下卷记汉代时事。下卷叙事起于汉高祖刘邦而止于汉武帝，“已略显按照编年体例来叙述汉代开国史的意向”；②而且，这些汉初之事“都见之于《史记》，但《新序》的文字和《史记》有很大出入，却大多同于《汉书》。……《新序》和《史记》的异文，其中优于《史记》的地方，不可能是承袭《汉书》，相反是班固采录了《新序》”。③ 此外，据汪春泓的考察，《汉书》之《异姓诸侯王表》《诸侯王表》《王子侯表》《高惠高后文功臣表》《景武昭宣元成功臣表》《外戚恩泽侯表》《百官公卿表》《古今人表》八表很可能出自刘向或刘歆，并且，《楚元王传》《淮南王传》及《伍被传》也出自刘氏父子精心的谋篇布局。

最后，刘向、刘歆父子事实上还影响《汉书》传主的选择。汪

①《史记》，第1040页。

②汪春泓：《论刘向、刘歆和〈汉书〉之关系》，《古籍整理研究学刊》，2009年第5期。

③石光瑛校释，陈新整理：《新序校释·整理说明》，第5页。

春泓指出:“《汉书》传主的遴选,大受刘向、刘歆的影响,而刘氏在决定谁入传、谁不入传的问题时,太注重人物与自己和家族的关系,这些人物或利益攸关,或不共戴天,于是敌、友入传,或歌功颂德,或贬斥泄愤。”①比如,《汉书·李广苏建传》载汉宣帝图画诸贤于麒麟阁时有云:“自丞相黄霸、廷尉于定国、大司农朱邑、京兆尹张敞、右扶风尹翁归及儒者夏侯胜等,皆以善终,著名宣帝之世,然不得列于名臣之图,以此知其选矣。”②汪春泓分析说,这个评论不可能是班固的,而是出自刘向、刘歆的看法,因为这些人物与刘氏关系密切,二者利益攸关。这样,“在《汉书·苏武传》中,图画于麒麟阁之 11 人,再加上刘氏赞赏的 6 人,总共 17 人之所以成为重要的传主,当属刘向的规划”。③ 应该说,这一分析是有道理的。

由此看来,对于刘向、刘歆父子而言,尽管“续史”作品不多,但从《汉书》生成角度来看,他们的作用显然不可低估。也就是说,刘向、刘歆父子“续史”行为应该从显性、隐性两个层面加以解读。

4.冯商

《汉书·艺文志》著录“冯商所续《太史公》七篇”,颜《注》引韦昭曰:“冯商受诏续《太史公》十余篇,在班彪《别录》。商字子高。”颜《注》说:“《七略》云商阳陵人,治《易》,事五鹿充宗,后事刘向,能属文,后与孟柳俱待诏,颇序列传,未卒,病死。”④又《汉书·张

①汪春泓:《论刘向、刘歆和〈汉书〉之关系》,《古籍整理研究学刊》,2009 年第 5 期。

②《汉书》,第 2469 页。

③汪春泓:《论刘向、刘歆和〈汉书〉之关系》,《古籍整理研究学刊》,2009 年第 5 期。

④《汉书》,第 1714—1715 页。

汤传》颜《注》引如淳曰:"班固《目录》冯商,长安人,成帝时以能属书待诏金马门,受诏续《太史公书》十余篇。"颜《注》说:"刘歆《七略》云商阳陵人,治《易》,事五鹿充宗,能属文,博通强记,与孟柳俱待诏,颇序列传,未卒,会病死。"①从这些注解中可知,冯商是刘向的学生,曾受诏续《太史公书》。韦昭、如淳指出他曾续十余篇,不过《汉志》只记录其七篇。这其中的原因,姚振宗《汉书艺文志条理》推测说:"按本《志》是篇都凡之下注云省《太史公》四篇,当是冯氏续书。冯所续著录七篇,省四篇,盖十一篇,故班氏、韦氏并云十余篇。"②按《汉志》著录"《春秋》二十三家,九百四十八篇",班固注云"省《太史公》四篇",③姚振宗以为此四篇当为冯商续书,这样,冯商续书为十一篇,大致符合韦昭、如淳的说法。张舜徽同意这一推测:"刘《略》班《志》独著录冯商一家者,殆以其学出刘向耳。韦《注》明言商尝受诏续《太史公》十余篇,而本志仅著录七篇者,姚振宗谓商书本十一篇,班氏省去四篇,故为七篇,其说是也。"④赵生群对著录七篇、省四篇做了进一步辨析:"《史通》所举十余家中,唯冯商对《史记》既有续,又有补,故《汉志》将其所著十余篇一分为二……冯商所续《太史公》保留七篇,当是补亡之作;删除四篇,应是续《史记》之文。"⑤姚军也说:"据《汉志》的一般作法,删省的多是重出之书,故《太史公》四篇被删,当为续撰《太史公》之作,而被保留的《太史公》七篇,则为补亡

①《汉书》,第2657页。

②姚振宗:《汉书艺文志条理》,《二十五史补编》本,第42页。

③《汉书》,第1714页。

④张舜徽:《汉书艺文志通释》,第233页。

⑤赵生群:《〈史记〉文献学丛稿》,第53页。

之作。”①其实，余嘉锡也明言《汉志》著录仅七篇，“则其所省是商所续，而非司马迁书”，并推测说：“盖七略所录太史公书百三十篇，十篇有录无书者，史迁之原书也，无他家补篇。班固所见本，或已将冯商所补四篇合为一书。固以为是特补太史公，非所自续也，遂省之。”②不过，也有学者怀疑“班固删略续书似欲掩其因袭之迹的私心”。③ 然而，易平明确认为姚振宗的推论不能成立，他提出三条理由加以批驳：一是冯商续书别本单行，与司马迁书不相混杂，《汉书》两书分别著录。班注称省四篇的是《太史公》而非续《太史公》，它们不容混为一谈；二是冯商受诏续书，表明他见过《太史公书》，其所续传文十余篇，不可能出现与司马迁书相重复或雷同的文字，而且冯氏十余篇文字中也绝不可能有自相重复的篇章，班固没有理由省其四篇；三是冯氏所续《太史公》确切篇数今不可知，姚氏谓班固有冯氏续书四篇，录其七篇，则把韦昭说的“十余篇”坐实为十一篇，不知何以为据。他通过对《汉志》班注“省”“出”“入”诸例的分析，指出班固省四篇重文的是司马迁的《太史公》，“班固曾典校秘籍，修撰《艺文志》，其所见兰台《太史公书》，既有原西汉中秘所藏‘副在京师’本残本，又有来自民间的‘名山’本系统的部分篇章，两者并合为一。班固修《汉志》所据的《太史公书》，就是这种以‘副在京师’本为基础，掺杂‘名山’本系统篇章的混合本，共得百二十四篇。与《太史公自序》所列篇目对

①姚军：《〈汉书〉采摭西汉文章研究——兼论〈汉书〉与三部总集中西汉文章之比较》，2010 年西北师范大学博士论文。

②余嘉锡：《余嘉锡文史论集》，第 22—23 页。

③马铁浩：《从亦子亦史到亦经亦史——〈史〉〈汉〉之际历史撰述探微》，《古代文明》，2013 年第 1 期。

照，仍缺十篇，又有四篇重文。班固删去四篇重文，在著录该书时，加注把所缺所省的篇数作了说明"。① 这就是说，冯商续书十余篇与《汉志》所省《太史公》四篇并没有关系。整体言之，易平的推论或更符合实际。

韦昭依据班彪《别录》指出冯商续《太史公》十余篇，而如淳依据的则是班固《目录》，两者依据虽有不同，但均强调冯商所续《太史公》为十余篇，那么，冯商到底续了哪些内容呢？《论衡·案书篇》说："而太史公两纪，世人疑惑，不知所从。案张仪与苏秦同时，苏秦之死，仪固知之。仪知各审，宜从仪言，以定其实；而说不明，两传其文。东海张商亦作列传，岂苏秦，商之所为邪？"②张商即冯商，王充以为冯商续作中有《苏秦传》。沈钦韩在《汉书疏证》卷二十四中推测《景、武纪》《将相名臣表》《礼乐律志》、韦贤等传可能是冯商所续；而余嘉锡认为《景帝本纪》《昭帝本纪》是冯商所续，③很清楚，这些论断大抵出于推测。杨树达《汉书所据史料考》云："今冯商之续传可推见者有二篇，其一为《张汤》。《汉书》卷五十九《张汤传赞》云：冯商称张汤之先与留侯同祖，而司马迁不言，故阙焉。据此，商当有《张汤传》也。其二为王尊。《汉书》卷七十六《赵尹韩张两王传赞》云：'刘向独序赵广汉、尹翁归、韩延寿，冯商传《王尊》，杨雄亦如之。'……周寿昌《汉书注校补》卷四谓《汉书·王尊传》当是商作原文。树达按冯商杨雄既皆同作《王尊传》，则班采商或采雄，或二人兼采，皆不可知，不可遽定为

①易平：《〈汉志〉班注"省〈太史公〉四篇"考释》，《江西图书馆学刊》，1988年第4期。

②王充：《论衡》，第277页。

③余嘉锡：《余嘉锡文史论集》，第22—23页。

商一人之作也。至钱大昕谓《冯奉世传》当是冯商之文，其说非是。"①这个说法是审慎的，就目前资料而言，也只能如此。

5.孟柳

孟柳事迹未详，惟《汉志》颜《注》说："《七略》云商阳陵人，治《易》，事五鹿充宗，后事刘向，能属文，后与孟柳俱待诏，颇序列传。"②汉代有两种待诏，一是作为候补官的待诏，这种人待诏期间没有任何官职，他们等待被皇帝任命为某种官的诏令；一是指已经出仕为官的人（也包括未出仕者）在某一时候"待诏"，等待的不是任命为官的诏令，而是指定做某事的诏令。③ 孟柳与冯商待诏，是待诏修史，丁毅华说："还有人待诏以修史为事，如冯商、孟柳二人，俱待诏金马门，成帝下诏，令他们续《太史公书》，他们完成了十余篇列传。"④既然与冯商同时待诏修史，孟柳必然参与续《太史公》的工作。不过冯商所续《太史公》十余篇中是否有孟柳的作品，现不得而知。

6.阳城衡（卫衡）

《史通·古今正史》篇："《史记》所书，年止汉武，太初以后，阙而不录。其后刘向、向子歆及诸好事者，若冯商、卫衡、……等相次撰续，迄于哀、平间，犹名《史记》。"⑤《后汉书·班彪传》李贤注谓："好事者谓扬雄、刘歆、阳城衡、褚少孙、史孝山之徒也。"⑥《史

①杨树达：《汉书所据史料考》，载《积微居小学金石论丛（增订本）》，第294页。
②《汉书》，第1714—1715页。
③陶新华：《汉代的"待诏"补论》，《社会科学战线》，2005年第6期。
④丁毅华：《"待诏"小识》，《天津师大学报》，1987年第3期。
⑤刘知几：《史通》，第98页。
⑥《后汉书》，第1324—1325页。

通》之卫衡与李注之阳城衡有何联系，杨树达说："《史通》之卫衡与李注之阳城衡殆系一人而文有误衍。考《太平御览》八百十五引桓谭《新论》云：'阳城子张名衡。'《通志略》引《风俗通》云：'汉有议大夫阳成公衡。'假定二说无误，则《李注》之阳城卫当作阳城衡，《史通》之卫衡，卫乃衡之误衍，衡上又当夺阳城二字。"①即认为卫衡与阳城衡是同一人，并且《史通》之"卫衡"当作"阳城衡"。刘盼遂分析说："孙曰：《对作篇》作'阳成子张'。此即补《史记》之阳城衡也。《太平御览》八十五引桓子《新论》云：'阳城子姓（姓字衍文）张名衡，蜀郡人。'《通志略》引《风俗通》：'阳城氏，汉有谏议大夫阳成衡。'即字长也。成城、长张并通。《华阳国志》作'阳城子元'。盼遂案：章士钊云：'《后汉书·班彪传》有阳城衡，即子长也。'又桓谭《新论》云：'阳城子张名衡，蜀人，与吾俱为祭酒。'仲任所说，殆即其人。"②认为续补《史记》者为阳城衡，但没有提及卫衡。仍乃强说："《常志·汉中士女赞注》：'卫衡字伯梁，南郑人。'与董扶、任安同时，显与哀平间之阳城衡为二人。《史通》之'卫衡'，当从章怀注作'阳城衡'。"③由此可知，汉代既有卫衡，也有阳城衡，他们并不是同一个人，续补《史记》者为阳城衡。所以，《史通》之卫衡要么如杨树达所说乃误衍，要么是刘知几误记。这是因为，卫衡既然与董扶、任安同时，则生活在东汉中后期，而《史通》说"若冯商、卫衡、……等相次撰续，迄于哀、平间"，两者时代不侔，由此可证《史通》之卫衡决非东汉后期之人，那么，《史通》之卫衡当系阳城衡之误。阳城衡续作已不可考，不过，《论衡·超奇

① 杨树达：《汉书所据史料考》，载《积微居小学金石论丛（增订本）》，第295页。
② 黄晖：《论衡校释》，第608页。
③ 仍乃强：《华阳国志校补图注》，第725页。

篇》及《对作篇》均载其作《乐经》之事，王梦欧以为："西汉哀平之际，阳成衡尝纂辑《周官》及诸子言乐事者以作《乐记》，都二十三篇；后经刘歆校定，删除其半。阳成衡既用之以补《史记·乐书》，复用以充《乐经》课本，约为十一篇"。① 又《华阳国志·序志》载："司马相如、严君平、杨雄、阳城子玄、郑伯邑、尹彭城、谯常侍、任给事等，各集传记以作本纪。"仍乃强指出："衡与扬雄同郡、同时、同仕、终于长安、同好著作、同续《史记》，则同有蜀事撰述为可能。"②也就是说，阳城衡很可能撰有《蜀本纪》。

7. 扬雄

《汉书》本传并未载录扬雄续补《史记》之事，然而王充在《论衡·须颂》篇中说："司马子长纪黄帝以至孝武。杨子云录宣帝以至哀、平。"③王应麟《困学纪闻》卷十二"考史"条曰："今子云书不传。"④余嘉锡则分析认为："汉人于太史公书凡再续。一续于成帝时，刘向、冯商是也。再续于王莽时，张宴、刘知几所举刘歆、扬雄、冯衍、史岑诸人是也。《论衡》独举扬子云者，雄及诸人各有所续，而撰辑成书则出于雄，故曰：'录宣帝以迄哀、平。'录者，编次著录之谓也。"余先生又说："盖汉魏时续太史公书有二本，扬雄所辑者，始于宣帝以迄哀平，此为王莽时诸人所撰之原书，王充所见是也。后人以其名为续太史公书，而中缺昭帝一代，景纪书亡亦未补，乃取冯商所续并入扬雄书中，（自注：刘向续传是否因与刘歆为一家，已收入杨雄书中。抑后来与冯商书同时并入，不可知

①郑良树：《续伪书通考》，第646页。

②仍乃强：《华阳国志校补图注》，第723—725页。

③黄晖：《论衡校释》，第854页。

④王应麟：《困学纪闻》，第257页。

也。)《史通》所谓‘向、歆、冯商、扬雄相次撰续,犹名史记’是也。张宴所见,即是此本。”①倘若王充说法不误,那么余嘉锡的推断是很有启发意义的。此外,杨树达《汉书所据史料考》说:“《汉书》卷八十七《杨雄传赞》云:‘雄之《自序》云尔。’此班采杨雄明见于本书者也。又杨雄曾作《王尊传》,班或采用其文。”②徐复观指出《法言》之“《重黎》《渊骞》两篇,则意在准《春秋》以补正《史记》的缺失”,其中的一些观点影响班固《汉书》的书写。③

8. 史岑

《后汉书・文苑列传》载:“初,王莽末,沛国史岑子孝亦以文章显,莽以为谒者,著颂、诔、《复神》《说疾》凡四篇。”李贤《注》谓:“岑一字孝山,著《出师表》。”④又《后汉书・班彪传》李贤《注》谓好事者有史孝山。⑤ 汉代其实有两史岑,一字子孝,一字孝山,李《注》将他们混淆了。《文选》卷四十七《出师颂》李善《注》云:“范晔《后汉书》曰:王莽末,沛国史岑,字孝山,以文章显。《文章志》及《集林》《今书七志》并同,皆载岑《出师颂》,而《流别集》及《集林》又载岑《和熹邓后颂并序》。计莽之末,以讫和熹,百有余年。又《东观汉记》,东平王苍上《光武中兴颂》,明帝问校书郎此与谁等,对云前世史岑之比。斯则莽末之史岑,明帝之时已云前世,不得为和熹之颂明矣。然盖有二史岑,字子孝者仕王莽之末,字孝山者当和熹之际,但书典散亡,未详孝山爵里,诸家遂以孝山之

①余嘉锡:《余嘉锡文史论集》,第 22—24 页。

②杨树达:《汉书所据史料考》,载《积微居小学金石论丛(增订本)》,第 294 页。

③徐复观:《两汉思想史(第二卷)》,第 323—332 页。

④《后汉书》,第 2610 页。

⑤《后汉书》,第 1325 页。

文，载于子孝之集，非也。”[①]可见续作《太史公》者乃“莽末字子孝者”，[②]范晔《后汉书》为其立传，并述及作品颂、诔、《复神》《说疾》四篇。《隋书·经籍志·集部》著录“中谒者《史岑集》二卷”，此即王莽时期之史岑，其两卷文集具体包括哪些作品，现在难以考知。不过，李善既然指出史孝山《出师颂》载于史子孝文集，说明他是了解《史岑集》的。事实上，《旧唐书·经籍志》《新唐书·艺文志》均载录《史岑集》，可知《史岑集》在唐代还流传。不过，“据《文章志》《集林》及《七志》的记载，其中皆载《出师颂》，由此可见，魏晋时期就已将两史岑混为一人”。[③] 另一方面，《后汉书》本传没有载录史岑续作情况，刘知几虽然有机会看到《史岑集》，但对史岑续作也未作进一步说明，那么，有关史岑续作详情也就无法获知。

9. 梁审

见《史通·古今正史》篇，续作未详。

10. 肆仁

见《史通·古今正史》篇，续作未详。

11. 晋冯

《后汉书·班固传》载：“京兆祭酒晋冯，结发修身，白首无违，好古乐道，玄默自守，古人之美行，时俗所莫及。”这是班固奏记东平王苍时提及的，据此可知晋冯其人谦退乐道，为班固所慕羡。关于晋冯事迹，所知就只有这些，至于续作，刘知几没有细说，详情无法获知。

---

①萧统编、李善注：《文选》，第 2096 页。

②浦起龙：《史通通释》，第 226 页。

③王亦旻：《史孝山〈出师颂〉的史实与文字考异》，《故宫博物院院刊》，2003 年第 6 期。

12.段肃

见载于《后汉书·班固传》,“弘农功曹史殷肃,达学洽闻,才能绝伦,诵《诗》三百,奉使专对”。① 此亦班固奏记东平王苍时提及,殷肃即段肃,颜《注》谓:“《固集》‘殷’作‘段’。”②其续作无法详考。

13.金丹

《后汉书·隗嚣传》载:“嚣素谦恭爱士,倾身引接为布衣交。……赵秉、苏衡、郑兴为祭酒,申屠刚、杜林为持书,杨广、王遵、周宗及平襄人行巡、阿阳人王捷、长陵人王元为大将军,杜陵、金丹之属为宾客。由此名震西州,闻于山东。”③可见金丹曾依附隗嚣,其续作则无法详考。

14.冯衍

《后汉书》本传云:“冯衍字敬通,京兆杜陵人也。祖野王,元帝时为大鸿胪。衍幼有奇才,年九岁,能诵《诗》,至二十而博通群书。王莽时,诸公多荐举之者,衍辞不肯仕。”④因与光武帝存在过节,入东汉后一直未受重用,本传说:“居贫年老,卒于家。所著赋、诔、铭、说、《问交》《德诰》《慎情》、书记说、自序、官录说、策五十篇。”⑤本传未载其《史记》续作,不过,杨树达《汉书所据史料考》说:“《汉书》卷七十九《冯奉世传》叙冯氏世系百余言,与司马迁杨雄《自序》绝相类。钱大昕《二十二史考异》及《三史拾遗》并

①《后汉书》,第1331—1332页。
②《后汉书》,第1332页。
③《后汉书》,第522页。
④《后汉书》,第962页。
⑤《后汉书》,第1003页。

云:'窃意冯商续《太史公书》,亦当有《自序》,而班史采用之,故与他传不同。'按钱氏此说虽具妙悟,而断案则非。冯奉世为杜陵人,而商为阳陵人,与奉世殆不相涉。据《史通正史篇》,续《史记》者有冯衍,衍为奉世后人,《后汉书》卷二十八载衍所著有《自序》,又《衍传》中引《自论》,盖即其自序,此正衍《自序》之文而班采用之耳。"这表明《冯奉世传》似乎与冯衍有某种联系。

15. 韦融

见《史通·古今正史》篇,杨树达《汉书所据史料考》说:"《汉书》卷七十三《韦贤传》叙与贤相距五世之先祖韦孟事,又详载孟谏楚王戊之《诗》及在邹之《诗》,而终乃云:或曰:其子孙好事述先人之志而作是《诗》也。盖既采其事而又疑之。又《韦玄成传》详载毁庙奏文,与他传不类。故东汉胡广即谓此等应载入《郊祀志》,不当在《玄成传》。树达按:《史通正史篇》记续《史记》者有韦融,班之此传盖采自融。其引或说谓子孙好事述先人之志而作是诗,即疑其融所为也。《班彪传》称续《史记》诸人为好事者,此亦云其子孙好事者所作,尤足相印证矣。"①据此而论,《汉书》之《韦贤传》或许本之韦融。

16. 萧奋

《史记·儒林列传》载"瑕丘萧奋以礼为淮阳太守",②此与续《太史公》者不是一人。萧奋只见载于《史通·古今正史》篇,续作未详。

17. 刘恂

见《史通·古今正史》篇,续作未详。

①杨树达:《汉书所据史料考》,载《积微居小学金石论丛(增订本)》,第295页。
②《史记》,第1116页。

18. 刘复

程千帆在《〈史通〉笺记》中指出刘复参与了续作《史记》，按《后汉书·宗室四王三侯列传》载："初，临邑侯复好学，能文章。永平中，每有讲学事，辄令复典掌焉。与班固、贾逵共述汉史，傅毅等皆宗事之。复子騊駼及从兄平望侯毅，并有才学。永宁中，邓太后召毅及騊駼入东观，与谒者仆射刘珍著中兴以下名臣列士传。騊駼又自造赋、颂、书、论凡四篇。"①据此，临邑侯刘复与班固、贾逵一同撰写汉史，而其子刘騊駼与刘珍撰写中兴以下名臣列士传，可知刘复父子在史学方面确实有造诣。范晔在《后汉书》中还多次提到刘复，《马援列传》载马严"与校书郎杜抚、班固等杂定《建武注记》。常与宗室近亲临邑侯刘复等论议政事"，②《郑范陈贾张列传》载"时有神雀集宫殿宫府，冠羽有五采色，帝异之，以问临邑侯刘复"，③《刘赵淳于江刘周赵列传》载"永平中，临邑侯刘复著《汉德颂》"，④可见刘复在汉宗室中是一位才能突出之士，可惜其《史记》续作不可复考。

19. 贾逵

《后汉书》有传，程千帆《笺记》指出贾逵参与续作《史记》，不过，章学诚《文史通义·言公上》云："固书断自西京一代，使孝武以前，不用迁史，岂将为经生决科之同题而异文乎？必谓孝武以后，为固之自撰，则冯商、扬雄之纪，刘歆、贾护之书，皆固之所原本，其书后人不见。"此处提及"贾护"，叶瑛谓"未详"，⑤按《答客

①《后汉书》，第 558 页。

②《后汉书》，第 859 页。

③《后汉书》，第 1235 页。

④《后汉书》，第 1298 页。

⑤叶瑛：《文史通义校注》，第 171—179 页。

问上》载“班氏以前，则有刘向、刘歆、扬雄、贾逵之《史记》”，①可知“贾护”或乃“贾逵”笔误。本传载：“贾逵字景伯，扶风平陵人也。……父徽，从刘歆受《左氏春秋》，兼习《国语》《周官》，又受《古文尚书》于涂恽，学《毛诗》于谢曼卿，作《左氏条例》二十一篇。逵悉传父业，弱冠能诵《左氏传》及《五经》本文，以《大夏侯尚书》教授，虽为古学，兼通五家《穀梁》之说。……尤明《左氏传》《国语》，为之《解诂》五十一篇。”又说：“逵数为帝言《古文尚书》与经传《尔雅》诂训相应，诏令撰《欧阳》《大小夏侯尚书古文》同异。逵集为三卷，帝善之。复令撰《齐》《鲁》《韩诗》与《毛氏》异同。并作《周官解故》。……八年，乃诏诸儒各选高才生，受《左氏》《穀梁春秋》《古文尚书》《毛诗》，由是四经遂行于世。……逵所著经传义诂及论难百余万言，又作诗、颂、诔、书、连珠、酒令凡九篇。”②本传只重点关注贾逵的经学事业，对续作《史记》之事并未提及。

20. 杨终

《后汉书》有传。程千帆《笺记》指出杨终参与续作《史记》，本传载“杨终字子山，蜀郡成都人也。年十三，为郡小吏，太守奇其才，遣诣京师受业，习《春秋》。显宗时，征诣兰台，拜校书郎”，还说杨终“后受诏删《太史公书》为十余万言”。③ 杨终担任校书郎，并受诏删《太史公书》，说明他对《史记》是很熟悉的，可惜其续作《史记》不复可考。

21. 傅毅

《后汉书》有传。程千帆《笺记》指出傅毅参与续作《史记》，本

①叶瑛：《文史通义校注》，第 471 页。

②《后汉书》，第 1234—1240 页。

③《后汉书》，第 1597—1599 页。

传载“傅毅字武仲，扶风茂陵人也”，“建初中，肃宗博召文学之士，以毅为兰台令史，拜郎中，与班固、贾逵共典校书”，①这意味着傅毅有机会接触《史记》，那么他续作《史记》是可能的。不过，本传又说“毅早卒，著诗、赋、诔、颂、祝文、《七激》、连珠凡二十八篇”，②其作品中没有《史记》续作。

22. 班彪

《后汉书·班彪列传》说：“彪既才高而好述作，遂专心史籍之间。武帝时，司马迁著《史记》，自太初以后，阙而不录，后好事者颇或缀集时事，然多鄙俗，不足以踵继其书。彪乃继采前史遗事，旁贯异闻，作后传数十篇。”③依据本传的记载，班彪撰写数十篇《后传》，这个规模是不小的。不过，本传所谓“数十篇”的提法是模糊的。在范晔之前，王充在《论衡·超奇》篇中说：“班叔皮续《太史公书》，百篇以上，记事详悉，义浅理备。观读之者以为甲，而太史公乙。”④而唐代的刘知几则说：“至建武中，司徒掾班彪以为其言鄙俗，不足以踵前史；又雄、歆伪褒新莽，误后惑众，不当垂之后代者也。于是采其旧事，旁贯异闻，作《后传》六十五篇。”⑤那么，班彪《后传》到底有多少篇呢？顾颉刚推测说：“范晔谓《后传》数十篇，而《论衡》谓百篇以上，《史通》又谓六十五篇，所载互异，未详孰是。王充与彪并世，所记较可信据，或本有百余篇，后亡佚其半，仅存六十五篇耶？”⑥陈直分析指出：“王充说班彪续太

①《后汉书》，第2610—2613页。

②《后汉书》，第2613页。

③《后汉书》，第1324页。

④王充：《论衡》，第137页。

⑤刘知几：《史通》，第98页。

⑥顾颉刚：《班固窃父书》，《史学史研究》，1993年第2期。

史公书有百篇，后汉书班彪传，说有数十篇，观王充所说，百篇已经寓目，究属有多少，现在不能肯定。班固所作，未必全是父书，如有百篇，则班固可以不作。”①我们认为王充在《论衡·超奇》篇中所说的“班叔皮续《太史公书》，百篇以上”这个说法其实是就《汉书》而言的，其原因详后。

23. 班固

《后汉书·班固传》云：“父彪卒，归乡里。固以彪所续前史未详，乃潜精研思，欲就其业。既而有人上书显宗，告固私改作国史者，有诏下郡，收固系京兆狱，尽取其家书。……固弟超恐固为郡所核考，不能自明，乃驰诣阙上书，得召见，具言固所著述意，而郡亦上其书。……帝乃复使终成前所著书。固以为汉绍尧运，以建帝业，至于六世，史臣乃追述功德，私作本纪，编于百王之末，厕于秦、项之列，太初以后，阙而不录，故探撰前记，缀集所闻，以为《汉书》。起元高祖，终于孝平王莽之诛，十有二世，二百三十年，综其行事，傍贯《五经》，上下洽通，为《春秋》考纪、表、志、传凡百篇。固自永平中始受诏，潜精积思二十余年，至建初中乃成。”②班固因为其父《后传》不够详尽，因此潜心研究，想完成父亲的志业，然而不幸被人告发，后经其弟班超的解救，最终在汉明帝的支持下，经过二十余年的努力，完成《汉书》的撰写。《后汉书》本传有关《汉书》成书过程的载录是清晰的，其中有的材料就源自《汉书·叙传》：“固以为唐虞三代，《诗》《书》所及，世有典籍，故虽尧舜之盛，必有典谟之篇，然后扬名于后世，冠德于百王，故曰‘巍巍乎其有成功，焕乎其有文章也！’汉绍尧运，以建帝业，至于六世，史臣乃追述

①陈直：《汉晋人对史记的传播及其评价》，《四川大学学报》，1957 年第 3 期。
②《后汉书》，第 1333—1334 页。

功德，私作本纪，编于百王之末，厕于秦、项之列。太初以后，阙而不录，故探篹前记，辍辑所闻，以述《汉书》，起元高祖，终于孝平、王莽之诛，十有二世，二百三十年，综其行事，旁贯《五经》，上下洽通，为春秋考纪、表、志、传，凡百篇。”①因而也是比较可信的。

不过，《颜氏家训·文章》篇“班固盗窃父史”的说法使整个事件复杂起来，那么，《后传》与《汉书》之间到底存在怎样一种关系呢？对此，王利器解释说：

> 赵曦明曰：“《后汉书·班彪传》：‘子固，字孟坚。以彪所续前史未详，欲就其业。有人上书，告固私改作国史者，收固系狱。郡上其书，显宗甚奇之，除兰台令史，使终成前所著书。永平中，始受诏，潜精积思，二十余年，至建中始成。’然则非盗窃父史也。固后亦坐窦宪免官。固不教学诸子，诸子多不遵法度，吏人苦之。及窦氏败，宾客皆逮考，因捕系固，死狱中。若此责固，无辞矣。”陈直曰：“《后汉书·班彪传》叙彪作后传数十篇，王充《论衡》作百篇。今《汉书》中仅在《韦玄成》《翟方进》《元后传赞》，称司徒掾班彪曰，其他皆讳不言彪，故之推目为盗窃父书也。”器案：《意林》五引杨泉《物理论》：“班固《汉书》，因父得成；遂没不言彪，殊异马迁也。”《文心雕龙·史传》篇：“及班固述汉，因循前业，观司马迁之辞，思实过半。其《十志》该富，赞序弘丽，儒雅彬彬，信有遗味。至于宗经矩圣之典，端绪丰赡之功，遗亲攘美之罪，征贿鬻笔之愆：公理辨之究矣。”则谓班固盗窃父史，仲长统已辨其诬。《汉书·韦贤传》注：“《汉书》诸赞，皆固所为，其有叔皮先论述者，固亦具显，以示后人。而或者谓固窃盗父名，观此，可

①《汉书》，第4235页。

以免矣。”又案:《周书·柳虬传》有班固收金之说,与《文心》“征贿鬻笔”说合,则六朝人对于班固《汉书》微词矣。①

从王利器胪列的事证来看,有关“班固盗窃父史”之问题大致存在两种看法:一是驳斥,二是虽然赞同《颜氏家训》的说法,但具体分析“盗窃父史”的内涵,主要指班固有时援引班彪的说法而未能点出,因此背负“盗窃父史”的罪名。在后一点上,顾颉刚的说法更加显豁:“夫司马迁作通史,班固作断代史,皆一代之大业,非一手一足之烈可成,其接受他人成品于事为当然;而父、子继承,前邪后许,一门文学,更属美谈。迁书虽未明著谈之作史,而谈有作史之意则发挥弥畅,有此意则即有其文矣,固曰‘请悉论先人所次旧闻’。若彪则著述已成,且已流通,固乃不但不举其书,且不言其有作史之意,假使《后汉书》不言之者,直将无迹可寻,其为贪忮,宁可言说。”②至此,大体揭示“班固盗窃父史”说的真相,但是,班固《汉书》到底在多大程度上继承《后传》呢?王充说班彪之作有百篇以上,且“记事详悉,义浅理备”,又以为其成就超过《史记》,可见是一部有影响的史传文献;然而《后汉书》说“固以彪所续前史未详,乃潜精研思,欲就其业”。③ 一说记事详悉,一说所续前史未详,并且一是学生说的,一是儿子说的,那么到底哪一说法更接近事实?

《后汉书》载录班固因为《后传》不够详尽而着手准备完成父亲的志业,在这个过程中,出现有人告发的事件。对于这个事件,《后汉书》的记载有两点需要注意,首先是其弟班超解救之事,此条又见于《东观汉记》:“时人有上言班固私改作《史记》,诏下京兆

①王利器:《颜氏家训集解》,第244页。

②顾颉刚:《班固窃父书》,《史学史研究》,1993年第2期。

③《后汉书》,第1333页。

收系。固弟超诣阙上书，具陈固不敢妄作，但续父所记述汉事。……令卒前所续《史记》。”①结合《后汉书》与《东观汉记》的记载，班超因担心班固的安危，立即给朝廷上书。据《东观汉记》，班超在上书中“具陈固不敢妄作，但续父所记述汉事”，《后汉书》则作“乃驰诣阙上书，得召见，具言固所著述意”，二者的表述虽稍有不同，但基本意旨是一致的。由此，我们发现班固续史过程其弟班超是清楚的，这就说明，班彪的《后传》确实存在缺漏，或者至少是不完善的。也正因为如此，班固才动手修史的工作。而班超上书的行为不能仅仅理解为出于兄弟的情谊，同时应该包含对其兄工作的理解与支持。

其次，《后汉书》提到“有诏下郡，收固系京兆狱，尽取其家书”，所谓“尽取其家书”，这其中除了班彪《后传》之外，还应该有班固搜集的文献及撰作的部分。《后汉书》还提到“郡亦上其书”，那么，将班固家里搜来的书献给朝廷之前，郡守应该进行过甄别的工作，这也就是说，郡守也是清楚班固撰史的。《后汉书》又说：“显宗甚奇之，召诣校书部，除兰台令史，与前睢阳令陈宗、长陵令尹敏、司隶从事孟异共成《世祖本纪》。迁为郎，曲校秘书。固又撰功臣、平林、新市、公孙述事，作列传、载记二十八篇，奏之。”②这说明朝廷也清楚此事，所以不但让班固参与撰史工作，还继续让他完成《汉书》的撰写工作。除此之外，《后汉书》还说“固自永平中始受诏，潜精积思二十余年，至建初中乃成”，这条记载表明，班固为撰作《汉书》确实付出艰辛地努力。借助这些记载与相关分析，班固批评班彪《后传》不够详尽的说法应该是可信的。作为

①刘珍等：《东观汉记》，第140页。

②范晔：《后汉书》，第1334页。

班彪的学生，王充对其师的著述应该是清楚的，同时所做出的评价也应该是比较客观的。也就是说，我们不应该轻易否定他的这个结论。不过，我们必须了解王充说法的特定含义。班固强调班彪《后传》不够详尽，我们业已相信他的这个说法。班彪本人明确强调《后传》只有本纪与传，据此，范晔指出班彪作《后传》数十篇，以及刘知几说《后传》六十五篇，这些看法应该符合实情，也就是说，班彪《后传》很可能如刘知几所说为六十五篇。那么，王充所说的百篇以上又该作何解呢？我们认为王充在《论衡·超奇》篇中所说的"班叔皮续《太史公书》，百篇以上"这个说法其实是就《汉书》而言的。这是因为，班固撰作《汉书》前后经历二十余年，这是难以否认的。尽管班彪《后传》存在不足，但它为班固撰作《汉书》奠定了坚实之基础，这也是无可否认的。作为学生，王充不愿意埋没其师的功劳，于是将《汉书》冠于其师名下，这是可以理解的。其实这个做法也是符合当时书籍流传之惯例，亦即师徒、父子著述合编。这里还补充一个例证，《超奇》在描述班彪续《太史公书》之后紧接着说："子男孟坚，为尚书郎，文比叔皮，非徒五百里也，乃夫周、召、鲁、卫之谓也。"①尚书郎主作文书起草，此处似乎是说班固担任尚书郎，其文章可以跟班彪相比。然而，王充在详细叙述班彪续《太史公书》之后为何要特意提及班固呢？是不是只是单纯强调班固的文章不错呢？恐怕不是这样。王充的这个做法只能这样理解：一方面将《汉书》冠于班彪名下，一方面又将班彪、班固放在一起论述，意在表明《汉书》是班彪、班固父子共同努力的结果。至此也可明白王充的一番苦心。

综上所述，两汉之际有 24 人曾参与续补《史记》的工作。他

---

①王充：《论衡》，第 137 页。

们续作的详情大都无法详考，不过，从遗留下来的若干线索来看，对于他们的工作大致可以形成这些认识：

其一，他们主要以补续为目标，在很大程度上遵循《史记》既有之架构。当然，在实际补续过程中，也出现一些变化，比如从以补为主到以续为主，“大体而言，褚少孙、冯商二人既有续又有补，且皆以补为主；而刘向、刘歆、扬雄、班彪等则以续为主”；

其二，从私撰到官修的转变，褚少孙补续是私下进行的，冯商则出于应诏，①此后杨终还受诏删《太史公书》，这种变化对于续补者所产生的影响是明显的。首先，就资料而言，由于汉廷严禁祕府藏书外传，褚少孙不太可能有机会接触祕府《太史公书》，他出入宫殿十有余年，往来长安，求书访篇效果甚微。②冯商应诏续书，当看到《太史公书》，特别是杨终受诏删《太史公书》，则更应该如此；这样，冯商他们也更容易获取相关史料。其次，私下续书与应诏续补，它们与皇权的关系是有差异的。尽管二者均受到皇权的制约，但后者的控制显然更为明显，并且也更加自觉地维护皇权。大抵而言，褚少孙补史追求道德鉴戒的意味是明显的，到了刘向、刘歆，特别是班彪（包括其子班固）这里，其维护刘氏政权正统地位的思想就极为浓厚。③

① 马铁浩：《从亦子亦史到亦经亦史——〈史〉〈汉〉之际历史撰述探微》，《古代文明》，2013年第1期。

② 易平、易宁：《〈史记〉早期文献中的一个根本问题——〈大史公书〉“藏之名山，副在京师”考》，《南昌大学学报》，2004年第1期。

③ 马铁浩：《从亦子亦史到亦经亦史——〈史〉〈汉〉之际历史撰述探微》，《古代文明》，2013年第1期。

其三，刘向、刘歆以及扬雄所续《史记》的意义固然值得注意，但他们更大的意义或许不在于补述多少篇传记，而是在于为《汉书》的编撰提供蓝图，他们的很多观点事实上左右了《汉书》的书写。

其四，完成由补续到“断汉为史”的转变。上述诸人大都有着补史、续史意识，但具体到个人，这些意识是有差异的。特别是到班彪这儿，其续史意识更为自觉。一方面，他对此前相关续作是不满意的，加之《史记》叙事截止到太初，为此，他特意撰写《后传》，其续接《史记》的意图极为明显；另一方面，他对《史记》体例进行批评，摒弃《史记》“世家”。班彪的这些作法影响其子班固的撰史行为，首先，班固对续史的做法并不感兴趣，他“断汉为史”，将汉作为独立的王朝，撰写出一代之史即断代纪传体《汉书》；其次，他接受班彪有关《史记》体例的批评意见，将《史记》“五体”修正为为“四体”。《汉书》的完成为后世王朝史之书写树立典范，同时，随着《汉书》的面世，两汉之际《史记》续补的热潮在很大程度上也就终结了。

在阐明《史记》续补及《汉书》与班彪、班固父子之关系后，再进一步申述《史记》《汉书》文本之间的承继关系。前已指出，班彪摒弃世家而只取本纪与传，这一抉择显然影响《汉书》的体例，《汉书》有纪（将本纪省称为“纪”）十二篇，传七十篇，同时将《史记》的“书”改为“志”，由“八书”扩容为“十志”，“表”的名称不变，但由《史记》的十表降为八表。班固改变《史记》通史的格局，他在《汉书·叙传》中交待了原因，该篇明确对司马迁将汉朝“编于百王之末，厕于秦、项之列”的做法表示遗憾，同时又看到《史记》“太初以后，阙而不录”的客观事实，于是“起元高祖，终于孝平、王莽之诛”,集中叙述西汉一朝之史事,从而创制断代史的新格局。陈其泰高度评价这一改变,指出自褚少孙以来的续作大都“只限于修修补补”,然而班固却创立了著史的新格局,“他‘断汉为史’,在内容上提供了时代所需要的历史教材,在构史体系上则取得了重大突破,使史学从司马迁的巨大身影笼罩下走出来,向前跨进了一大步”。① 当然,班固虽然改变通史的格局,但并没有改变通史精神,他在《叙传》中明确写道:“凡《汉书》,叙帝皇,列官司,建侯王。准天地,统阴阳,阐元极,步三光。分州域,物土疆,穷人理,该万方。纬《六经》,缀道纲,总百氏,赞篇章。函雅故,通古今,正文字,惟学林。”②对此,有学者指出:“这一段话表明了班固编撰《汉书》的宗旨与自我期许。就其气势而言,殊不下于司马迁之‘究天人之际,通古今之变,成一家之言’。概括地说,《汉书》除帝纪论述西汉一代政治史之外,其余表、志皆横则包罗多科学术(天文、历法、地理、水利、食货、刑制、兵制、学术等等),纵则贯通古今(不仅表、志如此,其货殖列传亦超越汉代而始自春秋)。”③这个分析是很有道理的。比如班书的《古今人表》,《叙传》云:“篇章博举,通于上下,略差名号,九品之叙。”④由此看出班固在《人表》中贯通古今上下的自觉意识。然而,这份《人表》不同寻常之处在于它竟然没有收录西汉时期的人物,就《汉书》这部叙述西汉历史的

①陈其泰:《〈汉书〉历史地位再评价》,《史学史研究》,1988 年第 1 期。

②《汉书》,第 4271 页。

③刘家和:《论断代史〈汉书〉中的通史精神》,《北京师范大学学报》,2012 年第 3 期。

④《汉书》,第 4241 页。

专书而言，这是很可奇怪的。对此，刘知几表示不理解，他说："异哉，班氏之《人表》也！区别九品，网罗千载，论世则异时，语姓则他族。自可方以类聚，物以群分，使善恶相从，先后为次，何藉而为表乎？且其书上自庖牺，下穷嬴氏，不言汉事，而编入《汉书》；鸠居鹊巢，茑施松上，附生疣赘，不知翦截，何断而为限乎？"又说："班固撰《人表》，以古今为目。寻其所载也，皆自秦而往，非汉之事。古诚有之，今则安在？"①班固叙述西汉一代史事的行为是非常自觉的，然而在此为何大反常规呢？其实他的这个举措不独引起刘知几的疑惑与批评，也引起很多学者的思考。我们应该看到，班固以这种形式编排《人表》，"不是粗心大意而犯了违反断代史书体例的错误，而是别有精心措意以为之。他们宁可在体例的形式上有所背谬（如刘知几所指出），但是为了完成一部真有价值的断代《汉书》，他们引而不发，他们所不能褒贬的汉代君臣，却可以通过他们所设立的评判标准由后人来评判。宁可犯体例上的违规，也不放弃通史精神在理解断代史上的重要作用"。② 这也正是一位史家有史识的体现。《汉书》在具体篇目的设置及内容的取舍方面也存在与《史记》的承继关系，这方面已经有许多学者进行富有成效的工作，加之后面还会涉及，在此就不赘述。

三　《汉书》纪传体特征

班彪父子对司马迁"是非颇缪于圣人，论大道则先黄老而

①刘知几：《史通》，第15、26页。

②刘家和：《论断代史〈汉书〉中的通史精神》，《北京师范大学学报》，2012年第3期。

后六经”的做法是十分不满的，他们对于儒家及其学说表示由衷敬意，这可以例举很多的事证。在此，我们主要讨论《汉书》的命名及纪传体书写与经学的关系。

前面已经提到，班彪在回顾史籍创制及传流时有意识地回避《尚书》《春秋》，班固虽然在一定程度上改变乃父的做法，重新将《春秋》置于史学的视野之下，但也绝不提及《尚书》。这种做法被理解为班彪父子“倾向经史分离”，①这个解释或许是对的。但是，审视《汉书》的书写，这部文献毫无疑问深受《尚书》《春秋》之影响。班固将《史记》之“书”改为“志”，或许是避免与《汉书》这个书名重复，刘知几谓：“子长《史记》别创八书，孟坚既以汉为书，不可更标书号，改书为志，义在互文。”②班固在《叙传》说：“太初以后，阙而不录，故探纂前记，缀辑所闻，以述《汉书》。”③那么，班固为何要将自己撰写的史书命名为《汉书》呢？刘知几分析指出：“昔虞、夏之典，商、周之诰，孔氏所撰，皆谓之‘书’。夫以‘书’为名，亦稽古之伟称。”④也就是说，《汉书》的命名是仿效《尚书》而来的，应该说，刘氏的这个理解是可取的。其实，班固是有意识地效法《尚书》的，也就是说，这种仿效不仅仅体现在《汉书》的命名上，还表现在其他诸多方面。比如《汉书·叙传》说：“起元高祖，终于孝平、王莽之诛，十有二世，二百三十年，综其行事，旁贯《五经》，上下洽通，为春秋考

①戴晋新：《班固的史学史论述与史学史意识》，《史学史研究》，2012年第1期。

②刘知几：《史通》，第26—27页。

③《汉书》，第4235页。

④刘知几：《史通》，第5页。

纪、表、志、传，凡百篇。”①《汉书》在篇目上定为百篇，这是有意识的安排。据传为孔安国所作的《尚书序》指出孔子“讨论坟、典，断自唐虞以下，讫于周。芟夷烦乱，翦截浮辞，举其宏纲，撮其机要，足以垂世立教，典、谟、训、诰、誓、命之文凡百篇”，②孔子的这个行为具有经典的示范意义，《汉书》篇目应该取法于此。同时还需注意到，《汉书》的《食货志》本于《平准书》，然而班固改“平准”为“食货”。从文献的记载来看，“平准”此词似乎由来已久。《管子·国蓄》篇说：“凡轻重之大利，以重射轻，以贱泄平。万物之满虚，随财准平而不变，衡绝则重见。人君知其然，故守之以准平，使万室之都必有万钟之藏，藏襁千万；使千室之都必有千钟之藏，藏襁百万。”③《汉书·食货志》在讨论管仲轻重之权时也曾提及：

> 太公退，又行之于齐。至管仲相桓公，通轻重之权，曰：“岁有凶穰，故谷有贵贱；令有缓急，故物有轻重。人君不理，则畜贾游于市，乘民之不给，百倍其本矣。故万乘之国必有万金之贾，千乘之国必有千金之贾者，利有所并也。计本量委则足矣，然而民有饥饿者，谷有所臧也。民有余则轻之，故人君敛之以轻；民不足则重之，故人君散之以重。凡轻重敛散之以时，即准平。守准平，使万室之邑必有万钟之臧，臧襁千万；千室之邑必有千钟之臧，臧襁百万。”④

可见班固对“平准”这个词及其意义并不陌生，然而他为何要用

①《汉书》，第4235页。

②孔颖达：《尚书正义》，第10页。

③戴望：《管子校正》，第361页。

④《汉书》，第1150页。

“食货”置换“平准”呢？这除了两个词的范畴，以及司马迁与班固二人在此问题上撰述旨趣存在差异之外，①恐怕还与《尚书》有关。班固在《食货志》中开篇就说：“《洪范》八政，一曰食，二曰货。食谓农殖嘉谷可食之物，货谓布帛可衣，及金刀鱼贝，所以分财布利通有无者也。”②孔颖达《洪范正义》说：“‘八政’者，人主施政教于民有八事也。一曰食，教民使勤农业也。二曰货，教民使求资用也。三曰祀，教民使敬鬼神也。四曰司空之官，主空土以居民也。五曰司徒之官，教众民以礼义也。六曰司寇之官，诘治民之奸盗也。七曰宾，教民以礼待宾客，相往来也。八曰师，立师防寇贼，以安保民也。八政如此次者，人不食则死，食于人最急，故食为先也。有食又须衣货为人之用，故‘货’为二也。”③这样，一方面“食”与“货”出自经典文献，一方面“食”与“货”确实在国家及民众生活中发挥至关重要的作用，这双重因素敦促班固选用“食货”这个词。此外，《尚书》还影响《汉书》传记的书写，这个问题留待下文论述。

班固在《汉书·叙传》中说“为春秋考纪、表、志、传”，此处出现“春秋考纪”这样的说法，颜师古《注》谓：“春秋考纪，谓帝纪也。而俗之学者不详此文，乃云《汉书》一名春秋考纪，盖失之矣。”④颜《注》的判断是可取的，然而班固何以用“春秋考纪”来称谓“帝纪”，可惜颜师古没有提供解释。我们以为，班固之所以使用这个

①游翔：《〈史记·平准书〉〈汉书·食货志〉比较三题》，《华中师范大学学报》，1994年第1期。

②《汉书》，第1117页。

③孔颖达：《尚书正义》，第305页。

④《汉书》，第4236页。

说法，大约是基于这样的考虑：一是在命名上与《春秋》这部经典取得联系，二是，也是更主要的，班固要告诉人们，《汉书》帝纪采取《春秋》的书写方式。这已经涉及本节要讨论的中心了。

先来看《汉书》的本纪。《史记》十二本纪中涉及西汉的有《高祖本纪》《吕太后本纪》《孝文本纪》《孝景本纪》《今上本纪》五篇，《汉书》也设置十二本纪：《高纪》《惠纪》《高后纪》《文纪》《景纪》《武纪》《昭纪》《宣纪》《元纪》《成纪》《哀纪》《平纪》，从设置来看，司马迁没有单独为惠帝设立本纪，而是将其置于《吕太后本纪》中加以叙述，班固则将二者剥离。前面已经指出《史记》之本纪主要采取《左传》《国语》的书写方式，比较起来，《汉书》本纪则有回归《春秋》的趋势。赵翼曾说："即如班固作《汉书》，距司马迁不过百余年，其时著述家岂无别有记载？倘迁有错误，固自当据以改正。乃今以《汉书》比对，武帝以前，如《高祖纪》及诸王侯年表、诸臣列传，多与史记同。并有全用《史记》文，一字不改者。"①对于这个说法，我们要辩证地看，特别是本纪部分。先来看《汉书·惠帝纪》，因为《史记》未设，二者难以比较，但它较能体现班固在本纪上的书写特征：

> 元年冬十二月，赵隐王如意薨。民有罪，得买爵三十级以免死罪。赐民爵，户一级。春正月，城长安。
>
> 二年冬十月，齐悼惠王来朝，献城阳郡以益鲁元公主邑，尊公主为太后。春正月癸酉，有两龙见兰陵家人井中，乙亥夕而不见。陇西地震。夏旱。郃阳侯仲薨。秋七月辛未，相国何薨。
>
> 三年春，发长安六百里内男女十四万六千人城长安，三

①赵翼：《廿二史札记》，第14页。

十日罢。以宗室女为公主，嫁匈奴单于。夏五月，立闽越君摇为东海王。六月，发诸侯王、列侯徒隶二万人城长安。秋七月，都厩灾。南越王赵佗称臣奉贡。

四年冬十月壬寅，立皇后张氏。春正月，举民孝弟力田者复其身。三月甲子，皇帝冠，赦天下。省法令妨吏民者；除挟书律。长乐宫鸿台灾。宜阳雨血。秋七月乙亥，未央宫凌室灾；丙子，织室灾。

五年冬十月，雷；桃李华，枣实。春正月，复发长安六百里内男女十四万五千人城长安，三十日罢。夏，大旱。秋八月己丑，相国参薨。九月，长安城成。赐民爵，户一级。

六年冬十月辛丑，齐王肥薨。令民得卖爵。女子年十五以上至三十不嫁，五算。夏六月，舞阳侯哙薨。起长安西市，修敖仓。

七年冬十月，发车骑、材官诣荥阳，太尉灌婴将。春正月辛丑朔，日有蚀之。夏五月丁卯，日有蚀之，既。秋八月戊寅，帝崩于未央宫。九月辛丑，葬安陵。①

上面引述《惠帝纪》主要的文字，它与《春秋》的书写可以说是一致的。又如《昭帝纪》：

始元元年春二月，黄鹄下建章宫太液池中。公卿上寿。赐诸侯王、列侯、宗室金钱各有差。已亥，上耕于钩盾弄田。益封燕王、广陵王及鄂邑长公主各万三千户。夏，为太后起园庙云陵。益州廉头、姑缯、牂柯谈指、同并二十四邑皆反。遣水衡都尉吕破胡募吏民及发犍为、蜀郡奔命击益州，大破之。有司请河内属冀州，河东属并州。秋七月，赦天下，赐民

①《汉书》，第88—92页。

百户牛酒。大雨，渭桥绝。八月，齐孝王孙刘泽谋反，欲杀青州刺史隽不疑，发觉，皆伏诛。迁不疑为京兆尹，赐钱百万。九月丙子，车骑将军日磾薨。闰月，遣故廷尉王平等五人持节行郡国，举贤良，问民所疾苦、冤、失职者。冬，无冰。

二年春正月，大将军光、左将军桀皆以前捕斩反虏重合侯马通功封，光为博陆侯，桀为安阳侯。以宗室毋在位者，举茂才刘辟强、刘长乐皆为光禄大夫，辟强守长乐卫尉。三月，遣使者振贷贫民毋种、食者。秋八月，诏曰："往年灾害多，今年蚕麦伤，所振贷种、食勿收责，毋令民出令年田租。"冬，发习战射士诣朔方，调故吏将屯田张掖郡。

三年春二月，有星孛于西北。秋，募民徙云陵，赐钱田宅。冬十月，凤皇集东海，遣使者祠其处。十一月壬辰朔，日有蚀之。

四年春三月甲寅，立皇后上官氏。赦天下。辞讼在后二年前，皆勿听治。夏六月，皇后见高庙。赐长公主、丞相、将军、列侯、中二千石以下及郎吏宗室钱帛各有差。徙三辅富人云陵，赐钱，户十万。秋七月，诏曰："比岁不登，民匮于食，流庸未尽还，往时令民共出马，其止勿出。诸给中都官者，且减之。"冬，遣大鸿胪田广明击益州。廷尉李种坐故纵死罪弃市。

五年春正月，追尊皇太后父为顺成侯。夏阳男子张延年诣北阙，自称卫太子，诬罔，要斩。夏，罢天下亭母马及马弩关。六月，封皇后父骠骑将军上官安为桑乐侯。诏曰："朕以眇身获保宗庙，战战栗栗，夙兴夜寐，修古帝王之事，诵《保傅传》《孝经》《论语》《尚书》，未云有明。其令三辅、太常举贤良各二人，郡国文学高第各一人。赐中二千石以下至吏、民爵，各有差。"罢儋耳、真番郡。秋，大鸿胪广明、军正王平击益州，斩首捕虏三万余人，获畜产五万余头。①

比较起来，《昭帝纪》的记事是同于《春秋》的，稍微有差异的是载录天子的诏书，这是《春秋》所没有的。整体上来看，《昭帝纪》这种书写体现《汉书》本纪的本质特征。从《汉书》本纪引述诏书这一点来看，它又在某种程度上具有《左传》的意味，亦即"言事相兼"。当然，《汉书》自《文帝纪》以下，大都只是载录天子诏书，间或涉及大臣奏言，这又与《左传》普遍载录人物言论又有着不小的差异。整体上看，《汉书》本纪更多地展现《春秋》书法特征。前引刘知几曾说："盖纪之为体，犹《春秋》之经；系日月以成岁时，书君上以显国统。……又纪者，既以编年为主，唯叙天子一人。有大事可书者，则见之于年月；其书事委曲，付之列传；此其义也。"②这用来描述《汉书·文帝纪》以下(包括《惠帝纪》)的本纪是很恰当的，当然也应该注意《汉书》帝纪的发展。整体来看，《汉书》十二本纪只有《高纪》《高后纪》稍有不同，但其间也存在差异。《高纪》大抵沿袭《高祖本纪》，改动不多；《高后纪》与《吕太后本纪》差异较大。其实《高后纪》更多地具有《汉书》本纪的特征。因此，严格来说，除了《高纪》之外，《汉书》其他本纪整体有向《春秋》回归的趋势。

《汉书》之传与《史记》列传存在篇目设置等方面的差异，然而，从书写角度来看，二者差异似乎不大。刘知几在《史通·载言》中说："至于《史》《汉》则不然。凡所包举，务在恢博，文辞之记，繁富为多。是以贾谊、晁错、董仲舒、东方朔等传，唯止录言，

①《汉书》，第218—223页。

②刘知几：《史通》，第10页。

罕逢载事。"①刘知几认为《史记》《汉书》载录人物言辞具有繁富的特征，这个看法是很准确的，特别是《汉书》。比如在《史记·屈原贾生列传》中，司马迁将《吊屈原赋》《鹏鸟赋》收入其中。《汉书·贾谊传》不仅载录这两篇文章，还收录《陈政事疏》及其他两篇疏文。《后汉书·荀韩钟陈列传》载："帝好典籍，常以班固《汉书》文繁难省，乃令悦依《左氏传》体以为《汉纪》三十篇。"②可见《汉书》之繁富这个特征在当时就被意识到。整体上来看，《汉书》的本纪比《史记》的要简练，而传则比《史记》繁富。

第四节　《吴越春秋》的"传体"改造

《史记》的典范意义，以及它只载录汉武帝之前汉代的史事，从而吸引后来学者续史的兴趣，班固《汉书》可以说就是这种风气下的必然产物。但是，《汉书》虽说是东汉史学界的一件大事，可是它也只是对西汉一朝历史的载录，仍然无补于东汉王朝历史的撰述。因此，东汉最高统治者极为重视本朝历史的撰写，比如当汉明帝发现班固撰史才能之后，立即让他担任兰台令史，参与修史事务，《后汉书》本传载："显宗甚奇之，召诣校书部，除兰台令史，与前睢阳令陈宗、长陵令尹敏、司隶从事孟异共成《世祖本纪》。迁为郎，曲校秘书。固又撰功臣、平林、新市、公孙述事，作列传、载记二十八篇，奏之。"③自此之后出现本朝历史修撰风气，刘知几说："在汉中兴，明帝始诏班固与睢阳令陈宗、长陵令尹敏、

①刘知几：《史通》，第8—9页。

②《后汉书》，第2062页。

③《后汉书》，第1334页。

司隶从事孟异作《世祖本纪》，并撰功臣及新市、平林、公孙述事，作列传、载记二十八篇。自是以来，春秋世亦以焕炳，而忠臣义士莫之撰勒。于是又诏史官谒者仆射刘珍及谏议大夫李尤杂作记、表、名臣、节士、儒林、外戚诸传，起自建武，讫乎永初。事业垂竟而珍、尤继卒。复命侍中伏无忌与谏议大夫黄景作诸王、王子、功臣、恩泽侯表，南于单、西羌传，地理志。至元嘉元年，复令太中大夫边韶、大军营司马崔寔、议郎朱穆、曹寿杂作《孝穆》《崇》二皇及《顺烈皇后传》，又增《外戚传》入思安等后，《儒林列传》入崔篆诸人。寔、寿又与议郎延笃杂作《百官表》，顺帝功臣《孙程》《郭愿》及《郑众》《蔡伦》等传。凡百十有四篇，号曰《汉纪》。熹平中，光禄大夫马日磾、议郎蔡邕、杨彪、卢植著作东观，接续纪传之可成者，而邕别作《朝会》《车服》二志。后坐事徙朔方，上书求还，续成十志。会董卓作乱，大驾西迁，史臣废弃，旧文散佚。及在许都，杨彪颇存注记。至于名贤君子，自永初已下阙续。"①由此可见当时之修史风气。然而，就东汉而言，其修史活动是多元的，除了重视西汉及本朝历史之外，一些史家也关注其他的方面，这其间应注意吴、越这些春秋古国历史的撰写，当时就出现《越绝书》《吴越春秋》一类的文献。在此，我们特别关注《吴越春秋》这部文献的生成及文体特征。

一 赵晔与《吴越春秋》

有关赵晔生平的记载很少，《后汉书·儒林列传》有以下记载：

> 赵晔字长君，会稽山阴人也。少尝为县吏，奉檄迎督邮，

①刘知几：《史通》，第98—99页。

> 晔耻于斯役，遂弃车马去。到犍为资中，诣杜抚受《韩诗》，究竟其术。积二十年，绝问不还，家为发丧制服。抚卒乃归。州召补从事，不就。举有道。卒于家。晔著《吴越春秋》《诗细历神渊》。蔡邕至会稽，读《诗细》而叹息，以为长于《论衡》。邕还京师，传之，学者咸诵习焉。①

依据此则记载，大致可以获知这些信息：一是赵晔为会稽山阴人，此为越国故地，这就为赵晔撰作《吴越春秋》提供地利条件。二是赵晔从杜抚接受《韩诗》的学习，《后汉书》本传载："杜抚字叔和，犍为武阳人也。少有高才。受业于薛汉，定《韩诗章句》。后归乡里教授。沈静乐道，举动必以礼。弟子千余人。后为骠骑将军东平王苍所辟，及苍就国，掾史悉补王官属，未满岁，皆自劾归。时，抚为大夫，不忍去，苍闻，赐车马财物遣之。辟太尉府。建初中，为公车令，数月卒官。其所作《诗题约义通》，学者传之，曰《杜君法》云。"②由此可知杜抚是一位有成就的《韩诗》学者。关于其师薛汉，《后汉书》本传说："薛汉字公子，淮阳人也。世习《韩诗》，父子以章句著名。汉少传父业，尤善说灾异谶纬，教授常数百人。建武初，为博士，受诏校定图谶。当世言《诗》者，推汉为长。永平中，为千乘太守，政有异迹。后坐楚事辞相连，下狱死。弟子犍为杜抚、会稽澹台敬伯、钜鹿韩伯高最知名。"③《韩诗》是薛汉的家传之学，薛汉的诗学在当时极受到推崇，同时，本传还提到薛汉擅长灾异谶纬，师门的这些特征想必会深刻影响到赵晔的学问品格。三是提到赵晔的仕履，从本传观之，赵晔属于淡泊型学

①《后汉书》，第 2575 页。
②《后汉书》，第 2573 页。
③《后汉书》，第 2573 页。

者，并不热衷于仕途。四是赵晔的著述及其影响，蔡邕以为《诗细》长于《论衡》，可见是一部有价值的学术著作。本传虽提及“晔著《吴越春秋》”，但对于详细过程则没有说明。后来学者对此产生两个主要疑问：一是《吴越春秋》的成书过程，二是今本与赵晔的关系。

由于《后汉书》本传没有提供赵晔撰作《吴越春秋》的说明，这确实对于考察《吴越春秋》的成书带来不少的麻烦，现在也只能依赖有限的资料对此加以推测。据《后汉书》本传的记载，赵晔辞去县吏之后，到犍为资中跟随杜抚学习《韩诗》，长达二十年，直到杜抚去世才回到家里。据《后汉书》的记载，杜抚跟随薛汉学习之后，回到家乡犍为教学，由此可知，赵晔应该是在这个时候随杜抚学习的。本传又载杜抚被骠骑将军东平王刘苍召用，据《后汉书·明帝纪》，刘庄于中元二年二月戊戌即皇帝位，是年夏四月丙辰诏说“东平王苍宽博有谋，……苍为骠骑将军”，①可见刘苍担任骠骑将军在中元二年。《班彪列传》载“永平初，东平王苍以至戚为骠骑将军辅政，开东阁，延英雄”，②刘庄于中元二年继位，第二年即改元为永平，所谓“永平初”似应指是年，此处又提到东平王“延英雄”之事，那么，杜抚大约在此时应召，而赵晔也应该随师进京。有的学者认为杜抚应召在中元二年，大约未能考察这条记载。《明帝纪》又载“（永平）五年春二月庚戌，骠骑将军东平王苍罢归藩”，③可知刘苍在骠骑将军位置上前后呆了不到六年的时间。随着刘苍回到封国，其属下在不到一年的时间内大都回去，

①《后汉书》，第96页。

②《后汉书》，第1330页。

③《后汉书》，第108页。

只有杜抚不忍离开，刘苍知道后遣其离开，杜抚随即被太尉府辟为属官。建初年间杜抚担任公车令，几个月后在任上去世。如此看来，杜抚自永平初年被召用，一直到去世，其间大约二十余年主要是在京师。再回到《后汉书》本传的记载，赵晔二十年随师学习，直到其师去世才回家，这样，赵晔在犍为呆的时间应该不长，而杜抚恐怕在建初一二年间也就去世了。依据这样的推测，赵晔这二十年的时间基本上也是在京师度过的。在这个过程中，赵晔是不是进行了《吴越春秋》的撰写工作，这确实是难以考察的。然而，即使赵晔进行这方面的工作，也应该是很有限的。据本传的记载，“蔡邕至会稽，读《诗细》而叹息”，这部“长于《论衡》”的作品有待蔡邕去发现，这就说明它应该是赵晔回到老家后的作品。赵晔学的就是《韩诗》，倘若在跟随杜抚期间完成这部著作，不可能不为他的老师及同门察知。既然他的诗学著作都要回到老家去完成，可以想见《吴越春秋》也应该是其回家之后才完成的。

赵晔撰写《吴越春秋》之后，还相继出现其他类似的作品，《隋书·经籍志》在著录赵晔《吴越春秋》十二卷之后，还著录杨方《吴越春秋削繁》五卷及皇甫遵《吴越春秋》十卷。陈桥驿认为不止于此，并举出后汉张遐的《吴越春秋外记》及撰人不详的《吴越春秋次录》，①周生春又考出两种：东汉赵岐的《吴越春秋》及西晋郭颁的《吴越春秋记》7卷。然而赵岐《吴越春秋》“卷帙不详。《隋书》和《旧唐书》《经籍志》，以及《新唐书》《艺文志》等均未著录，隋唐

①陈桥驿：《〈吴越春秋〉及其记载的吴、越史料》，《杭州大学学报》，1984年第1期。按陈先生在谈及张遐的《吴越春秋外记》时又说：“姚振宗在其《隋书经籍志考证》卷十三中，怀疑此书就是《日本国见在书目录》所著录的《吴越春秋》七卷。”倘若二者不是一回事，那么，陈先生实际提出三家。

时当已散逸”，郭颁《吴越春秋记》“《隋书》《旧唐书》《新唐书》等均未著录，隋唐时在中国已属罕见，唐以后即不复可见”。① 就目前所掌握的资料来看，古今学者讨论今本《吴越春秋》的作者也主要是围绕《隋志》的记载来展开。

《四库全书总目·史部·载记类》有关《吴越春秋》之提要如下：

> 汉赵煜撰。煜，山阴人，见《后汉书·儒林传》。是书前有旧《序》，称隋唐《经籍志》皆云十二卷，今存者十卷，殆非全书。又云杨方撰《吴越春秋削繁》五卷，皇甫遵撰《吴越春秋传》十卷，此二书，今人罕见，独煜书行于世。《史记注》有徐广所引《吴越春秋》语，而《索隐》以为今无此语；他如《文选注》引季札见遗金事，《吴地记》载阖闾时夷亭事，及《水经注》尝载越事数条，类皆援据《吴越春秋》，今煜本咸无其文云云。考证颇为详悉，然不著名姓。《汉魏丛书》所载，合十卷为六卷，而削去此《序》并《注》，亦不题撰人，弥失其初。此本为元大德十年丙午所刊，后有题识云，前有文林郎国子监书库官徐天祜音注。然后知注中称“徐天祜曰”者，即注者之自名，非援引他书之语。惟其后又列绍兴路儒学学录留坚，学正陈昺伯，教授梁相，正议大夫、绍兴路总管提调学校官刘克昌四人，不知序出谁手耳。煜所述虽稍伤曼衍，而词颇丰蔚。其中如伍尚占甲子之日，时加于巳；范蠡占戊寅之日，时加日出，有螣蛇青龙之语；文种占阴画六阳画三，有玄武、天空、天关、天梁、天一、神光诸神名，皆非三代卜筮之法，未免多所附会。至于处女试剑，老人化猿，公孙圣三呼三应之类，尤近小

①周生春:《今本〈吴越春秋〉版本渊源考》,《文献》,1996年第2期。

> 说家言，然自是汉、晋间稗官杂记之体。徐天祜以为不类汉文，是以马、班史法求之，非其伦也。天祜注于事迹异同颇有考证，其中如季孙使越、子期私与吴为市之类，虽犹有未及详辨者，而原书失实之处，能纠正者为多。①

据上所述，馆臣有关《吴越春秋》的看法主要源于旧序，但又无法确定此序的作者。对此，余嘉锡论道："吴寿旸《拜经楼题跋记》，言其先人曾从元刻补钞徐天祜序并补注九条云云。今案音注，即是天祜所作，则序自宜出于天祜之手，吴氏之说盖是也。至于后列之留坚等四人姓名，不过因书刻于郡庠，因而幸附骥尾耳，恶得作此序乎？"②余先生批评诚是，然而据有的学者之分析，馆臣之所以陷于这种困境，似乎与他们没有看到善本有关，"上海图书馆所藏此本之索书号为'善 794598—601'，其版刻文字与冯念祖刻本同，但其中的徐天祜序却止于'取节焉可也'，即至冯本所刊徐天祜序文之第二叶倒数第二字为止，而剜去了其第二叶最后一个'其'字，并删去了后面的一叶多，于是徐天祜的序就只留下前面的考证文字，而没有了后文关于刊刻、音注、作序的说明，连冯本原有的徐天祜序的最后一行'郡人前进士徐天祜受之序'也荡然无存。《四库全书》提要的作者不知此序为何人所作而疑云重重，其实就是因为未见其他善本而囿于该本所致。"③现存《吴越春秋》最早的刊本即是来自徐天祜所作音注的这个大德刊本，由此徐天祜有关《吴越春秋》作者的看法就应该受到重视，《四库全书总目》采纳

①《四库全书总目》，第 582—583 页。

②余嘉锡：《四库提要辨证》，第 321—322 页。

③张觉、黄吉辉：《上海图书馆所藏〈吴越春秋〉善本可解〈四库提要〉难懂之谜》，《图书馆杂志》，2014 年第 7 期。

他的看法也恰好证实此点。徐天祜以为今本《吴越春秋》的作者即是赵晔，只是该书已不是完本。可是余嘉锡却提出不同的看法：

> 案《隋书·经籍志》有《吴越春秋》十二卷，赵晔撰，又有《吴越春秋削繁》五卷，杨方撰、《吴越春秋》十卷，皇甫遵撰。天祜序谓此二书，今人罕见，独晔书行于世，盖因《隋志》杨及皇甫二书均题撰字，遂疑二人别有所撰，与赵书不同也。今考皇甫遵之《吴越春秋》十卷，《唐志》作《吴越春秋传》，《通考·经籍考》同，并引《崇文总目》云："唐皇甫遵注（唐字误）。初赵晔为《吴越春秋》十二卷，其后有杨方者，以晔所撰为烦，又刊削之为五卷。遵乃合二家之书，考定而注之"云云。愚案杨方《晋书》附贺循传后，云："字方回，会稽人，至高梁太守，更撰《吴越春秋》行于世。"《崇文总目》第云："其后有杨方者"，而不言方为何时人，殆未检《晋书》欤？传所言更撰云者，即指削繁而言，非别撰一书也。皇甫遵之书，名之为传，即是书之注，第既合晔与皇甫之书，其意必以为晔书太繁，遵书太简，故合二书斟酌乎繁简之间以求适乎其中，故较原书少二卷。二人之书即晔书，而云独晔书行于世，误之甚矣。此书十二卷之本，至宋时尚存，《新唐志》《读书志》《通考》并著于录，《宋史·艺文志》别史类有此书，已作十卷。考蒋光煦《斠补偶录》，有所校影宋本亦止十卷，则此二卷，当亡于宋末，皇甫遵之书正是十卷。宋本，疑即用皇甫之本，而去其注。然则当云独皇甫遵行于世，不当如序所云独晔书行于世也。①

据余先生的看法，今本《吴越春秋》应该源自皇甫遵本，或者说，赵晔撰作的《吴越春秋》是借皇甫本流传的。明代学者杨慎曾说：

---

①余嘉锡：《四库提要辨证》，第322—323页。

“《汉书》赵晔撰《吴越春秋》,《晋书》杨方亦撰《吴越春秋》,今世所行,晔耶? 方耶?”①即是怀疑今本是出自赵晔或者杨方之手。王芑孙《惕甫未定稿》则怀疑出自杨方,“《晋书·杨方传》,‘更撰《吴越春秋》行于世’,则《吴越春秋》,当为杨方所更撰;而世归赵晔者,独据《隋志》及马贵与《经籍考》耳。今是书参错小说家言,其文笔不类汉人,或竟出杨方之手”。② 黄云眉完全支持这个说法:

> 余谓《晋书》谓杨方“更撰《吴越春秋》”,《隋志》,杨方《吴越春秋削繁》五卷,意所谓更撰者,即就赵晔所撰,损益成书,增者少而削者多,故十二卷减为五卷。其书当名削繁,《晋书》盖简言之耳。惟其削者多,故诸书所引,今本多不见;惟其削而有增,故今本文笔不类汉人。皇甫遵《吴越春秋传》,《崇文总目》称遵合赵晔、杨方二家之书,考定而注之,可证杨方更撰之书,异同必多,非仅削繁而已。然则今世所传之《吴越春秋》,殆即杨方更撰之本,经后人析五卷为十卷,而又误去其削繁之名;自宋以后,赵书既失,(《唐志》二书具录。《宋志》不著杨书,但著赵晔《吴越春秋》十卷,则赵书至宋以后始亡。芑孙谓独据《隋志》及《通考》,恐非。惟赵书在唐时亦有阙佚,故《索隐》以为今无此语。)遂以杨书归之赵晔耳。③

此外,有的学者提出“今传本《吴赵春秋》,始作者为东汉赵晔,曾经杨方刊削,皇甫遵则斟酌乎晔、方之间,重新作了编定,今本已非晔书完帙”,这显然是对上述诸家看法的一种综合。还有的学者认为今本《吴越春秋》不出于后汉赵晔之手,而是汉晋间人附会

①杨慎:《升庵全集》,第 497 页。

②黄云眉:《古今伪书考补证》,第 297 页。

③黄云眉:《古今伪书考补证》,第 297—298 页。

民间传说而伪托的。①

由此可见,围绕今本《吴越春秋》的来历引起诸多的争议,然而问题的关键并不在于这些争议,而是在于该如何面对这些争议。胡应麟说:"隋、唐诸志,杨方所撰名《吴越春秋削繁》,南渡尚存,见《通考》。盖以晔所撰太繁,故芟削之,若刘孝标《九州春秋钞》之类耳。夫东京、六代文体迥异,即二书并行,岂能惑具眼哉?"②这里明确提到一个事实,《吴越春秋》与《吴越春秋削繁》并行于世,当时之人应该清楚二者之间的区别,不太可能误甲为乙。从文献流传的实际情形来看,节钞本很少能够取代原本的,如《铎氏微》之于《左传》,《汉纪》之于《汉书》。并且,按照前文的分析,既然赵晔所著《诗细》能够跟《论衡》媲美,想必《吴越春秋》也应该不会相差太远。至于依据"不类汉文"之类印象式的感悟去判断今本《吴越春秋》不是汉代文献,这种做法是相当草率的,也是非常危险的,辩伪史已经说明这种方法多半是禁不起事实检验的。因此,那种以为今本《吴越春秋》源于《吴越春秋削繁》的看法是站不住脚的。其次,《崇文总目》著录"《吴越春秋》十卷",又著录"《吴越春秋》十卷",并对后者解释说:"唐皇甫遵注。初,赵晔为《吴越春秋》十卷。其后有杨方者,以晔所撰为烦,又刊削之为五卷,遵乃合二家之书,考定而注之。"《崇文总目》没有著录杨方的《吴越春秋削繁》,此处著录的两种十卷本《吴越春秋》,其一为赵晔所著,其一为皇甫遵之作。《崇文总目》明确指出皇甫遵之作乃是注,这是特别需要注意的。《总目》还说,皇甫遵"合二家之书",

①曹林娣:《关于〈吴越春秋〉的作者及成书年代》,《西北大学学报》,1982 年第 4 期。

②胡应麟:《少室山房笔丛》,第 61 页。

对赵著与杨著进行一番考定，然后进行注释工作。皇甫遵的这个行为并不难理解，要对某部著作进行注释，首先肯定要罗列众本，择优选择底本。根据刚才的分析，皇甫遵应该会选择赵著为底本，以杨著为参考。从《隋志》的记载来看，皇甫遵只择取赵著的十卷，另外两卷并没有作注，很可能觉得它们并不重要。其实，这种注释行为是比较普遍的，比如《汉志》著录《孟子》十一篇，但是赵岐只是选择其中七篇进行注释，至于其他四篇不予注释，他认为外书四篇"其文不能宏深，不与内篇相似，似非孟子本真"，①经过赵岐的这番选择，《孟子》只有七篇流传，其他四篇后来亡佚。又如《汉志》著录《庄子》五十二篇，但今本只有三十三篇，其实就是郭象注本，对此，崔大华分析说："从《经典释文·序录》中可以看出，魏晋时代，《庄子》一书除了孟氏、司马彪注解的五十二篇本外（孟氏注已佚），还有崔撰和向秀注解的二十七篇本以及李颐集解的三十篇本。……崔、向二十七篇本，可能是五十二篇古本的重要篇目的选注本；这个选注本加上崔、向皆未出注的《天道》等六篇，可能就是以后郭象确定并注解的三十三篇本。"②我们认为，皇甫遵注解《吴越春秋》，这个注释行为也确实影响到赵晔《吴越春秋》的流传，它佚失的两卷大约与皇甫遵没有注解有关。然而，就史志目录的记载来看，皇甫遵注解并没有立即使其佚失。据学者考察，《隋书·经籍志》"正文著录反映的是唐初藏书状况，则《隋志》的依据只能是唐初的藏书或书目"，③这样，《隋志》著录

①焦循：《孟子正义》，第 9 页。

②崔大华：《庄学研究》，第 45—46 页。

③张固也：《〈隋书经籍志〉所据"旧录"新探》，《古籍整理研究学刊》，1998 年第 3 期。

赵晔《吴越春秋》十二卷及皇甫遵《吴越春秋》十卷说明唐初二书流传的实际面貌。《旧唐书·经籍志》《新唐书·艺文志》著录的情况同于《隋志》，表明此时二书仍然维持原状，然而《旧唐志》将皇甫遵之作更名为《吴越春秋传》，这应该更符合实情。《新唐书·艺文志》主要由欧阳修负责，同时欧阳修也参与《崇文总目》的编写，可是《崇文总目》著录赵晔之作为十卷。其实，《新唐志》有关赵、皇甫之作只是移录《旧志》，而《旧志》又是源自毋煚《古今书录》，至于《崇文总目》则是依据宋代藏书编纂的，这样看来，赵晔《吴越春秋》中的两卷佚失应该就在这个时间段中。对于佚失的两卷，明代学者钱福在《重刊吴越春秋序》中认为："隋唐《经籍志》多二卷，意者西施之至吴，范蠡之去越乎？"①也就是说，佚失的两卷内容是西施至吴、范蠡去越。也有学者推测说，佚失的可能是自序与勾践"入臣于吴"两个部分。② 当然，这些都属于推测，现在很难有肯定的判断。这是一个方面。至于赵作与皇甫之作，二者只是注解之关系，虽然皇甫遵进行过考订的功夫，并且也影响到赵作的流传，但并没有对赵作进行颠覆性的改变，或者说由此产生新的作品。就此而言，《吴越春秋》仍归属于赵晔。其实，古书在流传过程中被整理，这是常见之事，典型者如刘向、刘歆父子的整理，但后人并不因此将被整理过的作品之署名权赋予他们，或者说源自他们。又如，杜预对《左传》文本也进行过调整，但我们现在讨论《左传》也不会说今本源自杜预。其实，倘若皇甫遵的《吴越春秋》

①转引自贺双非：《〈吴越春秋〉的作者版本及价值》，《图书与情报》，2004年第2期。

②丰坤武：《〈吴越春秋〉"殆非全书"辨识》，《东南文化》，2000年第3期。

真的与赵作有极大的差异，①在那个两书还并存的时代，人们就不会简单地用“皇甫遵注”这样的表述来说明二者的关联。因此，《吴越春秋》尽管佚失了两卷，在这个意义上，徐天祐“殆非全书”的提法并没有什么不对，但他仍然将之归于赵晔，这应该是可以接受的。

二　吴越争霸及其书写

春秋社会非常显著的一个事件就是大国之间所出现的争霸现象，尽管人们对于“春秋五霸”的提法还存在若干异议，②但当时大国争夺霸权却是不争之事实。顾德融、朱顺龙在所著《春秋史》中将这一过程划分为五个阶段，指出：“中原争霸战争告一段落，南方出现吴、越两大强国，他们先后北上争霸，成为春秋后期的两大霸主国，越王勾践灭吴称霸后，结束了大国争霸的局面。”③可见吴、越两国曾经加入当时的争霸行列，然而当他们崛起之际，春秋时期轰轰烈烈的争霸已步入尾声。

据《史记·吴太伯世家》的记载，周太王长子太伯、次子仲雍看到太王有意立季历，于是“乃奔荆蛮，文身断发”，“自号句吴。荆蛮义之，从而归之千余家，立为吴太伯。太伯卒，无子，弟仲雍

①周生春：《今本〈吴越春秋〉版本渊源考》，《文献》，1996年第2期。

②具体请参看马毓良《春秋“五霸”辨》（《江淮论坛》1982年第2期）、张有智《“春秋五霸”正名》（《山西师大学报》1986年第1期）、程刚《也谈“春秋五霸”正名》（《山西师大学报》1986年第4期）、王玉德《“春秋五霸”提法不科学》（《史学月刊》1988年第3期）、刘浦江《“春秋五霸”辨》（《齐鲁学刊》1988年第5期）、卫平《“春秋五霸”再正名》（《苏州大学学报》1986年3期）、陈筱芳《“春秋五霸”质疑与四霸之成功》（《西南民族学院学报》1992年第5期）、钟继彬《春秋五霸与吴王夫差》（《文史杂志》1998年5期）等论述。

③顾德融、朱顺龙：《春秋史》，第71页。

立，是为吴仲雍”。[1] 然而，吴国真正强盛并发挥影响是到寿梦时期，“寿梦立而吴始益大，称王”，此时距吴太伯业已十九世。[2] 又据《越王句践世家》之记载，夏帝少康庶子“奉守禹之祀”而“封于会稽”，“后二十余世，至于允常。……允常卒，子句践立，是为越王”。[3]《左传·宣公八年》载：“楚为众舒叛，故伐舒蓼，灭之。楚子疆之。及滑汭，盟吴、越而还。”[4]这是《左传》最早述及吴、越之事的记载，然而，就广义的吴、越争霸进程而言，可以从三个方面加以理解：一是吴国的争霸，二是吴、越之间的战争，此为狭义的吴越争霸，三是越国的争霸，大抵而言，吴国的争霸行动要先于越国。

关于吴国的争霸进程，《左传》提供了比较详细的记载。成公七年，“吴伐郯，郯成”。[5] 此年又载楚国大夫申公巫臣教吴用兵乘车并叛楚之事，于是“吴始伐楚、伐巢、伐徐，子重奔命。马陵之会，吴入州来，子重自郑奔命。子重、子反于是乎一岁七奔命。蛮夷属于楚者，吴尽取之，是以始大，通吴于上国”。[6] 成公九年，晋国“将始会吴，吴人不至”。[7] 成公十五年，诸侯“会吴于钟离，始通吴也”。[8] 襄公三年，“晋侯使荀会逆吴子于淮上，吴子不至”。[9]

---

①《史记》，第 497 页。
②《史记》，第 497 页。
③《史记》，第 597 页。
④杨伯峻：《春秋左传注》，第 696 页。
⑤杨伯峻：《春秋左传注》，第 832 页。
⑥杨伯峻：《春秋左传注》，第 835 页。
⑦杨伯峻：《春秋左传注》，第 843 页。
⑧杨伯峻：《春秋左传注》，第 876—877 页。
⑨杨伯峻：《春秋左传注》，第 928 页。

襄公五年，“吴子使寿越如晋，辞不会于鸡泽之故，且请听诸侯之好。晋人将为之合诸侯，使鲁、卫先会吴，且告会期。故孟献子、孙文子会吴于善道”，又“九月丙午，盟于戚，会吴”。① 襄公十三年，吴侵楚，“战于庸浦，大败吴师，获公子党”。② 襄公十四年，“吴告败于晋。会于向，为吴谋楚故也。范宣子数吴之不德也，以退吴人”。③ 襄公二十三年，“晋将嫁女于吴，齐侯使析归父媵之”。④ 襄公二十四年，“夏，楚子为舟师以伐吴”，“吴人为楚舟师之役故，召舒鸠人。舒鸠人叛楚。楚子师于荒浦，使沈尹寿与师祁犁让之。舒鸠子敬逆二子，而告无之，且请受盟”。⑤ 襄公二十五年，舒鸠叛楚，“令尹子木伐之，及离城。吴人救之。……五人以其私卒先击吴师，吴师奔；登山以望，见楚师不继，复逐之，傅诸其军，简师会之。吴师大败。遂围舒鸠，舒鸠溃。八月，楚灭舒鸠”。“十二月，吴子诸樊伐楚，以报舟师之役。门于巢。……吴子门焉，牛臣隐于短墙以射之，卒。”⑥襄公二十六年，“楚子、秦人侵吴，及雩娄，闻吴有备而还”。⑦ 襄公二十九年，襄公二十九年，“吴人伐越，获俘焉，以为阍，使守舟。吴子余祭观舟，阍以刀弑之”。此年又载吴公子札聘鲁、齐、郑、卫、晋诸国。⑧ 襄公三十一

①杨伯峻:《春秋左传注》，第 943—944 页。

②杨伯峻:《春秋左传注》，第 1002 页。

③杨伯峻:《春秋左传注》，第 1005 页。

④杨伯峻:《春秋左传注》，第 1073 页。

⑤杨伯峻:《春秋左传注》，第 1090—1093 页。

⑥杨伯峻:《春秋左传注》，第 1104—1108 页。

⑦杨伯峻:《春秋左传注》，第 1114 页。

⑧杨伯峻:《春秋左传注》，第 1157—1167 页。

年，“吴子使屈狐庸聘于晋，通路也”。① 昭公四年，“楚子以诸侯伐吴”，“冬，吴伐楚，入棘、栎、麻，以报朱方之役”。② 昭公五年，“楚子以屈申为贰于吴，乃杀之”，“冬十月，楚子以诸侯及东夷伐吴，以报棘、栎、麻之役。薳射以繁扬之师会于夏汭。越大夫常寿过帅师会楚子于琐。闻吴师出，薳启强帅师从之，遽不设备，吴人败诸鹊岸”，“楚师济于罗汭，沈尹赤会楚子，次于莱山，薳射帅繁扬之师先入南怀，楚师从之，及汝清。吴不可入。楚子遂观兵于坻箕之山。是行也，吴早设备，楚无功而还，以蹶由归。楚子惧吴，使沈尹射待命于巢，薳启强待命于雩娄”。③ 昭公六年，“徐仪楚聘于楚，楚子执之，逃归。惧其叛也，使薳泄伐徐。吴人救之。令尹子荡帅师伐吴，师于豫章，而次于乾溪。吴人败其师于房钟，获宫厩尹弃疾”。④ 昭公十三年，“楚师还自徐，吴人败诸豫章，获其五帅”，“吴灭州来”。⑤ 昭公十七年，吴伐楚，“战于长岸，子鱼先死，楚师继之，大败吴师，获其乘舟余皇”，“吴公子光请于其众，……楚师乱，吴人大败之，取余皇以归”。⑥ 昭公二十一年，华登以吴师救华氏，“齐师、宋师败吴师于鸿口，获其二帅公子苦雂、偃州员”。⑦ 昭公二十三年，“吴人伐州来，楚薳越帅师及诸侯之师奔命救州来。……吴师击之，三国败，获胡、沈之君及陈大

①杨伯峻:《春秋左传注》,第 1189 页。
②杨伯峻:《春秋左传注》,第 1253—1255 页。
③杨伯峻:《春秋左传注》,第 1272—1265 页。
④杨伯峻:《春秋左传注》,第 1279—1280 页。
⑤杨伯峻:《春秋左传注》,第 1348—1361 页。
⑥杨伯峻:《春秋左传注》,第 1392—1393 页。
⑦杨伯峻:《春秋左传注》,第 1427 页。

夫”。[1] 昭公二十四年，“楚子为舟师以略吴疆。……吴人踵楚，而边人不备，遂灭巢及钟离而还”。[2] 昭公二十七年，“吴子欲因楚丧而伐之，使公子掩余、公子烛庸帅师围潜，……左司马沈尹戌帅都君子与王马之属以济师，与吴师遇于穷，令尹子常以舟师及沙汭而还。左尹郤宛、工尹寿帅师至于潜，吴师不能退”。[3] 昭公三十年，“吴子使徐人执掩余，使钟吾人执烛庸，二公子奔楚。楚子大封，而定其徙，……将以害吴也”。“冬十二月，吴子执钟吴子，遂伐徐，防山以水之。己卯，灭徐。徐子章禹断其发，携其夫人以逆吴子。吴子唁而送之，使其迩臣从之，遂奔楚。楚沈尹戌帅师救徐，弗及。遂城夷，使徐子处之。”[4]昭公三十一年，“秋，吴人侵楚，伐夷，侵潜、六。楚沈尹戌帅师救潜，吴师还。楚师迁潜于南冈而还。吴师围弦，左司马戌、右司马稽帅师救弦，及豫章，吴师还”。[5] 定公二年，“桐叛楚。吴子使舒鸠氏诱楚人，……秋，楚囊瓦伐吴，师于豫章。吴人见舟于豫章，而潜师于巢。冬十月，吴军楚师于豫章，败之。遂围巢，克之，获楚公子繁。”[6]定公四年，“楚为沈故，围蔡。伍员为吴行人以谋楚”，“冬，蔡侯、吴子、唐侯伐楚”，“庚辰，吴入郢，以班处宫”。[7] 定公五年，“申包胥以秦师至。秦子蒲、子虎帅车五百乘以救楚”，“使楚人先与吴人战，而自稷会之，大败夫槩王于沂。吴人获薳射于柏举，其子帅奔徒以

①杨伯峻:《春秋左传注》，第 1445—1446 页。

②杨伯峻:《春秋左传注》，第 1452—1453 页。

③杨伯峻:《春秋左传注》，第 1482—1483 页。

④杨伯峻:《春秋左传注》，第 1507—1508 页。

⑤杨伯峻:《春秋左传注》，第 1512 页。

⑥杨伯峻:《春秋左传注》，第 1529 页。

⑦杨伯峻:《春秋左传注》，第 1542—1545 页。

从子西，败吴师于军祥。秋七月，子期、子蒲灭唐。九月，夫槩王归，自立也，以与王战，而败，奔楚，为堂溪氏。吴师败楚师于雍澨。秦师又败吴师。吴师居麇，子期将焚之，……而又战，吴师败，又战于公婿之溪，吴师大败，吴子乃归”。① 定公六年，“吴大子终累败楚舟师，获潘子臣、小惟子及大夫七人。楚国大惕，惧亡”。② 哀公六年，“吴伐陈，复修旧怨也”。③ 哀公七年，“公会吴于鄫。吴来征百牢”。④ 哀公八年，“吴为邾故，将伐鲁，……三月，吴伐我，……景伯负载，造于莱门。乃请释子服何于吴，吴人许之，以王子姑曹当之，而后止。吴人盟而还。……齐侯使如吴请师，将以伐我，乃归邾子。邾子又无道，吴子使大宰子余讨之，囚诸楼台，栫之以棘”。⑤ 哀公九年，“齐侯使公孟绰辞师于吴”，“夏，楚人伐陈，陈即吴故也”，“冬，吴子使来儆师伐齐”。⑥ 哀公十年，“公会吴子、邾子、郯子伐齐南鄙，师于郎。……吴子三日哭于军门之外。徐承帅舟师，将自海入齐，齐人败之，吴师乃还”，“秋，吴子使来复儆师”，“冬，楚子期伐陈，吴延州来季子救陈”。⑦ 哀公十一年，“为郊战故，公会吴子伐齐。五月，克博. 壬申，至于嬴。中军从王，胥门巢将上军，王子姑曹将下军，展如将右军。……甲戌，战于艾陵。展如败高子，国子败胥门巢，王卒助

①杨伯峻:《春秋左传注》,第 1551—1552 页。

②杨伯峻:《春秋左传注》,第 1557 页。

③杨伯峻:《春秋左传注》,第 1633 页。

④杨伯峻:《春秋左传注》,第 1640 页。

⑤杨伯峻:《春秋左传注》,第 1647—1650 页。

⑥杨伯峻:《春秋左传注》,第 1652—1654 页。

⑦杨伯峻:《春秋左传注》,第 1655—1656 页。

之，大败齐师”。① 哀公十二年，“公会吴于橐皋，吴子使大宰嚭请寻盟”，“吴征会于卫。……秋，卫侯会吴于郧。公及卫侯、宋皇瑗盟，而卒辞吴盟。吴人藩卫侯之舍”。② 哀公十三年，“公会单平公、晋定公、吴夫差于黄池”，“秋七月辛丑盟，吴、晋争先”。③ 哀公十五年，“楚子西、子期伐吴，及桐汭”。④ 哀公十六年，“吴人伐慎，白公败之”。⑤ 依据上面的记载，吴国的争霸主要是针对楚国展开的，这是因为“吴、越两国兴起之时，正是晋、楚争霸中原之际”，于是“晋国联吴制楚，楚国联越制吴”。⑥ 然而，吴国霸业的完成，又是建立在对越国、齐国及晋国征服之基础上的。当夫差迫使越国臣服之后说：“孤将有大志于齐，吾将许越成。”⑦艾陵之战打败齐国，于是进而与晋国争长，最终确立霸主之地位。

比较而言，越国的争霸似乎要简单一些，亦即其霸主地位的确立主要建立在打败吴国之基础上的，因此，越国的争霸主要围绕吴、越之间的战争来展开。昭公三十二年，“夏，吴伐越，始用师于越也”。杨伯峻征引《史记·越王句践世家》“允常之时，与吴王阖庐战而相怨伐”作注，⑧指出此次战争引发之原因。定公五年，“越入吴，吴在楚也”。杨《注》指出：“此当越允常之世。昭三十二

①杨伯峻：《春秋左传注》，第 1661—1663 页。

②杨伯峻：《春秋左传注》，第 1671—1672 页。

③杨伯峻：《春秋左传注》，第 1676—1679 页。

④杨伯峻：《春秋左传注》，第 1690 页。

⑤杨伯峻：《春秋左传注》，第 1702 页。

⑥孟文镛：《吴越战争概论》，《绍兴文理学院学报》，1986 年第 4 期。

⑦《国语》，第 595 页。

⑧杨伯峻：《春秋左传注》，第 1516 页。

年吴始用师于越,越乃乘吴师在外而入吴。”①定公十四年,“吴伐越,越子句践御之,陈于槜李”。②《越王句践世家》载:“吴王阖庐闻允常死,乃兴师伐越。越王句践使死士挑战,三行,至吴陈,呼而自刭。吴师观之,越因袭击吴师,吴师败于槜李,射伤吴王阖庐。”③哀公元年,“吴王夫差败越于夫椒,报槜李也。遂入越。越子以甲楯五千保于会稽,使大夫种因吴大宰嚭以行成。”④哀公十三年,“越子伐吴,为二隧。……乙酉,战,弥庸获畴无余,地获讴阳。越子至,王子地守。丙戌,复战,大败吴师,获大子友、王孙弥庸、寿于姚。丁亥,入吴”,“冬,吴及越平。”⑤哀公十七年,“三月,越子伐吴。……越子以三军潜涉,当吴中军而鼓之,吴师大乱,遂败之”。⑥ 哀公二十年,越围吴。哀公二十一年,“夏五月,越人始来”。杜《注》:“越既胜吴,欲霸中国,始遣使适鲁。”⑦哀公二十二年,“冬十一月丁卯,越灭吴,请使吴王居甬东。辞曰:‘孤老矣,焉能事君?’乃缢。越人以归。”⑧吴国之灭亡为越国争霸奠定坚实的基础,此后越国积极参与中原诸侯之事务,以此谋求霸主之位,如哀公二十六年,“叔孙舒帅师会越皋如、舌庸、宋乐茷纳卫侯”。⑨ 哀公二十七年,“越子使舌庸来聘,且言邾田,封于骀上”。

①杨伯峻:《春秋左传注》,第1550页。
②杨伯峻:《春秋左传注》,第1595页。
③《史记》,第597页。
④杨伯峻:《春秋左传注》,第1605页。
⑤杨伯峻:《春秋左传注》,第1676—1679页。
⑥杨伯峻:《春秋左传注》,第1707页。
⑦孔颖达:《春秋左传正义》,第1704页。
⑧杨伯峻:《春秋左传注》,第1719页。
⑨杨伯峻:《春秋左传注》,第1727页。

杨伯峻谓："鲁曾侵夺邾国之土田，越以霸主身份派舌庸来与鲁谈，协定以骀上为鲁、邾交界处。"①这一过程更为详细的记载来自《史记》："句践已平吴，乃以兵北渡淮，与齐、晋诸侯会于徐州，致贡于周。周元王使人赐句践胙，命为伯。句践已去，渡淮南，以淮上地与楚，归吴所侵宋地于宋，与鲁泗东方百里。当是时，越兵横行于江、淮东，诸侯毕贺，号称霸王。"②勾践后六世至王无彊，"兴师北伐齐，西伐楚，与中国争强"，被楚威王所杀，"越以此散，诸族子争立，或为王，或为君，滨于江南海上，服朝于楚"。③

以上简单梳理吴、越争霸之过程，这主要是依据《左传》《史记》而来的。在这一过程中，吴、越之间的争霸虽为中心环节，但这并不是二国之最终目的，也就是说，吴、越争霸主要是抢夺中原诸侯霸权。因此，吴、越争霸事件实际上由三个环节组成：吴、越之间的争霸，吴国与诸侯争霸及越国与诸侯争霸。

吴、越争霸作为春秋晚期的重要事件，历来引起人们的关注，自然也被许多文献所传述，如《国语》《左传》《史记》《越绝书》《吴越春秋》等。由于各种原因，这些文献在书写这一事件时，彼此之间存在不同程度之差异。考察这种差异，不但可以丰富对吴、越争霸过程的认知，同时也提供这些文献生成的线索。

在吴、越争霸过程中，伍子胥无疑发挥十分重要的作用，然而，这一人物在不同文献中其形象存在很大差异。比如伍子胥奔吴之事，《左传》载费无极向楚平王进谗言太子建与伍奢将叛，王执伍奢，建奔宋。无极又劝楚王引诱伍奢之子伍尚、伍员，尚谓员

①杨伯峻：《春秋左传注》，第1732页。

②《史记》，第599页。

③《史记》，第599—600页。

曰:“尔适吴,我将归死。……我能死,尔能报。”结果楚王杀掉奢、尚,伍员奔吴。《史记·伍子胥列传》载此事稍有不同,增加若干情节。首先交待伍奢为太子建太傅,费无忌为少傅,无忌不忠于建。平王派无忌为太子娶妇,无忌劝王自娶,因谗太子建,建奔宋。无忌又谗伍奢,且劝平王诱诛其二子。伍员识破楚王用心,劝其兄毋回,但伍尚不同意,被执,“伍胥贯弓执矢向使者,使者不敢进,伍胥遂亡。闻太子建之在宋,往从之”。① 后与建奔郑,建因与晋国密谋郑国之事而被杀,伍子胥于是与太子建之子胜奔吴。过昭关时几被执,逃至江边,在渔父帮助下渡江,以剑赠,渔父不受。“伍胥未至吴而疾,止中道,乞食”,最后来到吴国,“因公子光以求见吴王”。②《越绝书·越绝荆平王内传》载伍子奢“得罪于王,且杀之,其二子出走,伍子尚奔吴,伍子胥奔郑”。③ 此处只是说“得罪”,缺乏《左传》《史记》陈述的具体原因,二子出奔是增加的情节,但伍子胥奔郑之说又显然同于《史记》。平王召询伍奢,奢评价二子之语承接《史记》而略详。平王派使者到吴国召回伍尚,伍子胥听说后派人告诫伍尚,后者没有接受;平王又派使者到郑国召伍子胥,“子胥介胄彀弓出见使者”。④ 比起《史记》,此处又有增饰。子胥听说平王杀掉奢、尚后“从横岭上大山,北望齐晋”,最后决定奔吴,来到江边,请求渔者帮助。渔者担心别人知道,于是以歌的形式告诉子胥等待。太阳下山,渔者又以歌的形式通知子胥上船,到了江中,子胥有赠剑之事,但与渔者对话则详于《史

①《史记》,第761页。

②《史记》,第761—762页。

③吴庆峰点校:《越绝书》,第4页。

④吴庆峰点校:《越绝书》,第4页。

记》。并且,上岸后渔者请子胥吃饭,子胥嘱咐渔者藏好饭具,渔者待子胥离开后覆船自杀。伍子胥来到溧阳界,向一击絮女子托食,食后嘱咐女子藏好饭具,子胥走了五步,女子跳水自杀。这是《史记》所没有的情节。来到吴国,“徒跣被发,乞于吴市”,①市正将此事告诉阖庐,阖庐召见子胥,“三日三夜,语无复者”。② 这又是增饰的情节。《吴越春秋》在吴王僚五年这一年集中叙述伍子胥奔吴之事,其情节较《越绝书》有进一步拓展,主要表现在这些方面:一是记载其先祖伍举谏楚庄王、灵王的事迹;二是在平王诱杀伍奢父子环节上,对话更为详细,特别是伍尚兄弟之间;三是追捕过程中,增加子胥见妻子、欲害使者、平王派大军追捕、行哭林泽这些环节;四是在奔宋途中,增加道遇申包胥的环节;五是在奔吴途中,增加太子建之子胜同行、讹诈关吏,并且渔父渡河赠食更加曲折,溧阳乞食中击绵之女提及其母,同时叙述与勇士专诸交往之事。从不同文献对于伍子胥奔吴这个事件的载录来看,后续文献比起早期文献往往在情节方面更加曲折,更加重视细节的展现,同时特别注重人物的刻画,以致在很大程度上呈现虚饰的特征。

这些特点也体现在吴、越争霸环节的书写方面。《越绝书·越绝外传本事》说:“齐将伐鲁,孔子耻之,故子贡说齐以安鲁。子贡一出,乱齐,破吴,兴晋,强越。”③这无疑凸显子贡的形象,然而,这一叙事又是如何形成的呢?《左传·哀公七年》载“大宰嚭召季康子,康子使子贡辞”,十二年载哀公与吴在橐皋会盟,“吴子使大宰嚭请寻盟。公不欲,使子贡对”,又“吴人藩卫侯之舍”,子

①吴庆峰点校:《越绝书》,第5页。

②吴庆峰点校:《越绝书》,第6页。

③吴庆峰点校:《越绝书》,第1页。

服景伯请子贡出面说服大宰嚭释放卫君。这是《左传》在吴、越争霸问题上有关子贡的记载，从中似乎很难看出其影响力。《史记·吴太伯世家》载夫差在艾陵打败齐师后，“至缯，召鲁哀公而征百牢。季康子使子贡以周礼说太宰嚭，乃得止”。[①] 此条见于《左传》，又《伍子胥列传》载：“吴王将北伐齐，越王句践用子贡之谋，乃率其众以助吴。”[②]此记载明确将子贡置于吴、越争霸的重要位置，但此条未见《左传》载录。子贡到底为句践筹划什么呢？《仲尼弟子列传》对此有详细的说明，事情的起因是这样的：“田常欲作乱于齐，惮高、国、鲍、晏，故移其兵，欲以伐鲁。”在这一形势之下，孔子为了消弭鲁国的灾难，就派子贡去处理此事。子贡于是游说田常、夫差、勾践、晋君，最终“子贡一出，存鲁、乱齐、破吴、彊晋而霸越”。[③] 可见《越绝书》的说法实源自《史记》，司马迁如此突出子贡，因为《仲尼弟子列传》作为专门载录孔门弟子的传记，强调传主的行事也是可以理解的。《越绝内传陈成恒》叙述此事，可以说是延续《史记》的内容，当然也有发展，现就以子贡说勾践为例来说明二者之关系，《仲尼弟子列传》载：

越王除道郊迎，身御至舍而问曰：“此蛮夷之国，大夫何以俨然辱而临之？”子贡曰：“今者吾说吴王以救鲁伐齐，其志欲之而畏越，曰：‘待我伐越乃可。’如此，破越必矣。且夫无报人之志而令人疑之，拙也；有报人之志，使人知之，殆也；事未发而先闻，危也。三者举事之大患。”句践顿首再拜曰：“孤尝不料力，乃与吴战，困于会稽，痛入于骨髓，日夜焦唇干

①《史记》，第503页。

②《史记》，第763页。

③《史记》，第769—771页。

舌，徒欲与吴王接踵而死，孤之愿也。”遂问子贡。子贡曰：“吴王为人猛暴，群臣不堪；国家敝于数战，士卒弗忍；百姓怨上，大臣内变；子胥以谏死，太宰嚭用事，顺君之过以安其私：是残国之治也。今王诚发士卒佐之，以徼其志，重宝以说其心，卑辞以尊其礼，其伐齐必也。彼战不胜，王之福矣；战胜，必以兵临晋。臣请北见晋君，令共攻之，弱吴必矣。其锐兵尽于齐，重甲困于晋，而王制其敝，此灭吴必矣。”越王大说。①

又《越绝内传陈成恒》载：

子贡东见越王，越王闻之，除道郊迎至县，身御子贡至舍，而问曰：“此乃僻陋之邦，蛮夷之民也。大夫何索，居然而辱，乃至于此。”子贡曰：“吊君，故来。”越王句践稽首再拜，曰：“孤闻之，祸与福为邻，今大夫吊孤，孤之福也，敢遂闻其说。”子贡曰：“臣今见吴王，告以救鲁而伐齐。其心申，其志畏越，曰：‘尝与越战，栖于会稽山上。夫越君，贤主也。苦身劳力，以夜接日；内饰其政，外事诸侯，必将有报我之心。子待我伐越而听子。’且夫无报人之心而使人疑之者，拙也；有报人之心而使人知之者，殆也；事未发而闻者，危也。三者，举事之大忌。”越王句践稽首再拜，曰：“昔者，孤不幸少失先人，内不自量，与吴人战，军败身辱，遗先人耻。遁逃出走，上栖会稽山，下守溟海，唯鱼鳖是见。今大夫不辱而身见之，又出玉声以教孤，孤赖先人之赐，敢不奉教乎！”子贡曰：“臣闻之，明主任人不失其能，直士举贤不容于世。故临财分利则使仁，涉危拒难则使勇，用众治民则使贤，正天下、定诸侯则

①《史记》，第770页。

使圣人。臣窃练下吏之心，兵强而不并弱，势在其上位而行恶令其下者，其君几乎？臣窃自练可以成功至王者，其唯臣几乎？今夫吴王有伐齐之志，君无惜重器，以喜其心；毋恶卑辞，以尊其礼，则伐齐必矣。彼战而不胜，则君之福也；彼战而胜，必以其余兵临晋。臣请北见晋君，令共攻之，弱吴必矣。其骑士锐兵弊乎齐，重器羽旄尽乎晋，则君制其敝，此灭吴必矣。"越王句践稽首再拜，曰："昔者吴王分其人民之众，以残伐吾邦，杀败吾民，屠吾百姓，夷吾宗庙，邦为空棘，身为鱼鳖饵。今孤之怨吴王，深于骨髓，而孤之事吴王，如子之畏父，弟之敬兄，此孤之外言也。大夫有赐，故孤敢以疑？请遂言之。孤身不安床席，口不甘厚味，目不视好色，耳不听钟鼓者，已三年矣。焦唇干嗌，苦心劳力，上事群臣，下养百姓。愿一与吴交天下之兵于中原之野，与吴王整襟交臂而奋；吴越之士，继迹连死；士民流离，肝脑涂地，此孤之大愿也！如此不可得也。今内自量吾国，不足以伤吴；外事诸侯，不能也。孤欲空邦家，措策力，变容貌，易名姓，执箕帚，养牛马，以臣事之。孤虽要领不属，手足异处，四支布陈，为乡邑笑，孤之意出焉！大夫有赐，是存亡邦而兴死人也，孤赖先人之赐，敢不待命乎？"子贡曰："夫吴王之为人也，贪功名而不知利害。"越王慥然避位，曰："在子。"子贡曰："赐为君观夫吴王之为人，贤强以恣下，下不能逆，数战伐，士卒不能忍。太宰嚭为人，智而愚，强而弱，巧言利辞，以内其身，善为伪诈，以事其君，知前而不知后，顺君之过，以安其私，是残国之吏、灭君之臣也。"越王大悦。①

①吴庆峰点校：《越绝书》，第38—39页。

后者虽承前者而来，但显然增加很多的修饰。首先在《越绝内传陈成恒》中，勾践对于子贡的态度越发虔诚，这不难从几处“稽首再拜”领会到的。这一增饰既显示勾践的谦卑，也凸显子贡的影响，同时更加彰显困境中勾践对于子贡所寄予的希望。其次，无论是子贡还是勾践之言，均有大幅度的增饰，特别是勾践。倘若说司马迁在叙述此事时还表现出史家应有的克制，那么《越绝书》的作者显然抛弃了这一点，而是将自己置于勾践的位置，在不违背史实之基础上，尽可能地设想勾践的痛苦与愿望，并且让勾践尽情地言说这些痛苦与愿望。这种叙事方式本质上已经远离历史而近于文学了，正是如此，也就反映不同个体在不同的语境之下对于同一事件的不同领悟和处理。

《左传》《史记》曾多次记载吴王夫差伐齐之事，均未曾提及占梦，然而，《越绝书》专门有一卷叙述“吴王占梦”与伐齐之事。吴王“道于姑胥之门，昼卧姑胥之台。觉寤而起，其心惆怅，如有所悔”，①于是向太宰嚭讲述梦境，太宰嚭通过对梦境的分析，认为这是伐齐取胜的吉梦。吴王很高兴，赏赐了嚭，但心里并不踏实，又找来王孙骆。王孙骆自谦智浅能薄，并不熟悉方术之事，但向吴王推荐梦占大师公孙圣。公孙圣得知自己要为吴王占梦时，预感到自己有性命之忧，于是与妻子诀别，前往姑胥台谒见吴王。吴王向公孙圣描述梦境，公孙圣分析认为是凶梦，于是“吴王忿圣言不祥，乃使其身自受其殃。王乃使力士石番，以铁杖击圣，中断之为两头。圣仰天叹曰：‘苍天知冤乎！直言正谏，身死无功！令吾家无葬我，提我山中，后世为声响’”。② 后来事情的发展证实

① 吴庆峰点校：《越绝书》，第 53 页。

② 吴庆峰点校：《越绝书》，第 55 页。

公孙圣的判断。《左传》本来也喜欢载录梦占，但此条却没有记录，《越绝书》可能另有渊源。但无论如何，“占梦”为伐齐及吴王遭遇增添某种神秘气氛。《吴越春秋·夫差内传》也载录这个事件，细节虽有出入，但大体延续《越绝书》的情节。又如越王勾践兵败退保会稽时，在取得越王同意行成之后曾为质于吴，《史记·越王句践世家》说“举国政属大夫种，而使范蠡与大夫柘稽行成，为质于吴”，①这只是强调范蠡、柘稽到吴国充当人质，至于勾践本人则未明确说明，《越绝书》也只简单提到句践“属刍莝养马”。② 然而，《吴越春秋》对于勾践入质吴国有详细的描述，情节也非常曲折：群臣话别；入吴参见夫差；自甘为臣、服苦役；子胥进谏、幽拘石室；勾践范蠡谋议；勾践尝粪、复出石室；越王疾愈、子胥复谏；吴王特赦、勾践归国。这些内容无疑丰富对勾践入吴事件的认知。勾践归国之后，《史记·越王句践世家》写道：“自会稽归七年，拊循其士民，士民欲用以报吴。”③大夫逢同为此劝谏勾践。过了三年，句践召范蠡问询，范蠡否定其想法。到了明年，句践再次召范蠡，范蠡觉得时机成熟，于是起师伐吴，大败吴军。又过了四年，越再次伐吴，最后灭吴。对于这一过程，《越绝书》有些内容需要注意，《越绝计倪内经》载“越王句践既得反国，欲阴谋吴，乃召计倪而问”，④通篇围绕“强越”主题展开问答。又《越绝内经九术》载大夫种向句践进献“弱吴”的九种方略。这些内容虽多少也见之于《吴越春秋》，但大都不见于《史记》之记载。

---

①《史记》，第598页。

②吴庆峰点校：《越绝书》，第2页。

③《史记》，第598页。

④吴庆峰点校：《越绝书》，第21页。

通过以上例证，关于吴、越争霸事件的书写，不同的文本文献虽然在基本事实方面或许相同，但其表述大抵有着差异，有时这种差异甚至还很大。这种情形在《越绝书》《吴越春秋》两书上表现得更加明显。考察这种差异，大抵有这样几种情形：一是某件史事在某些文献中只是简单提及，而另一些文献则比较详细地描述事件的经过；二是某些文献有某一史事，而另一些文献则没有涉及；三是某些文献存在虚饰甚至杜撰事件的情况，比如计然，《史记·货殖列传》提到计然七策，钱穆赞同蔡谟的看法，以为此处《计然》乃范蠡所著书篇名，并非人名；至于《吴越春秋》《越绝书》之计倪，"则亦误读《史记·货殖传》而妄为之"。① 这些差异的出现，不但跟编撰者有关，同时也与文献的体例有联系，即是说，这是基于多种元素综合参与的结果。

三　《吴越春秋》的结构及文体

《吴越春秋》结构所呈现的特征，早已引起人们的关注，并且由此也引出不少的疑惑。徐天祜就曾提出过这样的疑问："元本《阖闾》《夫差传》皆曰内传，下卷《无余》《勾践传》皆曰外传，内吴而外越，何也？况晔又越人乎？若以吴为内，则《太伯》《寿梦》《王僚》三传不曰内，而《阖闾》《夫差》二传独曰，又何也？"②徐氏发现《吴越春秋》有关吴王事迹的书写称之为内传，而书写越王事迹则称之为外传，这就呈现"内吴外越"的文本态势。作为越人的赵晔，何以会做出这样的编排，在徐天祜看来，这是不可理解的。从结构上来看，徐氏有关《吴越春秋》的看法实际上有两个需要引起

①钱穆：《先秦诸子系年考辨》，第119—124页。

②吴庆峰点校：《吴越春秋》，第1页。

注意的地方：一是传、内传、外传的称谓，二是“内吴外越”的格局，《吴越春秋》何以存在这样的结构呢？

正如有的学者所指出的，汉儒其实普遍存在尚吴卑越的倾向。① 站在史传的立场，首先应该提及《史记》。司马迁将《吴太伯世家》置于三十世家之首，而《越王句践世家》在春秋古国中仅被排列在《郑世家》之前，亦即在倒数第二位，在它之前依次为楚世家、晋世家、宋世家、卫世家、陈杞世家、管蔡世家、燕世家、周公世家、齐太公世家、吴世家。在这个序列中，有同姓诸侯，也有异姓、庶姓诸侯，后者包含先代褒封的诸侯。仔细观察这个排序，应该说周代同姓诸侯居于优先地位，这是符合周代宗法精神的，比如《左传·隐公十一年》载：

> 十一年，春，滕侯、薛侯来朝，争长。薛侯曰：“我先封。”滕侯曰：“我，周之卜正也。薛，庶姓也，我不可以后之。”公使羽父请于薛侯曰：“君与滕君，辱在寡人。周谚有之曰：‘山有木，工则度之；宾有礼，主则择之。’周之宗盟，异姓为后。寡人若朝于薛，不敢与诸任齿。君若辱贶寡人，则愿以滕君为请。”薛侯许之，乃长滕侯。②

滕与鲁同为姬姓，薛为任姓，黄帝后裔奚仲被封为薛侯。滕侯与薛侯同来朝见鲁君，按照周代贵亲的宗法原则，尽管薛侯在夏代已经被封，但仍然被置于滕侯之后。具体到吴越两国，司马迁说：“太伯避历，江蛮是适；文武攸兴，古公王迹。阖庐弑僚，宾服荆楚；夫差克齐，子胥鸱夷；信嚭亲越，吴国既灭。嘉伯之让，作吴世家第一。”又说：“少康之子，实宾南海，文身断发，鼋鳝与处，既守

---

①曹林娣：《〈吴越春秋〉二题》，《西北大学学报》，1983 年 4 期。

②孔颖达：《春秋左传正义》，第 122—124 页。

封禺，奉禹之祀。句践困彼，乃用种、蠡。嘉句践夷蛮，能修其德，灭彊吴以尊周室，作越王句践世家第十一。”①从渊源来看，越国的历史远远早于吴国，可溯至夏代少康时期，可见司马迁显然并不是从这个角度考虑吴越的。由前可知，《史记》世家载录最早的一批诸侯都是周代的，而周代大势封建是在周王朝建立之后，事实上列入《史记》世家的绝大多数都是这批诸侯。吴太伯只身来到江南，这个时候周王朝还远没有建立，但司马迁之所以将吴太伯列入，并将其置于世家之首，显然是经过慎重考虑的。吴太伯是为了避让季历而来到江南，但他开拓江南的举措符合后来周武王封建的意图，这就在很大程度上成为周代诸侯之首；更为重要的是吴太伯身上体现让国这样的谦让风格。正是这些因素的综合作用，司马迁对于吴国才做了这样的编排。对于《越世家》，司马迁虽然赞扬勾践能够修养自己的德行，重用文种、范蠡，消灭强大的吴国，并且能够尊崇周室；但吴国属于庶姓诸侯，同时处于“蛮夷”处境。因此，将吴越两国放置在周代社会这一语境中考察，它们的地位是不可能平等的。司马迁编撰《史记》世家，大约应该是考虑到这一点的。《隋书·经籍志》杂史类著录《越绝记》十六卷，这部文献到底出自谁人之手，目前还存在不同的看法，《隋志》以为子贡所作，②《四库全书总目》说：“不著撰人名氏。书中《吴地传》称勾践徙琅琊，到建武二十八年，凡五百六十七年，则后汉初人也。书末《叙外传记》以廋词隐其姓名，其云以去为姓，得衣乃成，是袁字也；厥名有米，覆之以庚，是康字也。禹来东征，死葬其疆，是会稽人也。又云文词属定，自于邦贤，以口为姓，承

①《史记》，第1183—1184页。

②《隋书》，第650页。

之以天，是吴字也；楚相屈原，与之同名，是平字也。然则此书为会稽袁康所作，同郡吴平所定也。……《隋唐志》皆云子贡作，非其实矣。"①余嘉锡分析指出："吾谓当以吴越贤者所作近是。以其《陈成恒篇》记子贡一出，乱齐破吴兴晋强越，故或以为子贡所作，以其有《子胥水战兵法》及吴楚之事，故一说盖是子胥所作。至于辑录者之为何人，则已无姓名可考，惟相传为吴越古之贤者耳。若袁康、吴平辈，特为作外传，而非辑录《越绝》之人也。"②即使以袁康、吴平为最后之编定者，此书亦当为东汉初之一部文献。《越绝书》中，吴国史事大都置于内传，而越国史事大都置于外传，也体现出与《史记》同样的思路。我们也应该看到，"尚吴卑越"虽然普遍为汉儒所认同，但这一倾向其实并非始自汉代。《左传》载录吴、越两国的史事，但吴国之事远较越国之事详细。《国语》载录越国之事较吴国为详，可是在编排上则采取先吴后越的做法。从当时的背景来看，"尚吴卑越"确实是作为客观事实而存在的。因此，尽管赵晔属于越地之人，《吴越春秋》出现"内吴外越"情形也并非一定是不可理解的。

其次，《吴越春秋》还使人们困惑的是其目录存在传、内传、外传这些不同的称谓，为什么会有这些称谓，或者说，使用这些称谓的背后隐藏着怎样的意图，这又是人们面对这部文献时不得不考虑的。《吴越春秋》使用"传"的有"吴太伯传""吴王寿梦传"及"王僚使公子光传"，使用"内传"的为"阖闾内传""夫差内传"，至于载录越国史事的五卷均标目"外传"。汉代经学中使用"内传""外传"作为训诂的一种方法和文体，这在我们分析汉初《诗经》训诂

①《四库全书总目》，第 583 页。

②余嘉锡：《四库提要辨证》，第 325 页。

体式时已经讨论过了。韩诗学派主要采取内、外传的体式训解《诗经》，作为这一学派的传人，赵晔对此应该是不会陌生的，因此，《吴越春秋》存在内、外传的结构就并不显得特别的意外。然而使人困惑的是《吴越春秋》同时存在传、内传、外传，就目前流传的文献来看，此种情况确实是罕见的，因而也是让人费思的。传是相对经而言的，传是一种解释经的文献，内传、外传的称谓主要反映它们与经之关系的远近，比如《左传》《国语》，《左传》与《春秋》的关系密切，而《国语》则比较疏远，因此，人们一般称《左传》为内传，《国语》为外传。这样，就形成经、内传、外传的序列。其实，韩诗内、外传也可这样理解，即《诗经》《韩诗内传》《韩诗外传》。可是，《吴越春秋》却呈现“传、内传、外传”的格局，此处的传与内传、外传之间又存在怎样的关系呢？金其桢通过分析、比对《吴越春秋》记述吴史事的前五卷内容，发现了这样的现象：

> 被称为“传”的“太伯”“寿梦”“王僚”前三卷，与被称为“内传”的“阖闾”“夫差”后两卷之间，有一个显著的差异，那就是：前三卷所记述之事，其基本内容和梗概，均可在《春秋》《左传》《国语》《史记》和《越绝书》中查考到相应的记载，这些记载，尽管有的比《吴越春秋》上的记述略为详备一些，有的则比《吴越春秋》上的记述稍为简略一些，但这三卷中所记述的事，无一不可在《史记》等上述古史书中找到出处和依据。而后两卷所记述之事，则情形就大为不同了，那就是，其中有许多事在《春秋》《左传》《国语》《史记》和《越绝书》上是查考不到相应记载的，是找不到出处和依据的，也就是说，纯系作者所收集来的民间传说、遗闻逸事和作者自己的想象虚构。

于是进而得出如下的结论：

> 在《吴越春秋》记述吴史事的前五卷中，凡以正史、杂史

> 文献资料为依据、“钞撮”古史书汇集整理而成的各卷称为“传”；凡只有一部分内容以正史、杂史文选资料为依据，“钞撮”古史书汇集整理而成，另一部分或大部分内容来自于民间传说、稗野杂书的遗闻逸事，乃至作者自己的想象虚构的各卷，则称之为“内传”。赵晔之所以把两者区分开来，分别称之为“传”和“内传”，这完全是有意之笔，其目的就是为了用不同的名称：明确地表明两者在内容构成上的差别。①

这确实是一个很有意义的发现，但是，金先生只是就“传”“内传”之间进行区分，而对于“外传”则不置一词，那么，“外传”具有怎样的特征，并且，“外传”与“传”“内传”又存在怎样的差异，这些问题似乎并没有得到很好的解释。其实，即使就金先生对“传”“内传”所进行的区分来看，有些地方仍然还有讨论的空间。比如说“传”的材料来自正史、杂史文献，“内传”只有部分内容来自正史、杂史文选，而大部分内容来自民间传说、稗野杂书的遗闻逸事，乃至作者的想象虚构，按照这样的看法，“传”与“内传”在资料方面的差异只是程度不同而已，并且杂史文献与民间传说、稗野杂书之间到底有多大的差异，确实并不容易说清楚。这就说明单纯依凭资料这一条，它能否成为区分二者的标准就值得怀疑。更为重要的是，“内传”中使用的不见于《春秋》等文献的资料是否一概可以斥之为民间传说、稗野杂书的遗闻逸事，或者作者的想象虚构，这也是值得考虑的。随着出土文献的不断发现，人们对于早期文献的流传有着比以往更多的“感性”认知，也意识到有很多地方与后世文献不一致之处，加之当时很多文献不流传于后世，考虑到这些因素，就不能轻易地做出非此即彼的结论。《吴越春秋·夫差内

① 金其桢：《〈吴越春秋〉“内吴外越”之我见》，《江南大学学报》，1991年第1期。

传》说：

> 子胥曰："今年七月辛亥平旦，大王以首事。辛，岁位也，亥，阴前之辰也。合壬子岁前合也，利以行武。武决胜矣，然德在。合斗击丑，丑，辛之本也。大吉为白虎而临辛，功曹为太常所临亥。大吉得辛为九丑，又与白虎并重。有人若以此首事，前虽小胜，后必大败，天地行殃，祸不久矣！"①

又《勾践入臣外传》载"今年十二月戊寅之日，时加日出""今年三月甲戌，时加鸡鸣""今三月甲辰，时加日昳"，②又《勾践归国外传》载"今十有二月己巳之日，时加禺中"。③ 李学勤分析认为，平旦、日出、鸡鸣、日昳、禺中都是时分，而殷墟甲骨文及西周文献已经出现不少时分的名称，因此：

> 《吴越春秋》卷五子胥所说，只讲"平旦"，没有"时加"或"日加"，是较早的一种形式。卷七、卷八"时加日出"等，形式略晚，但仍早于西汉元帝时翼奉的"日加中""时加于卯"。此外，《吴越春秋》卷三《王僚使公子光传》还有子胥对其见尚讲的："今日甲子，时加于已，……"时是与天干结合的，同《左传》卜楚丘之说暗合，更为罕见，肯定有着较早的来源。这样我们便可知道，《吴越春秋》这部书虽然成于东汉初年的赵晔之手，其中确实包含着年代较早的内容。④

《吴越春秋》内传、外传多次出现时分(传只出现一次)，依据李学勤的分析，它们有着比较早的来源。这一例证表明，"内传"中使

①吴庆峰点校：《吴越春秋》，第 44 页。

②吴庆峰点校：《吴越春秋》，第 68—72 页。

③吴庆峰点校：《吴越春秋》，第 73 页。

④李学勤：《时分与〈吴越春秋〉》，《历史教学问题》1991 年第 4 期。

用的不见于《春秋》等文献的资料未必都是民间传说、稗野杂书的遗闻逸事，甚至作者的想象虚构，只是限于目前的资料，我们难以确认其源头罢了。

“春秋”原本是先秦时期史著的通称，如墨子所言“百国春秋”，后来由于孔子在鲁《春秋》的基础上整理修订之《春秋》的重大影响，“春秋”就成为孔子《春秋》的专称。司马迁在《史记·十二诸侯年表》中说：“鲁君子左丘明惧弟子人人异端，各安其意，失其真，故因孔子史记具论其语，成《左氏春秋》。铎椒为楚威王傅，为王不能尽观《春秋》，采取成败，卒四十章，为《铎氏微》。赵孝成王时，其相虞卿上采《春秋》，下观近势，亦著八篇，为《虞氏春秋》。吕不韦者，秦庄襄王相，亦上观尚古，删拾《春秋》，集六国时事，以为八览、六论、十二纪，为《吕氏春秋》。及如荀卿、孟子、公孙固、韩非之徒，各往往捃摭《春秋》之文以著书，不同胜纪。汉相张苍历谱五德，上大夫董仲舒推《春秋》义，颇著文焉。”①这一系列文献在不同程度上与孔子《春秋》发生联系，而司马迁更是接受《春秋》的精神而创作《史记》。《汉书·艺文志》说：“汉兴，鲁申公为《诗》训故，而齐辕固、燕韩生皆为之传。或取《春秋》，采杂说，咸非其本义。”②这段话虽然隐含着批评，但无疑也指出韩诗学派与《春秋》之联系这一事实。然而，韩婴的这个举动不能仅仅理解为单纯剌取《春秋》的材料，同时也应该领会为其对《春秋》的推重与仿效，韩诗《内外传》的结构及其对《诗经》的解释，在一定程度上显现经、内传、外传的特色。对于本学派的这种解诗渊源及风格，赵晔应该是了解的。至于就《吴越春秋》而言，《隋书·经籍志》

①《史记》，第195页。

②《汉书》，第1708页。

说:“又有《越绝》,相承以为子贡所作。后汉赵晔,又为《吴越春秋》。其属辞比事,皆不与《春秋》《史记》《汉书》相似,盖率尔而作,非史策之正也。”①《隋志》站在正史的立场上进行评论,自有其合理的地方,可是也不能不看到,它忽略《越绝书》《吴越春秋》与《春秋》乃至《史记》的联系,及其在体例方面的创新。《吴越春秋》没有明确讨论其创作与《春秋》的关联,但《越绝书》却提及这层关系,《越绝外传本事》说:“问曰:‘《越绝》谁所作?’‘吴越贤者所作也。当此之时,见夫子删《书》,作《春秋》,定王制,贤者嗟叹,决意览史记,成就其事。’”②孙诒让《籀庼述林》卷六《题卢校越绝书》说:“今考《文献通考》引《崇文总目》云,《越绝书》,旧有内纪八,外传十七,今文题阙舛,才二十篇。今本有内经二,内传四,外传十三,而无所谓内纪者,与《总目》所记不合,窃疑纪乃经字之误。”③这个推断应该是对的,《越绝书》在结构上呈现经、内传、外传的形态特征,对此,《越绝外传本事》有比较清晰的解释:“问曰:‘或经或传,或内或外,何谓?’曰:‘经者,论其事,传者道其意,外者非一人所作,颇相覆载,或非其事,引类以托意。说之者见夫子删《诗》《书》,就经《易》,亦知小艺之复重,又各辩士所述,不可断绝。小道不通,偏有所期。明说者不专,故删定复重,以为中外篇。’”④也就是说,“经”是纂集史事的,“内传”则是解释这些史事所蕴涵的意义,至于“外传”,则包含这样几层意义:一是表示它们不是一人所作,二是它们之间在内容上存在交叉,三是它们有的

①《隋书》,第650页。

②吴庆峰点校:《越绝书》,第2页。

③转引自余嘉锡《四库提要辨证》,第326—327页。

④吴庆峰点校:《越绝书》,第3页。

不属于记叙事实的范围，只是为了援引同类事例来寄托、说明事理。这些解释是不是很好地揭示这些体例的意义暂毋深论，至少反映著者在安排这些体例时的一种思考和努力。依据前引《越绝外传本事》的说法，《越绝书》的这种体例设置应该与《春秋》经传有着关联。孔子修订《春秋》，左丘明等撰作内传、外传，这就比较清晰地形成经、内传、外传三位一体的结构，只不过它们是以系列著作来完成的。《越绝书》吸收这种结构，并进一步创造性地将其融汇在一书之中。《吴越春秋》"传""内传""外传"的设置应该受到《春秋》经传、《越绝书》等文献的影响，只不过以"传"替代"经"的称谓，更换一下名称而已，其实在三位一体格局中，这种"传"无疑具有"经"的身份。至于赵晔没有像《越绝书》那样使用"经"的称谓，很可能是出于儒者谨慎的态度。这样，《吴越春秋》形成二重传释结构：一是居于"外传"地位的越国史事对吴国史事的诠释，二是吴国史事这一部分"内传"对"传"的诠释。至于《吴越春秋》有关吴太伯、寿梦及王僚这些人的书写使用"传"的称谓，金其桢对此进行过解释，这在前面已经提及，我们认为赵晔这样做应该还有其他的考虑。司马迁在《太史公自序》中不但分析了吴太伯被置于世家之首的原因，并且也委婉地表达对阖庐弑僚、夫差信嚭亲越行为不满，这就显示出二者的情感差异。《越绝外传本事》有这样一段叙述：

> 问曰："桓公九合诸侯，一匡天下，任用贤者，诛服强楚，何不言齐绝乎？"曰："桓公，中国兵强霸世之后，威凌诸侯，服强楚，此正宜耳。夫越王句践，东垂海滨，夷狄文身，躬而自苦，任用贤臣，转死为生，以败为成。越伐强吴，尊事周室，行霸琅邪，躬自省约，率道诸侯。贵其始微，终能以霸，故与越专其功而有之也。"

> 问曰："然越专其功而有之，何不第一，而卒本吴太伯为？"曰："小越而大吴。""小越大吴奈何？"曰："吴有子胥之教，霸世甚久。北陵齐楚，诸侯莫敢叛者，（鲁卫骖）乘，薛、许、邾娄、莒，旁毂趋走。越王句践属刍莝养马，诸侯从之，若果中之李。反邦七年，焦思苦身，克己自责，任用贤人。越伐强吴，行霸诸侯，故不使越第一者，欲以贬大吴，显弱越之功也。"①

这段文字虽然其意图在于颂扬勾践的业绩，可是也未尝不是对强吴的一种肯定，而吴国的强大其原初之处就是吴太伯，这样，吴太伯就成为这一事件的中心环节。依据这两份文献的记载，它们的共同之处在于对吴太伯的充分肯定。司马迁非常清楚地表明推崇吴太伯的原因，即吴太伯所拥有的谦让精神。徐复观在考察《韩诗外传》时认为该书中士的问题突出，"第一个突出的问题，是士的立身处世的立足点的问题；通过《诗传》，韩氏要求以节义为士的立身处世的立足点。第二个突出的问题，是站在士的立场，身与禄孰重的问题，君与亲孰重的问题，也是忠与孝孰重的问题。通过《诗传》所提出的答案，则是亲重于君，忠次于孝"，而这两个问题，"有一个共同的背景，即是士的生活贫困所及于士的德行与人格的巨大压力与抗拒"。这其实就是对"士节"的强调，徐先生说："东汉名节之士的规范，在这里大概已经标指出来了。"②作为韩诗学派的传人，赵晔借助史的书写形式将吴太伯写入《吴越春秋》的首篇，在很大程度上可以理解为是对学派这种精神的回应。

在文体上，《吴越春秋》也呈现出新的面貌。《吴太伯传》采取

---

①吴庆峰点校：《越绝书》，第 2 页。

②徐复观：《两汉思想史》（第三卷），第 20—24 页。

一般传记的书写方式，没有编年，颇类《史记》之《五帝本纪》等。自《吴王寿梦传》起，就普遍在编年的体式之下叙事，这种叙事有的近似于《春秋》《左传》，比如：

> 寿梦元年，朝周，适楚，观诸侯礼乐。鲁成公会于钟离，深问周公礼乐，成公悉为陈前王之礼乐，因为咏歌三代之风。寿梦曰："孤在夷蛮，徒以椎髻为俗，岂有斯之服哉！"因叹而去，曰："于乎哉，礼也！"
>
> 二年，楚之亡大夫申公巫臣适吴，以为行人，教吴射御，导之伐楚。楚庄王怒，使子反将，败吴师，二国从斯结雠。于是吴始通中国，而与诸侯为敌。
>
> 五年，伐楚，败子反。
>
> 十六年，楚恭王怨吴为巫臣伐之也，乃举兵伐吴，至衡山而还。
>
> 十七年，寿梦以巫臣子狐庸为相，任以国政。
>
> 二十五年，寿梦病，将卒，有子四人，长曰诸樊，次曰余祭，次曰余昧，次曰季札。季札贤，寿梦欲立之。季札让曰："礼有旧制，奈何废前王之礼，而行父子之私乎？"寿梦乃命诸樊曰："我欲传国及札，尔无忘寡人之言。"诸樊曰："周之太王知西伯之圣，废长立少，王之道兴。今欲授国于札，臣诚耕于野。"王曰："昔周行之德加于四海，今汝于区区之国、荆蛮之乡，奚能成天子之业乎？且今子不忘前人之言，必授国以次及于季札。"诸樊曰："敢不如命？"寿梦卒，诸樊以适长摄行事，当国政。①

这段文字有的近于《春秋》，如"五年，伐楚，败子反"，但更多的是

①吴庆峰点校：《吴越春秋》，第5—6页。

与《左传》叙事相近，这些地方可以看作是对《春秋》《左传》叙事特征的继承。但是，《吴越春秋》也在很大程度上改良编年体叙事，拓宽其叙事能力。谢谔在《〈左氏传事类始末〉序》中说："谔幼年于诸书爱《左氏》之序事，因一事必穷其本末，或翻一二叶或数叶，或展一二卷或数卷，唯求指南于张本。至其甚详则张本所不能尽，往往一事或连日累旬不得要领。"为何会存在这种情况，谢氏进一步分析说，"盖《春秋》之法，年为主而事系之；史君之法，事为主而年系之。以事系年而事为之碎，以年系事而事为之全。"①这就是说，《左传》叙事是在编年体格局下进行的，事件不得不依赖于系年，在这一情形下，倘若事件是在几年乃至更长的时段内发展，那么，按照编年体，这一事件不得不分列在若干年之下，这就使得叙事分片段进行，从而割裂事件的完整性。在《吴越春秋》中，《左传》的这种叙事局限得到一定程度的避免，赵晔在编年体制下尽量追求叙事的完整，比如王僚五年叙述"楚之亡臣伍子胥来奔吴"这个事件时涉及这些环节，首先叙述事件缘起，包括这些方面的内容：一是其祖父伍举谏楚庄王、楚灵王，展现"伍氏三世为楚忠臣"；二是其父伍奢担任太子建的太傅，后因太子建婚姻之事，费无忌进谗言，楚平王囚禁伍奢；三是楚平王听信费无忌，使伍奢召二子。其次叙述伍子胥逃亡，又包括：伍子尚、伍子胥兄弟对话，子胥别妻射楚使，子胥道遇申包胥，子胥奔宋，昭关脱险，渔父协助，溧阳乞食，子胥之吴。接下来又叙述吴市行乞，公子光献馔，退耕于野，谏专诸，专诸待命。这些环节的组合使伍子胥奔吴这个事件波澜起伏、曲折有致。据此可见，赵晔不仅向《左传》一样追求事件的过程性，并且还刻意强化事件的"故事性"，尽可能

①转引自李兴宁《〈左传〉中的纪事本末体》，《中国文化研究》，2006年春之卷。

向人们提供丰富的信息，使所叙述的事件偏离编年体的局限，从而具有更大的独立性。因此，《吴越春秋》在叙事上由追求事件的过程性向叙事板块转化，事实上已经呈现“纪事本末体”的特征。

结　语

语类文献的发生与重言风尚及记言传统密切相关，由于秦王朝采取法家的主张，导致先秦以来的重言风尚与记言传统的中断，这一中断在很大程度上限制语类文献的生成。刘邦建立汉朝之后，在很多地方保留了秦制，不过他还是听取谋士的建议，重视儒家思想在维护统治方面的作用，这就使三代社会的重言风尚与记言传统得以恢复。随着重言风尚与记言传统的重建，两汉时期迎来语类文献的又一次繁荣。尽管两汉语类文献延续先秦语类文献的若干因素，可是由于时代等方面因素的差异，两者无论在生成还是在文体方面均有着不小的区别。

从文献生成角度来看，先秦语类文献大都经历一个记言与编纂的过程。比如《国语》，其成书大致经历三个过程：首先，先秦史官存在分职载录的职能，形成一个记言传统；同时史官经历了由王朝而侯国而卿大夫家的下移过程，这样必然会产生大量的“语”文献。这是最原始的文献，或者说是一种档案文献。其次，周代非常重视文献的整理、编纂工作，各国史官对于本国的那些属于档案的“语”文献也进行整理、编纂，由此产生各国之“语”。最后，左丘明在收集、讽诵各国之语时，对手中的“语”文献进行整理、遴选，最终编纂《国语》这部文献。又如《论语》，首先是弟子们平时有意识记录孔子言论，而随着孔子的离世，于是在孔门笔记之基础上编纂而成《论语》。两汉时期史官的记言职能并不明显，章学诚说："三代以上，记注有成法而撰述无定名；三代以下，撰述有定名而记注无成法。"①"记注无成法"彰显史官记言职能的削弱。尽管如此，两汉时期有一些语类文献也是经过编纂的，如《韩诗外传》《新序》《说苑》，只不过它们主要利用了先秦流传下来的记言文献；稍微例外的是，《盐铁论》是桓宽利用"盐铁会议"这样的当代文献编纂的。另外，《史记》《新书》也部分利用先秦记言文献。比较而言，两汉时期的语类文献很多是撰述的结果，例如《新语》《新书》《史记》《汉书》《法言》。因此，两汉语类文献并不排除编纂这一文献生成方式，但撰述在其生成过程中所发挥的作用显然越来越明显，可以说，先秦两汉语类文献经历从记言、编言到撰言的演进过程。

从文献性质的角度来看，先秦语类文献可分为仪式型、政典型、教学型、著述型四种。《尚书》六体均以特定的仪式作为其生成的基础，比如"典"最初是用来书写祝告之辞的简册，祭祀时用以贡献于祖先神灵，"命"则是周代册命礼仪式之辞，因此可以说《尚书》是仪式型语类文献的代表。《国语》大量收录规谏话语和咨政话语，属于政典型范畴。孔子首开私学风气，《论语》编纂主要依据孔门教学笔记，在这一意义上，《论语》属于典型的教学型语类文献。老子遵循史官的箴诫传统，在辑录格言谚语的同时对之加以阐释、整理，这一工作不再是简单的文献收集，而是围绕特定的意图进行，因此，《老子》这部文献可以称之为著述型语类文献。就两汉语类文献来说，仪式型颇为少见，而政典型、教学型、著述型则依旧流行。具体言之，两汉出现的大量奏疏文献，它们

①章学诚：《文史通义》，第7页。

要么是规谏话语，要么是咨政话语，在本质上属于政典型文献，比如《新语》《新书》《盐铁论》就是如此。至于《韩诗外传》，它固然发挥阐释《诗经》的功能，但同时还用于教学活动，据此而言，它也属于教学型文献。《史记》《汉书》出于撰述，《法言》虽然模仿《论语》，但它显然也出于撰述，故它们可归入著述型。

从文体的角度来看，语类文献有篇章“语体”与专书“语体”之分。就篇章“语体”而言，先秦语类文献主要可分为格言体、对话体、事语体三类。格言体在先秦流传下来的文献中表现出来的形式极为灵活，大体又可分为散见之“言”与结集之“言”两类。散见之“言”常见的体式是“有言”“建言”“谚曰”“语曰”等，这些不同称谓体现引用者所关注的重心有所区别，从而所反映出的文体意义也不一样。“有言”反映的是人、言并重，其中的“人”可以是具体的某人，有时也泛指“古人”，但“古人”这种称呼既然趋于泛指，与“语”“谚”这样的指示语就没有多大的差别。结集之“言”有汇集某一具体人物的言论、汇集无主名的言辞以及编纂成书三种形式，《论语》《老子》可归入这一类，但《论语》汇集的主要是孔子这一具体人物的言论，而《老子》在汇集无主名的言辞之基础上编纂成专书。对话体包含原生态文本与次生态文本两种类型，原生态文本是指这类文本载录的只是纯粹的对话，《尚书》典、谟、训、诰、誓、命六体中，谟、训、诰、誓载录的主要是对话，《论语》《孟子》《荀子》《墨子》等也载录一些对话文献。与原生态文本不同，次生态对话体文本除载录对话之外，还有其他的附加文本，比如《国语》文本载录的主要是谏辞，但在核心文本之外，还存在附加文本，形成三段式结构。“事语”体是“事”与“语”的结合，一般来说，“事语”侧重于对史实进行的评论，“语”占据主导地位，文本注重的是“言”本身的意义。然而，有的“事语”叙事与记言并重，“言”与

“事”一起推动事件的发展，这在《国语》《左传》《战国策》中有非常明显的体现。对于两汉语类文献而言，格言体已经少见，对话体、事语体仍然流行，《韩诗外传》《史记》《盐铁论》《新序》《说苑》《汉书》这方面的例证就极为丰富。在对话体、事语体之外，专论体在两汉语类文献中特别需要注意。专论体在先秦诸子文献如《荀子》《韩非子》中已经存在，但两汉语类文献中的专论体则极为盛行，其典型代表就是奏疏文献。至于专书“语体”，先秦语类文献出现国别体、语录体，而编年体与先秦语类文献的关系也颇为密切。国别体自然以《国语》为代表，《论语》则开创了语录体。《左传》虽为编年体，由于它采取言事相兼的编纂方式，其文本蕴含丰富的“事语”文献，因此，在一定意义上可纳入语类文献范畴。两汉时期没有出现国别体，①不过《史记》中的“世家”大抵可视为国别体，而《史记》《汉书》中的“本纪”则沿袭《左传》的体式。当然，就汉代专书“语体”而言，除《法言》这样的“拟语录”之外，纪传体尤其需引起注意。司马迁创制的纪传体从文体的角度来看，具有典型的综合性特征，它充分吸纳《尚书》《国语》《左传》等史体的积极因素，灵活地将其运用于本纪、世家、列传书写之中。班固虽然对纪传体有所改造，但基本上还是延续《史记》开创的书写传统。

最后，从文献发展的角度来看，先秦语类文献大致经历了从“国语”到“家语”的演变过程。“国语”主要源于王朝或侯国史官载录的文献，这些文献记载的是大臣与周天子或诸侯之间的对话，是以王朝或侯国作为编纂单位，如《尚书》《国语》《战国策》等

①《战国策》虽然出自刘向之手，可是人们通常将其视为先秦文献。严格意义上来说，《战国策》的材料虽然渊源有自，但先秦时期并不存在《战国策》这样一部文献。此处仍遵循通常的看法。

文献;“家语”文献则源于史官或门徒所载录的卿大夫或诸子的言论,这些言论是以卿大夫或诸子作为编纂单位,如《晏子春秋》《论语》《孟子》等。春秋时期的史官制度虽然延续西周旧制,但王朝史官开始大量流向诸侯国,结果造成诸侯“国史”的兴起。这种“国史”中包含各国之“语”,因此,“国语”文献的主体是诸侯王国。《尚书》主要汇纂虞、夏、商、周的记言文献,虞、夏、商、周属于朝代符号,这与诸侯国在性质上有些差异。《国语》是在各国之“语”的基础上编纂而成的,它的基本文体形态在各国之“语”中已经奠定。《左传》虽然是一部编年史,其体例与“国语”有着区别,但它包含十分丰富的“事语”文献,并且它在编纂过程中吸收大量的“国语”文献。因此,《左传》在先秦语类文献中占据重要地位。《左传》的编纂主要是基于解释《春秋》的目的,但在解经方式上采取不同于《公羊》《穀梁》的路径,而是以事解经。《春秋》往往只载录事件的结果,忽略事件因果关联的探询,这种叙事的不完整性阻碍了来自巫史传统之外的群体对这一文本的有效理解。《左传》以事解经正是力图弥补《春秋》这种叙事的缺陷。《左传》以事解经其实是先秦史官言、事相兼传史方式的生动展现,即借助记言文献来解释事件。这些因素最终形成《左传》“事语”这一文体形态。《战国策》是在中书六种及“国别者八篇”之基础上整理、编纂而成的。《战国策》的文体涵括对话体与事语体两种形态,但其文体价值主要体现在“事语体”上。在《左传》“事语体”中,记言与记事之间的地位并不均衡,由于编年体的缘故,其叙事的完整性受到相当大的制约。《战国策》的编纂继承了《国语》的体例,由于没有编年体的束缚,“事语体”在叙事方面的自由度大大增加,“事”与“语”并重,二者密切融合而形成完整的叙事,从而进一步完善言、事相兼的编纂方式。“家语”文献包含大夫“家语”与诸子

“家语”两类。从先秦语类文献的实际发展过程来看，大夫“家语”虽然在编纂方式上开启诸子“家语”的先声，但其文体更多地承袭“国语”文献的特征。《论语》《老子》不仅在时间上居于诸子文献的源头，而且还奠定了诸子文献的两种编纂模式。《论语》的出现，是先秦语类文献由“国语”转向诸子“家语”的重要界碑。孔子率先以“四科”取代官学时代“六艺”的教学方式，渐次打破“学在官府”的格局而促使私学风气的兴盛。在此背景下，弟子或门徒在一定程度上充当史官的角色而负责载录其师富有教益的言论。《论语》编纂依据的材料主要源于孔门弟子的原始笔记，在编纂过程中编纂者对这些笔记进行黏合、扩充、原文迻录、改造等处理工作，最终造成《论语》言、行两录的文体特征。《老子》文本的生成与上古社会的乞言仪式及汇辑格言的传统有着密切联系。作为史官的老子在平时工作中会收集、积累格言，《老子》文本正是在此基础上形成的。《老子》原文本主要由格言组成。随着道家的兴起及汉唐统治者对《老子》的重视，道家后学出于学派及意识形态建设的目的，对《老子》文本进行“经典化”建构。最终使《老子》形成三重传释结构：一是《道》篇与《德》篇之间的传释，二是章与章之间的传释，三是每一章节内部的传释。此后的诸子文献沿着《论语》《老子》所开创的编纂范式演进。

倘若说先秦语类文献沿着从“国语”到“家语”的路径发展，那么两汉语类文献的演进则呈现多元化趋势。两汉语类文献存在奏疏体文献、解经体文献、纪传体文献以及拟语录文献，它们之间虽然有着联系，但这种联系主要表现为横向而非纵向的，也就是说，这些文献并非沿直线方向演进的。在两汉语类文献家族中，最先涌现的是奏疏体，这也是两汉时期创获颇丰的一种文体。一般来说，奏疏大抵是以单篇形式存在的，但就汉代而言，奏疏体的存在方式是多元化的：一是单篇形式，二是专书形式，三是参与其他文体建构。应该说，奏疏以单篇形式存在是一种常态，汉代也不例外，不过，对于这种常态的存在，我们基本上没有涉及。之所以如此，主要是基于描述的方便，而并非轻视单篇奏疏的意义。其实，我们无论在考察专书形式的奏疏还是参与其他文体建构的奏疏均已涉及单篇奏疏。在讨论奏疏体时，我们着重探讨的是《新语》《盐铁论》，其次是《新书》，当然还有参与其他文体建构的问题。从编纂方式上来说，《新语》《盐铁论》《新书》均经历一个编纂的过程，这是它们一致的地方。但是，在具体编纂路径上，三者之间的差异还是存在的。《新语》是在刘邦君臣主导下完成的，《盐铁论》则出于桓宽的"成一家之法"，至于《新书》，或出于贾谊后学或其后代之手。从文体上来说，《新语》与《新书·事势》属于专论体，而《盐铁论》则属于对话体。需要说明的是，刘向制作《说苑》《新序》的本意是向汉成帝进谏，但就其成书方式而言，与《新语》《盐铁论》有很大不同，因此，我们主要不是在奏疏名义下对它们加以分析。至于奏疏参与其他文体建构的问题，主要是指奏疏参与纪传体的建构。这又可分为两种情况：一是本纪、世家或列传直接采辑奏疏，一是本纪、世家或列传对相关奏疏进行重组。这两种情况之间虽略有差异，但其实都是继承先秦史官"言事相兼"的传史方式。这两种情况我们关注的主要是后一种，重点讨论《汉书·贾谊传》与《新书·事势》诸疏的关联，特别是《陈政事疏》生成这一个案。《陈政事疏》其实是班固整合贾谊相关奏疏而成的，它不能单纯视为贾谊一人的作品。就此而言，《陈政事疏》的生成方式近于《盐铁论》。不过，《陈政事疏》不具备《盐铁论》的独立性质，它依附于《贾谊传》，是《贾谊传》的有机组成部分。由此可见，两汉奏疏体呈现多种存在样态，任何单一视角很难展现它们复杂的生态环境。

《韩诗外传》《说苑》《新序》是通过“采传记行事”的方式编撰而成的，这与《新语》《盐铁论》《新书》不太一样。《盐铁论》集中使用的是盐铁会议议文，《新语》整合的是陆贾十二篇奏文，而《新书》则是贾谊一人作品的集合。比较而言，《韩诗外传》《说苑》《新序》三书的材料来源很复杂，是经过韩婴、刘向广泛采辑的。因此，从生成方式来说，《韩诗外传》《说苑》《新序》是相似的，可以说它们大抵继承《尚书》《国语》《左传》的编撰方式。当然，《韩诗外传》与《说苑》的相似之处不止于此。在文体方面，《韩诗外传》主要通过记言文献来解释《诗经》相关诗句，呈现出经传结构；同样，《说苑》篇首大都有一段总论性文字，然后也是通过记言文献对此加以论证，也呈现出经传结构。不过，由于《韩诗外传》属于经学阐释文献，它的这种结构应归于经解体范畴；至于《说苑》文本尽管也存在阐释与被阐释的现象，但《说苑》本身不是经学文献，因此，它的这种文体可称之为经传体。当然，此处所谓“经传体”中的“经”并非指经学意义上“经”，其“经”与“传”之间只是因存在阐释与被阐释的关系而名之。主要基于这种考虑，《韩诗外传》与《说苑》在两汉语类文献中分属不同的文体类型。此外，《韩诗外传》与《说苑》《新序》在功能方面也存在相近之处，《韩诗外传》不仅仅是一部经学阐释文献，它通常也被作为一部教材使用；刘向制作《说苑》《新序》的初意是向成帝进谏，因此二书也被赋予教戒的意义。

司马迁创制“纪传体”，就《史记》来看，其本纪、世家虽然采取编年的形式，但在文体方面效仿的不是《春秋》，而是《左传》。因此，《史记》的本纪、世家呈现编年与记言文献相融合的格局。至于《史记》的各种列传，大都效仿《国语》，主要体现“事语”的特征。

《汉书》仍然采取《史记》"纪传体"模式，可是班固对《史记》"纪传体"进行了改造：一是将纪传体通史改为纪传体断代史，二是摒弃"世家"，改"书"为"志"。除此之外，不同于《史记》对《左传》《国语》体式的沿袭，班固似乎更钟情于《春秋》与《尚书》的体例。《汉书》本纪基本上采用《春秋》的叙事模式，注重事件结果的载录；同时也吸收《尚书》的元素，不过，《汉书》本纪主要选录帝王诏令，即重视王言的载录，很少涉及臣子的奏疏。因此，《汉书》本纪表面上仍然采取"言事相兼"的模式，但在文体方面更多呈现的是《春秋》的特征。这样，比起《史记》本纪、世家的多元叙事，《汉书》本纪的叙事相对显得单调。章学诚说《史记》体圆用神而《汉书》体方用智，确实指出二者叙事方面的差异。然而，就《史记》《汉书》的列传而言，情况显然有所变化。《汉书》之传发展、丰富了《史记》列传"记言"的功能，可以说班固对于传主言论文章的载录似乎存在某种偏好，赵翼《廿二史札记》卷二"汉书多载有用之文"条说："晋张辅论《史》《汉》优劣，谓司马迁叙三千年事惟五十余万言，班固叙二百年事乃八十余万言，以此分两人之高下。然有不可以是为定评者。盖迁喜叙事，至于经术之文，干济之策，多不收入，故其文简。固则于文字之有关于学问，有系于政务者，必一一载之。此其所以卷帙多也。今以《汉书》各传与《史记》比对，多有《史记》所无而《汉书》增载者，皆系经世有用之文，则不得以繁冗议之也。"又说："总计《汉书》所载文字皆有用之文。至如《司马相如传》所载《子虚赋》《喻蜀文》《谏猎疏》《宜春宫赋》《大人赋》(《史记》亦载)，《扬雄传》载其《反离骚》《河东赋》《校猎赋》《长杨赋》《解嘲》《解难》《法言》序目，此虽无关于经术政治，而班固本以作赋见长，心之所好，爱不能舍，固文人习气，而亦可为后世词赋之祖也。”①可见《汉书》诸传继承并发展先秦史官“记言”的职能。

《法言》的生成方式显然不同于两汉其他语类文献。两汉时期盛行“拟作”风尚，其模拟对象从辞赋到儒学经典，而扬雄可以说是汉代“拟作”风尚之有力践行者。一般来说，人们对习仿行为大抵秉持不认可之态度，然而，对于扬雄的这种行为，我们不能简单地予以否认。扬雄仿《论语》而作《法言》，其意不仅在于效仿《论语》的文体，同时还在于重演孔子的行为。我们知道，儒门编纂《论语》，一方面在于保存孔子言行，一方面在于展示孔子言行的意义。对于《论语》“言行两录”所蕴含的意义扬雄显然是有所领会的，因此也就利用《论语》的文本范式来制作《法言》。

据此观之，两汉时期的语类文献一方面有着自身独特的生成环境，它们均是基于特定的目标。由于目标的差异，从而影响它们彼此之间制作行为的不同。当然，有时即使出于相同的目的，其文献方式也未必一致。这些因素必然会制约它们的文体形态。另一方面，两汉语类文献之间又不完全是密合的，无论在生成方式抑或文体形态方面存在彼此融合或借鉴现象，但它们之间又不是直线演进的。正是由于两汉语类文献生成方式的复杂性，从而导致其文体形态的多元化。因此，倘若联系先秦语类文献的生成状况，我们将更为清晰地发现两汉语类文献的演进态势与存在方式。归结起来，两汉语类文献演进路径主要有三条：一是沿承先秦语类文献以来的编撰与文体传统，如《盐铁论》《说苑》《新序》；二是文体新变，如《新语》《法言》；三是语类文献参与其他文体的建构，如《史记》《汉书》“纪传体”。至于文体方面，两汉语类文献偏重于对话、专论、事语，特别是专论体得到强化。可以说，语类

①赵翼：《廿二史札记》，第29—31页。

文献进至两汉时期，无论是文献生成方式还是文体形态，均达到一个新的高度。从此以后，语类文献除《世说新语》创建“世说体”之外，基本上未能越出先秦两汉时期语类文献传统。

主要参考文献

（按作者姓氏音序）

一 著作类

A

安平秋等主编:《史记教程》,华文出版社,2002 年版。

安作璋、孟祥才:《刘邦评传》,齐鲁书社,1988 年版。

B

白寿彝:《史学遗产六讲》,北京出版社,2004 年版。

班固等:《汉书》,中华书局,1962 年版。

C

蔡邕:《蔡中郎集》,文渊阁四库全书本。

仓修良:《文史通义新编新注》,浙江古籍出版社,2005 年版。

晁福林:《先秦社会思想研究》,商务印书馆,2007 年版。

陈鼓应:《庄子今注今译》,中华书局,1983 年版。

陈国庆:《〈汉书·艺文志〉注释汇编》,中华书局,1983 年版。

陈立:《白虎通疏证》,中华书局,1994 年版。

陈来:《古代宗教与伦理》,三联书店,1996 年版。

陈来:《古代思想文化的世界》,三联书店,2002 年版。

陈奇猷:《吕氏春秋校释》,学林出版社,1984 年版。

陈寿:《三国志》,中华书局,1959 年版。

陈振孙:《直斋书录解题》,上海古籍出版社,1987 年版。
程金造:《史记管窥》,陕西人民出版社,1985 年版。
程千帆:《史通笺记》,中华书局,1980 年版。
程千帆:《程千帆全集·闲堂文薮》,河北教育出版社,2001 年版。
程树德:《论语集释》,中华书局,1990 年版。
褚斌杰:《中国古代文体概论》,北京大学出版社,1990 年版。
崔大华:《庄学研究》,人民出版社,1992 年版。

D

戴望:《管子校正》,上海书店,1986 年版。
戴维:《春秋学史》,湖南教育出版社,2004 年版。
段玉裁:《说文解字注》,上海古籍出版社,1988 年版。

F

范文澜:《文心雕龙注》,人民文学出版社,1958 年版。
范晔等:《后汉书》,中华书局,1965 年版。
房玄龄等:《晋书》,中华书局,1999 年版。
冯友兰:《中国哲学史新编》(第二册),人民出版社,1982 年版。
傅杰编校:《章太炎学术史论集》,中国社会科学出版社,1997 年版。
傅斯年:《中国古代思想与学术十论》,广西师范大学出版社,2006 年版。

G

伽达默尔:《真理与方法》,上海译文出版社,2004 年版。
高诱注:《吕氏春秋》,上海书店,1986 年版。
顾德融、朱顺龙:《春秋史》,上海人民出版社,2001 年版。
顾颉刚讲授、刘起釪笔记:《春秋三传及国语之综合研究》,巴蜀书社,1988 年版。

顾颉刚主编:《古籍考辨丛刊》(第一集),社会科学文献出版社,2010 年版。
顾实:《汉书艺文志讲疏》,商务印书馆,1929 年版。
郭君铭:《扬雄〈法言〉思想研究》,巴蜀书店,2006 年版。
郭沫若:《十批判书》,东方出版社,1996 年版。
郭沫若:《中国古代社会研究》(外二种),河北教育出版社,2000 年版。
郭庆藩:《庄子集释》,上海书店,1986 年版。
郭沂:《郭店竹简与先秦学术思想》,上海教育出版社,2001 年版。
郭英德:《中国古代文体学论稿》,北京大学出版社,2005 年版。
郭预衡:《中国散文史》,上海古籍出版社,1986 年版。
过常宝:《原史文化及文献研究》,北京大学出版社,2008 年版。
过常宝:《先秦散文研究》,人民出版社,2009 年版。

H

韩敬:《法言全译》,巴蜀书社,1999 年版。
韩兆琦:《史记通论》,广西师范大学出版社,1996 年版。
何晋:《〈战国策〉研究》,北京大学出版社,2001 年版。
胡适:《中国中古思想史长编》,安徽教育出版社,1999 年版。
胡应麟:《少室山房笔丛》,上海书店出版社,2001 年版。
胡玉缙:《四库全书总目提要补正》,中华书局,1964 年版。
桓宽:《盐铁论》,上海书店,1986 年版。
黄晖:《论衡校释》,中华书局,1990 年版。
黄金贵:《古代文化词义集类辨考》,上海教育出版社,1995 年版。
黄以周:《礼书通故》,中华书局,2007 年版。
黄云眉:《古今伪书考补证》,山东人民出版社,1959 年版。
黄震:《黄氏日抄》,文渊阁四库全书本。

J

贾公彦:《仪礼注疏》,北京大学出版社,1999 年版。

贾公彦:《周礼注疏》,北京大学出版社,1999 年版。

姜广辉主编:《中国经学思想史》(第二卷),中国社会科学出版社,2003 年版。

姜亮夫:《楚辞书目五种》,中华书局,1961 年版。

姜书阁:《骈文史论》,人民文学出版社,1986 年版。

蒋伯潜:《诸子通考》,浙江古籍出版社,1985 年版。

焦循:《孟子正义》,上海书店,1986 年版。

金春峰:《汉代思想史》(增补第三版),中国社会科学出版社,2006 年版。

金德建:《司马迁所见书考》,上海人民出版社,1963 年版。

荆门市博物馆:《郭店楚墓竹简》,文物出版社,1999 年版。

K

康有为:《新学伪经考》,三联书店,1998 年版。

孔繁:《荀子评传》,南京大学出版社,1997 年版。

孔颖达:《春秋左传正义》,北京大学出版社,1999 年版。

孔颖达:《礼记正义》,北京大学出版社,1999 年版。

孔颖达:《毛诗正义》,北京大学出版社,1999 年版。

孔颖达:《尚书正义》,北京大学出版社,1999 年版。

L

劳舒:《刘师培学术论著》,浙江人民出版社,1998 年版。

李炳海:《汉代文学的情理世界》,东北师范大学出版社,2000 年版。

李冬君:《孔子圣化与儒者革命》,中国人民大学出版社,2004 年版。

李昉:《太平御览》,河北教育出版社,1994年版。

李零:《简帛古书和学术源流》,三联书店,2004年版。

李零:《丧家狗——我读〈论语〉》,山西人民出版社,2007年版。

李山:《诗经的文化精神》,东方出版社,1997年版。

李善等:《六臣注文选》,中华书局,1987年版。

李守奎、洪玉琴:《扬子法言译注》,黑龙江人民出版社,2003年版。

李学勤:《简帛佚籍与学术史》,江西教育出版社,2001年版。

李泽厚,刘纲纪:《中国美学史》(先秦两汉编),安徽文艺出版社,1999年版。

梁启超:《中国历史研究法》,湖南人民出版社,2010年版。

廖名春:《荆门郭店楚简与先秦儒学》,载《郭店楚简研究》,辽宁教育出版社,1999年版。

林宝:《元和姓纂》卷十,文渊阁四库全书本。

刘宝楠:《论语正义》,上海书店,1986年版。

刘师培:《刘申叔遗书》(下册),江苏古籍出版社,1997年版。

刘熙载:《艺概》,上海古籍出版社,1978年版。

刘咸炘:《刘咸炘学术论集·史学篇》,广西师范大学出版社,2007年版。

刘昫等:《旧唐书》,中华书局,2000年版。

刘知几:《史通》,辽宁教育出版社,1997年版。

柳诒徵:《国史要义》,华东师范大学出版社,2000年版。

陆德明:《经典释文》,中华书局,1983年版。

吕世浩:《从〈史记〉到〈汉书〉——转折过程与历史意义》,台湾大学出版社,2009年版。

吕思勉:《吕著史学与史籍》,华东师范大学出版社,2002年版。

罗根泽:《诸子考索》,人民出版社,1958年版。

骆鸿凯:《文选学》,知识产权出版社,2013 年版。

M

马瑞辰:《毛诗传笺通释》,中华书局,1989 年版。

蒙文通:《中国史学史》,上海人民出版社,2005 年版。

缪文远:《战国策新校注》,巴蜀书社,1998 年版。

O

欧阳修、宋祁等:《新唐书》,中华书局,2000 年版。

欧阳询撰,汪绍楹校:《艺文类聚》,上海古籍出版社,1985 年版。

P

浦起龙:《史通通释》,上海古籍出版社,1978 年版。

Q

齐思和:《中国史探研》,河北教育出版社,2003 年版。

钱穆:《两汉经学今古文平议》,商务印书馆,2001 年版。

钱穆:《先秦诸子系年考辨》,商务印书馆,2005 年版。

钱锺书:《管锥编》(第三册),中华书局,1979 年版。

秦嘉谟等辑:《世本八种》,商务印书馆,1957 年版。

秦彦士:《墨子考论》,巴蜀书社,2002 年版。

裘锡圭:《中国出土古文献十讲》,复旦大学出版社,2004 年版。

屈守元:《韩诗外传笺疏》,巴蜀书社,2012 年版。

R

任继愈主编:《中国哲学史》(第二册),人民出版社,1996 年版。

仍乃强:《华阳国志校补图注》,上海古籍出版社,1987 年版。

S

上海师大古籍整理研究所校点:《国语》,上海古籍出版社,1998 年版。

尚秉和:《焦氏易林注》,光明日报出版社,2005 年版。

邵晋涵:《南江文钞》,据南京图书馆藏清道光十二年胡敬刻本影印。

沈钦韩:《汉书疏证》,上海古籍出版社,2006 年版。

沈文倬:《宗周礼乐文明考论》,浙江大学出版社,2006 年版。

沈约等:《宋书》,中华书局,2000 年版。

石光瑛:《新序校释》,中华书局,2001 年版。

司马光:《资治通鉴》,上海古籍出版社,1987 年版。

司马迁:《史记》,中华书局,1998 年版。

孙猛:《郡斋读书志校证》,上海古籍出版社,1990 年版。

孙希旦:《礼记集解》,中华书局,1989 年版。

孙诒让:《墨子閒诂》,上海书店,1986 年版。

孙诒让:《周礼正义》,中华书局,1987 年版。

T

脱脱等:《宋史》,中华书局,2000 年版。

W

汪荣宝:《法言义疏》,中华书局,1987 年版。

王充:《论衡》,上海书店,1986 年版。

王国维:《宋元戏曲史》,岳麓书社,1998 年版。

王国维:《观堂集林》,河北教育出版社,2003 年版。

王国轩、王秀梅:《孔子家语译注》,中华书局,2009 年版。

王昆吾:《中国早期艺术与宗教》,东方出版中心,1998 年版。

王利器:《风俗通义校注》,中华书局,1981 年版。

王利器:《新语校注》,中华书局,1986 年版。

王利器:《盐铁论校注》,中华书局,1992 年版。

王利器:《颜氏家训集解》,中华书局,1993 年版。

王琳、邢培顺:《西汉文章论稿》,齐鲁书社,2006 年版。

王聘珍:《大戴礼记解诂》,中华书局,1983 年版。
王青:《扬雄评传》,南京大学出版社,2000 年版。
王树民:《廿二史札记校证》,中华书局,1984 年版。
王树民:《中国史学史纲要》,中华书局,1997 年版。
王水照:《历代文话》,复旦大学出版社,2007 年版。
王天海:《荀子校释》,上海古籍出版社,2005 年版。
王先谦:《释名疏证补》,上海古籍出版社,1984 年版。
王先谦:《荀子集解》,上海书店,1986 年版。
王先谦:《庄子集解》,上海书店,1986 年版。
王先谦:《诗三家义集疏》,中华书局,1987 年版。
王先慎:《韩非子集解》,上海书店,1986 年版。
王兴国:《贾谊评传——附陆贾晁错评传》,南京大学出版社,1992 年版。
王煦华编:《古史辨伪与现代史学——顾颉刚集》,上海文艺出版社,1998 年版。
王引之:《经义述闻》,江苏古籍出版社,1985 年版。
王应麟:《汉艺文志考证》,文渊阁四库全书本。
王应麟:《困学纪闻》,辽宁教育出版社,1998 年版。
王瑛、王天海:《说苑全译》,贵州人民出版社,1992 年版。
卫湜:《礼记集说》卷九十八,文渊阁四库全书本。
魏征:《隋书》,中华书局,2000 年版。
邬国义、吴修艺编校:《刘师培史学论著选集》,上海古籍出版社,2006 年版。

X

向宗鲁:《说苑校证》,中华书局,1987 年版。
邢昺:《论语注疏》,北京大学出版社,1999 年版。

熊铁基:《秦汉新道家略论稿》,上海人民出版社,1984年版。

熊铁基:《秦汉新道家》,上海人民出版社,2001年版。

熊宪光:《古今逸史精编》,重庆出版社,2000年版。

徐复观:《两汉思想史》,华东师范大学出版社,2001年版。

徐复观:《徐复观论经学史二种》,上海书店出版社,2005年版。

徐仁甫:《左传疏证》,四川人民出版社,1981年版。

徐兴无:《刘向评传》,南京大学出版社,2005年版。

徐彦:《春秋公羊传注疏》,北京大学出版社,1999年版。

徐元诰:《国语集解》,中华书局,2002年版。

许维遹:《韩诗外传集释》,中华书局,1980年版。

Y

严可均:《全上古三代秦汉三国六朝文》,中华书局,1958年版。

阎步克:《乐师与史官》,三联书店,2001年版。

阎振益、钟夏:《新书校注》,中华书局,2000年版。

颜之推:《颜氏家训》,上海书店,1986年版。

杨伯峻:《春秋左传注》,中华书局,1990年版。

杨冀骧:《杨冀骧中国史学史讲义》,天津古籍出版社,2006年版。

杨慎:《升庵全集》,商务印书馆,1937年版。

杨士勋:《春秋穀梁注疏》,北京大学出版社,1999年版。

杨树达:《汉书补注补正》,商务印书馆,1925年版。

杨树达:《积微居小学金石论丛(增订本)》,科学出版社,1955年版。

杨燕起、陈可青、赖长扬:《历代名家评〈史记〉》,北京师范大学出版社,1986年版。

姚鼐、王先谦:《正续古文辞类纂》,浙江古籍出版社,1998年版。

姚振宗:《汉书艺文志条理》,《二十五史补编》本,中华书局,1955

年版。
姚振宗:《汉书艺文志条理》,开明书店,1936 年版。
叶瑛:《文史通义校注》,中华书局,1985 年版。
永瑢等:《四库全书总目》,中华书局,1965 年版。
于雪棠:《先秦两汉文体研究》,北京师范大学出版社,2012 年版。
于迎春:《汉代文人与文学观念的演进》,东方出版社,1997 年版。
余嘉锡:《余嘉锡文史论集》,岳麓书社,1997 年版。
余嘉锡:《目录学发微(含〈古书通例〉)》,中国人民大学出版社,2004 年版。
余嘉锡:《四库提要辨证》,云南人民出版社,2004 年版。
余英时:《士与中国文化》,上海人民出版社,2003 年版。
俞樾:《九九消夏录》,中华书局,1995 年版。
俞正燮:《癸巳存稿》,辽宁教育出版社,2003 年版。

Z

张大可:《司马迁评传》,华文出版社,2005 年版。
张大可、赵生群等:《史记文献与编纂学研究》,华文出版社,2005 年版。
张少康,刘三富:《中国文学理论批评发展史》(上),北京大学出版社,1995 年版。
张少康:《中国文学理论批评史教程》,北京大学出版社,1999 年版。
张舜徽:《汉书艺文志通释》,华中师范大学出版社,2004 年版。
张震泽:《扬雄集校注》,上海古籍出版社,1993 年版。
张自成、钱治主编:《复活的文明——一百年中国伟大考古报告》,团结出版社,2000 年版。
章樵:《古文苑》,商务印书馆,1937 年版。

章太炎:《国故论衡》,上海古籍出版社,2003 年版。
章学诚:《文史通义》,辽宁教育出版社,1998 年版。
赵生群:《〈史记〉文献学丛稿》,江苏古籍出版社,2000 年版。
赵翼:《廿二史札记》,中华书局,1984 年版。
赵翼:《陔余丛考》,河北人民出版社,2003 年版。
郑杰文:《中国墨学通史》,人民出版社,2006 年版。
郑良树:《续伪书通考》,台湾学生书局,1984 年版。
钟涛:《六朝骈文形式及其文化意蕴》,东方出版社,1997 年版。
周秉钧:《尚书注译》,岳麓书社,2001 年版。
周勋初:《周勋初文集》卷一,江苏古籍出版社,2000 年版。
周振甫:《文心雕龙注释》,人民文学出版社,1981 年版。
朱维铮编:《周予同经学史论著选集》,上海人民出版社,1988 年版。
朱彝尊:《经义考》,中华书局,1998 年版。
宗懔撰,宋金龙校注:《荆楚岁时记》,山西人民出版社,1987 年版。

二 论文类

A

艾春明:《〈韩诗外传〉研究》,2008 年东北师范大学博士论文。
安晋芳:《汉魏六朝徘谐赋的“谐趣”研究》,2016 年陕西师范大学硕士学位论文。
安颖侠:《汉代家训研究》,2008 年河北师范大学硕士学位论文。

B

巴文泽:《西汉〈书〉博士初设考辨》,《国学学刊》,2013 年 2 期。
白寿彝:《说“成一家之言”》,《历史研究》,1984 年第 1 期。

卜宪群:《“马上”得天下,不能“马上”治之——陆贾与汉初统治集团思想的调整》,《光明日报》,2006.2.28。

卜晓伟:《汉代箴文研究》,2012年河北师范大学硕士学位论文。

C

曹丹:《汉代箴文研究》,2009年东北师范大学硕士学位论文。

曹金华:《汉文帝置经博士考》,《江海学刊》,1994年第4期。

曹林娣:《关于〈吴越春秋〉的作者及成书年代》,《西北大学学报》,1982年第4期。

曹林娣:《〈吴越春秋〉二题》,《西北大学学报》,1983年4期。

陈纯:《两汉谐辞研究》,2017年杭州师范大学硕士学位论文。

陈恩维:《试论扬雄赋的模拟与转型》,《中国韵文学刊》,2003年第2期。

陈静如:《汉代奏议写作研究》,2014年湖南师范大学硕士学位论文。

陈其泰:《〈汉书〉历史地位再评价》,《史学史研究》,1988年第1期。

陈其泰:《“过秦”和“宣汉”——对史学社会功能思考之一》,《史学史研究》,1990年第2期。

陈其泰:《董仲舒与今文公羊学说体系的形成》,《孔子研究》,1998年第1期。

陈桥驿:《〈吴越春秋〉及其记载的吴、越史料》,《杭州大学学报》,1984年第1期。

陈一梅:《汉代文献学及其思想研究》,2007年西北大学博士学位论文。

陈直:《汉晋人对史记的传播及其评价》,《四川大学学报》,1957年第3期。

程金造:《释太史公自叙成一家之言》,《人文杂志》,1983年第4期。

D

邓骏捷:《刘向校本整理模式探论》,《文学与文化》,2011年第1期。

邓林:《汉代铭文镜研究》,2017年上海大学博士学位论文。

丁宏武:《〈西京杂记〉非葛洪伪托考辨》,《图书馆杂志》,2005年第11期。

丁毅华:《"待诏"小识》,《天津师大学报》,1987年第3期。

杜晨阳:《铭文文体及唐代铭文概说》,2007年辽宁师范大学硕士学位论文。

杜继业:《汉代文体形态研究》,2009年华侨大学硕士学位论文。

F

丰坤武:《〈吴越春秋〉"殆非全书"辨识》,《东南文化》,2000年第3期。

冯浩菲:《〈毛诗故训传〉名义解及其他》,《华中师范大学学报》,1989年第6期。

冯浩菲:《中国训诂体式分类(上)》,《古籍研究》,1994年第1期。

付元琼:《汉代家训研究》,2008年广西师范大学硕士学位论文。

傅刚:《〈昭明文选〉研究》,1996年中国社会科学院研究生院博士学位论文。

傅刚:《汉魏六朝文体辨析的学术渊源》,《中国社会科学》,2000年第2期。

傅荣贤:《图书整理源自档案整理——论秦汉时期法律档案的整理对刘向、刘歆图书整理的影响》,《江西图书馆学刊》,2009年第4期。

G

盖晓霞:《汉代奏议类文体研究》,2008 年长春理工大学硕士学位论文。

高英:《汉代铭文研究》,2011 年南京师范大学硕士学位论文。

高振铎:《司马迁的"成一家之言"新解》,《贵州社会科学》,1985 年第 5 期。

龚长春:《先秦两汉书信研究》,2014 年安徽师范大学硕士学位论文。

古永继:《陆贾思想并非"黄老"论——兼谈汉初"与民休息"政策的产生及黄老思想的实际流行》,《惠州大学学报》,1994 年第 1 期。

顾颉刚:《班固窃父书》,《史学史研究》,1993 年第 2 期。

H

韩雅东:《东汉后期奏议研究》,2017 年陕西师范大学硕士学位论文。

郝嘉乐:《东汉家训研究》,2015 年安徽大学硕士学位论文。

郝静:《吊文文体及宋前吊文研究》,2008 年辽宁师范大学硕士学位论文。

何如月:《汉碑文学研究》,2008 年陕西师范大学博士学位论文。

贺双非:《〈吴越春秋〉的作者版本及价值》,《图书与情报》,2004 年第 2 期。

侯妍:《汉代箴铭文研究》,2015 年鲁东大学硕士学位论文。

胡明波:《中国古代官署平行公文文体研究》,2005 年南京师范大学硕士学位论文。

胡念贻:《论汉代和宋代的〈诗经〉研究及其在清代的继承和发展》,《文学评论》,1981 年第 6 期。

胡平生、韩自强:《阜阳汉简〈诗经〉简论》,《文物》,1984 年第 8 期。
胡兴华:《陆贾及其〈新语〉研究》,2003 年西北师范大学硕士论文。
胡元德:《古代公文文体流变述论》,2006 年南京师范大学博士学位论文。
黄辉:《两汉诏令比较研究》,2013 年华中师范大学硕士学位论文。
黄开国:《扬雄的著述活动与著作》,《成都大学学报》,1992 年第 2 期。
黄琳锋:《两汉魏晋"设难体"研究》,2016 年杭州师范大学硕士学位论文。

J

贾倩:《先秦两汉"说"体源流研究》,2017 年海南师范大学硕士学位论文。
贾睿茹:《两汉散文序跋研究》,2011 年内蒙古大学硕士学位论文。
金春峰:《"德"的历史考察》,《陕西师范大学学报》,2007 年第 6 期。
金德建:《论稷下学派与秦汉博士的关系》,《管子学刊》,1988 年第 4 期。
金其桢:《〈吴越春秋〉"内吴外越"之我见》,《江南大学学报》,1991 年第 1 期。

K

阚海燕:《中国传统家训文体流变研究》,2018 年长春理工大学硕士学位论文。

L

赖建诚:《〈盐铁论〉的结构分析与臆造问题》,《中国文化》,1996 年第 2 期。
李德品:《东汉碑铭文研究》,2008 年贵州大学硕士学位论文。

李鼎芳:《陆贾〈新语〉及其思想论述——〈新语会校注〉代序》,《河北大学学报》,1980 年第 1 期。

李法信:《"六书假借"试说——兼评段玉裁等人的假借观点》,《山东师范大学学报》,1990 年第 1 期。

李梦芝:《刘向及其著述论略》,《历史教学》,1994 年第 3 期。

李明丽:《汉代"私书"研究》,2011 年吉林大学硕士学位论文。

李娜:《〈新语〉价值研究》,2015 年西北师范大学硕士论文。

李天虹:《简本〈晏子春秋〉与今本文本关系试探》,《中国史研究》,2010 年第 3 期。

李新霞:《汉末碑文研究》,2007 年河北师范大学硕士学位论文。

李兴宁:《〈左传〉中的纪事本末体》,《中国文化研究》,2006 年春之卷。

李学勤:《时分与〈吴越春秋〉》,《历史教学问题》1991 年第 4 期。

李燕华:《汉代序体文研究》,2013 年福建师范大学硕士学位论文。

李禹阶:《陆贾"新无为"论探析——论汉初新儒家的援道入儒思想》,《中华文化论坛》,2003 年第 1 期。

李禹阶、沈双一:《汉代新儒学"天人感应论"开山祖——陆贾》,《河南大学学报》,2003 年第 6 期。

李禹阶、何多奇:《论陆贾新儒学对先秦诸子说的批判继承——兼论陆贾"厚今薄古"思想的方法论原则》,《华南师范大学学报》,2009 年第 1 期。

廖群:《"说""传""语":先秦"说体"考索》,《文学遗产》,2006 年第 6 期。

林文勋:《中国历史上的"盐铁时代"及其地位》,《盐文化研究论丛(第一辑)》,2005 年。

刘畅:《述而不作:从官方职能到学术思想》,《中国典籍与文化》,

2001 年第 1 期。

刘闯:《西汉前期杂儒研究——以陆贾〈新语〉为中心》,2015 年西南大学硕士论文。

刘德纯:《两汉尺牍文研究》,2010 年河北师范大学硕士学位论文。

刘海宇:《山东汉代碑刻研究》,2011 年山东大学博士学位论文。

刘厚琴:《汉初新道家的作用与特点》,《辽宁师范大学学报》,1997 年第 3 期。

刘家和:《论断代史〈汉书〉中的通史精神》,《北京师范大学学报》,2012 年第 3 期。

刘庆帅:《汉代上封事研究》,2016 年福建师范大学硕士学位论文。

刘胥萍:《东汉诏书研究》,2016 年湖南师范大学硕士学位论文。

鲁纳:《贾谊〈新书〉之传世辨解》,《文献》,2000 年第 2 期。

吕红光:《先秦汉魏晋南北朝文体观的生成与发展》,2010 年浙江大学博士学位论文。

吕逸新:《汉代文体问题研究》,2009 年山东师范大学博士学位论文。

罗新:《从萧曹为相看所谓"汉承秦制"》,《北京大学学报》,1996 年第 5 期。

M

马世年:《〈韩非子〉的成书及其文学研究》,2005 年西北师范大学博士论文。

马铁浩:《从亦子亦史到亦经亦史——〈史〉〈汉〉之际历史撰述探微》,《古代文明》,2013 年第 1 期。

马王堆汉墓帛书整理小组:《马王堆汉墓出土帛书〈战国策〉释文》,《文物》,1975 年第 4 期。

马宗昌、张淑玉:《扬雄〈逐贫赋〉与汉代民俗》,《昭通师范高等专科学校学报》,2006 年第 3 期。

梅军:《〈说苑〉研究》,2004 年武汉大学硕士学位论文。

梅思玲:《两汉书信体散文与士人形态》,2017 年华中师范大学硕士学位论文。

孟文镛:《吴越战争概论》,《绍兴文理学院学报》,1986 年第 4 期。

Q

裘士京:《论秦汉博士的职责和考选方式的演变》,《华东师范大学学报》,2002 年第 4 期。

曲鑫明:《汉代策对制度与对策文研究》,2013 年鲁东大学硕士学位论文。

S

尚晓静:《东汉中后期奏议文研究》,2017 年山东师范大学硕士学位论文。

尚学锋:《汉代经学与文体嬗变》,《长江学术》,2007 年第 3 期。

尚学锋,李翠叶:《中国礼乐文化的学术传承与〈礼记〉的文体研究》,《河北师范大学学报》,2012 年第 3 期。

施丁:《论司马迁的“成一家之言”》,《中国史研究》,1996 年第 1 期。

束景南:《扬雄作州箴辨伪》,《文献》,1992 年第 4 期。

束景南:《〈太玄赋〉非伪作辨》,《古籍整理研究学刊》,1993 年第 5 期。

束景南、余全介:《西汉〈穀梁传〉增立博士的政治背景》,《浙江社会科学》,2005 年第 1 期。

孙海波:《〈国语〉真伪考》,《燕京学报》1934 年第 16 期。

孙丽萍:《汉代自序文研究》,2010 年河北师范大学硕士学位论文。

孙振田:《〈西京杂记〉伪托刘歆作补论二则》,《图书馆杂志》,2012

年第6期。

孙振田:《〈史通〉向、歆“续〈史记〉”解》,《图书馆理论与实践》,2013年第11期。

孙中运:《“著”字的源流》,《大连教育学院学报》,2000年第1期。

T

唐国军:《〈新语〉政治思维与汉初政治理论体系建构之路》,《广西民族大学学报》,2008年第3期。

唐国军:《〈新语〉的政治学性质及其体系论》,《广西民族大学学报》,2009年第5期。

唐有勤:《论刘向校书》,《四川师范学院学报》,1989年第5期。

陶新华:《汉代的“待诏”补论》,《社会科学战线》,2005年第6期。

田余庆:《论轮台诏》,《历史研究》,1984年第2期。

W

汪春泓:《论刘向、刘歆和〈汉书〉之关系》,《古籍整理研究学刊》,2009年第5期。

汪高鑫:《司马迁“成一家之言”新论》,《安徽大学学报》,2000年第3期。

汪祚民:《〈韩诗外传〉编排体例考》,《陕西师范大学学报》,2003年第3期。

王长友:《汉初政论文研究》,2007年延边大学硕士学位论文。

王成军:《世界历史观念下的“普世史”与〈史记〉的史学观》,《史学理论研究》,2007年第2期。

王承略、杨锦先:《刘向校书同僚学行考论》,《文献》,1998年第3期。

王春淑:《扬雄著述考略》,《四川师范大学学报》,1996年第3期。

王贵民:《商朝官制及其历史特点》,《历史研究》,1986年第4期。

王利器:《桑弘羊与〈盐铁论〉》,《西北大学学报》,1982 年第 1 期。

王培友:《〈韩诗外传〉的文本特征及其认识价值》,《孔子研究》,2008 年第 4 期。

王启才:《汉代奏议的文化意蕴与美学阐释》,2004 年复旦大学博士学位论文。

王启才:《奏议渊源略论》,《文学遗产》,2006 年第 6 期。

王青:《古代"语"文体的起源与发展》,《史学集刊》,2010 年第 2 期。

王绍东:《论汉代"过秦"思想的历史局限》,《史学史研究》,2009 年第 3 期。

王四达:《是"经学""法典"还是"礼典"?》,《孔子研究》,2001 年第 6 期。

王学、广少奎:《淳于髡与稷下学宫》,《教育研究与实验》,2004 年第 4 期。

王亦旻:《史孝山〈出师颂〉的史实与文字考异》,《故宫博物院院刊》,2003 年第 6 期。

王永:《〈盐铁论〉成书时间再考论》,《宁夏师范学院学报》,2009 年第 1 期。

王永:《〈盐铁论〉之创作模式考论》,《宁夏社会科学》,2009 年第 3 期。

王媛媛:《西汉谏议制度研究》,2017 年陕西师范大学硕士学位论文。

王月:《汉代书序研究》,2016 年鲁东大学硕士学位论文。

魏昕:《汉代诏令研究》,2015 年东北师范大学博士学位论文。

吴敏霞:《刘向学术思想特点浅议》,《西北大学学报》,1987 年第 2 期。

X

郗文倩:《中国古代文体功能研究——以汉代文体为中心》,2007 河北大学博士学位论文。

夏增民:《博士制度与秦朝政治转折》,《南都学坛》,1999 年第 2 期。

谢伟伟:《西汉初年奏议文研究》,2013 年鲁东大学硕士学位论文。

解丽霞:《〈法言〉的“经传注我”与义理标举》,《华南理工大学学报》,2014 年第 2 期。

熊伟业:《汉代俳谐文述论》,《西昌学院学报》,2007 年第 3 期。

徐可超:《汉魏六朝诙谐文学研究》,2003 年复旦大学博士学位论文。

徐平华:《〈新语〉:汉代儒学意识形态化的先声》,《衡阳师范学院学报》,2005 年第 4 期。

徐平华:《〈新语〉——汉代儒学制度化的理论先声》,《湖南社会科学》,2009 年第 2 期。

徐平华:《陆贾的“无为”观及思想史意义》,《现代哲学》,2014 年第 1 期。

徐善思:《汉魏六朝俳谐文学概说》,2007 年福建师范大学硕士学位论文。

徐中舒:《论〈战国策〉的编写及有关苏秦诸问题》,《历史研究》,1964 年第 1 期。

许结:《论扬雄与东汉文学思潮》,《中国社会科学》,1988 年第 1 期。

许亮:《〈禹本纪〉考索》,《西安文理学院学报》,2014 年第 1 期。

Y

闫续瑞:《汉唐之际帝王、士大夫家训研究》,2004 年南京师范大学博士学位论文。

杨宽:《马王堆帛书〈战国策〉的史料价值》,《文物》,1975 年第 2 期。

杨笑菡:《东汉碑刻文研究》,2014 年郑州大学硕士学位论文。

姚军:《〈汉书〉采摭西汉文章研究——兼论〈汉书〉与三部总集中西汉文章之比较》,2010 年西北师范大学博士论文。

易平:《〈汉志〉班注"省〈太史公〉四篇"考释》,《江西图书馆学刊》,1988 年第 4 期。

易平、易宁:《〈史记〉早期文献中的一个根本问题——〈大史公书〉"藏之名山,副在京师"考》,《南昌大学学报》,2004 年第 1 期。

游翔:《〈史记·平准书〉〈汉书·食货志〉比较三题》,《华中师范大学学报》,1994 年第 1 期。

于雪棠:《〈周易〉经传结构与战国秦汉散文的体制》,《周易研究》,2001 年第 4 期。

余凤:《汉代"铭"体文学研究》,2008 年中南民族大学硕士学位论文。

俞志慧:《语:一种古老的文类——以言类之语为例》,《文史哲》,2007 年第 1 期。

俞志慧:《〈荀子·大略〉为荀子读书笔记说》,《文学遗产》2012 年第 1 期。

袁青梅:《西汉社会转型与元——平时期奏议文演进研究》,2015 年广西师范大学硕士学位论文。

Z

张大可:《〈史记〉残缺与补窜考辨》,《兰州大学学报》,1982 年第 3 期。

张大可:《史记体制义例简论》,《兰州大学学报》,1983 年第 1 期。

张福安:《西汉诏书研究》,2009 年西北大学硕士学位论文。
张固也:《〈隋书经籍志〉所据"旧录"新探》,《古籍整理研究学刊》,1998 年第 3 期。
张汉东:《秦汉博士官的设置及其演变》,《史学集刊》,1984 年 1 期。
张甲子:《汉代铭文研究》,2010 年东北师范大学硕士学位论文。
张洁:《两汉魏晋弹劾文研究》,2016 年湖南师范大学硕士学位论文。
张静:《先秦两汉家训研究》,2013 年郑州大学硕士学位论文。
张觉、黄吉辉:《上海图书馆所藏〈吴越春秋〉善本可解〈四库提要〉难懂之谜》,《图书馆杂志》,2014 年第 7 期。
张丽萍:《先秦至南北朝家训研究》,2016 年西北大学博士学位论文。
张璐:《褚少孙补〈史记〉研究》,2016 年西北师范大学硕士论文。
张梦珂:《文体学视域中的汉魏六朝俳谐文研究》,2018 年郑州大学硕士学位论文。
张榕:《东汉书信与士人生态研究》,2016 年华侨大学硕士学位论文。
张润中:《汉代诏令之文学研究》,2015 年云南师范大学硕士学位论文。
张若曦:《汉代选官制度与试策文》,2004 年河南大学硕士学位论文。
张涛:《谈谈汉代〈穀梁〉学一度兴盛的原因》,《辽宁师范大学学报》,1991 年第 3 期。
张影洁:《唐前徘谐文学研究》,2005 年华东师范大学硕士学位论文。

张永山:《西汉目录学家刘向、刘歆年谱》,《图书馆杂志》,2002 年第 4 期。

张震泽:《扬雄生平、作品评价及其他有关问题》,《辽宁大学学报》,1992 年第 3 期。

张政烺:《春秋事语解题》,《文物》,1977 年第 1 期。

张志勇:《唐代颂赞文体研究》,2010 年河北大学博士学位论文。

赵娜:《汉代文人器物铭文研究》,2014 年陕西师范大学硕士学位论文。

钟肇鹏:《秦汉博士制度源出稷下考》,《管子学刊》,2003 年第 3 期。

周桂钿:《董仲舒政治哲学的核心——大一统论》,《中国哲学史》,2007 年第 4 期。

周生春:《今本〈吴越春秋〉版本渊源考》,《文献》,1996 年第 2 期。

朱明勋:《中国传统家训研究》,2004 年四川大学博士学位论文。